지구화시대 맑스의 현재성 2

맑스코뮤날레 조직위원회

상임대표: 김수행
집행위원장: 김세균

· 주소 150-863) 서울시 영등포구 양평동 1가 147번지 무지개빌딩(2층)
· 전화 02) 2679-9711 / 011-9700-9964
· 홈페이지 http://communnale. jinbo. net
· E-mail marxcomm@jinbo. net

지구화시대 맑스의 현재성 2

엮은이/ 맑스코뮤날레 조직위원회

초판발행일/ 2003년 5월 22일
재판발행일/ 2003년 6월 5일

발행인/ 손자희
발행처/ 문화과학사
주소/ 120-012 서울시 서대문구 충정로2가 5-15 서일빌딩
전화/ 335-0461   팩스/ 313-0465
e-mail: transics@chollian.net
homepage: http: //www.jinbo.net/~moonkwa

출판등록/ 제1-1902 (1995. 6. 12)

값/17,000원

ISBN 89-86598-49-3   93300
ISBN 89-86598-48-5   93300(세트)

문화과학 이론신서 39

지구화시대 맑스의 현재성 2

맑스코뮤날레 조직위원회 엮음

문화과학사

맑스코뮤날레를 결성하며

전지구적 세계체제로 발돋움한 자본주의는 계급모순을 전지구적 수준으로 확대시키면서 전세계 민중에 대한 억압과 착취를 강화하고 있고, 환경·여성·인종 문제를 전지구적 차원에서 더욱 악화시키고 있다. 특히 지난 20여년간 노동자와 전 민중의 생존조건 악화와 함께 반민주적 성격을 노골화해온 신자유주의 세계화의 야만성은 이제 전세계 좌파들에게 신자유주의 반대와 대안적 지구화를 위한 저항과 투쟁의 연대를 강력히 촉구하고 있다. 이러한 시대적 요청에 부응하여 한국의 진보세력이 다시 한 자리에 모였다. 그 이름이 "맑스코뮤날레"이다. 맑스코뮤날레는 동구권 붕괴 이후 급속히 잊혀져 온 맑스와 맑스주의 이론의 정신과 방법을 오늘의 시대상황에 되비추어 계승 및 혁신하여 신자유주의적 자본주의의 지구화와 전면 대결하는 강력한 이론적·실천적 공간을 창출하기 위한 새로운 모색이다. 노동자, 대학생, 교사, 여성, 문화예술가, 실천활동가. 학술연구자 등 우리사회의 진보와 현실 변혁을 추구하는 모든 이들에게 맑스코뮤날레에 적극 동참해 줄 것을 호소한다.

맑스코뮤날레 조직위원회

차례

■ 지구화시대 맑스의 현재성 2권

■ 맑스코뮤날레를 결성하며 • 5

제7부 현대자본주의 사회

현대자본주의와 국가독점자본주의론 / 김성구 • 9

e-맑스: 네트워크기업시스템 / 백일 • 30

'제3의 길'과 유럽사민주의의 변천: 독일사민당, 영국노동당, 프랑스사회당,
　　　　이탈리아좌파민주당의 비교 / 정병기 • 50

9. 11 테러와 미국 국내외 정치 패러다임 변화: '예방'개념 중심 / 안병진 • 70

제8부 한국사회: 과거와 현재

식민지시대 사회주의운동 경험과 유산 / 최규진 • 93

해방 이후 사회주의자들의 '노동대중의 지지'를 얻기 위한 노력 / 안태정 • 117

주체사회주의의 민족통일론—'사회주의국가'로서 통일론과 '민족국가'로서
　　　　통일론을 중심으로 / 박명철 • 140

신자유주의 교육개혁의 본질과 문제점 / 한만중 • 161

뉴라운드, 경제특구와 한국사회 / 김영선 • 182

한미 관계 바로 세우기 / 김용한 • 203

제9부 현시기 계급투쟁과 저항 형태들

87년 이후의 '수동혁명'적 민주화와 시민운동의 구조적 성격 / 조희연 • 235
현시기 한국사회 계급투쟁 지형 분석 / 고민택 • 259
비제도적 투쟁정당과 노동자계급정치 / 송석현 • 280
현장조직운동의 현재와 전망 / 이종호 • 305
기로에 선 한국노사관계—2003년 두산중공업 노동열사투쟁 / 이종래 • 325
신자유주의 반대투쟁과 불안정노동 철폐투쟁 / 김혜진 • 343
공공성 쟁취 투쟁과 사회변혁 투쟁 / 송유나 • 355
현시기의 정치 조직과 진보적 지식인의 현재 / 김상태 • 377

제10부 역사적 사회주의 평가, 이행과 변혁의 전망

레닌의 사회주의 이행론에 대한 비판적 평가 / 김기환 • 397
시장사회주의 비판 / 이정구 • 422
사이버스페이스와 맑스주의 운동의 미래 / 신승철 • 443
이행과 국가: 해방의 정치, 해방의 조직 / 최형익 • 463
사회변혁과 국가변혁 / 김세균 • 483
한국사회변혁과 비국가코뮌주의 / 조문익 • 501
평의회 운동의 역사와 현재적 의미 / 빛나는 전망 • 523
문화사회론: 좌파의 사회운동 혁신과 그 쟁점들 / 문화과학 • 545

■ 지구화시대 맑스의 현재성 1권
　제1부 맑스와 정치경제학 비판
　제2부 맑스주의와 정치, 사회이론
　제3부 맑스와 철학
　제4부 맑스주의와 문예, 문화이론
　제5부 맑스주의와 종교
　제6부 맑스주의의 확장과 비판

제7부

현대자본주의 사회

현대자본주의와 국가독점자본주의론

김성구(한신대, 경제학)

1. 국가독점자본주의론의 문제제기

오늘날 좌파 노동운동의 현실적 조건을 고려하지 않더라도, 국가독점자본주의론(이하 국독자론으로 약함)을 다시 제기하기에는 분명 이론적 부담이 너무 크다. 그것은 단지 현실사회주의의 붕괴와 공산당의 몰락 속에서 현실자본주의에 대한 국독자론의 분석능력이 크게 불신받게 되었고 그 교조와 불모성이 대중적으로 증명되었기 때문만은 아니다. 다음절에서 보는 바처럼, 이런 도식적이고 상투적인 비판은, 어떻게 대중적으로 확산되었다 하더라도, 국독자론의 발전에 대한 왜곡이며 국독자론에 대한 불충분한 이해에 근거하고 있다. 그것보다는 한국에서 국독자론이 청산된 웃지 못할 과정이 보다 더 국독자론의 논쟁을 부담스럽게 한다. 주지하다시피 한국에서 국독자론은 사회구성체 논쟁 속에서 제출되었고 특히 서울사회과학연구소의 (신식민지) 국독자론과 연관하여 수용되었다. 그러나 현실사회주의의 붕괴 속에서 이 연구소 안팎의 국독자론자들은 대부분 국독자론뿐만 아니라 맑스주의 자체를 폐기하고 조절이론과 같은 부르주아 경제학으로, 또는 심지어 포스트모던 이론으로 사상전환을 하거나, 또는 국독자론을 청산하고 세계체제론과 역사적 자본주의론으로 맑스주의 정치경제학을 대체하였다. 이러한 청산과 변신은 사회구성체 논쟁을 한편의 코미디로 만들었고 국독자론은 회복하기 어려운 타격을 받을 수밖에 없었다. 왜냐하면 국독자론자들 스스로가 당대의 사회구성체 논쟁과 자신들의 주장이 이론적으로도, 실천적으로도 근본적으로 잘못되었던 것임을 천명하고 있는 상황에서 누구도 이 이론과 논쟁을 책임질 수 없기 때문이다. 그렇다면 우리는 국독자론의 대변자들도 제대로 모르고 주장했던 잘못된 이론과 논쟁을 통해 감히 한국자본주의의 변혁과 이행을 논하였던 것인가? 이론적 기회주의의 전형이라고 할 이런 청산과정은 어떤 자본주의국가의 국독자론 진영에서도 찾아보기 힘든 것이었던 만큼, 한국에서 국독자론을 다시 제기하는 것은 큰 부담을 감수하지 않으면 안 된다.

이런 상황을 감안하면, 청산과정에서 논쟁이 부재했던 것도 당연하였다. 물론 문제는 이론적 청산 자체에 있는 것이 아니다. 그것이 문제가 되는 중대한 이유는, 신자유주의 정세하 세계자본주의의 분석과 한국자본주의의 성격 규정, 노동자계급의 조직과 전략 그리고 대안에 대한 혼란스런 귀결 때문이다. 제도학파와 조절이론은 영미형 신자유주의 세계화에 대항하여 독일형 신자유주의를 설파하면서 한국자본주의의 부르주아적 개혁을 모색한다. 그것은 곧 한국 노동자계급의 운동을 자본주의 질서 안으로 포섭하는 것을 의미한다.[1] 반면 세계체제론과 역사적 자본주의론의 주장자들은 동일하게 영미형 신자유주의와 금융세계화를 비판하면서도 자본주의 비판을 급진적으로 수행한다. 그러나 그 급진성은 현실자본주의의 객관적 관계를 왜곡하고 맑스주의의 원칙과 강령을 전면적으로 부정하는 것이어서 현실의 토대로부터 노동운동을 끌어내고 무력화시킨다.[2] 국독자론을 다시 제기하는 이유는 다름 아닌 이러한 상황 때문이다. 따라서 청산 문제를 거론하는 것은 과거의 문제를 따지는 것이 아니라 현재의 문제를 다루는 것이다.

물론 현대자본주의 분석의 이론으로서 국독자론의 이론과 실천에 대해

---

1) 한국의 비판적 경제학자들의 다수를 포괄하는 조절이론으로부터의 작업은 다음을 참조. 전창환·조영철 편, 『미국식 자본주의와 사회민주적 대안』, 당대, 2001; 김진방·성낙선 외, 『미국자본주의의 해부』, 풀빛, 2001.
2) 현대자본주의와 금융자본의 분석에서 국독자적 관계의 부정과 영미형 금융자본의 특권화, 그 결과로서 반독점 사회화강령의 폐기, 나아가 당과 노동조합의 부정, 국가의 회피, 그리고 결국에는 생산자연합과 평의회운동이라는 공상으로의 발전 등이 그것이다. 이와 관련해서는 공감출판사에서 나온 윤소영 교수의 일련의 저서들 참조.

비판할 수 있는 충분한 논거가 있다는 점은 부정할 수 없다. 국독자론의 교조화에 따른 이론적 결함과 한계, 그리고 무능력이 국독자론의 역사를 지배했기 때문에 그 비판과 정정은 불가피하다. 그러나 국독자론의 역사에는 공통의 이론적 토대에도 불구하고 국가와 시대에 따라 여러 입장의 국독자론이 있었고, 그 이론들은 국가독점자본주의의 형성과 작용메커니즘 그리고 역사적 위치 등에 대해 무시하지 못할 차이를 갖고 있었다. 뿐만 아니라 그 차이는 국독자론의 결손과 한계 속에서도 그 정정과 발전의 요소들을 가공하고자 노력했던 작업들 또한 반영하는 것이었다. 그것은 국독자론의 최근의 발전, 특히 독일에서 국독자의 조절위기론과 독점자본주의 정치경제학의 발전, 신자유주의적 전환과 국독자의 변종론, 그리고 초국적 금융자본의 분석 등을 통해 더욱 입증되었다.[3] 국독자론의 이와 같은 발전은 기껏해야 페레스트로이카 논쟁의 영역으로 간주됨으로써 사회구성체 논쟁 당시 한국에 올바로 수용되지 못했고 소련의 붕괴와 페레스트로이카의 종결과 함께 더 이상 검토의 대상이 되지 못했다. 그에 따라 한국에서 국독자론에 대한 이해는 매우 불충분할 수밖에 없었다. 1980-90년대에 국독자 논쟁은 기본적으로 1970년대까지의 낡은 문헌과 페레스트로이카의 우경적인 혁신 문헌에 입각하여 진행되었고, 이런 사정 또한 국독자론을 비판하고 청산하는데 기여했을 것이다.

이 글에서는 위와 같은 문제의식하에서 먼저 제2절에서 현대자본주의 분석의 이론으로서 국독자론에 대한 통상적인 비판들을 검토하고 그 비판들이 국독자론에 대한 불충분한 이해나 최근의 이론적 발전에 대한 무지와 왜곡에 근거하고 있음을 밝힐 것이다. 제3절에서는 국독자론에 입각하여 브레튼우즈체제의 성립과 발전 그리고 위기와 붕괴를 케인즈주의적 국독자의 조절과 위기 그리고 신자유주의적 국독자로의 전환으로 분석하여 현대자본주의의 성장과 위기, 역사적 전화, 그리고 초국화의 분석에 있어 국독자론

---

3) 2차대전 종전 이후 제국주의론과 국독자론의 논쟁 역사와 최근의 발전경향 등에 대한 개관을 위해서는 김성구, 「제국주의논쟁 다시 보기: 현대 제국주의와 제국주의론의 현재적 쟁점에 대하여」, 『진보평론』 8호, 2001년 여름 참조. 또 국독자론에 대한 통속적인 오해와 왜곡의 정정을 위해서는 김세균, 「(종속적) 국가독점자본주의와 민주주의, 사회주의」, 김세균, 『한국민주주의와 노동자·민중정치』, 현장에서 미래를, 1997 참조.

의 기여를 논증할 것이다. 제4절은 일종의 보론으로서 현대 금융자본과 금융자본론에 대한 논쟁을 검토한다. 그것은 국독자론이 금융자본론에 토대를 두고 있는 한, 금융자본론에 대한 비판은 곧 국독자론에 대한 비판으로 이어지지 않을 수 없기 때문이다. 마지막으로 제5절은 약간의 맺음말로 정리할 것이다.

2. 현대자본주의론으로서 국가독점자본주의론

현대자본주의의 분석과 관련하여 세계체제론 또는 역사적 자본주의론과 조절이론으로부터 통상 국독자론과 금융자본론에 대해 행해지는 비판은 주요하게 다음 세 가지로 정리할 수 있다. 4) 첫째, 국독자론은 기본적으로 일국적 자본주의론이므로 세계자본주의를 분석할 수 없고 특히 지구화의 전개와 초국적 금융자본의 발전으로 그 한계성은 극명해졌다. 둘째, 금융자본론과 국독자론의 융합명제(산업독점과 독점은행의 융합, 나아가 국가와 독점의 융합)는 투기자본화하는 현대 금융자본의 운동에 비추어 명백한 오류이다. 따라서 미국자본주의에 관한 한, 전통적인 금융자본과 국가독점자본주의란 것은 존재하지 않는다. 셋째, 도식적인 단계론과 만성적 위기론 및 전반적 위기론으로 인해 국독자론은 현대자본주의의 성장의 동학과 조절위기, 그리고 자본주의의 유형 변화를 분석할 수 없다.

먼저 국독자가 일국적 자본주의를 지시하고 국독자론이 일국적 자본주의론이라는 비판은 아마도 세계체제론과 역사적 자본주의론의 특권에 속하는 것인지 모른다. 5) 그러나 국독자론의 구성은 그 비판과는 다르며, 국독자론

---

4) 역사적 자본주의론으로부터의 비판은 공감에서 출간된 윤소영 교수의 저서들 여기저기에서 언급되는 단편적이고 단정적인 주장들을 참조하고, 조절이론으로부터의 비판에 대해서는 대표적으로 Joachim Hirsch, *Kapitalismus ohne Alternative?* (Hamburg: VSA-Verlag, 1990), 『대안없는 자본주의』, 정명기 옮김, 한울, 1996; 山田銳夫, 『20세기 자본주의』, 현대자본주의 연구모임 옮김, 한울, 1995 등을 참조.
5) 이런 비판은 우선 국독자론의 연구성과들을 일체 부정하는 것임을 지적해야 한다. 1990년대 이래 국제적 자본주의와 초국적 금융자본에 대한 국독자론의 분석에 대해서는 *Z. Zeitschrift Marxistische Erneuerung*에 실린 일련의 논문 참조. 또 김성구, 「자본의 세계화와 신자유주의적 공세」, 김성구・김세균 외, 『자본의 세계화와 신자유주의』, 문화과학사,

도 자본주의 세계경제의 분석을 상정한다. 문제는 세계경제론을 영유하는 방법론에 있으며, 이 점에서 세계체제론과 국독자론은 근본적으로 다르다. 국독자란 국독자론을 통해 현대자본주의를 규정하는 개념이다. 현대자본주의는 국민적 국독자의 세계적인 체제로서 존재하고, 국독자론은 국독자의 국민적 조절만이 아니라 국제적 조절의 문제 또한 이론화하며, 나아가 양자의 모순적 관계를 분석한다. 그것은 특수한 이론으로서 국독자론이 일반이론으로서『자본』에 근거하여 현대자본주의를 구체적으로 분석한다는 점에서 당연한 것이다. 왜냐하면『자본』도 세계경제를 분석하는 토대이기 때문이다. 그런데 국독자론이 일국자본주의론이라는 비판의 이면에는 종종『자본』이 자본주의 국민경제 또는 자본주의 일반을 분석하는 것이어서 세계경제를 분석할 수 없다는 잘못된 이해가 깔려있다. 국내에서 국독자론의 청산 및 세계체제론과 역사적 자본주의론의 수용이 정치경제학비판 플랜 논쟁을 매개하는 것도 이와 관련되어 있다.『자본』이 정치경제학비판 플랜의 전반 3개 부(자본, 토지소유, 임노동)를 포괄하는 수준에서 완결된 추상적 이론이고, (국가와 외국무역, 세계시장을 다루는) 후반 3개 부의 서술 과제는 포기하는 방식으로 플랜이 변경되었다는 윤소영 교수의 주장이 그것이다. 자본주의 세계경제는 따라서 이론적 서술의 대상이 아니라 경험적 분석의 대상이며, 세계체제론과 역사적 자본주의론이 이 과제를 이행한다는 것이다. 이는 분명 초고분석의 성과를 부정하는 왜곡이다.『자본』의 집필 과정에서 플랜은 실로 일정하게 변경되었지만, 맑스는『자본』에서 전반 3개 부는커녕 자본에 관한 제1부도 완전히 포괄하지 않았다. 그는 제1부의 제1편 (자본일반)에 이어지는 나머지 3개 편(개별자본의 경쟁, 신용, 주식자본) 과 제2-6부의 서술을 훗날 수행하여야 할 과제로 곳곳에서 명시하였다.[6] 따라서 자본주의 세계경제는 맑스에 따르면『자본』으로부터 상향의 방법에 따라 이론적으로 영유해야 할 대상임에도 불구하고(이를 토대로만 경험적 분석을 할 수 있음에도 불구하고), 윤교수는 어이없게도 정치경제학비판과

1998 참조.
6) 이에 대해서는 김성구,「『자본』과 현대자본주의: 세계경제론의 방법에 대하여」,『이론』16호, 1996년 겨울/1997년 봄 참조.

『자본』의 방법 및 개념과는 관련도 없는 세계체제론과 역사적 자본주의론에 근거하여 세계경제를 분석해야 한다는 것이다. 윤교수가 국독자론을 일국적 자본주의론으로 비판하여 세계자본주의를 분석할 수 없다고 주장하는데에는 이처럼 『자본』과 플랜논쟁에 대한 잘못된 이해가 깔려있다. 『자본』은 윤교수가 오해하는 것처럼 이념적 평균이라는 자본주의일반의 단순한 추상도 아니고 또 국민적 자본주의를 대상으로 하는 것도 아니다. 『자본』은 자본주의 세계경제의 분석을 목표로 하는 정치경제학 비판 플랜의 상향의 길에서의 중간결산일 뿐이고 그 때문에 세계경제의 분석을 위해 열려있는 체계이다. 플랜을 완성하는 과제는 물론 오늘날까지도 수행되지 못했지만, 국독자론은 맑스주의 세계경제론의 발전과, 나아가 자본주의의 단계발전에 따른 그 변용(단계론)에 입각하여 국가독점자본주의로까지 발전한 자본주의 국민경제와 세계경제의 모순 및 그 위기적 전개를 분석한다. 그럼으로써 국독자론은 맑스의 이론을 계승하는 한편, 나아가 현대자본주의의 역사적 변화를 이론적으로 분석하고자 한다.

전통적인 금융자본론은 오류이고 신자유주의하 투기적 금융자본의 운동을 분석하지 못한다는 비판과 관련한 문제는 제4절에서 상세하게 논의할 것이므로, 여기서는 이를 근거로 현대자본주의에서 국독자를 전면 부정하는 비판에 대해서만 간략하게 언급한다. 현대자본주의에서 국가의 전면적인 경제개입과 그 계급적 성격, 이를 매개로 하는 국가와 금융자본의 융합과 유착에 대한 분석은 사실 국독자론의 최대의 강점인데, 그럼에도 불구하고 또는 그 때문에 비판이 집중되는 부분이다. 오늘날 국가의 포괄적인 경제개입은 경험적인 현실이고 누구도 이를 부정할 수는 없다. 문제는 국가개입의 본질과 기능, 내용과 범위, 그리고 개입 수단과 방식 등에 대한 상이한 이해방식과 이론화에 있다. 이런 문제를 둘러싸고 맑스주의내에서는 국독자론-국가도출론 논쟁과 밀리반드-플란차스 논쟁 등이 진행되었던 것인데, 이런 논쟁을 거치면서 국독자론도 중요한 문제에서 이론적 발전을 가져왔다.[7] 무엇보다도 국가의 경제개입이 독점자본과 금융자본의 이해에 복무

---

7) 작업성과의 총괄은 IMSF, Der Staat im staatsmonopolistischen Kapitalismus der Bundesrepublik (Frankfurt/M: IMSF, 1981-1982) 참조.

한다 하더라도 국가의 상대적 자율성으로 인해 경우에 따라서는 그 이해를 일정하게 제한할 수 있다는 것, 또 개입의 형태도 결코 개별자본에 대한 직접적인 형태로서가 아니라 총자본 또는 총독점자본으로서의 형태를 취한다는 것, 국가독점적 조절은 시장조절의 법칙을 대체할 수 없고 다만 상대적 자율성을 갖는다는 것 등이 그러하다. 이런 발전은 기왕의 국독자론의 도구론적이고 주관주의적인 국가론을 정정한다는 의미에서 논쟁의 긍정적인 효과라 할 수 있다. 그러나 다른 한편, 이러한 정정에도 불구하고 국가의 경제개입이 궁극적으로 독점자본의 일반적 이해에 복무한다는 점에서 총독점자본가로서의 현대국가의 계급적 본질은 또다시 확인되었다. 또한 독점자본주의적 국가의 경제개입의 범위와 내용은 자본주의 일반의 그것을 훨씬 넘어가는 포괄적인 것이라는 점도 확인되었다. 이 점이야말로 현대국가를 국가 일반으로 환원하여 자본가계급 일반의 국가로 한정하고 그에 따라 국가개입의 범위와 내용을 사적 소유권과 상품유통의 법률적인 재가나 화폐제도의 조절 또는 노동력의 재생산 조절 등 자본주의 일반의 재생산으로 한정하는 국가도출론의 국가론과 뚜렷한 대비를 이루는 것이었다. 현대자본주의 현실을 보면, 국가는 더 이상 화폐관리와 노동력 재생산의 조절을 위해서만 경제에 개입하지 않는다. 미국을 비롯한 선진자본주의 국가들의 재정규모가 GDP대비 50%를 오르내리고 있고, 재정운용을 기반으로 하는 국가의 경제정책은 이미 통화정책과 사회정책 그리고 소득/가격정책을 넘어 계획화와 성장정책, 구조조정과 산업정책, 조세정책, 군수정책, 과학기술정책, 경기순환정책 등 폭넓게 걸쳐있다. 그것은 본질적으로 독점자본주의의 재생산과 관련되어 있다. 뿐만 아니라 국가와 독점자본 또는 금융자본의 결합, 나아가 양자간의 광범위한 인적 결합도 부정할 수 없는 현실이다. 오늘날 국독자론과 경쟁하는 어떤 현대자본주의론도 국가독점적 개입정책의 범위와 내용 그리고 그 계급적 본질에 대해 국독자론만큼 설명력을 갖고 있지 못하다. 이런 현실 앞에서 국독자와 국독자론을 부정하는 것은 손바닥으로 하늘을 가리려는 것이 아닐 수 없다. 이런 점에서 국독자를 전적으로 부정하고 브뤼노프에 근거하여 국가의 경제개입을 화폐조절과 노동력 조절에 한정해서 파악하는 윤소영 교수의 위와 같은 비판은 결코 국독자론을 청산하는 논거가 될 수 없다.

마지막으로 국독자론의 단계론과 위기론이 현대자본주의의 동학과 위기 그리고 역사적 전화를 설명할 수 없다는 비판은 역사적 자본주의론으로부터도, 또 조절이론으로부터도 제출되었다. 특히 조절이론은 현대자본주의론의 이 과제에 대한 지적재산권을 소유한다고 할 수 있다. 그러나 이런 비판도 기본적으로 1980년대 이래 국독자론의 이론발전에 대한 무지에 기초하고 있다.[8] 1980년대 이래 자본주의의 위기가 구조위기의 성격을 분명히 함에 따라 맑스주의의 논쟁은 주기적 공황이 아니라 구조공황의 문제로 이동되었고, 이 공황의 성격과 신자유주의적 전환, 그리고 자본주의의 역사적 변화 등이 논쟁의 초점이 되었다. 즉 자본주의의 장기성장과 구조위기 그리고 역사적 전화를 둘러싼 논쟁은 결코 조절이론의 특권에 속하는 것이 아니라 이 시기 맑스주의적 이론 작업을 지배한 주요한 부분이었다. 국독자론 또한 이 구조위기를 케인즈주의적 국독자의 조절위기로 파악하였고 신자유주의적 전환을 통해 국독자의 변종이 변화하는 것, 즉 신자유주의적 국독자로 전화하는 것으로 정식화하였다.[9] 조절이론이 조정양식과 축적체

---

8) 조절이론으로부터의 국독자론에 대한 비판과 국독자론에 대비되는 조절이론의 이론적 체계에 대해서는 무엇보다도 山田銳夫의 『20세기 자본주의』를 참조하라. 이 책은, 조절이론과 국독자론 간의 논쟁의 부재라는 현실을 감안하면, 조절이론과 국독자론의 문제의 소재, 핵심적 쟁점이 무엇인지를 체계적으로 정리한 보기 드문 저작이다. 특히 조절위기와 관련하여 국독자론에 대한 그의 비판은 일본 맑스주의 문헌에 대한 해박한 지식을 토대로 하고 있어 인상적이다. 그러나 그의 비판은 일본문헌에 한정되어 있어 특히 독일에서 1970년대 말 이래 10년 동안 집중적으로 토론된 국독자의 조절위기와 국독자 변종에 대한 국독자론의 연구성과와 문헌에 대해서는 전적인 무지를 드러낸다. 그러한 한에서 그것은 국독자론에 대한 적절하지 못한 비판이라 하지 않을 수 없다.
9) 구조공황 또는 조절위기에 대한 맑스주의의 다양한 토론과 국독자의 조절위기론 및 변종론에 대해서는 김성구, 「독일에서의 페레스트로이카 수용 및 논쟁―자본주의 정치경제학을 중심으로」, 서울사회과학연구소 편, 『논쟁―페레스트로이카의 정치경제학 I』, 민맥, 1990 참조. 한편 1990년대 이후 자본주의의 새로운 변화와 자본주의이론에 대한 초분파적 토론의 성과(국독자론을 포함하는)에 관해서는 다음 문헌을 참조. Frank Deppe, Sabine Kebir u. a., *Eckpunkte moderner Kapitalismuskritik* (Hamburg: VSA-Verlag, 1991); Fritz Krause, André Leisewitz, Klaus Pickshaus und Jürgen Reusch, hrsg., *Neue Realitäten des Kapitalismus* (Frankfurt/M: IMSF, 1995); Mario Candeias, Frank Deppe, hrsg., *Ein neuer Kapitalismus?* (Hamburg: VSA-Verlag, 2001); Michel Aglietta, Joachim Bischoff u. a., *Umbau der Märkte* (Hamburg: VSA-Verlag, 2002). 특히 마지막 두 개의 책에는 조절이론과 세계체제론 그리고 국독자론을 포함하는 다양한 입장들이 수록되어 있다.

제, 발전양식(발전모델) 그리고 조절위기라는 개념과 이론 틀에서 전후자
본주의의 성장과 위기, 그리고 그 전화를 포드주의 발전양식과 포드주의의
위기 그리고 포스트포드주의 발전양식으로의 전화로 설명하였다면, 국독자
론은 국가독점자본주의의 조절위기론에 입각하여 케인즈주의적 국독자와
국독자의 조절위기 그리고 신자유주의적 국독자로의 전화로 이론화하였다.
따라서 현대자본주의론의 중심적인 이 주제를 어떤 이론 경향이 선점했느
냐는 문제의 본질이 아니다. 문제는 그것을 어떻게 과학적인 이론구성으로
설명하는가에 있다. 이 점에서 맑스주의 이론과 국독자론은 조절이론에 비
해 부정할 수 없는 이론적 우월성을 갖고 있다. 국독자론은 맑스주의의 일
관된 이론 토대(일반이론, 위기론 그리고 단계이론) 하에서 현대자본주의의
성장과 위기의 역사를 분석하는 반면, 조절이론은 발전모델을 구성하는 일
반이론적 토대가 부재하고 위기론이 부재하기 때문에 자본주의의 역사를
모델이론적 유형론으로 접근할 뿐이다.[10] 따라서 현대자본주의의 위기와
조절에 대한 지적재산권을 갖는다고 알려진 조절이론 또는 포드주의이론보
다는 오히려 국독자론이 더 이론적 정합성과 현실분석력을 갖는다.[11] 물론

---

10) 이러한 점에서 Hirsch의 조절이론 비판은 매우 적합한 것이다. Joachim Hirsch, 『대안
없는 자본주의』, 31쪽 이하. 그의 비판에 따르면, ① 조절이론은 경험론적 성격과 이론적
절충성 때문에 그 이론적 토대가 불분명하다, ② 생산관계와 축적체제 그리고 조절양식간
의 관계도 불분명하다, ③ 제도분석을 중요한 대상으로 하면서도 제도이론이 부재하다(국
가개입을 주요하게 분석하면서도 국가론이 부재하다), ④ 조절위기의 분석에서도 위기론
이 부재하다, ⑤ 주체없는 과정으로서 조절을 상정함으로써 사회관계와 제도 그리고 행위
간의 관계를 이론적으로 분석하지 못한다, ⑥ 그 결과 이 이론은 경험적 분석을 위한 기술
적 역사주의에 머무르고 있다. 이와 같은 이론적 한계는 사실 하나의 사회이론으로서는 치
명적인 결함이라 하지 않을 수 없다. 이런 비판에도 불구하고 Hirsch는 독일에서 조절이론
을 수용한 맑스주의자들의 대표적인 논자였다. Joachim Hirsch, Roland Roth, *Das neue
Gesicht des Kapitalismus* (Hamburg: VSA-Verlag, 1986) 참조. 그는 네오맑스주의 토대
(정치경제학비판에서의 자본논리과, 국가론에의 그 적용으로서 국가도출론, 이것이 이들
의 이론적 강점이자 동시에 독점과 국가개입의 분석에 있어 결정적인 취약점을 이룬다) 위
에서 프랑스 조절이론을 비판적으로 수용하고 나아가 플란차스-그람시이론으로 자신의 이
론체계를 보강, 확장하였다. 이는 분명 조절이론에 대비한 맑스주의적 강점을 견지하는 시
도이다.
11) 예컨대 山田은 국독자론이 전반적 위기와 주기적 공황 논쟁에 갇혀 현대자본주의 위기
의 핵심문제인 조절위기를 이론지평으로 가져오지 못했다고 많은 지면에 걸쳐 비판하고 나
서는(앞서 말한 바처럼 이런 비판은 사실을 왜곡하는 것이다), 주기적 공황에 대해서도,
조절위기에 대해서도 또 최종적 위기(이행)에 대해서도 조절이론의 위기론을 제시하기는커

조절이론의 고유한 기여, 무엇보다도 생산력이나 제도 분석과 관련한 기여는 그 자체로 평가해야 한다. 특히 이런 영역에서 국독자론의 이론적 결손을 부정할 수 없는 만큼 국독자론도 조절이론으로부터 분석 성과를 수용할 여지는 존재한다. 예컨대 하이닝거는 역사유물론의 과학적 개념에 입각한 국독자론의 자본주의 분석을 조절이론과 포드주의이론의 그것보다 더 높게 평가하면서도, 조절이론과 포드주의를 국독자의 하위범주로 포섭함으로써 국독자론을 발전시킬 수 있다고 주장한다.[12] 그러나 그러한 수용이 이론으로서 조절이론의 폐기를 의미한다는 것은 두말할 것도 없다.

3. 국가독점자본주의의 조절위기와 변종 변화

현단계 자본의 세계화와 초국적 금융자본의 운동은, 한편에서 1970년대 이래 세계자본주의의 구조적 위기와 그에 따른 브레튼우즈체제의 붕괴, 그리고 다른 한편에서 이에 대한 독점자본과 금융자본의 신자유주의적 대응 전략의 결과이다. 이제 이러한 변화를 전후자본주의의 성장과 위기의 역사에 대한 국독자론의 분석으로 개관함으로써 앞 절에서의 반비판을 구체적으로 논증하도록 한다.[13]

넝 선험적으로 위기원인을 단정할 수 없다는 등 황당한 결론으로 끝을 맺는다. 山田銳夫, 『20세기 자본주의』, 161쪽 이하 참조. 한편 세계체계론 및 역사적 자본주의론의 자본주의 분석과 위기론(즉 장기파동론적 위기론이나 헤게모니 위기론), 그리고 이행론도 모두 이론적 구성에서 정합적이지 않다. 이에 대한 비판은 김성구, 「월러스틴의 세계체계론: 맑스주의적 비평」, 김성구, 『사회화와 공공부문의 정치경제학』, 문화과학사, 2003(예정) 참조.
12) H. Heiniger, "Fordismus und SMK-Theorie," in Z. Zeitschrift Marxistische Erneuerung, Nr. 33 (März 1998) 참조.
13) 전후자본주의의 발전과 위기 그리고 신자유주의적 전환에 대한 이하의 서술과 관련해서는 무엇보다 Jörg Huffschmid, Politische Ökonomie der Finanzmärkte (Hamburg: VSA-Verlag, 2002), 제3장을 참조. 아울러 보충적으로 Stephan Schulmeister, "Der polit-ökonomische Entwicklungszyklus der Nachkriegszeit—Vom Bündnis Realkapital-Arbeit in der Prosperität zum Bündnis Realkapital-Finanzkapital in der Krise," in Internationale Politik und Gesellschaft, 1/1998도 참조. 한편 브레튼우즈체제의 성립과 전개, 위기와 붕괴 과정에 대한 국독자론의 분석은 Huffschmid의 위의 책 제3장 외에도 AK, Währungsprobleme des heutigen Kapitalismus (Berlin: Dietz Verlag, 1982) 및 上野俊樹·鈴木健 編, 『現代の國家獨占資本主義』上, 大月書店, 1987, 제3장 참조.

1) 케인즈주의적 국가독점자본주의의 조절과 위기

전후의 브레튼우즈체제는 케인즈주의적 국독자와 그 국제적 조절에 입각한 체제였다. 케인즈주의적 국독자는, 1930년대 세계대공황과 파시즘의 경험이라는 배경하에서, 반파시즘 투쟁과 사회주의체제의 성립을 통해 국내적, 국제적으로 강대해진 노동자계급의 정치적 압력(사회화와 경제민주주의에 대한 요구는 다름 아닌 그 표현이었다)에 강제되어 독점자본과 금융자본의 자유로운 운동과 그 이윤요구를 제한하고 통제하는 한편, 사회보장과 완전고용 그리고 노동자계급의 정치적 권리의 신장을 위해 국가개입을 제도화함으로써 성립되었다. (뉴딜협약.) 국제적으로 케인즈주의적 국독자는 미국 헤게모니에 입각한 IMF제도(및 GATT의 자유무역제도)와 IMF를 통한 국제통화의 조절〔금 1온스=35달러의 평가와 금 태환, 각국 통화와 미국 달러와의 고정환평가 그리고 기초적 불균형이 발생한 경우의 환평가 변경, 즉 세계화폐로서의 달러와 (조정가능한) 고정환율제도〕, 그리고 국제자본이동의 제한에 기초하였다. 조정가능한 고정환율제도와 국제자본이동의 통제는 경제성장과 완전고용을 목표로 하는 국민적 케인즈주의가 작동하기 위한 국제적 조건을 형성하였다. 그러나 케인즈주의적 국독자가 작동할 수 있었던 궁극적인 토대는 평균이윤율의 회복에 있었다. 제2차 세계대전을 통한 과잉자본의 파괴와 잉여가치율의 대폭적인 증대는 평균이윤율과 자본축적의 조건을 개선하였고, 이는 전자와 핵 동력 등 새로운 기술혁명 및 전후의 부흥투자와 결합해서 20세기 역사상 유례가 없는 황금시대를 가져올 수 있었다. 이렇게 평균이윤율의 회복은 케인즈주의적 경제관리가 유효할 수 있는 정책 공간을 창출하였고, 또 노자간의 계급타협이 성립될 수 있었던 물질적 토대이었다. 독점자본가계급이 노동조건과 분배관계 그리고 사회보장에서 노동자계급에게 일정하게 양보하면서도 평균이윤율의 조건을 유지할 수 있었던 것은 과학기술혁명의 진전에 따른 상대적 잉여가치 생산의 증대에 크게 기인하였다. 평균이윤율의 개선은 국제적으로도 국독자의 조절체제가 작동되는 근본적인 토대였다. 세계시장에서 지국주의 국가들간의 경쟁은 확대되는 파이(이윤과 시장)를 둘러싼 형제간 투쟁이었고 국제경쟁의 불균형적 효과는 국민경제의 성장을 위협하지 않고도 IMF제도의 틀내에서 교정될 수 있었다. 이처럼 케인즈주의적 국독자는 20세기 자본주의 역사상 유일하게 조성되었던 노동자계급투쟁의 유리한 정치지형과 평균이 윤율의 개선이라는 자본축적의 물질적 토대 위에서 국가개입을 통해 개혁 과 성장의 호순환을 달성할 수 있었다.

브레튼우즈체제는 물론 내적 모순으로 불안정할 수밖에 없던 체제이었 다. 그 모순은 무엇보다도 전후 자본주의의 성장동학이 1960년대 말/1970 년대 초 한계에 부딪치자 위기로 표출되었다. 이 위기는 단순히 주기적 위 기만이 아니라 구조적 위기의 성격을 띠었다. 그것은 국독자의 조절위기로 서 케인즈주의적 국독자의 재편을 요구하는 위기였다. 케인즈주의적 국독 자의 조절위기는 외생적인 요인들이 아니라 바로 전후 고도성장의 과정에 서 성장의 조건들이 소진되고 그 내재된 모순들이 전개됨으로써 표출되었 다. 즉 자본주의적 축적과 그 모순들의 필연적인 결과이었다. 자본주의 역 사상 세 번째 조절위기인 이 위기의 근본적 원인은 고도성장하에서 발전한 생산력과 자본주의적 생산관계(특히 독점적 또는 국가독점적 생산관계) 간 의 모순과 비조응에 있었고, 그 모순은 평균이윤율의 경향적 저하에서 표현 되었다. 노자간의 역사적 타협과 국가의 경제관리를 통한 국독자의 조절이 라는 케인즈주의적 개입정책도 자본주의의 이 기본적인 위기경향을 지양할 수 없었다. 오히려 이윤율의 경향적 저하가 관철됨에 따라 노자간의 역사적 타협과 국가의 경제관리의 물질적 토대가 해체되었다. 이러한 조건하에서 케인즈주의적 개입정책은 더 이상 작동할 수 없었다. 국독자에 내재된 인플 레 경향은 구조위기하에서 스태그플레이션으로 발전하였고, 이는 케인즈주 의의 파산의 구체적 표현이었다.[14] 평균이윤율의 위기는 또한 국독자의 국 제적 조절의 토대도 침식하였다. 하락하는 이윤율과 과잉자본의 압박 속에 서 제국주의 자본들과 국가들 사이의 경쟁은 더 이상 이윤증식을 위해서가 아니라 손실의 전가를 위한 적대적 투쟁이 되었다. 자유무역제도는 크게 위 협받게되었고 새로운 보호무역주의가 창궐하였다. 스태그플레이션의 조건

---

14) 국독자하에서 불환지폐 발행과 인플레의 필연성에 대한 분석에 대해서는 AK, *Das Geld im gegenwärtigen Kapitalismus* (Berlin: Dietz Verlag, 1989) 및 上野俊樹・鈴木健 編, 『現代の國家獨占資本主義』 上, 제3장 참조.

하에서 국제수지의 위기와 불균형은 IMF제도의 틀내에서 조정될 수 없었고, 그 조정은 국민경제의 성장과 고용을 위한 정책과 크게 충돌하였다. 뿐만 아니라 유럽과 일본 자본주의의 부흥과 추월경쟁 그리고 미국자본주의의 위기로 요약되는 제국주의 국가들간의 불균등발전으로 미국 헤게모니가 위협받게 되었고, 이것 또한 미국 헤게모니 위에서 성립한 브레튼우즈체제의 근간을 무너뜨리는 데 기여하였다. 미국의 국제수지 조자의 증대 및 금준비의 저하와 함께 그것은 달러의 위기로 나타났고, 마침내 1970년대 초 금태환 정지와 IMF의 고정환율제도의 붕괴 그리고 변동환율제도로의 이행으로 귀결되었다. IMF의 달러체제에 내재한 모순, 이른바 트리핀(R. Triffin)의 딜레마가 현실화되었다.

2) 케인즈주의적 국가독점자본주의로부터 신자유주의적 국가독점자본주의로

케인즈주의적 국독자는 위기에 직면하여 재편되지 않으면 안되었다. 역사적으로는 두 개의 경향 또는 대안이 경쟁했는 바, 하나는 케인즈주의적 국독자의 위기 원인을 시장경제와 자본의 이윤원리를 침해한 개입주의 경제정책에서 찾고 사회보장과 개입주의 경제정책의 해체, 즉 탈조절과 민영화, 자유화 그리고 노동의 유연화를 통해 위기를 극복할 수 있다고 주장하는 신자유주의 대안이었고, 다른 하나는 케인즈주의적 국독자의 위기 원인을 시장경제와 자본의 운동에 대한 불철저한 제한, 즉 개입주의 정책의 제한적 성격에서 찾고 자본주의 축적의 본질적 모순에서 발전하는 위기적 경향을 근본적으로 지양하기 위해서는 오히려 국가개입을 확대해서 사회적 형태의 소유와 조절 그리고 통제를 획기적으로 강화해야 한다는 사회화 대안이었다. 양자의 대안 중 신자유주의 대안이 역사적으로 관철되었는데, 그것은 물론 계급투쟁을 통해서, 계급투쟁의 결과로서만 관철될 수 있었다. 1970년대 이래 사회화 대안은 위기의 심화와 계급투쟁의 활성화 속에서 실로 탈위기의 대안으로 제출되었고 사민주의의 급진화와 함께 사민당의 공식적인 요구로서 자리잡게 되었다. 영국 노동당의 대안경제전략(AES), 프랑스 사민당과 공산당의 공동선거강령, 스웨덴 사민당의 임노동자기금

안, 독일 금속산업노조의 철강산업 사회화프로그램 그리고 프랑스 사민당과 공산당의 공동정부에 이르는 이 시기의 사회화 프로그램은 이런 정세의 표현이었다. 15) 그러나 계급투쟁의 조건은 노동자계급에게 이미 불리하게 변화되어 있었다. 즉 2차대전 후 형성되었던 노동자계급의 유리한 정치지형은 이미 해체되어 갔다. 성장과 완전고용 그리고 사회보장을 위한 노동자계급과 독점자본가계급간의 역사적 타협 속에서 노동자들의 계급투쟁은 고용과 분배의 영역으로 제한되었고, 독점자본주의 질서 자체는 노동자계급에게 이데올로기적으로 수용되었으며, 역사적 타협의 정치체제가 체제를 둘러싼 노동자계급과 독점자본가계급간의 투쟁의 결과였다는 사실, 정치투쟁의 여하에 따라 다시 역전될 수 있다는 사실은 망각되었다. 현실사회주의의 왜곡과 변질 또한 사회화 대안을 위해 노동자대중들을 동원하는 데 질곡으로 작용하였다. 이렇게 개량주의에 물들고 이데올로기적으로 자본주의 질서에 포섭된 노동자계급으로서는 성장과 고용의 위기를 배경으로 이 역사적 타협을 공격하는 독점자본가계급의 신자유주의 공세에 대항하여 사회화대안을 자신들의 대안으로 관철할 수는 없었다. 사민당의 우경화와 사회화 프로그램의 변질 또는 폐기는 그 정치적 귀결이었다.

신자유주의 대안의 관철, 즉 신자유주의적 전환은 케인즈주의적 국독자를 신자유주의 국독자로 재편하였다. 신자유주의 전환은 그 이데올로기 선전과는 달리 시장경제로부터 결코 국가를 축출하지 않았다. 고도로 발전한 현대자본주의하에서 그것은 불가능한 것이었다. 따라서 신자유주의적 국독자도 국가와 독점자본의 결합 위에서 작동하였다. 그러나 케인즈주의적 국독자에서 국가가 독점자본의 이윤원리를 일정하게 제한하고 노동자계급의 고용과 노동조건 그리고 사회보장을 위해 경제에 개입하였다면, 신자유주의적 국독자하에서 국가는 보다 직접적으로 독점이윤의 보장을 위해 경제에 개입하였다. 이런 점에서 신자유주의적 국독자의 모순된 현상, 즉 한편에서 탈조절과 다른 한편에서 국가개입의 강화는 결코 모순된 것이 아니었다. 독점과 독점이윤을 위한 국가개입, 그러나 노동보호와

---

15) 이상의 사회화 대안을 둘러싼 토론에 대해서는 김성구 편, 『사회화와 이행의 경제전략』, 이후, 2000 및 김성구 편, 『사회화와 공공부문의 정치경제학』 참조.

사회보장을 위한 국가개입의 철폐, 그리고 독점자본을 위한 자유화, 이것이 신자유주의적 국독자가 작동하는 방식이었다. 신자유주적 국독자란 결국 1970년대 케인즈주의적 국독자의 위기에 대항하여 그 위기의 주요한 원인인 이윤율의 경향적 저하를 상쇄하고 이윤율의 개선을 통해 새로운 축적조건을 창출하고자 국독자의 작동방식을 반동적으로 재편한, 국독자의 새로운 변종이었다.

국독자의 국제적 조절과 관련해서도 신자유주의적 국독자는 심대한 결과를 가져왔다. IMF제도의 붕괴로 촉발된 국제통화제도의 위기(달러의 위기와 변동환율제도)는 신자유주의의 자유화정책을 통해서 긴정될 수 없었고 오히려 확대되고 구조화되었다. 변동환율제도는 1976년 IMF에 의해 공식화되었고 국제통화질서는 기본적으로 불안정하게 되었으며, 달러와 다른 제국주의 통화들간의 통화전쟁이 세계시장에서 국민적 독점자본간 격화된 경쟁의 주요한 수단이 되었다. 뿐만 아니라 변동환율제도로의 이행으로 통화의 성격은 크게 변화하였다. 국제화폐는 국제적인 거래와 지불을 매개하던 수단으로부터 금융자산의 하나로서 투자의 대상으로 전화되었다. 환율변동으로부터 발생하는 투기적 이득이 다름 아닌 그 투자의 토대를 이루었다. 변동환율제도로의 이행과 국제화폐의 투자수단으로의 전화는 금융부문의 신자유주의적 재편의 출발조건을 규정하였다. 한편에서 환율의 일상적인 변동의 위험으로부터 보호하기 위한 헤징의 필요와, 다른 한편에서 환율변동으로부터 비롯되는 환차익을 노리는 투기의 유인, 이 양면으로부터 자본의 자유화에 대한 압력이 증대하였다. 자본의 본성에 내재한 자본자유화의 경향은 IMF의 제한규정하에서도 유러달러의 성장 속에서 제한적으로 관철되고 있었지만, 변동환율제도로의 이행과 함께 자본자유화는 70년대 중반으로부터 90년대 중반에 이르는 시기에 OECD국가들에서 전면화되었다. 역으로 자본자유화와 함께 외환시장의 투기화도 전면화되었다. 뿐만 아니라 자본자유화는 그 자체의 논리(국민간 경쟁과 자본유출의 압력)에 의해 국민적 금융시장의 탈조절을 강제하였고 80년대와 90년대에 걸쳐 국민적 금융시장에 대한 각종 규제조처들(이자율 제한과 금융업무영역 통제 등)이 철회되었다. 1999년 미국에서는 1933년 이래 상업은행과 투자은행간의 엄격한 분리를 제도화했던 글래스-스티걸 법(Glass Steagall Act)이 마침내 지양되었다. 변동환율제도로의 이행, 국제자본이동의 완전자유화, 국민적 금융시장의 탈조절 강화의 결과, 고정환율제도와 국제자본이동의 제한 그리고 국민적 금융시장의 통제에 입각했던 IMF제도는 최종적으로 붕괴되었고, 국제자본운동과 금융시장은 마치 투기와 무절제가 지배했던 1930년대 이전의 시기로 회귀하는 양상이었다. 이 모든 것은 신자유주의하 지속되는 실물적 자본축적의 위기 위에서 전개되었다. 평균이윤율의 위기와 실물부문의 과잉축적에 직면하여 화폐자본은 실물부문으로부터 벗어나 자립화하였고 실물부문에의 투자 대신 화폐부문에서의 이윤증식을 추구하였다. 이는 변동환율제도하 자본 및 금융자유화와 결합하여, 또 파생금융상품의 개발과 정보통신혁명 그리고 각종 연기금의 성장과 어우러져 투기적 금융자본으로 발전하였다. 그에 따라 금융시장은 실물부문과 화폐부문을 매개하던 전통적인 기능으로부터 벗어나서 더욱 자립화하였고 마침내 화폐자본간의 투기적인 게임 장소로 전락하였다. 1990년대 이래 (유럽연합내의 파운드와 리라의 위기를 논외로 한다 하더라도) 멕시코, 동남아시아, 한국, 러시아, 브라질, 아르헨티나 등에서 파상적으로 전개된 국제 외환금융위기는 이와 같이 조절능력을 상실한 신자유주의적 국독자의 필연적 결과이었다.

4. 현대 금융자본과 금융자본론

1) 현대 금융자본: 고전적 금융자본론의 폐기?

국독자의 신자유주의적 전환은 금융자본의 신자유주의적 재편과 불가분의 관계에 있었다. 국독자가 국가와 금융자본의 융합과 유착 위에 성립한 것이었던 만큼, 그것은 당연한 것이었다. 재편의 핵심은, 산업과 금융간의 유착관계의 약화 또는 해체, 은행으로부터 보험회사와 연기금 등으로 금융부문의 중심 이동, 은행신용으로부터 주식과 채권발행으로의 자본조달시장의 중심 이동, 신용업무로부터 투자업무로의 은행업무의 이동, 주주가치극대화 원리의 강화 등이었다. 증권화, 초국화 그리고 투기화, 이것이 변화된 금융자본의 운동을 특징짓는 핵심적인 내용들이었다. 16)

현대 금융자본의 새로운 모습은 전통적인 금융자본론으로 설명될 수 없는 것처럼 보여졌다. 즉 전통적 금융자본론에 따르면, 금융자본은 독점적 산업자본과 은행독점자본간의 융합(레닌) 또는 산업자본화하는 은행자본(힐퍼딩)으로 이해되었고 이 개념의 중심에는 은행자본에 의한 산업자본의 지배와 사회적 재생산의 관리가 있었다. 또한 그 융합 또는 지배의 메커니즘은 무엇보다도 주식소유관계와 자금조달 그리고 인적 결합을 통해 이루어졌던 것이다. 이론과 현상간의 상위에 대한 문제제기는 급기야 전통적인 금융자본론이 오류라는 청산론으로 이어졌다. 전통적인 금융자본론에 대한 전면적인 폐기와 재구성을 요구하는 이러한 비판은 일찍기 스위지(P. M. Sweezy)와 네오맑스주의자들에서 비롯된 것이었는데, 이제 한국에서도 국독자론을 청산하는 논자들이 세계체제론과 역사적 자본주의론의 관점에서 유사한 비판을 제기하였다. 즉, 1990년대 금융자본의 변화는 미국 금융자본에 의해 주도되었던 바, 미국 금융자본은 신자유주의적 전환 이전에도 독점은행과 독점기업간의 융합의 형태로 존재하지 않았다는 것이다. 즉 미국의 금융자본은, 한편에서 산업의 독점기업이 은행차입보다는 주로 내부유보이윤 등을 통해 자금을 조달하였고, 다른 한편에서는 글래스-스티걸 법에 따라 은행의 기업주식 보유가 금지됨으로써, 은행자본(또는 금융자본)에 대한 산업자본의 자립 또는 산업자본에 대한 은행자본(또는 금융자본)의 종속의 형태로 제도화되었다고 한다. 이들에 의하면, 독점은행과 독점기업의 융합과, 그에 기초한 은행의 기업지배 관계는 금융자본의 독일적인, 또는 유럽대륙적인 특징일 뿐이다. 따라서 헤게모니 자본주의론에 입

---

16) 이에 대해 여기서는 상세히 논할 지면이 없다. 그 실증분석과 정치경제학적 의의에 대해서는 다음을 참조. Jörg Huffschmid, *Politische Ökonomie der Finanzmärkte*; Jörg Huffschmid, "Mehr Instabilität, mehr Finanzmacht und mehr soziale Polarisierung—Die Finanzmärkte und die Möglichkeiten ihrer Kontrolle," *Z. Zeitschrift Marxistische Erneuerung*, Nr. 46 (Juni 2001); Jörg Huffschmid, "Täter auf den Finanzmärkten: Konzentration, Zentralisation und neue Formen des Einflusses von Banken und anderen Finanzunternehmen," *Z. Zeitschrift Marxistische Erneuerung*, Nr. 39 (September 1999); Jörg Huffschmid, "'Dominanz globalisierter Finanzmärkte': Politische Kapitulation statt ökonomisches Gesetz," *Z. Zeitschrift Marxistische Erneuerung*, Nr. 31 (September 1997).

각하여 현대자본주의론의 일반화를 시도하는 이들에 있어, 헤게모니 자본주의인 미국자본주의의 현실에 부합하지 않는 전통적인 금융자본론(일반이론으로서의)은 폐기되어야 했다.

2) 금융자본의 개념과 유형 그리고 변종

물론 금융자본은 국가간에 그 존재형태 또는 유형을 달리하였고 또한 동일유형의 금융자본이라 하더라도 각각은 브레튼우즈체제하에서의 존재형태 또는 변종과 1980년대 이래 신자유주의적 전환 후의 변종을 달리하였다. 그러나 유형의 차이와 변종의 변화에도 불구하고 우리가 금융자본으로 개념화하는 이유는, 독점자본주의 시대 금융자본 발전의 본질적 경향, 즉 산업의 독점자본과 은행독점자본간(보다 일반적으로는 산업 및 상업의 독점자본과 화폐적 독점자본간)의 융합경향을 부정할 수 없기 때문이다. 레닌의 정의에서 금융자본이라 함은, 산업자본과 화폐자본의 구별이 없어지게 된 어떤 융합된 새로운 자본분파나, 또는 산업자본을 통합한 은행자본 아니면 산업자본으로 전화된 은행자본의 어느 것을 의미하는 것이 아니라 독점적인 이윤획득을 위해 바로 이 두 개의 독점자본 분파가 독자성을 유지한 위에서 결합한 메커니즘의 총체를 지시하는 것이다.[17] 금융자본의 국민적 유형과 변종은 바로 이 결합 구조가 국가와 시대에 따라 상이하게 제도화된다는 것에서 비롯되었다. 다시 말해 그것은 금융자본의 형성과 운동에서의 역사적, 국민적 특수성을 반영하는 것이다. 따라서 금융자본의 독일적 유형과 미국적 유형은 모두 금융자본의 특수한 유형일 수밖에 없다. 그러나 독일적 유형이 금융자본 발전의 본질적 경향, 즉 산업의 독점자본과 화폐적 독점자본의 융합경향을 보다 완전하게 실현시킨다는 점에서, 그것은 금융

---

17) 산업독점자본과 은행독점자본의 융합, 유착의 의미에 대한 상세한 내용은 上野俊樹·鈴木健 編, 『現代の國家獨占資本主義』 上, 서장 참조. 이와는 달리 工藤晃은 현대 금융자본의 새로운 형태에 주목하여 레닌의 저작으로부터 3개의 금융자본 개념(산업의 독점체와 융합하는 거대은행, 거대은행과 융합하는 산업독점체, 거대은행과 산업독점체간 융합의 총체)을 추적해서 첫 번째 개념이야말로 레닌의 올바른 개념이라고 주장한다. 거대은행과 산업독점체간 융합의 방식과 긴밀도는 국가와 시대에 따라 상이하기 때문에 이 개념을 채택하면 어려움이 발생한다는 것이다. 工藤晃, 「90年代不況と現代資本主義(下)」, 『經濟』, 1996년 9월, 106쪽 이하 참조.

자본의 일반적 개념에 보다 합당한 유형이었다. 그에 반해 미국의 금융자본은 금융자본의 본성이 보다 특수한 형태로 제도화된 유형이었다. 미국 금융자본은 독일 금융자본을 대체하는, 새로운 보편적인 형태라기보다는 금융자본의 운동에 대한 특수한 규제방식으로부터 비롯한, 특수한 미국적인 유형일 뿐이었다. 이 특수한 미국 유형에도 예외없이 산업의 독점자본과 은행독점자본간의 융합경향이 작동하였고, 바로 그 때문에 그 특수한 규제방식이 필요했던 것이었으며, 그럼에도 불구하고 그 융합경향을 저지할 수는 없었다. 그래서 금융자본의 개념은 미국자본주의에 대해서도 유효한 것이라 하지 않을 수 없다.[18]

금융자본의 본성은 신자유주의적 전환에 의해서도 탈각될 수 없었다. 신자유주의적 변화는 어디까지나 상대적 성격의 것이었다. 산업과 금융의 융합으로서 금융자본의 구조는 독일에서 아직도 해체되지 않았고, 미국의 금융자본 또한 기관투자가와 투기자본의 의의 증대에도 불구하고 전통적인 금융자본의 요소들을 폐기할 수 없었다. 원래 화폐자본의 산업자본으로부터의 자립화와 투기자본화는 금융자본으로서의 통일성에 비교할 때 어디까

---

18) 독점자본주의 단계로의 이행으로부터 1930년대에 이르는 시기 미국자본주의에서 산업독점자본과 은행독점자본간의 융합경향은 부정할 수 없는 현실이었다. 바로 이런 현실 때문에 글래스-스티걸 법이 제정되었고, 이는 은행의 주식보유를 법률적으로 금지시킴으로써 미국 금융자본의 형성 역사에서 발전해온 산업의 독점자본과 은행독점간의 융합경향을 제도적으로 저지하는 데 분명 기여하였다. 뿐만 아니라 은행의 집적과 집중을 규제하는 각종 은행관련법도 융합경향의 발전을 저지하는 요소로 작용하였다. (1주1행[1州1行] 원칙, 주간[州間] 지점설치 금지, 주내[州內] 지점설치 제한, 은행주식의 보유제한, 은행지주회사의 합병 제한 등.) 그러나 1960년대와 70년대에도 미국 금융자본은 의연히 산업과 금융의 결합으로서 존재하였다. 산업자본과의 관계에서 은행자본의 제한된 자리에는 보험회사 등과 같은 다른 금융기관이 대신하였다. 뿐만 아니라 은행의 주식보유 금지에도 불구하고, 은행과 산업간에는 자금조달과 (비록 분산적이지만) 주식보유 그리고 광범위한 인적 교류를 확인할 수 있었다. 이에 대해서는 吳天降, 『アメリカ金融資本成立史』, 有斐閣, 1971 및 松井和夫, 『美國金融資本の支配構造』, 국역, 좋은책, 1986(1989) 참조. 1980년 이전 미국 금융제도에 대한 간략한 개관은 立脇和夫, 『アメリカの金融制度』, 教育社, 1979 참조. 1980년대 이래 세계적인 금융자유화와 글로벌 경쟁의 강화 속에서 미국은 1999년 말 글래스-스티걸 법을 지양하였다. 이로써 미국 금융자본은 상업은행과 투자은행의 제도적 분리와 상업은행의 기업주식보유 금지라는 법적 제약으로부터 해방되었고 새로운 운동의 계기를 갖게 되었다. 이 시기 미국의 금융자유화와 이 법의 제정 및 폐기의 역사에 대한 간략한 소개는 홍영기, 「미국 금융시스템의 위기와 대응—80-90년대 변화를 중심으로」, 김진방·성낙선 외, 『미국자본주의의 해부』 참조.

지나 상대적인 의미로만 해석할 수 있는 것이다. 왜냐하면 화폐자본의 증권화, 투기화에도 불구하고 화폐자본의 수익의 토대는 언제나 실물자본이며, 실물자본의 안정적 지배와 이를 위한 화폐자본과 실물자본과의 독점적 결합경향은 화폐자본의 투기화 속에서도 관철되기 때문이다. 즉 산업의 기업과 금융기업의 지배를 위한 지배적 주식지분은 금융세계화가 지배하는 오늘날의 자본주의에서도 여전히 중요하다. 물론 투기적 화폐자본의 운동에 의해 산업자본과, 그에 따라 노동자계급에 강요되는 구조조정과 경영합리화의 압력은 부정할 수 없겠지만, 그러나 주주계급에 의한 이런 압력은 새로운 것은 아니었다. 브레튼우즈체제하에서도 노동자계급을 압박한 것은 언제나 주주계급(무엇보다 대주주들)과, 주주계급에 의해 압박되는 산업자본이었다. 새로운 것의 본질은, 브레튼우즈체제하에서는 (독점)이윤에 대한 (대주주들과) 주주계급의 전일적이고 배타적인 요구가 노동자계급의 정치적 압력하에서 사회적으로 제한되고 통제되었던 반면, 신자유주의적 전환 후에는 그 제한과 통제 장치가 철폐되어 (독점)자본의 무절제한 이윤요구가 해방되었다는 점에 있었다. 자본자유화와 금융자유화 그리고 신자유주의 유연화에 의해 노동자 착취의 강도는 훨씬 높아졌고, 바로 이 점에 산업자본과 화폐자본의 공통의 이해, 나아가 양자의 융합으로서 금융자본의 고유한 이해가 놓여있었다. 이에 비해 브레튼우즈체제하 금융자본(화폐자본)의 산업자본에의 종속으로부터 신자유주의하 금융자본(화폐자본)의 산업독점자본으로부터의 자립과 그 지배로의 전환은 부차적인 측면이었다. 따라서 브레튼우즈체제로부터 신자유주의 지배체제로의 전환은 금융자본 내에서의 화폐자본과 산업자본의 위상 변화를 부차적인 측면으로 내포하면서도 기본적으로는 금융자본과 노동자계급의 역사적 타협으로부터 그 타협의 파기와 적대적 투쟁으로의 전환이 본질적 측면을 이루는 것으로 이해해야 한다.[19] 결국 신자유주의적 금융재편은, 신자유주의적 국독자로의 전환

---

19) 이와 관련하여 Schulmeister는 이해동맹관계의 변화를 다음처럼 설명한다. 1950-65년 시기 금융자본(화폐자본)에 대항하는 실물자본과 노동자계급의 동맹관계는 1965-80년의 시기에 해체와 재편과정을 거쳐 1980-97년의 시기에 노동자계급에 대항하는 실물자본과 금융자본의 새로운 동맹관계로 대체되었다. 그에 따르면, 1980년 이래 현재의 시기에 실물자본과 금융자본간에는 물론 경제적 이해가 대립되었지만(금융자본에 의한 실물자본의 압

이 국독자의 해체가 아니라 그 변종의 변화를 의미했듯이, 금융자본의 본질의 해체가 아니라 그 융합이 조직되는 제도적 방식의 변화, 즉 금융자본의 변종 변화를 가져왔을 뿐이다. 이러한 이해로부터만 신자유주의 금융재편에 대항하는 노동자계급의 전략도 국제투기자본의 운동과 그 통제만이 아니라 기본적으로는 산업자본과 화폐자본의 융합으로서의 금융자본 자체의 사회화와 이에 대한 대중적 통제를 조준해야 한다는 중대한 결론이 도출될 것이다.

5. 맺음말

국독자론과 금융자본론을 둘러싼 이상의 논쟁으로부터 한국에서 국독자론이 얼마나 천박하게 청산되었는가를 이해할 수 있을 것이다. 이 청산은 근본적으로 잘못된 것이다. 국독자론과 사회화 강령의 청산은 단지 이론진영내에서의 청산에 그치지 않았고 노동자운동의 조직과 전략 그리고 전망에도 심대한 영향을 미쳤다. 노동자계급이 어떤 조직형태와 이데올로기를 가지고 어떤 대안을 제출해서 어떻게 투쟁해야 하는가에 대한 실천진영의 혼란과 전망부재는 실천적인 정세의 변화에 기인할 뿐 아니라 이론진영의 무책임한 해체의 결과이기도 하다. 이러한 혼란과 전망부재는 두 개의 위험한 운동경향, 즉 실용주의적인 개량주의 (노동)운동과, 그 대극으로서 공상주의적인 급진적 (노동)운동이 발전할 토양을 제공할 것이다. 따라서 이론과 실천의 연관되어 있는 모든 문제들을 다시 토론으로 가져와서 심층적으로 검토할 것이 요망된다. 맑스주의를 이론적 토대로 하는 논쟁이라면, 그것은 국독자론과 사회화 강령의 복원을 전제로 하지 않을 수 없다. 왜냐하면 현대자본주의에 대한 맑스주의의 분석은 국독자론을 피해갈 수 없기 때문이다.

박), 노동자계급에 대항하는 양자의 정치적 이해가 경제적 이해틀 보다 압도하였다. Stephan Schulmeister, ″Der polit-ökonomische Entwicklungszyklus der Nachkriegszeit.″

e-맑스: 네트워크기업시스템

백일(울산과학대, 경제학)

1. 문제제기

네트워크란 흔히 '연결(連結)의 경제' 또는 '지속적인 연결관계'로 개념화된다. 네트워크는 의사소통(communication)을 수반하는 것으로서 언어·문자·소리 빛 등 각종 신호와 교환단말, 교통수단 등으로 네트워크가 구성된다. 여기서 말하려는 네트워크는 이러한 각종 네트워크수단이나 기초적인 연결상태가 아니라, 항상적 연결상태인 기계적 네트워크, 즉 인터넷 환경하에서 발달한 디지털 네트워크(이하 네트워크)를 가리키며, 이를 기업의 조직적 효율에 응용한 디지털 네트워크기업시스템이 주요 주제이다.

디지털 네트워크에서는 흔히 네트워크효과 또는 네트워크 외부성이 강조되며, 이는 가입자수의 제곱에 비례한다는 메칼프효과로 대표되곤 한다. 네트워크가 구성되면 각종 네트워크 효과가 발생하는데, 기업들은 이를 수확해서 이익을 보려 할 것이다. 그러므로 네트워크 내부에서 시장경쟁이 발생하며 이는 네트워크에도 사적 이익화 내지 집적과 집중, 시장실패 요인이 기본적으로 잠재하고 있음을 가리키는 것이다.

시장방식으로 대응하는 기업들의 본질적 한계는 무정부적 존재양식이다. '만인에 대한 만인의 투쟁'을 기본법칙으로 하는 이른바 자본의 한계는 초기 이상주의자들과 맑스를 비롯해 다양한 스펙트럼으로 명멸했던 대안의 등장에도 불구하고, 현실사회주의 붕괴, 수정자본주의의 심각한 거품 등으로 여전히 본질적인 문제로 남아있다. 이른바 '대안'에 대한 다른 각도의 고민이 계속될 필요가 생긴 것이다.

이 문제에 대해 접근하는 우리의 방법론은, 첫째 본질적인 측면에서 맑스의 자본비판과 대안에 대한 단상이며, 둘째 실제 성과를 보이고 있는 자본주의 네트워크기업시스템의 생산성이다. 맑스의 한계는 자본발달이 아직 미성숙한 시대적 제약 때문에 대안구상이 추상수준의 발상에 그친다는 것이다. 예컨대 맑스는 시공의 급속한 단축은 예견하였을지언정, 시·공간의 항상적 연결상태, 가상공간을 가정할 수 없었다. 따라서 이 문제는 맑스 시대의 한계에 현대 자본주의의 발달상황을 연계해서 해석하는 과제로 제기된다.

디지털 네트워크 거래와 재래식 거래의 차이는 공간환경의 차이, 즉 가상공간(space 또는 가상시장[e-marketplace])과 현실공간과의 차이다. 오늘날 네트워크기업시스템은 이러한 e-환경을 활용해 여러 측면에서 자본간 협력을 도입함으로써 총체적인 시스템 비효율을 축소하려는 방식으로 해석되고 있다. 네트워크기업시스템은 인터넷 환경을 이용한 자본의 자기수정 프로그램으로서, '가격수단 폐지'와 같은 맑스의 대안적 단상과는 원칙적으로는 대비시킬 수 없는 것이지만, 자본의 한계를 축소시키는 '일반론'적인 생산성의 원리로서는 접근될 수 있다고 생각된다. 공간집약은 현실공간이든 가상공간이든 관계없이 총자산의 가치절약이라는 측면을 반영하는 것이며, 생산수단의 집적과 공동수단화라는 기본원리가 적용된 것이기 때문이다. 여기에 경영의 진보형태인 전사적 자원관리시스템(ERP)이나 가치사슬(value chain) 등의 기술과 이론은 기업간 경쟁을 지양하며 관리효율과 기업간 협력을 앞세워 자본의 무정부성에 대한 자발적이고 합목적적 통제를 운영원리로 하는 것이다. 이는 활용하기에 따라서 총괄적 기업시스템의 효율이라는 대안적 원리를 찾아가는 실증적 통로가될 것이다.

생산적이지 않으면 어떠한 시스템도 도태될 수밖에 없다. 'e-맑스'를 가정한 것은 어떤 대안도 '생산성'을 전제로 해야 된다는 생각 때문이다.

2. 네트워크분업과 네트워크 균형수단

네트워크기업시스템은 일종의 기업분업시스템이다. 그러므로 현대의 네트워크에 대응하는 맑스 이론의 기초는 분업론이다. 맑스의 분업이론은 그 시대의 분업발달수준인 일국내 매뉴팩쳐분업과 사회적 분업론으로 압축되며 동시에 시대적으로 제약되어 있다. 그후 분업의 발달과정으로 두드러진 현상은, 이른바 '구상과 실행 분리'의 테일러주의 및 신테일러주의 등 노동과정의 변천, 둘째 네트워크분업,[1] 즉 국제분업과 네트워크분업의 출현이다. 국제분업과 네트워크분업의 차이는 첫째, 수직적 계층화와 수평적 조직인가라는 기업조직구성상의 차이, 둘째 국제적인가 국내적인가라는 기업결합시스템의 국지성(局地性)을 기준으로 한 것이다. 이를 다양하게 결합하면, 기업내(intra-firm), 기업간(inter-firm), 기업외(extra-firm) 분업, 국내수직분업, 국내수평분업, 국제수직분업, 국제수평분업 등으로 조합해서 분류할 수 있다.

1) 맑스의 분업이론과 네트워크분업

맑스에 의하면 매뉴팩쳐분업은 독립적으로 분산된 부품들이 결국 한 사람(또는 자본가)에게 집합되는 과정에 초점을 맞춘 공정결합과정의 분업과, "서로 연관된 전후단계들을 통과하는"[2] 단계수렴과정의 분업으로 구분되고 있다. 물론 후자가 보다 발전되고 완성된 형태이며, 그 특징은 상이한 생산단계들의 고립화와 상호독립화를 요구한다는 것이다. 매뉴팩쳐 분업이 그 전단계인 독립수공업자의 소생산에 비해 생산적인 이유는 크게 세 가지

---

1) 네트워크 분업은 상업적으로 독립된 기업체들이 거래하는 수평 시스템이다. 이것이 일반적인 시장거래와 다른 점은 다양한 네트워크구조에 결합되는 상호의존도와 강제성을 갖는다는 것이다. 강도면으로 보면 시장은 가장 느슨한 형태의 네트워크, 수직적 위계조직은 가장 강력한 네트워크이다. 수직적 위계조직간 거래가 주로 비시장방식(경제외적 강제와 권한 등)에 의해서 거래된다면, 네트워크 분업의 기본은 시장거래와 수평시스템을 기본으로 하며 위계보다는 동등한 자격으로 전문화되고 있다는 것이 차이다. 어원적으로 보면 네트워크란 단순히 연결의 개념이기 때문에 '수직'과 '수평' 모두에서 통용되는 것이다. 그러나 여기서는 수평적 네트워크의 개념을 주로 강조하며 의미상으로 제한한다.
2) K. 마르크스, 『자본론』 I(상), 김수행 역, 비봉출판사, 1989, 440쪽.

요인이다. 하나는 같은 공간에서 동시작업이 수행됨으로 인해서 시간·공간상의 일치가 작업능률을 향상시키며, 둘째는 독립적인 생산노동자들이 각각 단 한 가지 세부작업에 결박됨으로써 노동과정의 '사회적 조직화'가 전개되기 때문이다. 이것이 보다 생산적인 이유는 총과정이 연쇄적이고 유기적으로 이루어지기 때문인데, 그전에는 서로 다른 노동량이 투하되어야 하는 이질적인 작업의 경우에도 이제는 노동과정의 단순화에 의하여 투하노동량의 몇 배라는 단순계산으로 대치할 수 있어서 작업이 끊어지지 않으며, 질·양적인 생산수준의 동시적 발달이 이루어지는 토대가 된다. 셋째 다양한 메뉴팩처간 결합은 생산성을 증가시킨다. 그러나 기술적 통일성을 이루지 않아 제약이 발생한다는 한계가 있다. 그 통일성은 "메뉴팩처가 기계에 의한 생산으로 전환될 때 비로소" 해결된다. 여기서 말하는 기계란 단순히 생산수준의 발달형태만을 의미하는 것이 아니라, 작업과 부품간의 통일성, 즉 단순화와 규칙성을 지칭하는 것이다. 이 과정은 노동력의 등급제 전환을 기계적으로 확대시켜, 미숙련노동자 부류를 만들어내고 노동력의 가치저하를 유발하였다. 마침내 노동력의 상대적 가치저하는 자본의 가치증식의 보다 높은 정도를 내포하며, 노동력 재생산에 필요한 필요노동력의 단축은 상대적으로 잉여노동의 영역을 확대한다.

교환은 기존의 상이한 영역들을 사회 전체적으로 총생산과정상의 상호의존적인 부문들로 전환시키며 사회적 분업은 이 과정의 산물이다. 이 분해과정은 다른 공동체와 상품교환으로부터 큰 자극을 받으며 각종 작업들을 연결하는 유대관계의 기초는 상품 생산물의 교환이다.

그러나 맑스의 분업론은 여기서 중단되었다. 그렇게 된 두 가지 이유는 첫째 생산수준 발달의 시대적 한계, 둘째 맑스의 분업관과 사회발전관 그 자체 때문이다.

먼저 맑스는 작업장내 분업에 주초점을 맞춘다. 노동력 가치인하와 기계화는 사실은 동시적인 것으로서 맑스는 노동력 등급화와 미숙련노동력의 양산에 집중하며, 그것의 독립성에 중대한 의미를 둔다. 그렇다면 분업의 2단계인 사회적 분업에서는 생산방식이 어떻게 규율되며 각각의 독립작업(독립생산물)이 어떤 작용으로 조합해서 상승하는가. 맑스는 독립작업의 상승효과를 가치법칙과 '끊임없는 균형'과정으로 설명하고자 한다. 정상적인 시장거래는 치열한 가치법칙과정으로 모든 상품가치가 매겨지며 한치의 빈틈이 없다. 그러나 이 균형작용은 '균형의 끊임없는 파괴에 대한 반작용'의 일환일 뿐이기에 근원적 한계를 가지며 작업장내에서는 계획적으로 적용되던 규칙이 사회적 분업에서는 균형과 끊임없는 균형의 파괴로 나타난다.

'만인에 대한 만인의 투쟁'으로서 생산자들이 대립되면 균형이 파괴된다. 그렇다면 이에 대한 맑스의 대안은 무엇인가. 이를테면 파괴되지 않는 균형이나, '잉여가치의 자본으로 독점적 전유'라는 문제를 해소하는 그의 추상수준은 무엇인가.

이른바 맑스의 '대안'에 대해서는 그간 숱한 토론이 있어온 바이다. 그러나 맑스의 정통한 '적자'를 판정하기 전에 이는 개별적 해석3)의 차이이며 다양한 해석만큼이나 '대안'의 모호함과 추상성을 가리키는 것이다. 여기서는 맑스 대안의 추상성에 대한 훈고학적 문자해석은 포기하며, 그보다는 맑스가 자본비판에 주력하기 때문에 발생하는 그 후 '대안'에 대한 연구단절 시스템의 순환논리에 더 흥미를 둔다. 예컨대 대부분의 맑스 저작에서는 자본비판이 전개되다가 그 극복형태나, 자본이 제거된 다음에 전개되어야 할 세계의 연구가 생략된다. 맑스의 정치경제학 체계는 자본의 분해에 초점을 맞춘 것이기에 그 이상의 해석은 무리한 작업일 수 있다. 그러나 비판과 '그 후 사회'가 말 그대로 변증법적 산물인 한, '대안'의 제시는 불가피한 것이며, 맑스가 그 구체성으로 돌입하지 못한 이상, 이른바 정통한 맑스의 '대안' 해석은 없다는 것이다. 따라서 우리는 원점으로 다시 돌아가서 자본 그 자체에 대한 생산성과 한계로부터 출발하지 않을 수 없는 것이다.

사회적 생산성 혁명으로 분업을 지목한다면 문제의 발단은 이 과정이 어떻게 '생산성 혁명'을 유발하는가이다. 가령 '시공간 일치'효과 등 맑스의 분업효과 기초분석은 과연 기술이 고도화된 상태에서도 타당한가. 연구가 중단된 끊임없는 균형의 파괴에 반대되는 '균형의 계속' 추구 조건은 무엇인가.

---

3) 맑스 대안의 추상성에 대한 이견과 각종 문헌해제에 대한 기초연구로는, 윤진호, 「노동자생산협동조합에 관한 이론적 고찰」, 『사회경제평론』 12호, 1999년 참조.

먼저 전제할 것은 기초분석은 여전히 유효하다는 것이다. 예컨대 시간·공간 일치효과는 물리적 공간으로부터 현대기술의 극한인 가상공간으로 확대해도 기본원리는 일관되게 작용한다. 노동력 가치 인하와 기계화는 독립작업의 확대와 일치하며, 그것의 보다 발전된 형태는 작업표준화 또는 모듈(modul)화이다. 생산물의 모듈화가 이전 시대보다 진보된 작업방식인 이유는 모든 작업이 표준화됨으로 인해서 작업장내 분업에서만 생산방식이 균일화되는 제약으로부터 벗어나며 작업장 밖에서도 작업의 '단계적 수렴화'가 가능하기 때문이다. 이제 생산은 한 작업장내에만 제한될 이유가 없으며, 물리적 공간집약의 제약으로부터 해방된다. 총괄적으로 네트워크 분업시스템이란, 물리적 작업은 독립적으로, 그 조합(부분품의 조합과 거래)은 가상공간(가상시장 e-marketplace)상에서, 실제의 결합은 조립공장의 형태로 분화되는 시스템을 일컫는다.

'맑스'분업론의 난제는 작업장내 '독재'상태가 구현되지 않는 작업장 밖 분업, 즉 사회적 분업의 균형과 불균형의 처리문제다. 마찬가지로 '가상시장 e-환경하에서 사회적 분업이 조율될 수 있는가'라는 의문도 결국 균형의 문제이다.

가장 이상적인 조합은 각 부분품(부분노동)의 사회적 집합이 완전하게 통제되는 경우이며, 그렇게만 된다면 더 이상의 문제는 없는 것이다. 예컨대 사회적(국제적) 수직 계층화에 의한 분업의 여러 발달양태로서 트러스트, 콘체른, 초국적기업 등은 사실상 동일 작업장 안, 기업내 거래이며 사회적 분업의 한계를 완전통제되는 '규모의 경제'로 대체 해소한 것이다. 그러므로 다음 단계의 논의는 소위 '규모'를 극대화한 균형은 얼마나 지속될 수 있는가 하는 것이다.

맑스가 작업장내 분업을 주시하는 것은 독립작업으로 분화된 업무체계와 지휘계통의 일사불란함이 상승하고, 시장거래가 없음으로 그 내부에서는 가치교란의 여지가 없기 때문이다. 이를 맑스의 '대안에 대한 단상'과 연루시킨다면, 자본주의 시장의 상승작용의 본질적 한계를 계획으로 대체하려는 구상[4]의 기원을 도출해낼 수 있다.

수직 계층적 분업은 계획에 의해 통제된다. 이것은 체제나 기업체계의 종류에 관계없이 작업장분업의 범주내에 속하는 것이며, 그것이 수직 분업의 본질적 효율이다. 그러나 이는 다시 수직계층화의 조직적 한계와 사회적 분업으로 불가피한 외연적 확장이라는 두 가지 차원의 효과검증 절차를 거쳐야 한다. 수직 계층화의 조직적 한계란 위계의 효율저하를 말하는 것으로 흔히 노동소외, 단순 반복에 의한 학습 및 창의력 저하, 작업의 수동성과 감독노동비용 증대, 내부자 담합 등의 현상을 가리킨다.

이중 자주 거론되는 항목으로는 분업에 의한 '능력과 창의력의 퇴화'가 대표적이다. 심지어 스미스(A. Smith)는 자본주의 태동기부터 이미 우민화의 문제점을 지적하고 '국민교육 권장 실시'를 주장할 정도였다. 지나친 전문화에 따른 종합성의 단절도 흔하게 거론되는 항목이다. 조직의 비대화는 기만 (주인-대리인관계)의 확률을 높이며, 관료주의를 낳는다. 대량생산체계에서는 효과적이나, 유연생산체계에서는 비효율적이다. 호황기보다는 불황기에 바로 그 '규모의 경제' 때문에 큰 충격을 낳으며 대공황의 빌미를 제공한다. 위계 조직의 전환 압박은 작업장 분업에 본질적으로 내재해있는 전반적인 노동력가치저하 속도의 둔화에 영향받은 것이다.

마지막으로 위계의 비효율은 사회적 분업에 직면해서 더 상승한다. 흔히 '잉여가치의 전유'의 모순, 또는 자본과잉과 독점의 비효율로 호칭되는 것이다. 모든 자본이 단일자본으로 통합될 수 없다는 것과, 통합된 단일자본이더라도 잉여전유가 집중되면 총소비부족과 자본순환적체가 발생해서 독점은 끊임없는 균형의 파괴위험에 직면한다. 종국적으로 (카르텔) 협약이 깨지고, 트러스트가 붕괴하며, 자본의 해외유출(상품수출과 자본유출), 경기부양(소비증강과 재정적자), 교외개발(도시팽창, 교통수단확대, 부동산부양) 수단이 동원되는 것은 균형의 내부해결보다는 외부로 전가하고, 거기서 증강된 새로운 균형으로 해결하는 편이 훨씬 손쉽기 때문이다. 이는 자본팽창의 원리, 강제수요창출과정이며, 제국주의는 그것의 전형이다.

---

4) "사회적 생활과정 즉 물질적 생산과정은, 그것이 자유롭게 결합된 인간들에 의한 생산으로 되고 그들의 의식적 계획적 통제 밑에 놓여지게 될 때, 비로소 그 신비의 베일을 벗어버린다. 그러나 그렇게 되기 위해서는 사회는 물질적 토대 또는 일련의 물질적 존재조건을 가져야 하는데, 이 조건 자체도 또한 하나의 길고 고통에 찬 역사적 발전의 자연발생적 산물인 것이다"(『자본론』 I〔상〕, 100쪽).

2) 시장외적 네트워크 균형수단: 담합과 국제수직분업

외부로의 탈출은 내부균형의 해결상태가 아니므로 모순은 내부에 여전히 잠재되어 있다. 내부균형을 이루려는 자본주의시스템의 수단은 경쟁완화와 시스템 효율 증강의 두 가지로 압축할 수 있다. 이는 무한경쟁을 회피하고 협력하는 방식이며, 시장균형을 기피하고 시장외적 수단에 호소한다는 점에서는 맑스의 취지와 동일하다.

기업간 경쟁완화의 고전적인 형태는 담합, 즉 가격·수량조절협상인 카르텔이다. 그러나 이는 깨지기 쉬운 속성과, 균형 지속을 보장할 수 없다는 문제가 있어서 수직 위계형으로 진화하였다. 1970-80년대 유행했던 국제분업은 대개 이와 같은 수직 위계유형의 조직이며, 그 배경은 기존 균형의 파괴, 불황이다. '전반적 위기론'은 이러한 경로를 분석한 1970-80년대의 대표적인 학설이며, 이는 끊임없는 세계시장 균형 파괴현상에 영향받은 것이다.[5] 국제분업에 대한 강력한 비판자 중 하나인 초국적기업(Transnational firm)론에서는 카르텔은 균열회피수단으로 독점적 지위를 강화하고 '다른 나라에 구축된 판매기지를 확대'하는 국제콘체른의 해외팽창[6]으로 진행한다고 설명한다.

수직위계형보다 발전된 형태는 수직 위계에 수평시스템을 도입한 복합기업(콘체른의 변종)이다. 복합기업에서 수평수단인 이윤센터 등의 도입은

---

5) 초기 국제분업의 아시아모형은 1970-80년대 신흥공업국가(NICs)와 다국적기업과의 관계로 구성되며, '기업내 국제거래'(intra-firm trade)로 호칭된다. 이 시스템은 저임금노동력에 기초한 부분품, 반제품 등의 중간재를 생산하는 생산기지로서 아시아 신흥국가와, 대개 미국의 중심 모회사가 이들 자회사를 통제하는 양상으로 구성된 위계형 국제분업이다. 국제하청생산과 미국기업 주도가 주요 특징이며, 배경을 전후 미국의 근수산업시스템의 위기로 보는 국제시스템적 시각과, 이전가격에 의한 가격조작과 조세회피(tax haven)를 목적으로 한 기업자구노력의 일환으로 보는 미시적 시각으로 양분할 수 있다. 어떤 경우이든 경영양식은 가공수출형에서 '현지생산으로 이행, 또는 재외생산거점으로부터 제품·부품 수입이라는 기업내 무역'을 강조하며, 모회사의 (세계) 판매망을 이용해야 하기 때문에 생산 판매상의 역할 명확화, 기업내 분업관계를 기본으로 한다.

6) A. 부주에프, 『초국적기업과 군국주의』, 강동일 옮김, 새길, 1988, 76쪽.
콘체른 형식의 초국적기업은 형식상 독립적이지만 주식을 통해 금융적으로 통제되는 기업결합체이다. 부주에프 등 초국적기업 이론가들은 군수자본 위기로 츠국적기업의 출현배경을 설명하나, 이는 군수산업만의 국제화, 즉 설명범주의 자기제약과 숙명론의 위험이 있다. 군수산업 팽창은 초국적기업 확대의 주현상이나, 모든 국제분업이 군수산업 일색인 것은 아니다.

자율적 관리규율과 분권, 생산동기 유인을 조화시키는 시도로 간주되는 것이다. 예컨대 복합기업 M형 조직은 기업내 수개의 경제활동 구별, 별개사업부 확립, 부서별 분권화와 영업상 책임, 전략기능과 재무관리기능의 기업본부 집중이라는 4가지 특징[7]을 가지며, 목적추구, 감독, 충원, 자원배분에서 효율적인 것으로 분석되고 있다. 반대로 말하면, 전통적 위계의 한계 범주에 속하는 궁극적 목적 저하, 관리감독비용 증대, 인력충원 자원낭비 등이 결국 복합기업조직 출현 배경이 된다.

기업내 분사, 아웃소싱, 생산전문기업 등 수평시스템 각 단위들의 균형은 평균적으로 장기화하는 경향으로 나타나고 있다. 이러한 네트워크 균형을 유지하는 힘의 원천으로는 전략적 제휴와 자율성이 지목된다. 전략적 제휴와 공유, 자율성[8]과 창발성은 네트워크 분업을 특징짓는 가장 흔한 설명 용어이다. 예컨대 일본의 초기 네트워크 이론가인 이마이(今井賢一)는 '정보·지식의 풀(pool)이 형성되어…관계하는 사람들로 구성된 네트워크에 의해 그것이 공유', '새로운 유형의 경쟁적 협력관계' 등의 설명을 자주 구사하며, 네트워크 분업을 정의하는 데 있어서도 '각각의 자율성을 지니면서도 밀접한 상호의존관계에 있는 분업'[9]으로 개념화하고 있다. 그렇다면 네트워크는 항상 균형되는가.

아시아지역 위계 시스템은 수평 네트워크 확대의 전환기를 맞이하며, 그 지역적 초점은 중국이다. 예컨대 중국의 네트워크분업 초기발달체계는 사회주의기업과 자본주의 사기업간의 네트워크가 형성된 경우다. 그 기초 기반은 흔히 '대나무네트워크'(bamboo networks)[10]로 불리며, 이는 중국 특

---

7) O. Williamson, "The Morden Corporation: Origins, Evolution, Attributes," *Journal of Economic Law*, 1981; 이규억·박병형, 『기업결합』, 한국개발연구원, 1993 참조.

8) 네트워크분업의 주동력에 대해서 이마이는 기업가의 역할과 혁신, 카네코는 자율적 연계와 '전체로서의 질서를 만들어가는 과정을 중시'(박용관, 『네트워크론』, 커뮤니케이션북스, 1999, 59쪽)하는 편이다. 이것은 네트워크효과를 기업가와 조직 중 어느 한쪽에 중심을 두는 관점의 차이 때문에 발생하는 것이다. 이마이가 상대적으로 슘페터류의 기업가 혁신론쪽 경향이라면 카네코는 조직과 질서를 강조한다는 점에서 시스템론적 사고라고 할 수 있다.

9) 이마이 겐이찌(今井賢一), 『イノ〜ションと組織』, 김동열 옮김, 『기술혁신과 기업조직』, 비봉출판사, 1992, 432쪽.

10) 밤부네트워크는 세계화상네트워크, 商會資料, 商團資料, 商號資料, 商務機會, 商業廣

유의 인적·사회적 관계에 기인한 것이다. 11)

동아시아 지역네트워크는 홍콩-대만-중국을 잇는 중화네트워크, 한국-발해만 네트워크, 미국 또는 일본과 중국간의 네트워크 등으로 구성된다. 물론 그 결합성격과 조직형태, 목적은 일괄적이지 않으며, 유명한 실리콘밸리 네트워크 또는 '제3 이탈리아지구' 등 선진 산업지구 네트워크의 성격과도 다르다. 어느 경우이든 동아시아네트워크는 과거의 모사-자사관계로 이루어진 수직 위계조직 일색이 아니며, 후반기로 갈수록 수평적 네트워크화의 범주로 분류된다. 이것은 어떻게 다른가.

초기 동아시아지역의 수직 위계조직은 자사가 현지에서 낮은 기술수준의 부품을 생산하는 부품기지화 역할을 주로 수행하며, 본사는 핵심기술로 자사를 통제하는 것으로 분업화되었다. 예컨대 모사는 제품개발 고부가제품(고화질 TV 컴퓨터), 핵심부품생산 공급 등의 역할을, 자사는 현지에서 조립생산 또는 낮은 기술단위 부품을 생산하는 상·하급 수직분업절차를 철저히 유지하며, 이러한 관계는 초창기 '미국-일본', 중반기 '미·일과 신흥공업국가', 후반기 '미·일·신흥공업국가와 중국'으로 이 전절차를 거쳐, 기업내 거래, 수직분업의 주축을 이루었다.

그러나 현지공장에서 생산한 부품이 이전처럼 모회사에 독점 공급되지 않으며 세계 각지 및 모든 기업으로 공급되는 시스템이 발달하면서 수평적 조직편재가 시작되었으며, 섬유 자동차 전자산업들에서 먼저 이런 관계가 발달하였다. 예컨대 자동차산업은 1997년 세계외환위기 이후 현지국가들의

告, 人事動態, 경제 최신동향 등 9개 시스템으로 구성되어 있다. 중국계기업의 모든 자료와 동태가 수록 제공되며, 취급품목과 연락처까지 확보되었다. 이에 대해서는 M. Weidenbaum & S. Hughes, *Bamboo Network*; 지해범 역, 『화교네트워크』, 세종연구원, 1998; 홍성범 외, 『중화네트워크와 기술혁신의 블록화』, 과학기술정책관리연구소, 1998 참조.

11) "GSCR의 네트워크는 홍콩 타이완 출신의 투자자와 중국의 지방정부관리, 외자기업과 현지기업, 모기업과 부품공급업자, 원청업자와 하청업자, 구매자/무역상과 하청생산자가 얽히고 설키는 관계를 내포하고 있다. 이 중층적 네트워크를 통해 GSCR은 홍콩이나 타이완의 본사나 무역·금융기관을 매개로 미국 등의 선진국 시장과 연계도 면서 동시에 농촌의 소규모 영세업자나 가내수공업자까지 연결되어 이른바 지구화와 지방화를 함께 결합하게 된다"(조명래, 「동아시아의 초국경적 네트워크와 거버넌스」, 『공간과 사회』 15호, 2001년, 110쪽).

자동차 수요 감소, 완성차 조립과정의 이윤감소, 환경 및 안전기준 강화에 따른 연구개발비용 증대 등의 요인으로 부품개발 및 단품조립 등을 부품업체에 총괄적으로 이관하고 과감하게 비용인하를 단행하는 네트워크분업시스템으로 먼저 전환하였다. 이른바 부품의 모듈화와 부품의 범용화는 자동차 생산비용의 하방압력의 결과[12]이다.

중국의 기업간(inter-firm) 수평 네트워크 분업의 증대원인도 같은 경로에 따른 것이다.

첫번째 사례는 계열기업내 폐쇄공급체계를 완전히 탈피하여 범용 부품공장화하며 개방형 조달체계가 구축된 경우다. 톈진(天津)에서 CRT(음극선관〔陰極線管, Cathode Ray Tube〕)공급이 그런 경우로서, 단일 회사의 기업내 자가공급시스템을 넘어 수급경로가 "삼성전관 중화잉관 LG 등으로 세분되었으며 튜너 등 주요부품 생산 역시 삼성전기와 필립스 등 현지 진출 초국적기업으로 확대"[13]되었다. 수평 네트워크 분업의 확대는 공정단축과 부품조달 현지화 요구가 증가했기 때문인데, 특히 SCM(Supply Chain Manage- ment)과 국제조달사무소(IPO)의 확산으로 심지어 기업내 거래보다 기업간 거래에서 고품질 저가의 부품을 공급받을 수 있는 기회가 증대했기 때문이다.

두 번째는 위계편재로부터 일탈해서 전문 생산공장화(EMS Electronics Manufacturing Service)한 사례다. EMS는 "불특정 다수 기업으로부터 제품 생산과정 일체 및 관련부품조달, 물류 수리 등 관련서비스"까지도 일체의 생산과정을 위탁생산하는 체계다.[14] 여러 종류의 생산품을 전문적으로 만

12) 1996년-2000년의 5년간 자동차 판매실적이 감소한 지역은 남미(-13.6%), 일본(-15.8%)이며, 아프리카 중동(2.3%), 아시아 태평양(2.9%)의 감소추세도 뚜렷한 형상이다. 반면 세계적 부품업체인 델파이 등의 성장은 이 시기에 두드러지며, 한국의 경우도 한국델파이, 성우, KDS 등 주요 부품사들에 대한 다국적 기업들의 지분인수가 대대적으로 진행되었다(이상 통계는 한국산업은행, 『한국의 산업』상, 2002, 한국산업은행, 114-115쪽; 산업자원부, 『산업정보화백서』, 2002, 한국경제신문, 257쪽).
13) 최승철, 「중국 발해만 지역의 직접투자와 초국경적 생산네트워크」, 『공간과 사회』15호, 2001년, 158쪽.
14) OEM과 ODM(Original Design Manufacturing)과 EMS의 차이는 가치사슬과 생산범위가 폭넓다는 것이다. 즉 주어진 기본기능 안에서 다양한 제품을 생산할 수 있도록 프로그램화된 고도의 자동화된 생산체제를 말하며, 캘리포니아에 본사를 두고 있는 솔렉트론, 플렉스트로닉스사 등이 대표적이다. 현황에 대해서는 박동현, 『e-비즈니스의 확산과 산업혁신과정의 변화』, 과학기술정책연구원, 2001, 128-129쪽 참조.

드는 기능을 가진 생산전문화 공장의 출현은 제품개발-부품생산 및 조달-생산이라는 총체적으로 관통하는 생산과정의 네트워크 분화를 가능하게 하였다. 이른바 일체의 생산공정을 네트워크화한 '완전 연결형 분업'의 출현이며, 생산네트워크는 수직 위계조직의 일체형 생산시스템의 기능을 대체하는 것이다. 제품개발과 부품생산, (조립) 생산공정이 완전히 분화되고 연결에 의해서 네트워크생산으로 전환되는 데는 작업장 분업과 사회적 분업형태를 능가하는 생산성의 원리가 기본적으로 내재해있기 때문이다. 예컨대 독립된 생산주체는 강력한 생산동기의 유인에 의해서 자율적으로 기술효율을 발휘하는 것이 일반적이다.

동아시아지역의 급속한 네트워크화는 대개 1990년대 중반을 전후해서 시작되었다. 그것은 이 시기에 그만큼의 급박한 비용-하방압력이 급증했다는 반증이며, 그 결정판은 동아시아 동시 경제위기, 생산방식으로는 포스트 포드주의가 유행하던 시점이다. 포드주의의 특징이 시장예측을 전제로 기업내 모든 자원을 동원해서 대량생산하는 것이라면, 포스트 포드주의는 경기 불확실성 요인 증대로 예측을 전제로 하지 않고 소량생산하며, 위험회피와 사후처리를 중시한다. 핵심부문 전문화와 연구개발부담이 증대하는 대신 상대적으로 총비용인하, 비핵심부문의 외부화 압력이 증가한다. 이른바 부분품의 범용화, 모듈화는 이러한 시대적 요구에 적절히 부응하는 형태다. 물론 모든 제품이 이러한 네트워크생산과정을 이용할 수 있는 것은 아니다. 생산과정의 통합력 미미, 주도기업의 부재, 중간대개고리나 연결시스템이 취약하다면 네트워크의 결합력은 오히려 하강한다. 이것은 네트워크효과의 크기가 단순히 '연결의 크기'가 아니라 네트워크 결합의 유인, 즉 상부상조해야 하는 '연결의 동기 크기'에 비례해야 생산의 활력이 증가함을 뜻한다. 연결의 공동동기가 잘못 구성되면 네트워크균형은 성립하지 않으며, 분권의 효과는 빛이 바랠 수 있다. 가장 좋지 않은 경우는 네트워크 결성이익이 공동으로 적정 분배되지 않고 독점되며 갈등이 깊어 협력이 깨지는 경우일 것이다. 동아시아 네트워크도 그 주체와 객체가 분명한 이상 이러한 가능성은 언제나 열려있다.

3) 시장외적 네트워크 균형수단: 가치사슬과 시스템효율

네트워크 협력동기를 자극하는 또 한 가지 중요한 요소는 시스템효율이다. 시스템효율은 첫째 네트워크가 확대될수록 증대되는 상호호환의 어려움 때문에 필요도가 증가하며, 둘째 네트워크간 협력이 네트워크결성의 가장 중요한 동기이기 때문에 발생하는 것이다. 예컨대 시스템효율을 추구할 동기란 기업은 독립적으로 비용을 최소화하지만 하나의 가치사슬[15]로 통합 수렴되어가는 중에 비용이 기하급수로 증대되는 경우를 말한다.[16]

JIT Ⅱ[17]는 이런 차원에서 생산관리를 발달시키고 기업간 '연결의 경제' 효율을 증대시킨 대표적인 사례의 하나다. 부가가치 경로를 따라서 관련업체들이 네트워크로 결집되고 자료를 공유하며 단계별로 수렴하는 본원적인 분업의 효율, 바로 그 절차를 이행한다. 이 효과는 작업장 분업의 단일 통제시스템과, 사회적 분업의 전문화효율의 통합이다. 단 주요 단점은 기업간 갈등과 제휴업체와 파견직원간의 내부자담합의 가능성이 남아있다는 것이다. Bose사의 JIT Ⅱ는 이러한 내부자담합의 가능성을 배제하기 위해 중간공급업체들의 납품경쟁에서 일정한 기준 이상의 부적절한 행위적발시, 제휴사와 거래중단 등 안전장치를 마련했지만, 기존의 공급자를 크게 대체한 실적이 없어 네트워크 균형의 안정성을 입증한 대표적 사례로 꼽힌다.

---

15) 공급사슬이란 "원재료의 추출단계에서 최종소비자까지 재화가 흘러가고 변화되는 과정의 모든 활동과 이에 연관된 정보의 흐름"으로 정의된다(R. Handfiled, E. Nichols, 김선민 옮김, 『공급사슬관리』, 석정, 1999, 2쪽).

16) 1986년 Kurt salmon associate는 의류공급체인을 분석하였는데 사슬의 길이가 중요한 문제로 되었다. 원료구매에서 소비까지 걸리는 총 66주 중, 11주는 공장, 40주는 이동과 창고, 15주는 점포에 머물러 재고비용을 증대시키는 것으로 분석되었으며, 무엇보다도 수요에 대한 부정확한 예측 때문에 손실이 커졌다. 이는 QR(Quick Response)을 출범시키는 계기가 되었다. QR에 대해서는 J. H. Hammond, "Quick Response in Retailing/Manufacturing Channels," in S. P. Bradley, J. A. Hausman & R. L. Nolan, *Globalization, Technology, and Competition* (Boston: Harvard Business School Press, 1993); 정용-길, 『유통정보시스템의 구조와 설계』, 집문당, 1998.

17) JIT Ⅱ는 정보공유 원칙과 전략적 파트너쉽을 기초로 적기물류공급을 지향하는 체계다. 이를 최초로 응용한 Bose사는 공급회사직원을 자사에 상주시키고 구매 판매 담당자를 대체하여 자재소요계획(MRP)을 수행시키고 자사의 시스템을 이용하는 권한을 부여하였다. 심지어 공장내 대표로 공급회사의 직원이 선정될 정도로 전격적인 이 기업간 협력시스템의 효과는 정시배송, 제품손상률, 재고부족률 등에서 50% 이상인 것으로 보고되었다(JIT Ⅱ 각종 사례는 김태현, 『SCM 개념과 사례』, 박영사, 2003 참조).

두 번째는 3단계 공급체인개선시스템 CRP(지속적 보충프로그램[Continuous Replenishment Program])를 개발해서 유통효율을 높인 월마트와 P&G의 전략적 제휴사례다. CRP는 EDI를 통해서 소매점포의 고객주문이 접수되면 즉각 상품재고정보가 상품생산 본사에 송부되고 생산량과 재주문량을 설정하는 유연생산체계로 당시로서는 재고관리에 혁덩적 시스템을 도입한 것이었다. 네트워크 기계 기술의 발달은 이처럼 기업간 분업시스템의 효율을 높이고 표준화하는 데 기여하였다. 이것은 노동과정을 표준화시킨 1800년대 매뉴팩처분업의 기계효과와는 성격을 달리하는 것이지만, 거래양식 표준화, 통일화, 단순화의 확대라는 점에서는 동일한 속성의 기계화효과라고 말할 수 있다. 오늘날 진정한 의미에서 네트워크 분업의 발달은 네트워크 기계기술의 발달, 즉 디지털효과 때문이다. 가상공간은 모든 생산소비주체를 동일공간으로 끌어들였으며, 쌍방향 의사소통을 가능하게 하였다. 최종소비자의 주문, 중간유통업체의 집계, 생산업체에 생산명령(주문)을 내리는 연속시스템이 가동하며, 그 완성판은 '사회적 필요에 따른 생산'과 생산과 소비 일치, 적정생산의 달성이다. 물론 현실적 장애 때문에 이러한 과정의 실현은 여전히 어려운 것이다. 이것이 가능하려던 가령 네트워크 기술에 대한 사용자의 숙련도 동시 증가, 네트워크간 정코호환기술의 일치, 무엇보다도 불평등 제약이 없는 완전경쟁시스템이 실현되어야 하며, 기술의 한계보다는 상호불신, 협약체결과 이해조정의 어려움, 시행착오와 시장실패의 여지 때문에 어려운 것이다.

그러나 네트워크 기계기술의 발달이 시장실패의 크기를 줄이는 실적은 분명한 것이다. 기업과 기업, 생산과 소비를 매개하는 중간관리자로서 네트워크시스템의 존재는 무질서한 경쟁시스템의 비효율을 축소시키며, 기업과 소비자들은 의식 무의식적으로 이 시스템의 도움을 받아 정보탐색과 유통비용을 절약한다. 기계적 시스템의 도입이 경쟁격화를 완충하며 협력의 소지를 높이는 것은 복잡한 이해타산과 불공평한 처사가 기계적 수단을 거치는 과정에서 축소되며, 기계화된 단순성과 거래의 정형화가 신뢰와 거래의 투명성을 높이는 데 일조하기 때문일 것이다.

3. 네트워크 불균형과 자율적 네트워크 균형

네트워크 균형의 가장 큰 장애요소인 기업간 이해 충돌가능성은 상대적으로 '느슨한' 결집력 때문에 더하다. 이 균열의 가능성 때문에 네트워크 협동은 언제든지 수직 위계시스템으로 회귀할 소지가 있다. 그러므로 이 문제의 해소는 네트워크 연결동기와 통합력을 어떻게 처리하는가에 달려있다.

세계동시불황 이후 제너럴모터스(GM)는 네트워크분업시스템으로 조직편재를 단행한 대표적인 사례다.[18] 자동차 업체들의 공동네트워크는 가장 발달된 네트워크 시스템의 하나로 디자인, 부품공급 공동개발과 연구용역, 유통부문까지 포섭하며, 필요하다면 중심영역을 제외한 어떤 부문이라도 제휴하거나 아웃소싱의 대상으로 선정된다. 그러므로 네트워크 분업 진화의 이면에는 급박한 비용절약과 생존원리가 잠재되어 있으며, 발달의 동력은 주도기업의 네트워크 구성 동기와 통합력이다.

자본주의 네트워크분업에서 통합과 지휘 주체의 문제는 네트워크의 합목적적 통제방향의 중요성을 가리킨다. 주체의 견지에서 보면 네트워크는 주도 주체가 뚜렷하지 않은 가치중립적 네트워크와 주체가 뚜렷한 가치독점형 네트워크로 분류할 수 있다. 완전 가치중립형은 중립자에 의해 운영되거나, 기계 기술적 효과에 철저히 의존하는 기계적 네트워크 그 자체일 것이며, 가치독점형은 상업적 목적이 분명한 독점형이 될 것이다. 여기서는 네트워크효과의 배분이 문제로 된다. 그러나 독점성이 약하고 표준화된 상품일 경우(네트워크에 결합된 대부분의 범용 부분품)는, 그 가치가 평균적으로 높지 않을 것이며, 이때, 네트워크 주도자의 중심적인 몫은 네트워크를 규합하는 핵심기술역량, 가치사슬관리과정을 통과하는 일체의 부가가치 흐름(표준품의 선점효과, 전환비용의 과다 등)에 비중을 두게 된다.[19]

---

18) GM은 부품업체와 완성차업체간에 발주 및 납기정보를 교환하는 정보교환네트워크 Supply-Power, 인터넷 기반 범용네트워크인 ANX(Automotive Network eXchange)의 출범, 전용부품업체 자회사였던 델파이사의 분사를 단행하였다. 장기적으로는 해외판매에 주력할 예정으로 2006년까지 해외 500만대, 그중 아시아지역 150만대를 배정하며, 이를 통합생산시스템 및 판매네트워크로 해결할 계획이다(이항구, 조철, 『세계 자동차업체의 경쟁전략분석과 한국 자동차산업의 진로』, 산업연구원, 2001, 108-109쪽).

GM 등의 사례에서 보면 네트워크 결합시 주도주체(대개 대기업)가 뚜렷할 때는 통합력과 통제력이 수직 위계의 그것보다 결코 약하지 않음이 증명된다. 일반적으로는 연결의 강도가 수직적 위계보다 취약한 점이 네트워크 분업의 특징이나, 모든 분권이 무조건 통합력을 약화시키는 것은 결코 아니다. 그러나 이러한 시스템 안정은 네트워크와 다른 네트워크의 갈등, 네트워크내 중심(통합) 기업과 협력업체간의 갈등[20]의 소지에 의해서 약화될 수 있다. 중심기업으로 잉여귀속 독점이 계속된다면, 네트워크 분업은 사회적 분업의 비효율과 마찬가지로 시스템붕괴의 요소를 완전히 극복한 형태가 아니다.

그렇다면 특정 자본의 영향력에 관계없이 자율적으로 네트워크 균형이 성립할 수 없는가.

분권의 효과를 절대적으로 신뢰하며 '무질서 속의 질서' 가능성과 효율을 주장하는 본보기로는 복잡계가 있다. 복잡계는 '제한적 합리성'과 '수확체증 효과'를 주로 주장하며, 신고전학파의 합리주의와 사회주의 계획경제론을 동시에 비판한다. 이에 의하면, 복잡계란 '제어하려고 해도 제어할 수 있는 것이 아니'며, '다양성 추구와 전체 조정과 효율적인 생산·배분'이 성립되어야 하며, 사회주의 계획경제는 시장의 무정부성을 조직 통제하려고 했지만 사실은 그 반대가 되었고, '자율분산적인 자기조직계로서 시장경제'를 취급해야 하며, 실제로 세계를 움직이는 것은 '관행·루틴'[21]이라는 것이다. 수확체증을 강조하는 아서(B. W. Arthur)는 네트워크 연결을 강조하는데, 이는 흔히 '네트워크의 외부성'[22]이라는 개념과 연관된 것이다. 그러나 복

<hr>

19) 예컨대 IBM PC처럼 대량생산제품을 제공하되 관련 토탈서비스를 제공하는 경우, 모토로라와 제휴하여 모빌 네트워크화와 이동사무실을 추진하는 GM의 On Star 프로젝트 등은 가치사슬과정의 부가가치 생산을 동시에 추구하는 경우이다. 생산덥체와 고객관계관리를 중심으로 하는 서비스업체간의 전략적 협력관계는 여러 경로로 발전중이다.
20) 1997년 이후 크라이슬러는 부품납품 가격을 5% 인하하도록 요구하며, 납품업체들에게 새로운 계약은 이를 수용할 경우 체결할 것을 일방적으로 공표하였다. 부품업체들은 품질저하의 부정적 영향을 미칠 것이라는 이유에서 거부하면서 갈등이 확대되었다.
21) 시오자와 요시노리, 『왜 복잡계 경제학인가』, 임채성 외, 푸른길, 1999, 8쪽.
22) 여기서 말하는 외부성은 네트워크의 크기에 따라 소비행위가 영향받는다는 개념이다. 네트워크 외부성은 "어떤 재화를 사용함으로써 획득하는 사용자효용이 다른 사용자의 수에 따라 증가하는 현상"(M. L. Katz, & C. Shapiro, "Network Externalities, Competition,

잡계를 조정하는 확실한 원리는 자율과 분산조직이라는 사실 이외에는 이 세계를 주도해나갈 다른 변수가 없다는 점이 중대한 결점으로 꼽는다. 다양성의 유지에 대한 제도적 통제와 자동발주시스템 정도가 그나마 앞으로의 전망을 가능하게 하는 유일한 단서이며, "어떻게 될 것인가는 언제나 변화하는 동향 안에서 확인하는 수밖에 없다"[23] 라는 진술은 자본주의 네트워크 분업체계의 출현동기(불황의 장기화와 예측의 불확실성)와 궤적을 같이 하며, 현상타파나 진두지휘를 포기하고, 뒷치닥거리에 중심을 두는 이른바 후방연계학문의 철학적 한계로 보인다.

4. 결론

네트워크기업시스템은 분업론으로 보면 작업장분업과 사회적 분업의 위험, 조직론적으로 보면 F~H형(지주회사형 Holding Company)까지 수직적 위계조직의 한계, 경기순환으로 보면 장기불황, 기술적 측면에서는 기계적 네트워크기술의 산물이며 그 종합이다. 이는 맑스시대에는 상정할 수 없던 엄청난 조건의 변화이며, 더욱더 복잡하고 중층적 형태의 기업조직의 출현이다.

맑스의 자본주의에 대한 '대안' 단상은 계획수단을 동원한 균형추구이다. 이것은 완전 계획적 제어, 즉 가격, 화폐 등 시장결정변수들의 단기적인 폐기・통제를 위주로 사고하는 것이지만, 현실사회주의 경험처럼 '대안'을 추상수준으로만 해결하기란 쉽지 않다. 우리가 집중한 것은 구체적 시장외 수단이며, 이를 통한 네트워크 분업의 장기지속 가능성이었다. 균형은 계획이 아니면 시장을 통해서 달성되지만, 실제 균형은 오히려 시장외 수단, 가령 담합, 기업협력, 전략적 제휴, 독점과 기업내 거래, 수직적 위계, 네트

---

and Compatibility," *American Economic Review*, Vol. 75, No. 3 (1985), p. 424)으로 정의되는데 이는 소비측면에서 전시효과나 구속성에만 초점을 맞추고 있다는 점에서 충분한 설명이라고 할 수 없다. 네트워크효과는 오직 소비측면에서 예컨대 소프트웨어와 하드웨어 간의 지속적 충성도 같은 경우로 일반화할 수 없으며, 네트워크 주도자의 결정동기와 비용을 포함해야 하기 때문에 외부효과만으로 설명할 수 있는 것도 아니다.
23) 시오자와 요시노리, 앞의 글, 398쪽.

워크분업, 그리고 사전계획에 의해 안정적으로 성립한다는 것이 기본 발상이다. 본문에서 지속적으로 추구한 바는 이 가운데서 e-시대 생산성의 구체적 요인으로 전략적 제휴와 시스템효율의 두 가지를 지목하고 이를 구사하면 수평적 네트워크 균형이 장기화할 수 있는가 여부였다. 사례로는 통상 거론하는 구미의 첨단산업지구를 주축으로 하지 않고 추후에 네트워크 분업이 전개되고 있는 중국을 주요 본보기로 사용하였다. 그 이유는 여러 종류의 다국적 자본과 네트워크기업시스템이 복합적으로 얽혀서 모든 형태 네트워크분업의 전시장이자 동시에, 사회주의형 수평 네트워크 시도인 기업내 이윤유보제 등 이른바 CMI(계약경영책임, 공장장책임, 내부계약제) 모델을 가동해본 경험이 중국에 있었기 때문이다.

중국만으로 보면 아직 e-공간의 활용이 미흡하며, 과거 사회주의 모델들과 결합사례도 충분치 않아 이상적인 네트워크균형의 전형을 추출할 수 없었다. 그러므로 중국의 사례는 네트워크 분업의 국제적 편재실태를 확인하는 정도에서 만족하는 정도다. 그러나 e-를 활용한 네트워크 분업의 종합사례에서는 '대안'의 가능성으로 단서 삼을만한 몇 가지 결과를 추출했다. 첫째, 아래로부터 소비정보가 취합되고 기업간 전략적 제휴와 정보가 공유됨으로써 가치사슬의 흐름을 따라 가격이 계산되고 조정될 가능성이 기대되고 있다는 것이다.

원래 계획가격 구상의 효시는 사회주의이다. 계획계산 논쟁에서 초점은 시장에서 가치를 결정하지 않고 계산을 계획적으로 할 때 그 유효성이었으며, 해결 실마리는 최초 가격의 정당성이 아니라 제시된 가격이 정상가격으로 조정(시행착오의 절차를 거쳐), 즉 균형으로 수렴될 수 있는가였다. 이른바 '사회적 필요에 따른 적정생산과 가격'의 오차를 줄이거나 자동화시스템으로 계산해낼 수 있다면, 적정한 수급계획의 사전적 성립이 가능할 것이며, 복잡한 '(시장)가치의 검증'과정은 생략될 것이다. 그 가능성은 이미 1960년대, 소련 국가계획위원회의 계획계산 자동시스템(ASRP)과 공급관리 자동화시스템(ASUMTS), 기업관리자동화시스템(ASUP) 등의 연구계획에서 점검된 바 있다. 물론 이 연구는 당대에서는 결실을 보지 못했으며 현실 사회주의가 해체되는 과정에서 더 이상 진척되지 않았다. 그러나 이 구상은 전혀 무가치한 시도가 아니며, 사실은 20여년 뒤 자본주의 시스템에서 부활하였다. POS, JITⅡ, ERP, CRP 등 각종 자동관리시스템과, 인터넷의 원리가 그것이다. 자동화와 네트워크기술 발달의 초점은 실시간 연결상태인 가상공간과 완전한 쌍방향 의사소통의 여건이다. 이것이 성립한다면 정보의 불확실성이 사라지고, 아래로부터 수요 집계와 그를 수렴한 위로부터 공급 집계도 가능하며, 과거에는 불가능한 것으로 포기되었던 총괄적인 경제계산과 계량의 집계도 성립한다.

둘째 분권적 수단에 의해서도 가격통제와 균형이 지속될 여지가 있다는 것이다. 시장이 기본 교환원리로 존재하는 한 네트워크 분업의 안정을 기계적 수단이 무조건 보장하는 것은 아니다. 그러나 맑스의 대안이 이른바 e-시대의 환경이라면, 시장폐지 중심의 위로부터 경제통제시스템 구상은 적어도 전환되었을 것이며, 상대적으로 아래로부터 결집되는 분권적 시스템과 균형의 중요도가 훨씬 더 격상되었을 것이다. e-시대 네트워크분업시스템이 기계적으로 총유통과정의 시행착오와 비용을 감소시킨다는 사실은 여러 사례에서 증명되는 것이다. 이러한 분야는 맑스시대에는 부재했던 e-시대만의 효율이자 여건이다. 전략적 제휴 및 기업협력시스템 등이 시장경쟁을 회피하는 수단이라면, 생산의 모듈화나 자동화관리시스템은 시장실패요인을 기계적으로 축소해서 네트워크균형을 안정화시키는 기계적 중립화 여건의 확대다.

셋째, 네트워크의 불균형과 자율적 균형의 가능성에 대한 것이다. 분권의 극단론자 중 복잡계는 네트워크의 자율적 조정능력을 대단히 높게 평가하지만, 자율만 강조한다고 무조건 다 되는 것은 아니다. 네트워크 분업은 주체의 성격과 결합동기의 강도 여하에 따라서 언제든지 해체될 소지도 안고 있다. GM의 사례에서처럼 네트워크는 결합의 동기와 목표가 분명할수록 안정되며, 따라서 목표나 주체가 불분명할 경우에는 기계적 중립화 여건의 자연적 증가에 만족해서는 안되고 그것을 적극적으로 명확히 해야 할 과제가 제기된다. 예컨대 공용의 부품거래시스템, 투자중개시스템, 특허권거래시스템 등 현재는 발달하지 못하고 있는 몇 가지 중개시스템만 개발·활용해도 여기에 결합되는 네트워크의 활용도는 훨씬 더 증가할 것이다. 이것은 중앙의 중립적 조정자가 분권시스템을 활성화하기 위한 적극적인 중간단계 개입의 필요성을 말하는 것이다.

이 글의 결론은 네트워크효과를 극대화하고, 시장실패요인을 최소화하기 위해 기계적 중립수단을 최대한 활용하는 방향에서 수립된 것이다. 그 근거는 기계적 네트워크의 발달로 아래로부터 자율적 (수요)계획을 조직하고 계산할 방법의 가능성을 보았기 때문이다. 이것은 사전계획의 효율과 적정 경제계산이 다시 성립할 수 있다는 '대안'연구 회생의 전환점을 말하려는 것이다. 단, 이 방식이 실제로 결실을 맺으려면 모든 경제주체들의 완전한 네트워크화와 가상거래 100% 전환, 완전한 기업간 협업, 0의 정보탐색비용이 전제되어야 한다. 현재수준으로 당장에 완전한 실현은 상당한 기간을 필요로 하며, 그간에는 자본의 전횡과 시장실패의 요인이 여전히 남게 된다. 완전하지 않다면 무엇보다 시장실패를 저지하는 근본요인은 여전히 기본적인 시장외 수단, 가령 공유와 공동경영, 시장실패를 사전에 봉쇄하는 계획시스템이며, 따라서 이 부문에 대한 연구지속의 필요성도 함께 증가한다. 총괄적으로 자본주의 네트워크 분업의 평가는 지나친 기대보다는 상대적으로 장기적인 균형의 지속성 정도이며, 시장실패 충격의 최소화에 의미를 두는 것이 적정하다고 생각된다. 그러나 과도기적으로 네트워크 분업이 담당해야 할 생산성 제고 역할은 결코 작지 않을 것이다. 왜냐하면 시장의 실패는 결국 최신의 생산성인 네트워크효과로 보상해야 하는데, 날이 갈수록 감당해야 할 자본주의의 모순은 점점 심화되고 있기 때문이다.

'제3의 길'과 유럽사민주의의 변천: 독일사민당, 영국노동당, 프랑스사회당, 이탈리아좌파민주당의 비교

정병기(서울대, 정치학)

1. 서론

역사적으로 중요한 시점에는 언제나 양극단이 존재했던 것처럼 '제3의 길'을 둘러싼 논쟁도 끊임없이 이어져왔다. 따라서 지구화시대로 표현되는 오늘날의 세계질서에서도 또다른 '제3의 길' 논쟁이 일어난 것이 놀라운 일은 아니다. 그러나 '제3의 길' 논쟁도 시대와 체제의 변화와 무관하지 않아 시대적 배경과 체제의 변화에 따라 그 모습과 내용을 달리해왔다. 특히 자본주의체제 등장 이후, 과거의 제3의 길 논쟁이 자본주의와 사회주의(또는 맑스주의)간 '체제'(system) 대안과 관련된 것이었다면, 오늘날의 논쟁은 자본주의 질서내에서의 '최소국가'와 '복지국가'간 '국가 개입 대안'을 둘러싸고 전개되고 있다.[1]

물론 각국이 취하는 '제3의 길'의 구체적인 주장과 내용이 동일하지는 않다. 영국과 독일의 '제3의 길'이 기든스(A. Giddens)의 논리에 입각하여 중간층을 강조하는 신자유주의적 정치의 한 지류로 빠져들어간 반면, 프랑스와 이탈리아의 길은 현대의 '전통 사민주의'(복지국가와 케인즈주의) 노선

---

[1] Gerhard Hirscher and Roland Sturm, ed., *Die Strategie des 'Dritten Weges': Legitimation und Praxis sozialdemokratischer Regierungspolitik* (München: Olzog, 2001), p. 9 참조.

에 중간층 강조 전략을 결합하려는 시도였다. 이러한 차이는 프랑스 사회당
이 영국 노동당과 독일 사민당을 비판하며 "우리는 자본주의에 대해 비판적
관계를 유지해야 한다"고 대응한 것에서 잘 드러난다.[2]

'제3의 길'에 대한 평가도 상이하다. 퍼거(W. A. Perger)가 현재의 '제3
의 길'을 '공산당 선언 이후 정치적 이념 시장에서 일어난 최대의 성공적 거
사'로 칭송한[3] 것과는 달리, 독일 사민당을 비판한 초이너(B. Zeuner)는
'노동운동의 전통으로부터 완전히 단절해간 길'[4] 이라고 혹평하였다.

이 글은 영국, 독일, 프랑스, 이탈리아의 사민주의 정당들[5] 의 강령상 이
념과 정책을 중심으로 위와 같은 역사적 변천을 추적하는 것을 목적으로 한
다. 계급정당으로서의 창당 당시로부터 최근의 '제3의 길'을 선택하기까지
네 정당들의 이념과 정책 및 변화를 몇 가지 주요 기점으로 나누어 정리하
여 그 계기와 내용을 비교 분석하면서 최종적으로 '제3의 길'의 본질적 내용
을 천착하고 비판할 것이다.

사민주의 정당들은 계급정당으로부터 출발하여 맑스주의 및 자본주의비
판과 오랫동안 관련되어 왔으면서도, 다른 한편으로는 정당 일반의 변화와
도 무관하지 않다. 따라서 네 정당들의 비교 분석은 맑스주의 및 자본주의
비판과의 관련성 속에서 계급정당의 국민정당[6] 화 과정에 맞추어 그 내용을

---

2) *Frankfurter Rundschau*, 1999. 10. 28.

3) *Die Zeit*, 1999. 9. 16.

4) Bodo Zeuner, "Der Bruch der Sozialdemokraten mit der Arbeiterbewegung: Die
Konsequenzen für die Gewerkschaften," in Klaus Dörre, Leo Panitch and Bodo Zeuner,
et al., *Die Strategie der 'Neuen Mitte': Verabschiedet sich die moderne Sozialdemokratie
als Reformpartei?* (Hamburg: VSA, 1999), p. 131.

5) 물론 이탈리아 좌파민주당의 경우는 공산당이었다는 점에서 다른 세 국가의 사민주의
정당들과 사뭇 역사를 달리한다. 그러나 이탈리아 좌파민주당도 1991년 이후 사민주의를
표방하는 만큼 사민주의 정당들과의 비교가능성이 충분하며, 특히 '제3의 길'과 관련된 논
의에서는 더 이상 빼놓을 수 없는 위치를 차지한다.

6) 일반적으로 '국민정당'(Volkspartei)은 특정 계급의 이해관계를 대변하는 계급정당의 대
당 개념으로서, ① 당원과 지지자의 사회구조적 성격이 사회 전체의 계층구조와 상당할 정
도로 일치하고, ② 수평적·수직적 당조직구조에서 사회의 이해관계 다원성이 실질적으로
보장되고 이해관계의 균형과 갈등의 해소가 민주적으로 규정되고 운영되며, ③ 당의 정책
은 국민 일반의 공동선을 실현하는 것을 목적으로 하는 정당을 일컫는다. 그러나 이러한 개
념은 정당들이 각계 각층의 지지 획득을 위해 주장하는 내용일 뿐, 현실적으로는 ① 계급
화해와 국민 통합에 기여하는 한편, ② 당내부적으로 당원구조를 은폐하고 당외부적으로

밝히고, 또 국민정당화 이후의 과정은 어떻게 변해 왔는지를 고찰할 것이다. 마지막으로 정책에 대한 고찰은 지면 관계상 일반적 경향에 한정해 비교할 수밖에 없음을 미리 밝혀둔다.[7]

2. 현대적 국민정당화와 '제3의 길'

4개국 좌파정당들의 변화과정을 단계별로 비교하면 다음 표와 같고 이를 다시 그림으로 표시하면 다음의 그림과 같다.

1) 노동자계급정당의 창당과 이념 및 목적

네 나라 중 사민주의 계급정당이 가장 먼저 등장한 국가는 독일이다. 라쌀주의적 전독일노동자연맹(ADAV)과 맑스주의적 사회민주주의노동자당(SDAP)이 합당하여 사회주의노동자당(SAP)이 창당된 것이 1875년이었다. 그후 1891년 에어푸르트(Erfurt) 전당대회를 통해 독일 사민주의 정당은 오늘날의 이름인 사민당(SPD)으로 개명하였다. 영국과 프랑스에서 사민주의 정당이 창당된 것은 독일보다 약 25-30년 뒤늦은 1900년과 1905년이었다. 영국과 프랑스의 사민주의 정당들도 일정한 기간이 지난 후 현재의 당명을 갖게 되었다. 영국은 독일과 유사하게 6년 뒤에 개명이 이루어졌지만, 프랑스 사회당은 오랜 통합과 분열의 역사를 거쳐 1969년에야 오늘날의 명칭을 갖게 되었다. 한편, 이탈리아 공산당은 당시 사회당으로부터 분리해나온 그람시(A. Gramsci) 등에 의해 1921년에 설립되어 일정한 노선변화를 겪은

사회적 기반(지지자)구조를 은폐하는 기능을 한다고 비판된다. Alf Mintzel, *Die Volkspartei: Typus und Wirklichkeit. Ein Lehrbuch* (Opladen: Westdeutscher Verlag, 1984), p. 24 참조. 이 글에서는 '국민정당'을 강령적·조직적 측면에서 탈계급적인 정당을 지칭하는 개념에 한정하여 사용한다. 한편 당조직이 대중에게 개방되어 가입서를 제출하고 일정한 당비를 내는 당원들을 중심으로 운영되는 정당을 지칭하는 '대중정당'(massparty)은 '간부정당'의 대당으로서, 국민정당과는 구분의 차원을 달리하는 개념이다. Maurice Duverger, *Political Parties* (London: Methuen & Co., Ltd., 1978) 참조.

7) 영국과 프랑스에 관한 많은 부분은 김수행, 안삼환, 홍태영과 함께 수행한 연구의 결과인 근간 단행본 『제3의 길과 신자유주의: 영국, 독일, 프랑스를 중심으로』, 서울대 출판부와 정병기, 「신자유주의와 '제3의 길': 영국, 독일, 프랑스의 비교」, 『현장에서 미래를』 제83호, 2003년 1월 참조.

창당이념과 노선변화 과정

	독일 사민당	영국 노동당	프랑스 사회당	이탈리아 좌파민주당
창당 과정	• 1875, 사회주의노동자당(SAP): 라쌀의 전독일노동자연맹(ADAV)과 맑스주의적 사민주의노동자당(SDAP)이 통합 • 1891, 사민당으로 개명	• 1900, 노동대표위원회: 영국노총(TUC) 주도에 독립노동당, 사회민주동맹, 페이비언협회가 참여 • 1906, 노동당으로 개명	• 1905, '인터내셔널 프랑스지회(SFIO): 맑스·블랑키즘적 사회당(PSdF)과 개혁주의적 사회당(PSF)이 통합 • 1969-74, 사회당으로 개명 후 사회주의자들 통합	• 1921, 이탈리아공산당(PCI): 맑스의 혁명적 사회주의 • 곧 그람시의 '진지전' 개념 수용
창당 이념과 목적	라쌀주의(국가사회주의)와 맑스주의(혁명적 사회주의)의 절충 (사회주의적 목표와 의회주의적 실천)	노동조합의 이익을 국회에서 대변	개혁적 사회주의와 블랑키즘 및 맑스주의의 병존	혁명적 사회주의에 입각하여 그람시의 진지전 전략 수용
주요 노선변화 과정	① 1891, 에어푸르트 강령으로 맑스주의 강화 ② 1890년대-1차대전(수정주의 논쟁), 맑스주의 포기와 라쌀주의 복귀; 공산주의자 분리 ③ 1959, 고데스베르크 강령으로 '친근로자적' 국민정당화	① 1918, 생산·분배·교환수단의 사회화와 산업민주주의 (당헌 4조) ② 1950년대, 수정주의(산업민주주의 포기)와 케인즈주의로 국민정당화 ③ 1970년대 후반, 케인즈주의까지 포기하는 신자유주의적 경향 노정	① 1920, 혁명적 사회주의자 분리로 개혁주의적 사회주의로 잔존 ② 1969-74, 급진공화파들까지 통합하여 당내 정파 재편, 1970년대는 좌파와 중도파가 주류 ③ 1978, 공산당과 결별, 우파세력 강화, 좌파도 우선회	① 1944, 톨리아티의 살레르모 대중정당화 선언 ② 1956, 이탈리아식 사회주의 선언 (스탈린 노선 비판 시작) ③ 1977-79, '역사적 타협'으로 '유로코뮤니즘' 본격화
최종 노선 변화와 제3의 길	• 1989, 베를린 강령으로 현대화 노선 강화 • 1998, '신중도' 노선 등장, 녹색당과 연정구성 • 1999, 블레어-슈뢰더 성명으로 현대적 경제정당화	• 1994, 블레어의 '신노동당' 노선 등장 • 1995, 당헌4조 폐지, 현대적 경제정당화 • 1997, 노동당 집권	• 1991, 전통 사회주의 이념 포기하고 다원주의화 (국민정당화) • 1997, '쇄신좌파' 노선 등장, 공산당 및 녹색당과 연정구성	• 1991, 1차 당명개정(PDS)으로 공산주의와 결별 • 1996, 중도정당들과 연정구성 • 1998, 2차 당명개정(DS)으로 유럽사회주의 (유럽사민주의)공식화

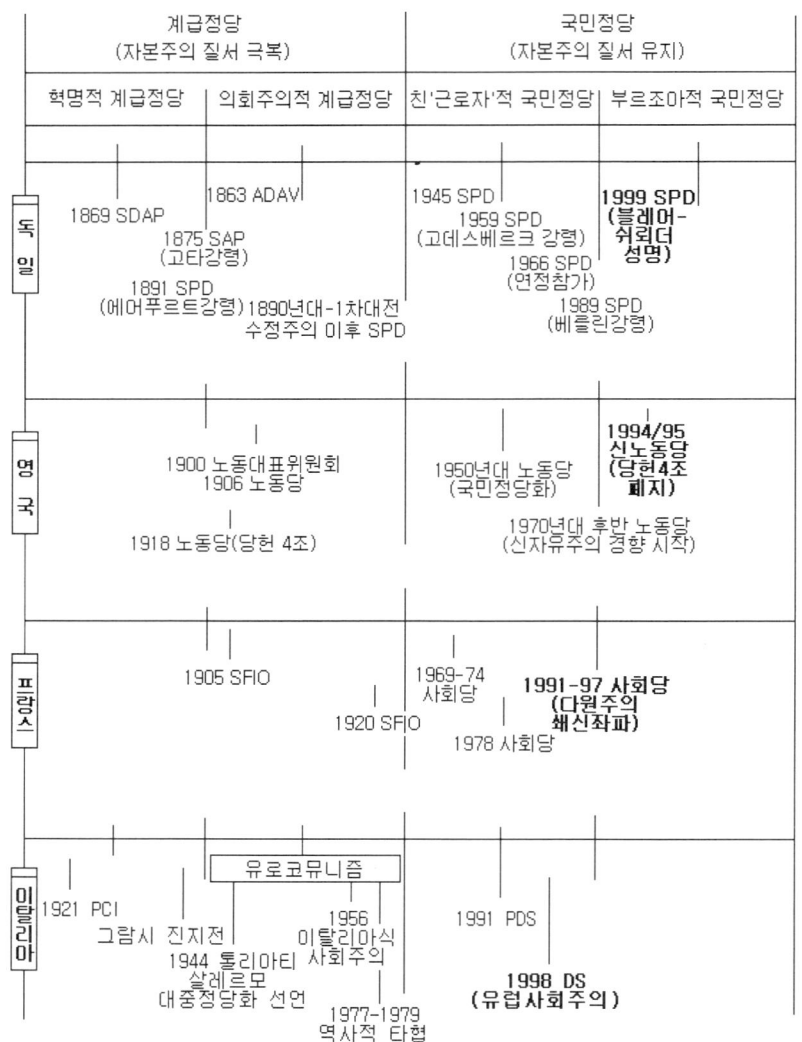

독일사민당, 영국노동당, 프랑스사회당, 이탈리아좌파민주당의 변천

계급정당 (자본주의 질서 극복)		국민정당 (자본주의 질서 유지)	
혁명적 계급정당	의회주의적 계급정당	친'근로자'적 국민정당	부르조아적 국민정당

독일

1869 SDAP

1863 ADAV

1875 SAP
(고타강령)

1891 SPD
(에어푸르트강령)

1890년대-1차대전
수정주의 이후 SPD

1945 SPD

1959 SPD
(고데스베르크 강령)

1966 SPD
(연정참가)

1989 SPD
(베를린강령)

**1999 SPD
(블레어-
쉬뢰더
성명)**

영국

1900 노동대표위원회
1906 노동당

1918 노동당(당헌 4조)

1950년대 노동당
(국민정당화)

1970년대 후반 노동당
(신자유주의 경향 시작)

**1994/95
신노동당
(당헌4조
폐지)**

프랑스

1905 SFIO

1920 SFIO

1969-74
사회당

1978 사회당

**1991-97 사회당
(다원주의
쇄신좌파)**

이탈리아

1921 PCI

그람시 진지전

1944 톨리아티
살레르모
대중정당화 선언

유로코뮤니즘

1956
이탈리아식
사회주의

1977-1979
역사적 타협

1991 PDS

**1998 DS
(유럽사회주의)**

후 1991년에 좌파민주당(PDS)으로 개명하여 점차 사민주의화되어 왔다. [8] 창당 당시의 이념과 목적도 창당 배경에 따라 상이하게 나타났다. 영국 노동당이 노동조합에 뿌리를 두고 있었던 것과 달리, 독일 사민당과 프랑스 사회당은 노조운동과는 별개로 독자적 노동자정치운동의 성과물로 탄생하였다. 물론 독일 사민당과 프랑스 사회당도 노동자계급정당이라는 속성에 따라 창당 이후 노조와의 관계가 긴밀해졌음은 당연하다. 이탈리아 공산당은 당명과 같이 맑스의 혁명적 사회주의(또는 과학적 사회주의)에 입각하여 창당된 후, 그람시의 전략적 발전에 따른 진지전을 도입하게 되었다. 노조와 정당의 관계에 있어서는 진지전에 의한 그람시적 설정이 양자의 변증법적 관계에 가장 충실한 형태라 할 수 있지만, 이후에는 점차 공산당의 지도를 강조하게 되면서 당에 대한 노조의 종속성이 생겨나기도 했다. [9]

영국 노동당은 영국노총 TUC에 의해 '노동조합이 대표하는 노동자들의 이익을 의회에서 대변'하는 것을 목적으로 창당되었다. 노동당의 창당에는 물론 기존 노동자계급 정당인 독립노동당과 맑스주의적 사회민주동맹, [10] 그리고 사회주의적 지식인들의 모임인 페이비언 협회도 참여했다. 그러나 노동당내 조직구조와 의사결정구조에는 최근의 변화가 있기까지 단체당원제와 블록투표제에 의해 노조의 권한이 강력하게 보장되어 왔다.

프랑스 사회당과 독일 사민당의 창당에는 노조의 영향력이 작용하지 못한 반면, 이탈리아 공산당을 제외하면 맑스주의자들의 역할이 상대적으로 컸다. 특히 독일 사민당에서 맑스주의자들의 역할은 적어도 표면적으로는 라쌀주의자들과 대등한 것이었다. 때문에 창당 이념은 맑스주의적 이념과 라쌀주의적 실천의 절충으로 나타났다. 그러나 내용적으로 면밀히 관찰하면, 강령적 이념에 있어서도 맑스주의적 혁명성이 제대로 표현되었다고 보

---

8) 여기에서 영국의 사민당과 이탈리아의 사회당 및 사민당은 논외로 한다.
9) 정병기, 「독일과 이탈리아의 노조-좌파정당 관계 비교: 독일 사민당(SPD)과 노총(DGB), 이탈리아 좌파민주당(DS)과 노동총동맹(CGIL)」, 한국노동이론정책연구소(편), 『현장과 이론 3』, 콜로키움 발표 논문집, 도서출판 현장에서 미래를, 2001.
10) 맑스주의자 하인드만이 1881년 결성한 '민주연합'(Democratic Federation)이 1884년 개명한 조직으로, 이후 '영국공산당'(Communist Party of the Great Britain)으로 성장했다. Malcolm Pearce and Geoffrey Stewart, *British Political History 1867-2001: Democracy and Decline* (London: Routledge, 2002), p. 240.

기는 어렵다.

오늘날 프랑스 사회당의 모태가 되는 사회주의 정당이 출현하게 된 것은 시기적으로 영국 노동당 창당과 비슷하지만, 출현 방식으로는 독일 사민당과 유사하게 기존 두 정당이 통합하는 형태였다. 혁명적 세력으로 분류되는 맑스주의자 쥘 게드(J. Guesde)와 블랑키스트 바이양(E. Vaillant)이 이끌던 '프랑스의 사회주의당'(PSdF)과, 라쌀주의와 유사하게 공화국을 통한 사회주의 건설을 주장하는 개혁주의적 사회주의자인 조레스(J. Jaurès)가 이끌던 '프랑스 사회주의당'(PSF)이 통합하여 탄생한 '인터내셔널 프랑스지회'(SFIO)가 그것이다. 그러나 PSdF내에 두 계파가 존재함으로써 실질적으로 프랑스 사회당은 세 입장의 절충이었다고 할 수 있다.

2) 현대적 국민정당으로의 변천

네 정당 모두 전반적인 우경화 현상을 보여왔다. 그러나 창당한 지 약 20년이 지난 후 이탈리아를 제외한 세 나라의 좌파진영에서는 공통적으로 좌파들의 강화 현상이 나타나기도 했다. 이러한 일련의 변화는 각국의 특수한 정치경제적 배경과 창당이념에 기인하는 것이라고 할 수 있다.

의회 진출을 통한 정치적 수단에 의해 노동자들의 생활수준을 향상시킨다는 목표에 머물렀던 영국 노동당의 1차 노선 변화는 1918년 전당대회에서 당헌 4조의 채택에 의해 이루어졌다. 생산·분배·교환 수단의 사회화와 기업경영에서의 산업민주주의를 당의 강령적 목표로 삼게 된 것이다. 이후 사회화의 현실적 형태인 '국유화'가 노동자들에게 실질적인 복지와 평등을 보장하기 위한 방법으로서 노동당의 최종적인 강령 목표로 자리잡게 되었다. 이러한 급진적 노선 변화는 당시 영국 인민들의 의식변화를 일정하게 반영하고 있었다. 그에 따라 노동당은 약 5년 후인 1923년 191석을 얻어 자유당과 함께 연정을 구성하기도 했으며, 1929년에는 악화되는 경제 위기 속에서 제1당이 되는 데 성공했다.

노동당의 2차 주요 노선변화는 세 차례 총선에서 패배한 1950년대였다. 영국 자본주의의 황금기인 이 시기에는 케인즈식의 재정금융정책으로 소득 증대와 완전고용 및 소득재분배를 이룩할 수 있다는 신념이 노동당의 지도부와 이론가들 사이에 팽배했었다. 그래서 독일 수정주의가 독일 자본의 번영기에 등장했던 것과 같이, 국유화나 계획화 및 산업민주주의는 더 이상 필요 없다는 수정주의와, 노동당은 더 이상 노동조합의 정당이 아니라 국민의 정당이어야 한다는 인식이 이 시기에 크게 대두했다.

세 번째 주요 노선변화는 케인즈주의적 신념까지 포기하는 1970년대 후반의 변화이다. 1973년 야당 시절의 노동당은 국민기업청(NEB) 설립을 통한 국유화를 내용으로 하는 사회주의적 정책 강령[11]을 발표하는 등 일시적 좌선회의 모습을 보이기도 했다. 그러나 1976년 캘러한(J. Callaghan) 노동당정부는 IMF 구제금융을 전후해 임금 억제와 재정지출 삭감 등을 실시함으로써 처음으로 신자유주의적 경향으로 전환하였다.[12]

노동당의 최종 노선변화는 1994년 블레어 당수의 취임으로 시작된 '신노동당' 노선의 등장과 함께 시작되었다. 신노동당 노선은 블레어가 '유일한 제3의 길(The Third Way)'이라고 부르고 있지만, 실제 내용은 대체로 보수당 정부의 신자유주의를 수용하고 있다. '계급정치'가 아닌 '국민정치'라는 이름으로 불리기도 하는 신노동당 노선은 케인즈주의에 입각한 전통사민주의 노선을 완전히 탈피하였다.[13] 1970년대 후반의 신자유주의 경향 시작이 IMF 구제금융에 따른 외부적 강제에 의한 것이었다면, 1990년대 신노동당 노선의 신자유주의는 집권을 위한 자발적 선택이었다. 1995년 당헌 4조의 폐지는 이러한 노선변화에 따른 필연적인 수순이었다. 영국 노동당의 현대적 국민정당화는 독일 사민당과 같은 '현대적 경제정당화'에 다름 아니었다.

라쌀주의와 맑스주의의 동거로 시작된 독일 사민당의 1차 노선변화는 1891년 에어푸르트(Erfurt) 강령에서 나타났다. 독일 사민당은 창당 시기가 영국 노동당과 프랑스 사회당보다 20여년 앞섰던 것과 마찬가지로 1차 노선변화도 그만큼 빨랐다. 1차 노선변화의 시기는 사회주의자탄압법이 실패로 드러나고 경제침체에 따른 노동자 생활의 악화를 배경으로 맑스주의자들의

---

11) 고세훈, 『영국노동당사: 한 노동운동의 정치화 이야기』, 나남, 1999, 366~384쪽 참조.
12) 김수행, 「영국 노동당 100년의 역사」, 『다리』, 2000년 여름과 Geoffrey Foote, *The Labour Party's Political Thought*, 3rd ed. (London: Macmillan, 1997) 참조.
13) Eric Hobsbawm, Ken Gill, Tony benn, et al., *The Forward March of Labour Halted?* (London: NLB, 1981) 참조.

세력이 강화된 데에서 비롯되었다.

에어푸르트 강령은 자본주의적 생산양식에 대한 대안과 혁명적 노동자운동이라는 투쟁목표를 제시하면서 노동자계급에 의한 정치권력의 장악과 생산수단에 대한 사적 소유의 폐지를 명확히 제기하였다. 물론 이 강령도 실천 강령에서는 라쌀주의를 그대로 답습했고,[14] 이념 부분에서도 변형된 맑스주의[15]로 현상했다는 지적이 있다.[16] 그렇지만 사회주의노동자당의 고타(Gotha) 강령에 비해서는 분명 좌선회의 모습을 띤 것이 사실이다.

그러나 곧이어 시작되어 1차대전까지 이어지는 수정주의 논쟁을 계기로 독일 사민당은 의회주의적 계급정당의 길을 노정하게 된다. 수정주의 논쟁 이후의 사민당은 라쌀주의가 담보하고 있던 온건한 혁명성조차 상실해간 것이다. 이는 혁명적 사회주의자들이 탈당하게 되는 계기의 하나가 되기도 했다. 1차 세계대전을 전후한 유럽 대륙의 혁명 열기가 사민당내에서는 수정주의를 강화시킨 반면, 사회적으로는 공산주의자들의 세력을 강화하여 사민당과 결별하고 독자적 정당을 꾸리는 방향으로 작용한 것이다.[17]

한편 1950년대 영국 노동당의 국민정당화 시작과 대비되는 독일 사민당의 변화는 같은 시기인 1959년 고데스베르크(Godesberg) 강령에서 나타났다. 이 강령에서 선언되고 1960년대 중후반 연정참가로 완성된 국민정당 노선은 근본적으로 계급관을 포기한 것으로서 자본주의 질서의 유지를 목표로 한다고 할 수 있다. 그러나 자본주의 질서를 수용하는 한도에서나마 당시에는 아직 사민당이 '친근로자'[18]적 이념과 정책을 포기한 것은 아니었다.

---

14) 박호성, 『노동운동과 민족운동』, 역사비평사, 1994, 63-64쪽; Hermann Oncken, *Lassalle: Eine politische Bibliographie* (Stuttgart und Berlin: Deutsche Verlagsanstalt, 1923), p. 526.
15) Carlo Schmid, *Europa und die Macht des Geites,* Bd. 2 (Berlin, München und Wien: Scherz, 1973), p. 280.
16) 맑스주의적 정당으로 건설된 사민주의노동자당 강령에서부터 이미 라쌀주의의 영향은 근본적으로 나타났으며, 현대 사민당에 이르기까지 라쌀주의의 의미는 실천적인 면에서뿐만 아니라 강령적인 면에서도 결코 포기되지 않고 있다. 독일 사민주의 정치의 변화는 맑스주의의 전통에서 혁명적 성격을 수정해온 결과가 아니라, 라쌀의 전통에 맑스주의를 이론적으로 접목하려던 과정이 실패한 결과라고 할 수 있다. 정병기, 「라쌀의 국가관과 독일사민당에 대한 라쌀주의의 영향과 의미」, 『한국정치학회보』 제36집, 2002년 여름 참조.
17) 이와 반대로 영국에서는 노동당내의 좌파 세력을 강화하는 계기가 되기도 했다.

독일 사민당이 '친근로자'적 국민정당의 속성조차 포기한 것은 1989년 베를린 강령과 1999년 블레어-슈뢰더 성명을 통해서였다. 당의 사회적 기반을 중간층으로 이동하면서 신자유주의적 이념과 정책을 수용하기 시작한 것이다. '신중도'와 '제3의 길'로 수용되는 '현대적 국민정당'은 영국 '신노동당' 노선과 마찬가지로 국가 경제의 국제경쟁력을 강조하는 '민족적 경쟁정당'이자 시장 원리를 신봉하는 '현대적 경제정당'을 일컫는 것이다.

프랑스 사회당의 1차 노선변화는 영국 노동당과 같은 시기인 1차대전을 전후하여 일어났으며, 당시의 혁명적 열기는 독일에서와 마찬가지로 프랑스 공산당의 분리 창당으로 작용하였다. 1920년 투르(Tours) 전당대회를 통해 혁명적 사회주의 세력이 분리해나가고, 개혁적 세력만이 블룸(L. Blum)을 중심으로 SFIO에 남게 된 것이다. 이때부터 조레스와 블룸의 노선을 중심으로 한 프랑스 사회주의자들은 자신들을 좌파로부터는 공산주의 세력과 구별짓고 우파로부터는 공화주의 세력과 구별짓게 되었다. 특히 조레스적 관점에서 본다면, 프랑스 사회당의 목적은 무계급사회가 아닌 국민적 합의에 기반한 사회주의 공화국을 수립하는 것이다. 따라서 1920년 이후의 프랑스 사회당은 계급정당의 정체성을 갖지 않았거나 매우 약하게 띠었다고 할 수 있다.[19]

프랑스 사회당의 2차 노선변화는 1920년대의 분열과 오랜 정체 기간을 거쳐 사회주의가 프랑스 정치의 한 축을 형성하게 되는 1970년대에 일어났다. 1969년 알포르빌(Alfortville) 전당대회를 통해 기존의 SFIO가 사회당으로 탈바꿈한 것이 그 전조였다. 이 사회당은 1971년 에피네(Epinay) 전당대회를 거쳐 1974년에는 다양한 사회주의 정당들을 통합하고 중도파를 이끄는 미테랑(F. Mitterrand)을 중심으로 커다란 성격 변화를 겪게 되었다. 새로운 통합 사회당의 정파들 중 대표적인 것으로는 미테랑의 중도파 외에,

---

18) '근로자'라는 표현은 일제의 잔재이자 군사정권이 '노동자'들의 계급의식을 탈각하기 위해 사용한 개념이라는 점에서 적절한 용어라고 할 수는 없다. 그러나 독일에서도 이와 유사한 의도로 사용되기 시작한 용어로서 '일자리수요자'(Arbeitnehmer)가 있다. 다른 대안이 없는 한, 여기에서는 그에 상응하는 용어로서 '근로자'라는 용어를 사용하고자 한다.
19) Alain Bergounioux and Bernard Manin, *Le régime social-démocrate* (Paris: PUF, 1989) 참조.

좌파로는 슈벤느망(J. P. Chevènement)을 중심으로 한 맑스주의 연구집단 CERES(Centre d'études, de recherches et d'éducations socialistes)가 있었고, 우파로는 제3공화국 급진공화당(Parti Radical) 세력을 이끌던 로카르(M. Rocard)의 급진공화파가 있었다.[20]

일부 평자들이 에피네 전당대회를 사회주의에 대한 급진주의의 승리로 평가할 정도로, 급진공화파의 합류는 1920년 이래 사회당 노선의 중대한 변화를 의미했다.[21] 대외적으로도 사회당은 공산주의와 급진공화주의 사이에서 후자에 더 가까워지게 되었다. 1970년대 이후 사회당내 세력관계의 변화는 물론 세 정파간 연합의 결과였다. 그러나 당권을 장악한 미테랑은 사회주의자이기 이전에 공화주의자였으며, 당은 그에게 권력의 장악과 행사를 위한 도구였다. '인간의 권리에 기반한 사회주의'를 강조하는 미테랑 계파의 중심된 가치는 개인의 자유, 민주주의와 의회주의의 결합, 특권의 해소 등이었다.[22]

이러한 변화는 사회당이 공산당에 비해 낮은 지지율을 얻은 1978년 선거를 계기로 나타나는 3차 노선변경에 직접 반영되었다. 좌파진영 대변에 위기를 느끼게 된 사회당 내에서는 공산당과 연대를 주도했던 좌파인 CERES 그룹이 약화되고 우파인 로카르 계파가 강화되었다. 로카르는 공산당과의 공동강령이 지나치게 국가주의적이며 중앙집중적이라고 비판하면서 "반자코뱅적이고, 지방분권적, 자주관리적" 사회주의를 표방하며, 경제정책적으로는 긴축정책, 인플레이션 억제, 유럽과 세계에 대한 개방화를 주장하였다.[23]

그러나 사회주의 개념의 수정은 우파의 전유물이 아니었다. 슈벤느망도

20) 통합 이후에도 사회당은 일정한 기간 동안 개혁적 사회주의 노선이 주류를 형성했지만, CERES 그룹의 주도 아래 유로코뮤니즘적 공산당—1976년 프랑스 공산당도 22차 전당대회에서 프롤레타리아 독재 개념을 폐기하였다(에티엔 발리바르, 『민주주의와 독재』, 최인락 역, 연구사, 1988 참조)—과 연합하여 '공동강령'을 채택하기도 했다(Fernando Claudin, *Eurocommunism and socialism* (London: NLB, 1978)), pp. 65-67.

21) Hugues Portelli, "L'intérgration du Parti socialiste à la Ve République," in Olivier Duhamel and Jean-Luc Parodi, eds., *La Constitution de la Ve République* (Paris: Presses de la FNSP, 1988).

22) Alain Bergounioux and Gérard Grunberg, *Le long remords du pouvoir. Le Parti socialiste français 1905-1992* (Paris: Fayard, 1992), p. 259.

23) Michel Rocard, *Parler vrai* (Paris: Seuil, 1979), p. 117ff.

1984년 '현대 공화국'(République moderne)이라는 새로운 정치집단을 만들고 CERES 그룹 명칭을 '사회주의와 공화국'(Socialisme et République)으로 변경하였다. 이어 1987년 릴(Lille) 전당대회에서의 슈벤느망의 주장에서 나타났듯이, 이들에게도 이제는 사회주의가 먼 미래의 일로 치부되고 현재적 · 현실적으로는 공화국만이 쟁점이 된다는 것이다.[24] 좌우를 막론한 당내 정파들의 전반적 우경화는 1991년 이후의 최종적 노선변화를 예고했다.

1991년 임시 전당대회에서 채택된 당 기획안은 10년 동안을 주도했던 기존 원칙과의 단절을 명확히 했다. '민주주의적 사회주의의 도덕과 방법'이라는 텍스트의 한 절에서 사회주의는 하나의 '도덕' 또는 하나의 '방법'으로서 정의되었다. 곧, 하나의 제시된 길로의 사회주의가 아니라, 자유, 평등, 사회적 정의, 연대, 관용, 책임 등 다양한 가치들을 배제하지 않는 다원주의성을 띠게 된 것이다. 그러나 영국 노동당이 1995년 이후 '현대적 경제정당화'의 의미에서 현대적 국민정당화의 길을 완성했고, 독일 사민당도 블레어-슈뢰더 성명을 계기로 영국 노동당의 뒤를 밟아간 것과 달리, 프랑스 사회당은 국민정당화의 시기는 빨랐지만 최종적인 노선변화에 있어서도 '친근로자성'을 유지하는 국민정당 노선을 벗어나지 않았다고 할 수 있다.

그람시 이후 이탈리아 공산당의 주요 노선변화도 크게 세 차례로 나타난다. 1차 노선변화는 1944년 톨리아티(P. Togliatti)가 귀국한 후 살레르모(Salerno)에서 대중정당(massparty)화를 선언하면서 정치 전략과 사회전략을 구분한 것이 계기였다. 곧, 사회전략면에서는 반독점과 산업노동자에 핵심을 두지만, 정치전략면에서는 민주주의 수호를 위한 반파시즘 투쟁을 중심으로 여러 진보정당들을 규합하기 위해 노력하는 것을 정치전략으로 삼은 것이다. 이는 계급정당 노선을 고수하되 당의 구조와 전술을 개방하려는 노력이었다.

2차 노선변화는 영국 노동당과 유사한 시기인 1956년 이탈리아 공산당 8차 전당대회에서 시작되었다. 2차 노선변화 역시 톨리아티의 주도로 시작된 것이었는데, 주요 내용은 탈스탈린화를 통해 "사회주의로의 이탈리아식

---

24) 물론 공화국과 사회주의의 연관성과 관련된 슈벤느망의 주장도 공화국의 확대를 통한 사회주의의 실현이라는 관점에서는 조레스 이래 지속된 주장이라고 할 수 있다.

길"(via italiana al socialismo) 노선을 정립한 것이다. 2차 노선변화는 1차 노선변화와 달리 유로코뮤니즘의 초석이 되는 한편, 1980년대에까지 이르는 장기적 변화의 계기로 직접 작용하기도 하였다.

3차 노선변화는 '유로코뮤니즘'의 본격화로 알려진 1970년대 말 베를링게르(E. Berlinguer) 당수의 '역사적 타협'(compromesso historico) 이다. 중산층과 중도세력과의 동맹을 목표로 하는 '역사적 타협' 전략은 1977-79년간 의회다수 참가의 형태로 정권에 참여하게 된 것을 말한다. 이것은 공산당이 의회내 정부불신임 투표를 포기하는 대가로 기민당 정부의 긴축정책에 공산당의 사회개혁 정책을 수용한다는 정책연립의 형태였다. 이 전략은 유로코뮤니즘의 일환으로서 "소비에트 사회주의와 자유방임 자본주의간 제3의 길"을 추구하는 전략으로 이해된다. 그러나 유로코뮤니즘의 '제3의 길'은 사민주의적 길과는 달리 아직 맑스주의와 레닌주의 및 그람시주의의 테두리를 벗어나지는 않았다.[25]

'역사적 타협'에 대해 이탈리아 노조들도 양보노선으로 선회하여 공산·사회계 정파노조인 노동총동맹(CGIL) 이 제안한 EUR노선(로마의 회담장소의 이름을 따서 명명)으로 일컬어지는 전략을 통해 정부의 긴축정책을 수용하고 임금인상투쟁을 자제하는 대신 공산당과 개혁세력의 개혁정책을 기대하고 지원했다.[26]

그러나 이 '역사적 타협' 전략은 기민당 당수 모로(A. Moro) 의 암살사건을 계기로 기민당 우파에 의한 권력장악으로 인해 지속될 수 없었고, 그에 따라 공산당내 지도부도 약화되었다.[27] 이러한 지도부 약화는 1987년의 선거 실패와 소련·동구의 변화라는 악재를 만나 개혁파들의 더욱 강한 도전

---

25) Erhard Brütting, ed., *Italien-Lexikon* (Berlin: ESV, 1997); Santiago Carrillo, *'Eurokommunismus' und der Staat* (Hamburg and Berlin: VSA, 1977) 참조.
26) 정병기, 「독일과 이탈리아의 노조-좌파정당 관계 비교: 독일 사민당(SPD)과 노총(DGB), 이탈리아 좌파민주당(DS)과 노동총동맹(CGIL)」, 55-77쪽 참조.
27) 그에 따라 1984년부터 베를링게르(E. Berlinguer)의 뒤를 이은 나타(A. Natta) 당수 시절에는 지도부의 약화로 인해 세 파간 다수책임제가 등장하였다. 당시 공산당의 주요 세 정파는 중도파 베를링게르계(berlingueriani), 좌파 잉그라오계(ingaiani), 당개혁파 나폴리타노계(napolitaniani) 였다(Gianfranco Pasquino, "Programmatic Renewal, and Much More: From the PCI to the PDS," *West European Politics*, Vol. 16 [1993], p. 158).

에 직면하게 되었다. 그에 따라 여성해방에 대한 관심 증대, 환경정책 중시, 선거제도를 처음으로 이슈화, 사회주의 인터내셔널(SI)과 친밀한 관계 강화 등, 두 차례의 당명개정을 통해 최근 '제3의 길'로의 노선변화로 이어지는 일정한 강령변화가 이루어졌다. 28)

1989년 18차 전당대회에서는 '민주주의'와 '강력한 개혁주의'(reformismo forte)를 전략목표로 설정하고 본격적인 당명개정 논의를 시작했으며, 1991년에는 '커다란 현대적 개혁정당'으로 자기위상을 정리하고 '좌파들의 민주주의 정당'(PDS: Partito Democratico della Sinistra)이라는 색깔 없는 당명을 선택했다. 29) 1차 당명개정은 아직 사민주의화의 완성은 아니지만, 사민주의화의 길로 연결되는 탈공산주의화의 길을 선택한 것이라 할 수 있다. 그리고 이 탈공산주의화의 길도 국민정당화의 하나임에는 틀림없으며, 이러한 국민정당화의 과정은 '좌파민주주의자'(DS)로의 2차 개명과 중도 포용 노선의 강화로 이어진 선거전략을 통해 보다 분명하게 드러났다. 30) 그러나

---

28) Ibid., pp. 167-170.

29) 20차 전당대회에서 당권파이자 개혁파인 오케토(A. Occhetto)/나폴리타노(G. Napoli-tano)계가 발안한 당명개정안에 대해(67.4% 찬성) 네오그람시언인 잉그라오계(ingraiani)와 스탈린주의자들인 코수타계(cossuttiani)가 반대하였다(26.6% 반대). 그러나 당명개정이 확정되자 잉그라오계는 잔류했으나 코수타계는 외곽의 좌파들과 결합하여 재건공산당(공산주의재건당 RC)을 창당하였다. 잉그라오계도 잉그라오(P. Ingrao)가 은퇴한 후에는 대부분 재건공산당으로 이적하였다(Piero Ignazi, *Dal Pci al Pds* [Bologna: Il Mulino, 1992], p. 133).

30) 1차 개명은 탈당한 정통 공산주의자들이 다른 좌익 소수파들과 연합하여 재건공산당(RC)을 창당함으로써 기존 노선과의 단절이 뚜렷했던 것과 달리, 2차 가명은 중도-좌파 정권(월계수 연맹) 출범후 부총리로서 좌파민주당내 월계수파를 이끌던 벨트로니(W. Veltroni)와 당수로서 다수파 지도자인 달레마(M. D'Alema) 사이의 노선 논쟁과 주도권 다툼의 결과일 뿐, 노선의 변화나 '정당'으로서의 조직변화와 연결되지는 않았다. 벨트로니가 월계수연맹을 미국의 민주당과 같은 느슨한 형태의 통합된 정당으로 발전시키고자 했던 반면, 달레마는 월계수연맹과 무관하게 좌파민주당을 중북부 유럽 좌파들의 특성들을 소화하며 중도적 좌파들까지 포함하는 범좌파 연합체로 재조직할 것을 구상했었다. 그러나 달레마의 보다 궁극적 목적은 강령노선의 변화보다, 월계수연맹이 정부를 이끌어가는 정치적 역량이 부족하다는 판단에서 강력한 수권 주체를 세우고, 더 나아가 국내와 전유럽 좌파 진영에서 입지를 높여나간다는 것이었다. 따라서 2차개명에서 '당'의 생략은 실질적 의미를 갖지 못하므로 DS도 '좌파민주당'으로 번역하는 데 무리가 없을 것이다. 2차개명과 관련된 논쟁과 정파간 갈등에 관해서는 다음을 참조: Partito Democratico della Sinistra, Cristiano sociali, Comunisti unitari, Repubblicani per la sinistra democratica and Socialisti laburisti, eds., *Un nuovo Partito della Sinistra: Documenti e materiali* (Roma: Salemi Pro. Edit., 1997);

독일 사민당이나 영국 노동당과 달리 '친근로자'적 국민정당을 벗어나지는 않았으며, 프랑스 사회당에 비해서도 상대적으로 '전통적' 사민주의 노선에 가깝다고 할 수 있다(앞 그림 참조).

3. '제3의 길'의 이념과 정책

'급진중도'로 표상되는 영국 노동당의 '제3의 길'은 복지국가의 위기를 타개하고 신자유주의에 대항할 전략으로서, 사회민주주의가 취해야 할 새로운 대안으로 제시되었다. 그에 따라 노동당은 '권리는 반드시 책임을 수반한다'는 의미에서 '포지티브 복지' 또는 '새로운 혼합경제'가 필요하다고 역설한다.

당 차원의 '제3의 길'을 의미하는 '신노동당' 이념은 1995년 개정된 당헌 4조에 잘 나타난다. 즉, 노동당은 '민주적 사회주의당'으로서, "권력과 부의 기회가 소수의 손에 있지 않고 다수의 손에 있"으며, "권리를 향유하면서도 의무를 수행하고", "연대와 관용과 존경의 정신으로 자유롭게 더불어 사는" 공동체를 건설하는 것을 목표로 한다.[31] 이때 '신노동당'이 규정하는 사회적 정의는 시민들에게 기회를 제공하는 것을 가리키되, 경제적 효율성을 저해해서는 안되는 것이다. 평등이란 모든 사람에게 균등한 교육 기회를 제공해 각자가 자기의 잠재력을 최고도로 발휘할 수 있게 하는 것이라는 관점이다.

그러나 실질적 기회, 시민적 책임, 공동체와 민주주의에 대한 '신노동당'의 강조는 사회민주주의와 신자유주의를 초극하고 있지 않기 때문에 '새로운 특수한' 정치철학을 형성한다고 보기는 어렵다. 따라서 만약 경기가 나빠져 실업률이 상승한다면, 조세나 재정적자의 증가를 반대하는 '제3의 길' 노선은 힘을 잃고, 결국 전통적인 유럽사민주의 정책(국유화나 재정적자 증가에 의한 경기부양책)이나 신자유주의 정책(건전 재정의 유지로 실업을

Rinaldo Vignati, "Il leader e il partito. Il Pds dopo il II congresso," in Luciano Bardi and Martin Rhodes, eds., *Politica in Italia: I fatti dell'anno e le interpretazioni, edizione 98* (Bologna: Il Mulino, 1998); Valdo Spini, *La rosa e l'Ulivo: Per il nuovo partito del socialismo europeo in Italia* (Milano: Baldini and Castoldi, 1998).
31) Pearce and Stewart, op. cit., p. 569.

증가시키는 정책)으로 휩쓸리게 될 가능성이 크다.

그렇지만 결국 신노동당의 '제3의 길'은 매우 애매하면서도 전체적으로 신자유주의 정책에 가깝다고 할 수 있다. 예컨대 '평등'에 대해 '제3의 길'은 기회의 평등이나 개인의 책임을 중시함으로써, 결과로 나타나는 불평등을 사실상 인정한다. '지구화'에 대해서도 불가역적 과정으로 받아들이면서 그 것이 야기하는 온갖 폐해를 시정하려는 의도를 보이지 않기 때문에 지구화와 타협하고 있다는 비판을 받는다.

'신중도'로 불리는 독일 사민당의 '제3의 길'은 1989년 베를린 강령에서 시작되어 1999년 블레어-슈뢰더 성명으로 완성된다. 우선 비를린 강령은 '사회적 정의'를 "재산과 소득 및 권력의 분배에서 더 많은 평등을 요구"하는 것으로 규정하였다.[32] 그러나 이 강령에서 언급되는 '사회적 정의'도 구체적인 정치적 실천목표로 제시된 것이 아니라, 추상적 규범으로만 제시된 것이다. 따라서 영국 노동당과 마찬가지로 그 '정의'가 요구하는 '더 많은 평등'도 엄격히 결과적 평등의 개념으로 해석되는 것이 아니라 기회와 출발의 평등으로 전환될 여지가 있다.

1960년대 말 집권기에 평화정당의 성격을 획득한 이후 경제적 분배와 평등을 넘어 탈물질주의적 가치들로 무장한 현대사회의 새로운 문제점들을 보다 적극적으로 수용했다는 측면에서 이 강령은 진일보한 것으로 평가될 수 있다. 그러나 이 강령의 문제점은 경제적 사안들뿐만 아니라 새로운 가치들에 있어서조차 경쟁 및 시장의 개념과 타협하기 시작했다는 것이다.

더욱이 통일 이후 1990년대에는 이러한 정의 개념에 대한 언급조차 줄어들다가 1998년 연방의회선거 당시에는 전혀 사용되지 않았다.[33] 추상적 규범으로 제시된 '민주적 사회주의'가 정책적 실천으로 이어지면서 일정한 모순을 일으킨 것이라고 할 수 있다. 블레어-슈뢰더 성명은 베를린 강령과 현실 정부정책간의 괴리를 후자에 맞추는 방향으로 해소한 것으로서 '현대적

---

[32] Vorstand der SPD, ed., *Grundsatzprogramm der Sozialdemokratischen Partei Deutschlands* (Bonn, 1999).

[33] Uwe Jun, "Die Transformation der Sozialdemokratie: Der Dritte Weg, New Labour und die SPD," *Zeitschrift für Politikwissenschaft*, Vol. 10, Nr. 4 (2000), p. 1518.

경제정당'화로의 노선변화를 완성한 것이라 볼 수 있다. 이른바 '현대적 사민주의자들'은 '제3의 길'로 포장된 '신중도'를 "21세기를 위한 현대적 통치"라고도 부른다. 그러나 그 실질적 내용은 경제적 지구화를 옹호하고, 재정안정과 조세부담경감이라는 '워싱턴 합의'(Washington Consensus)를 자발적으로 수용하는 반면, '사회적 시장경제'라는 '라인 자본주의'(rheinischer Kapitalismus)와 케인즈주의적 복지국가를 거부할 뿐만 아니라, 노동운동으로부터 사민당을 단절시키고자 하는 것이다.[34]

독일 사민당과 적녹연정의 '제3의 길'은 명백히 고전적 분배정책과의 결별을 의미한다. 곧 분배의 결과가 아니라, 부 자체의 증가로 인해 가난한 사람들의 소득도 증가한다는 이른바 '엘리베이트 효과'를 강조한다는 것이다.[35] 그 전략은 성장과 경쟁력이 될 수밖에 없으며, 결과적으로 경제력과 시장의 역할에 의지하고 그 강화와 확장을 위해 또다른 형태의 물신화된 "권력환상"(Machtillusion)[36]으로 현상한다.

한편 조스팽 사회당 정권에 의한 복지국가의 개혁은 상당부분 1984년 이래 사회당이 추진해온 복지국가 개혁의 연장선상에서 이해할 수 있다. 사회당내 다수 중도계열을 형성하고 있는 미테랑 계열의 조스팽은 사회당의 좌우 편향을 적절히 조절하면서 중간적인 길을 걸었던 것이다. 그러나 앞에서 본 바와 같이 사회당 자체가 이미 상당부분 우경화되었다는 점을 감안할 때, 이러한 중도의 길 역시 우경화된 중도임에는 틀림없다.

프랑스 사회당이 표방하는 '쇄신좌파'는 그러한 변화의 중심에서 당내 우파들이 주장해온 공화주의 강조를 좇아간 길이었다고 할 수 있다. 사회당의 정체성은 사회주의적 조치를 통해 유지되기보다는 '공화주의적 연대'를 통해 재형성되고 있었고, 조스팽 정부의 정책에서도 그 점은 지속되고 있었다.

---

34) Birgit Mahnkopf, "Formel 1 der neuen Sozialdemokratie: Gerechtigkeit durch Ungleichheit. Zur Neuinterpretation der sozialen Frage im globalen Kapitalismus," *Prokla: Zeitschrift für kritische Sozialwissenschaft*, Vol. 30, Nr. 4 (2000), pp. 489-491.
35) Klaus Dörre, "Die SPD in der Zerreißprobe: Auf dem 'Dritten Weg'," in Dörre, Panitch and Zeuner, et. al., op. cit., p. 10.
36) Wolf-Dieter Narr, "Gegenwart und Zukunft einer Illusion: Rotgrün und die Mglichkeiten gegenwärtiger Politik," *Zeitschrift für kritische Sozialwissenschaft*, Vol. 29, Nr. 3 (1999), p. 374.

따라서 영국과 독일의 '제3의 길'과 비교해 상대적으로 전통적 사회주의의 맥락을 덜 벗어났다는 평가도 가능하지만, 그것도 어디까지나 '공화주의'라는 프랑스식 개혁 사회주의의 가치에서 이해되어야 하는 것이다. 따라서 무지개 연정의 구체적인 정책도 공산당의 연정참여라는 요소를 차치하면 신자유주의적 정책으로의 수렴이라는 보다 넓은 범주의 일반성을 벗어나지 못했다. 곧 부유층에 대한 세금 증가를 비롯한 소득 불평등 감소 정책이 전통적 좌파정책의 연장선상에서 이루어졌음이 인정되지만, 기업의 사회적 부담금을 낮추는 신자유주의적 개혁의 연장선상에 놓인 조치들도 어렵지 않게 발견할 수 있다.

이탈리아 좌파민주당이 주장하는 '유럽사회주의'는 1차 강령개정 당시 민주집중제를 공식적으로 포기하고(실질적으로는 이미 베를링게르 사후 1984년에 포기했다), 자본주의 극복을 언급하지 않게 됨으로써 시작되었다. 이제는 사회전략적으로도 산업노동자가 사회구조상 중심이 아니라는 입장으로 전환하였으며, 공정하고 효율적인 공공행정과 깨끗한 환경으로 대표되는 'better services'라는 특별 이슈로 '시민'에게 다가가고자 한다. 37)

유럽 사민주의 진영에 가장 늦게 합류하여 아직 '친근로자'적 국민정당의 영역에 머물러 있기는 하지만, 이탈리아 좌파민주당도 이제는 수권정당의 이미지를 위해 노력하고 있다. 좌파민주당이 진단하는 이탈리아의 위기는 '도덕적, 사회적, 제도적 위기'로서 '지배계급의 혁신과 민주체제의 재구축'을 요구하는 것이다. 그리고 좌파민주당이 원하는 수권정당의 이미지는 이러한 위기를 '좌파의 막강한 힘과 현정부에 대한 신뢰할 만한 대안을 제시할 수 있는 개혁정당'이다. 38)

그렇지만 이탈리아 중도-좌파 정부의 정책적 내용은 유럽통화동맹 가입을 위한 긴축재정을 중심으로 하는 신자유주의적 색채를 벗어나지 못했다. 물론 하원에서의 절대다수 의석 확보 실패로 인해 재건공산당의 지지를 받

---

37) Pasquino, op. cit., pp. 171-172; Giuseppe Mammanella, ″Il partito Comunista Italiano,″ in Gianfranco Pasquino, *La politica italiana: Dizionario critico 1945-1995* (Roma and Bari: Laterza, 1995), pp. 287-309.
38) Spini, op. cit. 참조.

아야 했던 집권연립(월계수동맹 l'Ulivo)은 재건공산당이 제시한 주35시간제 도입, 남부빈곤문제 해결, 적극적 실업해소정책을 유럽통화동맹 가입 후에 실시하겠다는 약속을 해야만 했다. 그러나 2년후 유럽통화동맹 가입에 성공한 후에도 재건공산당의 요구는 받아들여지지 않았고, 그에 따라 1차 월계수동맹 내각은 붕괴되었다. 뿐만 아니라 연정 지지를 두고 재건공산당이 분열함으로써 새로운 연정 수립에 성공한 2, 3차 월계수동맹 내각도 적극적 사회경제 정책의 실시에는 소극적이었다.

4. 결론

독일 사민당, 영국 노동당, 프랑스 사회당과 이탈리아 좌파민주당은 모두 창당 당시에는 노동자계급정당이라는 정체성을 가졌었다. 그러나 노조가 자신의 정치적 대변을 위해 만든 정당인 영국 노동당은 자본주의체제내에서 노동자계급의 자유와 평등과 연대를 확보하고 향상시킨다는 의미에 한정된 계급정당이었다. 독일의 사민당도 처음부터 혁명적 사회주의와 구별되는 국가사회주의적 전통을 가졌다는 점에서 영국 노동당과 유사하다. 프랑스 사회당에서도 공화주의적 성격을 띤 개혁주의적 사회주의파가 창당 때부터 커다란 영향력을 발휘했으며 공산당의 분리 건설 이후에는 주도 세력이 되었다. 영국, 독일, 프랑스의 사민주의 정당들은 정도의 차이는 있지만, 탈계급적인 '국민정당화'의 가능성을 배태했다는 점에서 동일하다고 할 수 있다. 반면 공산당으로 출발한 이탈리아 좌파민주당은 그람시적 전략의 변화 개연성에 대한 논란은 있지만, 혁명적 계급정당의 원칙에 충실했다고 보인다.

그러나 '신노동당'의 '제3의 길'은 자본의 세계화 흐름에 대해 현상타파적이 아니라 현상추수적이라는 점에서 보수당의 신자유주의를 계승하고 있다고 비판받는다. 독일 사민당의 '신중도'도 계급정당과 국민정당 사이에서 선택된 '제3의 길'이었던 친근로자적 국민정당을 넘어 부르주아적 국민정당과의 또다른 '제3의 길'인 '현대적 경제정당화'를 선택함으로써 역시 우파정권의 신자유주의 정책을 이어받았다. 특히 블레어-슈뢰더 공동성명 이후 두 정당의 차이점은 더욱 줄어들어, 대미관계 등 대외정책상의 차이만 존재할 뿐이다.

그와 달리 프랑스 사회당은 공산당과의 끊임없는 경쟁으로 인해 국민정당화의 길은 빨랐지만, 최종적 노선변화에서도 '현대적 경제정당'으로까지 나아가지는 않았으며 아직도 상대적으로 친근로자성과 공산당과의 연대가능성을 유지하고 있다. 이탈리아 좌파민주당도 '좌파'의 이미지를 고수하면서 현대 사민주의의 전통적 정책을 원칙으로 제시하고 있다. 그러나 프랑스와 이탈리아의 (중도-)좌파 정부가 실행하는 정책들도 신자유주의적 논리로부터 벗어날 수는 없었다.

　　이와 같이 '제3의 길'은 여러 측면에서 나라와 시기별로 다양하게 나타나는 한편, 영국과 독일, 프랑스와 이탈리아라는 두 국가집단별로 상이하게 현상하기도 하였다. 그러나 역사적 동시성의 측면에서는 신자유주의와 세계화의 흐름 속에서 새로운 이념의 수준이나 획기적 정책의 고안으로 이어지지 못한 채 기존의 좌파적 정체성을 상실해간 길이라는 일반성을 띠었다. 현대 사민주의의 전통적 케인즈주의 정책 외에는 세계화 시기 신자유주의 정책에 대한 대안 마련에 실패함으로써 신자유주의 정책을 답습해간 결과이다. 따라서 '제3의 길'은 사민주의라는 '현대적 국민정당'이 주도하는 신자유주의 정치이며, 현대 정당정치 지형에서 좌우 개념은 '친근로자적' 국민정당과 부르주아적 국민정당의 경쟁지형으로 현상하고 있다. 결과적으로 볼 때, '제3의 길'로 포장된 유럽 사민주의의 최근 노선도 신자유주의 시기에 합리화의 수혜자들과 사회적 신흥계층들과 같은 새로운 "지구화 계급"(globale Klasse)[39]을 위한 것으로서, '아래로부터 위로의 재분배'를 통해 사각지대나 사회저변층들을 더욱 벼랑으로 몰고가는 신자유주의 기획과 다르지 않다고 할 수 있다.

---

39) Joachim Bischoff and Richard Detje, "Widersprüche der 'Neuen Mitte': Strategie zur Bändigung des Kapitalismus?", in Dörre, Panitch and Zeuner, et al., op. cit., pp. 26-28.

9.11 테러와 미국 국내외 정치 패러다임의
변화: '예방'(prevention)개념을 중심으로

안병진(경희대, 정치학)

1. 서문

이번 미국의 이라크 침공은 지난 2001년 9월 미국의 현 대통령 조지 부시 (George Bush)가 새로운 안보 전략으로 채택했던 '선제 공격 독트린'(asser- tive new military doctrine)이 적용된 최초의 전쟁이었다. 이 독트린은 대량 살상무기를 개발, 취득을 시도하여 미국의 안보에 잠재적으로 위협이 되는 나라와 테러집단에 대해 미국이 단순한 방어에서 그치지 않고 나아가 군사 적 선제 공격을 가한다는 내용을 그 핵심으로 한다. 이 독트린은 9.11 테러 의 충격에 휩싸였던 부시 행정부가 테러이후 최초로 내놓은 체계적인 안보 전략이다. 사실 이미 '악의 축'(axis of evil) 언급으로 국제적으로 큰 논란을 불러일으켰던 2002년 1월 29일 연두교서에서 부시는 "나는 위험이 자라는 동안에 그냥 기다리지만은 않을 것이다"라고 경고하며 이러한 새로운 독트 린의 출현을 예고한 바 있다. 『뉴욕 타임즈』의 한 사설은 이에 대해 언제나 상대 국가의 선제 공격이 있은 후에야 이에 상응하는 대응을 펼쳐온 미국의 전통적 외교안보 전략의 근본적인 수정이라고 지적하고 있다. 1)

단지 군사적인 선제공격이라는 측면에서는 두말할 나위 없이 이 독트린

---

1) *The New York Times*, 2002. 1. 31, A24

이 그간의 전략으로부터 큰 선회를 의미한다는 『뉴욕 타임즈』의 지적은 올바르다.[2] 하지만 이 독트린 근저에 흐르는 핵심 문제의식이라 할 수 있는, "현대사회에서 급속히 변화하는 시간의 특성 인식과 이에 따라 위기의 사전 제거와 예방이 문제 해결에 효율적이다"라는 견지에서 보면 이 독트린은 아이러니하게도 부시가 2000년 대선 캠페인 기간 그토록 비난하던 민주당 대선후보 앨 고어(Al Gore)의 '사전개입'(forward engagement) 전략과 닮아있다. 후술하겠지만 비록 고어의 외교안보노선은 군사적 선적(preemption)보다 근본적 예방(prevention)을 강조하는 강조점의 차이를 가지고 있지만 고어는 선거기간 위의 독트린을 발표하며 위기에 사후 대응하는 전통적 외교 전략 대신에 위기의 소지를 사전개입으로 예방하는 새로운 비전의 필요성을 역설한 바 있다. 이에 대해서 부시 캠페인 진영은 과도한 민주당 정부의 국제외교 개입주의를 소중한 국력을 낭비하는 것으로 강하게 비판한 바 있다.

홍미로운 것은 이러한 적극적 예방을 강조하는 경향이 비단 국제외교뿐 아니라 클린턴(Bill Clinton) 정권 시절 국내 정책의 측면에서도 발견된다는 사실이다. 그 대표적인 예가 범죄 대응의 패러다임을 근본적으로 바꾼 것으로 평가되는 메간(Megan)법이 1996년 10월에 제정된 사실이다. 이 법은 성범죄를 저지른 경력을 가진 자가 이사올 경우 그 재범의 위험을 예방하기 위해 주변 공동체에 인적 사항을 공개화시키는 것을 의미한다. 전통적으로 미국의 전통적 범죄 방지 시스템은 과거에 행한 범죄를 처벌하는 데 초점을 맞추어 왔다. 하지만 이 메간법 등은 과거의 행적보다 이후의 위험을 야기할 가능성에 대한 예방에 초점을 맞추어 이에 해당되는 자의 인권을 보류할 수 있기에 미래의 행위에 대한 처벌이라고 볼 수 있다.

---

2) 물론 많은 정치평론가들이 지적하듯이 군사적 선점의 개념은 과거 역사상 항시 존재해 온 개념이었다. 이는 임박한 위기를 맞이하여 사전 선제공격으로 기선을 제압함을 의미한다. 과거 쿠바 미사일 위기에서 선제공격을 진지하게 고려했던 존 에프 케네디(John F. Kennedy) 대통령의 경우나 미국의 한반도 정책인 핵 선제공격 독트린은 이러한 선점적 정책의 대표적 예들이다. 하지만 존 아이켄베리(John Ikenberry)가 잘 지적하고 있듯이 부시의 독트린은 주요한 위기가 형성되기도 전에 이슈를 선점한다는 점에서 예방의 개념에 가깝다(John Ikenberry, "The Lures of Preemption," *Foreign Affairs* [September/ October, 2002], p. 51).

이러한 클린턴정권 기간과 2000년 대선에 나타난 새로운 국내외 경향 및 부시 독트린의 유사한 접근방식에 주목하여 이 글은 다음의 질문을 던지고자 한다. 첫째로 만약 부시의 '예방' 개념이 이 글이 전제하듯이 이미 클린턴정권 시절 강조되었다면 당시 이 개념의 출현 배경은 무엇이고 어떤 특징을 지니는가? 둘째로 부시의 '새로운' 외교안보 전략은 클린턴정권 당시의 예방 개념과 비교했을 때 무엇이 새롭고 무엇이 변하지 않았는가? 셋째로 이 예방 개념이 국내와 국제 정치의 어떠한 변화의 추세를 설명해줄 수 있는가? 이 글은 클린턴이나 부시정권의 국내외 정책을 포괄적으로 평가하는 것을 목적으로 하지 않는다. 그것은 이 짧은 논문의 범위를 벗어나는 일일 것이다. 단지 이 논문은 예방이라는 개념의 창을 통해 현재 부시 독트린의 배경과 맥락을 보다 깊이있게 비교정치적으로 사고하는 하나의 단초를 제공하는 것을 주된 목적으로 한다. 이를 위해서 이 글은 먼저 클린턴정권 시절 예방 개념의 국내외적 출현을 추적하고 그 원인과 특징을 밝히고자 한다. 이어서 부시정권 이후 이 개념의 내용이 어떻게 변모하는지를 분석하고 마지막으로 그 규범적 함의를 밝히고자 한다.

2. 클린턴정권 기간 예방 개념의 발전

1) 보수적 질서 담론과 메간법

대통령학 학자들간에는 클린턴정권의 성격 규정을 둘러싸고 많은 논쟁이 제기되어 왔다. 한 쪽에서는 1996년 사회복지법안 개혁에서 보여지듯 클린턴정권의 보수적 성격을 강조하며 공화당의 로날드 레이건(Ronald Reagan) 정권과의 연속성을 주장한다.[3] 이와 반대로 클린턴 정부의 국가 역할 강조에 주목하는 입장들은 진보주의적 전통의 부활을 역설한다.[4] 어느 입장이 올바른가를 판단하기 위해서는 여러 가지 기준이 있을 수 있겠지만 단지 클

---

3) William Berman, *America's Right Turn: From Nixon to Clinton* (Baltimore: The Johns Hopkins University Press, 1998).
4) Kenneth S. Baer, *Reinventing Democrats: The Politics of Liberalism from Reagan to Clinton* (Kansas: University Press of Kansas, 2000).

린턴정권 시절, 사회적 가치와 관련하여 어떠한 담론들이 여야를 불문하고 정치 아젠다들을 규정해 왔는가의 견지에서만 보면 전자의 입장이 설득력이 있어보인다. 왜냐하면 클린턴 정부 시절은 가족의 가치(family value), 성장(growth), 질서(order), 공동체(community)의 4가지 담론이 정치과정 전반을 지배해왔다는 점에서 1970년대서부터 본격화된 보수주의적 전통을 계승하기 때문이다. 이 중 본 글의 관심 대상인 예방 개념과 특히 관련이 많은 질서라는 담론은 이미 레이건정권 탄생 이전 닉슨 대통령 시절부터 그 영향력을 확대해왔다. 다시 말해 닉슨 대통령은 1960년 이래 범죄율의 확산 및 신좌파 운동에 의해 유발된 문화적 격변에 불안감을 느낀 중산층의 공포를 활용하여 법과 질서의 대통령이라는 기치하에 이후 노수주의적 혁명의 기초를 열었다. 1960년대에 발의되어 전례없이 의회에서 3주간의 긴 논란을 야기시켰던 '예방적 구금법'(preventive-dentention)은 바로 이러한 사회적 맥락을 배경으로 한다. 5) 이 법은 기소되기 전에 구금이 가능하도록 규정함으로써 '경찰국가'(police state)를 탄생시키려 한다는 격렬한 비난을 민권단체들로부터 받았다. 그 이후 공화당은 민주당출신 대선 후보들을 범죄 대응에 무르고 무능력한 이로 줄곧 낙인찍으며 중산층들의 표를 효과적으로 공략해왔다. 가장 극명한 예로 1988년 공화당 조지 부시 대 민주당 마이클 듀카키스(Michael Dukakis) 선거의 승부를 결정지은 분수령은 출감한 흉악범의 추가 범죄를 다룬 공화당의 부정적 정치 광고였다. 6)

1984년과 1988년 연이은 민주당의 대통령 선거 패배후 빌 클린턴, 앨 고어 등의 민주당의 일부 중도주의 성향 정치인들은 앨 프롬(Al From) 등이 창설한 민주주의 리더쉽 협의회(Democratic Leadership Council)라는 정책집단을 중심으로 모여 공화당 담론의 우세에 대응하여 당의 새로운 비전을 모색하기에 이른다. 7) 그들의 모색의 결론은 질서, 가족, 공동체, 책임같은

---

5) Paul H. Robinson, "Crime, Punishment, and Prevention," the Public Interest, No. 142 (Winter 2001), pp. 61-71.
6) Kathleen Hall, Jamieson, Packaging the Presidency: A History and Criticism of Presidential Campaign Advertising (New York: Oxford University Press, 1984), p. 461.
7) S. Baer, Kenneth, Reinventing Democrats: The Politics of Liberalism from Reagan to Clinton (Kansas: University Press of Kansas, 2000).

담론들을 민주당이 수용해 사회문제를 효율적으로 해결할 수 있는 집단으로 인식되지 않고는 결코 집권에 성공할 수 없다는 것이다. 클린턴은 1992년 선거전에서 이러한 교훈을 바탕으로 하여 선거기간 알칸소 주 사형수의 사형집행 같은 이벤트나 보수적인 가족의 가치를 줄곧 강조하였다. 흔히 관습적인 견해에서는 클린턴의 1992년 선거에서의 승리를 부시의 경제 실정만으로 설명하지만 다른 한편으로는 이러한 보수주의화 담론으로 중산층에 다가간 배경이 있었기에 집권이 가능했다.[8]

특히 클린턴은 집권 후 진보적 성향의 건강의료보험, 동성애자 군복무 이슈로 1994년 중간선거에서 대패한 후 더욱더 중도주의 경향을 강화하여 법과 질서의 대통령 이미지 강화에 나서게 된다. 1996년 1월부터 약 9개월에 걸친 클린턴의 가치 아젠다(values agenda) 캠페인은 따라서 범죄와 질서 회복에 대한 강경 조치들을 대거 포함하는 것으로 나타났다.[9] 그간의 범죄 대응 시스템의 패러다임을 바꾼 것으로 평가되는 메간법은 비록 그 발의에 있어서는 공화당 의원 딕 짐머(Dick Zimmer)에 의해 주도되었지만 이러한 클린턴 행정부의 보수화를 우군으로 하여 성공적으로 입법하게 된다. 이 메간법의 입법화에 이어 클린턴 행정부는 같은 해에 비슷한 내용의 팜린치너법(Pam Lynchner Act)을 통과시켜 범죄에 강경한 이미지를 구축하는 데 노력했다. 범죄 희생자의 이름을 딴 이 법은 연방수사국이 성범죄자들의 소재를 효과적으로 추적할 수 있는 데이터베이스와 성범죄자들을 등록시키는 시스템을 창출하고 또한 이들의 존재를 각 주에 최소한의 충분한 절차없이 통보하는 것을 내용으로 한다.[10] 위의 서문에서 밝혔듯이 이러한 일련의 법들은 과거의 범죄를 처벌하는 전통적 패러다임과 달리 이후의 잠재적 위험성을 예견해 처벌한다는 점에서 미래의 발생하지 않은 행위에 대한 사전 처벌의 성격을 지닌다. 이 법은 과거 이미 자신의 범죄행위에 대한

---

8) W. Laura Arnold and F. Weisberg Herbert, "Parenthood, Family Values, and the 1992 Presidential Election," *American Politics Quarterly*, Vol. 24, No. 2 (April 1996).

9) Dick Morris, *Behind The Oval Office: Getting Reelected Against All Odds* (Los Angeles: Renaissance Book, 1999), p. 231.

10) Ted Gest, *Crime & Politics: Big Government's Erratic Campaign for Law and Order* (New York: Oxford University Press, 2001), p. 244.

응분의 처벌을 받은 이에게 있어서는 이후 평생동안 인권이 침해되면서 살아야 함을 의미한다. 점차 많은 주들이 이들의 주소를 인터넷에 공시함을 의무화하고 심지어 오레곤주에서는 창문에 사인을 부착하도록 하고 있다. 11) 한 조사에 따르면 특히 메간법의 시행 후 이러한 전력을 가진 자들 및 가족, 그리고 심지어 이들로 오인된 무고한 이들에게 수많은 폭행, 차별이 발생하였다고 한다. 더구나 강경한 내용의 법에도 불구하고 이 법이 의도된 효과를 가져왔다는 증거는 아직 부재하며 오히려 역으로 이 대상자들을 공동체 속에서 재교육하기보다 그 기회의 박탈로 더욱 범죄를 부추기는 결과를 야기한다. 12)

흥미로운 사실은 클린턴 행정부가 예방 패러다임의 발전에 있어 보다 진보적 방향을 취할 가능성이 또한 존재했던 것도 사실이지만 이를 보수적 이미지 강화라는 정치적 고려하에 배제했다는 사실이다. 펜실베니아 대학의 제리 리 범죄학 센터를 이끄는 테드 게스트(Ted Gest)에 따르면 고어 부통령이 수장으로 임명된 예방위원회(Ounce of Prevention Council) 및 일부 행정부내 인사들은 보다 진보적 방향의 예방 패러다임의 관점에서 자신들의 안을 제출하고 있었다. 이들은 메간법 등이 견지하는 처벌적 관점 대신에 예를 들어 문제 청소년들에게 성인 지도자들을 연결시키거나 범죄 발생률이 높은 시간대에 방과후 학교를 확대해 생산적으로 보낼 수 있게 하는 등 보다 민주적인 형태의 대안에 관심이 더 많았다. 하지간 클린턴은 물론이요 위 기관의 수장으로 있는 고어마저도 범죄에 강경한 이미지 구축이 선차적 과제이기에 이들의 제안을 적극적으로 수용하지 않았다. 13)

클린턴정권 시절 강경한 예방 패러다임의 진척에 획기적으로 기여한 것은 단지 메간법뿐이 아니었다. 뉴욕의 루디 줄리아니(Rudy Juliany) 시장하에 빌 브래튼(Bill Bratton) 경찰국장이 주도한 범죄예방 프로그램 또한 그간의 패러다임을 획기적으로 바꾼 사례로 클린턴정권 시절 뉴욕주뿐 아니

---

11) BBC News, 2001. 12. 12.
12) Rober Freeman-Longo, "Revisiting Megan's Law and Sex Offender Registration: Prevention or Problem" (1996), p. 5.
13) Ted Gest, *Crime & Politics: Big Government's Erratic Campaign for Law and Order* (New York: Oxford University Press, 2001), p. 106.

라 다른 많은 주들, 더 나아가 국제적으로 전파되었다. 브래튼의 예방 프로그램은 두가지 획기적인 혁신안을 포함한다. 하나는 콤스타트(Compstat: Computer Generated Comparative Statistics)라는 범죄 지역 예견 소프트웨어의 개발이다. 브래튼의 새로운 시도 이전까지 경찰은 임의로 지역을 순찰하는 것을 관행처럼 해왔다. 그리고 6개월에 한번씩 실시되는 범죄 통계조사는 범죄 해결에 별반 도움을 주지 못하였다. 사실 위스콘신대의 헐만 골드스타인(Herman Goldstein) 교수가 적절히 지적하듯이 "경찰은 언제나 빠르게 변화하는 사회의 요구에 부응하는 능력에서 뒤져왔다"고 할 수 있다. 14) 하지만 브래튼은 일일단위로 범죄가 발생하는 지역의 통계를 신속히 취합하고 실시간으로 이의 발생 패턴을 분석하여 이후 범죄가 예견되는 지역에 제한된 경찰 인력을 집중적으로 투입함으로써 검거율을 획기적으로 높였다. 그 결과 범죄율은 12퍼센트나 하락하고 살인 범죄율은 전국 비율에 비해 3배나 하락하였다. 15)

또 하나의 혁신적 범죄 예방안은 소위 '삶의 질'(quality of life) 범죄 체포안이다. 지금까지 경찰들의 범죄인 체포에 관한 원칙은 범죄인이 중대한 범죄를 발생시킨 후에 이를 처벌하는 것이었다. 설령 경찰들이 추적하고 있는 용의자가 이후 범죄를 발생시킬 것이라는 심증이 가도 증거가 불충분하다면 체포가 불법이기에 경찰로서는 발생하기를 기다리는 대안 아닌 대안밖에 없었다. 더 이상 60년대처럼 예방적 구금은 상상하기 어려운 사회적 분위기이기에 문제를 인식하면서도 누구도 감히 도전하지 못했다. 하지만 브래튼은 제3의 대안으로서 이 용의자들을 삶의 질을 해치는 아주 사소한 위법행위(예를 들어 거리 낙서)로 체포하여 이를 기회로 이후 발생이 예상되는 더 중대한 범죄행위 모의의 증거를 수색하며 이를 예방하는 새로운 패러다임을 실시하였다. 지금까지 사소한 위법 행위자에 대한 법원 출석 요구서는 경찰서 컴퓨터 파일 안에 그냥 사장되어 왔는데 브래튼 이후 특별 전담반이 결성되고 2001년 10월 기준으로 만명의 위반자들에 대한 대대적 추적이 실시되고 있다. 16) 연임이후 임기제한으로 법적으로 출마가 불가능하

---

14) Ibid.
15) *New York Post*, 2001. 11. 14, 23.

지만 또다시 재선을 요구하는 여론이 일어날 정도로 큰 인기를 끌었던 줄리아니 전 시장의 인기는 바로 이러한 효과적 범죄율 저하에서 주로 기인한다. 또한 범죄 예방 프로그램의 최대한의 공헌자인 브래튼이 비록 흑인 등의 소수계에 의해 줄곧 비판의 대상이 되었지만 2001년 뉴욕시 시장선거에서 진보적 성향의 민주당 후보인 마크 그린(Mark Green)의 집요한 구애의 대상이었음은 그의 대중적 인기를 짐작케 한다.

비록 민주당 당적인 클린턴 대통령과 공화당 당적인 줄리아니 시장은 서로 다른 정치적 기반을 견지하고 있으나 공히 중산층의 사회적 위기에 대한 공포심에 기반하고 보다 더 빠르고 효율적으로 문제를 해결한다는 담론하에 예방이라는 새로운 패러다임을 주도하였다는 점에서는 공통적이다. 이러한 중산층 편향의 예방 패러다임은 역으로 범죄인 출신이나 저소득층 범죄인을 상대적으로 많이 배출하는 흑인 계열에 대해서는 인종주의적 차별의 소지를 내포한다. 특히 줄리아니의 '삶의 질' 범죄 처벌 정책은 흑인 전체 공동체를 삶의 질 저해 사범으로 동일시하는 인종주의적 관점하에 수시로 흑인들을 대상으로 검문과 수색을 남발해 민권단체들의 지속적 비판의 대상이 되어왔다. 클린턴 정부 또한 최초의 흑인 대통령이라는 명성과 달리 흑인들의 구조적 조건을 개선하기보다는 메간법 같이 아직 그 효과가 증명되지 않은 강경한 법을 주도하고 마약과의 전쟁과정에서 흑인 공동체를 범죄자로 낙인찍는 데 앞장서왔다.[17]

클린턴정권의 예방 패러다임은 이후 1995년의 오클라호가 연방청사 테러 등을 거치면서 약간 더 비민주주의적인 경향을 노정하였다. 1995년 클린턴 행정부는 오클라호마 사건에 대한 대응으로 상하원의 민주당 지도부들을 통해 반테러 법안(Antiterrorism Act)을 발의하였는데 이 법안은 특별법원이 비밀증거를 가지고 테러 단체 연루 의혹이 있는 비시민권자들을 추방시키는 것을 가능하게 했고 기소 이전 단계의 사전 구금이나 도청에 대한 제약을 완화하였다.[18] 하지만 1년 후인 1996년 법으로 발의된 이 반테러리즘

---

16) *New York Post*, 2001. 10. 11, 43.
17) Michael Hardt and Antonio Negri, *Labor of Dionysus: A Critique of the State-Form* (Minneapolis: University of Minnesota Press, 1994), pp. 242-243.

법안은 원래 발의한 시점의 긴급한 톤과 달리 클린턴 행정부에 의해서 중요하게 취급되지 않았다. 그 단적인 예가 국무부가 최초로 외국인 계열의 테러관련 단체 리스트를 발표하기까지 18개월이나 소요된 것에서 드러난다.

이러한 집행에서의 열의없음은 각종 민권단체 및 새로운 이민자 그룹들을 주요한 지지그룹으로 가지고 있는 클린턴 행정부의 정치적 고려에서 기인했던 것으로 보여진다. 당시 보다 강경한 보수주의적 태도를 취할 것을 주장했던 보좌관 딕 모리스의 증언은 이러한 추정을 뒷받침해주고 있다. 그의 회고록에 따르면 오클라호마 폭파사건 이후 그는 예방의 관점하에 테러대책을 제시하며 클린턴에게 조언하였다. 그는 1995년 4월 27일자 전략 메모에서 "테러발생이후에나 행동을 취하는 '묘비'(tombstone)적 접근을 거부해야 한다. 대신에 범죄 행위가 발생하기 전에 생명을 구하기 위해서 예방적(preventative) 감시와 테러리스트 집단의 대중적 공개를 요구해야 한다"고 적고 있다. 19) 그는 또한 1995년부터 1996년에 이르기까지 몇 차례의 백악관 전략회의에서 주 운전 기록과 이민국 데이터 베이스를 연계시켜 테러리스트들을 보다 용이하게 색출하고 추방하게끔 하는 안건이 제출되었지만 클린턴이 거부했다고 회고하고 있다. 20) 그에 따르면 이러한 제안은 민권침해로 이어질 소지를 안고 있어 주저하는 클린턴 자신과 조지 스테파노플러스(George Stephanopulous) 보좌관 및 법무성, 이민국의 리버럴 성향인사들의 강력한 반대에 부딪혀 좌절되었다. 21) 결국 클린턴은 절충안으로 부통령 고어에 의해 주도되는 연구위원회 설치라는 미적지근한 해결책으로 논쟁을 마무리지었다. 이러한 귀결은 대중들의 여론에 극도로 민감한 클린

---

18) David Cole and X. Dempsey James, *Terrorism and the Constitution* (New York: The New York Press, 2002).

19) Dick Morris, *Behind The Oval Office: Getting Reelected Against All Odds* (Los Angeles: Renaissance Book, 1999), p. 421.

20) 이 제안은 이미 언급했던 뉴욕 경찰국장 빌 브래튼의 삶의 질 범죄 대책과 유사한 문제의식에 기반한다. 다시 말해 두 제안 모두 다 사소한 범죄 적발을 통해 이후의 중요 범죄를 미리 적발하고 예방한다는 관점에서 제출되었다. Dick Morris, "For Safer Borders: Better Enforcement's The Key," *Vote. com*, http: //www. vote. com/magazine/columns/dickmorris/column37506266. phtml (검색일 2001년 10월 25일).

21) Ibid. p. 31.

턴의 리더쉽 스타일과도 연관된다. 아직 테러리즘 척결이 민권을 희생하면서까지 추진될 핵심과제로 국민들이 인식하지 않는 이상 클린턴이 정치적 모험을 전개할 이유가 없었던 것이다. 하지만 여기서 기억해야 할 것은 9. 11 테러 이후 부시 행정부가 국내 정책에서 전개하고 있는 비민주주의적 독소 조항을 지니는 반테러 조치들의 초석은 위에서 보았듯이 이미 클린턴 정권 시절 이루어졌다는 사실이다.

이상의 논의를 요약하자면 이상에서 보듯이 클린턴정권은 질서라는 보수주의적 담론을 적극 수용하면서 국내 정책에서 예방이라는 새로운 패러다임을 주도하였다. 이 패러다임은 중산층의 공포를 반영하며, 흑인, 최근 이민자 차별의 성격을 내포하는데, 이는 이후 9. 11 테러를 거치며 더 한층 비민주주의적 관점으로 확대되었다. 다음 장에서는 클린턴정부의 외교노선에서 예방적 관점이 어떻게 발전되었는지를 살펴보고자 한다.

2) 고어의 새 외교 독트린: 사전개입 노선

국제 외교안보전략측면에서 보자면 클린턴 정부는 명시적으로 예방적 패러다임을 채택하지는 않았다. 하지만 클린턴정권 시절 외교노선의 주된 기조인 확대(enlargement) 전략과 그 과정에서 노정된 한계는 클린턴의 후계자라 할 수 있는 앨 고어의 대선 기간 노선인 '사전개입'으로 구체화되었다. 아래의 글에서는 먼저 이 예방 개념이라는 견지에서 클린턴정권 시절의 외교노선의 공과와 이후 고어의 사전개입 노선의 탄생 배경에 대해 추적하고자 한다.

클린턴 집권 기간 국제 외교안보노선은 민주적 가치의 구현으로서 이상주의와 국가이익 위주의 현실주의간 강조점을 놓고 다소간에 변화를 겪어 왔지만 그 주된 기조는 1993년경 구체화된 '확대'(enlargement) 전략으로 요약될 수 있다. 이 전략은 그간 냉전의 주된 기조인 봉쇄정책 대신에 미국 정부가 적극적으로 시장경제에 기초한 민주적 공동체를 강화해나간다는 새로운 독트린을 의미한다. 사실 이러한 개입주의적 기조는 이미 전임 공화당 대통령인 조지 부시정권 시절 시작되었다. 예를 들어 조지 부시 대통령은 당내 주요 세력인 고립주의 진영의 강력한 반대에도 불구하고 1992년 소말리아에 인도주의적 지원 정책을 실시하거나 동유럽과의 긴밀한 협력강화를 시도한 바 있다. 하지만 클린턴 정부는 아직 냉전 이후 일관된 국제외교의 프레임을 구축하지 못한 부시정권과 달리 냉전이후 질서의 변화된 성격에 대해 보다 명확하게 이해하며 전통적 군사, 정치적 안보에서 나아가 테러리즘, 마약, 기후 변화 등의 사회적 안보이슈까지 주요 전략 목표로 설정하였다. 이러한 안보개념의 확장은 클린턴 정부의 안보 전략에 수차례 조언을 했던 할란 울만(Harlan Ullman) 교수가 밝히고 있듯이 소련의 군사적 위협이 사라지고 국제적 질서와 평화에 가장 큰 위협은 다양한 형태의 폭력임을 인식하는 데서 비롯된다. 22)

하지만 새로운 국제외교안보 전략의 인식이 곧장 개별 사례에서의 성공을 자동적으로 보장하는 것은 아니었다. 예를 들어 1993년 소말리아에서 클린턴 정부는 부시 전임정권의 인도주의적 지원에서 한 발 더 나아가 국가건설(nation building) 작업을 시도하였다. 이는 국제 질서와 평화, 그리고 민주적 공동체의 구축이라는 주된 외교안보 노선의 기조하에서는 당연한 귀결이었다. 그러나 예상치 못한 소말리아내 일부 부족들의 강한 저항과 미국 군인 전사자 피해를 용납하려 하지 않는 국민여론 및 클린턴정부의 우유부단함 등이 겹치면서 이는 문제를 노정하기 시작했다. 더구나 텔레비전을 통해 방영된 미군 전사자 시체가 거리에 끌려져 나가는 모습 등은 그렇지 않아도 좋지 못한 여론에 찬물을 끼얹었으며 굴욕적으로 개입을 종결지어야 했다. 이러한 소말리아에서의 실패는 이후 클린턴 정부의 개입주의 정책에 큰 영향을 미쳤다. 예를 들어 이후 르완다에서의 참혹한 재난에도 불구하고 클린턴 정부가 개입을 결정하지 않아 국제사회의 비난거리로 작용한 것이 그 단적인 예이다. 다른 한편으로 이러한 경험은 클린턴 정부 외교정책 관계자들로 하여금 과거 개입정책의 비효율성에 대한 회의와 외교노선의 보다 효율적인 방향을 모색하게 하였다. 다시 말해 『인터칼리지 리뷰』(*Inter-college Review*) 2002년 봄호에서 하비 시셔만(Harvey Sicherman)이 밝히

---

22) Harlan Ullman, *Unfinished Business: Afganistan, the Middle East and Beyond-Defusing the Dangers That Threaten America's Security* (New York: Citadel Press, 2002), p. 110.

고 있듯이 지금까지의 개입은 이미 재난이 발생해야만 정당성이 확보되었고 한번 이러한 위기를 겪고나면 이후 개입이 실제적인 문제를 해결하기는 더욱 어려워지게 된다는 교훈을 보여주었다.[23] 이러한 견지에서 외교정책 관련자들의 새로운 외교노선에 대한 고민이 예방을 향하게 되는 것은 당연한 논리적 귀결이었다. 예를 들어 소말리아 실패의 근본적 원인에 대해 울만 교수는 다음과 같이 밝히고 있다. "…하지만 (소말리아 개입에서) 오류는 더 거시적인 결과와 특히 앞을 미리 예견해서 사고하는 데 실패했다는 점이다."[24] 1990년 후반부터 카네기 재단에서 주도하여 사이러스 반스(Cyrus Vance) 등의 저명한 외교안보 전략가들이 참여하여 클린턴 행정부의 외교노선을 평가한 프로젝트의 결과물인 "치명적인 갈등 예방"(Pre-venting Deadly Conflicts)도 울만 교수와 비슷한 문제의식을 보이며 이후의 방향을 예방적 관점으로 정리하고 있다. 이러한 일련의 흐름은 이후 밝히겠지만 고어의 예방적 개입 정책을 주도적으로 입안한 레온 펄쓰(Leon Fuerth) 교수의 문제의식과도 일치한다.[25] 아래의 글에서는 이를 살펴보고자 한다.

고어는 2000년 대선 초반기 자신의 새로운 외교노선을 사전개입이라고 이름지으며 4월 30일 한 연설에서 다음과 같이 정의하였다.

…하지만 우리에게는 또한 내가 1월 유엔 안보회의에서 이미 언급한 바 있는 새로운 안보 아젠다가 놓여 있다. 이 아젠다는 우리 모두에게 영향을 미치고 정치적 경계선을 초월하는 것이며 과거의 도전 과제들만큼이나 중차대한 것들이다. 오늘날 21세기의 여명 앞에서 우리는 고전적 안보과제뿐 아니라 새로운 과제들 또한 인식해야 한다…우리는 사전개입 정책을 통해 문제가 위기로 발전하기 전에 초기 단계에서 문제를 해결해야 한다. 또한 가능한 한 문제의 원천에 가깝게 접근하여 해결해야 하며 이들 문제가 출현하자마자 이 위협에 대처할 무력과 자원을 갖추어야 한다.

23) Harvey Sicherman, "The Revival of Geopolitics," *The Intercollegiate Review*, Vol. 37, No. 2 (Spring 2002), pp. 16-23.
24) Ibid., p. 67.
25) 1999년 9월경 54회 유엔총회 연설에서 사무총장 코피 아난(Kofi Annan)도 그간의 국제 외교 노선상의 한계를 돌파하기 위해 "초기 경보, 예방적 외교, 예방적 배치, 예방적 무장해제" 등을 새로운 방향으로 제안한 바 있다. *New York Times*, 1999. 9. 23, Op-Ed 참조.

이 사전개입 정책을 입안한 이는 고어 선거본부 외교안보특보이며 조지 워싱턴 대학 교수인 레온이다. 그는 클린턴정부가 국제 질서와 평화를 위한 안보의 개념을 사회적으로 확장한 것의 연장선상에서 이를 해결할 노선으로서 사전개입을 위치지우고 있다. 그는 2001년 11월 한 강연에서 이렇게 요약하고 있다.

2000년 캠페인 기간 동안 주제와 관련된 몇몇 연설을 통해 우리는 새로운 종류의 국가 안보 이슈들을 제기했습니다. 그것들은 인체면역결핍바이러스(HIV)나 에이즈(AIDS) 같은 국제적 질병, 항생제에 면역성을 가진 결핵, 사하라 이남 지역에서 인체면역결핍바이러스(HIV)나 에이즈(AIDS)보다 더 많은 사람을 죽인 말라리아, 지구적 환경 재앙, 국가의 범위를 넘어선 국제범죄, 국제적 테러 집단, 대량 살상 무기나 이를 가능케 하는 기술의 국제적 확산같은 것들입니다. 사전개입이란 이러한 문제들을 인지하고 조속히 해결하기 위한 정책에 붙인 이름입니다.

이때 레온은 앞에서 울만이 클린턴 외교정책의 한계를 지적한 것과 같이 그 또한 클린턴 정부 시절에 느낀 문제의식을 다음과 같이 술회하고 있다.

내가 하고자 하는 다른 하나는 미래를 선점(occupy)하는 것이다. …어떤 측면에서는 외교 정책 관계자들 사이에서 너무 바빠서 주목해오지 못한 점이 있다. 다름 아니라 사건들이 가속화되고 마치 미래가 우리를 향해 빠르게 다가오는 것 같은 점이다. 더구나 이론적 차원에 머물렀던 일들이 신속하게 현실적 과제로 전환하고 심지어 환상으로만 생각했던 것이 실제적 현실로 전환하기도 한다.

이러한 고어의 국제외교안보 노선은 3가지 측면에서 클린턴의 확대 전략의 연장선상에 있다. 이는 총체적, 다자적, 근본적 접근으로 요약될 수 있다. 첫째로 냉전의 해체 이후 새로이 평화와 질서의 구축에 위협이 되는 요소들을 주요한 안보 과제의 하나로 포함시키는 고어의 전략은 안보의 과제를 전통적 정치, 군사적 측면에 한정하지 않고 총체적으로 접근한다는 점에서는 클린턴의 확대 전략의 연장선상에 있다. 둘째로 이러한 과제의 추진에 있어서 그는 나토 등과의 다자적 협력을 중시한다는 점에서도 클린턴 행정부와 궤를 같이 한다. 마지막으로 고어는 "국내와 국외의 새로운 위협을 정복하기 위해 사전 투자" 등을 통해 문제의 구조적 해결을 추구한다는 점에서 근본적이다. 하지만 일부 언론들이 클린턴 외교정책의 재포장에 불과하다고 비판하는 것과 달리 위의 레온의 문제의식에서 드러나듯이 "이러한 이슈들이 위기로 전화하기 전에 예방적으로(preventively) 행동"한다는 점에서 위기이후에나 대응했던 클린턴 행정부의 초기 경험에서 한 단계 더 나아간 것이다.26) 그런 점에서 이러한 고어의 사전개입 노선은 단순한 듣기 좋은 선거용 레토릭이 아니라 만약 고어의 당선으로 그 실현의 기회가 부여되었다면 개별 국가들의 주권을 더욱 약화시키고 전 지구적 해결사로서 미국의 역할은 더욱더 증가되었을 가능성을 지닌다. 왜냐하면 이는 더 이상 미국이 국가간 위기의 사후 중재자가 아니라 예방적 경찰로서 일국내 통치 행위에 보다 긴밀히 결합함을 의미하기 때문이다. 현재 미국이 누리고 있는 정치적으로 막강한 초강국의 지위를 고려한다면 이 예방적 행위가 외교적이든 군사적이든 그 정당성을 국제적으로 확보하기만 한다면 이는 개별 국가나 국제 법의 전통적 경계를 쉽게 넘어서 작동할 가능성이 크다. 이러한 전망은 곧 진보적 학자 마이클 하트(Michael Hardt)와 안토니오 네그리(Antonio Negri)가 주장하듯이, 도덕적 권위와 국제경찰의 지위를 획득하고서 헤게모니적으로 지배하는 지구적 제국(empire)의 완성을 의미할 것이기도 하다.

하지만 고어의 이러한 야심찬 문제제기는 대선 캠페인 당시 듣기 좋은 레토릭으로 치부될 뿐 그 이상의 진지한 토론을 이끌어내지 못했다. 부시 진영은 당연하게도 고어의 이러한 전략을 클린턴의 과도한 개입주의의 또다

---

26) 이삼성 교수에 따르면 미국 클린턴 행정부는 지구 환경문제에 있어서 이미 1995년경 철저히 예방적 관점에 기초해 활동하며 환경변화와 정치변동의 상관관계에 대한 예측적 정보수집 활동을 전개하여 이후 미국의 개입을 초래할 상황을 파악하고 있다고 한다(이삼성, 『세계와 미국』, 한길사, 2001, 754-755쪽). 하지만 이러한 일부 영역에서의 선구적 실험에도 불구하고 클린턴 행정부가 고어의 독트린처럼 외교안보 분야 전반에 걸쳐 예방의 관점을 철저히 구현하고 있다고 보기는 어렵다.

른 이름으로 치부하였다. 하지만 고어의 외교 보좌관인 그라함 앨리슨 (Graham Allison)이 대선 기간 한 인터뷰에서 밝히고 있는 내용은 이후 2001년 발생한 9. 11 테러와 관련해 생각한다면 통찰력이 넘치는 의미심장한 발언이 아닐 수 없다.

고어 후보가 주장한 바처럼, '신 안보 아젠다'라고 불리는 것을 명확히 인식하고 이에 관심을 기울이며, '사전개입' 정책 즉 다가올 위협을 미리 예방한다는 점에서, 이는 테러리즘의 경우가 가장 적절하게 적용된다고 할 수 있다. 고어가 제안한 아젠다 안에는 초기 첩보, 초기 저지, 초기 행동, 대량 파괴의 잠재성을 가지는 기술확산을 예방하는 장기적 노력, 테러리스트들의 복수의 동기를 유발하는 좌절과 요구의 심층 원인들을 해결하는 요소들이 다 담겨져 있다. 부시 주지사는 이러한 이슈들에 별반 언급하고 있지 않다.

이렇듯 고어의 예방 개념을 선거 기간 내내 비판하던 부시는 이후 집권하고 나서 고어보다 더 공세적인 예방 개념을 선택한다. 아래의 글에서는 부시가 어떠한 배경 속에서 변화되고 그 내용은 클린턴, 고어 행정부의 문제의식과 어떻게 달라지는지를 살펴보고자 한다.

3. 부시정권하 예방 개념의 새로운 변화

2000년 선거 캠페인 기간 고어의 개입주의 전략을 줄곧 비판하며 '절제된 (modest) 대외관계'를 강조하던 부시는 집권 초기에, 국제형사재판소 창설 조약에 대한 상원 비준 모색거부, 탄도요격미사일 협정 탈퇴위협, 생물 무기협정 검증의정서 거부, 핵실험금지조약 상원 비준 무기연기 등의 무수한 예에서 보이듯 클린턴 정부가 추진하던 다자적 틀을 통한 국제적 개입과 민주적 공동체 건설 노선으로부터 일탈하여 일방주의적이고 제한된 개입주의 정책을 전개해 나갔다. 이는 언론 및 학계의 격렬한 비판에 직면했지만 부시 행정부는 이러한 노선을 바꾸기보다는 안보담당 보좌관인 콘돌리사 라이스(Condoleezza Rice) 등을 내세워 자신들의 외교노선을 미국적 국제주

의(American Internationalism)로 포장하며 상황의 돌파를 시도하였다. 27)
하지만 2001년 9월 11일 발생한 테러가 던져준 미국 역사상 전례없는 충격
은 부시 행정부에도 어김없이 작용하였다. 지금까지 클린턴 행정부가 해온
외국에서의 국가건설(nation building) 작업을 경멸하던 부시 행정부의 제한
적 개입주의 외교노선에는 사실상 미국 본토가 국제적 위협으로부터 안전
하다는 전제가 깔려 있었다. 비록 클린턴정권 기간 1993년 월드 트레이드
센터 폭발물 사건 같은 위기가 있었지만 이는 극히 예외적인 사건으로 인지
될 뿐이었다. 하지만 9. 11 테러는 더 이상 미국 본토가 국제 분쟁 영역의
밖이 아니라 오히려 항상적으로 테러의 위협에 노출된 가장 취약한 열린 체
제라는 것을 명백히 드러내고 말았다. 따라서 미국으로부터의 지리적으로
나 전략적으로 멀게만 느껴졌던 타국에서의 개입작업과 본토의 안보가 가
지는 긴밀한 연관성은 누가 보기에도 분명해진 셈이다. 이러한 새로운 조건
속에서 부시 행정부는 선거기간과 취임 초기 취해온 제한적 개입주의 레토
릭을 철회하고 국방부의 도널드 럼스펠드(Donald Rumsfeld)나 폴 울포위츠
(Paul D. Wolfowitz) 같이 1980년 레이건 집권 초기의 신보수주의 경향의
군사 개입주의자들이 현실주의자인 콜린 파월(Colin Powell) 국무장관을 누
르고 정책의 주도권을 잡게 된다. 울포위츠가 반농조로 자신이 자리를 수락
한 것은 파월을 감시하기 위해서라고 밝히기도 했는데 9. 11 테러 이후 그는
단지 감시에서 나아가 외교노선에서 주도적 위치를 차지하게끔 된 셈이
다. 28)

이들 신보수주의자들은 또한 군사적 제재를 선호할 뿐 아니라 악의 제국
에 대항하는 선한 세력의 도덕적 의무감을 강조하는 극단적 이분법의 경향
을 지닌다. 그런 점에서 이러한 적극적 군사 개입주의 노선 주창자들이 테
러 분쟁에 대응하여 제일 먼저 시도한 것은 전세계를 터러와 반테러의 양
집단으로 새롭게 경계 설정하는 것은 당연한 논리적 귀결이었다. 2001년 10
월 7일 아프가니스탄에 대한 공습에 앞서 발표한 성명에서 부시는 "모든 국
가는 선택을 해야만 한다. 이 분쟁에서 중립이란 없다. 만약 어떤 국가든지

이며 살인자인 것이다"고 분명하게 선언하였다. 29) 이러한 경계설정의 한 의도된 효과는 테러 근절에 협력하지 않는 국가인 이라크 등을 군사적으로 공격할 국제적 명분을 획득하는 것이다. 2001년 1월 29일 발표한 연두교서에서 부시가 밝힌 '악의 축'(axis of evil) 발언도 이러한 의도의 연장선상에서 제기되었다. 이는 한편으로 선과 악의 대결이라는 도덕적 가치를 부여함을 통해 이라크 공격의 명분을 축적하고 이를 통해 테러전쟁을 지속하기 위한 내부적 긴장을 지속적으로 유지하기 위해서로 볼 수 있다. 특히 부시정부의 입장에서는 다가오는 중간 선거에서 의회다수당을 차지하기 위해서 지속적 테러전쟁의 이유를 제공해야 할 전술적 필요가 절박했다. 하지만 이라크에 대한 공습 정당성을 확보하기 위한 '악의 축' 발언은 그 의도와 달리 소기의 목표를 달성하지 못하고 많은 비판에 시달려야 했다. 예를 들어 뉴욕 타임즈 20002년 2월 24일자 의견란에서 마크 릴라(Mark Lilla) 교수는 이러한 발언이 냉전 시절 예측이 가능한 소비에트 제국처럼 일관된 축을 형성한다기보다 각기 개별적으로 예측이 불가능하게 움직이는 새로운 국제정세의 특징을 전혀 이해하지 못하는 발상이라고 비판하였다. 30) 이어서 그는 다음과 같이 부시 행정부의 국제 외교노선의 근본적 결함을 비판하였다.

…우리는 미국 정책의 원칙을 명료하게 할 필요가 있다. 이때 아군과 적이 하루 사이에 바뀌는 상황에서 필요에 따라 우리와 함께 하거나 적대시하는 국가들을 상대함에 있어 유연성을 발휘할 수 있는 방식이어야 한다.

이러한 맥락하에서 볼 때 6월 중순부터 논의되기 시작한 부시 행정부의 새로운 독트린인 선제 공격 독트린은 1월 29일 연두교서에서 크게 성공하지 못한 이라크 공격의 명분을 새로이 확보할 뿐 아니라 일관된 국제외교노선을 정립해야 한다는 요구에 부응하기 위해 제시되었다고 보여진다. 이 비슷한 시기에 언론에 알려진 사담 후세인 대통령의 암살과 이라크정권 전복 지시는 이 새로운 독트린이 어디를 우선적으로 겨냥하고 있는지를 시사하게

---

29) *The New York Times*, 2001. 10. 8, B6.
30) *The New York Times*, 2002. 2. 24, 13.

해준다. 또한 부시 정부는 나토 동맹국들에 대해서도 이러한 새로운 독트린을 공식적으로 채택할 것을 요구하며 이의 기정사실화에 앞서고 있다. 예를 들어 럼스펠드 미국 국방장관은 6월 6일 브뤼셀에서 열린 나토 19개국 국방장관 연례회의를 마친 후 기자회견에서 나토의 방어 개념을 재정립할 것을 주창하며 "확고한 증거가 행동하는 데 전제조건이 될 수 없다. … 한 테러범이 언제 어느 곳에서든 어떤 수법이나 사용해 공격할 수 있다면 이를 물리적으로 방어할 수 없다"고 밝혔다.[31]

부시의 이러한 새로운 독트린은 어떤 점에서는 1월 29일 연두교서에서 밝힌 의지의 외교노선으로의 구체화라고도 할 수 있다. 다시 말해 부시는 이 연설에서 "시간은 우리 편이 아니다. 나는 위험이 자라는 동안 기다리지만은 않을 것이다"라고 공언한 바 있다. 이 연설의 문구들은 그 뉘앙스에서 마치 2000년 대선에서 고어가 위기가 자라도록 기다리지 않겠다는 다짐이나 연설에서 빠르게 다가오는 시간을 강조한 레온의 발언을 연상시킨다. 오랜 시간과 9. 11 테러라는 값비싼 대가를 치르고서야 비로소 부시 행정부도 냉전 이후 변화된 국제 안보환경의 성격을 인지하기 시작한 셈이다. 다시 말해 이제 부시도 21세기 국제환경에서 미국 본토로부터 먼 국가의 위기가 곧 뉴욕시의 재앙을 의미할 수도 있다는 것과 그 위기는 반드시 군사적인 것뿐 아니라 테러같은 사회적 문제들이 될 수 있다는 사실을 깨달은 것이다.[32] 그런 점에서 고어의 예방적 개입만큼이나 부시의 선제 공격 독트린도 극단적으로 개입주의적이고 '미래를 선점'하기 위한 예방의 노력이다.

물론 부시 행정부의 새로운 상황 인식은 진공 상태에서 이루어진 것이 아니다. 80년 레이건 정부 이래로 공화당내 일부 흐름으로 남아있는 군사주의적이고, 일방주의가 21세기 포스트 냉전 시대인 지구화의 시대를 조건이자 명분으로 하여 새롭게 부활한 것이다. 만약 9. 11 테러가 이러한 새로운 지

---

31) 『한겨레』, 2002년 6월 18일.
32) 네이션(nation)지 7월 15일자 기사에서 리차드 포크(Richard Falk) 교수는 여전히 억제와 봉쇄의 프레임이 효율적이라고 강변하며 부시정권의 선제 공격 독트린을 비판하지만 이미 억제 전략의 한 축인 소련이 붕괴되고 일개 테러 집단이 한 주권국가에 치명적 피해를 입힐 수 있는 새로운 국제 환경에서 이러한 주장은 사실 공허하게 들린다. Richard Falk, "The New Bush Doctrine," *The Nation*, 2002. 7. 15, p. 10.

구화 시대의 성격을 분명히 드러내보여 주지 않았다면 과거 레이건 시절에도 헤게모니를 잡지 못했던 이러한 신보수주의 세력들이 그토록 쉽게 부시 행정부의 주도권을 잡는 것은 매우 힘들었을 것이다. 이들 신보수의자들이 추구하는 예방의 성격은 클린턴 행정부와 이의 연속선상에서 고어의 다자적이고 근본적 접근 방법의 우선적 선호와 달리 일방주의적이고 일시적인 군사 공격을 우선시하는 성격을 지닌다.

하지만 다른 한편으로 생각하면 민주당내에서 외교 영역에서 매파에 속하는 고어의 예방적 개입이 군사적 조치를 전혀 배제하는 것이 아니고 반대로 부시의 선제공격 독트린이 외교적 해결 우선 시도의 최소한의 외관을 갖추어야 하기에 때로는 상호간에 수렴되는 측면도 엄연히 존재한다. 걸프전이 공화당의 조지 부시 대통령과 당시 민주당의 고어 상원의원간의 일치된 견해 속에서 치루어진 것을 상기한다면 고어의 예방적 개입주의와 부시의 선제공격 독트린이 강조점과 뉘앙스의 차이에도 불구하고 개별 정세 속에서는 얼마든지 합의점을 찾을 여지가 있다. 예를 들어 1994년 한반도의 핵위기에서 클린턴 행정부가 북한에 대해서 강한 압박 정책을 선택하여 이후 영변 폭격까지 고려하다 막바지에 지미 카터의 중재로 극적으로 타결된 것이 이러한 가능성을 시사해준다. 33)

"모든 곳이 전선일 때 국제, 국내 정책도 상호 수렴된다"는 리차드 포크34)의 말처럼 부시 행정부는 국제적 외교안보노선에서뿐 아니라 국내에서의 대테러 전쟁에서도 예방이라는 견지에서 일관됨을 보여주고 있다. 법무성이 수백 명의 테러 범죄 관련 혐의자들을 구체적 사유를 공개하라는 요구에도 불응하고 몇 개월간 구금해온 것은 과거의 행위에 대한 처벌보다 어디까지나 이후 저지를 가능성이 있는 범죄를 예방하는 것을 주목적으로 한다. 이를 잘 보여주는 사례가 소위 더러운 폭탄(dirty bomb) 음모로 2002년 5월 8일 체포된 호세 파딜라(Jose Padilla)의 경우이다. 왜냐하면 비록 이 폭탄의 제조 음모가 "초기 단계임을 법무성이 시인하지만 이후 미래에 저지를 가능성이 있는 범죄인이기에 법무성은 그를 구금하고 있기 때문이다. 35) 과

---

33) 이에 대해서는 Don Oberdorfer, 『The Two Koreans』, 길산, 2002 참조.
34) Richard Falk, "The New Bush Doctrine."

거 클린턴정권 시기는 메간법이나 뉴욕시 범죄 예방 대책, 마약 사범 혐의자 검문검색 등에서 범죄를 예방하기 위해서 범죄 전력자나 흑인 등의 인종적 소수계의 민권이 얼마든지 희생될 수 있음을 보여주었다. 하지만 이미 언급했듯이 반테러 법안의 미적지근한 집행에서 드러나듯이 실제적 집행에서 조심스러운 경향을 보여온 것도 사실이다. 하지만 이러한 최근의 구금 사례들이 시사하듯 이제 부시정권에 와서는 그 예방적 통제와 관리의 대상들이 전면적으로 확대되고 있는 것이다. 현재 미국 국민들의 여론은 부시 행정부의 이러한 경향에 대해서 큰 제어의 역할을 하고 있지 못하다. 오히려 대다수 여론 조사에서 드러나듯이 9.11 테러 이후에 미국 국민들의 다수는 테러 방지를 절대적 우선순위로 설정하고 있다.

현재 전례없는 수위의 국민 지지에 고무된 부시정권의 예방 개념에 대한 집착은 여기서 그치지 않는다. 뉴욕 타임즈 매거진 2001년 12월호에 따르면 현재 국방부는 범죄를 미리 예견할 수 있는 장치를 개발하는 연구에 지원을 하고 있는 것으로 알려졌다. [36] 존 놀신(John Norseen)이라는 과학자가 주도하는 이 프로젝트는 예를 들어 새로 개발된 뇌파측정기를 통해 공항 검색대를 통과하는 사람의 생각을 읽어내고 이를 통해 잠재적 테러리스트들을 적발해내는 것이다. 이 잡지는 만약 이러한 프로젝트가 성공한다면 생각 자체는 범죄가 아님에도 불구하고 우리는 곧 '생각 경찰'(thought police)의 도래를 보게 될 것이라고 비관적 전망을 하고 있다. 만약 그러한 전망이 실현된다면 아직 저지르지 않은 미래의 범죄에 대한 처벌의 대상은 더 이상 범죄 전력자나 인종적 소수, 혹은 이슬람 국가 출신들로만 국한되지 않을 것이다. 더불어 끊임없이 비난받아온 인종적 분류 기준에 의한 조사행위(racial profiling) 논란도 사라지게 될 것이다. 왜냐하면 사회구성원 모두에게 평등하게 적용되는 이 뇌파측정기를 통해 사회 전구성원의 잠재적 범죄행위를 사전에 진단할 수 있기 때문이다. 그런 점에서 2002년 6월 현재 미국 전역에서 상영되는 스티븐 스필버그(Steven Spielburg) 감독의 영화 〈마

---

footnote start
35) Jeremy Lott, "Prophecy and Paranoia", *resonsonline* (2002. 6. 17), http://reason.com/hod/jl061702.shtml (검색일 2002. 6. 20).
36) *The New York Times Magazine*, 2001. 12. 9, 82.

이너리티 리포트〉가 다루고 있는 주제인 아직 행하지 않은 자의 범죄에 대한 처벌은 더 이상 공상과학 영화 속의 이야기가 아니라 냉엄한 현실이 아닐 수 없다.

4. 결론

위에서 필자는 부시의 국내외 정책에서 보여지는 경향이 클린턴 시기에서 나타났던 보수적인 예방 개념을 훨씬 뛰어넘어 민주주의적 견지에서 매우 부정적인 요소를 내포함을 지적하였다. 더욱 우려되는 것은 클린턴 시기 메간법이 주는 또다른 교훈이다. 이 법이 통과된 후에 뉴저지를 비롯한 일부 주들은 이 법을 모방하여 살인범 등 다른 유형의 범죄 행위자들에 대해 비슷한 법을 시도하고 있다. 왜냐하면 메간법의 실제적 효율성 여부와 별개로 이러한 법의 시행은 안전과 질서를 우선시하는 국민여론에 부합하므로 정치인들은 지속적으로 이러한 유형의 법을 개발할 유혹을 느끼기 때문이다. 마찬가지의 논리가 이후 부시정권의 국내 정책에서도 재현될 가능성이 존재한다. 이를 유발하는 요인은 지속적인 테러 발생의 가능성에 공포심을 가지는 국민여론과 이러한 공포심을 계속 유발시키는 데 정치적 이익을 가지는 보수주의적 정치 세력이다. 벌써부터 일부 보수주의적 논객들은 다양한 반테러 대책들을 쏟아내며 보다 강경한 대응을 주문하고 있다. 예를 들어 보수적 논객 딕 모리스는 보트 닷 컴(vote.com)이나 뉴욕 포스트(New york post)를 통해 연일 줄리아니 시절 브래튼 경찰 국장이 주도하던 범죄 예방 프로그램을 반테러전쟁에 활용해야 한다고 목소리를 높이고 있다.[37] 만약 이러한 경향을 제어하는 어떠한 반대의 흐름도 형성되지 못한다면 미국 사회의 양태는 1960년대 일부 진보적 지식인들이 우려했던 병영국가(garrison state)나 경찰국가(police state)로 한발 한발 다가갈 수밖에 없을 것이다. 또한 선제 공격 독트린이 최초로 적용된 부시의 이라크 전쟁 승리는 마치 메간법의 모방처럼 선제독트린의 각 나라별 모방 사태를 가져올 수

---

37) Dick Morris, "For Safer Borders: Better Enforcement's The Key."

있어 국제 정치 질서에 심대한 위협으로 작용할 가능성이 높다. 예를 들어 이미 일본은 북한에 대한 선제 공격 가능성을 언급하고 있고 러시아는 무기 감축에 대한 종래의 입장을 번복하고 있다. 그런 점에서 현재 미국의 국내외 정책 방향에서 진행되고 있는 예방적 관점을 보다 민주적이고 근본적 문제 해결의 방향으로 변화시키기 위한 창조적 노력이 요구된다고 하겠다.

제8부

한국사회: 과거와 현재

식민지시대 사회주의운동 경험과 유산

최규진(역사학 연구소)

1. 머리말

식민지시대 민족해방운동에서 사회주의 사상의 영향은 매우 컸다. 일제 관헌 자료는 "독립운동이 실패를 거듭함으로써 초조해진 민중에게 사회주의운동은 일종의 자극과 광명을 주었다"[1]고 적었다. "거의 모든 파업과 소작쟁의 배후에는 사회주의자들이 있다"는 일제의 믿을만한 보고문도 많다. 사회주의 진영은 노동자 농민투쟁에 자신을 연루시킨 것은 말할 것도 없고 6. 10만세 운동, 신간회 창립, 광주학생운동 등 굵직한 사건들을 앞장서 일구어냈다. 해외 사회주의 세력 가운데 일부는 치열하게 항일무장투쟁을 벌였으며 과감하게 국내 진공작전도 펼쳤다는 사실은 이미 상식이 되었다.

사회주의 사상은 1920년대에 주류가 되기 전에 낮은 수준에서나마 언뜻 언뜻 소개되고 있었다. 지금까지 알려지기로는 1883년에 『한성순보』에서 처음으로 사회주의를 소개하였다.[2] 1900년대 『황성신문』이나 잡지 등에서 1905년 러시아혁명이나 사회주의자들의 움직임을 소개한 글도 있다.[3] 그

---

1) 朝鮮總督府警務局 編, 『最近に於ける朝鮮治安狀況』, 1938, 4쪽.
2) 한성순보는 유럽과 러시아에 "귀천과 빈부를 평등하게 하려는 사상이 있다"는 기사를 실었다(이호룡, 「한국인의 아나키즘 수용과 전개」, 서울대학교 국사학과 박사학위논문, 2000, 42쪽).
3) 유시현, 「사회주의 사상의 수용과 대중운동」, 역사학연구소 편, 『한국 공산주의운동사 연구』, 아세아문화사, 1997, 40쪽.

뒤에 몇몇 선진 지식인이 중국과 일본 책을 읽으면서 좀더 깊게 사회주의에 대해 알아가기 시작했다. 식민지시대 한 사회주의자는 1917년 러시아혁명이 성공한 뒤에 학자들의 책상 위에 비로소 사회주의 책이 놓이게 되었으며, 1919년 3. 1운동 뒤에 잡지 신문 등을 통하여 일본 중국에서 '수입'하게 되었다고 설명했다. 또 그는 사회주의 사상이 차츰 퍼져나가면서 1921년부터 실제 운동으로 전환하였다고 덧붙였다. 4)

사회주의 사상은 민족모순과 계급모순이 날로 깊어지던 식민지시대에 러시아혁명의 영향을 받으며 이 땅에서 싹트기 시작하였다. 3. 1 민족해방운동은 사회주의 사상이 깊게 뿌리내리는 주요한 계기를 마련하였다. 1919년 3-4월에 걸쳐 200만명 넘게 참여한 3. 1운동의 용광로 속에서 운동가들은 민족주의의 한계를 느꼈고 무엇보다 힘차게 솟아오르던 민중의 힘을 보았다. 웅장한 3. 1운동의 분수령을 넘자 그들은 "문화운동자, 테러리스트, 사회주의자로 분화하기 시작했다."

3. 1운동 뒤에 일제가 '무단통치'를 거두고 '문화정치'를 하면서 유화국면이 열린 것도 사회주의가 번질 수 있는 조그만 밑바탕이 되었다. 식민지 조선의 사회주의 사상은 3. 1운동의 기름진 퇴적물 위에서 싹튼 '수입 사상'이었다. 그러나 사회주의 사상은 '낯선 손님'으로 머물지 않았다. 사회주의 진영은 노동계급 해방과 민족해방을 위한 프로그램을 제시하고, 실천하면서 '평등세상'을 꿈꾸는 대중과 결합하기 시작하였다.

그들의 프로그램은 무엇이고 어떤 실천을 했는가. 사회주의자들의 혁명론은 무엇이었는가. '연구와 번역의 시대'를 거친 뒤에 사회주의 사상은 어떻게 운동으로 전환하였는가. 사회주의자들은 무엇을 고리로 삼아 대중과 접속하고 자신의 영향력을 확대하려 했는가. 그들은 국면마다 어떻게 정세를 바라보고 있었으며, 민족문제에 어떻게 대응했는가. 비록 해묵은 질문일망정 되짚어볼 만한 그 무엇이 아직 많이 남아있다. '새로운 옛 이야기'가 필요한 것은 이 때문이다.

'레닌주의적 당'의 시효는 정말 끝났는가. 지난날의 혁명론은 다시 되새

---

4) 러시아현대사문서보관연구센타, 문서군 495, 목록 135, 문서철 191, 「국제공산당동양부장 앞」, 1933.

길할 만한 아무런 유산도 남기지 못한 채, 어두운 '야만의 시대'에 묻히고 말아야 하는가. 그러나 이 글은 이같은 질문에 직접 답하지 못한다. 그저 식민지시대 사회주의 진영의 당 운동 경험과 혁명론의 윤곽을 간단하게 그려낼 뿐이다. 다만 '레닌주의적 당'이든 사회주의 혁명론이든 쉽게 선언하고 쉽게 포기하기에 앞서 긴 호흡으로 진지하게 역사 경험을 곱씹어 보는 일이 필요함을 이야기하려고 한다.

2. 조선공산당의 창건, 와해, 재건운동

1) 조선공산당의 창건과 활동

조선 사회주의운동은 나라 밖에서 먼저 시작하였다. 사회주의 이념을 받아들이기에 주·객관 상황이 더 유리했기 때문이었다. 최초의 사회주의 단체는 1918년 4월에 닻을 올린 한인사회당이다.[5] 뒤이어 바이칼 호 부근의 한인들은 이르쿠츠크공산당 한인 지부를 결성하였다. 일본에 건너간 유학생과 노동자에게도 사회주의 사상이 번졌고 그들 가운데 몇몇은 사회주의 서클을 만들어 활동하였다.

1920년대 초 국내에서도 차츰 사회주의 사상을 운동으로 전환하려는 움직임이 일어났다. 산업도시와 주요 도시에서 지식인과 선진 노동자들이 모여 사회주의 서클을 만들기 시작하였다. 사회주의 활동가들은 합법 간판을 내걸고 사회주의 사상을 연구하고 선전하였다. 서울청년회, 북성회(뒤에 북풍회) 신사상 연구회(뒤에 화요회) 조선노동당 같은 '사상단체'들은 저마다 내부에 비밀결사를 두고 있었다.[6] 비밀결사 그룹들은 표면조직과 지하 조직을 활용하여 대중 조직과 여러 투쟁에 개입하였으며, 조선공산당 건설을 모색하였다. 이 무렵, 코민테른 산하조직인 코류뷰로(고려국)와 오르그뷰로(조직국)도 당 건설에 개입하였다. 일제는 이때의 사회주의운동을 "표

5) 임경석, 「고려공산당연구」, 성균관대학교 박사학위논문, 421쪽.
6) 전명혁, 「사회주의 사상의 도입과 조선공산당 창건」, 『진보평론』 2호, 1999년 겨울, 347쪽; 박철하, 「북풍과 공산주의 그룹의 형성」, 한국역사연구회, 『역사와 현실』 28, 1998.

면단체를 조직하여 대중에 대한 계몽 선전을 하는 강연과 집회를 자주 여는 등 기본 운동의 테두리를 벗어나지 못한 것"으로 평가했다.[7] 그러나 사회주의자들은 비밀스럽게 당 창건 투쟁을 벌이고 있었다.

1925년 4월, 주요 활동가들이 서울에 모여 마침내 조선공산당을 결성하였다. 김재봉을 책임비서로 하는 '1차 조선공산당'은 비서부, 검사부, 조직부, 조사부, 정치경제부, 선전부, 노농부 등의 부서를 정하였다. 조선공산당 자매조직이라고 할 수 있는 고려공산청년회 책임비서는 박헌영이 맡았다. 조선공산당원은 조선노농총동맹, 조선청년총동맹에서 등에서 활동하면서 대중운동에 영향을 미쳤다. 그러나 '1차 조선공산당'은 제 모습을 다 갖추기도 전에 검거 바람을 맞았다. 신의주에서 일어난 한 폭행사건을 수사하던 일본 경찰이 뜻하지 않게 조선공산당이 해외로 보내는 문서를 발견하고 당원 검거에 나서면서 '1차 조선공산당'은 무너지기 시작하였다. 김재봉 등은 일제 경찰에 언제 붙잡힐지 모르는 상황에서도 '1차 조선공산당'의 뒤를 이을 새로운 중앙간부진을 구성하였다. 강달영을 책임비서로 하는 '2차 조선공산당'은 이렇게 만들어졌다.

'2차 조선공산당'은 조직을 다시 추스르고 확장하였다. 그들은 비타협 민족주의자들과 '협동전선'을 모색하면서 6.10만세운동을 체계적으로 준비하였다. 순종 장례날인 1926년 6월 10일을 기회로 삼아 제2의 3.1운동을 일으킬 계획을 세웠다. '2차 조선공산당'은 민족주의 세력과 연합하여 '반일민족통일전선' 기관인 '대한독립당'을 만들려고 했지만, "3.1운동 때보다 더한 탄압을 받을 것을" 두려워한 민족주의자들 때문에 어그러지고 말았다. 그런 가운데서도 '투쟁지도특별위원회'를 구성했다. 그 조직이 눈부시게 활동하여 6.10만세운동은 꽤 성공했지만, '2차 조선공산당'은 또다시 큰 타격을 입었다.

'1·2차 조선공산당사건'으로 조선공산당의 주축이었던 화요계 세력이 많이 희생되었다. 조선공산당은 다른 사회주의 계열과 합동하여 김철수를 책임비서로 하는 중앙기구를 다시 만들었다. 이 '3차 조선공산당'은 책임비

---

7) 朝鮮總督府警務局 編, 앞의 책, 9쪽.

서가 네 번이나 바뀌는 어려운 상황에서도 노농총동맹을 분리하여 조직의 틀을 갖추었으며 청년총동맹을 강화하였다. '민족협동전선운동'은 '3차 조선공산당' 때 드디어 열매를 맺었다. 사회주의자와 비타협민족주의자의 '통일전선 기관'인 신간회, 그리고 사회주의 여성과 기독교 여성계가 한데 모인 근우회를 결성시켰다. 한 사회주의자는 이때를 "당이 대중 속에서 활동했던 시기"라고 규정했다.[8] 그러나 '3차조선공산당'도 일제 감시망을 피하지 못한 채, 주요 간부가 검거되었다. 그럼에도 당 대회를 열어 '4차 조선공산당'을 결성하는 끈질긴 생명력을 보여주었다.

'4차 조선공산당'이 노동자 출신 차금봉을 책임비서로 삼은 것은 당의 사회적 구성을 노동계급으로 만들어야 한다는 그들의 의지를 보여준 것이었다. '4차 조선공산당'은 신간회를 발판으로 대중투쟁을 이끌어낸다는 방침을 세우고 신간회에 적극 개입하려 하였다. 그들은 국내 조직을 정비하면서 해외 조직 간부도 개편하는 등 조직사업을 계속하였다. '4차 조선공산당'도 만든 지 5개월이 못되어 많은 당원이 검거되면서 막을 내렸다.

조선공산당은 '직업적 혁명가'로 조직한 비합법 정당으로서 노동계급 해방을 전면에 내걸고 투쟁했던 정치 결사체였다. 이들이 한 활동을 빼놓고는 1920년대 민족해방운동사를 조금도 이해할 수 없다. 공산당 당원은 "강령과 규약을 지키고, 당 야체이카(세포단체) 집회에 출석하며, 당과 단체의 결정에 따라 투쟁에 헌신할 의무를 지닌 사람들"이었다.[9] 이러한 엄격한 당원 규정과 투철한 투쟁의식이 있었음에도 조선공산당은 일제 경찰에 맞서 안정되게 조직을 유지하지 못했다.

당은 노동대중의 행동과 의식 수준을 높이기 위한 지렛대여야 하며 무엇보다 투쟁하는 조직이어야 했다. 그렇게 된다면, 당은 "노동계급이 계급의식을 획득하는 역사적 기관"이 될 수도 있었을 것이다. 당은 스스로 떨쳐 일어나는 대중에게 이론과 조직을 공급할 의무가 있다. 대중의 잠재력과 현실 사이에 가로놓인 두툼한 장벽을 뚫는 데 당은 필요했고, 조선공산당이 그

8) 「조선 사회운동 약사 코스」, 배성찬 편역 『식민지시대 사회운동론 연구』, 돌베개, 1987.

9) 임경석, 「강달영, 조선공산당 책임비서」, 『역사비평』 58호, 2002년 가을, 260쪽.

임무를 떠안아야 했다. 대중은 투쟁을 통해 스스로 변화하기 때문에 당원은 대중의 일상투쟁과 늘 관계를 맺어야 했다.

그러나 조선공산당이 대중 투쟁에 체계적으로 개입할 수 있는 '투쟁 정당'이 되려면 아직 넘어야 할 산이 많았다. 무엇보다 그들은 지식인이 중심인 당에서 노동자가 중심인 당으로 탈바꿈하는 데 더욱 힘을 기울여야 했다. 또 대중투쟁에 직접 영향을 미칠 수 있을 만큼 계급 속에 깊게 뿌리내리는 일도 게을리 할 수 없었다. 민주적으로 당 결정을 내리고 그 결정을 잘 집행할 수 있는 조직구조와 기능도 확보해야 했다. 또 사회주의 진영 안에서 '외교적 결합'이 아닌 정치 사상적 결합, 또는 연대의 틀을 만들어야 했다. 이같은 임무를 다 이루기에는 사회주의 진영의 운동 경험이 아직 짧았으며, 조선 노동계급의 주체역량은 충분히 성숙하지 않았다. 더구나 일제 경찰의 탄압은 너무나 치밀했다. 조선공산당이 무너질 무렵, 코민테른이 조선공산당을 해산하고 새롭게 당을 재건하라는 지침을 내리자 당 운동은 새로운 국면으로 들어서게 된다.

2) '분파청산'과 당재건운동

코민테른은 1928년 7-9월에 열린 6차 대회에서 조선공산당을 지부로 공인했지만, 그 해 12월에 '특별명령'으로 해산시켰다. "조선공산당이 주로 소부르주아지로 이루어졌으며 노동자 투쟁과 아무런 관계를 갖고 맺고 있지 않은 단체로 구성되었다. 정견(定見)이 없으며 늘 서로 다투기 때문에 해산한다"고 했다. 나아가 코민테른은 "앞으로 공산주의자는 모든 분파투쟁을 멈추고 노동자 농민의 투쟁을 지도하는 일에 나서야 한다"고 지적했다. 이제 조선 사회주의자들은 "볼세비키 당을 창조하기 위한 투쟁기"를 맞이하게 되었다. [10]

---

10) 「朝鮮に於ける共産主義運動の近況」, 『사상휘보』 5호, 42쪽.
코민테른의 '12월테제'는 다음과 같이 적었다. "조선공산당의 첫 번째 과제는 그 자신의 대열을 강화하는 것이다. 사회주의적 소부르주아 지식인으로 당을 구성한 점과 노동자와의 연대가 부족했던 점은 이제까지 조선공산당이 가지고 있는 영구적인 위기의 주원인이었다"(「조선문제에 대한 코민테른 집행위원회 결의」, 임영태 편, 『식민지시대 한국사회와 운동』, 사계절, 1985, 362쪽).

사회주의 분파들은 조선공산당의 한계와 의의를 평가할 때 미묘한 차이를 보이기도 했지만, 11) 분파를 청산하고 현장에 뿌리박은 '볼세비키 당'을 건설해야 한다는 데에는 코민테른과 뜻을 같이 했다. 그들은 '조선혁명'을 성공시킨 뒤에 사회주의혁명으로 나아가려면 공산당이 꼭 있어야 하며 투쟁을 통해 당을 재건해야 한다고 생각했다. 12) 1930년대 사회주의자들은 "대중 투쟁 역량을 전위조직 속으로 다시 조직하지 못하고 있는 것"이 운동의 한계라고 생각했다. 그들은 '전투적 노동계급의 전위'를 다시 세우는 것이 가장 급하다고 여겼다. 13) 새롭게 만들 '볼세비키 당'은 "조선 노동대중의 지도자이며 조직가"여야 했으며, 중앙집중적인 비합법 당이어야 했다.

1930년대 사회주의자들에게 당이란 "무산계급 가운데 가장 우수한 부분이며 총명한 부대이고 그 두뇌부", 또는 "계급의 이익을 최고도로 대표하는 지도부분"이었다. 그들은 "혁명적 당을 가지지 않은 노동계급은 사령부 없는 군대이다"는 스탈린 당 인식을 그대로 받아들였다. 14)

"조선의 혁명적 노동자 농민이 그들의 전위대를 형성할 수 있도록 지원하는 결의"인 '12월테제'가 국내에 전달된 뒤 여러 당건설론과 실천이 뒤따랐다. 『볼세비키』를 발간했던 그룹에서는 열성자 대회를 열어 조선공산당의 3차 당대회를 잇는 4차 당대회를 소집해야 한다고 주장했다. 기관지 『레닌주의』를 발간했던 그룹에서는 '사회주의 비합법출판물'인 전국적 정치신문

---

11) 'ML파'는 자신들이 주도했던 3차 조선공산당이 일제 탄압으로 구너졌지만 당 자체가 없어진 것이 아니므로 당재건운동은 현재 미약한 당을 볼세비키당으로 강화 발전시켜야 한다고 생각하였다(안태정, 「1930년대 서울지역의 조선공산당 재건운동」, 『일제 말 조선사회와 민족해방운동』, 일송정, 1991, 217쪽).
12) 朝鮮總督府警務局 編, 앞의 책, 9쪽.
13) 이철악, 「조선혁명의 특질과 노동계급 전위의 당면임무」, 『식민지시대 사회운동론 연구』, 163-164쪽.
14) 스탈린은 1924년에 쓴 『레닌주의 기초』에서 당을 '프롤레타리아 전투 사령부' 또는 '노동자계급의 조직화된 부분', '조직자적 핵심', 그리고 그에 따라 다른 계급조직들(노동조합, 협동조합)이 '전도벨트'처럼 그 주위를 도는 중심으로 정의한다. 또 스탈린은 '분파주의'의 원천을 혁명적 실천에서 나타나는 피할 수 없는 모순들 속에서 보는 것이 아니라, 쁘띠부르주아지 주변에서 비롯되는 기회주의 요소가 당에 들어온 때문으로 본다. 분파형성권을 완벽하게 가로막으면서 코민테른 6차 대회에서 당의 '일괴암주의'가 이론으로 굳어진다. 자세한 내용은 알튀세르, 「분파형성권 개념의 모순들」, 에티엔 발리바르 외 지음, 윤소영 엮음, 『맑스주의 역사』, 민맥, 54-55쪽.

을 내야 한다고 했다. 『계급투쟁』을 발간하던 사회주의자들은 '복선적(伏線的) 중심조직'을 만들어 한쪽으로는 공산당을 재건하고 다른 쪽으로는 전국 산업별 위원회나 전국좌익노동조합을 조직한다는 계획을 세웠다. 코민테른이 적극 지지했던 박헌영 김단야 등의 그룹은 정치 기관지 『꼼뮤니스트』를 당재건의 주요한 도구로 삼으려 했다. 이들은 『콤뮤니스트』를 고리로 선전과 선동 그리고 조직 활동을 연결시키려 했다. 현장과 정치, 지역과 전국을 잇는 '공장세포체계'를 실핏줄처럼 만들어 당을 재건하려 했다. 그밖에 "정수분자들이 단결하여 약간의 정치적 연락만을 가지거나 독립하여 대중 속으로 들어가고 대중으로부터 당을 만들자"는 '정수결합론'이 있었다. 또 "각자 대중 속으로 들어가 실천하면서 당을 만들어내자"는 '실력양성론' 또는 '아래로부터의 당건설론'도 있었다고 한다.[15]

1930년대 초 당재건운동과 혁명적 노동조합운동은 서로 짝을 이루고 있었다. 혁명적 노동조합운동이란 기존의 노동조합 안에서 좌익을 모아 주도권을 잡고 산업별 노동조합으로 개편하거나 노동조합이 없는 곳에서는 새로운 혁명적 노동조합을 건설하려는 운동이었다. 혁명적 노동조합운동가들은 반(班)이나 공장그룹 등의 세포 조직을 기초로 분회를 두고, 공장위원회, 혁명적 공장위원회, 파업위원회 활동을 하면서 전국적 산별노조를 만들려고 하였다. 혁명적 노동조합운동이 당건설의 토대를 쌓는 일이었다면, 당재건운동은 혁명적 노동조합운동의 중심축을 만드는 일이었다.

1930년대 초 당재건운동은 일부 선진노동자를 포괄했으며 혁명적 노동조합운동은 일부 성과를 거두기도 하였다. 그러나 사회주의 그룹들은 끝내 당을 재건하지 못했고 혁명적 노동조합운동도 몇 가지 오류와 한계를 드러내었다. 상하이에 '사상의 중앙'을 두어 『콤뮤니스트』를 발간하고 그것을 국내로 운반하였던 박헌영 김단야 그룹을 보기로 들어보자. 첫째, 그들이 '공산주의 운동의 특수 작업대'라고 불렀던 기관지는 출판 운반 배포 과정이 일제 탄압을 견뎌낼 만큼 철저하지 못했다. 연결망과 배포망이 튼튼하지도 촘촘하지도 않았으며, 그만큼 조직은 더디게 늘어났고 안정되지 못하였다.

---

15) 최규진, 「코민테른 6차 대회와 조선 공산주의자들의 정치사상연구」, 성균관대학교 박사학위논문, 1996, 155-188쪽.

둘째, 그들은 '코민테른 권위주의'에 휩쓸렸다. '코민테른 권위주의'는 사회주의자들 사이에 '정통'과 '이단', '직계'와 '방계' 인식을 부추겨 당재건운동을 실패하게 만든 원인 가운데 하나가 되기도 하였다. 조그마한 차이를 심각한 '분파문제'로 뒤바꾸어 사회주의자들 사이에 연대와 통일을 가로막았고 당재건은 그만큼 더 어려웠다. 셋째, 혁명적 노동조합운동은 파업위원회와 공장위원회 같은 공장 안의 이중권력을 목표로 삼았지만, 그다지 성공하지 못하였다. 그들의 노동운동 방침은 국내 정세와 노동운동 역량을 지나치게 낙관한 데서 비롯된 것이었다. 이들은 혁명적 노동조합운동에 실패하면서 당재건의 핵심인 '공장세포체계'도 구축하지 못하였다.

다른 그룹도 이와 엇비슷한 한계와 오류를 보였다. 사회주의자들은 현장으로 뿔뿔이 흩어져 활동할 수는 없었으므로 여러 이름을 가진 그룹을 만들었다. 때로는 느슨한 '협의회' 체계를 만들기도 하였다. 이들은 따로따로 기관지를 내거나 일정한 운동 방침을 정한 뒤에 그룹별로 활동하였다. 그 때문에 생산현장 안에서 다른 그룹과 경쟁하거나 '분파투쟁'을 일으키는 일이 심심찮게 일어났다. 박헌영·김단야 그룹이 아닌 다른 그룹들은 더 큰 어려움에 맞닥뜨렸다. 코민테른이 『콤뮤니스트』 그룹만을 정통으로 인정했으며 나머지는 분파집단이라고 낙인찍었기 때문이다.[16] 1930년대 사회주의 활동가들은 "가라 공장으로 광산으로 농촌으로"라는 슬로건을 실천하려 했지만, 일제의 삼엄한 감시망 탓에 생산 현장과 결합하려는 노력은 온갖 어려움을 겪었다.

"민활하고 대담무적한 전적(戰績)은 지하혁명 활동사에서 최고의 기록을 남겼다"[17]는 이재유는 1932년 말부터 당재건운동에 나섰다. 이재유 그룹은

---

16) 「조선 공산운동에 관한 쿠시넨 의견서」, 1931, 이반송·김정명 편저, 한대희 편역, 『식민지시대 사회운동』, 한울림, 1986, 286쪽. 코민테른의 쿠시넨은 조선의 '분파투쟁'에 대하여 다음과 같이 엄중하게 경고하고 있다. "한때 볼셰비키가 멘셰비키에 대항하여 프랙션투쟁을 한 일이 있는데 이러한 것이 조선에서도 용인될 것이라고 생각하는 것 같다. 그러나 동지제군! 볼셰비키가 프랙션 투쟁을 행한 것은 코민테른이 존재하지 않았던 시대였으며, 1919년부터는 코민테른의 허가 없이는 이러한 투쟁이 허용되지 않았던 것이다. 동지제군에게는 이러한 허가가 주어지지 않았지 않은가. …스탈린 주장 가운데 프랙션 해독에 대한 다음 부분을 동지제군이 암기했으면 좋겠다. 프랙션은 당 결속감을 둔화시켜 혁명의 자각을 방해하며 당의 임무를 혼미하게 하고 그럼으로써 당의 규율을 동요시킨다"(같은 책, 283쪽).

몇몇 활동가들이 곧바로 당체계를 만들지 말고, "협의회식으로 모두가 서로 자유롭게 선전하고 투쟁하며" 각 부문에서 활동가를 양성하고 획득해야 한다고 했다. 이러한 활동 방식은 "세 마리 말이 자유롭게 마차를 끄는 것과 같다" 하여 자신들을 '경성트로이카'라고 이름 지었다.18) 이들은 서울지역과 외곽을 연결한 뒤 차츰 전국 조직을 만들려 했다. 준비론적이고 단계론적이며 지역주의적인 당 재건 방침이었다. 이재유 그룹은 일제 탄압에도 굽히지 않고 조직을 되살리며 '경성재건그룹' '조선공산당 재건경성준비그룹'이라는 이름으로 활동하였다. 이들은 서울지역 다른 사회주의자 그룹에게 사안별 공동투쟁을 제안하고, 기관지『적기』19)를 발행하는 등 활발하게 운동하다가 1936년 말 일제 탄압으로 무너졌다.

1938년 말에 '이재유 그룹'에서 활동했던 이관술 김삼룡 이현상 등은 적당한 지도자를 찾다가 박헌영을 받아들였고 다시 그를 통하여 다른 성원들을 끌어들였다. 이 '경성콤그룹'은 1930년대 초에 활동했던 '콤뮤니스트 그룹'과 '이재유 그룹'의 활동을 잇는다는 의식이 강했다. 이 조직은 끝까지 타협하지 않고 일제에 맞서 싸웠으며 해방 뒤 남로당의 밑바탕이 되었다. '경성콤그룹'은 하부단위에 노동자와 농민을 적잖게 아우르고 있었으며 대중에게 기반을 쌓아가던 과정에서 무너졌다. 이 조직은 경상남북도와 함경도 지방에서 활발하게 활동하였으며, 하부 단위에 노동자와 농민을 적잖게 포함하고 있었다. '경성콤그룹'은 1940년 겨울에서 1941년 겨울 사이에 세 번 대규모로 검거되었지만, 약하나마 조직의 선을 계속 유지했다.

---

17) 이석태, 『사회과학대사전』, 한울림, 1948, 501쪽.
18) 이들은 서울지역 당재건을 위하여 다음과 같은 다섯 가지 슬로건을 만들었다. ① 모든 대중투쟁을 반전·반파소·반제투쟁으로 전화하자! ② 섹트와 파벌청산은 대중의 실천투쟁의 가운데에서! ③ 당의 저수지인 혁명적 노동조합은 산업별 원칙으로! ④ 당재건은 대경영 세포를 중심으로 하는 지방재건에서! ⑤ 선전·선동·조직·지도자인 전국적 정치신문을 창간하자! (김경일, 『이재유연구』, 창작과비평사, 1993, 32쪽).
19) 이재유 그룹은 '생생한 각 공장신문을 기초로 전국적 집합적 선전자이고 선동자이고 조직자이고 지도자인 유일한 정치적 신문을 발간하는 것이 급선무'라고 보았다. 그러나 '전국적 정치기관'인 당이 재건되지 않은 상태에서 '유일한 정치 신문'을 발간할 수 없기 때문에 먼저 '경성의 정치신문'을 발간하지만, 자신들이 발간하는『적기』는 "필요에 따라서는 전국적인 신문을 거부하지 않는다"는 태도를 보였다(같은 책, 291-292쪽).

3. 사회주의자들의 혁명론

사회주의자란 "자본주의를 타도하고 모든 계급을 완전히 폐지해서 공산주의사회의 최초의 단계인 사회주의를 실현하는 프롤레타리아 독재, 그리고 국제소비에트 공화국 수립을 추구"하는 사람이다.[20] 사회주의자라면 누구나 "각자의 자유로운 발전이 모두의 자유로운 발전의 조건이 되는 연합체"를 건설하는 것을 궁극 목표로 삼는다.[21] 식민지시대 조선 사회주의자들도 언젠가는 이같은 사회를 이 땅에 건설해야 한다고 보았다. 그러나 식민지 조선에서 그들은 당면 혁명의 목표와 성격을 여러 가지로 설정하고 있었다. 처음에는 소비에트 건설을 내걸기도 했지만, 자신들이 바라는 사회로 가는 징검다리로서 민주공화국, 인민공화국, 혁명적 인민공화국, 노동자 농민의 민주독재 등을 주장하였다.

조선 사회주의자들이 이른바 '순수한' 사회주의혁명론을 내걸지 않고, 때에 따라 여러 혁명론을 내걸었던 것은 그들 나름대로 계급관계와 주객관 정세를 고려했기 때문이었다. 또 이들의 혁명론은 코민테른의 식민지・반식민지 혁명론과 깊은 관계가 있었다.

1) 초기 조선 사회주의자들의 소비에트 노선

1920년대 초 사회주의자들은 국가건설론으로 소비에트 노선을 내세웠다. 1921년 5월에 발표한 「고려공산당 선언서・당강령・당규」에 사회주의자들의 소비에트 노선이 명확하게 드러난다.

> 우리는 무산계급의 집정(執政)을 자본주의의 폭위로부터 인류를 해방하는 최선의 방법으로, 또 보편적 절대자치의 소비에트정치를 무산계급 집정의 유일의 정체라고 말한다. 그것은 무산자가 정권을 장악하여, 그 침해자의 반항을 진정시킴으로써 비로소 원만한 사회주의적 노동사회를 실현할 수 있다 함이며, 그리고 그것이 또 과도적인 변태임은 물론이다.[22]

---

20) 「코민테른 2회 대회에서 채택된 공산주의 인터내셔날 규약」, Jane Degras, 編著, 『コミンテルン 'ドキュメント』1, 現代思潮社, 1977, 143쪽.
21) 칼 마르크스・프리드리히 엥겔스, 『사회주의 선언』, 김태호 옮김, 박종철출판사, 1998, 37쪽.

또 이르크츠크파 사회주의자들은 "소비에트체제는 노동자·농민 등 근로 대중이 특권적 요소들을 제외시키고 자신의 운명을 스스로 개척할 수 있는 유일한, 적절한 체제"이며 오직 "소비에트권력만이 지주의 토지를 박탈하여 근로 빈농의 손에 넘겨줄 가능성을 제공한다"고 주장했다. 이같은 소비에트 국가건설론은 사회주의운동 초기에 해외 사회주의단체들이 적극 표명했지만 그렇다고 국내 사회주의자들이 그것을 외면했던 것은 아니다.23)

초기사회주의자들은 소비에트를 어떻게 이해하고 있었는가. 1923년, 북성회 기관지『척후대』는 소비에트란 "생산수단을 노동자들이 장악하고 유산계급에게서 모든 권력을 탈취하여 그동안 압박받아온 대중과 그 조직이 지배기관이 되는 것이 무산자적 민주주의"라고 설명했다. 그리고 소비에트국가에서는 "노동자·반무산농민들의 대중조직(소비에트), 직공조합, 공장위원회 같은 것이 실제적인 권한의 기초가 된다"고 했으며, 여러 지방자치를 보장하면서 대중을 격려하여 정부의 사무에 참여하게 한다고 보았다.24)

초기사회주의자들은 소비에트를 구성하는 파업위원회나 공장위원회 같은 현장조직이 어떤 역할을 하며, 당과 노동조합 그리고 소비에트는 어떻게 관계 맺어야 하는지 구체적으로 그려내지 못했다. 대중봉기 과정에서 소비에트는 어떤 기능을 하며 그때 사회주의자들의 임무가 무엇인지를 고민한 흔적도 찾기 어렵다. 그만큼 사회주의자들의 인식 수준은 낮았고 그들의 의식을 일깨울 만큼 노동자 파업투쟁이 활발했던 것도 아니었다.

초기 조선 사회주의자들의 '이상국가론'이었던 소비에트는 실천적인 문제의식에서 나온 것이 아니었다. 그저 이론으로 이해하는 정도였으며, 그나마 수준이 낮았다. 조선 사회주의자들의 소비에트론은 코민테른에서 비롯되었다. 1919년 1차 대회에서 1922년 4차 대회까지의 초기 코민테른은 식민지·반식민지 혁명론으로 소비에트 노선을 제시했다. 보기를 들면, 1922년에 열린 코민테른 4차 대회에서는 "식민지 혁명의 결정적 승리가 세계 제

---

22)「고려공산당 선언서·당강령·당규」, 한대회 편역,『식민지시대 사회운동』, 한울림, 1986, 110쪽.
23) 임경석,「일제하 공산주의자들의 국가건설론」,『대동문화연구』27집, 209쪽.
24) 변희용,「소비엘국가의 정체(一)」『척후대』, 1923, 朴慶植 編,『朝鮮問題資料叢書』 5, 三一書房, 1983, 26쪽.

국주의 지배와 양립할 수 없다는 이유만으로도, 그것은 부르주아 민주주의의 테두리를 넘는 것"이라고 선언하고, "소비에트 형태만이 토지 농민혁명을 철저하게 완성할 수 있다"고 주장했다. 25)

조선 사회주의자들이 받아들였던 초기 코민테른의 소비에트론은 식민지·반식민지 상황에 알맞은 것이었는가. "세계당의 역할을 하려 했던 코민테른은 자기나라 사정에 맞게 정책을 만들고 적용하려는 개별 나라의 사회주의자들에게 오히려 걸림돌이 되었다"26)는 유로코뮤니즘을 기준으로 삼는다면, 조선 사회주의자들은 첫 단추부터 잘못 끼운 셈이다. 만약 혁명 단계론을 내세웠던 스탈린주의를 기준으로 삼는다면, 그때 코민테른은 좀 더 각 나라의 사정을 헤아려야 했으며, 갖가지 단계를 설정해두어야 했다. 그러나 유로코뮤니즘과 스탈린주의를 거부한다면, 일국 단위가 아닌 세계 차원에서 구상된 초기 코민테른의 소비에트론을 좀더 진지하게 바라보아야 한다.

2) 소비에트 노선 '극복'과 혁명단계론의 정착

조선 사회주의자들이 혁명론을 구체적으로 인식하는 과정에서 서로 차이가 없었던 것은 아니다. 27) 그러나 일반적으로 조선 사회주의자들은 차츰 소비에트 노선을 부정적으로 바라보면서 아무리 늦어도 1926년 중반이 되면, 확실하게 소비에트 노선을 벗어나게 된다.

1926년 7월에 조선공산당 중앙집행위원회 이름으로 발표한 「조선공산당 선언」은 "사회주의자들이 민족적 피압박군중의 이익을 무시하고 국제

---

25) 「동양 문제에 대한 일반테제」(1922년 4월), 편집부 엮음, 『코민테른 자료선집』 3, 동녘, 1989, 263쪽.

26) F. 끌로뎅, 『유로코뮤니즘과 사회주의』, 김유향 옮김, 새길, 1992, 44쪽.

27) 1926년 3월에 '서울청년회 안의 비밀 공산 그룹(고려공산동맹) 대표' 이운혁이 코민테른 중앙집행위원회에 보고한 문서는 화요회가 '직접소비에트'를 주장했지만 신백우와 윤덕병 등은 '민족적 유일전선'을 내세운 것으로 적고 있다(러시아현대사문서보관연구센타, 문서군 495, 목록 135, 문서철 125, 이운혁, 「서울청년회 내 비밀공산당 구루뿌 보고의 추가 보고서」, 1926). 정말로 화요회가 '직접소비에트'를 주장했는지는 의문이지만, 이 문헌은 사회주의자들이 서로 다른 분파를 형성했던 까닭 가운데 하나가 혁명론이 조금씩 달랐기 때문일 수도 있다는 것을 보여준다.

주의만을 선전한다는 유언비어를 끝장내야 한다"고 했다. 그리고 강령에서 "민주공화국을 건설하되 국가의 최고 및 일체권력은 국민으로부터 조직한 직접 비밀 보통 및 선거로 성립한 입법부에 둔다"는 구상을 밝혔다. 직접·비밀·보통·평등 선거로 폭넓은 지방자치를 건설할 것도 제시했다. [28]

「조선공산당 선언」에 따르면, 입법부가 있는 민주공화국은 폭넓은 지방자치를 하고 봉건제를 벗어나 자본주의를 발전시켜야 한다. "인민공화국이란 민주공화국 가운데 가장 좋은 것"일 따름이고,[29] 질에서는 둘 다 똑같다. 초기 코민테른이 던진 "의회인가 소비에트인가"라는 질문에 대해[30] 후기 코민테른 시기의 조선 사회주의자들은 민주공화국 또는 인민공화국이라고 비껴 대답했다. 이 무렵 중국공산당이 '4계급 블록론'에 따라 국민당과 '통일전선'을 이룬 정치의식과 매우 비슷한 배경에서 조선 사회주의자들이 인민공화국을 제시한 것으로 보인다.[31]

인민공화국은 중앙에 '조직적 국민회의'를 두고 각 도에 '도인민위원회'를 두며, 농촌에는 '농민 소비에트'를 설치하는 정부였다. 그 정부는 노동자·농민을 비롯한 사회주의 세력이 '민족주의 좌파'와 연합한 정부이다. 이 계급연합 정부와 공존하는 '농민 소비에트'는 '지방자치'를 하면서 노동자·농민의 독재를 준비하는 기관이었다.

조선 사회주의자들은 인민공화국에서 노동자 헤게모니를 강화한 정부를 혁명적 인민공화국으로 불렀다. 혁명적 인민공화국이란 '혁명적 계층의 특수한 동맹체'인 신간회를 '합법적 대중당'으로 만들고 그것을 '조직적 국민회의'로 바꾸었을 때 등장할 정부였다.

---

28) 「조선공산당 선언」, 『불꽃』 7, 1926년 9월, 『역사비평』 19호, 1992, 354-356쪽.
29) 同好, 「조선공산당 선언에 대하여」, 『역사비평』 19호, 360쪽.
30) 「부르주아민주주의와 프롤레타리아독재에 관한 테제」(1919년), 『코민테른 자료선집』 3, 283-292쪽. 이 테제는 부르주아민주주의와 프롤레타리아 독재 사이에 제3의 길은 없다면서, '황색 사회민주주의자'가 그 둘을 결합시키려고 하는 것은 우스꽝스러운 일이며 사상이 빈약함을 보여줄 따름이라고 규정했다(같은 책, 292쪽).
31) 1925년과 1927년 사이에 중국에서 일어났던 커다란 대중투쟁 속에서 코민테른은 의회수립 슬로건도 내놓지 않았으며, 소비에트 수립도 막았다. 코민테른 계획에 따르면, 부르주아 정당인 국민당이 국회와 소비에트 모두를 대체하기로 되어 있었다.

3) '노동자 농민의 혁명적 민주독재론'과 인민전선론의 수용

코민테른 6차 대회는 '자본주의 위기 3기'가 되었으니 식민지·반식민지에서 노동자 농민이 정권을 잡을 때라고 선언하였다. 노동자 농민이 부르주아지를 대신하여 부르주아 혁명을 철저하게 하고 사회주의로 성장·전화한다는 계획이었다. 코민테른의 '12월 테제'는 조선에서도 '소비에트 형태의 노동자 농민의 민주독재'를 이룩해야 한다고 지적했다. [32]

조선 사회주의자들이 모두 이 혁명론에 동의했지만, 전혀 혼란이 없었던 것도 아니다. '12월테제'가 널리 읽혀진 뒤에도 "조선의 혁명은 직접 프롤레타리아독재를 지향할 것인가 아니면 독립을 이룩하고 부르주아민주주의를 거친 뒤에 프롤레타리아혁명으로 나아간다는 '2단계 혁명' 방식을 펼 것인가" 하는 것이 사회주의자들의 큰 관심거리로 남아있었다. [33] 조선 사회주의자들은 노동자·농민의 혁명적 민주독재론이 본디부터 갖고 있는 모호함에다 소비에트까지 덧붙여진 새로운 혁명론을 더욱 복잡하게 느낄 수밖에 없었다. 어떤 사회주의자들은 '소비에트형태의 노농민주독재'를 "자본주의를 전복하여 소비에트주권을 세우는 것"으로 여겼다. [34] 그러나 많은 사회주의자들은 소비에트보다는 노농 민주독재를 강조했으며, 조선 혁명이 부르주아민주주의 단계를 맞고 있다고 생각했다. 그들이 생각한 '노동자·농민의 혁명적 민주독재'란 "제국주의와 투쟁하며 모든 봉건우제를 없앨 뿐만 아니라 사회주의 혁명으로 나아가는 과도기를 발전시키는 권력"이었다. [35]

1935년에 열린 코민테른 7차 대회는 새로운 운동 방향을 제시했다. 그 대회는 파시즘에 반대하려면 자본가계급 가운데 '반동적' 붙파를 뺀 나머지 분파와 광범위한 '반파시즘 동맹'을 맺어야 한다는 결론을 내렸다. 그리고 식민지·반식민지 국가의 사회주의자들은 '반제국주의 인민전선'을 결성하

---

32) 「조선문제에 대한 코민테른 집행위원회 결의」(1928. 12), 임영태 편, 『식민지시대 한국사회와 운동』, 사계절, 1985, 360쪽.

33) 이소가야스에지, 『우리 청춘의 조선』, 김계일 옮김, 사계절, 1938, 117쪽.

34) 러시아현대사문서보관연구센타, 문서군 495, 목록 135, 문서철 244, 東春, 「정반대로 나가는 두 개의 노동자 생활조건」, 상해기독청년회발행, 『기독청년회보』, 1932, 60쪽.

35) 이철악, 「조선혁명의 특질과 노동계급전위의 당면임무 계급투쟁」, 『식민지시대 사회운동론 연구』, 143-144쪽.

려는 노력을 기울여야 한다고 했다.

조선 사회주의자들은 코민테른 7차 대회 노선을 받아들였음에도 세계 정치에 나타난 인민전선과는 다른 길을 걸었다. 36) 국내 생산 현장에 뿌리내리려 했던 사회주의자들은 해외 항일무장투쟁 세력과는 다르게 다음과 같은 노선을 실천했다. 첫째, 그들은 노동자 통일전선을 앞세웠다. 둘째, 적색노동조합 인터내셔널인 프로핀테른이 해산된 뒤에도 혁명적 노동조합운동을 계속했다. 셋째, '인민전선정부'를 구상하지 않고 '노동자·농민의 소비에트'를 내걸었다. 넷째, 코민테른 7차 대회가 제시한 '평화를 위한 투쟁'37)이 아닌, "제국주의 전쟁을 내전으로 전화시키자"는 슬로건을 내걸었다.

조선 사회주의자들이 이처럼 '불철저하게' 인민전선을 받아들였던 까닭은 모호하고 모순이 있던 7차 대회 결론을 자신의 관점에서 주체적으로 해석했기 때문이며, 조선 현실정치에서 작동되던 주·객관 상황 때문이었다. 일제가 잇달아 침략전쟁을 일으키던 엄혹한 비합법 상황에서 사회주의자들은 신간회 같은 합법 통일전선체를 만들 수 없었다. 또 '인민전선정부'를 함께 만들 부르주아지는 전혀 정치세력을 형성하지 못했다. 생산 현장에는 연대할 '개량주의 지도자'가 적었다. 있다 하더라도 그들은 너무나 '개량적'이었다. 더구나 조선 사회주의자들마저 전략이나 전술을 체계적으로 구사할 주체를 형성하지 못했다. 그리하여 사회주의자들은 먼저 주체를 형성하기 위해 당재건운동에 나서야 했으며, 당재건의 기초가 될 혁명적 노동조합운동을 계속할 수밖에 없었다. 조선 사회주의자들은 대중봉기 노선을 포기하지 않았으며, 따라서 대중봉기를 성공으로 이끌 소비에트도 포기할 수 없었다. 이런 주객관 상황 때문에 1930년대 후반 국내 사회주의자들은 '인민전

---

36) 일제 자료에 따르면, 코민테른 7차 대회 방침이 국내에 전달된 것은 '조국광복회', '적색노동조합원산좌익위원회', 그리고 일본을 통한 경우가 있었다고 한다. 신주백, 「1930년대 반일민족통일전선운동의 전개과정」, 『역사와 현실』 2호, 1989, 237-238쪽.

37) 「새로운 세계전쟁의 위험에 관한 코민테른 제7회대회의 결의」, Jane Degras 編著, 『コミンテルン ` ドキュメント』 13, 現代思潮社, 1977, 345쪽. 이러한 코민테른의 방침은 프랑스 식민지였던 베트남의 경우 기묘한 모습을 드러냈다. 프랑스 식민주의가 가장 취약했던 바로 그 순간 '반파시즘 인민전선'을 내세운 코민테른은 "이제는 더 이상 공격하지 말고 협력하라"는 지령을 내렸다. 자본주의는 공격하더라도 식민당국은 공격하지 말라는 것이었다 (더그랄스 파이크 저, 편집부 옮김, 『베트남 공산주의운동사연구』, 녹두, 1985, 65-71쪽).

선정부'가 아닌 '소비에트 형태의 노동자 농민의 민주독재' 수립을 기본 전략으로 삼았다. 1930년대 전반의 사회주의자들이 '노동자 농민의 민주독재'를 강조한 것에 견주어 1930년대 후반의 사회주의자들은 오히려 소비에트를 더 중요하게 여기는 경향을 보였다.

4. 사회주의자들의 통일전선전술

1) 초기사회주의자들의 통일전선전술

노동계급 다수를 획득하며, 자생적 투쟁에 올바른 방향을 제시하는 것을 목표로 삼는 사회주의자들은 "억지로 고안해낸 유치한 '좌익' 슬로건들로 대중을 둘러막지 말아야 한다."[38] 사회주의자들이 대중을 획득하려면 선전과 선동에만 머물러서는 안 된다. 여러 투쟁 속에서 스스로 정치 경험을 쌓아가고 있는 노동계급에게 모범을 보이고 노동자들이 나아갈 길을 보여줌으로써 지지를 얻어야 한다. 이것이 통일전선전술의 핵심이다.[39] 통일전선이란 상층 '좌·우합작'이 아니며, "소모적이기 쉬운 계급투쟁을 민족운동의 역량으로 전환시키는 것"[40]은 더더욱 아니다.

초기 코민테른의 반제통일전선은 노동계급이 자신의 정치와 조직에서 독립성을 지켜야 한다는 것을 강조한 것이 특징이었다. 초기 코민테른의 반제통일전선전술이란 제국주의에 맞서 싸우려는 민족주의 세력과 '일시적으로 동맹'하여 함께 투쟁하면서 아직 그들의 영향을 받고 있는 대중에게 사회주의 정치가 올바름을 보여주는 수단이었다.

사회주의자들에게 통일전선은 하나의 전술이며, 전략에 종속되는 것이다. 따라서 사회주의자들의 통일전선전술을 이해하려면 그들의 혁명론과 긴밀하게 연관지어 살펴보아야 한다. 조선 초기사회주의자들이 낮은 수준에서나마 초기 코민테른의 소비에트 혁명론을 이해하고 있었듯이, 일정하게 코민테른의 반제통일전선론도 이해하고 있었다. "사회주의운동이냐 그

---

38) 레닌, 『공산주의에서의 좌익 소아병』, 김남섭 옮김, 돌베개, 1989, 55쪽.
39) 「전술에 관한 테제」, 편집부 엮음, 『코민테른 자료선집』 1, 동녘, 1989, 350쪽.
40) 권희영, 「일제하의 민족운동과 그 사상」, 『한인사회주의운동연구』, 국학자료원, 68쪽.

렇지 않으면 민족주의운동이냐 하는 표어가 운동진영을 정돈하는 중심 기호"였던[41] 1920년대 초, 사회주의자들은 '계급적 편향'도 보였지만, 민족주의자와 손을 잡으려는 시도도 있었다. 사회주의 진영 일부에서는 "타협적 민족운동은 배척하지만, 혁명적 민족운동은 찬성한다"고 선언하기도 하였다. 그러나 사회주의 진영 전체가 반제통일전선을 현실에서 풍부하게 펼쳤다거나 민족주의자들이 통일전선에 적극 나섰다고 볼 수는 없다. 사회주의 진영은 민족주의진영과 '협동'하기에 앞서 먼저 그들과 분리하는 과정을 거칠 수밖에 없었다.

2) '고려 국민당'과 신간회

1920년대 중반부터 통일전선운동이 활기를 띤다. 그것은 통일전선운동이 일어날 수 있는 정세가 마련되었기 때문이기도 하겠지만,[42] 무엇보다 1925년 조선공산당이 창건되어 비로소 전술을 구사할 주체가 형성되었기 때문이었다. 또 코민테른이 제시한 '고려 국민당' 계획도 큰 역할을 하였다. '고려 국민당' 계획에 따르면, 사회주의자들은 "민족적 정치운동을 단일기관으로 만들어 여러 세력을 민족유일전선으로 모으는 것"을 목표로 삼아야 했다. 사회주의자들은 만약 '고려 국민당'이 정권을 장악하게 된다면, 그때의 국가는 인민공화국 또는 혁명적 인민공화국이 될 것으로 내다보았다.

본디 코민테른이 중국에 적용했던 '국민당 정책'은 노동자·농민·도시·쁘띠부르주아지 일부 부르주아지가 동맹한다는 '4계급 블록론'이 핵심이었다.[43] 초기 코민테른에서는 부르주아세력과 '일시적인 동맹', 또는 '투쟁의 동맹'을 맺어야 했다고 했지만, 5차 대회 시기 코민테른은 부르주아지와 전략적인 동맹을 맺어야 한다고 주장하였다. 후기 코민테른은 한걸음 더

---

41) 明秀(김단야?), 「3.1운동의 역사적 고찰─3.1운동 12주년을 맞으면서」, 『꼼뮤니스트』창간호, 1931, 27쪽.
42) "통일전선이란 정세의 산물이며, 여러 세력의 이해가 대립하고 교차하는 모순적 결합이다"는 주장은 통일전선을 계급동맹과 혼동하지 말라고 말한 점에서는 올바르다(배성준, 「사회주의운동과 민족문제」, 역사학연구소 편, 『한국공산주의운동사연구』, 아세아문화사, 1997, 378쪽).
43) J. 디그레스 편, 『코민테른과 중국혁명』, 윤석인 옮김, 논장, 1988, 56쪽.

나아가 국민당이야말로 '혁명적 블록'이라고 말하기까지 하였다. [44]

조선 사회주의자들은 중국 국민당 경험을 이 땅에 적용하려고 하였다. 1926년 무렵, 사회주의자들과 민족주의자들은 "통일전선이란 '고려 국민당'을 결성하는 것"이라고 여겼다. 조선공산당은 1926년 2월 중앙집행위원회에서 '고려 국민당' 결성을 결의했다. 그들은 "혁명적 경험이나 지식, 열정을 가진 사람들, 소수의 개인적 지도자들, 그리고 영향력 있는 민족주의자들이" 예비모임을 갖고 '고려 국민당'을 결성하려는 계획을 세우기도 하였다. [45] 이러한 '고려 국민당' 계획이 마침내 열매를 맺어 신간회(1927-1931)를 창립하게 된다.

신간회를 창립하는 과정에서 사회주의자는 자못 심각한 논쟁을 벌였다. 첫째, '고려 국민당' 또는 신간회와 조선공산당은 어떤 관계인가, 둘째, 정치투쟁이란 무엇이고 경제투쟁과 어떻게 관계 맺어야 하는가, 셋째, 신간회 안에서 프롤레타리아트가 해야 할 임무는 무엇이고 프롤레타리아 헤게모니를 주장해야 하나 말아야 하나. 넷째, 합법단체인 신간회는 민족해방운동과 계급운동에서 어떤 역할을 할 수 있는가. 이 모든 의문은 통일전선이란 무엇이고 통일전선체의 성격과 임무는 무엇인가 하는 문제와 맞닿아 있었다.

코민테른은 중국에 적용했던 통일전선론을 일정한 시간 차이를 두면서 조선에도 적용했다. 코민테른의 지시를 받은 조선 사회주의자들이 오로지

---

44) 코민테른은 1926년 3월 확대집행위원회에서 국민당을 '노동자·농민·지식인·도시민 부르주아지들의 혁명적 블럭'으로 정의했었다. 스탈린은 장개석의 '배반'을 겪은 뒤, "국민당을 '노동자·농민의 당'이라고 한 것은 이미 국민당이 그러하다는 것을 달한 것이 아니라 국민당이 앞으로 그렇게 되어야 한다는 것을 말했던 것"이라고 말하였다(Fernando Claudin, *The Communist Movement* 1 (Monthly Review Press, 1975), pp. 278-279). 트로츠키는 장개석이야말로 자신의 계급을 배반한 일이 없으며 오로지 4계급 블록을 주장하는 사람들의 환상을 배반하였을 따름이라고 하였다(ibid., p. 282). 또 그는 '4계급 동맹론'이란 러시아 멘세비즘을 중국정치의 언어로 옮겨놓은 것에 지나지 않는다고 스탈린을 공격하였다.

45) 조선공산당, 「조선혁명운동의 국민당 결성을 위한 전술」, 1926(이균영, 『신간회연구』, 역사비평사, 1993, 57-59쪽). 이러한 노선에 따라 조선공산당은 민족주의 정당을 형성시키면서 민족적 정치운동을 단일기관으로 조직하려 했다. 코민테른은 1927년 「고려문제에 관한 결정서(4월결정)」에서 합법적인 민족혁명단체를 토대로 민족혁명전선을 마련할 것을 지시하기도 했다(「조선공산당 제2차 당대회 문건」, 러시아현대사문서보관연구센타, 문서군 495, 목록 45, 문서철 13, 「고려문제에 관한 결정서」).

코민테른의 정책에 따라 신간회를 만들었다고 결론내리기 어렵지만, 조선 사회주의자들의 신간회 정책이 코민테른 노선과 같은 줄기였다는 것은 부정하기 힘들다.

조선 사회주의자들이 중국 국민당 노선을 그대로 되풀이하기에는 중국 사회주의자들보다 더한 어려움을 겪어야 했다. 무엇보다 조선에는 중국처럼 '국민당'과 같은 당조직이 없었다. 또 조선 사회주의자들은 통일전선체인 신간회를 창립할 무렵에 이미 중국국민당 우파와 좌파의 '배반'을 지켜보아야 했다. 조선 사회주의자들은 '투쟁의 조직'이 되지 못하는 신간회의 위상을 거듭 점검하지 않을 수 없었다. 바로 이 때문에 조선 사회주의자들은 신간회를 처음에는 민족단일당으로 인식했다가 나중에 민족협동전선당, 민족협동전선의 매개체 등으로 바라보았다.

3) '아래로부터의 통일전선'과 인민전선

1930년대 초 조선 사회주의자들은 통일전선체를 통해 정권을 세운다는 예전의 생각을 지우고 노동자 농민이 대중봉기로 권력을 쟁취해야 한다는 '소비에트형태의 노동자 농민의 민주독재' 노선을 세웠다. 사회주의자들은 공장위원회 파업위원회를 비롯한 노동자위원회와 농민위원회 등을 만들어 소비에트로 발전시키려 했다. 소비에트는 혁명적 노조·농조운동을 벌이면서 투쟁 속에서 건설해야 했다. '노동자 농민의 혁명적 민주독재'를 준비하려면, '민족 개량주의자'나 민족부르주아지 '좌익' 가운데 일부마저도 통일전선 대상에서 빼야 했다. 따라서 한때 '민족단일당'이 될 것이라고 내다보았던 신간회도 이제 해소해야 마땅했다.

이렇게 조선 사회주의자들이 '방향전환'을 하는 데에는 코민테른 6차 대회의 영향이 컸다. 코민테른 6차 대회가 내걸었던 '자본주의 위기 3기론'에 따르면, 세계 공산주의운동에서 사회민주주의가 가장 큰 적이었다. 자본주의가 위기에 빠질 때에는 사회민주주의가 파시즘 역할을 하는 일이 많기 때문이라고 했다.[46] "사회민주주의와 파시즘은 부르주아지의 쌍둥이"라는 코

---

46) 「공산주의인터내셔널 강령」(1928), 『코민테른 자료선집』 1, 94쪽.

민테른의 '사회파시즘론'이 통일전선운동에서는 '아래로부터의 통일전선'으로 모습을 드러내었다.

사회민주주의가 발전하지 못했던 식민지·반식민지는 어찌해야 하는가. 코민테른은 서구에 사회민주주의가 있다면 식민지·반식민지에는 '민족개량주의'가 있다고 주장했다. 이 '식민지형 사회파시즘론'이 따르면, 사회주의자는 통일전선을 위해 '민족개량주의자'와 투쟁해야 했다. 거의 모든 세계 공산주의자들이 그러했듯이, 조선 사회주의자들도 코민테른 6차 대회 노선에 호응했다. '아래로부터의 통일전선'을 잘 정리하고 있는 박헌영 글을 보면 그것을 분명하게 알 수 있다.

> 일제와 지주 고리대금업자 자본가에 맞서는 통일전선전술을 형성하려면 단호한 혁명적 요구와 행동에 기초한 노동대중의 아래로부터 통일전선에 힘을 모아야 한다. 이 통일전선전술은 민족개량주의자들과 협조하거나 타협하는 것이 아니다. 그것은 공산당이 노동대중과 농민들, 조직 미조직 도시빈민, 취업자나 실업자 모두에게 직접 호소하는 것이다. 그것은 공장과 농촌에 있는 대중을 끌어들이기 위해 개량주의자나 민족적 개량주의자들과 비타협적으로 투쟁하는 것이다.[47]

그는 1920년대 통일전선운동을 비판하면서 '아래로부터의 통일전선' 원칙 세 가지를 제시했다. 첫째, 통일전선전술을 실행할 때 공산당의 역할을 축소해서는 안 되며 대중 행동 속에서 지도력을 확보하려고 투쟁해야 한다. 둘째, 착취 받는 광범한 대중이나 근로대중, 특히 농민과 통일전선을 이루면서 프롤레타리아 헤게모니를 좁히거나 포기하지 말아야 한다. 셋째, 동맹자들이 마음 내켜하지 않거나 동요할 때는 반드시 그들을 비판해야 한다.

사회주의 정치의식 바깥에서 본다면, 이러한 '아래로부터의 통일전선'은 사회주의운동의 독자성과 노동계급 헤게모니를 강조했기 때문에 그릇된 것이라고 평가할 수 있다. 그러나 사회주의 정치의식 안에서 본다면, 그것은

---

47) 러시아현대사문서보관연구센타, 문서군 495, 목록 135, 문서철 179, J-Lee(박헌영), "The basic task of our organ," *The Communist*, 1931, p. 5.

잘못이 아니다. '아래로부터의 통일전선'의 오류는 노동자를 획득하려는 당의 일상활동과 통일전선을 구분하지 않았다는 데에 있다. 통일전선이 상층부 사이의 '외교 게임'이 아닌 이상, 그 본질은 하층 통일전선이다. 그렇지만 다른 노동자 조직의 일반 성원뿐만 아니라 그 지도부에게도 함께 행동하자고 제안해야 한다. 이럴 때에야 비로소 개량주의 조직의 일반 성원들에게 사회주의 정치가 개량주의 지도부 정치보다 뛰어나다는 것을 증명할 수 있기 때문이다. 개량주의 진영이 자본계급과 노동계급 사이에서 동요하는 그런 기회주의 진영이라면, 노동계급에게도 일정한 영향을 미치고 있다. 따라서 이들 지도자를 빼놓고 '아래로부터의 통일전선'을 주장하는 것은 개량주의 영향을 받고 있는 노동자를 획득할 수 없으며, 개량주의 지도자의 지도권을 흔들 수 없다는 말과 똑같다.

코민테른 7차 대회의 '반파시즘인민전선론'이 국내에 소개되었지만, 사회주의자들은 인민전선을 그야말로 하나의 전선((front)으로 여겼다. '아래로부터의 통일전선'을 완전히 버리고 모두 인민전선전술을 실천한 것도 아니다. 그것은 1930년대 후반에도 여전히 사회주의자들의 혁명론이 '소비에트 형태의 노동자 농민의 민주독재론'이었다는 것에서 미루어 짐작할 수 있다. '이재유 그룹'처럼 인민전선을 반전운동에 적용한 일도 있으며, '경성콤그룹'처럼 인민전선부를 두어 인민전선운동을 하나의 부문운동으로 바라보기도 하는 등 국내 사회주의자들은 인민전선론을 전술 차원에서 부분적으로 수용했다.

5. 맺음말

1920년대에 널리 보급되었던 사회주의 사상은 민족해방운동을 새로운 단계로 끌어올렸을 뿐만 아니라, 사상사에도 커다란 분수령을 이루었다. 대중에게 봉건이데올로기가 깊은 그림자를 드리우고 항일운동가 사이에 어설픈 민족주의가 떠돌고 있을 무렵, '과학'으로 무장한 사회주의사상은 지식인과 선진 대중에게 빠르게 퍼졌다. 1920년대 신문과 잡지에는 거의 빠짐없이 사회주의 관련 글이 실려있고, 『공산당 선언』과 같은 주요 사회주의 글도 번역되었다. 지식인 사회에서 사회주의란 하나의 '처세 상식'으로까지 비칠 만큼 사회주의 영향은 아주 컸다. 사회주의 사상은 문학과 예술, 여성계 등에도 지각변동을 일으켰다. 사회주의 사상은 '적기가', '메이데이가', '혁명가' 등의 노래를 불렀던 선진 대중뿐만 아니라, 민중의 사회심리에도 큰 영향을 미쳤다.

"유행병처럼 사회주의가 번지면서" 입으로만 사회주의를 말하는 '행세식 사회주의자', 남성 중심이며 양반 특권의식을 버리지 못한 '봉건적 사회주의자'도 생겨날 정도였다. 일제는 이런 '사회주의자'를 겉은 빨갛지만 속은 하얀 사과에 빗대어 비아냥거렸다. 그러나 실천적 사회주의 진영은 식민지배 체제를 폭로하고 억압과 착취에 맞서 싸우는 데 한 치도 물러섬이 없었다. 이루 헤아릴 수 없이 많은 사회주의자가 일제의 악랄한 고문으로 목숨을 잃거나 비참한 감옥 생활을 해야 했다.

이른바 '반란'이라고 부르는 민중운동은 역사에서 쉼 없이 일어났다. 그러나 사회주의가 보급되자 지난날의 민중운동과는 다르게 노동운동, 농민운동, 청년운동, 여성운동이 더욱 조직적인 모습을 띠면서 부문운동으로 분명하게 자리 잡았다. 1920년대 사회주의자들은 "노동계급을 해방하여 완전한 신사회를 실현할 것"을 강령으로 내걸었던 노농총동맹(1924년) 등의 대중단체를 만들면서 '조직의 시대'인 1920년대를 이끌었다. 1930년대에 민족주의진영이 운동전선을 벗어났을 때에도 사회주의자들은 생산현장의 선진대중과 결합하여 투쟁하였다. 사회주의 사상과 함께 비로소 '과학적이고 체계적인 반란'이 시작되었다.

사회주의자들은 '혁명운동 참모부'인 당을 창건하고 재건하는 과정에서 지난날과는 완전히 다른 차원의 정치운동을 펼쳤다. 설령, 1920년대 조선공산당이 몇몇 지식인의 당이었으며, 1930년대 당재건운동이 '군대 없는 장군'의 운동이었다고 그 의미를 깎아내린다 하더라도, 조선 역사에서 맨 처음 '노동자 정치세력화'를 이룩하려 했던 그들의 노력과 역사적 교훈을 결코 가벼이 볼 수는 없다.

그러나 사회주의운동에 오류와 한계가 없었던 것은 아니다. 때때로 사회주의자들은 역사 상황을 그릇되게 이해하거나, 대중의 존재력을 지나치게 높게 평가하기도 하였다. 혁명의 성격과 내용을 일국 차원에서 이해한 흔적도 많다. 통일전선전술에서 좌·우익편향도 보였다. 1930년대 조선사회주의자들은 스탈린 당 개념을 그대로 받아들였다. 사회주의자들은 '분파'를 청산하려고 온 힘을 기울였지만, 분파가 발생하는 근본 원인을 제대로 찾지 못했으며, 연대와 통일은 늘 숙제로 남아있었다. 사회주의자들은 노동계급과 '물리적 결합'이 아닌 '화학적 결합'을 이룩해야 한다고 말했지만, '화학적 결합'은 순조롭지 못했고 '물리적 결합'마저 일제 침탈로 깨어지곤 하였다. 다른 나라 사회주의자들과 마찬가지로, 조선 사회주의자들은 코민테른 권위에 의지하려는 '코민테른 권위주의'와 코민테른 테제를 절대 진리로 받아들이는 '테제 지상주의' 모습도 보였다.

이렇게 식민지시대 사회주의자들의 오류와 한계를 지적하면서 갖가지 주문을 한다면, 적어도 그들에게 말할 기회나마 주어야 한다. 그들은 항의한다. "이데올로기와 운동이 결합하는 과정에서 생겨나는 갖가지 어려움과 모순을 당신들은 다 해결했는가." 그리고 그들은 묻는다. "당신들이 쟁취해야할 세계는 어디에 있으며, '야만의 시대'에 노동계급은 모두 안녕하신가."

해방 이후 사회주의자들의 '노동대중의 지지(支持)'를 얻기 위한 노력

안태정(역사학연구소)

1. 머리말

1945년 9월 25일 조선공산당 중앙위원회는 「현 정세와 우리의 임무」(일명 「8월 테제」)를[1] 발표했다. 여기에서 조선공산당은 2차 세계대전 후 전 인류가 당면한 가장 중요한 문제는 "어떠한 사회를 건설하고 사람들은 살아 나갈까 하는 문제"라고 했다. 구라파 사람들 앞에 나선 문제는 "압박과 전쟁과 빈궁과 실업의 원인을 제도 자체 내부에 포함하고 있는 자본주의제도의 사회를 선택하여야 할 것인가", 그렇지 않으면 "자유와 평화의 발전을 보장하는, 착취와 압박과 실업이 없는 사회주의제도의 사회를 건설할 것인가"였다. 그리고 조선 사람들 앞에 나선 문제는 "우선 우리에게는 진보적 민주주의 사회이냐", "반동적 민주주의 국가의 건설이냐"라고 했다. 그리하여 조선의 "노동자, 농민, 도시소시민, 인테리겐차 등 근로계급은 전자를 주장하고 있으나 지주, 고리대금업자와 반동적 민족부르주아지 등 친일파들은 자본가와 지주 독재정권인 반동적 민주주의국가의 건설을 요망하고 있다"고 했다.[2]

---

1) 심지연, 『조선혁명론연구』, 실천신서, 1987, 100-118쪽에 수록.
2) 같은 책, 103쪽.

"달리는 기차 위에 중립은 없다"3) 고 했듯이 조선공산당은 이것도 저것도 아닌 소위 '제3의 입장이나 중간적 입장'이 아니라 당장은 '진보적 민주주의 사회'를, 4) 나아가서는 '사회주의사회'를 건설하려는 입장에 서있었다. 따라서 해방 이후의 조선의 사회주의운동이란 사회주의자들이 '사회주의사회'의 수립을 지향하면서 이를 위한 전제로서 '진보적 민주주의 사회'를 건설하는 운동을 일컫는다.

그런데 문제는 '진보적 민주주의 사회'와 그리고 이 사회를 '사회주의사회'로 변화시키기 위해서는 사회주의자들이 '국가권력을 쟁취하고 그 권력을 사용해야' 한다는 것이다. 그리고 '국가권력을 쟁취하기 위해서나 그 권력을 사용하기' 위해서는 반드시 매우 폭넓은 '대중적 지지'를 얻어야 한다는 것이다. 여기에서 '대중적 지지'라는 개념에는 다음과 같은 유기적으로 관련된 세 가지 내용이 포함되어 있다. 첫째 어떠한 사람들이 '실질적' 또는 '잠재적'으로 사회주의를 향한 변화 과정에 도움을 줄 수 있겠는가, 둘째 그러한 과제를 진전시키기 위해서는 어떤 기구가 필요할 것인가, 셋째 어떤 전략전술이 그러한 사회주의적 목표에 적절할 것인가5) 등이다.

이 글은 해방 이후 미국 독점자본의 폭력적 국가기구인 미군이 지배하고 있던 38선 이남 지역에서 사회주의자들(조선공산당·남조선노동당)이 '국가권력을 쟁취하고 그 권력을 사용하기' 위해서는 반드시 필요한 매우 폭넓은 '대중적 지지'를 얻기 위한 다양한 노력들을 개관하는 데 그 목적을 두고 있다. 6) 즉 사회주의자들은 어떠한 성격의 당을 조직했으며, '실질적' 또는

3) 하워드 진, 『달리는 기차 위에 중립은 없다』, 유강은 옮김, 이후, 2000.
4) 박문규는 "진보적 민주주의는 일체의 착취계급을 청소한 소연방의 고도로 발전된 프롤레타리아 민주주의와는 구별되는 것이나 인민의 이익을 옹호하는 점에 있어서 자본전제의 낡은 민주주의에 비하면 훨씬 진보적이요 발전된 민주주의"라고 했다(박문규, 「민주주의와 경제」, 『민주주의 12강』, 1946, 35쪽). 민주주의민족전선은 이러한 '진보적 민주주의'와 동일한 의미의 민주주의를 '인민민주주의'라고 했다(민주주의민족전선 편, 『조선해방년보』, 1946, 문우인서관, 65쪽).
5) 랄프·밀리반트, 『회의하는 세대를 위한 사회주의—사회주의의 새로운 모색』, 이남표·이영주 옮김, 변증법, 2003, 162-163쪽.
6) 1945년 8·15 이후 조선공산당·남조선노동당을 중심으로 한 사회주의세력의 노선과 활동에 대한 연구사 정리를 보면 다음과 같다. 윤덕영, 「조선공산당 남로당의 변혁노선과 활동」, 『한국현대사』 1, 풀빛, 1991; 김무용, 「해방직후 조선공산당과 대중운동」, 『한국공산주의운동사연구—현황과 전망』, 아세아문화사, 1997; 김득중, 「남조선노동당과 대중

'잠재적' 지지자인 노동대중(노동자, 농민, 도시소시민, 인테리겐챠 등)을 사회주의운동에 어떻게 호응하도록 노력했으며, 이를 위하여 어떠한 전략 전술을 구사했는가 등을 훑어보려고 한다.

여기서 사회주의자들이 노동대중의 '대중적 지지'를 얻기 위하여 노력하는 것은 어디까지나 '진보적 민주주의 사회'와 나아가서 그것을 '사회주의사회'로 변화시키기 위해서 '국가권력을 쟁취하고 그 권력을 사용하기' 위해서다. 즉 그것은 노동자계급의 계급성을 유지한 기반 위에서 '대중적 지지'를 얻으려는 노력을 말한다. 노동자계급의 계급성을 상실하거나 포기한 상태에서 '대중적 지지'를 얻어보았자 그것은 '진보적 민주주의 사회'와 '사회주의사회'로 나아가는 것과는 아무런 관련이 없다. 그러한 '대중적 지지'는 부르주아계급의 이데올로기를 내면화한 부르주아계급의 지배와 착취를 강화하는 존재로서의 다중(多衆)의 지지에 지나지 않는다.

「8월 테제」에 제시된 '사회주의사회'란 '자유와 평화의 발전을 보장하는, 착취와 압박과 실업이 없는 사회'였다. 이러한 '사회주의사회'를 다른 말로 하면 '최대한의 민주주의, 평등주의, 경제활동의 사회화'(생산수단의 사회화, 생산수단의 노동자에 의한 자주적 관리, 사회적 필요를 위한 생산) 등이 유기적으로 결합되어 작동되는 사회라고 할 수 있다. 따라서 현실의 자본주의사회에서 '사회주의사회'를 전망하면서 '진보적 민주주의 사회'를 만들려고 하는 사회주의자들은 '운동과정에서부터' 가능한 범위에서나마 최대한의 민주주의와 평등주의 그리고 경제활동의 사회화 등을 실천할 수 있어야 한다.

2. 사회주의자들의 자기조직화

1) 조선공산당의 재건
사회주의자들이 노동대중의 '대중적 지지'를 얻어서 국가권력을 쟁취하고 그 권력으로서 현실사회를 '사회주의사회'로 변화시키기 위해서는 우선 사

___

운동」, 『한국공산주의운동사연구―현황과 전망』, 아세아문화사, 1997.

회주의자들 스스로가 단결해야 한다. 조선의 사회주의자들은 일제시대인 1925년 4월 17일 지하에서 비밀히 자기조직체인 조선공산당을 결성했다. 1926년 4월부터 코민테른 조선지부로서 활동했다. 1928년 12월 코민테른에 의해 공식적으로 해체되기까지 일제로부터 4차례 이상의 참혹한 탄압을 받았다. 1929년부터 이른바「조선농민 및 노동자의 임무에 관한 테제」(일명「12월 테제」)[7] 등에 입각하여 '노동자·농민' 등 노동대중을 중심으로 하는 조선공산당을 재건하는 운동을 다양한 사회주의 분파들(화요파, ML파, 서울상해파 등)이 치열하게 벌였다.[8] 그러나 일제의 파쇼적 폭압 등으로 조선공산당을 재건하지는 못했다.

1945년 8월 15일 일본제국주의의 파쇼체제가 붕괴되었다. 16일에 일부 사회주의자들(이영, 정백 등)이 장안빌딩에 본부를 둔 조선공산당(속칭 장안파조선공산당)을 결성하고 17일부터 각지에 그 지부를 결성하기 시작했다. 한편 20일에 다른 일부의 사회주의자들(박헌영 등의 경성콤그룹 중심)이 조선공산당 재건위원회(속칭 재건파조선공산당)를 결성하고「8월 테제」를 발표했다. 9월 8일 두 당을 통합하려고 경성콤그룹이 주도하여 열성자대회를 열었고, 11일에 조선공산당 재건을 선포했다. 그러나 그것은 명실공히 민주주의적 절차, 즉 최고의사결정기관인 당 대회를 개최하여 지도노선, 강령, 규약 등에 대한 공식적 논의나 의결과정을 거쳐 당의 재건을 선언한 것은 아니었다. 때문에 사회주의자들을 비롯한 노동대중의 폭넓은 '대중적 지지'를 얻을 수 있는 정당성을 확보하는 데 실패했다.

그런데 열성자대회가 열린 9월 8일은 미군이 인천 상륙을 통해 38선 이남 지역을 최초로 점령하는 날이었고, 당 재건이 선포된 9월 11일은 미군정이 실시된 직후였다. 따라서 객관적으로는 당시의 열성자대회와 당재건 선포는 미군의 점령과 미군정이라는 점령국가의 성립에 대응하는 커다란 정치적 의미를 갖고 있었다. 즉 노동자계급을 대표하는 조선공산당과 총자본으로서 자본주의국가인 미군정 간의 대립구조가 일정하게 형성되는 시점이었

---

7) 이반송·김정명/한대희 편역, 『식민지시대 사회운동』, 한울림, 1986, 205-217쪽.
8) 최규진, 「코민테른 6차대회와 조선공산주의자들의 정치사상 연구」, 성균관대학교 박사논문, 1997, 218-304쪽 참조.

다. 물론 당 대회를 통해서 당을 재건했다면 안으로 사회주의자들 내부의 응집성 강화와 노동대중의 '대중적 지지'의 확대를 이루어 밖으로 미군정 등에 대한 위력의 증대를 가져왔을 것이다. 그러나 당시는 일본제국주의를 대신한 미국 군대가 점령하고 그 군사정권이 수립되는 비상시기이기도 했다는 상황의 절박성도 무시할 수 없다. 따라서 문제는 그 후에 조선공산당 중앙과 지방이 연결된 일정한 당조직체계가 만들어지는 1945년 12월 말이 되어도9) 그리고 조선공산당의 활동이 일정하게 합법적인 공간이었음에도 불구하고 스스로가 약속한 당 대회를 한 번도 개최하지 않았다는 점에 있다.

조선공산당의 당조직원칙은 전위정당 노선이었다. 당은 노동자계급의 한 부분으로서의 정예 부대였다.10) 당의 조직운영원리는 민주집중제였다. 당의 기본적 조직인 당 세포는 공장의 노동현장을 비롯하여 도시와 농촌에 조직되었다. 동시에 당은 노동조합이나 농민조합 등의 대중적 보조단체들을 조직하고 이 대중조직을 통하여 대중을 투쟁적으로 동원하려고 했다.11) 당의 규율은 첫째 노동자계급의 전위들로서의 계급의식과 혁명에 대한 그들의 헌신, 그들의 인내, 그들의 자기희생, 그들의 영웅적 정신에 의하여, 둘째 그들의 광범한 노동대중 즉 노동자계급 대중과 비노동자계급 노동대중과 결합하고 접근하고 어느 정도까지는 융합할 줄도 아는 것에 의하여, 셋째 전위들에 의하여 실현되는 정치적 지도의 정당성에 의하여 즉 광범한 대중이 자기 자신의 경험에 의하여 그 정당성을 확신하게 되는 전제조건하에서 전위들의 정치적 전략과 전술이 올바른 것에 의하여 유지될 수 있었다.12)

그런데 문제는 민주집중제적 조직운영원리를 갖추고서도13) 당 대회를

9) 이일재, 「해방 직후 대구지방의 조공·전평 활동과 '야산대'」, 『역사비평』 9호, 1990; 신주백, 「8·15 해방과 조선공산당재건」, 『일제하 사회주의운동사』, 한길사, 1991.
10) 레닌은 공산당에 대하여 "사회생활에 대한 지식, 사회발전 법칙과 계급투쟁 법칙의 이론으로 무장하여 노동계급을 인도하며 그 투쟁을 지도하기에 유능한 노동계급의 선봉대이다"라고 했다(심지연, 앞의 책, 108쪽).
11) 같은 책, 107쪽, 113쪽.
12) 같은 책, 107-108쪽.
13) 김남식은 「8월 테제」가 당의 조직원칙에서 기본이 되는 민주주의중앙집권제 원칙을 제시해주지 못했다고 비판했다(김남식, 「박헌영과 8월 테제」, 김남식·심지연 편저, 『박헌영노선비판』, 세계, 1986, 41쪽). 그러나 「8월 테제」는 "…공장내 기본조직을 전국적으로 더욱 중요한 산업부문과 도시에 조직하여 그들의 대표를 모아서 전국격 대회를 열고 이 전

한 번도 열지 않았고, 그것은 당 규율을 지키지 않아도 된다는 잘못된 생각을 가지게 했다. 예컨대 조선공산당내 소위 대회파에 대한 정권처분과 그것에 대한 대회파의 반항 등을 들 수 있다. 그리고 계급적 정체성을 노동자계급에 두면서도 당의 기본적 조직＝당 세포를 노동자계급 이외의 농민, 도시소시민, 인테리겐챠 등 노동대중 일반으로 확대했을 때 노동자계급 정체성을 어떻게 확보할 수 있을는지가 의문이다.[14] 농민대중과 도시소시민대중 등의 소부르주아적 계급성이 당내로 침투할 가능성이 구조적으로 열려 있었다. 비노동자계급 노동대중과는 '계급동맹'이나 '통일전선' 형태 등을 통하여 노동자계급의 계급적 영향력을 행사하는 것이어야 했다.

2) 남조선노동당의 결성

조선공산당내의 소수자인 대회파 등이 주장한 당 대회를 통한 3당 합당 방식을 당 중앙은 진지하게 고려하지 않고 오히려 그들을 정권처분했다. 그러나 대회파가 납득할 수 있도록 당내의 민주주의적 의사결정을 통하여 당 대회 여부를 결정했어야 했다. 결국 조선공산당의 합당 추진파, 인민당의 합당 추진파, 신민당의 중앙파 등의 주도로, 1946년 11월 23-24일에 서울 견지동 시천교당에서 대의원 6백 27명 중 5백 58명이 하지중장을 대리한 범패러 소좌 등이 참석한 가운데 합당대회를 열어 남조선노동당을 결성했다. 그러나 명실상부한 노동자계급의 당 대회였다면 총자본인 미군정을 대표하는 미군 장교가 배석하기는 어려웠을 것이다. 한편 조선공산당의 대회파, 인민당의 신중론파, 신민당의 반간부파 등은 앞서 1946년 10월 15일 '10월 인민항쟁'의 와중에서 사회노동당을 만들었다. 그러나 사회노동당의 역량은 취약했고, 때문에 1947년 2월 27일 열린 제1회 전국 당 대회는 당의 해

국적 대표회의에서 최고지도기관을 내세울 것이다"라고 하여 민주집중제의 일반원리를 진술하고 있다(같은 책, 107쪽).

14) 김남식은 "당조직의 확대의 대상에 대한 것인데 여기에서는 공장내의 기본조직만을 강조했을 뿐 그 밖의 농촌을 비롯한 여러 생산단위와 행정단위에 대해서는 언급이 없다. … 이는 농촌의 농민계급을 무시하고 노동계급만이 당조직의 대상이 될 수 있다고 주장한 것으로 볼 수 있다"고 비판했다(김남식, 앞의 글, 42쪽). 그러나 보았듯이 사실과는 다르다. 오히려 비노동자계급 속에 당 세포를 조직했을 때 가져올 문제점을 어떻게 방지할 것인가가 지적되어야 한다.

체를 결정했다. 3당 합당을 주도해 거대 대중정당의 우두머리가 되려고 했던 여운형은 그것이 여의치 못하게 되자 남조선노동당으로부터 배제당하거나 합류하지 않은 나머지 인물들로 근로인민당을 1947년 5월 24일 조직해서 그 당수가 되었다.

3당 합당을 통한 남조선노동당의 결성은 38선 이북에서의 2당(북조선공산당과 신민당) 합당을 통한 북조선노동당의 결성이 배경의 하나가 되었다. 그런데 당시 38선 이북의 사회성격은 그동안에 정치적, 경제적, 사회적, 문화적 측면의 '민주개혁'을 통하여 구조적으로 변화했다. 따라서 이러한 사회성격의 변화는 합당의 필요성을 부여했다. 그러나 38선 이남의 사회성격은 3당이 성립되었을 때나 3당이 합당되었을 때나 거의 변한 것이 없었다. 오히려 자본주의적 사회성격이 강화되어 갔다. 따라서 총자본인 미군정이라는 자본주의국가에 대응하는 노동자계급 정당이 더욱 강화되어야 할 상황이었다.

조선공산당, 인민당, 신민당은 서로간에 일정한 차별성을 갖고 있었다. 특히 조선공산당과 다른 두 당과는 그 차별성이 분명했다. 우선 당명 자체가 조선공산당은 '공산주의' 지향을 나타냈으나 인민당과 신민당은 그렇지 않다. 또한 조선공산당은 노동자계급의 정당임을 분명히 표명했으나 인민당은 애매하게 '근로대중'을, [15] 신민당은 '국민'을[16] 사회적 기반으로 강조했다. 수립하려고 했던 국가의 성격도 조선공산당은 '진보적 민주주의국가' 또는 '인민정권'이었으나, 인민당은 '(진정한) 민주주의국가', [17] 신민당은 '민주공화국'[18] 등이었다. 토지문제도 조선공산당은 '일본제국주의자와 민족적 반역자와 대지주의 토지를 보상하지 않고 몰수하여 국유화할 것'이라고 했으나, 인민당은 "조선내의 일본인 재산 및 민족반역자의 재산을 몰수하여 국유로" 한다고 했고, 신민당은 "일제 및 친일분자에게서 몰수한 토지" 등이라고 했다. 조선공산당은 대지주의 토지도 '무상으로 몰수'한다고 했으나 나머지 두 당은 대지주의 토지에 대해서는 언급하지도 않았고, 몰수

---

15) 민주주의민족전선 편집, 『해방조선 1』, 과학과 사상, 1988, 174쪽.
16) 같은 책, 180쪽.
17) 같은 책, 174쪽.
18) 같은 책, 180쪽.

방법도 무상몰수인지, 유상몰수인지를 분명히 제시하지 않았다. 즉 인민당과 신민당의 입장은 이렇게도 저렇게도 해석할 수 있는 기회주의적 속성을 다분히 가지고 있었다.

이렇게 차별성이 있는 3당이 합당을 할 수밖에 없었던 것은 당시의 정세 변화에 규정당했기 때문이다. 조선공산당 입장에서는 미군정의 좌우합작을 통한 '좌익전선'의 분열정책과 과도입법의원 설치를 무산시키기 위해서, 인민당과 신민당의 입장에서는 조선공산당의 노동자계급적 성격을 '근로인민이나 국민의 수준'으로 낮추어 좌우합작에 조선공산당을 끌어들여서 정국의 주도권을 잡으려고 3당 합당을 추진했다. 물론 조선공산당내에도 이미 비노동자계급적 성격이 침투할 가능성이 존재했다. 그런데 정세는 변화무쌍하다. 그때마다 당의 성격을 바꿀 수는 없다. 당은 사회성격의 변화에 조응해야 한다. 어쨌든 3당 합당을 통하여 좌우합작 자체는 무산시켰으나 미군정이 의도한 좌우합작을 통한 과도입법의원의 설치와 '좌익전선'의 분열공작은 저지할 수 없었다. 남조선노동당이라는 '노동자계급의 당'이 아닌 '노동대중의 당'이라는 허울 아래 노동자계급의 계급성은 희석되어 갔다. [19]

3. 부르주아민주주의혁명론

조선공산당은 「8월 테제」에서 부르주아민주주의혁명 단계의[20] 혁명적

---

[19] 1946년 3월 26일 박헌영이 남조선의 공산당원이 3만명이라고 UP기자에게 언급했다(조선통신사, 『조선년감』 1947년 판, 383쪽). 그런데 남조선노동당 창당 직후부터 실시된 당원 5배가, 10배가 운동은 당의 양적 확대를 이루었을지 모르나 당의 노동자계급의 계급성은 강화될 수가 없었을 것이다. 객관적으로 노동자계급의 숫자가 3월 하순보다 11월 하순 이후에 5배, 10배로 증대하지 않는 상황에서 말이다.

[20] 이른바 장안파조선공산당은 「조선의 독립과 공산주의자의 긴급임무」라는 테제에서 "조선에 있어서 혁명은 부르주아민주주의혁명으로부터 프롤레타리아민주주의혁명으로 단계적, 서열적으로 나가는 것이 아니라, 두 개의 혁명이 동시에 수행되면서 특히 전자가 후자의 일부분으로서 그 중에 포함된 형태에서 전개되어 나가야 할 제조건을 갖추고 있다."고 했고, "조선혁명의 과정이 부르주아민주주의혁명으로부터 프롤레타리아혁명에로 계속적으로 진행하는 것이 아니고 양개(兩介) 혁명이 동시에 대항적으로 전개된다는 객관적 조건은 필연적으로 이 이중혁명에 있어서 헤게모니 문제를 제기하고 민족주의자 내지 민족개량주의자와 공산주의자 사이에 격렬한 대립투쟁을 유기(誘起) 할 것이다"라고 했다. 또 「현계단의 정세와 우리의 임무」 (1945년 9월 15일) 는 "…이 혁명이 부르주아민주주의혁명으로부터

해결과제를 '가장 중심적인 과제'와, 그 '다음으로 중요한 과제' 등으로 나누었다. 먼저 '가장 중심적인 과제'는 "금일 조선은 부르주아민주주의혁명의 단계를 걸어가고 있나니, 민족의 완전독립과 토지문제의 혁명적 해결이 가장 중요하고 중심되는 과업으로 서있다. 즉, 다시 말하면 일본의 세력을 완전히 조선으로부터 구축하는 동시에 모든 외래자본에 의한 세력권 결정과 식민지화 정책을 절대 반대하고 근로인민의 이익을 옹호하는 혁명적 민주주의정권을 내세우는 문제와 동시에 토지문제의 해결이다"[21] 라고 했다.

조선공산당의 미군정(미국)에 대한 관점의 변화를 보자. 처음에 조선공산당은 미국 등을 소련과 더불어 '진보적 민주주의국가'로 보았다. 그것은 미국 등이 조선의 '해방'에 일정하게 기여한 제2차 세계대전에서 파쇼국가인 일본을 패퇴시킨 연합국의 일원이었기 때문이다. 그러나 제1차 미소공동위원회 휴회 이후 미군정이 조선공산당을 탄압하자 이것에 대응하기 위하여 조선공산당이 1946년 7월 26일 내놓은 '신전술'은 미군정에 대하여 '정당방어를 위한 공세적 입장'을 취했다. 나아가 미군정은 제2차 미소공동위원회를 완전히 파괴하기 위하여 '진보적 민주주의' 인사에 대한 1947년 8·15 폭압을 자행했다. 이것에 대응해서 조선공산당도 이후 지속적으로 미군정을 '파쇼적 제국주의국가'로 파악했다.

그럼에도 불구하고 조선공산당은 1947년 8·15 폭압을 당하기 이전까지는 대체로 '민족의 완전독립과 모든 외래자본과 식민지화 정책의 절대반대'의 직접적이고 구체적인 대상인 일본제국주의와는 다르게 미군정을 보았

프롤레타리아민주주의혁명에로 점진적이 아니고 비약적으로 진전될 수 있는 것이다…."
"8.15일 이래 우리들은 혁명의 제2단계로 돌입하였다. 제1단계에 있어서는 중요한 투쟁대상은 일본제국주의의 타도를 위하여 자유주의적 토착부르주아 지주 및 부농을 견제 고립 마비시키며 프롤레타리아트는 절대다수인 중소농민과 군세인 동맹을 맺는 동시에 도시 중소상공층과 청년학생 지식계급의 다수를 연결하는 것이 투쟁에 있어서의 중요한 배치였으나, 금일에 있어서는 정세 일변(一變) 함을 따라서 자유주의적 민족부르주아지의 반동적 저항을 진압하고 농촌 중농과 도시 중소상공층의 동요, 불확실성을 격인 혹인 중립화시키는 이 역사적 순간에 있어서는 프롤레타리아트는 자기의 영도 아래 농업 프롤레타리아트와 전 인구의 압도적 다수인 빈농 즉 반프롤레타리아트의 강고한 혁명적 동맹을 통하여 농촌 및 도시 소부르주아지와의 일정한 통일적 전선체제를 광범히 전개하지 않으면 안 된다"라고 했다(심지연, 앞의 책, 114-115쪽).
21) 같은 책, 104쪽.

다. 부르주아민주주의혁명 단계에서 일제는 방해물로 미국은 디딤돌의 역할을 하는 세력으로 파악했다. 그런데 객관적으로 미군정은 정치, 경제, 사회, 문화 등의 모든 영역에서 인적인 측면과 지배방식의 측면에서 일본제국주의의 유산을 이어받았다. 따라서 '민족의 완전독립' 등을 위해서는 현실적으로 작동하고 있는 미군정에 대한 직접적인 투쟁이 더 중요했다. 그러나 조선공산당은 '일제잔재 청산투쟁'을 강조하여 미군정에 대한 비판적인 태도를 우회적이고 간접적으로만 나타냈을 뿐이다. 조선공산당의 이러한 입장은 노동대중의 미군정에 대한 관점을 혼란스럽게 했다.

또한 일본제국주의로부터 조선이 '해방'될 때 미국의 도움을 일정하게 받았다는 일종의 '부채의식'이 미군정을 있는 그대로 똑바로 보지 못하게 했다. 이러한 '부채의식'으로부터 벗어난 것은 미군정의 지배와 착취의 강화와 이에 대한 저항과정에서 크고 작은 탄압을 받게 되면서 그리고 결정적으로는 제2차 미소공동위원회 결렬과 1947년 8·15 폭압을 경험하고 나서였다. 미군정의 파쇼적인 제국주의적 본질을 공식적으로 확인했다. 이때부터 사회주의자들은 노동대중과 더불어 미국제국주의에 대한 계급적 적대감과 민족적 적대감을 분명하게 가지게 되었다.[22]

부르주아민주주의혁명 단계의 혁명적 해결과제 중에서 '가장 중심적인 과제'의 하나인 '토지문제의 혁명적 해결'은 "무엇보다 먼저 일본제국주의자와 민족적 반역자와 대지주의 토지를 보상을 주지 않고 몰수하여 이것을 토지 없는 또는 적게 가진 농민에게 분배할 것이요, 토지혁명의 진행과정에 있어서 조선인 중 소지주의 토지에 대하여서는 자기 경작토지 이외의 것은 몰수하여 이것을 농작자(農作者)의 노력과 가족의 인구수 비례에 의하여 분배할 것이요, 조선의 전 토지는 국유화한다는 것이요, 국유화가 실현되기 전에는 농민위원회, 인민위원회가 이것(몰수한 토지)을 관리한다"는 것이었다. 이러한 조선공산당의 토지문제 해결방향은 그동안 농민들을 반봉건적으로 억압하고 착취했던 대지주들의 물적 기반을 박탈하려는 데 있었

---

22) 그러나 김구나 이승만 등과 한국민주당 등의 부르주아 정치세력과 대지주나 자본가계급의 대부분은 자본주의사회를 유지하려는 입장에서 총자본으로서의 자본주의국가인 미군정과 주·객관적인 계급적 동맹관계를 강화하고 있었다.

다. 그리고 당시 남조선 인구의 절대다수(70% 이상)를 차지했던 경작자인 농민대중이 토지를 관리할 수 있게 했다. 그리하여 사회주의자들을 '대중적으로 지지'하도록 하는 농민대중의 물적 기반으로 삼으려 했다.

조선공산당은 부르주아민주주의혁명 단계의 혁명적 해결과제 중에서 '가장 중심적인 과제'인 '민족적 완전 독립과 토지의 혁명적 해결' 그 다음으로 '중요한 과제'를 다음과 같이 제시했다. 첫째 언론, 출판, 집회, 결사, 가두행진, 파업의 자유의 권리 획득, 둘째 8시간 노동제의 실시, 셋째 일반 근로대중 생활의 급진적 개선, 넷째 일본제국주의자 소유의 모든 사원, 산림, 광산, 공장, 항만, 운수기관, 전신, 은행 등 일체 재산을 무상 몰수하여 국유화, 다섯째 국가부담에 의한 의무교육 실시, 여섯째 여자의 경제적·정치적·사회적 위치의 향상, 일곱째 단일누진세 실시, 여덟째 국민의용병제 실시, 아홉째 18세 이상의 남녀평등의 선거·피선거권 부여 등이었다. 조선공산당은 이상과 같은 여러 가지 과업들이 인민의 기본적 권리를 보장하는 '진보적 민주주의'의 요구라고 했다. 적어도 이러한 요구가 완전히 실시됨으로써 민주주의 정치는 실현되고 인민의 기본적 권리는 존중되고 생활은 급진적으로 개선되어 진보적 새 조선은 건설된다고 했다.[23]

이러한 '민주주의 지향', '평등주의 지향'은 '경제활동의 사회화(생산수단의 국유화, 생산수단의 노동자들에 의한 자주적 관리, 사회적 필요를 위한 생산활동 등) 지향'을 기반으로 하고 있었다.[24] 이것은 노동대중의 정치적, 경제적, 사회적, 문화적 생활수준을 한층 더 드높일 전망을 제시한 것이었다. 요컨대 조선공산당의 부르주아민주주의혁명론은 사회주의자들이 노동대중의 '대중적 지지'를 얻을 수 있게 하는 유력한 이데올로기적 기제의 하나였음에 틀림없다.

---

23) 심지연, 앞의 책, 104-105쪽.
24) 이와 관련하여 정재민은 1945년 12월에 "토지혁명 과업은 프롤레타리아트의 헤게모니 밑에서 수행"하고, "일본인으로부터 몰수한 중요 산업기관을 노동자계급의 관리하에서 노동계급의 생산에 대한 적극적 분투에서만" "조선의 자주독립은 완수할 수 있을 것이다"라고 했다. 즉 "노동자계급의 지도와 관리를 부인하는 토지문제, 자주독립 운운은 오직 기만 이외에 아무것도 아닌 것이다"라고 주장했다(정재민, 「조선혁명의 현 단계」, 『신문예』 창간호, 1945년 12월; 심지연, 앞의 책, 122-123쪽에서 재인용).

4. 국가권력 쟁취운동

조선공산당은 부르주아민주주의혁명 단계의 혁명적 해결과제 중에서 '가장 중심적인 과제'의 하나인 "근로인민의 이익을 옹호하는 혁명적 민주주의 정권" 즉 '인민정권'을 위한 투쟁을 전국적으로 전개해야 한다고 주장했다. '인민정권'은 "기본적 민주주의적 여러 가지 요구를 내세우고 이것을 철저히 실천할 수 있는" 정권이었다. '인민정권'에는 "노동자 농민이 중심이 되고 또한 도시 소시민과 인테리겐챠의 대표와 기타 모든 진보적 요소는 정견과 신교와 계급과 단체 여하를 물론(勿論)하고 모두 참가하여야" 한다고 했다. 민족통일전선 정부였다. '인민정권'은 "점차 노동자 농민의 민주주의적 독재 정권으로 발전하여서 혁명의 높은 정도로의 발전을 보장하는 전제조건"을 만든다고 했다. 그러기 위해서는 "프롤레타리아트의 영도권을 확립"해야 하고, '프롤레타리아트의 영도권을 확립'하기 위해서는 "일반 인민대중"을 우리편으로 삼아야 하고, '일반 인민대중을 우리편'으로 삼기 위해서는 "대지주, 고리대금업자, 반동적 민족부르주아지"와 싸워야 하고, 특히 '민족 및 사회개량주의자들'의 "개량주의적 본질을 구체적으로 비판하며 폭로"해야 한다고 했다. 그렇게 하여야 '일반 인민대중'이 "지지하는 혁명적 인민정부"가 수립된다고 했다.[25]

미군정기에 사회주의자들이 이러한 성격을 지닌 국가권력을 쟁취하고 수립하는 지배적인 방법은 선거정치라는 '대의 민주주의적인 방법'에 입각한 것이었다. 정세 변화에 따라 크게 세 시기로 구분해볼 수가 있다. 첫째 1945년 8·15 직후처럼 기존의 억압적인 파쇼적 국가권력이 붕괴되어 일정하게 자유로운 정치적 활동이 가능하나 국가권력을 쟁취하는 방법에 대한 민주적인 제도가 정비되어 있지 않는 상황에서는 노동대중의 '대중적인 지지'를 바탕으로 하여 자율적이고 자치적으로 국가권력기관을 창조해낼 수 있었다. 즉 사회주의자들 등이 장악하고 있던 조선건국준비위원회가 9월 6일 조선인민공화국을 건설했던 경우가 그러한 것이었다. 조선인민공화국이

---

25) 같은 책, 116-117쪽.

건설된 후 건국준비위원회의 지방지부들은 지방자치조직인 지방인민위원회로 개편되었다. 그러나 조선인민공화국은 명실공히 국가로서의 기능을 하지는 못했다. 즉 국가기구로서의 억압적 국가기구와 이데올로기적 국가기구 또는 입법권, 행정권, 사법권 등을 전국적으로 제도적이고 구조적으로 갖추지 못했다. 때문에 패망한 일본제국주의의 조선총독부 잔재권력조차도 공식적으로 접수하지 못했다. 만약에 자유로운 정치적 활동기간이 좀더 오래 지속되었더라면 사회주의자들은 노동대중의 '대중적 지지'의 확대를 통하여 실질적으로 국가로서의 기능을 하는 조선인민공화국을 확보했을 것이다.

1945년 9월 8일 인천에 상륙한 미국 군대는 다음 날인 9일에 서울에서 조선총독부 중앙권력을 공식적으로 접수하여 군정을 실시했다. 이후 미군이 각 도에 내려가 지방정부를 접수했다. 1946년 1월에 완전히 38선 이남 지역은 미군정하에 편입되었다. 1945년 11월 말 현재 미군병력은 7만 7천643명에 이르렀다.[26] 미군정은 9월 11일, 10월 10일과 16일에도 38선 이남 지역에서의 유일한 정부는 미군정 자신뿐이라면서 조선인민공화국의 존재를 부인했다. 그리고 지방자치조직인 지방인민위원회를 탄압했다.[27]

그러나 조선인민공화국과 지방인민위원회는 외세인 미군의 진주에 대하여 적극적으로 반대하거나 저항하지 않았다. 나아가 미군의 조선총독부 권력 접수에 대해서도 반대하지 않았다. 당시 미국을 일본제국주의로부터 조선을 해방시켜준 민주주의 국가의 하나라고 생각했기 때문이다. 이러한 미국의 군사정권인 미군정은 일제의 무장을 해제한 후 국가권력을 38선 이남 지역 주민들에게 넘겨주고 곧 본국으로 철수할 것이라고 보았다. 즉 미군정을 일시적이고 과도적인 성격을 지닌 권력이라고 생각했다. 그렇다면 왜 미군정은 조선총독부 권력을 접수하여 이미 존재하고 있는 조선인민공화국에게 넘겨주지 않고 오히려 조선인민공화국을 부인하고 지방자치조직인 지방인민위원회를 파괴했는가. 그것은 조선인민공화국과 지방인민위원회의 성

---

26) 안진, 『미군정기 억압기구 연구』, 새길, 1996, 65쪽.
27) 지방인민위원회의 구체적 실태와 미군에 의하여 파괴되는 상황에 대해서는 다음의 책을 참조하시오. 부르스 커밍스, 『한국전쟁의 기원』 하, 김주환 옮김, 청사, 1986; 안종철, 『광주·전남지방 현대사연구─건준 및 인민위원회를 중심으로』, 한울, 1991.

격이 독점자본주의 국가인 미국과 미군정의 그것과는 대립적인 이해관계를 가진 노동대중의 대표들과 노동대중의 '대중적 지지'를 받고 있는 사회주의자들이 실질적으로 주도하거나 그러할 가능성이 전망되는 자치기구였기 때문이었다.

둘째 사회주의자들은 조선인민공화국과 지방인민위원회가 미군정으로부터 부인되고 파괴당한 후인 1946년부터 1947년 8월 이전까지에는 '모스크바 삼상(미·영·소) 협정'[28]의 총체적 실천에 의한 조선민주주의임시정부 수립을 통하여 자유롭고 민주적이고 평등한 조건과 환경이 조성된 상황 속에서 선거정치에 참여하여 조선인민공화국과 지방인민위원회를 재건하려고 했다. 그러기 위해서는 먼저 '모스크바 삼상협정'을 실천하는 미소공동위원회의 사업을 성공시켜 조선민주주의임시정부를 수립하지 않으면 안되었다. 그래서 사회주의자들과 노동대중은 상하층 통일전선인 민주주의민족전선을 결성하여 미소공동위원회 사업을 촉진하는 운동을 벌였다.

이와는 반대로 미국은 미소공동위원회 사업을 통해서 미국 독점자본에 종속적인 자본주의사회와 국가를 38선 이남북 지역에 걸쳐 수립하려고 했

---

28) '조선에 관한 모스크바 삼상회의 결정서'는 다음과 같다.
1. 조선을 독립국으로 부흥시키고 조선이 민주주의 원칙 위에서 발전하게 하며 장기간에 걸친 일본통치의 악독한 결과를 신속히 청산할 제 조건을 창조할 목적으로 조선민주주의 임시정부가 창건되는 데 임시정부는 조선의 산업 운수 농촌경제 및 조선인민의 민족문화의 발전을 위하여 모든 필요한 방책을 강구한다.
2. 조선임시정부 조직에 협력하며 이에 적응한 제 방책을 예비 작성하기 위하여 남조선 미군사령부 대표와 북조선 소련군 사령부 대표들로써 공동위원회를 조직한다. 위원회는 자기의 제안을 작성할 때에 조선민주주의 제 정당과 제 사회단체와 반드시 협의할 것이다. 위원회가 작성한 건의문은 공동위원회에 대표로 되어있는 양국정부의 최종적 결정이 있기 전에 소·미·영·중 제국정부의 심의를 받아야 한다.
3. 공동위원회는 조선민주주의 임시정부를 참가시키고 조선민주주의 제 단체를 인입하여 조선인민의 정치적 경제적 사회적 진보와 민주주의적 자치 발전과 또는 조선국가 독립의 확립을 원조협력(후견)하는 제 방책도 작성할 것이다.
공동위원회의 제안은 조선임시정부와 협의 후 5년 이내를 기한으로 하는 조선에 대한 4개국 후견의 협정을 작성하기 위하여 소·미·영·중 제국정부의 공동심의를 받아야 한다.
4. 남북조선과 관련된 긴급한 제 문제를 심의하기 위하여 또는 남조선 미군 사령부와 북조선 소련군 사령부간의 행정·경제부문에 있어서의 일상적 조정을 확립하는 제 방책을 작성하기 위하여 2주일 이내에 조선에 주둔하는 소·미 양국 사령부 대표로서 회의를 소집할 것이다(김남식·이정식·한홍구 엮음, 『한국현대사자료총서』 13, 7쪽, 37쪽).

다. 그러나 곧 이것이 불가능하다고 생각한 미국은 미소공동위원회를 파괴하고 38선 이남 지역만이라도 안정적으로 확보하려고 했다. 미군정은 억압적 국가기구(군대, 경찰, 행정, 사법기관 등)와 이데올로기적 국가기구(교육제도 등)를 장악하고 있던 실질적인 국가였다. 미군정은 이러한 국가기구를 가지고 미소공동위원회 사업에 의한 조선민주주의임시정부의 수립을 통하여 조선인민공화국과 지방인민위원회를 부활시키려는 사회주의자들과 노동대중의 욕구와 열망을 저지하려고 했다.

미군정이 실시된 지 1년이 넘었지만 노동대중의 삶은 아사와 기아의 위기상태에 빠져들어 가고 있었다. 노동대중의 절망적인 분노는 9월 총파업, 10월 인민항쟁 등과 같은 것으로 폭발했다. 그러나 사회주의자들과 노동대중은 이러한 투쟁을 국가권력을 직접 장악하는 투쟁으로 발전시켜 내려고 하지 않았다. 사회주의자들 등은 여전히 미소공동위원회 사업의 재개와 성공을 통하여 조선민주주의임시정부를 수립하고 그 관리 아래서 선거정치에 참여하여 노동대중의 '대중적 지지'를 얻어 국가권력을 쟁취하려는 방법만을 고려했다. 당시 사회주의자들 등은 '자유롭고 민주적인 평등한 정치적 활동공간'에서 선거정치를 통하여 국가권력을 쟁취할 수 있는 기회를 원천적으로 박탈당한 조건에서는 노동대중의 무장봉기를 포함한 다양한 형태의 직접적 대중정치를 통하여 기존의 국가권력을 타도하고 새로운 국가권력을 건설할 수밖에 없다는 것을 대안으로 생각하지 않았던 것이다. 물론 이 경우에도 노동대중의 적극적이고 능동적인 폭넓은 '대중적 지지'가 필수적이라는 것은 말할 것도 없었다.

셋째 1947년 8월 이후부터 사회주의자들과 노동대중은 자유롭고 민주적이고 평등한 정치활동이 전혀 불가능한 조건 속에 처해 있었다. 미국은 미소공동위원회 사업을 1947년 8월에 최종적으로 파괴하고 '조선문제'를 자기들이 주도하고 있는 유엔에 이관했다. 그러나 사회주의자들과 노동대중은 '미소 양군의 철퇴 후 외국의 간섭 없는 자유롭고 민주적이고 평등한 조건과 환경 아래서' 선거정치를 통하여 국가권력을 쟁취하기 위한 활동을 벌였으나 미군정 등에 의하여 탄압당했다. 한편 미군정은 유엔이 결정한 38선 이남 지역만의 단독선거를 통하여 분단국가를 수립하려고 했다. 미군정은 모든 억압적 국가기구를 동원하여 강압적이고 살벌한 분위기를 조성한 후 1948년 5월 10일에 선거를 강행하여 제헌국회를 성립시켰다. 여기서 8월 15일에 38선 이남 지역의 분단국가로서 '대한민국'이라는 미국 독점자본에 종속적인 자본주의국가를 내놓았다. 이러한 정세변화 과정에서 노동대중의 일부는 '생존' 자체를 위해서 점차 미군정과 지배계급이 강요하는 사회현실에 어쩔 수 없이 '순응'해갔다.

한편 사회주의자들과 노동대중의 일부는 1948년 4월에 '남북협상운동'에 참여하여 미군정 등에 의하여 강행되는 38선 이남만의 단독선거와 이를 통한 자본주의국가로서의 분단국가 수립 계획을 저지하려고 노력했다. 그들은 「모스크바 삼상협정」의 국가권력 수립방안을 수용했다. 그것은 먼저 외국군대가 철수한 이후에 정당 사회단체들의 공동 명의로 전 조선정치회의를 소집하여 조선 인민의 각계각층을 대표하는 민주주의임시정부를 즉시 수립하고, 국가의 일체 정당과 정치·경제·문화생활의 일체 책임을 가지게 하고, 다음으로 이 민주주의임시정부는 그 첫 과업으로서 일반적·직접적·평등적 비밀투표에 의하여 통일적인 조선입법기관 선거를 실시하고, 선거된 입법기관은 조선헌법을 제정하여 통일적 민주정부를 수립하겠다는 것이었다.[29]

이러한 입장에서 사회주의자들과 노동대중의 일부는 '조선민주주의인민공화국' 건설에 참여했다. 그들은 1948년 6월 29일부터 7월 5일까지 평양에서 국가 수립의 첫째 단계인 전 조선정치회의로서 남북조선 제정당사회단체 대표자협의회를 개최했다. 7월 5일에 발표된 남북협의회 결정서는 정부 수립 방안의 둘째 단계인 남북 총선에 기초한 조선최고인민회의를 창설하여 남북조선 대표자들로 하여금 조선중앙정부를 수립하기로 했다. 정부를 건설하기 위한 조선최고인민회의 대의원을 구성해내려고 남쪽에서는 7월 7-8일까지 사회주의자들 등으로 이루어진 남조선 제정당·사회단체협의회를 열었다. 그리하여 남쪽의 단선국회가 열리고 있는 상황에서 조선최고인민회의 남조선대의원 선출을 위한 예비선거로서 남조선대표자 지하선거를

---

29) 국사편찬위원회, 『북한관계사료집』 6, 1988, 61-62쪽.

7월 15일부터 8월 10일까지 실시했다. 여기에서 뽑힌 1천 30명의 대표자가 해주에서 8월 23-25일까지 열린 조선최고인민회의 대의원선거 남조선 인민대표자대회에 참가했다.[30] 그리하여 남쪽의 360명이 포함된 572명으로 구성된 조선최고인민회의는 9월 9일 38선 이북 지역의 분단국가로서 '조선민주주의인민공화국'을 건설했다.

이상에서 볼 때 미군정기의 사회주의자들은 '인민정권'이라는 국가권력을 쟁취하기 위하여 '자유롭고 민주적이고 평등한 조건과 환경'을 조성하는 정치활동을 벌였다. 그리고 이러한 조건과 환경 아래서 실시되는 선거정치에 참여하여 노동대중의 '대중적 지지'를 얻어 국가권력을 쟁취하려고 노력했다. 그러나 당시의 현실은 사회주의자들과 노동대중이 활동하기에는 자유롭지도 않고 민주적이지도 않고 평등하지도 않았다. 그럼에도 불구하고 사회주의자들은 '대의민주주의적인 선거정치'만을 선호하고 그것을 통하여 국가권력을 쟁취하려고 했다.

5. 사회주의자들과 노동대중

사회주의자들이 사회를 변혁하기 위한 수단으로서 국가권력을 쟁취하기 위해서는 그 방법이 '대의민주주의'적인 선거정치이든, '직접민주주의'적인 대중정치이든 간에 사회주의의 '실질적' 또는 '잠재적' 지지자인 노동대중(노동자, 농민, 도시소시민, 인테리겐챠 등)의 '대중적 지지'를 얻지 않고서는 불가능하다. 그러면 노동대중의 '대중적 지지'를 얻기 우하여 사회주의자들은 어떠한 방안들을 가지고 실천했는가.

조선공산당은 이와 관련하여 다음과 같이 말했다. 즉 "매개(每介)의 조선 공산주의자들은 근로대중 특히 노동자와 농민대중에게 접근하여 새로운 군중을 각성시키고 그들을 당과 당의 보조단체에로 끌어들이며, 민족개량주의의 영향으로부터 일반대중을 우리의 편으로 전취하고 토지(혁명-

---

30) 김득중, 「1948년 제헌국회의원 선거과정」, 『성대사림』 10호, 1991, 53-54쪽; 이신철, 「조국통일민주주의전선 연구: 1948. 4-1950. 6을 중심으로」, 성균관대 대학원 사학과 석사논문, 1994, 6-14쪽.

인용자)와 완전독립을 위한 전국적 투쟁에 전 인민을 동원하여야 한다"
고31) 했다.

사회주의자들은 노동자계급 대중의 '대중적 지지'를 얻기 위해서 "노동자의 일상이익을 위한 투쟁을 일으켜 이것을 지도"하려고 했다. 즉 "노동자대중 속에 들어가서 그들의 아픈 점과 불평불만을 들어서 이것을 출발점으로 하고 투쟁을 일으키고, 선동하며, 그들에게 계급의식을 넣어주며, 조직하며, 정치적 수준을" 높이려고 했다. 실제로 사회주의자들은 조선노동조합전국평의회 등의 결성과 활동에 주요한 역할을 했다. 32)

사회주의자들은 농민대중의 '대중적 지지'를 얻기 위하여 '노농동맹'의 입장에서 '농민들의 일상이익을 대표하는 요구조건'과 '조선의 완전독립과 토지를 몰수하여 농민에게 분배하는 등 일체 봉건주의적 잔재를 청산하는 투쟁'과 결부시키려고 했다. 사회주의자들은 실제로 조선농민조합총연맹 등의 결성과 활동에 주요한 역할을 했다. 33)

사회주의자들은 노동자청년과 농민청년을 중심으로 한 일반 노동청년대중의 '대중적 지지'를 얻기 위해서 노동청년들의 "당면의 이익을 옹호하며 이것을 위한 투쟁을 민족해방과 토지혁명 등의 일반적 정치적 요구와 연결"하고, "일반 노동청년에게 계급의식을 넣어주어 공산주의 이론의 교양사업을 자기과업으로" 삼도록 하는 동시에 궁극적으로는 "프롤레타리아트의 해방투쟁을 지지하는 임무를 가진 공산청년운동을" 일으키려고 했다. 실제로 사회주의자들은 전국청년단체총연맹이나 조선민주주의청년동맹 등의 결성과 활동에 주요한 역할을. 했다. 34)

사회주의자들은 노동부녀들의 '대중적 지지'를 얻기 위해서 "근로부인의 일상요구와 일상이해 옹호투쟁을 중심으로" 하여 "물가폭등 반대, 남녀불평등과 제국주의적 노예반대 완전독립" "동일노동에 동일임금" "공창 폐지, 여

---

31) 이하 인용은 심지연, 앞의 책, 109-113쪽.
32) 안태정, 『조선노동조합전국평의회』, 현장에서 미래를, 2002.
33) 박혜숙, 「미군정기 농민운동과 전농의 운동노선」, 『해방전후사의 인식 3』, 한길사, 1987.
34) 김행선, 「해방정국(1945. 8-1946. 10) 청년운동과 민족통일전선운동의 전개과정」, 고려대 대학원 한국사학과 박사논문, 1996.

자 인신매매 반대" 투쟁을 일으키려고 했다. 그리고 '민족적 사회개량주의적 부인단체내에서도 활동하려고 했다. 사회주의자들은 실제로 전국부녀총동맹 등의 결성과 활동에 주요한 역할을 했다. [35]

사회주의자들은 실업자대중의 '대중적 지지'를 얻기 위해서 "실업자의 이익과 요구를 늘 극력 옹호하고 그들을 조직하여 직업의 확보투쟁, 충분한 실업보조금 및 실업보험금 등의 획득투쟁에로 지도하면서 실업자를 통일전선운동에" 끌어넣으려고 했다. 실업자들이 '실업자동맹', '실업자대책위원회' 등을 조직하도록 하고, '실업자의 군중집회와 시위운동을 조직하고, 취업노동자 조직과 유기적으로 연결'시키려고 했다. 실제로 사회주의자들은 경성지방해고실업반대투쟁위원회의 등의 결성과 활동에 주요한 역할을 했다. [36]

사회주의자들은 문화인대중의 '대중적 지지'를 얻기 위해서 '가두층의 인테리겐챠들을 민족적·사회적 개량주의의 영향으로부터 해방' 시키려고 했다. 그리고 '문화연맹, 과학자동맹, 무신론자동맹, 작가동맹, 스포츠단체 등 각종 문화단체'를 결성하려고 했다. 사회주의자들은 실제로 조선문화단체총연맹 등의 결성과 활동에 주요한 역할을 했다. [37]

한편 노동대중과 당, 당과 노동대중조직은 세포나 프랙션 등을 매개로 하여 연결되었다. [38] 그런데 조선노동조합전국평의회나 조선농민조합총연맹 등의 노동대중조직이 조선공산당 같은 특정한 정당을 조직적으로 지지하는 것을 어떻게 보아야 할까. 그것은 대중조직 자신의 의사결정의 산물로 보아야 한다. 당의 '강요'에 의한 것으로 보아서는 안 된다. 정당을 조직적으로 지지하는 것을 대중조직의 '자주성과 자율성' 그리고 '정치적 중립성' 등을 훼손하고 '분파'를 조장하는 것으로 보아서도 안 된다. 계급사회에 존재하는 사람들은 '정치적 중립성'을 본질적으로 가질 수 없다. 대중조직도 마찬가지다. 문제는 어떠한 정치적 지향성을 가지는가에 있다. [39] 예컨대

---

35) 『전국노동자신문』, 1946. 1. 1.

36) 『독립신보』, 1947. 1. 10, 12.

37) 민주주의민족전선 편집, 『해방조선 1』, 226-229쪽.

38) 예컨대 사업장의 경우에는 당 세포와 노동조합의 작업반 모임이라는 두 가지 호응성 (呼應性) 기제가 작동되었다(조돈문, 「전평 노동조합들과 노동계급의 계급형성」, 『동향과 전망』 23, 1995, 213쪽).

39) 맑스는 「노동조합—그 과거, 현재, 미래」에서 노동조합은 노동자계급의 완전한 해방

자본주의사회에는 기본적으로 노동자계급의 정치적 지향과 부르주아계급의 정치적 지향만이 있을 뿐이다. 그리고 노동자계급의 정당이 다수 있을 경우에 대중조직이 어느 정당을 지지할 것인가는 어디까지나 대중조직 자체가 조직내 민주주의를 통하여 결정하면 된다. 즉 대중조직의 조직적인 차원에서 결정할 것인가, 아니면 조직 구성원 개개인의 결정에 맡길 것인가는 대중조직 자체의 규율에 따르면 된다.[40] 그리고 '분파' 문제도 노동자계급 자체가 단일한 존재가 아니기 때문에 나타나는 자연스러운 현상으로 보아야 한다. 오히려 분파가 존재하지 않는 것이야말로 비정상적이고 사회주의운동의 민주주의적 발전을 위해서도 도움이 안 된다. 분파들의 존재에 의한 다양한 의사들은 최종적으로 민주적으로 결정되어 집행될 때까지는 활성화되어야 한다.

6. 맺음말

지금까지 해방 이후의 사회주의자들의 노동대중의 '대중적 지지'를 얻기 위한 노력들의 일단을 살펴보았다. 그 문제점을 몇 가지 지적해 보겠다. 그 것은 당시의 사회주의운동의 탈민주주의적 경향, 탈노동자계급적 경향, 대의 민주주의적인 선거정치로의 경향, 계몽주의적 경향 등으로 나타났다.

먼저 사회주의운동의 탈민주주의적 경향을 보자. 사회주의자들이 노동대

이라는 목표를 향해 나아가는 정치적 운동을 지지해야 한다고 말했다. 맑스는 노동조합이 과거에는 일상적인 경제투쟁만 지나치게 수행해 왔으나 현재와 미래에는 경제투쟁과 더불어 "정치운동에 노동조합이 참가"해야 하고, "노동조합은 노동자계급의 완전한 해방"을 위하여 "이 목표를 향해 전진하는 모든 사회적 · 정치적 운동을 지지"해야 하고, "노동조합은 그 목표가 결코 좁디좁은 이기적인 것이 아니라 억눌리고 있는 수백 만의 사람의 전반적인 해방을 향하여 나아가는 것이라는 확신을 전 세계 사람들의 마음 속 깊이 새겨주지 않으면 안 된다"고 했다. 또한 맑스는 "노동조합은 먼저 자본과 노동 사이의 게릴라전투에서 없어서는 안 되는 것이지만, 임금노동과 자본의 지배제도 그 자체의 폐지를 위한 조직된 힘으로서 훨씬 더 중요하다"고 말했다(맑스 · 엥겔스, 『맑스 · 엥겔스의 노동조합이론』, 이경숙 옮김, 새길, 1988, 78-79쪽).

40) 그러나 오늘날 민주노총 구성원들의 일부처럼 '정치적 중립성'을 이유로 스스로의 계급적 정체성을 배반하고 결과적으로 부르주아계급 정당을 정치적으로 지지하여 부르주아계급에게 복속되기를 자청하는 경우를 정당화해서는 안될 것이다.

중의 '대중적 지지'를 얻어서 국가권력을 쟁취하고 그 권력으로서 현실사회를 '진보적 민주주의사회'와 나아가서 '사회주의사회'로 변화시키기 위해서는 우선 그들 스스로가 단결해야 했다. 그리하여 사회주의자들은 스스로를 당(조선공산당·남조선노동당) 형태로 조직화했다. 이러한 조직화에는 일제시대의 경험이 많은 도움을 주었다. 그러나 그 경험의 차별성이 해방 이후에 사회주의자들의 자기조직체인 당을 결성하고 운영하는 과정에서 여러 가지 문제, 특히 분파 존재와 분파간의 갈등과 대립을 일으키기도 했다. 그러나 분파의 존재와 갈등과 대립의 발생 자체는 사회주의운동을 발전시키는 원동력의 하나가 되는 것이기 때문에 문제가 되지 않는다. 문제는 그러한 분파간의 갈등과 대립이라는 문제를 어떠한 메커니즘에 의하여 발전적으로 해결하는가에 대한 신뢰성있는 상호합의가 없었다는 점에 있었다. 즉 '당내 민주주의의 결핍'이 사회주의자들 스스로에게 상처를 주었으며 동시에 사회주의자들에 대한 노동대중의 '대중적 지지'를 증대시키는 데 있어서 걸림돌의 하나가 되게 했다.

다음 부르주아민주주의혁명론 자체가 탈노동자계급성을 부추길 가능성이 없지 않았다. 사회주의자들은 봉건적인 토지소유관계와 경영관계 등을 부르주아적 소유관계와 경영관계 등으로 변화시키겠다는 전망을 통해서 농민대중의 '대중적 지지'를 얻으려고 했다. 이것은 혁명의 자본주의적 성격을 강조하는 것이었다. 또한 이것은 사회경제현실의 뒤떨어진 측면을 앞서가는 측면의 수준으로 끌어올리겠다는 것이다. 그러나 문제는 사회경제현실의 뒤떨어진 측면(반봉건적 사회경제)과 앞서가는 측면(독점자본주의적인 사회경제) 등의 불균등발전을 어떻게 통일적이고 상승적으로 발전시켜낼 것인가 하는 고민이 부재했다는 데 있다. 소위 장안파조선공산당의 혁명론인 '이중 혁명론', '동시 혁명론', '비약적 혁명론'[41] 등을 무조건 '프롤레타리아혁명론'으로 규정하여 '극좌적' 경향으로 몰아붙이는 과정에서 탈노동자계급성을 강화시켜 갔다. 한편 이것은 당시의 사회경제 현실과 다양한 혁명

---

41) 맑스와 엥겔스는 후기의 저작들에서 각기 역사적인 상황에 따라 상이한 발전경로의 가능성과 경제적으로 발전하지 못한 나라들에서 서구의 나라들처럼 자본주의국가가 되지 않고도 혁명이 일어날 수 있는 가능성을 배제하지 않았다고 한다.

론간의 조응 여부문제를[42] 과학적 분석을 통해서 해결해야 할 기회를 박탈했다. 이것은 정치사상의 영역에서의 획일성을 만연시켰다. 또한 이것은 '당내 민주주의'를 박제화시키는 데도 일조했다. 이러한 사회주의의 탈노동자계급성은 자본가계급과 총자본으로서의 자본주의국가인 미군정이 지니고 있는 철저한 부르주아 계급성과는 뚜렷한 대조를 이루는 것이었다. 1947년 8월 이전까지의 미국에 대한 제국주의적 파악의 결여는 바로 사회주의의 탈노동자계급성의 한 반영이기도 했다. 만약에 이러한 혁명론의 탈노동자계급성을 통하여 노동대중의 '대중적 지지'의 확대를 가져왔다 하더라도 그것은 '사회주의사회'를 지향하는 방향과는 다른 것이다. [43]

또한 사회주의자들은 노동대중의 '대중적 지지'를 얻어 국가권력을 쟁취하는 방법으로서 '대의 민주주의적인 선거정치'를 선호했다. 이것은 자유롭고 민주적이고 평등한 정치활동 공간에서는 타당하다. 한편 이것은 '당내 민주주의'에 대한 경시와는 대조적으로 당 밖의 정치영역에서의 절차적 민주주의의 완전한 확보라는 정치적 활동조건에 대한 과도한 관심의 표출이기도 했다. 그러나 그러한 유리한 조건과 환경이 조만간에 구비될 가능성이 없는 사회현실 속에서 선거정치에만 연연하는 것은 실질적으로는 국가권력의 쟁취를 포기하는 대기주의로 귀결될 수밖에 없다. 이것은 총파업이나 인민항쟁 등 노동대중의 '직접적 민주주의 정치'를 체제내적인 경제투쟁으로 제한시켜 버리는 한 요인으로 작용했다. 결국 사회주의자들이 국가권력을 쟁취하려고 노동대중의 '대중적 지지'를 얻기 위한 전략전술은 시시각각 변화하는 상황의 성격에 따라서 창조적으로 다양하게 구사할 수밖에 없다.

---

42) 그러면 실제로 미군정기 38선 이남 지역 주민들의 이념적 지향은 어떠했을까. 1946년 8월 미군정 여론국이 실시한 남조선 전역의 여론조사 결과를 보면 응답자 8천 453명 가운데 약 70%(6,037명)가 '사회주의'를, 약 7%(574명)가 '공산주의'를, 14%(1,189명)가 '자본주의'를 선호했다고 한다(『동아일보』, 1946. 8. 13). 이것은 무엇을 의미하는가. 이 여론조사에 나오는 '사회주의'와 '공산주의'라는 용어가 의미하는 바가 우리가 알고 있는 것과 동일하다면 오히려 조선공산당의 부르주아민주주의혁명론은 적어도 이념적 수준에서는 일반대중보다도 뒤떨어져 있었다고 볼 수 있다.
43) 역시 당의 기본적 조직＝당 세포의 비노동자계급 노동대중으로의 확대를 통하여 노동대중의 '대중적 지지'를 가져와도 그 결과는 마찬가지다.

끝으로 사회주의자들의 노동대중과 노동대중조직에 대한 인식과 태도에는 계몽주의적인 경향이 있었다. 사회주의의 (소)부르주아성＝탈노동자계급성은 사회경제현실의 뒤떨어진 측면이 사회주의자들의 인식과 태도에 과도하게 반영된 것이었다면, 사회주의의 계몽주의적 경향은 사회주의자들의 엘리트주의적 인식과 태도가 노동대중과 노동대중조직에게 과도하게 반영된 것이었다. 사회주의자들과 노동대중의 관계, 당과 노동대중조직간의 관계에서 사회주의자들의 노동대중에 대한 우위, 당의 노동대중조직에 대한 우위를 전제한 것이었다. 사회주의자들이 계급의식을 노동대중에게 '넣어준다'든지, 노동조합 등을 당의 '보조조직'으로 위상 설정하는 위계서열적 관점이 그런 것이었다. 이것은 사회주의의 본질적 내용에 속하는 '민주주의'와 '평등주의' 등의 확대강화와는 어긋나는 것이다. 따라서 '철학이 프롤레타리아트에서 자신의 물질적 무기를 발견하는 것과 마찬가지로 프롤레타리아트는 철학에서 자신들의 정신적 무기를 발견한다'는 관점에서 사회주의자들과 노동대중의 관계, 당과 노동대중조직간의 관계는 상호보온적이고 상호교호적인 관계에 있다고 보는 것이 바람직하다.

전제로서 '진보적 민주주의 사회'를 건설하는 운동을 일컫는다.

주체사회주의의 민족통일론

—"사회주의국가"로서 통일론과 "민족국가"로서 통일론을 중심으로

박명철(연세대, 신학)

1. 사회주의국가로서 통일론

1) "사회주의"와 "민족주의" 통일이론의 상호관계

북한 통일이론의 특징은 사회주의국가 건설로서의 "조국해방"과 통일민족으로서 단일 "민족국가" 수립이라는 두 단어에 집약된다. 조국해방이론은 반제-프롤레타리아의 혁명전략에 기초한다. 남한에서 미제와 그 하수세력(지주, 매판자본가, 파쇼정권)을 몰아내고 남한에 선진적 사회제도를 세우고, 이를 북한의 사회주의와 결합시킴으로 통일을 이룩한다는 논리이다.[1] 이같은 조국 통일 이론의 기초에는 정치, 경제, 사회적 요소와 가치가 통일을 위한 핵심적 관건으로 작용한다. 즉, 통일이 되더라도 어떠한 정치, 경제적 사회로 통합되느냐에 그 초점이 모아진다.

---

[1] 김일성, 『저작선집』 5권, 479-491쪽. 여기서 남조선에서 모든 권력을 틀어쥐고 있는 실질적 통치자는 미제국주의자들로서 이들은 남조선혁명의 첫째가는 투쟁대상이요, 남조선 인민들의 불행과 그들의 화근으로 규정되고 있다(479쪽 이하). 그 통일 방안은 "미제 침략자를 남조선에서 몰아내고 그 식민통치를 청산하며 현 군사 파쇼 독재를 뒤집어엎고 혁명의 승리를 이룩한" 기반 위에서 "공화국 북반부의 사회주의적 력량과 남조선의 애국적 민주력량의 단합된 힘에 의하여 조국통일을 실현한다"고 한다(491쪽).

그러나 우리가 북한의 통일이론에서 간과해 버릴 수 없는 것은, 그 강조점이 계급해방이든 민족해방이든 간에 북한의 시종일관한 주장이 자주라는 점이다. 우선 계급해방과의 관계에서 자주를 생각해본다면, 이때 자주란 민족의 압도적 다수를 차지하고 있는 근로인민의 이익을 떠나서는 민족의 이익을 생각할 수 없다는 논리로서 민족자주의 내용이란 프롤레타리아의 자주이어야 한다는 것이다. 다음으로 민족해방과의 관계에서 자주를 생각해본다면, 이때 자주란 외세의 억압과 착취로부터 민족국가의 주권을 위해 민족적 대단결을 호소하는 내용이 된다. 자주는 국내외의 정세변화에 따라 계급해방(프롤레타리아의 자주)과 민족해방(민족국가의 자주)이라는 양면의 강조점을 조정하는 저울추가 되고 있다. 자주의 해방적 성격은 억압과 착취에서 개개인을 자유케 하도록 의식화하며, 동시에 애국애족의 민족감정에 호소하는 바탕을 제공함으로 전민족적 참여를 유도시키면서 조선혁명의 역량으로 작용하고 있다. 다음 단원에서 "조선혁명"에 기초한 북한의 조국통일론의 역사적 발전을 검토함으로 그 성격과 문제점을 살펴보고자 한다.

2) 북한의 조선혁명의 역사적 발전과 문제점

북한의 조선노동당은 사회주의 건설을 북한이라는 지역에 제한하지 않고 남한까지 포함한 한반도 전역에 확장함으로 그것을 민족적 과제로 삼고 있다. 여기에서 조선혁명 이론이 나오고 있는데, 이에 따르면 북한 지역에 소련이 진주해 있는 유리한 조건하에서 먼저 북한 지역을 정치, 경제, 군사적으로 강화하고, 그것을 기반으로 하여 전국적 혁명을 성취한다는 전략이 나오고 있다. 이러한 전략하에서 북한이란 지역은 조국해방의 혁명적 근거지로서 성격을 갖는데, 이 성격을 북한은 "혁명적 민주기지"(노선)라고 명명한다. 김일성의 말을 직접 인용코자 한다.

우리는 무엇보다도 먼저 북조선의 혁명력량을 강화하여야 합니다. 혁명을 더욱더 확대하기 위해서는 혁명에서 이미 쟁취한 성과를 공고 발전시키는 것으로부터 출발하여야 합니다. 외래 제국주의자들의 침략으로 달미암아 국토가 남북으로 갈라져있는 조건에서 우리의 혁명력량을 강화하는 가장 옳은 길은 먼저 인민들이 이미 주권을 틀어쥔 북반부를 혁명의 강력한 기지로 튼튼히 꾸리는 것입니다. 북방부의 혁명력량을 강화하는 것은 미제국주의자들과 그 앞잡이들에게 강력한 타격으로 될 뿐만 아니라 남조선에서 혁명력량을 빨리 키우며 국제(혁명력량)를 강화하는 데 커다란 도움이 됩니다. 혁명력량은 주로 정치적 력량, 경제적 력량, 군사적 력량의 세 가지로 구성된다고 말할 수 있습니다. 그러므로 혁명력량을 강화하기 위해서는 이 세 가지 힘을 다 길러야 합니다. [2]

이같은 북한의 혁명기지론은 일관된 정치노선이라고 강조하고 있다. "우리 당이 해방직후부터 북조선을 우리 혁명기지로 규정하고…이 혁명기지를 백방으로 강화하는 일관한 노선으로 견지하여 왔습니다"[3] 라고 주장하고 있다.

조선혁명에 기초한 민주기지론은 한국전쟁을 통해 그 성격을 뚜렷이 노출시켰다. 한국전쟁은 1948년 12월 유엔총회의 한반도 외국군 철수 결의[4]에 따라 미국의 마지막 전투병력이 1949년 6월 29일 한국을 떠난 이후에 발발하였다. 이것은 또한 북한의 경제나 군사력이 보다 안정되고 강화된 상태에서 발생하였다.[5] 한국전쟁이 발발한 지 4개월 후에는 경상남도의 일부와 제주도를 제외한 한반도 전역을 북한이 점령한 것이 이를 실증케 한다. 북

2) 김일성, 『저작선집』 4권, 「조국통일 위업을 실현하기 위하여 혁명력량을 백방으로 강화하자」, 중앙노동당 중앙위원회 제4기 제8차 전원회의에서 한 결론, 1964년 2월 27일, 82쪽.
3) 같은 책, 80쪽.
4) 유엔총회 결의는 1948년 12월 12일 점령군은 가능한 시일내에 한국에서 철수해야 한다고 결의하고, 이에 따라 소련군대는 1948년 말까지 철수하였고, 미국은 한국에 500명의 군사고문관과 경제협력을 약속하고 1949년 6월 29일 전투병력을 완전 철수한다. 강만길, 『한국현대사』, 1984, 176-177쪽.
5) 북한 경제력은 1949년 당시 1944년(해방 전해)보다 20%나 초과했고 농업생산력도 1944년보다 1.4배나 증가하여 국민총생산은 2배나 확대되었다. 군사력은 소련군의 철수 당시 그들의 무기와 군수장비 그리고 군사 고문단을 남겨두었고, 군장비와 무기는 북한 군대에 편입되었다. 이에 따라 전쟁발발 당시 북한은 중장비 고성능포와 150 T34 탱크와 180 전투기로 무장되어 있었다. 그리고 북한은 1949년 3월 18일 중공과 군사비밀협정을 맺고, 전쟁 당시에는 중공군에 참가하고 있던 약 4만명의 조선인 정예군인이 북한 인민군에 편입된 바 있다. 강만길, 앞의 책, 177쪽; J. Kleiner, Korea. Betrachtungen ueber ein fernligendes Land (Frankfurt/M. 1980), s. 123.

한은 이 전쟁을 "조국 해방전쟁"이라 부르며 성전화(聖戰化)한다. 휴전이 체결된 이후 1953년 8월에 개최된 조선노동당 중앙위원회(제2기) 제6차 전원회의에서 민주기지론은 다시 강조되는데, "평화적 기간(휴전기간을 말함)을 최대한으로 이용하여 민주기지의 강화를 위해 전후복구 건설에 모든 힘을 동원해야 합니다"[6] 라고 제창되고 있다. 그리고 1964년 조선 노동당 제8차(제4기) 전원회의에서 북한의 민주기지론은 노동당 중앙권력의 강화로서 정치적 역량의 강화, 그리고 경제적, 군사적 역량의 강화가 당노선이 되고 있다. [7]

조선노동당 제8차 회의(1964년)는 그 성격상 그 이전과는 달리 하는데, 전향적 특징의 하나는 남북한이 처한 상이한 정치, 경제적 조건하에서 남조선 혁명은 남조선 인민에 의하여 행해져야 한다는 점이다. 곧, 남조선 혁명의 독자성이 처음으로 설정되고 인정되고 있는 점이다. 그리고 북한은 조선혁명을 위한 남조선 인민들의 투쟁에 대한 지원세력으로 자리매김하고 있다. 김일성은 조선해방전쟁을 회상하면서, "우리는 남조선에서 혁명력량이 준비되지 않고는 혁명이 승리할 수 없다는 것을 이미 체험하였습니다"[8] 라고 고백한다. 조선혁명의 승리를 위해서는 남조선에서 조선인민들이 주동이 되어 일어서야 하고 이에 북조선 인민들이 적극적으로 도와줌으로 민족해방혁명을 승리적으로 완수할 수 있다고 한다. [9] 그리고 그는 "북조선 인민들은 남조선 인민들을 지원할 수 있으나 그들의 투쟁을 대신할 수는 없습니다"[10] 라고 선언하고 있다.

한국전쟁 이후 남북한 관계에 가장 어려웠던 시기는 베트남 전쟁(1966-75) 시기로서, 남한의 전투병력이 베트남에 파병[11] 되기 시작함에 따라 남

---

6) 김일성, 「모든 것을 전후 인민경제복구를 위하여」, 『저작 선집』 1권, 조선노동당 중앙위원회 제6차 전원회의에서 한 보고, 1953년 8월 5일, 231쪽.
7) 김일성, 「공화국 북반부의 혁명력량을 더욱 강화할 데 대하여」, 『저작 선집』 4권, 82-87쪽.
8) 김일성, 『저작 선집』, 4권, 80쪽.
9) 같은 책, 81쪽.
10) 같은 책, 89쪽.
11) 남한에서의 월남파병은 1965년 2월 2천명의 비전투병력 파월을 시작으로, 동년 7월과 1966년 사이에는 2개 사단(맹호, 청룡사단) 병력, 총 5만 5천명에 달랬다. 북한의 월남전에 대한 정치적 입장에 대해서는 김일성, 「국제정세와 국제공산주의 운동에서 제기되는 몇

한과 북한 사이에는 극도의 군사적 긴장이 고조된 바 있다. 1968년 1월에 한국내에서는 두 개의 커다란 사건이 발생한 바 있는데, 하나는 1월 21일 대통령 저격을 목표로 한 북한 게릴라 28명이 청와대에서 약 100m 떨어져 있는 지점에서 교전한 사건이요, 다른 하나는 1월 23일 동해에서 미국 정보함, 푸에블로호와 이에 탑승하고 있던 미국인 83명이 북한 전투함들에 의하여 납치된 사건이다. 이 두 가지 일련의 사건은 필자의 생각으론 1964년 노동당 전원회의에서 채택한 "3대 혁명역량의 강화"(북한, 남한의 혁명적 역량의 강화와 국제적 혁명 역량의 강화)에 따른 일관된 혁명전략하에 나타난 것으로 본다. 이 두 가지 사건은 "국제적 혁명역량의 강화"와 관련하여 생각할 때, 미국과 그의 군사적 동맹세력의 힘의 분산이라는 관점에서 살펴볼 수 있다. 그리고 북한 게릴라 남파사건의 경우는 북한이 남조선혁명을 직접 지도하겠다는 1964년 이전의 태도로 환원된 인상을 주고 있다. 그러나 게릴라 남파사건의 성격은 국가전복이라고 하는 남조선혁명보다 정치적 테러로 평가됨[12]을 고려할 때 당시 미국과 군사동맹세력의 역량분산의 맥에서 이해될 수 있다.

북한의 초지일관한 조선혁명전략은 1972년 7.4공동성명이 천명되기까지 계속되었다. 이 남북한 고위당국자간의 공동성명은 조국통일을 위한 3대 원칙을 제시하고 있는데, 그 셋째 원칙은 "사상과 이념, 제도의 차이를 초월하여 우선 하나의 민족으로서 민족적 대단결을 도모하여야 한다"고 선언하고 있다. 이것의 내용적 특징은 하나의 민족과 민족적 대단결이 사회주의 이념이나 제도보다 우선적 위치를 차지하고 있다는 점이다. 이에 따라 조국통일을 위해 민족적 요소가 전면에 부상하고 사회주의 이념에 기초한 조국혁명론은 제2선으로 후퇴하고 있다.

민족대단결이라는 민족적 요소는 7, 80년대 이렇다할 성과 없이 소강상태에 있다가 1990년대에 와서 다시금 급부상하고 있다. 즉 동구권의 붕괴와 남한에서의 군사독재정권의 종식 등 국내외의 정치판도의 변화, 이와 때를 같이하여 일어나고 있는 미국의 패권주의와 남한의 민주정부

가지 문제에 대하여」(1966년), 김일성, 『저작 선집』, 4권을 보라.

12) J. Kleiner, op. cit., s. 261.

의 등장은 내적으로는 남북한의 교류와 협력을 촉진케 하고 외적으로는 민족자주와 민족의 공동이익의 추구라는 방향전환의 동력으로 작용하고 있다.

여기서 우리는 북한의 조국해방에 기초한 조국통일 이론에서 제기되는 문제점으로 다음의 점들을 생각해볼 수 있다. 첫째로 북한 사회주의는 조국통일의 기본원칙으로서 민족적 대단결을 주장하고 있는데. 이때 민족적으로 대단결을 이루는 요소가 무엇인지 뚜렷하게 해명할 필요가 있다. 즉, 민족 대단결의 요소가 자유, 독립, 해방을 지향하는 민족 구성원 개개인과 피억압 민족의 정치적, 경제적, 사회적 요소(Faktoren)를 뜻함인지, 혹은 동일 언어, 풍습, 전통, 역사, 핏줄 등 동족적 문화적 요소를 뜻함인지 해명되어야 한다. 이 양자 중 어느 요소가 북한의 민족적 대단결을 뜻하느냐에 따라 북한 사회주의 성격들도 보다 분명해진다.

둘째로 지적되는 점은, 북한이 민족적 동일성을 사회주의에 두고 있는 한, 그리고 남북한이 상이한 정치, 경제적 사회제도하에 분단되어 공존하고 있는 한, 남한과 북한은 각각 서로 다른 조국에 대한 사회상을 가질 수 있다. 이때 제기되는 문제는 두 가지로 고려되는데, 하나는 조국을 통일의 원형으로 간주할 때 상호 다른 체제하에서 어떻게 미래의 하나된 사회체제나 국가 형태를 이룩할 것인가이다. 이 경우 조국통일은 두 이질적 사회간의 통합을 그 내용으로 한다. 이때 조국통일은 추상적이고 막연한 개념으로 머물러 있을 수가 없고 남북한의 두 이질적 체제나 사회를 하나 되게 하는 현실적이고 실질적인 사회통합의 사안들이 주요한 조국통일 과정으로 채택될 수밖에 없다.

셋째는 영토문제인데, 북한 사회주의자들에게 조국이 있고 그들의 조국상이 사회주의와 동일시되고 있는 한, 남한의 사회를 그들의 조국이라고 할 수는 없다. 남한까지 포함한 한국을 그들의 조국이 되게 하려면, 북한 사회주의 혁명이 남한까지 확장되어야 하던가 아니면, 북한의 사회주의 그 자체로 그들의 조국영역은 제한될 수밖에 없다. 왜냐하면 남한은 이미 사회주의 사회는 아니기 때문이다.

2. 민족국가로서의 통일론

1) 김일성의 민족 공통성에 대한 이해

북한은 1972년 7.4 공동선언에서 민족적 대단결의 원칙이 선언된 이후, 북한 통일정책에 커다란 노선변경을 가져오고 있음을 보게 된다. 그 하나가 민족내부의 계급모순에 대한 투쟁보다 외세에 대한 민족자주가 강조되고 있는 점이요, 다른 하나는 민족적 공통성의 강조이다. 1991년 1월 1일 김일성은 신년사에서 다음과 같이 말하고 있다.

> 북과 남은 하나의 민족으로서 예나 지금이나 민족적 공통성에는 변함이 없으며 민족적으로는 여전히 동질적인 것입니다. 북과 남 사이에 서로 다른 것이 있다면 지난 40여 년 동안 존재하여온 두 제도와 관련된 이질성인데 그것은 수천 년에 걸쳐 형성되고 공고화된 민족적 동질성에 비한다면 크게 문제 될 것은 없습니다. 두 제도의 차이는 결코 우리 민족이 서로 갈라져 살아야 할 조건으로 될 수 없으며 북과 남이 통일하는 데서 극복하지 못할 장애로 될 수 없습니다. 역사적으로 면면히 이어온 민족적 공통성을 기초로 한다면 두 제도는 얼마든지 하나의 민족, 하나의 통일국가 안에서 공존할 수 있습니다.[13]

김일성에게 있어서 민족적 공통성 혹은 민족적 동질성은 남과 북의 상이한 사회제도까지도 용해하여 버리고, 거기서 통일국가를 만들어낼 수 있는 용광로처럼 되고 있다. 여기서 김일성의 민족적 공통성의 내용이 무엇인가에 대해서는 보다 더 구체적으로 규명되어야 할 것이다.

김일성은 민족적 공통성의 요소로서 하나의 핏줄, 동일한 언어, 영토, 역사, 문화생활의 공통성을 들고 있다. 김일성은 민족적 요소에 대하여 다음과 같이 말하고 있다.

> 조선민족은 한 핏줄을 이어 받으면서 하나의 문화와 하나의 언어를 가지고 몇천 년 동안 한 강토에서 살아온 단일 민족입니다. 그러므로 조선민족은 절대로

---

13) 김일성, 『조국통일을 위하여』, 평양, 1991, 170쪽.

둘로 갈라져서는 안됩니다. 14)

그에게 있어서 특히 언어는 민족공통성의 요소 가운데 최우선적 가치가
되고 있다. 그의 표현을 인용해본다.

언어는 민족을 특징짓는 공통성 가운데서 가장 중요한 것의 하나입니다. 핏줄
이 같고 한 영토 안에서 살아도 언어가 다르면 하나의 민족이라고 말할 수 없습
니다. 15)

김일성의 민족동질성에 대한 이해는 다음 단원에서 스탈린의 민족이해에
대한 입장을 다룸으로 보다 선명히 검토코자 한다.

2) J. 스탈린(J. Stalin)의 민족이해

스탈린은 1913년 그의 논문, 「마르크스주의와 민족문제」에서, 민족에 대
한 개념을 아래와 같이 규정하고 있다.

한 민족은 역사적으로 생성된 확고한 인간공동체요, 언어, 영토, 경제생활, 그
리고 공동생활 속에서 자신을 문화에 반영시킨 심리적 존재양식의 공통성에 기
초하여 생성된 것이다. 16)

스탈린이 언급하고 있는 민족구성의 5가지 요소(언어, 영토, 경제생활,
문화, 심리)는 각각 하나씩 분리되는 것이 아니라 이중 하나라도 결여된다
면 민족의 존재가 부인된다. 17)

김일성의 민족이해와 비교할 때 특징적 차이점은, 스탈린의 "경제생활"이
란 요소가 김일성에게는 빠지고 있는 점이다. 김일성의 민족 구성요소로서
경제생활의 공통성이 큰 비중을 차지하지 않고 있는데, 이것은 한 민족 안

---

14) 같은 책, 82쪽.
15) 김일성, 「조선어를 발전시키기 위한 몇 가지 문제」, 『저작 선집』, 4권, 1쪽.
16) *Stalin Ausgewaehlte Werke*(SAW), Bd. 1 (Dortmund, 1979), p. 85, 편집부 역, 『마
르크스주의와 민족문제』, 학민사, 320쪽.
17) 같은 책, 같은 쪽.

에 서로 상이한 경제체제가 공존할 수 있는 가능성을 열어놓고 있다. 스탈린은 김일성과 마찬가지로 민족(nation)과 민족성(nationalitaet) 개념을 구분하여 사용하지 않고 있다. 단지 "Nation"만을 사용한다. Nation이 독일어 "ein Volk"와는 달리 국가로서의 사회적 성격을 포함한 개념이 되고 있음을 고려할 때, 스탈린의 경우 민족국가 형성에 있어서 경제생활의 공통성을 주요한 요소로 보고 있음에 반하여 김일성은 그러하지 않다. 단지 김일성의 경우 민족국가형성에 있어서 민족적-문화적 요소만이 작용할 뿐, 사회적 요소는 부차적인 것으로 배제되고 있는 셈이다.

다음 단원에서는 옛 동독 학자 A. 코징(A. Kosing)의 입장을 검토코자 한다. 그는 경제, 사회적 요소에 따라 분단된 동서독을 각각 "사회주의국가"(die sozialistische Nation)와 "자본주의국가"(die kapitalistische Nation)로 구분하고 민족성을 기초로 하여 독일내 "두 국가들"의 통일을 재고하고 있다.

3) A. 코징의 "민족"(Nation)과 "민족성"(Nationalitaet) 개념

코징은 민족(민족국가, Nation)과 민족성(Nationalitaet)을 구분한다. 민족성은 민족(국가)과 대치할 수 없는 개념으로서 동족적 요소들(die ethnischen Farkoren)에 의하여 규정된다. 예를 들어 동서독의 경우, 동서독은 사회적 요소에 따라 "독일민주공화국(동독) 사회주의 민족"과 "독일연방공화국(서독) 자본주의 민족"으로 구별되는데, 그러나 이들의 민족적 귀속문제는 사회적 체제의 상이성에 상관없이 민족적 동질성이라고 하는 객관적 특성에 따라 결정된다. 이에 따라 그들은 민족성에 따라 민족(국가)에 귀속되고 있는 "독일인"이라고 불려지게 된다. 코징은 민족과 민족성과의 관계에서 민족성의 이중적 의미를 다음과 같이 말한다.

첫째로 민족성이라고 하면, 민족(국가) 형성의 이전 단계나 전(前) 역사로서 실체화되어, 규정된 사회적 단위의 의미를 지니며, 둘째로 (민족국가나 동족성 내지 종족의) 민족성은 동족적 성격으로서 특정 사회적 단위를 유발케 하고 그 성원이 되게 하는 동족적 성격의 의미를 갖는다.18)

이상에서 코징은 맑스-엥겔스와 마찬가지로 민족성이란 민족국가 형상의 전단계로 규정한다. 그렇다고 하여 "민족성은 동족적 성격이요, 민족(국가)은 사회적 현상이다"라는 식으로 양분하여, 민족국가의 출현에 따라 민족성은 점차 소멸되는 요소로 보지 않는다. 코징에 있어서 사회의식과 민족의식은 민족국가 형성에 주요한 초석이다. 민족국가란 사회적 요소와 동족적 요소의 유기체적 결합으로서 민족성은 미래의 민족국가 설립과 그 이후 사회발전의 기초원리로 파악하고 있다. 이 점은 맑스-엥겔스와의 큰 차이점이다. [19]

동족적 요소와 사회적 요소는 민족국가구성의 주요요소일 뿐만 아니라, 동시에 이 둘은 상호 대립적 요소로 작용한다. 그러나 이 둘은 국가 안에서 변증법적 상호작용을 하면서 해체될 수 없는 통일체를 형성한다. 그 실례로 코징은 옛 동독의 노동당, SED(die sozialistische Einheitspartei Deutschland)와 사회주의 민족국가(sozialistische Nation)라고 하는 두 요소를 하나로 결합된 형태로 제시하고 있다. [20]

코징은 동서독 분단현실을 이해하는 기본 입장에 있어서 어디까지나 정치-경제-사회적 요소에 큰 비중을 두고 상대적으로 동족적 요소를 과소평가하는 입장에 서있다. 그 결과 동독을 사회주의 민족국가, 서독을 자본주의 민족국가로 구분하는 소위 두 민족국가 이론에로 귀착하고 있다. [21] 그의 두 국가이론은 동독 노동당 지도부로 하여금 서독과의 민족적 단절을 유도하게 하였다. 코징은 민족성과 민족국가 개념을 구분하고 민족성을 민족

18) A Kosing, *Nation in Geschichte und Gegenwart* (Berlin, 1976). p. 155, 김영수 역, 『사적 유물론적 민족이론』, 아침, 150쪽.
19) 맑스-엥겔스는 "민족성과 민족을 국가 형성단계 이전의 속성으로 규정하고 국가형성 이후에는 사회적 요소에 의하여 사회발전이 진행된다"고 본다. Marx-Engels, 『공산당선언』, *Fruehschriften*, 3쪽.
20) A. Kosing, op. cit., p. 177; 코징, 앞의 책, 159-160쪽.
21) 1968년 4월 6일의 동독 사회주의 헌법 제1조에서 동독은 "독일민족의 사회주의국가"(ein sozialistischer Staat deutscher Nation)라고 명명하고 있다. 여기서 특징적인 것은 "사회주의국가"와 "독일민족" 개념을 구분하고 있는 점이다. 똑같은 내용으로 빌리 브란트도 「사회당과 자민당 연정의 새로운 독일정치와 동방정치」 보고서에서 "독일민족의 두 국가들"(zwei Staaten deutcher Nation)에 관하여 언급하고 있으며 이 두 국가 사이의 특수 관계를 논하고 있다.

국가 형성의 기본적 요소로 보았지만, 실제에 있어서 동독인의 민족의식을 동독의 사회주의적 내용에 귀속시켜 버린 것은 문제점으로 제기된다.

북한 사회주의는 민족 동질성을 바탕으로 한 민족적 대동단결을 통일원칙으로 강조한다. 이것은 코징의 두 국가이론과는 대조적으로 사회주의사회를 전면에 강조하지 않음이 특징이다. 북한은 민족국가의 성격을 사회-경제적 요소에 따라 남북한을 민족내 두 국가로 분리시키는 것을 처음부터 거부한다. "1민족 2정부론"으로서 현금의 남북한 국가형태를 "분단국가"로 규정한다. 그리고 분단국가의 고착화나 현상유지를 인정하지 않는다. 이것은 코징에서 발견할 수 없는 현상이다. 북한 사회주의 특징 중 하나는 정치-경제-문화적 불균등의 국제 질서 속에서 "민족자주"라고 하는 사회성을 강조하면서 민족이론을 전개하고 있는 점이다.

4) 민족 대단결에 의한 북한의 통일이론과 문제점

1972년 7.4 공동성명의 조국통일 3대 원칙 중 제1원칙인 민족자주의 원칙은 북한통일정책의 궤도수정의 다른 측면이 된다. 이것은 북한 통일정책 방향이 계급투쟁에서 민족의 자주권 투쟁으로 옮겨지고 있음을 뜻하기 때문이다. 북한 정치의 궤도수정은 70년대 초 동북아시아의 지정학적 변동에 연유하고 있음을 주목해볼 수 있다. 곧 60년대 이래의 미소간의 긴장완화정책과 중미간의 관계개선에 기인하는데, 중미관계는 당시 미국 대통령 닉슨이 1971년 8월 6일 중국을 공식 방문함으로 표면화된다. 이같은 변화된 국제상황하에서 남북한 정부는 한국문제를 강대국의 이해관계에 따라 처리될 것이 아니라, 민족이익에 맞게 공동 대처할 필요성을 공감하였고, 변화된 외적상황은 남북대화가 이루어지도록 강요하였다.

금일에 미국에 의하여 제기된 "악의 축" 문제나 이에 대응하는 북한의 "벼랑끝 외교"와 핵문제는 다시금 북으로 하여금 민족자주노선을 더욱 강력하게 밀고 나가는 이유와 조건이 되고 있고, 이같은 상황은 70년대 초 변화된 국제상황에서—당시는 긍정적 측면에서 국제관계의 변화라면 금일의 변화는 부정적 측면이 되고 있기는 하지만—남북한의 공동대처를 요구했던 현실과 비교해볼 만하다.

김일성은 1972년 5월 3일 7. 4 공동성명의 준비를 위해 북한을 방문하고 있는 남한측 대표들에게 "대외관계 분야에서 북과 남이 공동으로 해나갑시다"라고 호소한다. 계속하여 그는 다음과 같이 말한다.

하나의 핏줄을 이은 같은 민족끼리 사상과 제도가 다르다고 하여 단결하고 합작하지 못할 조건이 없습니다. 공산주의를 신봉하는가, 민족주의를 신봉하는가, 자본주를 신봉하는가 하는 것은 민족적 대단결을 이룩하는 데 장애로 될 수 없습니다. …우리는 나라의 통일을 위해 민족주의자들과 민족자본가[22]를 포함한 남조선의 각계각층과 단결하고 합작하여 나갈 것입니다. [23]

그리고 그는 조국통일을 위해서는 북의 사상과 제도, 이념 등 모든 것을 이를 위해 복종시킬 것이라고 선언하고 있다.

김일성은 민족문제에 있어서 사회주의, 자본주의의 이념적 한계를 넘어서 새로운 가치관 정립을 시도하고 있다. 그는 민족내부에서 공산주의, 사회주의를 위해 서로 경쟁하고 다투는 것 자체를 무의미한 것으로 보고 있으며, 민족자주권 실현을 위한 조국통일을 중심척도로 하여 이에 찬성하느냐 반대하느냐에 따라 애국과 매국, 침략과 피침략의 도식으로 양분하고, 민족적 이념이라고 하는 새로운 가치관을 수립해 가고 있다.

조국통일을 위한 우리민족의 투쟁은 결코 공산주의냐 자본주의냐 하는 투쟁이 아니며 그것은 침략과 피침략의 투쟁, 애국과 매국과의 투쟁입니다. 다시 말하

---

22) "민족자본가"에 대한 북한의 정치용어사전에서의 정의를 보면, "식민지 반식민지 나라들에서 외래 독점자본의 압박을 받고 있으며 그로부터 벗어날 것을 지향하는 토착자본가를 말한다. 주로 중소 상공업자들이 이에 속한다"(256쪽). 민족자본가는 "매판자본가"(일명 "예속자본가"라고도 함)와는 구분되는데, 매판자본가는 "식민지 및 반식민지 나라들에서 제국주의자들의 상품 및 자본수출을 중개하며 안내하는 역할을 하는 매국적이며 반동적인 자본가를 말한다"(264쪽). 북한은 민족자본가와의 연합을 언급하고 있는데, 이것은 북한이 남한의 자본가에 대한 태도에 일정한 변화가 있음을 나타낸다. 즉, 북한은 70년대에는 민족자본가와 매판자본가를 구분하고 있었지만, 80년대 후반부터는 그 구분이 흐려지고 한국인이 운영하는 기업과 기업가는 그 규모나 성격에 구애받음이 없이 북한의 대화 파트너로 받아들여지고 있음을 본다. 예를 들어 현대그룹의 정주영, 대우그룹의 김우중, 그리고 통일교 교주요 재벌인 문선명을 초대함이 그것이다.
23) 김일성, 『조국통일을 위하여』, 14쪽.

면 조국 통일을 위한 우리의 투쟁은 민족적 자주권을 위한 해방투쟁이며, 민족적 단합을 위한 애국투쟁입니다. 그러므로 조국통일을 실현하기 위해서는 북과 남이 각각 공산주의 이념과 자본주의 이념을 들고나올 것이 아니라 공통된 이념, 민족적 이념을 앞세워야 하며 그에 기초하여 온 민족의 대단결을 이룩하여야 합니다. 24)

필자의 생각으로 김일성의 "민족적 이념"이란 "민족자주"로 해석할 수 있다. 왜냐하면 김일성에게 있어서 민족통일과 민족자주는 동전의 양면으로 보고 있기 때문이다. 그의 표현을 보면 다음과 같다.

우리나라의 통일문제는 누가 누구에게 이기는가 지는가 하는 문제가 아닙니다. 조선의 통일문제는 외세에 의해 갈라진 민족의 단합을 이룩하고 민족의 자주권을 실현하는 문제입니다. 25)

자주권에 대한 북한의 정치용어 사전에서의 정의를 보면 다음과 같다.

자주권은 민족자결권에 기초한 국가의 고유한 속성의 하나이다. 국가주권은 국내에서는 최고권력으로 나타나며 대외적으로는 국가주권으로 나타난다. 자주권은 자기나라의 대내외 정책에 대하여 다른 나라의 간섭을 일체 허용하지 않는다. 26)

자주권의 기초가 되고 있는 민족자결권에 대한 정의는 다음과 같다.

모든 민족이 완전한 평등의 원칙에서 자기운명을 자신이 결정하며 자기 민족의 문제를 자신의 판단과 결심에 의하여 자주적으로 해결해 나가는 권리를 말한다. 민족자결권은 모든 민족의 완전한 정치적 독립을 보장하여 나라의 번영과 인민의 행복을 이룩하는 데서 필수적으로 나서는 중요한 문제이다. 27)

---

24) 같은 책, 57쪽.
25) 같은 책, 10쪽.
26) 『정치용어사전』, "자주권", 428쪽.
27) 같은 책, "민족자결권", 255쪽.

민족자주와 민족자결은 민족배타주의와 성격상 구분된다. 민족배타주의는 "자기 민족의 이해관계를 모든 다른 민족의 이해관계에 대립시키고 다른 민족을 배격하며 타민족에 대한 반목과 증오를 설교하는 반동적 부르주아 민족주의를 말한다."[28] 민족배타주의는 자기나라 착취계급의 침략을 정당화하고, 민족들 사이의 착취계급을 반대하는 근대대중의 혁명의식을 마비시키고 있다는 점에서 북한 사회주의 민족자주노선과는 구분된다.

주체이념의 특징은 인민대중 스스로가 혁명과 건설의 주인이라고 하는 자아의식과 자기 나라의 혁명을 중심에 놓고 사고한다는 두 요소를 핵으로 한다.[29] 주체이념의 4대 지도원칙(사상에서의 주체, 정치에서의 자주, 경제에서의 자립, 국방에서의 자위) 중 정치적 자주성은 혁명위업의 운명을 좌우하는 최우선적인 것으로서 "자주독립국가의 첫째가는 징표요 제일 생명"[30]이다. 통일은 외세가 남북으로 분단시킨 것을 한국인 스스로 극복한다는 것으로서, 자주의식의 발로요 그 실천적 행동이다. 그리고 자주정치의 시발점이 되고 있다.

정치에서 자주성을 견지한다는 것은 자기 인민의 민족적 독립을 옹호하고 자기 인민의 힘에 의거하는 정치를 실시한다는 것을 의미한다. 그러나 북한의 조국통일론에 와서는 인민의 이익은 민족공동의 이익이라는 말로서 대치되고 있다.

조국을 통일한다는 것은 어떤 특정한 계급이나 계층만을 위한 것이 아니라 전체 조선민족을 위한 것이며 따라서 개별적 계급과 계층의 이익은 민족공동의 이익에 복종되어야 합니다.[31]

북한 사회주의의 민족자주는 외세에 의한 분단과 착취구조로부터 해방하여 한국인의 자유로운 삶의 공간을 확보하고자 하는 그 이론의 기초가 되고 있다. 그러나 인민의 이익에서 민족공동의 이익으로 넘어가는 과정에서 문

---

28) 같은 책, 254-255쪽.
29) 김정일, 『주체사상에 대하여』, 46쪽.
30) 같은 책, 51쪽.
31) 김일성, 『조국통일을 위하여』, 69쪽.

제점으로 제기되는 것은 민족문제라는 테제 속에 계급문제는 흡수되어 사라져가고 있는 현상이다. 곧 계급문제의 약화이다. 이에 따라 제기되는 위험성은 민족이익이 민족성원 개개인과 계급, 계층에 대한 공정한 사회적 분배와 이를 기초로 한 사회적 안정과 복지가 바로 민족이익의 내용으로 연결되지 못할 때, 이것은 통일이란 명분으로 남북의 특권지배세력간의 이익분배의 홍정거리가 될 수 있다. 그리고 이같은 기초 위에 건립되는 통일국가는 성격상 전체주의적 위험성을 가질 수 있다는 점이다.

3. 북한의 "연방제" 안과 문제점

1) 분단 국가의 두 정부론

북한 통일정책이 "사회주의국가"에서 "민족국가" 통일론으로 그 궤도를 수정하고, 남북한의 정치-경제적 상이한 체제하에서 통일을 제도적인 측면에서 구체적으로 거론하기 시작한 것은 연방제를 제안하면서부터이다. 김일성은 1960년 8월 14일 광복 15주년 기념연설에서 처음으로 남북의 연방제를 제안한다. 이 연방제안에서 특징적인 것은 "조선인민공화국과 대한민국의 양 정부"라는 표현을 사용함으로 북한이 남한의 정부를 하나의 현실로 받아들이고 있는 점이요, 두 국가가 아닌 두 정부 개념을 쓰고 있는 점이다. 즉 분단국가 개념, "한 민족국가 두 지역 정부론"을 사용하고 있다. 이에 따라 남북 양 정부는 한 국가내 분할통치하는 행정당국의 뜻이 된다. 그리고 국가의 과도적 정부형태로서 최고 민족위원회(Oberstes Nationalkomittee) 구성을 제안한다. 이 점은 분단된 독일의 동독과 서독을 각각의 국가들로서 규정했던 것과는 근본적 차이점이 된다.

북한의 단일민족 국가이론은 1973년 고려연방공화국의 구성을 제안함으로 더욱 구체화되었다. 1973년 9월 16일 북한 정부는 5개항의 연방제 계획을 발표했는데, 이 가운데 제3항은 남북한 근로자, 정당과 사회단체의 대표자로 구성되는 "범민족회의" 소집을 언급하고 있다. 그리고 제4항은 단일 국호사용을 제안하고 그 이름을 "고려연방공화국"이라 명명하고 있다.

북한의 고려연방국(The Confederal Republic of Koryo) 안은 1980년 "고

려민주연방공화국"이라는 이름으로 재차 강조되고 있다. 1980년 10월 6일 제6차 노동당대회에서 김일성은 소위 10개항의 프로그램을 제안한다. 이것의 내용은 기본적으로 김일성의 1973년 5개항의 연방제 계획의 보완, 확장, 강화가 되고 있다. 이 프로그램의 새로운 강조점은 고려민족연방공화국을 남북한 지역정부의 단일국가로 하고, 이와 같은 조건하에서 대외관계를 일원화하고 지금까지 남북한 정부가 맺고 있는 외교관계를 정당한 방법으로 규정화한다는 것이다(제9항과 10항 참조 바람). 전적으로 새로운 것이 있다면 외국에 거주하고 있는 한국인이 거론되고 있는 점이다(제8항).

북한의 한 민족국가 두 지역정부론은 대외관계에서 두 정부를 대표한 단일국가로서의 위상정립과 국가주권의 행사에 그 초점이 모아지고 있다. 단일국가론의 근거하에 남북한간의 첨예한 갈등을 일으키고 입장을 달리한 것은 유엔가입 문제였다.

북한의 1973년 고려연방제안은 당시 남한의 대통령 박정희의 평화통일을 위한 7개 항목의 선언과 연관하여 생각할 수밖에 없다. 박정희는 이 선언에서 북한이 긴장완화와 국제적 공동사업의 촉진에 기여하는 한, 남한은 북한이 국제기구들에 참여하는 것에 반대하지 않을 것이며(제4항), 유엔 회원국 다수가 원하고 또 그것이 민족통일을 방해하는 것이 아니라면 남북한 유엔 동시가입에 반대하지 않을 것임을(제5항) 선언하였다. 당시 박정희는 남북한이 유엔에 가입함으로써 한반도내에서 긴장완화정책과 평화공존정책을 국제적으로 공식화하고 한반도 평화정책을 위한 남북한 양 국가간의 기본조약을 체결한다는 생각을 하고 있는 것으로 보인다. 이 기본조약체결은 노태우정권 때에 와서 더욱 구체화되어 나타나고 있다. 1988년 10월 18일 그의 유엔 총회연설에서 보면, 양측은 한반도에서 평화를 제도화하고 하나의 민족공동체를 창출하기 위한 공동의 토대, 기본적 틀이 설정되어야 함을 강조하고 남북한간의 불가침 또는 무력불가사용합의서를 공동으로 선언할 것을 제의한다. 이에 대한 북한의 반응은 즉각적이고 완강한 거부였다. 박정희 선언(1973년 6월 23일)에서 시사된 남북한 유엔 동시가입 가능성에 대한 북한의 태도는 두 개의 한국이라고 하는 민족분단의 동결, 두 한국의 영구분단정책으로밖에 보이지 않았다.[32] 이같은 북한의 태도는 유엔 가입 전까지 변함없는 것이었다. 박정희 선언이 있은 지 3개월만에 이에 대한 즉각적 반응으로 고려연방제안(1973년 9월 26일)이 선언되었고, 당시 이 연방제안의 제5항은 전적으로 유엔 가입에 대한 반응을 그 내용으로 하고 있다.

남북한 정부는 1991년 유엔에 동시가입 하였다. 이로써 단일 국가로서의 가입이 아닌, 남북 두개의 국가로서 가입한 셈이 된다. 유엔에 가입한 지 3개월 후 12월 13일 남북한 총리들 간에 남북 불가침과 남북 교류협력의 기본원칙을 담고 있는 남북합의서가 조인되었다. 이 합의서에서 남북한 관계에 대한 규정을 보면, "쌍방 사이의 관계가 나라와 나라 사이의 관계가 아닌 통일을 지향하는 과정에서 잠정적으로 형성되는 특수관계"라는 것이다. 특수관계의 내용과 역할이 제1조, 제2조, 제6조에서 구체화되고 있다.

제1조 남과 북은 서로 상대방의 체제를 인정하고 존중한다.
제2조 남과 북은 상대방의 내부 문제에 간섭하지 아니한다.
제6조 남과 북은 국제무대에서 대결과 경쟁을 중지하고 서로 협력하여 민족의 존엄과 이익을 위하여 공동으로 노력한다.

비단 남북한 사이의 관계가 나라와 나라 사이의 관계가 아니라고 하지만, 제1조는 기본적으로 하나는 사회주의국가요, 다른 하나는 자본주의국가라는 체제를 달리한 한 민족내 두 국가의 내용이 되고 있으며, 제2조는 국가와 국가 사이의 주권국에 해당되는 내용이 되고 있다. 그리고 제6조는 국제관계에서 남북 각각이 국가로서의 독자적 위상을 인정하고 있다. 이에 따라 남북한 관계는 실제에 있어서 두 나라 사이의 관계가 성립되고 있는 양상을 드러내고 있는 셈이다.

2000년 "6. 15 남북선언" 제2조는 "남측의 연합제안과 북측의 낮은 단계의 연방제안이 서로 공통성이 있다고 인정하고" 나라의 통일을 이 방향에서 지향해 갈 것을 선언하고 있다. 남북 쌍방간 체제의 차이와 통일지향점의 공통점을 언급한 부분은 지금까지 남북이 각각 차이만을 강조하고 체제의 우위만을 선언하던 것과는 달리 상호의 공통점을 발견하고 있다는 데 큰 의의가 있다.

---

32) *The Pyongyang Time*, 1973. 10. 8.

2) 북한 연방제의 문제들

남북한의 관계는 상호 상이한 사회제도하에서 대결에서 공존-협력의 시대로 발전하고 있다. 이같은 흐름은 민족의 장래에 대한 서로운 사고를 요청하고 있다. 따라서 60년대 이래 북한이 제시해온 연방저의 내용과 그에 따른 문제점이 무엇인가 더욱 선명히 밝혀질 필요가 있다.

김일성은 1980년 조선 노동당 6차대회 중앙위원회 사업총회보고에서 연방제에 대한 구상을 아래와 같이 표현하고 있다.

우리당은…북과 남이 동등하게 참가하는 민족통일정부를 내오고 그 밑에서 북과 남이 같은 권한과 의무를 지니고 각각 지역 자치제를 실시하는 연방공화국을 창립하여 조국을 통일하는 것을 주장합니다. 33)

연방형태의 통일국가에서는 북과 남의 같은 수의 대표들과 ᅎ당한 수의 해외동포 대표자들로 최고 민족연방회의를 구성하고 거기에서 연탕상설위원회를 조직하여 북과 남의 지역정부를 지도하며 연방국가의 전반적인 사업을 관할하도록 하는 것이 합리적입니다. 34)

김일성과 북한의 노동당은 연방국가의 정부구상을 최고민족위원회(1960), 범민족회의(1973), 민족통일정부 혹은 최고민족연방회의(1980) 등으로 명명하며 발전시켜 왔다. 내용상 북한은 중앙권력을 갖고 있는 통일정부가 남북한 지역정부를 관장하는 형태의 연방국가 모델을 선택하고 있다. 이것은 개념상 'Confederation'보다 'Federation'에 가깝다. 35)

33) 김일성, 「조선노동당 제6차 대회에서 한 중앙위원회 사업총회보고」, 『조국통일을 위하여』, 1980년 10월, 57쪽.
34) 같은 책, 57-58쪽.
35) 'Confederation'과 'Federation'의 차이를 도표로 비교 정돈하면, 다음 표와 같다. 최봉윤 · 노승제, 『민중주체 중립화 통일론』, 1988, 283쪽.

	결합근거	국 제 적 인 격	대 외 적 통 치 권	병력보유	구성국가간의 무력 투쟁
Federation	헌 법	연 방 국가자체	연방국가	연방국가	내란
Confederation	조 약	구 성 국	구 성 국, 합의기구	구 성 국	전쟁

왜냐하면 'Federation'에 있어서 중앙권력, 예를 들어 정치통합(Politische Union) 혹은 연방국가(Bundesstaat)의 결정은 회원정부나 지방정부에 대해서도 유효한 구속력을 갖지만, 'Confederation'에 있어서는 그렇지 않기 때문이다. 'Confederation'에 있어서는 회원 정부나 국가들이 그 소속 헌법기관(국회)에 의한 통제를 면할 수 없다.[36]

북한의 정치적 통합 구상에서 연방형태의 통일국가의 정부(최고 민족연방회의)는 해외대표자 약간 명을 포함한 남북한 지역의 대표자 동수로 구성한다. 그 멤버는 직접선거에 의한 의회구성이나 지방자치 단위의 이익과도 관계없이 정당과 사회단체, 근로자의 대표들이 되고 있다. 이때의 문제점은 지방정부 혹은 지방자치의 정치적 자결권에 대한 물음이 제기되며, 동시에 최고 민족연방회의에 대한 민주적 감시는 누가, 어떻게 할 수 있느냐는 물음이 제기된다.

다음으로 고려되는 것은 연방은 남북한간의 이념적 군사적 대결의 사고와 구조가 점차 해소되고 총체적 한국의 이익에 합당한 새 사고에의 전환을 전제로 하고 있다. 이에 따라 연방은 남북한 전체의 민족이익에 합당한 가치관뿐만 아니라 민족성원 개개인의 이익과도 일치하는 가치관이 실재 현실정치에서 정착되어야 할 것이다. 이에 속하는 가치들로서 평화(이념적, 종교적, 문화적, 인종적 차이에 대한 관용과 가치관의 다원주의, 군사적 불가침, 군축의 내용), 자유와 인간존엄성(모든 인간의 자율권과 자기개발의 보장), 사회적 연대(사회정의, 권력남용으로부터 정당방위 등), 그리고 환경보호(윤리적 생태학적으로 책임적인 기술개발과 경제육성 등)가 된다. 이같은 가치들에 대한 남북한의 상이한 가치기준의 판단과 오용을 어떻게 좁히면서 제도화하느냐는 주요 과제가 된다.

더구나 연방의 기본법 제정은 남북한의 상이한 사회적 가치들을 수렴하는 제도적 장치가 된다. 과연 이것이 인간의 보편적 가치들과 권리, 다원적

---

36) 'Federation'과 'Confederation'의 차이를 유럽연방(Europaeische Konfoederation)과의 관계하에서 다룬 부분은 Bensberger Kreis, Hg., *Der Schluessel zum europaeischen Haus, Publik-Forum Dokumentation* (Sep. 1989), pp. 30-31을 참조하라.

민주주의 원칙들을 사용할 수 있느냐, 그리고 남북한의 정부가 이것을 존중하고 수행할 것인가도 문제점으로 남는다.

4. 맺는 말

우리는 지금까지 북한의 통일이론이 "사회주의국가로서의 통일론"에서 "민족국가로서의 통일론", 그리고 "연방제 통일론"으로 발전되어온 과정과 그때마다의 문제점을 살펴보았다. 이 과정에서 우리가 발견할 수 있는 것은 북한의 통일이론이 확고부동한 어떤 원리가 아니라 가변적이라는 사실이요, 그러면서도 남북한간의 이질적 사회체제를 넘어선 공통된 이념을 추구하고 있다는 점이다. 공통된 이념으로 북한은 민족적 이념, 민족자주, 민족공동의 이익, 민족대단결 등을 언급하고 있다. 이런 뜻에서 북한은 남과 북이라고 하는 상호체제를 달리한 두 사회간의 결합 가능한 공통된 이념을 발굴하고자 노력하고 있다.

남과 북, 두 사회간의 결합형태가 흡수통합이나 무력강점에 의한 어느 일방에의 통일이 아닌 한, 이의 구체적인 실현은 상호 다른 정치질서, 경제체제, 불균등한 경제력 등 그 격차와 차이를 제도적으로 좁혀가면서 추진할 수밖에 없다. 이같은 과정은 남북한간의 끊임없는 대화와 협상, 합의를 필요로 하고 있다. 제도적 통일의 과제, 예를 들어 정치적 측면에서의 연방제 구상은 그것 자체가 통일을 위한 하나의 사안이다. 제도즌 통일을 가져오기 위해서는 각 분야마다의 전문성을 요구하게 된다. 남북간의 정치-사회적 통합이 가시화될 때 우리는 분단구조의 보이는 형태가 구체적으로 제거되고 있음을 보게 될 것이다.

한국기독교교회협의회(KNCC)는 1988년 "민족의 통일과 평화에 대한 한국교회의 선언"에서 통일의 기본원칙으로 7.4공동성명의 3대 원칙(자주, 평화, 민족 대단결) 외에 인도주의적 조치의 시행 최우선 원칙과 통일과정에서 민족성원 전체의 민주적 참여보장의 원칙을 추가로 제시한 바 있다.

한국 교회가 여기서 강조하고 있는 바는 민족통일의 목표도 인간화요 통일의 과정도 인간화라는 점이다. 인도적 조치의 최우선적 시행의 요구는 통일과정이 얼마나 인간적인가를 가늠하는 척도로서 제시되고 있다. 민족통일이 인간화된 사회가 아닌 한, 통일이 되었다 하더라도 그 사회는 비인간적 사회로 전락할 수밖에 없다. 이런 의미에서 "통일의·인간화", "인간화된 통일"의 과제는 통일사회를 보는 또 하나의 비판적 측면이 되며, 종교(기독교)와 정치간의 토론장이 될 수 있다.

신자유주의 교육개혁의 본질과 문제점*

한만중(전교즈 참교육연구소)

1. 들어가는 말

1990년대 들어 21세기 지식기반사회에 대비하여 각국은 우수한 인적자원 확보에 앞다투어 나서게 되고 이에 따라 교육이 국가발전의 핵심적 영역으로 부상하게 된다. 90년대 각 나라에서 경쟁적으로 교육개혁을 주창하고 있는 이유가 바로 여기에 있는 것이다. 이러한 배경 속에서 1995년 김영삼정부에서 국가 경쟁력 향상을 주요한 목표로 설정하는 교육개혁안이 만들어지고 이후 김대중정부에서 큰 틀의 변화 없이 교육개혁이 계속 추진되었다.

문제는 이러한 교육개혁이 그간 한국 교육의 병폐와 둔제점을 근본적으로 해결하기 위한 방향으로 추진된 것이 아니라 서구에서 1980년대에 추진되었던 자유시장 원리(경쟁과 효율성)와 소비자 주권론에 근거한 신자유주의적 교육개혁에 근간을 두고 있었다는 것이다.[1]

현재 우리사회에서 신자유주의 교육개혁을 바라보는 시각은 다양하게 존

---

* 이 글은 김현준(전교조 교원노사관계 연구실장)이 2002년 작성한 들을 본인의 동의를 얻어 필자가 일부 보완하여 작성한 글입니다.

[1] 노무현정부 인수위원회의 보고서 "교육개혁과 지식문화강국 건설"이서는 이에 대하여 국민의 정부의 교육정책이 문민정부의 5.31 교육개혁방안에 대한 비판적 검토없이 이루어지면서, 교육의 시장화를 초래하였다는 비판하에 "참여와 자치를 통한 교육공동체 구축"과 "공교육내실화와 교육복지확대"를 기조로 하여 교육의 공공성과 교육민주화를 확대시키는 정책 방향을 제시하였다. 그러나 2003년 4월 8일 대통령 업무보고는 이러한 정책 기조가 퇴색하고 신자유주의 정책에 의거한 정책들이 다시 강화된 방안을 내놓고 있다.

재한다. 신자유주의 교육개혁의 주창자들은 '소비자 주권론'에 입각하여 신자유주의 교육정책을 주장하고[2] 있으며, 아예 '교육도 상품이다'는 시장예찬론자(공병호, www. gong. co. kr 참조)도 있고, 민영화로 공교육의 위기를 타개해야 한다는 주장,[3] 한국교육의 구조적인 문제를 해결하기 위해 신자유주의 교육개혁이라는 '쓴약'을 받아들여야 한다는 주장[4] 등이 있다. 중간적인 입장으로 신자유주의 교육정책과 교육의 공공성이 타협을 모색해 '교육시장의 정상화, 공정거래'가 이루어질 수 있도록 해야 한다[5]는 주장과 신자유주의 교육정책이 문제는 있지만 우리 교육의 새로운 전환을 위해 '전술적 선택의 가치'가 있다는 주장[6] 등이 있다. 신자유주의 교육개혁에 대한 반대의 입장은 교육은 공공재이기 때문에 시장의 원리를 적용할 수 없다는 주장[7]과 신자유주의 교육개혁은 민주적 교육개혁을 배반하고 계급의 불평등 구조화를 심화시키고 공교육을 위축시키기 때문에 반대한다는 주장[8] 등이 있으며, 교원단체 및 교원노조에서도 강력하게 반대하고 있다. 문제는 이러한 신자유주의 교육정책이 학교 현장에서 어떻게 적용되고 있으며, 구체적으로 어떠한 결과로 나타나고 있는지를 분석하면서 그 타당성을 검증하는 실증적 연구가 부족하다는 것이다.

이러한 취지에서 이 글에서는 현재 한국의 교육개혁에 가장 큰 영향을 미치고 있는 신자유주의 교육개혁에 대해 분석하기 위해 먼저 국제경제질서 변화에 따른 교육부문의 신자유주의 동향을 살펴보고, 1995년 이래

---

2) 박세일, 「세계화시대의 교육을 위한 발상의 전환: 규제에서 탈규제로」, 나라정책연구소 편, 『교육대개혁론』, 1995, 길벗 참조.
3) 윤봉준, 「교육위기 타개는 공교육의 민영화로」, 제2회 자유주의 워크숍, 1997. 7. 9.
4) 김기수, 「신자유주의 교육정책을 어떻게 대할 것인가」, 한국교육연구소 교육정책 세미나 발표 논문, 1998, 1-14쪽.
5) 천세영, 「신자유주의와 교육의 공공성 문제」, 한국교육연구소 교육정책 세미나 발표 논문, 1998, 19-42쪽.
6) 노상우, 「신자유주의 경제논리와 민주적 교육논리」, 『한국교육연구』 제5권 2호, 1999, 20쪽.
7) 정재걸, 「신자유주의와 전통적 자유의 개념」, 한국교육연구소 교육정책 세미나 발표 논문, 1998, 50-66쪽.
8) 이에 대한 주장은, 이규환, 『교육개혁론』, 배영사, 2002; 김용일, 『교육의 미래』, 문음사, 2002 참조.

추진되고 있는 신자유주의 교육개혁의 구체적 실상과 문제점을 검토한 뒤 마지막으로 향후 바람직한 교육개혁 방향에 대해 의견을 제시하고자 한다.

2. 국제경제질서의 변화와 교육부문의 신자유주의

2차 세계대전 이후 전후 복구와 대량생산 체계의 구축으로 유례없는 고도 성장을 구가하던 세계 경제는 70년대 들어 자본 축적의 위기를 맞게 되어 새로운 출구를 찾게 된다. 자본은 인적자원경영(Human Resource Management) 기법의 도입, 생산비 축소를 위한 효율성의 추구, 개인적 기여도에 바탕을 둔 성과급의 도입 등 다양한 경영 합리화 방안을 추구하면서 다른 한편으로는 제약 없는 시장경제를 추구하게 된다. 이 과정에서 고전적 자유주의에 바탕을 둔 신자유주의가 부활하게 되는데, 겜블[9]에 의하면 신자유주의자들은 자유로운 시장경제를 제약하는 4개의 요소로 1) 케인즈주의식 경제 운용 방식, 2) 정부의 경제에 대한 개입, 3) 높은 공공 지출, 4) 노조의 시장경제에 대한 간섭 등을 거론한다. 다시 말하면 신자유주의자들은 점증되는 경제위기의 원인을 케인즈주의에 입각한 자본의 통제와 공공부문과 복지정책의 확대 등 정부의 자본에 대한 적극적 개입과 정부에 의해 주도되고 있는 공공부문의 비효율성 그리고 노조의 임금 드라이브와 경직된 고용구조에 대한 고집 등 노조의 시장질서에 대한 도전의 탓으로 돌리고 있다. 이에 기초하여 신자유주의자들은 정부의 개혁과 노조의 무력화를 공공연하게 외치면서 자유로운 자본의 흐름과 시장경제 질서의 회복을 주창한다.[10] 또다른 논자들 신자유주의 정책의 근간 논리를 1) 경제 및 사회 모든 영역에서 시장 원리의 도입, 2) 교육, 의료, 복지 등 사회 공공서비스 재정의 감축, 3) 자유시장 질서를 가로막는 모든 규제의 철폐, 즉 탈규제화, 4) 공

---

9) A. Gamble, *Britain in Decline: Economic Policy, Political Strategy and the British State* (London: Macmillan, 1994) 참조.
10) 이에 대한 주장은 F. Hayek, *The Constitution of Liberty* (London: RKP, 1960)과 W. D. Reekie, *Market, Entrepreneurs and Liberty* (Buckingham: Wheatsheaf, 1984)를 참조.

공부문의 민영화, 5) 공공재 또는 공동체 이념의 배제라고 설명한다. 11) 위의 논의를 종합할 때, 신자유주의의 기본적 철학은 현재 자본주의 경제가 처하고 있는 경제적 위기는 국가가 경제영역에 지나치게 간섭하고 자유 시장경제를 제약하고 있기 때문에 비롯된 것이라고 판단한다. 따라서 모든 경제·사회 구조를 자유시장 경쟁기능에 맞게 재조정하기 위해 가장 먼저 개혁의 대상으로 등장한 것이 정부의 역할이다. 정부는 자유로운 경제 활동을 보장하기 위해 각종 규제를 철폐하고, 재정적자를 줄이기 위해 공공서비스를 비롯한 사회보장제도를 축소하고, 효율성의 증진을 위해 방만하게 운영되는 비효율적인 국영기업체를 민영화하는 등 이제까지의 정부의 역할을 대폭 축소하여 이른바 작은 정부를 지향해야 한다는 것이다. 이러한 자유시장경쟁 원리에 입각한 신자유주의의 기조는 국제 금융자본의 대변 기구인 세계은행과 IMF를 비롯한 국제금융기구들의 일관된 정책으로 관철되고 있다는 것은 주지의 사실이다.

이러한 신자유주의의 정책 기조는 교육계에도 막대한 영향을 끼치고 있다. 먼저 신자유주의 교육정책의 가장 직접적인 결과는 교육재정의 축소로 나타났다. 다음의 〈표 1〉에서 확인할 수 있듯이, 신자유주의 교육개혁이 세계적으로 확산되었던 1980년대에 많은 국가에서 국가예산의 가장 큰 부분 중의 하나인 교육예산이 국가 긴축재정의 일차적 대상으로 선정되어 교육예산이 삭감되었다. 대표적으로 신자유주의 정책을 실현했던 영국의 경우 80년대 초 대처정부하에서 교육예산의 절대 액수가 감소하게 된다. 이는 바로 학급당 학생수의 증가, 노후 학교시설의 방치, 교원감축 등 교육환경의 악화로 나타났다. 12) 이러한 경향은 세계은행의 구조조정 기금과 IMF의 구제금융 지원을 받는 나라들에서는 더욱 심각한 형태로 나타난다.

특히 세계은행은 최근 부분별 구조조정 기금(sector adjustment loans)을 늘리면서 교육부문 구조조정을 위한 금융지원을 확대해왔다. 이 과정에서 세계은행은 교육부문 구조조정 금융을 제공하면서 해당 정부에 교육 예산

---

11) 천세영, 앞의 글, 19-21쪽에서 재인용.
12) M. Ironside, R. Seifert, *Industrial Relations in Schools* (London and New York: Routledge, 1995), pp. 3-19.

<표 1> GNP 대비 교육 예산 비율

	GNP 대비 교육예산 비율(%)		
	1980년	1990년	90년대 이후
캐나다	6.9	6.8	7.3(93년)
멕시코	4.7	4.0	5.3(94년)
칠레	4.6	2.7	2.9(95년)
미국	4.9	5.3	5.5(92년)
벨기에	6.1	5.1	5.7(94년)
프랑스	5.0	5.4	5.9(94년)
덴마크	6.9	7.5	8.3(95년)
노르웨이	6.6	7.3	8.3(94년)
스웨덴	7.1(75년)	7.7	8.3(94년)
영국	5.6	4.9	5.5(93년)
오스트리아	5.6	5.4	5.5(95년)
한국	3.7	3.5	3.7(94년)
일본	5.8	4.7	3.8(93년)

출처: Statistical Yearbook (UNESCO 1997)

을 늘리지 않고 교육의 질을 향상시킬 수 있는 재정 효율성 위주의 교육개혁(Finance-driven education reforms)을 강요해왔다. 세계은행이 제시하는 교육개혁의 방향은 1) 교육재정 지출의 우선권을 학생 일인당 교육비가 높은 고등교육에서 학생 일인당 교육비가 낮은 초등교육으로 전환하고, 2) 학생 일인당 교육비가 상대적으로 높은 중등교육과 고등교육 기관의 민영화를 유도하며, 3) 교육의 각 단계마다 학생 일인당 교육비를 최소화하는 것을 골자로 하고 있다.[13] 세계은행이 교육비 축소의 구체적인 방안으로 제시하고 있는 것은 먼저 교육비의 절대 액수를 점하고 있는 교사들의 봉급

---

13) J. Farrell, "International lessons for school effectiveness," in J. Farrell and J. B. Oliveira, eds., Teaching in developing countries: Improving effectiveness and managing costs (Washington D.C.: World Bank, Economic Development Ins-itute, 1993) 참조.

수준 (대부분의 나라에서 전체 교육예산의 70%)을 전체적으로 하향 조정하면서, 교사 자격제도를 완화해 같은 재정으로 더 많은 교사를 채용한다는 것이다. 심지어 세계은행은 교사/학생 비율이 20명에서 45명 사이에서는 학생들의 학업 성취도에 아무런 영향을 미치지 않는다고 주장하면서, 교사/학생 비율이 45명 이하인 나라에서는 자원의 효율적 활용을 위하여 학급 당 학생수를 늘리거나 2부제 내지는 3부제 수업을 하도록 권장하고 있다. [14] 그러나 이러한 효율성을 근간으로 하는 세계은행의 교육개혁 방향은 시행 과정에서 많은 문제점이 노출되면서 교사, 학생들의 반발에 부딪쳐 소기의 성과를 거두지 못하게 된다. 구체적으로, 세계은행과 IMF의 구조조정 정책을 그대로 실천에 옮긴 칠레의 사례가 이를 입증해준다. 80년대 초 군사 구테타로 정권을 잡은 칠레 정부는 교육재정 운영을 지방정부로 이관하고, 사설 교육기관을 양성화하기 위한 방안의 하나로 교육 상품권 제도를 도입하고, 교사의 봉급을 삭감하는 것 (실제로 1990년 칠레 교사들의 실질소득은 1980년의 52%에 불과함) 등을 골자로 하는 교육개혁을 실천한다. [15] 그러나 이러한 칠레의 교육개혁은 학생들의 교육 성취도 저하 그리고 무엇보다도 질 높은 교사 확충의 어려움 등으로 인하여 실패하게 된다. 90년대 초 칠레는 새로운 정부의 등장과 함께 다시 교육재정을 늘리고 교사들의 봉급을 인상하는 등 지난 구조조정 과정에서의 오류를 교정하기 위한 노력을 계속하고 있다.

신자유주의 교육개혁의 또다른 특징은 교육의 질을 높이기 위해 교육부문 전반에 경쟁과 효율성을 강조하고 소비자의 선택권을 보장하는 시장원리를 적용하는 것이다. 이러한 시장중심 교육개혁(market-oriented education reforms)은 특히 OECD를 중심으로 한 선진제국의 교육개혁 방향에도 큰 영향을 미쳤으며, 한국의 95년 교육개혁도 이러한 모델에 근거하고 있다. 교육의 질을 높여 국가경쟁력을 향상하기 위한 교육개혁은 기본적으로 인

---

14) J. Farrell, J. B. Oliveira, *Teaching in developing countries: Improving effectiveness and managing costs* (Washington D. C.: World Bank, Economic Development Institute, 1993).

15) ILO, *Impact of structural adjustment on the employment and training of teachers* (Geneva: ILO, 1996), p. 32.

력 자원을 경제 발전과 경쟁력 향상 그리고 미래의 번영을 약속하는 가장 중요한 요소로 파악하고, 급격한 변화를 겪고 있는 새로운 작업 기술과 노동시장이 요구하는 경쟁력있는 우수 인력을 생산하는 것을 최우선 과제로 설정한다. 따라서 교육개혁의 주요 목표가 교육의 질을 향상시키기 위한 방안에 중점을 두는데, 이때 교육의 질은 학생들의 학업 성취도뿐만 아니라 교육이 변화해가는 작업 질서에 얼마나 연관성을 가지는가로 측정된다.

이러한 교육개혁은 필수적으로 각 교육 주체들의 경쟁을 유도하는 방향으로 교육을 재편하는데, 구체적으로는 다음과 같은 현상으로 나타난다. 먼저 정책 결정의 자율성이 중앙정부에서 지역이나 학교 단위로 이양되면서 이른바 탈집중화(decentralization) 현상이 나타난다.16) 예를 들면, 학교 재정을 포함한 학교운영 전반에 관한 사항과 교육과정 운영 등이 학교의 재량에 맡겨진다. 이는 학교 단위의 자율적 결정과 자발적인 통제를 통해 교육 성취도나 결과에 대한 단위 학교의 책임성을 제고시킨다는 목적에 근거하고 있다. 결국 단위 학교를 교육 서비스를 제공하는 단위사업장(Business unit)으로 판단하여 경영에 자율성을 주는 대신 결과에 대해 학교 스스로가 책임을 질 수 있도록 만드는 제도적 장치인 것이다.17) 그리고 이러한 발상에 근거해 교육제도 운영 전반에 시장원리를 도입한다.

시장경제 질서에 바탕을 두는 신자유주의 교육개혁에서 나타나는 또 하나의 경향은 교육과정의 중앙통제를 강화하는 것이다. 이는 주로 학생들의 학업성취도 향상을 위해 국가가 최소한의 기준을 설정하고 이를 교육과정에 의무적으로 반영하게 하는 제도로서, 앞의 탈집중화의 경향과 정반대로 집중화(centralization)의 경향이 나타난다.18) 신자유주의 교육정책이 일반

---

16) D. Winchester, S. Bach, "The State: The Public Sector," in Paul Edwards, ed., *Industrial Relations* (Oxford: Blackwell, 1996), p. 328.

17) J. Sinclair, M. Ironside, and R. Seifert, "Classroom struggle? Market oriented education reforms and their impact on the teacher labour process," *Work, Employment & Society*, Vol. 10, No. 4 (1996), pp. 641-661.

18) 이에 대한 주장은 S. J. Ball, "The Education Reform Act: Marke- Forces and Parental

적으로 탈집중화 경향을 보이고 있지만 교육과정에 대해서 유독 집중화 경향을 띠고 있는 것은 교육영역에서 전략적으로 중요한 부분에 대해서는 국가통제를 강화하겠다는 의도에서 나온 것이다. 대표적인 사례로 영국의 경우 1988년 교육개혁을 실시하면서 학생들의 학력 신장을 위해 국가 교육과정을 신설해 의무적으로 단위 학교에서 시행하도록 하고 있다. 초등학교의 경우 무려 10과목에 해당하는 국가 교육과정을 강요함으로 인해 많은 학교에서 교육과정 자체를 소화하는 데도 어려움을 겪고 있으며, 상대적으로 학생들의 정서 함양에 도움이 되는 예술 과목이 축소되는 결과를 낳았다. 또한 영국에서는 매년 국가학력평가의 결과를 신문지상에 순위표(league table)와 함께 발표하면서 성적이 뒤진 학교에 대해 창피를 주고(naming and shaming) 이들 학교에 대해서는 폐교나 학교 이름의 변경 등을 통해 학교를 재조직할(restructuring) 것을 요구하고 있는 사례에서 확인되고 있다. 우리의 경우도 7차 교육과정에서 10학년까지 10과목의 국민보통 교육과정을 설정한 것이나 2002년 문제되었던 초등학교 3학년 학력평가제 실시 등이 이러한 교육과정의 국가통제와 이를 위한 평가제도의 도입과 연관된 정책임을 알 수 있다.

3. 한국의 교육개혁

우리는 앞에서 지식과 정보의 발전을 위해서는 교육의 역할이 결정적으로 중요하다는 인식하에 경쟁력 향상에 중점을 두는 교육 개혁(Competitiveness-driven education reforms)의 배경과 경과에 대하여 살펴보았다. [19] 이 경쟁력 향상에 중점을 두는 교육개혁은 위에서 언급한 시장경제질서 위주의 교육개혁과 동반되는 것이 일반적인 경향이다. 우리나라에서도 1995년 국가경쟁력 향상을 주요한 목표로 교육개혁이 추진되면서 교육을 시장경제 질

Choice," in A. Cashdan and J Harris, eds., *Education in the 1990s* (Sheffield: Pavic Publications, 1993) 참조.
19) ILO, *Impact of structural adjustment on the employment and training of teachers* (Geneva: ILO, 1996), pp 6-7.

서에 맞게 재편하려는 시도가 이루어졌다. 당시 교육개혁을 주도했던 박세일에 의하면,[20] "세계화·정보화 시대의 교육개혁의 핵심은 탈규제화, 자율화, 경쟁원리의 도입, 소비자 선택의 확대"로 규정짓고 있다. 또한 "교육의 수월성을 신장하기 위해서 각급 학교 운영에 자율과 경쟁의 원리를 도입하는 한편, 소외계층과 지역을 위해서는 형평성이 확보되도록 하면서 체계적인 평가를 통해 교육의 질을 관리한다"는 추진 원칙을 제시하였다.[21] 이에 따라 교육 소비자의 선택의 폭을 넓히고 교육 공급자에 대해서는 경쟁과 그에 따른 평가를 통해 차별화하겠다는 방침을 설정했다. 이러한 김영삼정부의 교육개혁은 위에서 언급한 신자유주의 교육개혁의 방향을 그대로 답습하고 있는 것이다.

이어 들어선 김대중정부에서도 교육개혁이 주요한 국정과제로 설정되면서 추진되었는데, 그 주요한 방향은 1995년 5·31 교육개혁안에 입각하고 있다. 특히 IMF 경제위기와 함께 출범한 김대중정부에서는 경쟁원리에 입각한 신자유주의 교육개혁이 오히려 강화되고 있는 실정이다. 1998년 이래 교육예산은 감소 추세이며, 교원의 정년단축으로 정규교사의 수는 줄어들고 대신 기간제 교사나 임시교사가 늘어나는 등 교원의 고용구조가 악화되고 있으며, 성과급제 추진 등 경쟁과 차별을 조장하는 교직발전종합대책안이 입안되었고, 5.31 교육개혁안에 따른 수요자 중심의 7차 교육과정이 아무런 수정 없이 그대로 추진되고 있다. 또한 최근에는 소비자의 학교선택권을 보장하기 위해 자립형사립고, 국제고, 외국인학교, 자율학교 등 학교 유형을 다양화하고 있으며, 교육도 일반 상품과 마찬가지로 교역이 대상이 될 수 있다는 논리마저도 수용하고 있다. 결국 현재까지 우리의 교육개혁은 입시제도 개혁 등 그간 산적한 교육문제를 해결하면서 공교육을 강화해 교육을 국민 복지 차원으로 한단계 높이기 위한 장기적이고 전략적인 목표를 가지고 추진된 것이 아니라, 국적 없는 외국의 신자유주의 교육개혁을 그대로 답습함으로써 실제로 교육개혁의 효과를 어디에서도 확인하기 어려운 실정이다.

---

20) 박세일, 앞의 책 참조.
21) 교육개혁위원회, 「신교육체제 수립을 위한 교육개혁 방안」, 1995, 27쪽.

4. 신자유주의 교육정책의 현황과 문제점

1) 경제논리에 따른 교원의 정년 단축

교육부문의 인건비 비중은 타부문보다 높아 교육예산에서 인건비가 차지하는 비중이 대부분의 국가에서 70%를 상회한다. 따라서 교육예산의 삭감에 있어서 첫 번째 대상이 바로 인건비의 축소이다. 정부는 당시 65세인 교원의 정년을 60세로 단축할 것을 추진하면서 고령 교사 1인의 인건비로 신규 교사 2-3인을 추가로 고용할 수 있다는 논리를 폈다. 이에 따라 1998학년도부터 본격적으로 교원정년이 조정되기 시작하였다. 〈표 2〉에서 볼 수 있듯이 교원의 수급은 1998년 이전까지는 퇴직교원의 수보다 신규임용 교원의 수가 월등히 많았다. 이는 학급당 학생수 축소 등으로 수 십년간 계속된 현상이었다. 그러나 교원정년 단축이 시행에 들어갔던 1998년부터 1999년까지 2년 동안은 신규임용 교원이 퇴직교원 수에도 못 미치는 기현상이 나타났다. 구체적으로 보통 한 해에 4-6천명 정도의 교사가 퇴직했으나 정년단축 이후 1998년에는 약 1만 6천명, 1999년에는 약 2만 2천명의 교사가 퇴직하여 2년간 2만 5천여명의 교사가 추가로 교단에서 물러나게 되었다.

<표 2> 최근 5년간 교사의 수급 상황

	1996학년도		1997학년도		1998학년도		1999학년도		2000학년도	
	퇴직 교원	신규 임용	퇴직 교원	신규 임용	퇴직 교원	신규 임용	퇴직 교원	신규 임용	퇴직 교원	신규 임용
초등	2,798	3,301	1,731	3,374	8,789	7,432	10,244	7,588	2,752	9,348
중등	3,918	4,771	2,348	3,416	7,136	4,233	11,906	9,091	4,883	5,464

출처: 1997, 1998, 1999, 2000, 2001, 2002년 교육통계연보, 교육부
* 각 학년도 통계는 같은 해 4월 2일부터 다음 해 4월 1일까지의 변동 숫자임

정년단축의 결과 실제 교원의 수는 줄어들어 법정 교원확보율이 낮아지고 있는 추세이다. 교육부 자료에 의하면 법정교원 확보율은 2000년 91.3%에서 2001년 90.3%, 2002년 89.6%로 계속 낮아지고 있으며,[22] 이에 따

라 각급 학교에서는 교원 부족 현상으로 어려움을 겪고 있다. 교원수급에 가장 어려움을 겪고 있는 경기도 초등의 경우 2001년 신설학교 등의 수요로 2,167명의 증원이 필요하나 실제로 증원된 교사는 503명에 불과한 실정이다.[23] 이러한 교원부족 현상은 중·고등학교 교사들의 수업시수에도 영향을 미치고 있는데 〈표 3〉에서 보듯이 1998년 이후 교사들의 주당 수업시수가 계속 늘어가고 있는 실정이다.

〈표 3〉 일반계 고등학교 교사의 주당 수업시수별 교사수 비율

년도	전체교사수	주당 13-15 시간 교사수(비율)	주당 16-18시간 교사수(비율)	주당 19-21시간 교사수(비율)
1998	61,680	15,904(25.8%)	29,668(48.1%)	4,639(7.5%)
1999	62,944	15,640(24.8%)	31,885(50.7%)	4,910(7.8%)
2000	63,374	15,748(24.8%)	33,432(52.8%)	4,495(7.1%)
2001	64,504	16,057(24.8%)	34,693(53.8%)	4,141(6.4%)
2002	74,398	15,581(20.9%)	44,315(59.6%)	5,000(6.7%)

출처: 1998년, 1999년, 2000년, 2001년, 2002년 교육통계연보: 교육부

위 표에서 확인할 수 있듯이 정년 단축이 본격화되었던 1998년 이후 일반계 고등학교에서 주당 16-18시간 담당하는 교사들의 비율은 계속 늘어나고 있는 반면에 상대적으로 수업시수가 적은 주당 13-15시간 담당하는 교사 비율은 계속 축소되고 있다. 이는 교사들의 수업 시수가 교원의 정년단축으로 더욱 증가하고 있으며 이에 따라 교원들의 근무여건이 더욱 열악해지고 있다는 증거가 아닐 수 없다. 특히 2002년에 주당 13-15시간 담당 교사수가 2001년 24.8%보다 갑자기 4%가 줄어들고 반대로 16-18 시간 담당 교사수가 6%나 늘어난 것은 앞에서 언급했던 2001년 '7.20 교육여건개선사업'의 결과 학급수는 늘어났으나 그에 상당한 교사수의 증원이 뒤따르지 못해 생겨난 결과이다. 결국 정부는 교원들의 정년 단축으로 인건비의 비중을 줄이

---

22) 교원의 법정 정원 확보율은 교육부에서도 공개적으로 발표하지 않고 있어, 이 자료는 교육부 담당자에게 전화로 확인한 사항임.
23) 『조선일보』, 2001. 2. 6. 참조.

고 교원들의 노동강도를 강화하는 신자유주의 경제논리를 그대로 교육계에 실천하고 있는 것이다.

2) 수석교사제, 성과급제 도입 등 경쟁위주의 교원정책 추진

정부는 5 · 31 교육개혁안에서 교원자격 및 임용체계를 유연화 · 개방화하여 계약직 교원을 다양화하고 교원자격제도를 개선하여 복수교과 자격증제도와 통합교과 교사양성을 확대하겠다는 계획을 발표했다.[24] 이어 현정부에서 발표한 교직발전종합방안[25]에 따르면, 교원 임용의 검증 장치로 수습교사제도를 도입하고, 교원의 성취욕구를 충족시키기 위해 교사 직급체계를 개편해 수석교사제도를 시행함과 아울러 능력과 실적에 따른 인사 및 보수제도 도입을 위해 성과급제를 도입하겠다고 발표했다. 이러한 정부의 계획은 기본적으로 교사의 자격제도를 유연화하여 교사의 공급을 다양한 통로로 개방하겠다는 것이며, 일단 교사로 임용된 이후에는 교사 상호간 경쟁을 통해 일정한 자격과 학점을 이수한 교사들 중에서 시험을 통해 새로운 직급을 부여하고 능력에 따라 보수도 차등 지급하겠다는 의도이다. 이는 노동시장의 유연화 전략과 그 맥을 같이 하고 있으며, 경쟁을 통해 교사의 질을 향상시키고자 하는 전형적인 시장 논리에 입각하고 있다. 교사의 능력을 단기간에 평가하여 보수에 차등을 두겠다는 성과급제의 도입은 사기업체의 경영방식을 교육계에 그대로 적용하는 것으로 이미 세계 여러 나라에서 그 문제점이 지적되고 있다.[26] 우리의 경우도 2000년부터 교원에게 성과급제를 도입하려고 시도하였으나 전교조 교사들의 성과급 반납 투쟁 등 강력한 반대에 부딪쳐 일단 보류되고 있으나 성과급 문제는 다시 재연될 소지를 안고 있다.

3) 교원의 비정규직 증가

---

24) 교육개혁위원회, 〈신교육체제 수립을 위한 교육개혁 방안(Ⅲ)〉, 1996, 18-28쪽.
25) 교육부, 〈교직발전종합방안〉, 1999 참조.
26) S. M. Johnson, "Merit Pay for Teachers: A Poor Prescription for Reform," *Harvard Education Review*, Vol. 54, No. 2 (1984).

정년단축, 경쟁적 교원정책과 함께 정부가 추진하고 있는 교원정책의 또 다른 축은 현재의 폐쇄적인 교원수급 구조를 탄력적이고 유연한 구조로 바꾸는 것이다. 이에 따라 정부는 노동비용 절감을 위한 계약직 교원과 노동력을 탄력적으로 운영할 수 있는 순회교사제도 등을 확대하고 있으며, 다기능 노동력 유입을 위해 교원 임용과정에서 복수전공 교사들을 우대하고 있으며 현직교사들의 부전공제도도 권장하고 있다.27) 또한 교육부는 2002년 5월 교원자격증이 없는 전문직 종사자를 계약직 형태로 '현장전문교사'로 채용하고, 외국어 원어민 교사 5천명을 기간제 교사로 채용하겠다고 발표했다. 이렇듯 교육부가 교원의 고용구조를 근본적으로 바꾸고 있는 것은 교육비 중 가장 큰 경직성 경비인 인건비의 비율을 낮추기 위한 경제논리에서 출발된 것이다. 가능하면 낮은 비용으로 최대의 효과를 기대하는 효율성의 논리는 경직되고 고정된 고용구조보다는 탄력적이고 유연한 고용구조를 선호하게 된다. 구체적으로 기간제 교사의 경우 경력에 관계없이 고정급으로 14호봉(일반적으로 학교에서는 9호봉을 부여하고 있음) 이상은 부여할 수 없도록 규정하고 있으며(공무원보수규정), 일부 과목의 경우 순회교사제도를 활용하여 해당 과목의 신규 교사 수요를 억제하고 있다. 또한 앞에서도 언급한대로 세계은행이 교원의 인건비를 절감하기 위해 제안했듯이 교사의 자격제도를 완화해 같은 재정으로 더 많은 교사를 채용할 수 있도록 교사자격제도를 완화해 일부 영역에서는 교사자격증이 없어도 교단에 설 수 있는 길을 열어놓았다. 또한 교육부의 이러한 교원정책은 7차 교육과정의 시행과도 밀접하게 관련되어 있다. 7차 교육과정의 전면적 시행을 앞둔 2001년 9월 교육부는 '초·중등학교 계약제교원 운영 지침'을 만들어 각급학교에 시달했다. 그 구체적 내용은 계약제 교원을 기간제교사, 산학겸임교사, 명예교사, 강사 등으로 규정하고 7차 교육과정 도입과 함께 발생하는 교과목 개편이나 선택과목의 확대로 인한 수업시수 불균형을 해소하고 수준별 수업이나 재량활동 등으로 늘어난 수업시수를 감당하기 위해 계약직 교원을 적극적으로 활용할 것을 요구하고 있다. 특히 강사의 경우는 학교장이 필요

---

27) 이강훈, 「교원수급정책의 문제점과 개혁방안」, 『제2회 전국참교육실천보고대회(교육과정/평가분과) 자료집』, 전국교직원노동조합, 2003, 179-210쪽.

하다고 판단할 때 학교운영비에서 예산을 확보하여 채용할 수 있도록 했다. 물론 학생들이 원하는 과목을 가르칠 교사가 없을 때는 어떠한 형태라도 교사를 찾는 것은 당연하다. 문제는 위와 같이 정규 교사가 감당하기 어려운 영역에 필요한 계약직 교원을 채용하여야 함에도 불구하고 대부분의 학교 특히 사립학교의 경우는 이러한 7차 교육과정의 취지를 악용해 원래 정규교사를 채용해야 하는 자리에 기간제나 계약직 등 비정규교사를 채용하고 있다는 것이다. 마지막으로 초등학교의 경우 정년단축으로 부족한 교사를 기간제나 시간강사 등 비정규직 교사로 대체하여 교원의 고용구조를 악화시키고 있다.

구체적으로 비정규직의 비중이 상대적으로 큰 인문계 고등학교 경우를 살펴보면, 〈표 4〉에서 볼 수 있듯이 비정규직 교사의 비중이 최근 5년간 가파르게 상승해 2002년의 경우 비정규직의 교사수가 7,707명으로 전체 고등학교 교사(73,568명)의 약 10.5%에 이른다. 이는 일반계 고등학교 교사 10명 당 1명 이상이 비정규직으로 채워지고 있으며, 이러한 비정규직 비율은 공립학교보다 사립학교가 두 배 이상 높은 것으로 나타났다.

〈표 4〉 일반계 고등학교 비정규직 교사 비율

	국·공립고등학교		사립고등학교	
	비정규직 교 사 수	비정규직 비 율	비정규직 교 사 수	비정규직 비 율
1998년	371	1%	1,232	4%
1999년	300	1%	1.130	3.4%
2000년	564	2%	2,100	6%
2001년	906	3%	2,666	8%
2002년	1,885	6%	5,822	16%

* 비정규직의 비율은 전체 재직교사 중 비정규직(기간제교사＋시간강사) 교사의 비율을 계산한 것임[28]

---

28) 하병수, 「비정규직 교원의 실태 및 의식 분석」, 『제2회 전국참교육실천보고대회(교육과정/평가분과) 자료집』, 166-178쪽.

특히 비정규직의 비중이 2002년에 갑자기 크게 늘어난 것은 2001년 '7.20 교육여건개선사업'으로 늘어난 교원 정원을 정상적인 고용형태가 아니라 기간제나 시간강사 등 비정규 고용으로 대체했기 때문에 나타난 결과이다. 고용형태의 변화가 가장 극심한 인천 사립고등학교의 경우를 살펴보면, 2001년 인천지역 전체 사립학교 교사수가 1,206명에서 2002년 1,424명으로 218명이 늘어났으나, 같은 기간 기간제 교사는 73명에서 302명으로 229명이 늘어나[29] 교원증원수보다 기간제 교사수가 더 많이 늘어나게 된다. 이는 사립학교가 교육여건개선 사업으로 늘어난 교원정원을 거의 기간제로 채용하고 있으며, 차제에 정규직마저도 기간제로 대체하고 있다는 증거가 아닐 수 없다. 더구나 7차 교육과정 시행이 본격화되는 2003년부터는 이러한 비정규직 고용은 더욱 늘어날 전망이다. 초등학교의 경우 1999년까지는 비정규직 교사수(1999년의 경우 896명)가 전체 초등교사의 1%도 되지 않았으나, 2000년에는 무려 8천3백여명으로 9배 이상 늘어나게 된다[30] 이러한 결과는 무리한 정년단축으로 퇴직교사 자리를 대체할 수 있는 신규교사를 확보하지 못하게 되자 정부가 뒤늦게 이미 정년 퇴직 교사를 포함하여 많은 초등교사를 기간제로 채용하면서 나타난 현상이었다.

우리나라 전체를 보더라도 비정규직 노동자의 비율이 이미 50%를 넘어서 비정규직 노동자의 노동조건이 이미 사회 문제화되어 있다. 그간 교직을 비롯한 공무원 사회에서는 비정규직 문제가 그리 심각하지 않았지만, 위에서 살펴본 대로 이제 교직에서도 비정규직 문제는 교직의 고용안정성을 해치는 심각한 문제로 대두되고 있다. 가장 큰 문제점은 앞에서 살펴본대로 비정규직 교사의 수가 가파르게 늘어나고 있다는 점이고, 다음으로는 타직종과 마찬가지로 비정규직 교사의 경우 임금이나 근로 조건이 상대적으로 열악하다는 것이다. 예를 들면 계약직 교사 600여명에 대한 설문조사 결과 이들 비정규직 교사들은 정규교사와 비슷한 업무를 맡으면서도 86%가 방학 중 월급을 받지 못하고 있으며 대부분 정규교사보다 낮은 보수를 받고 있고 시간강사의 경우 92%가 월 100만원 미만이었고 응답자의 90%가 퇴직

---

29) 교육통계연보 2001, 2002, 교육부.
30) 교육통계연보 1999, 2000, 교육부.

금을 받아 본적이 없다고 답변했다.31) 더구나 심각한 사실은 비정규직 교사의 경우 대부분이 신분에 대해 불안감을 느끼고 있으며, 이에 따라 소신껏 교육활동에 임하지 못하고 있다는 사실이다. 다른 직종보다 더 높은 자율성을 요구받고 있는 교직에서 교사들이 자신의 소신대로 교육을 하지 못한다면 정상적인 교육활동이 이루어지지 못하고 있다는 증거이며, 이로 인해 발생되는 폐해는 바로 학생들에게 돌아가고 있다. 이러한 측면에서 교직에서의 비정규직 문제는 다른 영역보다 심각한 문제로 교육적 관점에서 재검토되어야 할 것이다.

교육공무원 총정원제하에서 유치원, 보건교사 등은 상대적으로 타교과와 부문에 밀려 비정규직 채용과 순회 교사 확대 등의 노동유연화 정책이 확대되고 있다. 경기지역의 유치원 교원 중에는 10년 이상의 상시고용형태의 비정규직 교원이 169명에 이르게 되면서, 정규교원들과 발령과 전보 문제 등을 둘러싸고 교원간의 갈등을 유발시키는 양상이 벌어지고 있다. 또한 교육부문의 비정규직 문제는 교원부문뿐만 아니라 학교에 고용되어 있는 과학보조원, 영양사, 사서 교사 등에 있어서는 더욱 심각한 수준이다. 과학보조원의 경우에 일용급직으로 고용하여 경조사의 경우에도 무급으로 처리하는 등 정부가 악덕 기업주 이상의 노동착취를 자행하고 있다. 정부가 영양사를 정규직으로 고용한 직영 형태의 학교에서는 식중독 사고가 거의 일어나지 않는 것에 비하여 최근 대량 식중독 사태를 야기시킨 위탁급식업체에는 일용급직 영양사들이 고용되어 있다. 이러한 문제를 해결하기 위해 정부 산하 비정규직 고용에 대한 전면적인 실태조사와 정규직화를 위한 노력이 이루어져야 할 것이다.

5. 신자유주의 교육개혁의 문제점

지금까지 살펴본 신자유주의 교육정책의 문제점을 간략하게 요약하면 다음과 같다. 첫째, 신자유주의 교육개혁은 교육영역을 시장질서와 마찬가지

---

31) 전국교직원노동조합, 「계약직 교원에 대한 실태 및 의식조사 보고서」, 『비정규직 교원 철폐를 위한 토론회 자료집』, 2002.

로 공급자(학교와 교사)와 소비자로 나누어 공급자의 개혁을 통해 소비자의 선택권을 확대하자는 논지를 펴고 있다. 이러한 논리로 인해 누구에게나 평등한 교육을 제공한다는 근대 공교육의 이념이 시장경제 질서로 재편되고 있다. 심지어 공공재인 교육을 일반 상품과 마찬가지로 거래의 대상으로 삼아야 한다는 논리로까지 발전되고 있다. 그러나 교육에 있어서 완전한 시장이란 존재하지 않는다. 그 이유는 어느 나라나 교육 서비스 공급의 핵심적 내용인 교육예산과 교과과정을 국가가 통제하고 있기 때문에 공급 자체가 제약을 받고 있기 때문이다.[32] 또한 교육영역은 직접 소비자인 학생과 세금을 내는 학부모의 요구가 반드시 일치하지 않는 등 시장질서를 적용하기 어려운 조건을 가졌다.[33] 이러한 측면에서 시장경제질서를 교육에 적용하는 것은 근본적으로 잘못된 발상이라고 볼 수 있다.

둘째, 신자유주의 교육개혁의 문제는 모든 것을 경쟁을 통해 해결하고자 하는 경쟁만능주의에 입각하고 있다는 것이다. 교원에 대해서는 성과급제 도입과 새로운 교사 직급체제의 도입 등 경쟁을 유발하는 교원정책이 시도되고 있다. 심지어 경쟁에서 탈락하는 학교나 교사 심지어 학생까지도 구조조정의 대상이 된다. 그러나 교육부문의 경쟁은 상품시장 경쟁과는 근본적으로 다르다. 즉, 상품 시장에서는 경쟁에서 살아남지 못하면 스스로 시장에서 퇴출되지만 교육 부문에서는 꼴찌라고 해서 강제로 퇴출시킬 수 없다는 것이다. 따라서 교육적 측면에서 판단할 때 교육부문에 시장경제와 동일한 경쟁기제를 도입하는 것은 잘못된 발상이라고 볼 수 있다. 그리고 경쟁을 강화하면 교육의 질이 더욱 향상된다는 것 또한 가설에 불과할 뿐 현실에서 구체적으로 입증되지도 않았다. 실제로 영국에서 80년대 학교교육에 경쟁기제를 도입하면 교육의 질이 크게 향상될 것으로 기대했으나 결과는 국가가 설정한 목표만큼 교육의 질이 향상되었다는 실증적 증거를 찾지 못했다[34]는 연구 결과가 도출되었다.

32) S. J. Ball, *Education Reform* (Buckingham: Open University Press, 1995), pp. 43-56.
33) E. Keep, "Schools in the Market place? some problems with private sector models," *British Journal of Education and Work*, Vol. 5, No. 2 (1993), pp. 17-20.
34) I. Plewis, H. Goldstein, "Excellence in Schools-a failure of standards," *British*

셋째로, 신자유주의 교육개혁은 다양성과 소비자의 선택권을 보장한다는 명분 속에서 교육의 불평등을 구조화시켜 계급 불평등 구조를 더욱 심화시키고 있다는 점이다. 국민보통교육인 초·중등 교육은 보편성과 형평성을 유지하여야 하며 국민 모두에게 평등한 교육 기회를 제공하여야 한다. 그런데 최근 자립형 사립고, 국제고, 자율학교 등 학교유형의 다양화로 일부 계층만 혜택을 받는 불평등 구조가 생겨나고 있으며,35) 이는 일류고-일류대학-상류층 진입이라는 사회구조에서 불평등을 가속화시키고 있다. 이러한 학교 유형의 다양화는 현재까지 유지되고 있는 고교 평준화 정책에 결정적인 타격이 될 것이며 심할 경우 고교입시가 전면적으로 부활되는 결과를 낳을 수도 있다.

넷째로, 신자유주의 교육개혁으로 인해 교사의 신분이 불안해지고 업무가 가중되는 등 교사의 근무조건이 전반적으로 악화되고 있다는 것이다.36) 구체적으로 신자유주의 교육개혁을 시행한 남미나 아프리카 국가들에서 교사의 업무가 실제로 늘어났으며,37) 영국에서도 80년대 말 이후 교사의 업무가 계속 늘어나고 있다는 조사 결과가 제출되었다.38) 우리나라의 경우도 앞에서 살펴본 대로 교과목 통합과 선택과목의 확대로 많은 학교에서 과원교사가 생겨나고 있으며, 부족한 과목에 대해서는 비정규교사를 채용하는 등 교사 고용구조의 안정성이 떨어지고 있으며, 심지어 일부 사립 경영자들은 교사도 계약제로 채용할 것을 요구하고 있는 실정이다. 또한 통합 교과목제, 수준별 교육과정, 수행평가제도 도입과 교원 정원의 실질적 감축으로 인한 수업시수의 증가 등으로 교사의 업무는 날로 가중되고 있는 실정이다.

Journal of Curriculum and Assesment, Vol. 8, No. 1 (1997).

35) 이에 대한 주장은 2000년 7월 교육부가 주최한 자립형 사립고교제도 도입 방안 공청회에서 발표된 심성보, "자립형 사립학교 제도는 학교교육의 위기를 극복할 수 없다"와 신현직, "자립형 사립학교 제도도입에 관한 토론"을 참조.

36) Education International, "Changes and developments in the education sector affecting teachers working conditions" (Brussels: EI, 1997) 참조.

37) ILO, *Recent Development in the education sector* (Geneva: ILO, 1996).

38) *School Teachers' Review Body: STRB,* Seventh Report (London: The Stationery Office, 1998) 참조.

마지막으로 위에서 언급한 내용 외에도 신자유주의 교육개혁은 교육에 대한 재정 투자를 줄임으로 인해 학생과 교사들의 교육여건을 개선하는 데 저해 요소가 되고 있으며, 교육개방으로 각 나라마다 교육의 주체성이 위협 받는 등 많은 부작용이 나타나고 있다. 그럼에도 불구하고 우리나라에서 시장질서에 근거한 교육개혁이 계속 추진되고 있는 것은 일차적으로 정부나 교육개혁을 추진하는 교육당국이 우리의 교육현실에 대한 정확한 진단 없이 서구에서 진행되었던 교육개혁을 그대로 답습하고 있기 때문에 나타난 현상이다. 이는 1995년 교육개혁에서 주도적 역할을 담당했던 인사가 미국의 시장옹호론자들이 주장한 내용을 우리 교육개혁의 좌표로 설정했으며, 이후 정부에서도 많은 관료들이 영국의 교육개혁을 그대로 답습하고 있다는 사실에서도 드러나고 있다. 또한 지난 1997년 경제위기 이후 IMF의 신자유주의 구조조정을 수정 없이 받아들여 교육부문에도 적용했던 김대중정부의 잘못된 교육관에도 그 원인이 있다.

6. 결어

앞에서 살펴본대로 신자유주의 교육개혁은 교육이라는 공공재(public goods)에 시장 개념을 도입하여 교육영역을 새롭게 재편하려고 시도하고 있다. 그러나 교육은 다른 상품과는 달리 수요와 공급 자체가 제한받고 있으며, 학교는 잉여를 창출하기 위한 공장이 아니라 인간의 가치를 실현하기 위한 사회적 공동체이기 때문에 교육영역에 시장질서를 적용하는 것 자체가 잘못된 설정이다. 이러한 측면에서 교육에 시장질서를 수용하는 관점은 분명 자본의 자유로운 흐름을 옹호하는 자유주의적이고 보수적인 시각임이 확실하다. 이에 대한 대안은 진보적 복지국가론에 입각하여 현재 공교육을 더욱 확대해 초·중등 교육뿐만 아니라 고등교육까지도 국가의 책임하에 무상교육으로 이루어져야 한다는 것이다. 다시 말해 교육을 받고자 하는 사람은 누구든지 언제라도 아무런 차별 없이 교육을 받을 수 있는 조건을 국가가 만들어 주어야 한다는 것이다. 한마디로 교육은 시장적 관점으로 접근하는 것이 아니라 국민에 대한 복지의 하나로 여겨야 한다는 것이다. 이러한 입장에서 향후 교육개혁을 위한 몇 가지 제안을 하고자 한다.

먼저 올바른 교육개혁을 위해서는 교육개혁에 대한 명확한 철학이 필요하다. 초·중등교육은 국민기본교육으로서 국민에 대한 복지의 차원에서 접근해야 한다. 따라서 누가 어디서 교육을 받을지라도 차별 없이 동등한 교육을 받을 수 있는 보편성과 평등성이 구현되어야 한다. 다시말하면, 초·중등교육은 수월성보다는 보편성을 추구하는 종합교육(Comprehensive Education)에 입각해 교육개혁이 추구되어야 한다. 국적도 없고 철학도 없는 신자유주의 시장논리에 의한 차별화 교육은 초·중등교육에는 걸맞지 않은 발상임에 틀림없다.

둘째로, 위의 목표를 실현하기 위해 가장 시급한 과제가 교육 재정을 확대하여 교육의 질을 향상시키는 것이다. 세계 각국에서도 1980년대 전반적으로 교육 예산이 감소하는 경향과는 반대로 90년대 중반 들어 교육 예산을 늘리고 교육기회를 확대함과 아울러 학급당 학생수를 축소하는 등 교육환경을 획기적으로 개선하고 있으며, 학생들의 기초적인 정보·기술 습득을 위해 교육 기자재를 현대화하는 등 교육 투자를 확대하고 있다. ILO의 조사 보고서에 의하면(표 1 참조), 1992년 전세계적으로 GNP 대비 교육예산 비율의 평균이 5%대에 진입하면서 80년대의 비율을 상회하는 것으로 나타났다. 또한 UNESCO는 1996년 21세기 교육을 위한 국제위원회(International Commission on Education for the 21st century) 활동 결과를 최종적으로 보고하면서 GNP 대비 교육예산의 비율을 최소한 6%까지 늘려야 한다고 각국 정부에 권고하고 있다. 우리도 교육재정 확보를 통해 우선적으로 교육환경 개선에 집중 투자를 해야 할 것이다.

셋째로, 교육의 전반적 운영에 있어서 교사의 역할이 중요하다는 인식이 확산되고 있다. 이러한 사실은 최근 유럽연합,[39] ILO[40] 등 국제기구에서 교육계의 변화를 점검하고 새로운 교육체계 구축을 위한 보고서를 채택하는 과정에서 일관된 주장으로 확인되고 있다. 교육의 질을 향상시키고 새로

---

39) European Commission, Teaching and Learning-Towards the learning society, European Commission White Paper (1996) 참조.
40) ILO, *Recent Development in the education sector* (Geneva: ILO, 1996) 참조.

운 세계 질서 변화에 대응하기 위해서는 교육에 있어서 교사들의 역할을 제고시키고 정책 결정 과정에도 교사들의 참여가 보장되어야 한다고 주장한다. 물론 이러한 인식은 그동안의 교육개혁 과정에서 교사들의 협력과 적극적인 참여가 없이는 어떠한 개혁도 성공할 수 없다는 경험에서 비롯된 것이라고도 볼 수 있다. 이를 위해 교사에 대한 양성·임용·재교육 등 전반적인 교원정책이 재조정되어야 할 것이다.

마지막으로 교육정책 결정 과정을 민주적 구조로 개편혀야 한다. 지금까지 우리의 교육정책은 학교 현장과 유리된 채 일부 교육 관료의 손에 의해 독점적으로 입안되었으며, 그렇기 때문에 교육정책은 학고 현장의 필요에 의해서가 아니라 정권이나 장관이 바뀔 때마다 교육관료들의 필요에 의해 경쟁적으로 수립되었고 이전 계획은 아무런 이유 없이 실종되곤 했다. 따라서 이러한 교육정책의 관료 독점주의를 타파하기 위해서 교육정책이 시행되기 전에 교사와 학부모 그리고 지역사회에 의해 검증되는 체제를 반드시 구축해야 하고 정책 시행 후에는 철저하게 감시하고 평가하는 체제가 갖추어져야 한다. 이런 측면에서 교육을 "국가주도의 공공성에서 민(民) 중심, 시민사회 주도의 공공성"으로 전환한자는 주장, 41) 국가나 지방자체단체 차원에서 독립성을 갖는 안정적인 씽크 탱크를 구성하여 교육정책을 입안하자는 제안42) 이나 교육에서의 의사결정 과정이 시민사회 안에서 제도적으로 조정될 수 있는 장치가 마련되어야 한다는 주장43) 등은 의미가 있다고 생각한다.

---

41) 정유성, 「새로운 공공성과 시민사회 성숙을 위한 연대—21세기 공교육 활성화를 위한 교육개혁의 방향」, 제5차 동아시아 교육포럼, 2000.

42) C. A. Torres, "Privatization and Neoliberalism in Education," 한국교육연구소 주최 〈교육개혁과 교원노조의 역할 국제학술세미나〉, 1999, 17-33쪽.

43) G. Whitty, S. Power, and D. Halpin, *Devolution & Choice in Education* (Buckingham·Philadelphia: Open University Press, 1998), pp. 126-142.

뉴라운드, 경제특구와 한국사회

—신자유주의 세계화 반대·WTO 반대 전선으로!

김영선 (노동자의 힘)

1. 들어가며

2차대전은 시장포화 상태에 있던 제국주의 진영이 세계시장의 확보를 위해 치고 나간 식민지 쟁탈 전쟁이었다. 전후 유럽은 제국주의 진영의 도발의 결과로 막대한 복구 비용과 설비 투자를 필요로 하게 되었다. 이것이 세계 시장의 일인자를 자처하던 유럽이 멀어지는 뒤로 미 제국주의가 화려하게 등장한 배경이다. 전세계 공산품의 절반 이상을 생산하게 된 미국은 자국 자본의 이윤을 위해 관세 인하를 핵심으로 무역 장벽을 제거하고자 하는 GATT(General Agreement on Tariffs and Trade: 관세무역일반협정) 체제를 출범하도록 만들었다. 이를 중심으로 세계자본주의는 60년대 말까지 호황을 누리게 된다. 그러나 이것은 엄밀히 말해 체제위기의 지연과 심화의 포문을 여는 것에 불과하였다. '불행한 전조'가 바로 60년대 말부터 시작된 것이다. '과잉생산-과잉축적'의 이상 징후는 여러 곳에서 나타났다. 유럽을 휩쓸었던 68혁명, 미 제국주의에게 지울 수 없는 상처로 남은 베트남 전쟁. 자본은 이제 다른 방식으로 재생산 방식과 체제를 확보하지 않으면 안되었다.

신자유주의 세계화. 이것은 자본 스스로 위기를 돌파하기 위하여 세계적 차원에서 진행한 자본의 노동에 대한 공격이다. 자본은 스스로 해결할 수 없는 위기에 처함으로써 이를 해소하기 위해 한편으로는 단일한 세계 시장 형성을 목표로 한 세계화 추진과 한편으로는 보다 유리한 축적 조건을 확보하기 위해 무한경쟁에 뛰어든다.

신자유주의 세계화는 초국적자본 사이에, 그리고 자본 분파간의 '전쟁'을 의미하지만 보다 본질적으로는 자본이 노동자계급에게 겨눈 '전쟁'을 의미한다. 그리고 이 전쟁은 일국적 수준에서는 노동과 공공부문 민영화, 노동 유연화 등으로 드러나는가 하면 세계적 수준에서는 단일한 세계시장 건설로 드러난다. 자본은 시장 형성에 걸림돌이 되는 노동자민중의 투쟁을 거세하고 자본을 규제하는 각종 제한을 철폐하며 자본 진영간 패권 장악을 위하여 군사력을 동원한 전쟁도 서슴치 않는다. 미국이 이라크를 공격한 것은 그런 의미에서 '제국주의 침략전쟁' 이다. 동시에 자본주의체제가 불러온 위기의 심화를 노골적으로 드러낸 것에 불과할 따름이다.

WTO체제는 전기, 물, 의료, 교육, 식량, 철도, 통신 등 인간의 삶에 필요한 모든 것을 시장의 요구에 부응하는 상품으로 전락시켰다. 신자유주의 세계화 과정에서 공공적 성격을 담지한 영역의 민영화·사유화와 같은 구조조정을 필연적으로 동반하게 되는 이유가 바로 여기에 있다. 이렇게 자본의 강화를 꾀하는 신자유주의 세계화와 이를 이끄는 WTO, 세계은행, 국제통화기금 등의 배경에는 초국적자본의 실력행사가 묻어있다. 초국적자본은 이를 원하는 방향으로 이끌어냄과 동시에 일국적 수준의 법률과 제도를 침해함은 물론, 모순의 심화가 불러오는 노동자민중의 투쟁을 관리하는 역할까지 담보하고 있는 것이다.

2. 신자유주의 세계화의 첨병 WTO

1) 뉴라운드 출범: 체제위기의 일시적 봉합

2001년 11월 9일. 한국, 아르헨티나, 핀란드, 홍콩, 이탈리아, 프랑스, 호주, 태국 등의 노동자민중은 'WTO반대! WTO해체!', '고용안정과 노동권 보장!', 'WTO out of our life'라는 구호를 외치며 신자유주의에 맞선 투쟁을 진행했다. 그러나 같은날, 카타르 도하에서는 WTO 4차 각료회의를 개최하여 '도하개발의제'(DDA: Doha Developement Agenda)라는 명칭의 뉴라운드가 출범하였다. 시애틀 투쟁 이후 신자유주의에 맞서 저항하는 노동자민중의 투쟁 또한 성장했지만 DDA 뉴라운드 출범은 세계자본주의가 신자유주의에 반대하는 노동자민중의 투쟁과 저항을 일정 넘어섰음을 의미한다.

WTO는 1999년 11월 시애틀 3차 각료회의가 전 세계 민중들의 저항과 제3세계 회원들의 이견에 직면하여 성과 없이 막을 내린 후 '정체성의 위기'를 겪고 있었다. 그리고 그 '정체성의 위기'는 여러 곳에서 드러났다. 우선 WTO를 주도하고 있는 제국주의 진영간의 세계패권을 둘러싼 갈등과 알력의 심화이고 다른 하나는 신자유주의 세계화의 결과, 소외되거나 수동적으로 임할 수밖에 없던 제3세계 정부의 반발이다. 그리고 시애틀 각료회의를 저지시킨 후 IMF, 세계은행, G8정상회담, 아셈회의 등 신자유주의 세계화에 정면으로 맞서 국제연대투쟁으로 무장한 전세계 노동자민중운동·사회운동이 자리하고 있다. 여기에 4차 각료회의 직전에 발생한 9. 11테러는 그동안 미국 주도로 추진되던 신자유주의 세계화와 세계패권전략이 일정하게 실패했음을 의미했다. 미국이 9. 11 테러 이후 패권전략의 유지·확장과 무역의 자유화를 진전시킬 의도로 대테러전쟁을 감행하고 뉴라운드 출범을 강조하고 나선 것은 역설적이나마 WTO가 봉착했던 위기를 드러내준다. DDA 뉴라운드 출범은 이런 위기에 빠진 WTO체제를 초국적자본이 일단 구출한 것을 의미하고 전세계 노동자민중에게는 새로이 투쟁전열을 정비해야 하는 것을 의미한다.

한편 80년대 들어 우루과이라운드를 통해 시장화, 개방화 정책을 본격화하기 시작한 한국 자본주의는 지구적 수준의 위기 관리와 국가적 수준의 신자유주의화라는 과제를 안고 있었다. 현재 노무현정권이 지구적 수준의 위기 관리를 위해 WTO체제로의 적극적 편입 정책을 구사하는 것과 동북아경제 중심국가 구상을 통해 지역적 신자유주의 패권을 목적하는 것이 그 방향이라 할 수 있겠다. 노무현정권이 현재 야심차게 추진하려는 경제특구-동북아경제 중심국가 구상은 두 과제를 상보적으로 완성하려는 한국 자본주의의 위기 극복 전략이다. 따라서 노무현정권은 임기 안에 동북아 패권을 위한 토대를 구축하는 데 매진하는 한편 WTO체제로의 적극적 편입과 완성을 위해 복무할 것이다.

2) 뉴라운드 협상 동향: 지연, 보완

WTO 뉴라운드는 2001년 11월 출범 이후 국가간 분야별 협상을 거쳐 2005년 1월 1일 이전 종료를 목적하고 있다. WTO 뉴라운드를 이끄는 제국주의 진영은 단일 세계시장 형성을 방해하는 요소로 농업과 서비스 분야를 꼽는다. 당연히 협상의 최대 관심사는 농업시장 개방과 서비스분야 개방이다. 농업분야는 미국을 위시한 케언즈 그룹(농산물 수출극모임)의 주장대로 '수출보조 폐지, 국내보조의 대폭감축, 시장접근(관세·비관세장벽)의 대폭 개선'이 선언문에 담겼다. 서비스부문은 2001년 6월 말을 기점으로 각국간 양허요청안이 제출되면서 본격화되었다. 지금까지 미국, 호주, 중국, 일본 등이 한국에 시장 개방을 요청한 부분은 에너지, 통신, 전문직·사업서비스(법률, 의료, 회계, 부동산, 컴퓨터), 우편송달, 교육, 금융, 운송(철도 포함) 등 서비스 전 영역에 달한다. 한편 한국 정부는 금융, 통신, 건설, 해운, 유통 등을 중심으로 중국과 아세안 국가들에 개방을 촉구하였다. 이외 비농산물분야, 규범분야, 환경, 지적재산권분야에 대해서는 관세인하, 반덤핑협정, 각종 보조금철폐 등이 주된 이슈다. 서비스 협상이 본격화되면서 각국의 대립양상이 드러나고 있다. 뉴라운드 협상 과정에서의 대립 양상은 이른바 '선진국 vs 개발도상국'의 대립만이 아니라 선진제국주의 국가간 대립·갈등의 폭과 양상이 심화되며 드러나고 있다. 애초 5차 각료회의에서 '개발도상국과 최빈국이 이익을 고루 나누어 가진다'는 의미로 뉴라운드 명칭(DDA)을 명명했던 의미가 무색할 뿐만 아니라 신자유주의 지구화 패권을 둘러싼 제국주의 진영의 갈등이 갈수록 첨예해짐을 알 수 있다.

한편 뉴라운드에서 2003년 3월말로 예정했던 농산물 협상은 세부원칙 합의에 실패했다. 애초 농업 협상은 관세율 감축과 각종 보조금의 폐지와 감축 폭에 대해 합의하여 올해 9월 5차 각료회의 이전까지 각 국별 이행계획서를 제출하기로 했지만 세부 원칙 합의의 실패로 일정의 순연과 조정이 불가피함은 물론 5월 말로 예정한 비농산물 협상도 자본의 욕심대로 진행되지는 않을 것이다.

또한 3월 31일을 마감 시한으로 두었던 서비스 분야 개방 양허안 제출은 한국 정부를 포함하여 12개국만이 제출하였다. 전체 WTO 회원국 146개 중 12개국만의 양허안 제출을 통해 알 수 있는 것은 그동안 한국 정부가 주장해온 'WTO 개방 대세론'의 허구성과 국가간 대립-제국주의 진영간 갈등의 심화이다.

WTO를 필두로 하는 세계 단일시장 형성 전략은 다자간 틀, 일괄 타결이라는 성격으로 제국주의 진영간 갈등, 국가적 갈등의 심화를 빚어내고 있다. 즉, 단일시장 형성을 하긴 해야겠는데 국가적 이익이 걸린 부분이 빚어내는 국가간 갈등, 제3세계 정부의 저항, 세계적 수준의 노동자민중의 저항에 직면해버린 것이다. 따라서 이를 완충, 보완할 필요성과 함께 블럭 수준에서 선(先) 시장 형성, 혹은 지역 패권을 위해 쌍무간 투자협정(BIT), 자유무역협정(FTA)을 진행한다. 다자간 틀에 비해 양자간 틀이 가지는 협상의 용이함 때문이기도 하겠지만 결국 세계 단일 시장 형성을 목적한다는 면에서 투자협정 등은 WTO와 같은 얼굴일 뿐이다.

3) 한국 정부의 WTO 개방화

(1) 한국 정부의 태도: 적극적인 개방화·시장화

WTO 협상에 임하는 한국 정부의 태도는 적극적인 개방화·시장화로 요약할 수 있다.

우선 미국과 EU 등의 제국주의 국가들이 WTO 시장개방을 주도하면서도 공공부문과 농업부문 등 자국의 이해가 결부되는 사안에 대해 시장보호 혹은 각종 보조금폐지와 관세인하에 소극적으로 나오고 있는 반면 한국 정부와 자본은 반도체, 전자, 자동차 등 경쟁력이 있다고 판단하는 분야의 시장진출과 확대에 적극적이다. 이를 위해 농업 개방과 교육·에너지 등 서비스 분야 개방에서 적극적 태세로 임하고 있는 것이다.

다음으로 한국 정부는 WTO 협상 과정에서 개발도상국 지위 유지를 고려하지 않는 듯하다. 개발도상국으로 분류되는 국가는 각종 보조금과 관세 등의 폭에서 상대적 혜택을 확보할 수 있다. 비록 공식적 발언은 없었다 하더라도 '강력한 개발도상국 졸업 압력이 있을 것으로 예상', '서비스 분야에서는 공격적 자세로 협상을 추진하고 농·어업 및 일부 서비스 분야는 점진적 개방을 추진하면서 구조조정 및 경쟁력 제고의 계기로 활용한다'는 방침에서 태도가 드러나고 있다.

(2) 농업 분야 개방: 자본가계급을 위한 국가의 영농정책

한국이 뉴라운드 협상에서 개발도상국 지위를 상실하게 되면 감축폭이 확대되고 '추곡수매' 등 최소한의 농업보조금 지급도 감축된다. 한국 정부는 뉴라운드 협상이 시작될 때 "농업 분야 협상에서 식량안보, 농촌개발, 환경보호 등 비교역적 관심사항(NTC)이 고려사항임을 확인하였다"면서 피해를 최소화하겠다고 하지만 하나마나한 말에 불과하다. 대통령 직속 농어촌 대책팀을 출범시켜 DDA협상 대응, 농어촌복지특별법 제정, 자유무역협정(FTA)특별법 제정 등을 추진하는 모습은 피해를 최소화하겠다는 애초 취지가 바로 '피해의 기정사실화'임을 인정하는 것에 다름 아니다. 뉴라운드협상 계획에 따르면 2005년 1월1일부터 시장 개방안이 적용된다. 관세화 개방시 2005년 관세율은 기준관세율(440%-460%이하)의 90%가 되므로 396%-414%이하가 된다. 현재 중국산 쌀값이 27,000원(정곡 80kg) 정도인데 396%-414% 관세를 적용해도 국내 쌀값의 70% 수준인 106,920원-111,780원에 거래될 것이다. 한국은 총 농가의 78%가 벼농사에 종사하고 있으며 벼농사가 농업소득의 46%이상을 차지한다. '쌀'이라는 작곡 하나에 국한하여 보더라도 WTO뉴라운드에 따라 쌀시장이 개방되면 농가들은 시설채소, 화훼, 축산 등으로 관심을 돌릴 것이다. 따라서 축산, 화훼, 시설채소, 과수 등도 악무한적 시장경쟁에 내몰리게 되며 농업의 파탄과 농민계층의 동요·혼란은 피할 수 없을 것이다. 결국 '쌀(농업)시장개방→쌀값폭락→쌀이외 품목 집중→과잉생산→가격폭락→농업몰락·파탄→농민계층의 양극화(소수의 대경작부농, 다수의 빈농·빈민·프롤레타리아화)→다수 농민의 도시집중 및 유휴노동력화'라는 구도는 불보듯 뻔하다. 전국농민회총연맹에 따르면 빈민화된 농민들이 도시에 모일 때 발생하는 비용(주택, 상

하수도, 교통, 공해, 교육 등)은 현 농촌을 지원할 때 드는 비용보다 10배 이상 든다. 더 큰 문제는 농업 및 관련산업의 몰락과 재편, 그리고 다수 실업자군의 양산과 노동시장에서의 경쟁격화·노동유연화의 심화이다. 이것은 신자유주의적 지구화와 산업재편 및 노동관리전략을 완성하는 것을 의미한다.

결국 한국 정부의 농업 개방 정책은 해방후 추진한 저(低)농산물 정책, 식량자급 7개년(1965-1971) 계획, 이윽고 추진한 개방농정과 1980년대 후반부터 들이닥친 우루과이 라운드(UR), 도하뉴라운드(DDA)와 최근의 한·칠레 자유무역협정에 이르기까지 한국(초국적)자본의 이해와 요구를 대변하며 충족시키는 정책이라고 할 수 있다. 즉 자본가계급을 위한 국가의 성공적 영농정책이라 할 수 있겠다.

(3) 서비스 분야 개방: 신자유주의 구조조정·생존권 파괴의 가속화

한국 정부의 서비스 분야 협상은 공공부문 구조조정 및 제2금융구조조정 등 서비스 분야 개방 준비와 함께 진행되었다. 따라서 김대중정권 들어 추진한 4대 구조조정은 WTO 개방정책의 정지작업이라 할 수 있으며 국가적 수준의 신자유주의 완성 작업이라 하겠다.

특히 철도, 발전(에너지), 통신 등 이른바 공공적 성격을 가지고 있는 공공 부문의 민영화·사유화 작업은 김대중정권 임기 5년 동안 각종 법제화 조치와 노동 구조조정을 동반하여 진행되었다. 노무현정권은 최근 민영화 정책의 재검토를 운운하지만 그것은 기본적인 민영화 및 신자유주의 구조조정 노선에 대한 포기가 아니라 방식과 시차를 적절하게 조정하겠다는 것으로 보여진다. 즉, 해당 산업 노동자들의 저항과 투쟁을 적절히 관리함과 동시에 상품성과 경쟁력을 높이는 차원으로 접근하려는 것이다. 다시 말해 '팔아치우는' 방식에서 '시장에서 잘 팔리게끔'이라는 방식으로의 변화라 할 수 있겠다. 최근 남동발전 산업 매각과정에서 불나방처럼 달려들었던 국내외 초국적자본이 일제히 매각 입찰을 철수한 것은 단적인 사례이다. 이에 한국전력은 남동발전 매각을 잠정적으로 중단하고 '민영화의 여건조성'에 나서겠다고 하였다. 최근 발표한 '남부발전의 연료 다변화를 통해 수익성을

높이겠다'는 것은 그들이 말하는 '여건조성'의 의미가 무엇인지 밝히고 있는 것이다.

이미 양허요청안과 양허안을 제출한 교육분야는 외국대학의 진입을 허용하기 위한 해외송금제한 완화 등을 비롯하여 교육의 상품화, 교육재정 국가책임의 개인전가(노동자민중에 대한 전가), 교육에 대한 공적 통제와 관리불가능 등의 초래를 예고하고 있다. 보건의료분야도 마찬가지인데 보건의료의 상업화와 보건의료비의 증가 및 노동자·민중의 부담 증대, 보건서비스에 대한 혜택 및 건강의 불평등 심화 등이 예상된다. 결국 교육, 보건의료라는 사회적 서비스 영역이 시장개념을 지닌 상품으로 취급되면서 계급간 서비스 혜택의 불균등을 심화시키고 지출비용 상승에 따르는 생활임금의 저하와 노동력 재생산을 위한 조건의 악화를 초래할 것이다. 해당 분야 노동자들의 고용불안과 불안정노동화 및 노동조건의 악화, 노동강도 강화는 두말할 나위 없다.

한국 정부의 서비스분야 협상에 임하는 일관된 기조는 구조조정을 완료하여 적절한 시장개방의 조건을 구비하겠다는 것으로 보인다. 이것은 김대중정권이 '임기안에 4대 부문 구조조정을 완료하여 경제 경쟁력을 제고하겠다, 동북아 비즈니스 중심국가로 우뚝 서겠다'는 기존 경제부문 기조와 노무현정권 들어 누구이 강조하고 있는 '신자유주의 세계화는 대세', '동북아 경제중심국가 건설 추진' 기조와 일치한다. 즉, 신자유주의 구조조정의 완료를 통해 국내적 조건을 완비하고 동북아 지형에서의 신자유주의 패권을 점유하여 세계패권의 한 부분을 담보하겠다는 것이다. 정권과 자본의 계획대로라면 노동자민중의 삶의 질은 나락으로 떨어질 수밖에 없으며 그동안 미약하나마 투쟁과 저항으로 지켜왔던 최소한의 노동기본권·생활권조차 빼앗길 수밖에 없을 것이다.

3. 노무현정권과 동북아 경제중심국가 건설, 경제특구

1) 외자유치를 목적한다는 경제특구

경제특구는 김영삼정권 시절 세계화 추진 과정에서 동북아 중심국가 구상의 제기에 따라 물류, 금융 등의 거점 구축의 필요성과 함께 등장하였다. 이후 1998년 제4차 국토종합계획(2000-2020)에서 개방형 국토 거점을 제시한 후 무역협회 등 재계의 제안과 연구를 거쳐 2002년 1월 대통령 연두회견을 통해 「동북아 비즈니스 중심국가 육성 기본 구상」(이하, 동북아구상)을 제시하였다. 정부는 2002년 한 해동안 동북아구상의 시안을 확정하고 동북아구상의 핵심 요소인 '경제자유구역지정및운영에관한법률(안)'(이하, 경제자유구역법)을 제정하는 등 매우 발빠른 행보를 보여왔다. 이에 따라 올해 7월부터 인천, 광양, 부산항을 중심으로 경제자유구역법이 시행 예정에 있으며 지방자치단체는 경기도청, 전북도청을 위시로 경제자유구역 지정을 앞다퉈 요청하고 있는 실정이다.

한국 정부가 1970년 '수출자유지역설치법'에 따라 지정한 마산수출자유지역도 경제특구의 한 모형이다. 당시 수출자유지역설치법 제1조에서 명문화한 "외국인의 투자를 유치함으로써 수출의 진흥, 고용의 증대 및 기술의 향상을 기하여 국가 경제의 발전에 기여"한다는 것으로 보면 일반적으로 외자유치를 위해 관련 제도를 구축하고 구획을 설정한다는 측면에서 이른바 70년대의 '수출자유지역'은 2000년대에 '경제자유구역'으로 재탕되고 있는 것이다.

2) 동북아경제 중심국가와 경제특구

노무현정권은 국정 12대 과제 중 경제 분야 핵심과제로 '동북아경제 중심국가 건설'을 제시하였다. 동북아구상의 시안을 확정한 김대중정권의 정책을 계승한 노무현정권은 동북아구상을 실현하기 위한 핵심적인 수단으로 경제특구 정책을 내세운 것이다. 동북아구상 실현의 선결 조건을 국가 경쟁력 제고로 보는 노무현정권은 이를 위해 '물류 중심지', '첨단산업 클러스터', '국제금융클러스터' 등의 개념을 제시하고 있으며 경제특구를 이 과정의 한 수단으로 본다. 즉, 경제특구는 신자유주의 세계화가 대세임을 주장하는 노무현정권의 동북아구상을 실현하기 위한 구체적 프로그램 중 하나인 것이다.

그런데 노무현정권의 동북아구상은 '동북아 - 한반도'라는 지정학적 특수와 '북한'이라는 정치적 묘수풀이를 동시에 해결해야 하는 난제를 전제하고 있다. 이미 일본은 오래전부터 '한-중-일' 동북아시장을 시발로 아시아 경제권역을 하나로 묶는 블록화를 구상하고 있었다. 일본의 구상대로라면 오는 2005년-2010년의 세계 경제는 유럽권(EU), 전미권(FTAA), 아시아권 등으로 재편될 것이다. 일본의 구상은 '세계의 공장'을 자임하는 중국과 이의 안전판 역할을 하는 북한을 염두에 둔 유럽과 미제국주의 진영에게 큰 부담이 아닐 수 없다. 유럽이 아시아유럽정상회의(ASEM: Asia Europe Meeting)에 참여하고 미국이 아시아태평양경제협력체(APEC: Asia-Pacific Economic Cooperation) 참여 및 신태평양공동체(NPC: New Pacific Community)를 제기한 배경은 바로 아시아시장 패권을 점유하기 위한 행보이다. 나아가 최근 북핵 문제를 둘러싸고 벌어지는 미, 중, 일 등의 행보도 동일한 맥락이라 하겠다. 따라서 노무현정권은 국정 과제 중 지정학적 위험을 최소화하여 외자가 안정적으로 머물 수 있게 하는 '외교·통일·국방 분야: 한반도 평화체제 구축'을 근간으로 하는 것이다.

이를 위시로 지방분권과 국가균형발전, 과학기술 중심사회 구축, 교육개혁과 지식문화강국 실현, 사회통합적 노사관계 구축을 동북아구상을 완성해줄 정치, 사회, 경제적 과제로 제시하고 있다. 그러나 동북아구상의 관건은 무엇보다 노동유연화와 이를 위한 협력적 노사관계 구축에 있는 것 같다. 이미 경제특구 등의 외자 유치 정책을 실시한 국가들의 사례를 보면 각종 투자 유인책들 중 핵심을 노동유연화와 협력적 노사관계에 두고 있다. 그리고 노동유연화와 사회협력적 노사관계 구축은 단지 노동자의 투쟁과 저항을 적절한 수준에서 관리하는 것을 넘어 이것을 노동자민중이 사회적 윤리이자 규범으로 내면화하도록 하려는 데에 있다고 본다.

3) 핵심은 노동유연화

작년 11월 제정한 경제자유구역법은 심각한 노동기본권 침해와 노동자 생존 저해 요소를 규정하고 있다. 70년 전태일 열사 분신 이후 투쟁의 역사로 쟁취한 노동기본권을 심각하게 부정한 것이다. 21세기 자본의 투자와 재생산 조건이 결국 노동 조건을 1970년대로 후퇴시키는 셈이다. 월차 휴가

<외국사례 요약>

국가	아일랜드	네덜란드	중국 푸동	스웨덴	싱가포르
기본 방향	외자 유치, 수출확대	교역 및 물류 중심	아시아 경제 허브, 특혜 지역 조성	첨단기술의 산업 클러스터(시스타)	국가 주도형 경제, 외자 유치
특구 범위	국가 전체	국가 전체	533㎢ (1.6억평)	범위 규정 없음 시스타 지역	국가 전체
자본이 분석한 성공 원인	-유럽 최저 법인세 -임금과 노사안정 -정책 당국의 노력 -유럽 시장 접근성 -고학력 수준의 인력	-폴더 모델, 합의 경제에 의한 노사 관계 안정 및 노동 시장의 유연성 -규제 철폐 -자유시장화, 개방화 -지식 기반 산업 -외국어 교육	-첨단 금융, 하이테크, 국제자유무역지대, BT-IT관련 투자 등 개발구(區)별 산업 유치 및 구간 경쟁 허용 -외국인 생활 환경과 여건 조성 -외자유치 전문회사 설립 및 원스톱 서비스 -정부가 고용 요건의 적극적 개선 추진 -풍부한 노동력 수급	-산업 클러스터 (IT, 자동차, 바이오) 중심의 외자유치 -노동시장의 유연성에서는 경쟁력이 없으나 협력적·평화적 노사 관계 정착	-정부가 전반적인 경제 발전 계획 입안, 추진. 경제개발청(EDB) 주도 -외국인력의 활용 -집권당의 집권 연대 세력이던 강성노조 축출과 협력적·평화적 노사관계 정착
노동 관리	-87년 노동자, 노조, 농업 종사자들의 사회 협약 체결로 임금 안정 -가이드라인 준수	-폴더 모델: 사용자, 노동자, 정부가 임금, 근로 조건, 국가 경제 정책에 대해 합의 도출 및 정책화 -노사정(SER)의 협의에 기반	-외자에 모집의 자유 부여 및 개별 고용, 계약 해지 자유 보장 -노동쟁의중재위원회의 노사문제 감독과 해결 -고급인력은 성과급제 적용 유도 및 인력 이동 제한 없음	-노조와 사민당과의 연계, 노조의 경영 참가 -노동총연맹과 사용자총협의회의 협력관계 -90년대 초 노사정 합의, 임금인상 억제, 고용안정 등 협의. 97년 협약 갱신	-외국인력 전담 부서 설치 -전국노조위원장은 무임소 장관 -한 달의 유예만 있으면 해고 가능, 노사대립없이 노정대립 -전국 노조는 하나의 국영기업(체인, 보험, 운수회사 운영)
노동력 재생산 관리 (교육)	-외국 기업들의 대학 교과목 검토 -교육기관의 투자 설명회 -대학은 기업이 원하는 노동력을 양성해야만 연구자금 지원을 받음	-다국어 교육 -개방 지향형 교육	-우수 인력 공급망 구축, 첨단 기술 중심의 대학 육성 -첨단 기술과 지식 집약 산업 중심으로 대학 육성 -상하이 주변 대학과 첨단 벤처 기업과의 산학 협동 활발 -고급 인력의 경우 인적 사항을 정부내 인사국에서 별도 관리, 기업의 요청시 제공.	-산학 협동의 선순환: 대학-연구소-기업간 협력 네트워크 -기업은 기초 기술 연구를 대학에, 대학은 기업의 재정 지원으로 장비 확보 등 -스웨덴 왕립 공대의 경우 기업으로부터 평가를 받아야만 졸업 가능	-대학들은 90년대 말부터 '교육중심'에서 '연구중심'으로 전환 -정부의 대규모 연구 자금 지원 및 세계화 추진

* 출처: 남덕우 외 지음, 『한국경제 생존 프로젝트-경제특구』, 삼성경제연구소, 2003

적용 배제, 생리휴가의 무급휴가 적용 등의 대표적인 노동권 침해 요소에 대해 재계에서는 완전 적용 배제를 요구하고 있다. 파견노동의 경우 업종 및 기한 제한을 완전 배제했던 입법예고(안)를 수정하여 전문 업종에만 적용하겠다지만, 전문 업종 지정을 사용자가 할 수 있게 하거나 모호한 표현을 담아 사용자가 원하는 대로 파견 근무가 가능해질 형편이다. 그야말로 노동자의 노동력이 고무줄이 될 형국인 것이다. 한편 한국의 자본측 연구기관은 마산수출자유지역에서 1980년대부터 발생한 외국 기업 및 외자 이탈의 원인을 임금 상승과 노사 갈등 및 노동조합 결성으로 보고 있다. 이것은 '한국 노동 생산성이 상대적으로 낮아 노동유연화 정책 및 노동구조조정을 상시화해야 한다'는 자본측의 주장과 '그동안 관련 노동법을 개정해왔지만 아직까지 일부 조항이 국제 기준(global standards)에 미달하여 국가 이미지 개선에 부정적인 영향은 물론 노사분규의 중요한 요인'이라는 노무현 정부의 평가와 맥을 같이 하고 있다.

자본과 정부는 경제특구를 지정하고 외자 유치와 활동을 보장하는 전제조건으로 글로벌 스탠다드(global standards)를 제시한다. 여기에는 크게 자본 활동 보장과 외국인(종사자) 생활 여건의 조성이라는 두 측면이 있다. 먼저 자본 활동 보장의 측면을 보면 세계 공용어 사용과 행정 시스템 및 외환 거래의 자유로움과 통용성의 용이, 자본시장·노동시장·토지시장에서의 국제적 관행 적용, 경제특구 내·외간 자본 및 금융 이동의 규제 완화, 교통·물류 네트워크 발달(공항, 항만, 텔레포트), 고급 인적 자원의 인프라, 각종 세제 지원 등이다. 외국인 생활여건의 조성은 노동생산성 향상을 위한 입지 조건 형성으로 외국인, 고급인력 등의 노동력 재생산을 위한 각종 생활시스템 확보를 일차적 목표로 한다. 동시에 주 5일제의 확대로 소비한 노동력을 경제특구 안에서 재생산하며 주5일 동안 획득한 소득을 경제특구 안에서 소비하도록 하여 생산과 소비의 선순환을 목적하는 산업테마파크(industrial park, business park, office park)를 조성하여 자연과 산업 단지가 함께 어우러지도록 하고 공공 편익 시설 확충을 위해 서비스부문의 개방화 조치도 동반하는 것이다. 상술한 각종 조치들은 국제 기준에 의해 운영·관리되어 경제특구는 일종의 경제 자치구 또는 경제 치외법권의 성격을 지니는데, 이러한 국제 기준이 특구에 한정되면 고립된 섬으로 남을 수 있으므로 나라 전체로 범위를 확대하려는 기본 속성을 가지고 있다. 즉, 경제특구는 클러스터 형성을 위해 지역에 한정하여 출발하지만 결국 전국화, 전일화 나아가 세계화하려는 자본의 장밋빛 청사진이라 할 수 있다.

1999년부터 줄곧 논의되던 노동부문의 글로벌 스탠다드는 자본측이 극렬하게 강조해왔고 노무현정권은 이를 앞에서 말했듯 특구 구상에서 핵심으로 놓고 있다. 정권과 자본측의 글로벌 스탠다드가 과연 어떤 것인가. 앞으로 경제특구를 수단으로 하는 동북아구상이 실현될 때 노동자-민중에게는 어떤 일이 벌어질지는 다음과 같은 주장들에서 너무나 분명하게 드러난다. 전경련이 주장하는 국제 기준을 보면 생리휴가제 폐지, 초과근로할증율 25% 인하(ILO기준), 1년 단위 탄력적 근로시간제 도입, 법정퇴직금제도 폐지, 파업시 대체근로 허용, 항공운수사업의 필수공익사업범위 포함(ILO 기준), 정규직 해고요건 완화, 공공부문 민영화 등으로 임금, 노동시간, 고용, 사유화 부분에 이르기까지 전분야에 걸친 노동유연화를 주장하고 있다. 최근에는 외국자본을 유치하기 위해 국내 재벌기업을 호스트로 세우겠다며 국내 자본에 특혜를 줄 방침까지 세워놓은 상태다.

4) 경제특구의 폐해: 노동의 봉건적 회귀

특구의 70년대 판인 마산수출자유지역의 경우 여성노동자가 63%를 점하는 가운데 열악한 노동조건에서 외국자본의 자본 철수 위협, 한국정부의 부당노동행위 묵인 등으로 노동권의 사각지대였다. 이에 맞서 80년대 후반과 90년대 초 치열한 투쟁이 전개되기도 했지만, 번번이 자본철수와 철수위협에 가로막혀야만 했고 이제는 노동운동의 불모지대가 됐다.

스리랑카 수출자유지역(EPZ)에서는 독일 국적 공장인 ACE & SkySport 의 노동자들이 임금인상과 노동시간 단축을 요구하기 위해 스리랑카 법에서 노동조합 대신 허용된 노동자협의회를 조직하자마자 집단해고와 조업폐쇄를 당하고 말았다. 자본은 나아가 노동조합 결성이 유명무실한 곳으로 공장이전을 협박하겠다고 하여 정부가 나서서 노동 탄압을 하도록 압박하였다.

방글라데시와 파키스탄의 수출자유지역에서는 노동조합 결성이 금지되어 있고 과테말라와 파나마에서는 노동조합을 합법적으로 억압한다. 말레이시아의 경우 수출지향적 전자산업에 종사하는 노동자들에게 노동조합법이 아닌 특별법을 적용하고 있다.

100만 이상의 노동자가 밀집해있는 멕시코 마낄라도라의 경우 북미자유무역협정(NAFTA)에 근거한 법률을 적용한다. 이 법에 따르면 미국 자본에 무한 권한을 부여하고 손해를 입을 경우 멕시코 정부가 배상해야 하므로 멕시코 정부는 노조 설립을 금지하고 임금 인상 억제와 노동 탄압 및 노동권 제약을 일삼고 있다. 멕시코 정부의 신자유주의 세계화 프로그램이었던 NAFTA의 결과 공식 통계로 200만개의 일자리가 없어졌고 임금은 하락해서 1995년 제조업 시간당 임금이 1975년과 일치하게 되었다. 1975년의 임금은 그나마 미국 노동자의 1/4이었지만 1995년에는 1/12에 불과하다.

5) 경제특구의 폐해: 기본권, 생활권의 훼손

자본이 경제특구의 전제 조건으로 내세운 글로벌 스탠다드(global standards)를 포함하여 경제특구 정책을 성공리에 완성하려는 과정에는 노동자민중의 삶과 직결되는 심각한 위해 요인들이 있다.

우선 외자를 유치하고 기업하기 좋은 조건을 만든다는 명목으로 국내법에 규정한 환경관련법안을 사실상 무력화시킨다. 산림법, 하천법, 폐기물관리법 등의 환경관련법안이 무력화된다면 인간의 기본적 생활 환경이 자본의 이윤착취의 이름으로 파괴될 것이다. 실제 멕시코 마낄라도라의 경우 초국적기업이 주민들이 식수로 활용하는 하천에 아무런 제재없이 유독물질을 방류하는 사례가 있었다. NAFTA를 체결한 캐나다에서는 미국의 초국적기업이 생산과정에서 인간의 건강에 치명적인 유독 물질을 발생시킨다는 이유로 제재 조치를 했다가 오히려 NAFTA 조항에 의해 손해배상금을 지급하고 제재 조치를 철회했던 사례가 있다. 이렇듯 자본은 경제특구 설치와 운영의 기준을 노동자민중의 삶의 권리나 환경권에 두는 것이 아니라 초국적자본의 이윤 창출에 둘 뿐이다.

다음으로 경제특구에 입주한 외국인의 생활여건을 조성한다는 명목으로 외국인 기업가와 그의 가족들을 위한 각종 위락시설, 교육 및 의료시설, 문화시설의 개방화를 촉진한다. 노무현정권은 얼마 전 민중운동 진영의 반대를 무릅쓰고 WTO에 교육과 서비스 부문 양허안(개방계획서)을 제출하였다. 이것은 경제특구 및 동북아구상을 염두에 두고 추진한 자본과 정권의 신자유주의 세계화 정책의 '빙산의 일각'일 뿐이다. 경제특구가 시행되면 특구내 외국학교법인의 학교설립이 가능해지고 내국인 입학도 허용되어 사실상 내국인을 상대로 장사를 하는 상업기관으로 전락할 것이다. 또한 상업적 보건의료시장이 형성되면 민간의료보험 도입의 출발로 작용할 것이다. 결국 WTO협상의 완료와 별도로 실질적인 개방화, 시장화의 발판이 마련되는 셈이다.

4. 어떻게 싸울 것인가

1) 노무현도 다르지 않다!

96, 97년 노동법 개악과 이를 저지하기 위한 노동자들의 대투쟁은 총자본과 총노동의 대립으로 확대되었다. 그러나 자본의 생존을 위한 발악은 필연적으로 경제위기를 불러왔고 이 위기를 봉합하기 위해 IMF가 들어왔다. 초국적자본의 얼굴을 한 IMF · WTO와 이의 충실한 대리인이자 집행자인 신자유주의 정권은 노동자민중의 억압과 생존권 압살에 기생하여 연명했다. 김대중정권 5년이 휩쓸고 지나간 현장에는 전체 노동자의 60% 이상을 차지하는 비정규직 노동자, 노동강도 강화로 인해 골병 든 노동자, 빈부격차의 심화, 고용불안과 실질임금의 하락만이 남았을 뿐이다.

김대중정권이 추진한 각종 구조조정은 WTO개방화, 신자유주의 세계화에 진입하며 충격을 흡수하기 위한 조치에 불과했다. 한편으로는 IMF 이후 외자유치만이 살길이며 한국 경제가 나아질 방편이라는 이데올로기 공격을 통해 노동자민중으로 하여금 피해와 삶의 질 하락을 어쩔 수 없는 것으로 받아들이며 순응하도록 조장하였다.

김대중정권의 신자유주의 노선을 계승한 노무현정권은 이미 당선자 시절부터 '개방은 대세', '세계화는 거스르기 힘들다'는 주장을 거듭해왔다. 이것은 '참여정부'를 표방하고 나선 노무현정권이 스스로 자기 본질을 폭로한 것에 지나지 않는다. '동북아경제 중심국가'를 건설하겠다며 국가적 위상을 높이겠다는 노무현정권의 장밋빛 환상은 신자유주의 세계화를 통해 자본의 위기를 모면하겠다는 전략일 뿐이다.

한편 노무현정권은 김대중정권 5년의 결과가 체제를 위협하거나 자본의 위기를 심화시키는 방향으로 확장하지 않도록 WTO체제로의 깊숙한 편입과 각종 충격의 완화 조치를 통해 노동자민중의 투쟁과 저항을 적절하게 통제하려 할 것이다. 결국 경제자유구역, 동북아구상, WTO 협상은 자본과 정권이 '살 길을 모색'하는 전략이다. 이를 위해 노무현정권은 신자유주의 구조조정의 일상화와 내면화를 목적함과 동시에 '대안은 없다'(there is no alternertive!)는 대처 전 영국 수상의 말처럼 국민을 설득하고 강제하려 할 것이다.

하기에 향후 노무현정권 5년 동안의 투쟁은 생존권, 생활권 등의 기본권을 옹호하고 사수하는 투쟁이자 동시에 정치적으로 자본의 이윤창출과 위기 관리 전략인 WTO체제, 신자유주의 세계화를 저지하기 위한 성격일 수밖에 없다.

2) 기간 투쟁의 한계

2002년 벽두를 달군 공공 3사 노동자들의 공동파업과 발전노동자들의 38일간의 투쟁은 총노동 대 총자본의 전선을 가시화했다는 측면에서 제2의 96, 97년 총파업이었다. 그런 의미에서 본다면 작년 발전 노동자들의 투쟁은 계급 대립의 국면을 총노동에 유리한 국면으로 전화하거나 혹은 대등한 관계로 진전시킬 수 있는 계기였다. 당시 투쟁의 요구는 '발전소 매각 저지'라는 슬로건으로 집중되었다. 국민의 80% 이상이 발전소라는 공공재의 외자로의 매각을 반대하였고 시민·사회 단체의 발전소 매각 저지 반대 요구가 줄을 이었다. 당시의 투쟁은 분명 발전소 매각 저지와 발전 노동자들의 생존권을 사수하기 위한 투쟁이었지만 정권과 자본의 전략인 신자유주의 세계화 반대투쟁, 나아가 WTO체제를 반대하는 전선으로 확장시키지 못했다. 오히려 신자유주의 세계화 전선을 분명히 한 것은 김대중정권과 자본이었다. 당시 3월 말경 국무회의 주재 자리에서 '이번에 밀리면 끝장'이라는 관계자들의 발언은 정권과 자본이 발전 노동자들의 총파업을 대하는 계급적 성격을 폭로하고 있다.

작년 경제자유구역법 통과 저지를 위해 투쟁했던 과정을 보면 민중운동 진영의 신자유주의 세계화전략에 대한 불철저한 인식과 대응을 확인할 수 있다. 당시 민주노총은 간부 상경 투쟁과 국회 앞 농성 등의 투쟁계획을 수립하였고 경제자유구역법 폐기 범대위 등이 투쟁 대오를 형성하였다. 그러나 투쟁 대오를 비웃듯 경제자유구역법은 명칭만 바뀐 채 통과되었으며 시행령을 앞두고 있는 형편이다. 단지 투쟁 대오의 수가 미력하였기 때문만은 아닐 것이다. 물론 일각에서는 '96년 노동법 날치기 통과에 버금가는 사안'이라며 투쟁의 각을 높이 세웠지만 투쟁 대오의 핵심적, 물리적 주체여야 했던 현장 노동자들의 대응이 미비하였던 것은 지금도 변하지 않은 과제로 남고 있다.

한편 민중운동 진영은 올 3월 한달 동안 전개된 WTO 교육개방 양허안 제출 저지를 위해 싸웠다. 그러나 정권은 양허안을 제출하였으며 WTO 회원국 중 몇 개 안 되는 양허안 제출국가로 기록되었다. 노무현정권은 '양허안을 제출해도 달라질 것이 없다', '양허안 제출은 WTO 협상을 유리하게 하기 위한 것 뿐이다'라며 애써 변명하고 있지만 이것은 민중의 투쟁을 우롱하고 있을 뿐이다. 교육은 내용과 형식 모두에서 자본의 논리를 재생산하고 있다. 피교육자에게는 자본주의 노동력을 재생산하도록 만들고 있고, 교육노동자들에게는 구조조정과 네이스(NEIS: 교육행정정보시스템)라는 현장 통제 시스템까지 도입하고 있다. 네이스는 인권침해는 물론 시장개방을 앞두고 사전 구조조정을 진행하여 시장개방에 능동적으로 대응하려는 교육개방의 또다른 모습이다. 우리는 비록 양허안 제출을 막아내지 못했지만 이 투쟁을 통해 지배계급 내부의 충돌과 갈등을 야기시켰으며 투쟁 주체의 발굴·형성이라는 소중한 성과를 얻었다. 그러나 전교조, 교육단체, 학생 등 당사자들만의 투쟁으로 제한되면서 '찻잔속의 태풍' 이상으로 확장시키지 못했다.

이렇게 그동안 전개한 노동자민중의 투쟁은 사안과 주체는 달랐지만 자본의 신자유주의 세계화전략을 저지하기 위한 투쟁이라는 면에서 분명한

계급적 성격을 가지고 있다. 그러나 이에 임했던 민중운동 진영은 각각의 투쟁을 '신자유주의 세계화 반대', 'WTO 반대 투쟁'으로 확장·결집시키지 못했다. 그 까닭은 사안을 바라보는 시각 차이, 투쟁 주체간의 사안으로 바라보는 원인 등이겠지만 무엇보다 중요한 원인은 노동자민중의 생존권·기본권 사수와 확장을 저해하는 가장 큰 걸림돌이 바로 신자유주의 세계화, WTO체제라는 것을 승인하지 못했던 주체적 조건에 있다.

3) 몇 가지 우려

현재 경제자유구역법을 폐기하기 위한 노동자민중의 투쟁이 예열되고 있다. 이 투쟁을 준비하거나 조직하는 과정에서 몇 가지 우려스러운 바가 존재한다.

첫째, 투쟁 주체들의 물리력과 조직력에 기반하지 않은 채 시민사회단체가 주도할 경우 청원과 정책 협상 차원으로 제한될 우려가 있다. 작년 발전노동자들의 총파업 당시 많은 시민사회단체의 지지와 연대, 국민적 여론을 형성할 수 있었던 것은 바로 발전노동자들의 총파업 의지와 살아있는 동력 때문이었다. 공공 3사가 공동 파업을 결의하던 시점까지 시큰둥한 반응을 보였던 몇몇 시민사회단체마저 연대와 지지 대열에 합류할 수 있었던 힘은 그 조직화의 주체가 바로 발전 노동자 자신이었기 때문이다. 따라서 당장 경제자유구역법을 저지하기 위한 투쟁 동력 형성이 요원하기 때문에 혹은 현장의 조직화는 부차적이라는 발상은 투쟁을 청원식 혹은 정책 협상의 의제 중 하나로 전락시킬 것이며 나아가 협상 능력을 최고의 선으로 여기는 우를 범하고 말 것이다.

둘째, 시행령이 떨어지면 대응하겠다는 대기론이다. 시행령은 7월부터 시행된다. 노무현정권은 청와대 직속으로 관련 태스크포스팀(TFT)을 구성하여 경제자유구역 시행과 동북아구상을 맞물려 추진하고 있다. 지방자치단체들은 앞다투어 연구와 용역 조사를 마치고 지정 요구를 하고 있다. 다시 말해 시행령이 시작되는 7월에는 이미 해당 지역과 현장은 경제자유구역을 실시할 준비가 완료된 상황이다. 자본과 정권은 준비가 다 된 상황인데 그때 가서야 투쟁을 하겠다는 것은 잘해 보았자 피해를 최소화라는 투쟁으로 경제자유구역법 폐기 투쟁을 가두고 말 것이다.

셋째, 해당 지역만의 저지 투쟁 혹은 지정 철회 투쟁이다. 경제자유구역화와 개방화는 지정 지역에 한정할 성격의 것이 아니다. 이미 자본은 전국으로 확장해야 한다거나, 지역적 불평등을 초래한다며 불만스런 속내를 표출하고 있다. 나아가 경제자유구역이 가지는 속성상 일정 구역에 제한하지 않으려 한다. 지정 지역의 투쟁이 소중함과 동시에 전국적 연대 투쟁이 필수적인 것은 이 때문이다.

넷째, 경제자유구역법과 개방화 정책이 초래할 폐해에 대해 다른 방식으로 보전이 가능하다거나 대체할 수 있다는 생각이다. 노동, 환경, 교육, 의료 등 각부문의 사안이 총체적으로 맞물려 있는 경제자유구역 폐기 투쟁은 한 부문의 사안이 다른 방식으로 보전 가능하다고 보거나 정부 정책을 유보할 수 있다고 판단하는 순간 정권과 자본의 품에 투항하는 효과를 낳을 것이다. 자본이 민중운동진영의 대응을 무마시키기 위한 방법은 투쟁 대오의 균열에 있다. 정권과 자본에게 개방화 조치와 경제자유구역법이 가져올 민중생존권의 폐해와 이의 최소화라는 것은 쓸데없는 관심에 지나지 않는다. 그들의 관심사는 민중 운동 진영의 대응을 어떻게 최소화, 개별화할 것인가에 있으며 나아가 신자유주의 개방화, 세계화 조치를 확장하여 자본 스스로 만들어낸 위기 국면을 노동자, 민중에 대한 총공세를 통해 만회하려는 것일 뿐이다.

4) WTO 반대 · 신자유주의 세계화 반대 전선으로!

지난 4월 23일 경제자유구역법 폐기를 위한 범대위가 재출범하였다. 작년 투쟁과정에서 겪었던 무력감을 극복하고 실질적인 투쟁을 조직하기 위해 조직 정비와 투쟁 계획 입안에 적극적으로 나서고 있다. 범대위는 경제자유구역법 폐기 투쟁을 여론화, 확장하여 외곽 진영의 지지와 엄호를 목적하는 체계이다. 범대위의 재출범을 시작으로 노무현정권의 경제자유구역, 동북아구상의 정치적 성격을 폭로하는 이데올로기 대응 투쟁을 본격화해야 할 것이다.

또한 지난 4월26일에는 'WTO 교육공투본'의 주관으로 '노동착취, 환경파괴, 교육·의료 개방하는 경제자유구역법 폐기 촉구 결의대회'가 열렸다. 경제자유구역이 실시될 경우 교육과 의료 부문의 실질적 개방화는 현실화된다. 따라서 이 결의대회는 경제자유구역법 자체가 노동과 환경에 대한 착취와 파괴를 넘어 교육 및 의료 등의 실질적인 개방화이자 요체라는 측면에서 그리고 투쟁의 고양과 확장, 주체의 결집을 위한 면에서 매우 의미있는 투쟁이다.

경제자유구역 지정 지역으로 거론되던 인천, 부산, 광양 지역을 위시로 경기, 대전에서도 대응의 움직임이 가시화되고 있다. 경기 지역의 경우 손학규 도지사가 직접 나서 연내 지정을 관철할 기세로 나오고 있는 상황이라 민주노총 경기본부를 중심으로 투쟁본부와 범대책위 결성을 통해 대중적 투쟁을 본격화하고 있다. 투쟁본부는 경기지역의 총파업투쟁을 불사할 각오로 투쟁을 조직하고 있다. 지역 총파업투쟁은 신자유주의 세계화 공세에 저항하는 대중투쟁의 새로운 양식이자 아래로부터의 대중투쟁을 촉발하는 계기가 될 수 있다. 투쟁본부의 계획을 현실화시키고 아래로부터의 투쟁을 실질적으로 형성하기 위해 민중운동 진영의 각별한 관심과 엄호가 필요하며 이의 전국화 계획을 마련하는 것이 시급하다.

각현장, 사업장, 부문에서는 단위 대중을 교육·의료 등의 개방화 저지 투쟁과 경제자유구역 폐기 투쟁의 주체로 나서기 위한 실천을 조직해야 한다. 교육, 의료 등의 개방화 사안은 노동자민중의 생존을 직접적으로 위해하는 요소이기 때문이다. 이를 위해 교육, 선전, 기획사업 등 각종 활동을 전방위적으로 배치해야 할 것이다.

민중운동 진영은 올해 경제자유구역 폐기 투쟁을 통해 기간 투쟁에서 범했던 오류를 극복하고 지역적 사안, 당사자들의 사안으로 제한되지 않도록 해야 한다. 나아가 경제자유구역 폐기 투쟁을 급진화시켜 신자유주의 구조조정 반대 투쟁과 각 부문, 영역의 투쟁과 함께 반제-반세계화 기치로 결집시켜야 할 것이다. 동시에 지엽적 사안으로 한정되지 않도록 신자유주의 세계화와 제국주의 헤게모니 구축과 연관되어 있음을 폭로하는 다양한 이데올로기투쟁을 병행해야 할 것이다. 한편 신자유주의 세계화에 맞서는 반제-반세계화 투쟁은 상층 차원에서의 연대에 머물기보다 지역과 부문의 노동자민중이 스스로 주체로 나서며 투쟁 동력을 형성하도록 해야 할 것이다. 따라서 각 사안과 쟁점에 대해 전체적 방향에서 배치해내며 지역과 사안, 현안을 넘어 실질적인 투쟁이 되도록 해야 한다.

우리가 명심해야 할 것은 신자유주의 세계화·구조조정이 자본의 위기 관리 전략이고 이를 위해 노동자민중의 희생과 대가를 필요로 한다는 점이 다. 따라서 민중운동 진영은 모든 투쟁의 사안과 역량을 신자유주의 세계화 반대 및 WTO 반대 전선으로 집중시켜내야 할 것이다.

한미 관계 바로 세우기
―군사 관계를 중심으로

김용한(민주노동당)

1. 들어가며

나라는 국민과 영토와 주권으로 이루어져 있다. 그런 점에서 대한민국은 엄밀한 의미에서 이 3요소를 정확히 갖춘 나라가 못 된다.

물론 국민은 있다. 하지만, 국가가 국민의 생명과 재산을 100% 책임지고 있지 못하다. 장갑차로 여중생 두 명을 깔아 죽인 주한미군들에게 무죄 평결을 내려 출국시켜도 '국가'는커녕 '정부'나 '국회' 이름으로조차도 유감 성명 하나 내지 못한 것을 보면 알 수 있다. 미군도 아닌 군속이 한강에 인체에 치명적인 독극물 포름알데히드를 다량으로 무단 방류해도 처벌하지 못한다.

영토도 있다. 하지만, 외국 군대인 이른바 '주한미군'에 의해 7,446만 평 이상이나 '미군기지'라는 이름으로 점령당한 상태인 데다, 그곳은 물론 국가의 주권이 미치지 못하고 있고, 매향리 앞바다에 있던 섬들이 50년 넘은 미군의 폭격으로 완전히 사라져서 대한민국의 지도가 바뀌었는데도, 누구 하나 의의를 제기하지 못하고 있다. 미군기지 주변을 온통 기름과 오폐수로 오염시키고 파괴하고, 사유지를 마구 점령해도 꼼짝 못한다.

주권도 있긴 하다. 그러나 국군의 통수권자인 대통령이 핵심 주권이라고 할 수 있는 '군사 주권'의 일부인 '전시 군사 작전 통제권'을 갖고 있지 못하다. 주한미군 부대에서 대한민국 청와대까지 도감청을 해서 대한민국에는 군사 기밀이고, 국가 기밀이고 할 것 없이 미국의 손바닥 안에 얹혀져 있다.

이런 점에서 대한민국은 엄밀한 의미에서 주권국가라 할 수 없다. 특히 미국에 의해 정치, 군사적으로 예속돼 있는 '준식민지'이다.

이같은 현상황을 어떻게 극복할 것인가?

그러려면, 역대 친미 정권이 악의적으로 왜곡 교육을 시킴으로써, 많은 국민이 미국에 대해 잘못 갖게 된 미신에서 깨어나게 해야 하지 않을까 싶다. 그런 뒤에 국민에게 현상황을 정확하게 알려 주고, 이 현실을 극복하고 타개해 나갈 방안을 함께 만들어내야 할 것이다.

이 글에서는 미국에 대해 일부 국민이 가지는 미신을 깨뜨리기 위한 몇 가지 방안을 검토한 뒤에 시민사회가 해야 할 일 몇 가지를 제시하고자 한다.

2. 미국에 대한 미신 깨뜨리기

1) '미국 은인론'과 '소방수 이론'

조중동으로 대표되는 보수 언론과 한나라당으로 상징되는 우익 세력만이 아니라, 상당수의 국민들이 '미국은 우리의 은인'이라고 믿고 있는 게 사실이다. 그들은 이렇게 믿고 있다. '미국은 우리나라를 일제 식민지에서 해방시켜 줬고, 한국전쟁 때도 조선의 남침으로 인한 공산화의 직전에서 구해줬고, 그 뒤로 전국토가 완전 폐허가 되었을 때도 우유와 강냉이 가루와 꿀꿀이죽으로 먹여 살려주었고, 지금까지 50년 넘게 나라를 지켜주고 있다.'

그들의 이런 믿음이 신앙인지, 미신인지는 제쳐두자. 그러나 미군에게 땅을 공짜로 빼앗기고 쫓겨나 60년째 철거민으로 떠도는 사람들도, 미군에게 일가족이 몰매를 맞아 어머니가 정신병 환자가 된 집안 식구들도, "그래도 미군은 철수하면 안 된다"고 '신앙고백'을 하고 있는 상황에서, 어떤 형태로든 이들의 환상과 미신을 깨뜨려 주어야 할 필요가 있다.

필자는 농촌의 할아버지 할머니들과 운동을 함께 해오는 과정에서 그런 필요를 너무나 많이 느꼈고, 그래서 바로 다음과 같은 이른바 '소방수 이론'을 제시했으며, 그런 미신에 절어 계시던 많은 할머니 할아버지들과도 연대할 수 있게 되었다.

소방수 이론의 핵심은 이렇다.

우리 집에 불이 나자, 소방수가 와서 꺼줬다. 가재도구도 건지고 사람도 살 수 있었다. 소방수는 더욱 고맙게도 "언제 또 불이 날지 모르니 계속 지켜주겠다"고 했다. 우리 식구들은 너무 고마워서 초소도 지어주고, 밤참도 내다주고, 생활비도 대주며, 매일 고마움을 표시했다. 그런데 언젠가부터 소방수가 우리 물건을 하나둘 훔쳐 가기 시작했다. 식구들이 "얼마나 고마워하는데, 도둑질을 하냐?" 하니까, "불 안 꺼 줬으면 다 타 없어졌을 물건인데, 몇 개 가져가는 게 뭐가 문제냐?"고 오히려 큰 소리다. 식구들이 고개를 갸웃거리자, 소방수는 그 날 밤 우리 집에 들어와 여성들을 겁탈했다. 이번에는 식구들이 잡아죽이기라도 할 듯 대드니까, "불 안 꺼 줬으면 다 타 죽었을 여자들인데, 건드린 걸 가지고 배은망덕하게 대드느냐?"고 한다.

그래도 우리 식구들이 옛날에 불 꺼준 은혜만 생각하며 아무 소리도 못한 채 소방수를 상전 모시듯이 모시고만 살아서야 되겠느냐는 것이 이른바 '소방수 이론'의 핵심이다. 물론 '미국은 소방수가 아니라, 오히려 방화범'이라고 보는 사람도 많다. 그러나 이 이야기는 미국이 은인이라는 미신에 빠져 평생을 살아온 이들의 주인 의식을 깨우기 위해 만든 것이다.

2) '해방군론'과 '고-고-새 이론'

1945년 제2차 세계대전에서 이긴 미국과 영국, 프랑스, 소련 네 나라는, 전범국이자, 패전국인 독일을 넷으로 갈라 가진 적이 있다. 그 바람에 독일은 분단의 아픔을 겪었다. 그러나 아시아의 독일이라고 할 수 있는 일본은 분단되지 않았다. 미국이 일본 대신 '조선'을 갈랐기 때문이다. 그런데 많은 이들이 '미군은 해방군'이라고 믿고 있다. 미군이 해방군이냐 점령군이냐는, 사실 논란거리도 아니다. 당시 38도선 이남을 통치하던 맥아더가 포고한 미국태평양방면 육군총사령부 포고 제1호(1945년 9월 7일) 포고[1]에서 직접 "점령군"으로 규정했기 때문이다.

포고의 내용을 보면, 미군은 해방의 기쁨을 누리고 싶어하는 조선인들에게 빈말로라도 '해방'이라는 말은 한 마디도 쓰지 않았으며, 2호2)와 3호3) 포고를 통해서 협박으로 일관했다. 그런데도 미군을 해방군으로 믿는 것은, 미군정 앞잡이로서 제주도민 학살 책임자인 이승만이 초대 대통령이 되어, 국민에게 무조건 친미교육을 시작한 이래, 역대 정권도 그 상황을 심화시켰기 때문이다.

일본이 항복한 날은 1945년 8월 15일이다. 그런데, 맥아더를 비롯한 미군이 이 땅에 들어온 날은 그해 9월 6일, 맥아더의 부하로 조선 진주군 사령관을 맡은 하지와 아베 노부유키 조선총독 사이에 항복 조인이 이루어진 것은 9월 9일이다. 그렇다면 8월 15일부터 9월 9일까지는 누가 조선을 다스렸을까? 조선총독부였다. 그 점에서 광복절은 8월 15일이 아닌 셈이다.

8월 15일 일본이 항복하자, 건국준비위원회(건준) 치안대가, 일본이 다스리던 경찰서를 접수하기 시작했다. 그런데 8월 16일 조선총독부는 갑자기 행정권 이양을 거부하였다. 오히려 조선군사령관 이름으로 다음과 같은 포고령을 내렸다. "인심을 교란하고 치안을 해치는 일이 있으면 일본군은 단호한 조치를 취할 방침이다." 그리고는 경찰관서와 신문사, 학교를 다시 접수해 버렸다. 맥아더가 보낸 미군 선발대가 8월 16일 극비리에 서울에 도착해서 조선총독부에 "미군 본대가 진주해 들어올 때까지 모든 체제를 변경하지 말고, 그대로 유지하다가 정식 항복 때 일본 통치기구를 그대로 미군에게 넘기라"고 지시했기 때문이다. 4)

미군이 왜 그랬을까? 일본이 주권을 일단 조선인에게 넘기면, 미국이 다시 빼앗을 경우, 조선인들이 "일본놈들이 쫓겨나가고 미국놈들 들어와서, 해방인 줄 알았더니, 그 놈이 그 놈이더라."5)를 금방 알아차릴까 봐 겁이 났던 것이다.

---

1) 〈참고자료 1〉 맥아더 포고 제1호 참조.
2) 〈참고자료 2〉 맥아더 포고 제2호 참조.
3) 〈참고자료 3〉 맥아더 포고 제3호 참조.
4) 강만길, 『한국현대사』, 창작과비평사, 1984, 167쪽 참조.
5) 유명한 민중가요 그룹 '우리나라'의 '주한미군철거가' 앞부분.

어쨌든 점령군으로 들어온 미군을 해방군으로 잘못 믿고 있는 이들을 각성시키기 위해 만든 것이 이른바 '고-고-새 이론'이다.

고래(미국)가 고등어(일본)를 잡아먹으려는데, 그 고등어 입에는 새우(일본의 식민지 조선)가 물려 있었다. 그때 고등어가 몸을 피하며, 물고 있던 새우만 고래에게 줬고, 그 바람에 고래는 고등어가 아니라, 새우만 잡아먹었다. 그런데도 새우는 고래가 자기 잡아먹은 줄도 모르고, 고등어 입에서 해방시켜 준 줄로만 믿고, 고래에게 고마워하고 있어서야 되겠는가!

3) 미국의 한국 보호 이론과 주객전도 이론

(1) 카투사(KATUSA)와 유삿카(USATKA) 이론

미국이 우리나라를 보호하고 있다고 착각하며 살고 있는 이들이 많이 있다. 사실은 전혀 그렇지 않다. 대표적인 예로 카투사[6]를 들 수 있다.

미국이 자기나라 군대를 파견하여 주둔시키는 나라는 전 세계에 85개국이나 된다. 그런데 그 많은 나라에는 없는 카투사 제도가 우리나라에만 있다. 이 제도는, 군대 생활하면서 영어도 배울 수 있는 기회라며, 군대 갈 나이에 있는 젊은이들한테 특혜로 여겨져 인기가 많기도 하다.

그런데 이것이 한미 관계를 상징으로 보여주는 제도이다. 군대의 조직상, 한국군이 주군이고, 미군이 '배속군'이라면 미군이 우리를 보호하고 도와준다고 믿어도 좋다. 그러나 카투사는 완전히 거꾸로, 미군 부대에 배속된 한국군이다. 미군이 우리나라를 도와주러 와있다면 '카투사'가 아니라, 미군을 한국군 부대에 배속시켜서 '유삿카'[7]로 만들어야 한다. 그래서 한국군이 부족하다고 주장하는 부분, 예를 들면, 첩보 수집 능력이나 첩보 해석 능력 같은 것을 일정 기간 미군에게 맡기되, 그것도 한국군 부대장이나, 한국의 국방부 장관, 또는 한국 대통령의 지휘 통제를 받도록 해야 하는 것이다. 한미연합사령부 소속 더빈 대령은 부부참모장이던 시절 한 토론회에서

---

6) 카투사: KATUSA(Korean Augmentation Troops to the United States Army: 미군에 배속된 한국군).

7) 유삿카: USATKA(United States Augmentation Troops to the Korean Army: 한국군에 배속된 미군).

필자가 '카투사를 유삿카로 바꾸면 미국이 우리를 보호하고 도와주고 있다
는 말을 믿겠다'고 하자, "점진적으로 그렇게 되어야 한다고 믿는다."고 답
변한 바 있다.

(2) 경비업체 이론

1997년 10월 4일 나카소네 야스히로 전 일본 총리는 홋카이도 오타루시
에서 열린 한 강연회에서 주일 미군을 "아시아·태평양 지역에서 분쟁이 일
어나지 않도록 파수견으로 쓰고 있다"고 한 바 있다. 그는 그 자리에서 "일
본은 돈을 내고 미군을 주둔시켜 파수견으로 쓰는 격이며 그것이 현명하다"
고 주장해 외교문제가 되기도 했다. 그러나 우리나라에는 미군에 대해 '우
리 집 지켜 주러 와있는 개'라고 말할 수 있는 정치인이 없다.

한 보석상이 자신의 보석을 지키기 위해 많은 돈을 들여 예컨대 갑이라는
경비업체에 경비를 맡겼다고 치자. 출근해서 도둑이 든 사실을 알았다면,
도둑 욕할 필요 없이, 경비업체와 보험회사에 손해 배상을 청구하면 된다.
그런 일이 반복되면, 계약을 해지하고, 을이라는 경비업체와 계약하면 그
만이다.

그런데 주한미군은 어떤가?

조선민주주의인민공화국이 대한민국의 '주적'이냐 아니냐의 논란도 있긴
하지만, 동해안 잠수함 사건이나, 서해 북방한계선 사건이 벌어질 때, 한미
두 나라는 온통 조선민주주의인민공화국을 욕하기에 바쁘다. 미군이 돈을
받고 우리나라의 경비를 책임진다면, 당연히 미군에게 책임을 물어야 한
다. 대통령이 주한미군사령관을 청와대로 불러, "당신들한테 얼마나 많은
세금을 투자하고 있는 줄 아느냐"며 "똑바로 지키라"고 야단칠 수 있어야 된
다. 그런 일이 반복되면, "안 되겠다. 너희 내보내고, 러시아 군대 쓰겠다!"
고 계약 해지를 선언할 수 있어야 된다. 그러나 대한민국 대통령이 그렇게
할 수 있는가?

4) 75% 이론과 린다 킴, 문희섭 이론

대한민국 정부는 여전히 '한국군은 조선민주주의인민공화국 군대의 75%

전력밖에 갖고 있지 못하다'8)고 주장한다.

그러나 대한민국9)은 조선민주주의인민공화국10) 보다 쳐소 2배에서 최대 10-15배의 군사비를 쓰고 있다.

무기 수출11)에서는 대한민국과 조선민주주의인민공화국이 별반 차이가 없는 반면, 수입에서는 엄청난 차이가 난다. 대한민국은 해마다 세계에서 4, 5위를 달리고 있는 데 비해, 조선민주주의인민공화국은 거의 해마다 순위에도 들지 못하고 있다.12)

다음 두 가지 가운데 하나이거나 둘다로 해석할 수밖에 없다. 첫째, 20년 이상을 두 배에서 열 배나 되는 돈을 쓰면서도, 여전히 75%의 군사력밖에 못 가지고 있다는 정부의 주장이 새빨간 거짓말이다. 둘째, 국방비의 상당액이 실제로는 국방에 쓰이지 않고, 린다 킴을 비롯한 미국 무기회사 로비스트들이나 문희섭 전 국방부 차관을 비롯한 국방부 관리들의 뒷주머니로 새들어갔다.

5) 국방비 절감론과 남북 수교와 통일론

미군이 주둔하기 때문에 우리는 국방비를 적게 쓰고도 엄청난 방위력과 전쟁 억지력을 갖게 됐다고 믿는 이들이 있다. 그러나 우리가 미군에게 대주는 이른바 '방위비 분담금' 가운데 '땅과 시설의 공짜 임개'와 '통행료를 비롯한 각종 세금 면제' 따위로 간접 지원하는 돈 말고, 직접 현찰로 주는 것만도 엄청나고, 그 액수가 해마다 늘어나고 있다. 현행 SOFA 특별협정을 보자.

"2002년의 대한민국의 분담금비용은 5,880만미불 및 5,368억원이다. 2003년 및 2004년의 분담금은 전년도 분담금의 8.8퍼센트에 해당하는 금액 및 대한민국 통계청이 발표한 전전년도의 물가상승률(국내총생산 디플레이터) 만큼의 증가금액을 전년도분담금에 합산하여 결정됀다."13)

---

8) 〈참고자료 4. 남북한 군사력 비교〉참조.
9) 〈참고자료 5. 북한 연도별 군사비 지출 현황〉참조.
10) 〈참고자료 6. 한국 연도별 군사비 지출 현황〉참조.
11) 〈참고자료 7. 세계 무기 수출 현황〉참조.
12) 〈참고자료 8. 세계 무기 수입 현황〉참조.

같은 맥락에서 미군이 떠난 뒤에 한국의 국방비를 대폭 증액해야 한다고 주장하는 이들도 있다. 그러나 한국이 아무리 국방비를 증액해도 주변 강대국들과 군사적으로 겨룰 수 없다. 일본의 GDP 1%가 우리 1년 예산과 맞먹는데, 우리가 어떻게 일본을 군사적으로 이길 수 있단 말인가!

우리가 살 길은 조선민주주의인민공화국과 수교를 통해 통일로 가는 길 뿐이다. 36년 동안 일방적으로 우리를 식민지로 다스렸고, 온갖 만행을 저질렀던, 민족도 언어도 전혀 다른 일본과도 수교를 했다. 일본과는 7년이나 싸웠던 임진왜란 직후에도 수교를 한 전례가 있다. 그런데 '3년 동안' '일방이 아니라 서로' 치고받고 싸운 한 민족끼리 수교 못할 까닭이 없다. 조선민주주의인민공화국을 나라로 인정하고, 수교를 하자. 우리 국민 대다수는 러시아나 일본이나 중국이 우리나라를 침략하려 한다고 생각하지 않는다. 그것은 주한미군 때문이거나 이념이 같기 때문이 아니라, 그 나라들이 우리나라와 수교를 한 나라들이기 때문이다.

3. 한국 시민사회가 해야 할 일

1) 유엔사령부 해체 운동

판문점 장성급 회담 유엔사 대표 제임스 솔리건 미군 소장의 2002년 11월 26일과 28일 한 발언을 요약하면 이렇다. '남북의 누구라도 군사분계선을 넘을 때는 유엔사의 승인을 받아야 한다. 정치인, 적십자 요원 가릴 것 없이 지금까지 모두 그래 왔고, 앞으로도 그래야 한다. 이에 대해 조선민주주의인민공화국이 계속 거부한다면, 앞으로 금강산 육로 관광 같은 남북 교류 협력 사업이 제대로 되지 않을 것이다.'

그가 내세운 정전협정에 따르면 군인뿐 아니라 민간인도 비무장지대에 들어가거나 군사분계선을 넘으려면 미리 유엔군사령관의 허가를 받아야 하고, 조선민주주의인민공화국의 동의서도 있어야 하는데, 금강산 육로 관광객도 마찬가지라는 것이다.

---

13) 현행 〈한미 SOFA 특별협정〉, 제2조.

조선민주주의인민공화국은 솔리건 개인의 말이 아니라, 미국의 입장을 대변한 것이라며 강력하게 반발했다. 대한민국에서는 '미군장갑차여중생살 인사건범대위'를 중심으로 한 시민사회 단체들이 "통일을 가로막는 망발"로 규정하고 강력하게 반발했다.

이런 분위기 때문에 한국 국방부가 나서서 유엔사와 군사분계선 통과 허가를 "관례대로" 하기로 합의했다. 우려했던 '솔리건 사태'는 그렇게 한 고비를 넘겼지만, 앞으로도 이같은 상황이 얼마든지 다시 벌어질 수 있다.

유엔사 부참모장이 이렇게 남북교류에 찬물을 끼얹을 스 있는 까닭은 무엇일까?

이를 알려면 유엔사의 역사를 알아야 한다. 1950년 6월 25일 한국전쟁이 터지자, 유엔은 안전보장이사회를 급히 소집하여, "북한군의 38도선 이북 철수"를 요구하였다. 이 요구가 받아들여지지 않자, 6월 27일 "북한군 격퇴 전쟁 참여"를 결의하였다. 이에 따라 당시 미국 대통령 트루먼은 도쿄에 있던 맥아더 미 극동군 사령관을 30일에, 미 육군인 제24사단 21연대 제1대대 일명 스미스 부대를 7월 1일에 한국에 보냈다. 유엔 안보리는 7일 유엔군 통합사령부 설치안을 가결하였고, 8일 트루먼이 맥아더를 유엔군총사령관에 임명하였다. 당시 한국 대통령 이승만은 14일 맥아더에게 한국군의 작전 통제권을 넘겨주었다. 24일 일본 도쿄에서 유엔군 사령부가 창설됨으로써 한국전쟁은 남북 전쟁에서, 미국을 중심으로 한 세계 21가국 군대가 유엔군이라는 이름으로 참전한 세계 전쟁이 되었다.

유엔사는 몇 차례의 유엔 결의에 따라, 북의 무력 공격 격퇴와 국제평화, 안전회복, 한국통일, 독립, 민주정부 수립 같은 임무를 띠었으나, 1953년 7월 27일 유엔군과 조선인민군, 그리고 조선인민군을 지휘했던 중국인민지원군이 '정전협정'을 체결한 뒤부터는 정전 체제 유지 역할만 맡게 되었다.

어쨌든 정전협정에 따라, 휴전선 남북으로 2km씩 설정된 비무장지대는 유엔사가 관리하게 되어 있다. 남북을 육로로 오가려면 이 지대를 거치지 않을 수 없는데, 솔리건이 바로 이 대목을 상기시킨 것이다.

협정 서명 당사자 어느 쪽도 공식으로 파기를 선언하지 않았기 때문에 정전협정이 여전히 살아 있는 협정이라는 점에서, 솔리건은 지극히 당연한 자기 권리 주장을 한 것이다. 그러나 그것은 어디까지나 유엔사를 이끌고 있는 미군의 주장일 뿐, 1975년부터 줄기차게 유엔사 해체를 주장해온 조선민주주의인민공화국은 물론, 그동안 미군에게 일방으로 이끌려 다닌 한국 정부조차도 받아들일 수 없는 망발이었다.

1975년 조선민주주의인민공화국은 "유엔사는 단지 유엔의 모자를 쓴 미군에 불과하기 때문에 이를 해체해야 한다"며, '유엔사 해체 결의안'을 내기도 했다. 당시 한국은 '유엔사 존속 결의안'을 냈는데, 유엔은 서로 모순이 되는 이 두 결의안을 함께 통과시킨 바 있다.

1991년 유엔사가 군사정전위 유엔군측 수석대표에 한국군 장성을 임명하자, 조선민주주의인민공화국은 군사정전위 자체를 거부하다가 1995년 조-미 장성급 회담을 요구했다. 유엔사와 한국 국방부가 유엔사와 조선민주주의인민공화국 군대의 장성급 회담을 거꾸로 제의했고, 조선민주주의인민공화국이 이를 받아들임으로써, 이 장성급 회담은 1998년부터 지속적으로 열리고 있다. 2002년 9월 17일 발효된 남북군사보장합의서도 형식적으로는 정전협정에 따라 유엔군사령관과 조선민주주의인민공화국 인민무력부장의 승인을 거쳐, 그 위임을 받은 남북 군사 당국이 만들어낸 작품이라고 볼 수 있다.

유엔사는 미국, 영국, 필리핀, 캐나다처럼 한국전쟁에 참전했던 나라의 군대들로 구성되어 있긴 하다. 그러나 조선민주주의인민공화국의 주장이 아니라도, 주한미군사령관인 한미연합사령관이 유엔군사령관도 겸하고 있다는 점에서 주한미군이 사실상 주도하고 있는 군대라는 것 또한 명백하다. 게다가 다른 한편 남북이 동시에 유엔에 가입한 1991년 이후에는 유엔군이 유엔의 한 회원국인 한국에 주둔하며, 다른 한 회원국인 조선민주주의인민공화국을 적대시하고 있다는 점에서, 유엔군의 한국 주둔은 명분이 약하다.

한편 솔리건 사태는 정전협정과 남북군사보장합의서가 충돌한 사건이라고 볼 수 있다. 남북군사보장합의서에 들어 있는 남북관리구역도 정전협정에 따른 유엔군의 관할 구역 안에 있기 때문에 유엔사가 승인권을 갖는다고 주장한 것이기 때문이다. 정전협정의 문구만 보면 맞는 말 같지만, 그의 주장대로 할 경우, 남북관리구역에서 남북 군사 당국이 어떤 합의를 이루어 내더라도, 유엔사를 사실상 이끌고 있는 미군이 나중에 한 마디 하면, 남북의 그 모든 합의가 휴지조각이 되어버릴 수도 있다는 것이다. 그런 점에서 남북 모두 그의 발언을 그냥 지나칠 수는 없는 것이다.

유엔사에 그런 권한을 주고 있는 정전협정이 살아 있는 한, 앞으로도 이와 비슷한 사태는 계속 벌어질 수 있다. 한국 정부의 태도에 따라서는 비무장지대 통과와 관련된 '관례'조차 깨질 수도 있다. 미군은 자기들이 욕먹을 짓을 다 하면서도, 형식논리를 내세워 유엔에 그 책임을 떠넘기려는 심산을 갖고 있다. 유엔군은 솔직히 주한미군의 바람막이 역할밖에는 하는 것이 없다. 그렇기 때문에 현명한 우리 국민은 유엔군을 싸잡아서 주한미군으로 보는 눈을 갖고 있다. 물론 정전협정과 유엔 결의가 살아 있는 한, 한국에 유엔사가 있는 것은 합법이다. 그러나 정전협정이나 유엔 결의나, 영구불변의 진리가 아니다. 문제가 있으면 고치는 것이다. 현재 유엔사는 남북의 화해와 교류, 협력, 통일에 문제를 일으키고 있고, 앞으로도 일으킬 것이며, 심지어 그런 문제를 일으킬 권리마저 갖고 있다. 이 문제를 해결하려면 정전협정을 평화협정으로 대체하고, 유엔 결의를 바꿔야 한다. 당연히 유엔사령부를 해체해야 한다. 적어도 유엔사령관의 이름으로 주한미군사령관이 갖고 있는 전시작전통제권도 반드시 환수해야 한다.

2) 각종 조약과 협정 개정 운동

(1) SOFA[14] 개정 운동

장갑차로 두 여중생을 깔아죽였는데도 우리는 가해자를 재판에조차 회부하지 못했다. 그들만의 재판으로 무죄 평결을 내리고 당당히 출국시켰다. 한미 두 나라 정부 대표가 공식 서명하고, 우리나라의 경우 국회 비준까지 받은 SOFA 때문이다.

미군이 주둔하는 것은 SOFA 때문은 아니다. 미군이 맨 처음 우리나라에

---

14) SOFA(Status Of Forces Agreement) : 정식 이름은 '대한민국과 아메리카합중국간의 상호방위조약 제4조에 의한 시설과 구역 및 대한민국에서의 합중국 군대의 지위에 관한 협정'인데, 줄여서 '주한미군지위협정'이라고도 함.

들어올 때는 아무런 법적 근거도 없었다. 2차대전에서 일본을 이긴 전승 국가이니까, 일본이 '먹고' 있던 조선 땅에도 맘대로 들어와서 일본군 기지를 빼앗아 사용한 것뿐이다. 나라도 없고, 헌법도 없던 그 시절에는 맥아더나 하지의 포고령이 곧 법이었다.

그 뒤 이승만을 앞세워 이 땅에 나라를 세워준 미국은 그때부터 한국 정부와 이런저런 조약과 협정을 맺었다. 그 가운데 주한미군과 관련이 있는 것은 '대전협정'과 '한미상호방위조약'이다. 대전협정은 한국전쟁 때 이승만이 우리의 국권을 미국에 거의 완전히 상납한 협정이고, 한미상호방위조약은 휴전 뒤 미군이 주둔할 법적 근거가 필요하니까 1953년에 맺은 조약이다. 이 조약은 지금까지 유효하며, 이에 따르면 미군은 우리나라에 무기한으로 주둔하게 돼 있다.

SOFA는 대전 협정보다 약간 나아진 협정이다. 한미상호방위조약에 따라 우리나라에 주둔하는 미군에게 어떤 땅을 어떻게 빌려주고 어떻게 돌려받을 것인지, 미군이 사고를 내거나, 범죄를 저지르거나, 환경을 파괴하거나 할 경우에는 어떻게 처리해야 할 것인지 따위를 규정해 놓은 협정이다. 1967년에 제정한 이 SOFA는 1991년과 2001년에 조금씩 고쳤지만, 미군 장갑차 여중생 압살 사건에서도 밝혀졌듯이 아직도 문제투성이다.

SOFA는 한미 두 나라만 놓고 절대 비교를 해보건, 미군이 주둔하고 있는 다른 나라들과 상대 비교를 해보건, 어쨌든 불평등하다. 이 짧은 글에서, 31개 조항으로 이루어진 본 협정과 합의의사록, 양해사항까지 모두 다 검토해 볼 수는 없지만, 수박 겉핥기식으로라도 훑어보자면 다음과 같다.

우선 미군에게 땅을 공짜로, 무기한으로 빌려줘야 한다. 환경을 파괴해도 원상복구할 의무를 명확히 지우고 있지도 않다. 공무 중에 저지른 범죄나 사고는 우리가 재판할 수 없다. 재판을 하더라도, "미군의 위신에 합당하지 않을"[15] 경우, 미군은 재판을 거부할 수도 있다. 재판이 끝나 구속된 범인도 미군 당국이 신병을 넘겨받아 귀국시킬 수도 있다. 용의자가 수사나

---

15) SOFA 합의의사록 제22조 9항에 관하여 (카) "적절한 군복이나 민간복으로 수갑을 채우지 아니한 것을 포함하여 합중국 군대의 위신과 합당하는 조건이 아니면, 심판을 받지 아니하는 권리."

재판 도중에 미국으로 가버리지 못하도록 출국을 금지할 수가 없다. 현행범도, 미군기지 안으로 도망치면 체포할 수 없다. 도주나 증거 인멸의 우려가 있어도, 구속할 수 있는 범죄가 한정돼 있어서 구속 수사가 정말 힘들다. 그래서 초동수사는 거의 할 수 없다. 미군 기지에 근무하는 한국인 노동자들은 한국의 사업장에 근무하는 노동자들은 물론, 같은 일터에 근무하는 미국인 노동자들에 비해 엄청난 차별을 받으며, 노동 3권을 제대로 보장받지 못한다.

(2) SOFA 특별협정16) 개정 저지 운동

SOFA 특별협정은 더 큰 문제다. 그 불평등하기로 유명한 SOFA에도, 5조 1항에 미군이 주둔하는 데 필요한 모든 경비는 미국이 부담하도록 규정해 놓고 있다.17) 5조 2항의 단서가 있기는 하지만, 그 단서에서 대한민국이 부담하도록 해 놓은 것도, "시설, 구역, 통행권" 세 가지뿐이다.18)

그런데, 한미 두 나라 정부는 이런 SOFA 제5조에도 불구하고, 그 조항과 어긋나는 협정을 이른바 특별협정이라는 이름으로 맺은 것이다. 이 SOFA 특별협정은 대한민국이 '방위비 분담금'이라는 명목으로 일부 경비는 지원해야 한다는 내용을 담고 있는데, 1991년 처음 맺은 이래, 지금까지 2, 3년 단위로 계속 개정하여, 기간도 늘이고, 한국의 방위비 분담금도 올려오고 있다. 한편 현행 SOFA 특별협정은 2004년 12월 31일 끝나게 되어 있는데, 역시 그 이전에 한미 두 나라가 미국에 유리하게 개정할 것이 분명하

---

16) 정식 이름은 "대한민국과 미합중국간의 상호방위조약 제4조에 의한 시설과 구역 및 대한민국에서의 합중국군대의 지위에 관한 협정 제5조에 대한 특별조치에 관한 대한민국과 미합중국간의 협정"이다.

17) SOFA 제5조 1항 "합중국은, 제2항에 규정된 바에 따라 대한민국이 부담하는 경비를 제외하고는, 본 협정의 유효기간 동안 대한민국에 부담을 과하지 아니하고 합중국 군대의 유지에 따르는 모든 경비를 부담하기로 합의한다."

18) SOFA 제5조 2항 "대한민국은, 합중국에 부담을 과하지 아니하고, 본 협정의 유효 기간 동안 제2조 및 제3조에 규정된 비행장과 항구에 있는 시설과 구역처럼 공동으로 사용하는 시설과 구역을 포함한 모든 시설, 구역 및 통행권을 제공하고, 상당한 경우에는 그들의 소유자와 제공자에게 보상하기로 합의한다. 대한민국 정부는, 이러한 시설과 구역에 대한 합중국 정부의 사용을 보장하고, 또한 합중국 정부 및 그 기관과 직원이 이러한 사용과 관련하여 제기할 수 있는 제3자의 청구권으로부터 해를 받지 아니하도록 한다."

다. 따라서 모든 운동 세력은 한미 두 나라가 2004년에 이 협정을 개정하지 말고, SOFA대로만 하도록 최대한 압력을 가해 관철시켜야 할 것이다.

(3) 한미상호방위조약[19] 개정 또는 파기 운동

끝으로 미군의 주둔을 무기한으로 규정해 놓은 한미상호방위조약도 하루 빨리 고쳐야 한다. 물론 6조에 1년 전에 통고하면 조약을 종지시킬 수 있도록 되어 있긴 하다. 하지만, 세계 85개국에 미군을 주둔시키고 있으면서도, 미군 주둔 지역을 지속적으로 넓혀가고 있는 미국이 먼저 이 조약을 파기하자고 나올 리가 없다. 그렇다고, 미국 눈치 보느라고 SOFA 개정하자는 말도 못 꺼내는 한국 정부가, SOFA의 모법으로서 미군의 법적 주둔 근거인 한미상호방위조약을 파기하자고 할 리가 없다.

그렇다면 한미상호방위조약을 개정 또는 파기하라고 요구할 수 있는 집단은 시민사회뿐이다. 조선민주주의인민공화국이 옛 소련과 맺은 '조-소 군사 조약'의 유효 기간은 10년이었다. 물론 '어느 나라도 이의를 제기하지 않으면, 5년간 자동으로 연장된다'는 조항이 있었다. 1991년 옛소련이 무너지면서 이 조약을 파기하자는 통고를 하지 못했는데, 이 조항 때문에 자동으로 연장이 되었고, 1996년에 가서야 파기한 바 있다. 물론 조선민주주의인민공화국에 주둔하던 소련군은 1948년 9월 9일 조선민주주의인민공화국이 수립되자, 그해 12월 25일 완전히 철수하였다. 이에서 알 수 있듯이, 군사 동맹을 맺은 국가라고 해서 반드시 상대국에 군대를 주둔시켜야만 하는 것은 아니다.

필리핀은 1947년에 미국과 기지 협정을 맺을 때 유효 기간을 99년으로 맺었다가 19년 만인 1966년에 남은 80년이 너무 길다며, 개정을 요구해 25년으로 단축한 바 있다. 그에 따라 그 협정의 유효 기간이 끝나게 되어있던 1991년이 되기 3년 전부터 두 나라 정부가 기간을 연장하기로 합의했고, 필리핀 정부가 필리핀 상원에 '협정 연장안'을 제출했다가 부결됨으로써, 미군

---

19) 정식 이름은 "대한민국과 아메리카합중국간의 상호방위조약"이다. 〈참고자료 9〉 한미상호방위조약 참조.

이 필리핀에 주둔할 법적 근거가 완전히 사라지게 되었다. 툭하면 철수하겠다고 '협박'하던 미국은 깜짝 놀라 다시 필리핀 정부를 압박하고, 회유하여 이른바 '방문군협정'(VFA: Visiting Forces Agreement) 이라는 것을 맺었고, 미군을 필리핀에 '방문'시켜 훈련을 하고 있다.

오스트레일리아는, 1988년 1998년, 2008년의 10년 단위로 계속 연장시켜 주고 있다.

일본은 '10년간 유효하다. 다만 그 안에 아무 이의 제기가 없으면, 그 다음부터는 무기한으로 유효하다'고 되어 있어서, 현재는 일본도 우리나라처럼 무기한이긴 하다. 그러나 전범국이요, 전패국인 일본은 정부가 지주들과 5년, 7년, 10년 단위로 기간을 정해서 '임대'의 형식을 취한 뒤에 미국에게 '재임대'를 하고 있다. 언제든 지주들이 반발을 핑계로 더 이상 미군에게 기지를 임대할 수 없다고 말할 수 있는 근거라도 만들어 놓은 것이다.

(4) 한미연합토지관리계획(LPP) 협정 개정과 주한미군 재배치 계획 저지 운동

2002년 10월 30일 국회 비준을 받음으로써 발효된 이 견합토지관리계획 협정(LPP: Land Partnership Plan) 은, 일부 미군기지와 훈련장을 반환한다는 점에서 일부 긍정적인 측면이 있다. 그러나 이 협정은 미군기지와 훈련장이 없어지는 지역과는 달리, 평택을 비롯한 일부 지역에서는 미군 기지를 154만 평이나 넓히겠다는 계획을 포함하고 있다.

이에 따라 춘천, 원주, 인천, 하남에서는 미군기지가 없어지지만, 그 미군 기지들을 2011년까지 모두 평택으로 옮기겠다는 것이므로 평택에서는 현재 있는 454만 평의 미군기지 말고도 74만평이 더 늘어나게 된 것이다.

이를 막기 위해 평택 지역의 17개 시민사회단체가 '미군기지확장반대평택대책위원회'를 꾸리고 '미군기지확장반대 땅 한 평 사기 시민운동'을 벌여, 미군 기지 확장 예정 지역 땅 605평을 사들이는 데 성공했다. 이 단체는 그렇게 사들인 땅에 못자리를 하고, 현수막을 내걸고, 깃발을 세워 "우리 땅은 단 한 평도 미군기지로 내줄 수 없다"고 선언했다.

나중에 정부가 강제수용을 하거나, 불도저로 밀 때, 그 앞에 드러누워

'공무집행'을 방해하겠다는 결의도 하였다.

　그런데, 최근에는 용산 기지와 미2사단마저 3년에서 5년 사이에 평택으로 모두 옮기기로 한미 두 나라 정부가 합의했다는 보도가 나왔다. 이를 위해 평택 땅 5백만 평을 또 미군기지로 내주겠다는 것이다. 주한미군을 평택권과 대구, 부산권 두 군데로 모으겠다는 계획이란다.

　현재 육군 중심인 주한미군을 가까운 시일 안에 해, 공군 중심으로 바꾸겠다는 것이다. 이를 위해 미국 정부는 주한미군 수를 일부 감축할 계획도 갖고 있다. 이른바 MD라는 미사일 체제에 필요한 이지스 구축함이나 패트리어트 PAC-3 같은 첨단 무기를 팔아먹는 데는 육군보다 해, 공군이 많아야 미국에 유리하기 때문이다.

　이처럼 주한미군 재배치 계획은 철저히 미국의 이익을 위한 것이다. 미군은 재배치할 것이 아니라, 미군의 수를 감축해 나가고, 기지를 반환하여 미군기지의 수와 면적을 줄여나가야 한다. 그래서 외국의 군사적 지배를 하루라도 일찍 끝낼 수 있는 기틀을 만들어야 할 것이다.

4. 나오며

　"수도 서울 한복판 미군기지 1백만 평은 민족의 수치다! 용산 기지 즉각 이전하라!"

　이것은 여전히 일부 진보적인 운동가들조차도 솔깃해하고 있고, 때만 되면 가끔씩이라도 주장하는 내용이다. 하지만 생각해보자. 수도 한복판에 미군기지가 있는 것은 민족의 수치고, 시골에 있는 것은 민족의 자랑인가?

　도쿄에도 미군기지가 있다. 그러나 도쿄 시민들은 미군기지 바로 건너편 건물 옥상에 붙박이 망원경을 설치해 놓고, 미군기지를 감시하고 있다. 카메라를 미군기지 철조망 안으로 들이밀어 사진도 찍는다. 그렇게 한다고 해서 엄청난 군사 기밀을 탐지하거나 감시할 수 있는 것은 아니겠지만, 일본인들은 미군기지를 그렇게 '이기고' 있는 것이다.

　그러나 수도 서울 사람들은 그렇게 하지 못하면서, 민족의 수치를 입에 올리고 있다.

용산 기지를 포함해서 도심의 미군기지를 지방이나 시골 변두리로 옮기는 것은 두 가지 점에서 범죄 행위라고 볼 수 있다.

첫째, 수도 서울이나 도심에 사는 강자들이 지방이나 시골 변두리에 사는 약자들에게 미군기지의 온갖 폐해를 떠넘기는 것이라는 점에서 범죄 행위다.

둘째, 많은 국민이 미군의 주둔 존재 자체를 잊게 만듦으로써, 미군의 영구 주둔을 국민 의식 속에 깊이 뿌리내리게 할 것이라는 점에서 범죄 행위다.

쓰레기는 많은 사람이 보는 데다 버려야 누가 치워도 치우는 것이다. 아무도 보지 못하는 곳에 숨겨 놓으면, 그것이 썩어서 악취-진동하고, 사람들에게 질병을 일으키게 되는 것이다. 그렇기 때문에 미군기지 문제는 '이전'이 아닌 '반환'으로 해결해야 하는 것이다.

한미상호방위조약의 6조를 '10년간 유효하다' 정도로 고치고, 그 기간 동안, 정부가 지난 60년 동안 국민에게 얼마나 거짓말을 했는지를 알리고 사과해야 할 것이다. 미군이 떠나도, 아니면, 미군이 떠나야 우리나라가 안보를 더 잘 지킬 수 있는 까닭은 각종 통계를 정확히 제시해서 '재교육'도 해야 할 것이다. 그렇게 한 뒤에, 미군이 떠나도 국민이 정신 공황 상태에 빠지지 않을 만큼 된 상태에서 미군이 완전히 떠날 수 있도록 해야 할 것이다. 그런 점에서 필자는 미군의 즉각 철수는 반대하고, 10년 정도의 일정 기간을 정하자는 것이다.

<참고 자료 1> 미국 태평양방면 육군총사령부 포고 제1호
(미국 태평양 육군총사령관 맥아더 포고 제1호, 1945년 9월 7일)

조선인민에게 고함.

미국 태평양방면 육군 총사령관으로서 자에 다음과 같이 포고한다.

일본 제국 정부의 연합국에 대한 무조건 항복은 여러 나라 군대 간에 오래 행해져 왔던 무력 투쟁을 끝나게 하였다. 일본 천황의 명령에 의하고, 또 그를 대표하여 일본 제국 정부의 일본 대본영이 조인한 항복 문서의 조항에 의하여 본관의 지휘하에 있는 승리에 빛나는 군대는, 금일 북위 38도 이남의 조선 영토를 **점령**했다.

조선 인민의 오랫동안의 노예 상태와 적당한 시기에 조선을 해방 독립시키려는 연합군의 결심을 명심하고, 조선인은 **점령**의 목적이 항복 문서를 이행하고, 그 인간적·종교적 권리를 보호함에 있다는 것을 새로이 확신해야 한다. 따라서 조선 인민은 이 목적을 위하여 적극적으로 원조·협력해야 한다. 본관은 본관에게 부여된 태평양 방면 미 사령관의 권한으로써 여기에 북위 38도 이남의 조선과 조선 주민에 대하여 군정을 펴고, 다음과 같은 **점령**에 관한 조건을 포고한다.

제1조 북위 38도 이남의 조선 영토와 조선 인민에 대한 통치의 전 권한은 당분간 본관의 권한 하에 시행된다.

제2조 정부, 공공 단체 및 기타의 명예 직원과 고용인, 또는 공익사업, 공중위생을 포함한 전 공공사업 기관에 종사하는 유급 혹은 무급 직원과 고용인 또 기타 제반 중요한 사업에 종사하는 자는 별명이 있을 때까지 종래의 정당한 기능과 업무를 실행하고 모든 기록과 재산을 보존 보호하여야 한다.

제3조 주민은 본관 및 본관의 권한 하에서 발포한 명령에 즉각 복종하여야 한다. **점령**군에 대한 모든 반항행위 또는 공공 안녕을 교란하는 행위를 감행하는 자에 대해서는 용서 없이 엄벌에 처할 것이다.

제4조 주민의 재산 소유권은 이를 존중한다. 주민은 본관의 별명이 있을 때까지 일상의 업무에 종사하라.

제5조 군정 기간에 있어서는 영어를 모든 목적에 사용하는 공용어로 한다. 영어 원문과 조선어 또는 일본어 원문에 해석 또는 정의가 불명하거나 부동할 때에는 영어 원문을 기본으로 한다.

제6조 이후 공포하게 되는 포고·법령·규약·고시·지시·및 조례는 본관 또는 본관의 권한 하에서 발포될 것이며, 주민이 이행해야 할 사항을 명기할 것이다.

1945년 9월 7일
미국 태평양방면 육군총사령관 육군대장 다글라스 맥아더

<참고자료 2> 미국태평양방면 육군총사령부 포고 제2호 전문

(범죄 또는 법규 위반에 관하여, 1945년 9월 9일)

조선인민에게 고함.

본관의 지휘 하에 있는 군대의 안전과 **점령** 지역 내의 공공 안녕 질서 안전의 유지를 도모하기 위하여 본관은 미국 태평양방면 육군총사령관으로서 다음과 같이 포고한다.

항복문서 조항, 미국 태평양방면 육군총사령관의 권한 하에 발포된 모든 포고·명령·지령에 위반하는 자, 혹은 미국이나 미국 동맹국의 인민의 재산, 생명의 안전 또는 보존에 저촉되는 행위를 하는 자, 혹은 질서를 문란케 하거나 사법·행정을 방해하거나 고의로 연합군에 적의 있는 행위를 한 자는 군사 **점령** 법원의 재판에 의하여 사형 혹은 그 법정이 결정하는 기타의 처벌을 당한다.

1945년 9월 9일
미국 태평양방면 육군총사령관
육군대장 다글라스 맥아더

<참고자료 3> 미국태평양방면 육군총사령부 포고 저3호

(통화에 관하여, 1945년 9월 9일, 발췌)

조선인민에게 고함.

본관은 태평양방면 미국 육군총사령관으로서 다음과 같이 포고함.

제1조 법화

① 군사적 **점령**부대에 의하여 발행된 A의 기호가 있는 보조 군용 원 통화는 북위 38도 이남의 조선 내에서 모든 공사적 원 부채 지불에 관한 법화이다.

② 군사 **점령**부대에 의하여 발행된 A의 기호가 있는 보조 군용 원 통화와 일본은행권 및 대만은행권을 제외한 북위 38도 이남의 조선 내에 현용 법화인 정규 원 통화는 차별 없이 액면대로 통용할 수 있다.

제2조 일본 군용 원

③ 일본 제국 정부 육군 혹은 해군이 발행한 모든 군용 및 **점령**용 통화는 무효 무가지하며, 거래에 이러한 통화를 주고받는 것을 금지한다.

1945년 9월 9일
미국 태평양방면 육군총사령관
육군대장 다글라스 맥아더

<참고자료 4> 남북한 군사력 비교(1999. 12. 31. 기준)

구 분			한 국		북 한	
병 력	지 상 군		56만여명	69만여명	100만여명	117만여명
	해 군1)		6.7만여명		6만여명	
	공 군		6.3만여명		11만여명	
주요 전력	지상군	부대 군 단	11개		20개	
		사 단	49개2)		67개3)	
		여 단4)	19개		78개(포병 30여개 여단 제외)	
		장비 전 차	2,360여대		3,800여대	
		장갑차	2,400여대		2,300여대	
		야 포5)	5,180여문		12,500여문	
		헬 기	600여대		-	
	해 군	수상전투함	160여척		430여척	
		지 원 함	20여척		470여척6)	
		잠수함(정)	10여척		90여척7)	
		항 공 기	70여대		-	
	공 군	전 투 기	540여대		870여대	
		특 수 기	40여대			
		지 원 기	230여대		840여대8)	
예 비 전 력(병력)			304만여명9)		748만여명10)	

* 1) 해병대를 해군에 포함
  2) 해병대 사단 포함
  3) 미사일 사단(1) 포함
  4) 보병, 기보, 전차, 특수전, 경비, 해병, 강습 등 기동/전투여단 포함
  ※ 전투지원/전투근무지원 여단 제외
  5) 야포는 로켓, 유도무기, 다련장, 방사포 포함
  6) 해상경비정대 소속 해상경비정 170여척 포함
  7) 잠수정 40여척 포함
  8) 항공기(헬기)는 공군에서 통합 운용
  9) 전역 8년차 예비군까지
  10) 교도대, 노동적위대, 붉은청년근위대, 사회안전부 요원 포함

<참고자료 5> 북한 연도별 군사비 규모(1991-2000)

연 도	G N P (한국은행)	총예산 (북한발표)	군 사 비	GNP 대 군사비 비율(%)	총예산 대 군사비 비율(%)	환 율 (대1불: 북한원)
1991	229	171.7	51.3(20.8)	22.4	29.9(12.1)	2.15
1992	211	184.5	55.4(21.0)	26.3	30(11.4)	2.13
1993	205	187.2	56.2(21.5)	27.2	30(11.4)	2.15
1994	212	191.9	57.6(21.9)	27.2	30(11.5)	2.16
1995	223	208.2	63.0	27	30	2.05
1996	214	?	57.8	27	?	2.14
1997	177	91.0	47.8	27	52	2.16
1998	126	91.0	47.8(13.3)	37.9	52(14.6)	2.20
1999	158	92.3	47.8(13.5)	30	51(14.6)	2.17
2000	?	93.6	45-50(13.6)	?	48-53(14.5)	2.18

( )내는 북한 공식발표 군사비, (단위: 억$)

※ 1995-1997년도 군사비 규모는 GNP의 평균 27%, 1998년도는 총예산의 평균 52%를 적용한 잠정 추정치임

<참고자료 6> 대한민국 연도별 군사비 (1996-2001)

1996년도

1. 일반회계(단위: 억원)

구분	1995	1996	증 감	증가율(%)
운영유지비	7조 8,477	8조7,768	9,291	11.8
방위력개선비	3조 2,267	3조4,666	2,399	7.4
국방비계	11조 744	12조 2,434	1조 1,690	10.6

2. 특별회계 (군인연금 9,208억 원, 국유재산관리 2,328억 원)

1997년도

1. 일반회계(단위: 억원)

구 분	1996	1997	증 감	증가율(%)
운영유지비	8조 8,126	9조 8,071	9,945	11.3
방위력 개선비	3조 4,308	3조 9,794	5,486	16.0
국 방 비 계	12조 2,434	13조 7,865	1조 5,431	12.6

2. 특별회계(군인연금 3,103억 원, 국유재산관리 3,103억 원)

1998년도

1. 일반회계(단위: 억원)

구 분	방위비		국방비		병무행정바		전·해경비	
	본예산	추 경	본예산	추 경	본예산	추 경	본예산	추 경
예산액	15조 2,457	14조 3,755	14조 6,275	13조 8,000	1,702	1,590	4,480	4,165
구성비	100%	100%	96.0%	96.0%	1.1%	1.1%	2.9%	2.9%

추가경정(단위: 억 원)

구 분	1997년	1998년		1997 예산대비		1998 당초예산 대비	
		당초예산	추경예산		%		%
국방비	13조 7,865	14조 6,275	13조 8,000	135	0.1	△8,275	△5.7
방위력개선비	3조 9,794	4조 2,886	4조 802	1,008	2.5	△2,084	△4.9
운영유지비	9조 8,071	10조 3,389	9조 7,198	△873	△0.9	△6,191	△6.0
·인력운영비	6조 3,366	6조 6,184	6조 2,529	△837	△1.3	△3,665	△5.5
장비유지비	1조 3,203	1조 4,358	1조 5,127	1,924	14.6	769	5.4
·부대운영비	9,597	1조 981	1조 110	513	5.3	△871	△7.9
·시설및기타	1조 1,905	1조 1,866	9,432	△2,473	△20.8	△2,434	△20.5

2. 특별회계(군인연금 1조 280억 원, 추경 329억 원 감액 9,951억 원, 국유재산관리 2,537억 원, 추경 편성 시 385억원 감액 2,152억 원)

1999년도

1. 일반회계(단위: 억원)

구 분	1998 예 산 (%)	1999 예 산 (%)	증 감 (%)
국 방 비	13조 8,000 (100.0)	13조 7,490 (100.0)	△510 (△0.4)
방위력 개선	4조 802 (29.6)	4조 1,403 (30.1)	601 (1.5)
운영유지비	9조 7,198 (70.4)	9조 6,087 (69.9)	△1,111 (△1.1)
인 건 비	5조 2,903 (38.3)	5조 604 (36.8)	△2,299 (△4.3)

2. 특별회계(군인연금 1조 130억 원, 국유재산관리 2,879억 원)

2000년도

1. 일반회계(단위: 억원)

구 분		1999 예산	구성비	2000 예산	구성비	증 감	%
국방비		13조 7,490	100.0	14조 4,390	100.0	6,900	5.0
투자비		5조 2,304	38.0	5조 3,437	37.0	1,133	2.2
경상운영비		8조 5,186	62.0	9조 953	63.0	5,767	6.8
	인건비	5조 298	36.6	5조 5,609	38.5	5,311	10.6
	사업비	3조 4,888	25.4	3조 5,344	24.5	456	1.3

2. 특별회계(군인연금 1조 593억원, 국유재산관리 2,414억원, 책임운영기관 185억원)

2001년도

1. 일반회계(단위: 억원)

구 분		2000년	구성비	2001년	구성비	증감	비율(%)
계		14조4,774	100(%)	15조 3,884	100(%)	9,110	6.3
전력투자비		5조 3,437	36.9	5조 2,141	33.9	△1,296	△2.4
경상운영비		9조 1,337	63.1	10조 1,743	66.1	1조 406	11.4
	인건비	5조 5,512	38.3	6조 4,822	42.1	9,310	16.8
	사업비	3조 5,825	124.8	3조 6,921	24.0	1,096	3.1

<참고자료 7> 세계 무기 수출 현황 　　　(단위 US 백만불, 1990년 불변가)

수출국 및 순위 1994-1998		1993-1997	1994	1995	1996	1997	1998	1994-1998
1	미 국	1	9,844	9,580	9,712	12,404	12,342	53,882
2	러 시 아	2	1,155	3,271	3,602	2,956	1,276	12,260
3	프 랑 스	5	756	806	1,924	3,284	3,815	10,585
4	영 국	3	1,494	1,708	1,800	3,238	673	8,913
5	독 일	4	2,637	1,425	1,399	686	1,064	7,211
6	중 국	6	731	849	751	338	157	2,826
7	네 덜 란 드	7	495	378	414	551	506	2,344
8	이 탈 리 아	8	306	330	366	442	298	1,742
9	우 크 라 이 나	10	189	192	195	516	449	1,541
10	캐 나 다	9	365	436	239	137	217	1,394
11	스 페 인	11	275	111	99	637	221	1,343
12	이 스 라 엘	12	115	206	257	292	147	1,017
13	체 코	13	378	188	132	30	16	744
14	벨 라 루 스	14	8	24	129	516	16	693
15	벨 기 에	16	20	296	144	89	51	600
16	스 웨 덴	17	63	180	155	51	136	585
17	모 르 도 바	15	165	-	-	392	-	557
18	폴 란 드	20	131	184	65	20	1	401
19	호 주	19	24	22	15	318	3	382
20	스 위 스	18	70	75	122	62	35	364
21	노 르 웨 이	21	186	54	9	56	2	307
22	덴 마 크	22	230	-	3	-	-	233
23	슬 로 바 키 아	23	28	85	48	44	-	205
24	우즈베키스탄	63	-	-	-	-	170	170
25	브 라 질	25	38	40	28	28	-	134
26	싱 가 포 르	31	11	2	-	75	41	129
27	북 한	24	48	48	22	-	-	118
28	인 도 네 시 아	33	25	38	-	-	52	115
29	카 타 르	26	51	15	-	44	-	110
30	한 국	29	8	25	20	27	30	110
31	그 리 스	35	-	-	30	52	18	100
	기 타*		226	298	303	131	209	1,167
	합 계		20,073	20,861	21,984	27,416	21,944	112,278

※1994년부터 1998년까지 1억달러 미만을 수출한 국가들(출처: SIPRI Yearbook, 1999)

수출국 및 순위		1995	1996	1997	1998	1999	1995-99
1995-1999	1994 -1998						
1 미국	1	9,188	9,307	11,433	13,073	10,442	53,443
2 러시아	2	3,339	3,581	2,831	1,752	3,125	14,628
3 프랑스	3	812	1,989	3,389	3,840	1,701	11,731
4 영국	4	1,206	1,520	2,460	1,079	1,078	7,343
5 독일	5	1,465	1,413	682	1,191	1,334	6,085
6 네덜란드	7	365	397	559	589	329	2,239
7 중국	6	837	730	347	219	79	2,212
8 우크라이나	8	176	218	618	607	429	2,048
9 이탈리아	9	305	384	408	335	533	1,965
10 캐나다	11	426	189	172	140	168	1,095
11 이스라엘	12	212	274	266	162	144	1,058
12 스페인	10	96	83	624	185	43	1,031
13 벨라루스	14	24	129	508	58	38	757
14 스웨덴	15	186	150	42	117	157	652
15 호주	19	20	14	317	3	298	652
16 벨기에	16	298	145	89	23	28	583
17 체코	13	187	161	28	21	124	521
18 모르도바	17	-	-	378	-	-	378
19 스위스	20	76	125	65	31	58	355
20 폴란드	18	187	49	20	1	51	308
21 슬로바키아	23	85	48	49	8	-	190
22 카자흐스탄	46	24	9	-	2	155	190
23 불가리아	31	2	17	3	40	89	151
24 노르웨이	21	54	9	58	2	-	123
25 싱가포르	25	2	-	76	42	1	121
26 인도네시아	38	32	-	11	-	66	109
27 남아프리카 공화국	29	18	33	9	31	14	105
28 그리스	26	-	30	52	21	1	104
29 한국	28	25	20	27	30	-	102
기타 *		347	268	194	116	121	1,046
합 계		19,99	21,292	25,715	23,718	20,606	111,325

※1995년부터 1999년까지 1억달러 미만을 수출한 국가들(출처: SIPRI Yearbook, 2000)

<참고자료 8> 세계 무기 수입 현황   (단위: US 백만불, 1990년 불변가)

수입국 및 순위 1994-1998		1993-1997	1994	1995	1996	1997	1998	1994-1998
1	대 만	2	731	1,162	1,451	5,311	4,656	13,311
2	사우디아라비아	1	1,298	1,249	1,961	3,292	1,948	9,748
3	터 키	3	1,386	1,327	1,132	1,394	1,376	6,615
4	이 집 트	4	1,926	1,645	940	931	440	5,882
5	한 국	5	642	1,553	1,589	731	656	5,171
6	그 리 스	7	1,172	943	241	832	1,566	4,754
7	인 도	8	497	932	988	1,266	466	4,149
8	일 본	6	678	948	624	662	1,181	4,093
9	아랍에미리트	11	629	442	600	840	756	3,267
10	타 일 랜 드	12	758	628	555	1,128	63	3,132
11	쿠 웨 이 트	10	49	974	1,338	418	228	3,007
12	말 레 이 시 아	15	453	1,143	200	780	59	2,635
13	파 키 스 탄	14	683	242	552	614	525	2,616
14	중 국	9	112	427	1,115	834	104	2,592
15	미 국	13	711	459	431	696	223	2,520
16	이 스 라 엘	20	796	229	73	46	1,285	2,429
17	스 페 인	18	646	395	441	230	402	2,114
18	핀 란 드	19	196	162	581	439	647	2,025
19	싱 가 포 르	26	187	232	538	123	685	1,765
20	인 도 네 시 아	21	600	359	547	141	66	1,713
21	브 라 질	23	236	236	491	437	196	1,596
22	스 위 스	31	114	106	199	400	441	1,260
23	칠 레	25	151	537	223	194	103	1,208
24	이 란	16	348	243	537	24	24	1,176
25	이 탈 리 아	24	131	187	241	552	4	1,115
26	카 타 르	36	14	15	58	553	389	1,029
27	독 일	17	596	130	110	18	132	986
28	오 만	30	201	175	347	158	17	898
29	캐 나 다	27	432	177	164	86	33	892
30	페 루	29	142	97	182	469	-	890
31	영 국	44	38	93	216	88	362	797
32	베 트 남	37	-	277	246	96	168	787
33	호 주	28	302	71	149	24	189	735
34	멕 시 코	40	65	65	63	230	306	729
35	스 웨 덴	35	252	84	47	258	87	728
36	노 르 웨 이	34	57	102	200	186	170	715
37	네 덜 란 드	38	140	47	187	99	242	715

수입국 및 순위 1994-1998		1993-1997	1994	1995	1996	1997	1998	1994-1998
38	미 얀 마	32	-	223	93	243	131	690
39	카 자 흐 스 탄	39	-	162	219	166	-	547
40	알 제 리	41	161	332	5	29	-	527
41	아 르 헨 티 나	47	148	85	44	98	110	485
42	아 르 메 니 아	45	310	51	106	-	-	467
43	포 르 투 갈	33	431	15	3	14	-	463
44	덴 마 크	49	66	129	53	74	141	463
45	오 스 트 리 아	54	56	37	14	169	177	453
46	프 랑 스	55	3	41	30	160	210	444
47	콜 롬 비 아	50	39	87	39	160	119	444
48	뉴 질 랜 드	46	16	4	18	349	17	404
49	모 로 코	43	129	40	89	143	-	401
50	사 이 프 러 스	48	61	29	177	110	18	395
51	바 레 인	51	14	26	225	74	9	348
52	요 르 단	64	-	24	43	104	164	335
53	헝 가 리	22	4	67	125	72	58	326
54	스 리 랑 카	50	56	60	158	42	40	356
55	슬 로 바 키 아	41	35	252	35	-	-	322
56	폴 란 드	58	6	154	114	-	-	274
57	필 리 핀	56	109	32	30	54	47	272
58	방 글 라 데 시	57	89	126	4	24	-	243
59	예멘 남부반군	62	196	-	-	-	-	196
60	앙 골 라	63	96	1	10	3	84	194
61	크 로 아 티 아	60	57	86	2	37	-	182
62	튀 니 지 아	64	21	58	60	40	1	180
63	벨 기 에	59	64	28	2	34	34	162
64	불 가 리 아	65	1	-	51	77	16	145
65	예 멘	67	-	142	-	-	-	142
66	시 리 아	53	63	43	21	-	-	127
67	레 바 논	66	13	59	27	6	17	122
68	에 리 트 레 아	75	16	1	30	48	27	122
69	루 마 니 아	73	43	1	35	12	20	111
70	캄 보 디 아	72	64	-	34	6	4	108
71	남 아 프 리 카	68	19	38	51	20	-	128
	기 타*		334	342	398	512	241	1,827
	합 계		20,073	20,861	21,984	27,416	21,944	112,278

※1994년부터 1998년까지 1억달러 미만을 수입한 국가 및 비국가 단체들(출처: SIPRI Yearbook, 1999)

수입국 및 순위 1995-1999	1994 -1998	1995	1996	1997	1998	1999	1995 -1999
1 대만	1	1,223	1,391	5,201	4,415	1,706	13,936
2 사우디아라비아	2	973	1,728	2,770	2,529	1,231	9,231
3 터키	3	1,370	1,146	968	1,843	1,134	6,461
4 한국	5	1,562	1,574	738	892	1,245	6,011
5 이집트	4	1,688	941	903	461	748	4,741
6 인도	7	945	1,021	1,565	540	566	4,637
7 일본	8	847	533	594	1,280	1,089	4,343
8 그리스	6	869	270	829	1,490	633	4,091
9 중국	14	437	1,095	609	165	1,688	3,994
10 아랍에미리트	9	448	558	772	895	595	3,268
11 이스라엘	13	281	73	46	1,298	1,205	2,903
12 파키스탄	11	278	552	640	564	839	2,873
13 쿠웨이트	12	684	1,254	437	221	126	2,722
14 말레이시아	16	1,015	51	567	25	916	2,574
15 핀란드	17	162	566	396	568	821	2,513
16 타일랜드	10	61	615	924	59	185	2,394
17 싱가포르	18	244	548	132	653	163	1,740
18 스위스	22	106	199	400	459	508	1,672
19 미국	15	384	356	621	138	111	1,610
20 브라질	21	235	483	445	180	221	1,564
21 스페인	19	363	434	211	91	289	1,388
22 인도네시아	20	359	541	113	105	213	1,331
23 칠레	24	546	215	123	127	177	1,188
24 카타르	26	15	58	553	391	117	1,134
25 이탈리아	25	187	241	552	4	-	984
26 이란	23	248	505	48	91	67	959
27 영국	32	93	216	92	370	155	926
28 베트남	34	270	242	92	162	154	920
29 카자흐스탄	40	162	229	166	-	259	816
30 노르웨이	35	99	195	182	164	170	810
31 네덜란드	36	42	215	119	174	225	775
32 호주	37	115	149	19	141	341	765
33 페루	33	35	147	435	15	108	740
34 뉴질랜드	49	4	18	343	13	337	715
35 미얀마	39	223	93	231	133	27	707
36 멕시코	31	43	58	194	396	14	705
37 오만	27	171	333	158	27	-	689
38 스웨덴	29	83	47	257	222	79	688

39	덴마크	42	129	53	74	195	137	588
40	사이프러스	48	33	180	110	21	242	586
41	아르헨티나	43	70	51	78	112	223	534
42	알제리	38	341	46	35	101	-	523
43	독일	30	145	110	5	115	126	501
44	오스트리아	41	44	14	192	197	48	495
45	캐나다	28	165	157	104	25	33	484
46	프랑스	51	41	30	160	138	105	474
47	콜롬비아	46	79	39	162	116	40	436
48	요르단	50	19	53	108	202	44	426
49	헝가리	57	54	119	62	39	56	330
50	바레인	53	26	222	74	8	-	330
51	스리랑카	52	60	163	1	64	26	314
52	슬로바키아	54	252	35	-	-	-	287
53	방글라데시	60	128	4	25	-	130	287
54	모로코	47	40	91	146	-	-	277
55	폴란드	59	154	114	-	-	1	269
56	에리트레아	56	3	31	33	202	-	269
57	에티오피아	61	-	-	53	179	8	240
58	베네수엘라	75	-	36	33	23	142	234
59	앙골라	55	1	10	3	189	-	203
60	북한	87	35	2	2	1	156	196

61	예멘	69	129	-	-	-	53	182
62	튀니지아	63	72	73	23	1	-	169
63	불가리아	65	-	123	40	-	6	169
64	필리핀	58	32	30	54	51	-	167
65	아르메니아	45	49	104	-	-	-	153
66	보스니아	68	-	51	77	2	16	146
67	루마니아	67	-	37	15	50	35	137
68	벨기에	66	20	-	36	43	37	136
69	보츠와나	73	6	23	67	4	34	134
70	크로아티아	64	86	2	41	-	-	129
71	에콰도르	76	12	23	50	7	24	116
72	우간다	79	33	-	-	46	32	111
73	수단	74	3	29	66	-	10	108
74	시리아	70	43	21	-	20	20	104
75	마케도니아	92	-	-	-	9	95	104
기타 *			270	326	341	257	265	1,459
합계			19,994	21,292	25,715	23,718	20,606	111,325

*1995년부터 1999년까지 1억달러 미만을 수입한 국가 및 비국가단체들 (출처: SIPRI Yearbook, 2000)

<참고자료 9> 한미상호방위조약 전문

서명: 1953년 10월 1일
발효: 1954년 11월 18일

본 조약의 당사국은,

모든 국민과 정부가 평화적으로 생활하고저 하는 희망을 재확인하며, 또한 태평양 지역에 있어서의 평화기구를 공고히 할 것을 희망하고,

당사국 중 어느 1국이 태평양 지역에 있어서 고립하여 있다는 환각을 어떠한 잠재적 침략자도 가지지 않도록 외부로부터의 무력공격에 대하여 자신을 방위하고저 하는 공통의 결의를 공공연히 또한 정식으로 선언할 것을 희망하고,

또한 태평양 지역에 있어서 더욱 포괄적이고 효과적인 지역적 안전보장조직이 발달될 때까지 평화와 안전을 유지하고저 집단적 방위를 위한 노력을 공고히 할 것을 희망하여 다음과 같이 동의한다.

제1조

당사국은 관련될지도 모르는 어떠한 국제적 분쟁이라도 국제적 평화와 안전과 정의를 위태롭게 하지 않는 방법으로 평화적 수단에 의하여 해결하고, 또한 국제관계에 있어서 국제연합의 목적이나 당사국이 국제연합에 대하여 부담한 의무에 배치되는 방법으로 무력으로 위협하거나 무력을 행사함을 삼갈 것을 약속한다.

제2조

당사국 중 어느 1국의 정치적 독립 또는 안전이 외부로부터의 무력공격에 의하여 위협을 받고 있다고 어느 당사국이든지 인정할 때에는 언제든지 당사국은 서로 협의한다.

제3조

각 당사국은 타 당사국의 행정 지배하에 있는 영토와 각 당사국이 타 당사국의 행정 지배하에 합법적으로 들어갔다고 인정하는 금후의 영토에 있어서 타 당사국에 대한 태평양 지역에 있어서의 무력공격을 자국의 평화와 안전을 위태롭게 하는 것이라고 인정하고, 공통한 위험에 대처하기 위하여 각자의 헌법상의 수속에 따라 행동할 것을 선언한다.

제4조

상호적 합의에 의하여 미합중국의 육군, 해군과 공군을 대한민국의 영토 내와 그 부근에 배비하는 권리를 대한민국은 이를 허여하고, 미합중국은 이를 수락한다.

제5조 본 조약은 대한민국과 미합중국에 의하여 각자의 헌법상의 수속에 따라 비준되어야 하며, 그 비준서가 양국에 의하여 와싱톤에서 교환되었을 때에 효력을 발생한다.

제6조

본 조약은 무기한으로 유효하다. 어느 당사국이든지 타 당사국예 통고한 후 1년 후에 본 조약을 종지시킬 수 있다.

이상의 증거로서 하기 전권위원은 본 조약에 서명한다.

본 조약은 1953년 10월 1일에 와싱톤에서 한국문과 영문으로 두 벌로 작성됨

대한민국을 위해서 변영태
미합중국을 위해서 존 포스터 덜레스

제9부

현시기 계급투쟁과 저항 형태들

87년 이후의 '수동혁명'적 민주화와 시민운동의 구조적 성격: 맑스주의와 한국의 시민운동

조희연(성공회대, 사회학)

1. 머리말

한국사회에서 사회운동 진영은 민중운동과 시민운동 진영으로 나뉘어져 있다. 시민운동은 과거 반독재민주화운동을 주도하였던 전투적 민중운동—즉 노동자운동, 농민운동, 빈민운동, 급진적 학생운동 등—을 제외한 일체의 잔여(殘餘) 범주의 운동을 포괄하는 것으로 간주되고 있다. 이러한 시민운동의 내포적 의미와 외연은 현재에도 통용되고 있다. 이 글은 왜 이러한 잔여범주로서의 시민운동 범주가 형성되었으며, 그리고 그 시민운동이 왜 비(非) 민중운동적 보수성을 초기에 내장하게 되었는가, 그리고 그러한 정체성은 어떻게 변화되어 가는가를 분석한다. 특별히 87년 이후의 시민운동의 성격과 그 변화를 종속적 파시즘의 균열 및 그 수동혁명적 재편이라고 하는 구조적 맥락 속에서 분석평가하고자 한다.

87년 6월 항쟁까지 사회운동의 규정적 형태로서의 반독재민주화운동은 맑스주의에 기초한 혁명적 운동으로서의 성격을 지배적인 것으로 삼아왔다. 그러나 87년 이후 이러한 사회운동의 급진적 지향은 역전되었으며, 새로운 사회운동 형태로서의 시민운동이 운동의 지배적 형태로서 간주되는 분위기가 형성되었다. 필자는 시민운동을 그 이념적 성격이라는 점에서 '자유주의적' 사회운동이자, [1] 그 활동의 성격이라는 점에서 '시민적·정치적 권리가 일정하게 보장되는 민주주의적 조건에서 그 조건들을 활용하면서 전개되는 체제 내적 운동'으로 규정한다. 이에 기반하여 이 글은 80년대 말부터 90년대에 이르는 이러한 시민운동의 등장과 확산 및 변화의 성격을 맑스주의적 시각에서 한국 파시즘의 균열 및 수동혁명적 재편이라고 하는 구조적 맥락과 연관시켜 분석하고자 한다.

2. 개발독재체제의 혁명적 균열 및 그에 대응하는 사회운동의 급진화

1987년은 한국의 정치사회적 변동에서 중요한 의의를 갖는다. 87년 6월 민주항쟁과 6. 29선언을 분기점으로 하여 한국사회는 종속적 파시즘의 혁명적 균열 및 그에 대응하는 급진적 사회운동의 시기에서, 종속적 파시즘의 수동혁명적 변화 및 그에 대응하는 사회운동의 새로운 재편성의 시기로 전환된다. 이런 점에서 87년을 둘러싼 변화를 이해하는 것은 87년 이후의 사회운동의 변화를 이해하는 관건이 된다.

주지하다시피 61년부터 87년까지의 시기는 국가적 차원에서는 종속적 파시즘의 시기였다. 종속적 파시즘은 한편에서 취약한 자본의 생산 및 재생산 구조를 정착시키기 위한 경제적 개입국가로, 다른 한편에서는 파시즘체제

---

1) 정치적·사회적 세력 및 인식의 경향을 유형화한다면 보수주의, 자유주의, 진보주의로 나눌 수 있다. 50년대의 극우반공주의체제하에서는 극우보수주의적인 정치적·사회적 세력만이 합법적으로 존재할 수 있었다. 이 시기에 자유주의는 어용화된 상태로만 존재할 수 있었으며 진보주의는 공적 공간으로부터 배제되어 비합법적인 상태로만 존재할 수 있었다. 70·80년대 반독재민주화운동은 저항적 자유주의(정치세력 및 사회세력)와—새롭게 출현한—진보주의적 사회운동세력의 결합이라고 할 수 있다. 80년대에는 반독재민주화운동이 국민적 투쟁으로 발전되어 가면서 저항적 자유주의와 진보주의는 모두 '전투적' 저항을 하게 되며 저항적 자유주의와 진보주의 모두 급진화하게 된다. 특별히 80년대의 진보주의는 혁명적 맑스주의를 지배적 패러다임으로 공유하게 된다. 시민운동은 정치적 차원이 아니라 사회운동적 차원의 자유주의적 형태라고 할 수 있으며, 후술하는 바와 같이 초기 시민운동은 '보수적 자유주의' 경향을 띤다. 조희연, 「한국의 정치사회적 담론변화와 민주주의의 동학: 총론」, 제5회 비판사회학대회 발표논문, 2002. 9. 28; 조희연, 『한국의 국가·민주주의·정치변동』, 당대, 1998, 3장 5절 참조.

에 저항하는 민중들의 투쟁을 억압하기 위한 정치적 개입국가로서의 성격을 지니고 있었다. 박정희체제하에서 이루어진 종속적 파시즘의 경제적·정치적 개입은 먼저 국가가 자본관계의 확대재생산을 위해 물적, 인적 자원을 총동원하고 그것의 배치를 시도하는 식으로 나타났다. 국가는 취약한 축적 기반을 가지고 있던 종속적 독점자본의 축적구조의 안정화를 위하여 한편에서는 유치산업의 성장과 보호를 위한 전천후적 지원정책을 실행하고, 취약한 내부시장을 보호하고 지원하는 정책을 폭넓게 구사하게 된다. 국가의 역할은 서구와 같이 현존하는 자본의 재생산을 안정화시키기 위하여 개입하는 차원을 넘어서서 자본의 새로운 구성, 그것의 안착을 위한 대규모의 직접적·간접적 지원을 포함하는 광범위한 것이었다. 산업화 드라이브 정책, 좁게는 수출드라이브 정책의 형태로 표현된 국가의 개입전략은 모든 사회경제적 자원을 수출드라이브에 '일방적으로' 배치하는 것으로 나타났으며, 신용과 자원의 배분에 있어서 국가의 정책목표에 따른 계급적 선택성이 극단적으로 작용하는 것으로 나타났다.[2]

또한 노동자계급이 새롭게 정립되는 자본의 질서에 순응적으로 적응하도록 하기 위하여 사회적 차원에 존재하고 있던 '반공주의적 규율'을 작업장에서 노동에 대한 규율화(regimentation on the labor process)로 전환하였다. 노동의 재생산을 위한 국가의 개입은 국가안보의 준거틀(national security framework) 내에서 노동을 준(準) 전시적 방식으로 동원화(pseudo-wartime mobilization)하는 것으로 나타났다. 이와 함께 박정희체제는 '의사합의'적으로 존재하는 반공이념과 새로운 지배담론으로서의 근대화담론을 체계적으로 이용함으로써 사회의 파시즘적 조직화의 이데올로기적 기반을 확보하고자 하였다. 즉 한편에서는 반공주의적 이념에 기초하여 민중부문의 활성화를 이데올로기적으로 제약하고 다른 한편에서는 보다 적극적인 근대화담론을 통하여 민중을 성장지향적인 방향으로 통합하고자 하였다.

70년대 이후 이러한 종속적 파시즘은 점차 균열되어가게 된다. 개발 자체의 진전에 따라 나타나는 자본주의 자체의 모순에 대한 저항과 동시에 파

---

[2] 조희연, 『한국의 국가·민주주의·정치변동』, 2장 2절 참조.

시즘적 독재 자체에 대한 저항이 점차 확산되어가게 된다. 단순히 독재에 대한 저항으로 자신을 동일시했던 반독재민주화운동은 개발의 모순에 저항하는 운동, 즉 새롭게 정착되어가는 자본주의 자체에 대항하는 운동으로서의 자기정체성을 강화하면서 스스로를 민중운동으로 표현하게 된다. 70년대 중반을 넘어가면서 지배담론으로서의 근대화담론은 점차 균열되어가고 그에 대립하는 민주주의담론이 지배적인 것으로 발전되어가게 된다. 종속적 파시즘체제의 전형은 72년 10월 유신에서 발견할 수 있는데, 바로 이러한 종속적 파시즘체제는 종속적 파시즘의 경제적 위기에 민중운동의 저항에 따라 조성되는 정치적 위기가 중첩되면서 파국에 처하게 된다.

72년 10월 유신은 종속적 파시즘이 반파시즘적인 일체의 정치적·사회적 운동에 대한 철저한 억압적 배제를 강화하기 위한 시도였다. 이러한 시도는 오히려 운동정치의 급진화와 확산에 기여하게 된다. 박정희의 죽음을 가져온 79년 10. 26사건은 종속적 파시즘이 '지속가능한 체제'가 아니라는 것을 역설적으로 웅변하였다.

70년대 말 박정희체제의 위기는 민주화로 갈 수 있는 공간과 계기를 만들었으나, 박정희체제를 계승하는 신군부세력에 의한 폭력성을 전면화한 보다 '경화(硬化)된' 파시즘체제를 재구축하는 것으로 나타나게 된다. 광주항쟁에서의 양민학살을 고려할 때, 60·70년대식 종속적 파시즘의 '유혈적(流血的) 재편'으로 표현할 수 있겠다. 폭력에 의해 유지되었던 종속적 파시즘체제가 더 이상 유지될 수 없음이 드러났음에도 불구하고 그것을 더 큰 폭력을 통해서 유지하는 체제가 바로 80년대 전두환체제였다고 할 수 있다. 그 더 큰 폭력을 우리는 광주학살에서 볼 수 있다. 80년 광주학살을 통해서 지배의 도덕성을 더욱더 상실하게 된 파시즘적 지배체제는 더욱 억압적 방향으로 경화되어가고 그에 따라 저항도 보다 대중화·국민화되어갔다. 이 새롭게 강화된 폭력적 파시즘체제하에서 제도정치는 더욱 협애화되기에 이른다. 제도정치로부터 배제된 제도정치세력은 운동정치로 전면적으로 합류하게 되고, 여기서 80년대 초반 '제도정치와 운동정치의 전면적인 결합'이 나타나게 된다. 민주화운동의 이러한 국민화는 반독재민주화운동 및 민중운동의 혁명화·급진화를 촉진하게 된다. 80년대 사회운동의 급진화는 폭

력으로 유지되는 종속적 파시즘의 혁명적 균열이라는 구조적 상황에 대응한다고 해석할 수 있다.[3]

파시즘체제의 야만적이고 적나라한 폭력성은 국가권력의 본질을 투명하게 인식하게 만드는 계기가 된다. 이러한 적나라한 폭력성은 80년 광주학살에 의해서 투명하게 드러났다. 이후 군부독재정권은 어떤 즘에서는 '자연스럽게' 학생들에 의해 '적'(敵)으로 규정된다. 이것은 70년대까지의 도덕적이고 양심적인 정부비판운동에서 혁명적 운동으로 발전하여야 한다는 각성을 동반하게 된다. 정부는 새롭게 파쇼정권으로 재정의된다. 여기서 반파쇼투쟁이 중요하게 부각된다. 파쇼적 인식은 지배의 계급적 본질에 대한 인식을 가속화시키게 된다. 여기서 계급적 본질은 지배의 자본주의적 성격을 의미하는데, 80년대 중반 이후 사회운동의 사회주의적 지향 혹은 민중민주주의적 지향, 급진적 민주주의 지향도 바로 여기서 나타나게 된다. 이처럼 폭압의 주체가 되는 국가의 폭력적 본질이 '백일하에' 노정됨으로써, 재민주화는 지배적 시대정신이 되고 그에 대항하는 민주화투쟁이 '성전'(聖戰)이 되는 정신적 전환이 나타나게 되었다.

이러한 사회운동의 급진화과정은 한국전쟁을 계기로 '공식적으로' 단절되었던 맑스주의가 복원되는 의미를 담고 있었다. 70년대까지는 맑스주의적인 인식과 패러다임은 '친북적인' 것으로 '금압'의 대상이었기 때문에, 급진주의적 인식은 거의 부재하였다고 할 수 있다. 그러나 광주긴중항쟁을 경험하면서 인식의 급진화가 나타나게 되고 투쟁양식도 보다 전투적이 된다. 이런 점에서 80년대 민주화운동 및 민중운동은 투쟁의 전투화와 이념의 혁명화로 특징지어진다고 할 수 있다. 학생운동 및 노동운동의 선진적 인자들을 중심으로 맑스주의적 패러다임이 대거 도입되고, 정치경제적 체제인식, 외세 인식 등에 있어서 맑스주의적인 패러다임이 광범위하기 도입된다.

이런 점에서 87년 6월 민주항쟁까지의 시기는 구조적 차원에서 종속적

---

3) 급진주의·진보주의적 저항론은 박정희 독재정권과의 투쟁이 심화되는 70년대 중후반에 이르러 출현하고 발전되기 시작하였다. 필자는 60년대 사회운동의 인식을 '소시민적' 인식의 단계, 70년대를 '민중주의'적 인식의 단계, 80년대를 민중적·혁명적 인식의 단계로 구분한다. 조희연, 「80년대 사회운동과 사회구성체논쟁」, 박현채·조희연 편, 『한국사회구성체논쟁 (1) 』, 한울, 1989.

파시즘의 균열이 가속화되어가고 이에 대응하여 반독재민주화운동이 국민적 운동으로 발전하여 가는 과정, 그리고 이 과정에서 반독재민주화운동을 주도하는 민중운동으로서의 정체성을 갖게 되며 그러한 민중운동이 혁명적 급진성을 강화해가는 과정으로 볼 수 있다.

3. 수동혁명적 민주화의 시발과 시민운동의 구성적 출현

1) 종속적 파시즘의 파국적 위기의 타협적 해소와 그 수동혁명적 변화: 시민운동의 보수적 정체성의 구조적 조건

87년 이후 시민운동의 출현과 그 성격을 이해하기 위해서는 한국사회의 구조적 변동의 성격을 이해하는 것이 필요하다. 시민운동의 출현과 성격에 직접적인 영향을 미친 구조적 조건은 87년 6월 항쟁을 전후로 한 개발독재체제의 혁명적 위기가 타협적으로 종결되면서 이후 민주주의이행의 과정이 수동혁명적 경로를 따라 전개되는 것에서 찾을 수 있다.

87년 6월 민주항쟁은 80년대 초중반까지 혁명적 급진화를 동반하면서 국민적 운동으로 확대되고 있었던 반독재민주화운동의 정점을 상징한다. 전투적인 학생운동 및 재야운동에 의해 선도되면서 전국에서 수백만에 이르는 대중이 참여한 6월 민주항쟁은 파시즘의 시대 혹은 개발독재의 시대가 끝났음을 웅변해주는 것이었다. 80년대 전반을 통해 국민적 운동으로 발전하여온 반독재민주화운동은 급진적 민중운동세력과 자유주의적 성격의 제도정치세력의 연합에 의해 선도되면서 파시즘체제의 퇴진을 압박하게 된다.

파시즘체제의 포스트-파시즘체제로의 이행은 상이한 경로를 밟을 수 있었다. 유형론적으로 볼 때 이행은 '아래부터의 혁명적 경로'와 '위로부터의 타협적 경로'로 나눌 수 있다. 87년 이후가 민주주의로의 이행의 맥락에 위치한다는 점을 고려하면 '아래로부터의 급진적 민주화의 길'과 '위로부터의 보수적 민주화의 길'로 나눌 수 있다.[4] 후자의 경로는 그람시적 표현에서

---

4) 같은 책, 3장 참조.

보면 '수동혁명'의 길이라고 할 수 있다. 이러한 두 가지 상이한 가능성은 6월 민주항쟁에 파시즘체제의 혁명적 타파의 가능성과 현저 우리가 겪고 있는 바와 같은 파시즘의 타협적 민주화의 가능성이 동시에 내장되어 있었다는 것을 의미한다. 바로 이러한 유형에서 한국사회는 87년 이후 수동혁명적 경로를 따라 민주주의로 이행해가는 '위로부터의 보수적 민주화'의 족적을 보여주고 있다.

혁명적 가능성을 가지면서 전개되는 것처럼 보였던 6월 민주항쟁은 민주항쟁의 '최소주의'적 요구를 수용하면서 파시즘세력의 체제유지를 위한 타협적 정책으로 내어놓은 6.29선언에 의해 중단된다. 이후 12월 대선에서 민주항쟁에서 연합해 있었던 제정치사회 분파들이 분열하면서(YS 및 DJ의 분열, 민중진영의 분열 등) 최종적으로는 군부파시즘의 '합헌적' 재집권이 나타남으로써, 과거 파시즘체제를 주도하였던 세력들이 민주주의적 형식으로 지배를 유지하는 수동혁명적 경로로 나아가게 된다. 이런 점에서 우리는 '유산된 민주화'를 이야기할 수 있을 것이다. 결과적으로 87년 이후의 민주화체제는—혁명적 위기에도 불구하고—'유산'된 민주혁명과 위기의 봉합과 타협적 해소의 성격을 띤다.

여기서 지배계급이 주도하는 '혁명없는 혁명'으로서의 수동혁명[5] 이라는 것은 그람시에 따르면 기본적으로 지배계급이 피지배계급으로부터 통치에 대한 동의를 확보하기 위하여 지배계급이 자기변혁을 추구하는 행위이다. 수동혁명은 대중들이 정치경제제도에 영향력을 발휘하는 것을 배제하기 위하여, 즉 피지배계급의 헤게모니를 배제하기 위하여 '지배계급'이 지속적으로 국가권력을 재조직화하는 행위가 된다. 물론 이러한 수동혁명의 기본동력은, 지배 자체에 대한 민중들의 '동의의 철회'로 초래된 지배의 위기이다. 이런 점에서 수동혁명은 '지배의 위기에 대응하는 국가권력의 재조직화'라고 할 수 있다. 맑스의 『정치경제학 비판을 위하여』에서 서술된 이행의 문제틀에 대한 비판적 추론'으로 인식되는 이 수동혁명론은 그람시에게는 '복합적인 역사변동에 의해 특징지어지는 모든 시대'에 적용되는 분석프레임으

---

5) A. Gramsci, *Selections from the Prison Notebooks* (London: Lawrence and Wishart, 1971), pp. 106-114.

로 해석되고 있다.[6] 수동혁명의 기본동력은 그 대쌍(對雙)인 능동혁명—비록 그것이 좌절된다고 하더라도—의 기본동력으로 작용한다. 한국의 경우 실패한 '능동혁명'의 여진이 소멸하지 않고 87년 이후 수동혁명의 동력으로 존재하여 왔다. 수동혁명의 과정에서 진행되는 국가권력의 재조직화에는 특별히 제도정치의 변화가 중요한데, 지배정당이 저항운동의 개인적, 집단적 분파를 흡수하는 '변형주의'(transformism)[7]적 재편을 포함하여, 여러 형태와 층위에서 지배 및 그 물적 기구로서의 국가권력의 '개량적' 혁신, 구체적으로 억압적·이데올로기적 국가기구의 변형, 민중부문의 경제적 통합을 내용으로 하는 '개량화'의 진전 등이 포함된다. 피지배계급에 대한 지배계급의 일종의 '기동전'적인 형태로서의 파시즘은 수동혁명적 과정을 통하여 안정적인 부르주아적 지배형태로의 정상화(normalization)를 실현하게 된다.

수동혁명의 과정에는 '유산된' 능동혁명의 여진(餘塵)에 의한 추동력(예컨대 91년 5월 투쟁)과 그러한 능동혁명의 가능성을 타협적으로 봉쇄한 불안정이 동시에 공존하고 있다. 87년 6월 민주항쟁의 경우 그 자체가 성공적이지만 다른 한편에서는 수동혁명이라는 실패를 동반한 이중성을 가진 운동이었다고 할 수 있다. 6월 민주항쟁은 개발독재체제의 종결이라는 성공을 수반하였지만, 다른 한편에서는 과거의 지배세력들의 이니셔티브가 유지되는 상태에서 민주주의로의 이행이 진행된다고 하는 점에서 '유산된' 민주혁명[8]으로서의 성격을 가지게 된다.

2) 87년 이후의 수동혁명적 변화와 시민운동의 보수적 정체성의 구성적 출현

---

6) "어떠한 사회구성체도 그 내부에서 더 이상 발전의 여지가 없을 정도로 생산력이 발전하기 전에는 멸망하지 않으며"라고 하는 유명한 맑스의 명제가 그람시에게서, 이태리에서의 '리소르멘토'와 같은 상부구조적 변화나 '파시즘-아메리카니즘'과 같이 작업 및 생산력의 조직화에서의 변화를 수동혁명으로 분석하는 명제로 전환된다. 크리스틴 부시-글룩스만, 「국가, 이행 그리고 수동적 혁명」, 샹탈 무폐 편, 『그람시와 마르크스주의이론』, 녹두, 1992.
7) 변형주의에 대해서는 다음을 참조. A. Gramsci, op. cit., p. 58; B. Jessop, *The Capitalist State* (Oxford: Martin Robertson, 1982), p. 150.
8) 브루스 커밍스, 「유실된 개방: 남미의 경험에 비추어 본 한국」, 임현진·송호근 편, 『전환의 정치, 전환의 한국사회』, 나남, 1995.

종속적 파시즘의 수동혁명적 이행은 이후 사회운동 내부에서 자유주의운동으로서의 시민운동이 급진적 지향의 민중운동으로부터 분립(分立)되고 자기발전하는 계기로 작동하게 된다. 87년 이전에는 반독재민주화운동의 국민화와 이에 대응하는 민중운동의 혁명적 급진화의 경향이 지배적이었다고 한다면, 87년 이후에는 이러한 혁명적 급진화의 경향은 반전된다.

87년 6월 민주항쟁 이후 사회운동의 변화, 특별히 시민운동의 출현과 그 성격을 이해하기 위해서는, 수동혁명적 경로에 의해 규정되는 6월 민주항쟁의 이중성에 주목할 필요가 있다.[9] 6월 민주항쟁은 혁명적 급진성을 내장한 민중운동에 의해 주도되었음에도 불구하고 국민적 투쟁으로 발전하기 위한 시도 속에서 최소주의적 투쟁으로 나아가게 된다. 6.29 선언은 바로 이러한 최소주의적 요구를 수용함으로써 민주항쟁 연합을 균열시키고 민주항쟁을 종결시키고자 하는 위로부터의 수동혁명적 대응행위였다고 할 수 있다. 바로 이 6.29 선언에 의해 일차 민주항쟁은 소강극면으로 접어들게 된다. 민주항쟁의 '1차 종결'이라고 표현할 수 있겠다. 그후 민주항쟁에서 연합하였던 자유주의적 제도정치세력은 혁명적 민중운동세력과 분리되면서 개헌 및 선거의 규칙을 정하기 위한 협상테이블로 들어서게 된다. 이후 대선국면으로 전환되면서 이 양 김씨를 상징으로 하는 제도정치세력들은 분열되었고 급진적 운동세력들도 비판적지지, 후보단일화, 민중후보 등으로 분열되면서, 결국 파시즘세력의 '합헌적' 재집권으로 나아가게 된다. 이로써 6월 민주항쟁을 정점으로 하는 투쟁은 종결되게 된다. 이를 민주항쟁의 '2차 종결'이라고 표현할 수 있겠다.

이런 점에서 필자는 6월 민주항쟁의 '이중성'을 지적하게 된다. 즉 6월 민주항쟁은 성공이면서 동시에 실패라고 하는 성격을 동시에 갖고 있다는 것이다. 6월 민주항쟁은 과거의 군부파시즘을 퇴진시키고 직선제에 의한 민선정부를 도래시키고 이후 민주주의체제로 이행하는 도정에 한국사회를 올

---

9) 조희연, 「'종합적 시민운동'의 구조적 성격과 변화전망에 대한 연구: '참여연대'를 중심으로」, 유팔무·김정훈 편, 『시민사회와 시민운동(2)』, 한울, 2001. 이러한 이중성을 '시민사회의 이중성'으로 표현할 수도 있을 것이다. 김호기, 「한국시민운동의 반성과 전망」, 『경제와 사회』 48호, 1999년 겨울.

려놓게 된다는 점에서 '성공'이라고 할 수 있다. 또한 그 결과로서 자율적인 정치적·사회적 공간을 창출함으로써 이후 시민운동을 포함한 각종 사회운동 및 개혁운동이 활동할 수 있는 공간을 확보했다는 점에서 성공이라고 할 수 있다. 그러나 군부파시즘을 '혁명적'으로 퇴진시키고 그 물적·인적 유산을 철저하게 청산하지 못하였고 이후 수동혁명의 경로를 열었다는 점에서 '실패'라고 할 수 있다. 87년 이전에는 혁명적·급진적 민중운동세력이 주도하는 '아래로부터의 급진적 민주화'의 길과 구세력들이 주도하는 '위로부터의 보수적 민주화'의 길이 각축하고 있었다면, 87년을 거치면서―6·29선언과 12월 대선을 거치면서―위로부터의 보수적 민주화의 길이 지배적인 경로로 정착하게 되었다. 그 결과 구 군부파시즘세력 및 기득권세력이 제도적·비제도적 권력을 유지하는 속에서 민주개혁이 이루어지는 경로로 나아가게 된다.

상술한 6월 민주항쟁의 이중적 결과가 바로 민주항쟁과 시민운동의 관계, 시민운동의 초기 성격을 규정하는 요인으로 작용하게 된다.[10] 먼저 성공의 측면에서 6월 민주항쟁은 시민운동이 활동할 수 있는 공간을 확보함으로써 시민운동의 출현을 가능하게 하였다고 할 수 있다. 이전 시기는 대통령을 비판하거나 헌법개정을 요구하는 경우 수년의 실형을 살아야 하는 '공포의 시기'였기 때문에 시민운동과 같은 사회운동이 존립할 수가 없었다. 수년의 실형을 감수하면서 저항을 하는 개인이나 집단은 급진적인 민중운동으로 국한되어 있었다. 사실 이것이 민중운동의 도덕성의 근거이기도 하였다. 시민운동은 시민적·정치적 권리가 최소한도로 보장되는 민주주의적 조건 속에서 활동하는 운동이라고 할 때, 이러한 성격의 시민운동을 가능하게 한 조건은 민주항쟁이 군부파시즘을 직접적으로 퇴진시킴으로 형성된 조건이라고 할 수 있다.

그러나 6월 민주항쟁은 그 실패의 측면에서 시민운동에 직접적으로 영향을 미치고 있다. 초기 시민운동은 과거의 급진적이고 전투적인 민중운동과 자신을 구별하면서―비(非)민중운동 혹은 반(反)민중운동적 정체성―온건

---

10) 이 부분에 대한 자세한 설명은 조희연, 「6월 민주항쟁과 시민운동」, 민주화운동기념사업회 부설 연구소, 『기억과 전망』 창간호, 2002 참조.

한 이념을 표방하고, 합법적·제도적 수단과 통로를 활용하는 운동으로 나아가 계급계층적 기반이라는 점에서 중간층적 운동으로 자신의 정체성을 설정하였다.11) 이처럼 초기 시민운동의 정체성은 이전의 민중운동과 달리 '보수적 자유주의'의 성격을 갖는다고 규정할 수 있다. 이러한 시민운동의 새로운 정체성은, 6월 민주항쟁이 실패로 귀결되면서 보수언론을 포함한 구세력들이 주도하는 수동혁명형 민주화의 길로 한국사회가 이행하게 된 조건과 무관하지 않다.

여기서 중요한 점은 자유주의적 사회운동으로서의 시민운동이 급진적·진보적 민중운동과 분립되고 그로부터 독자화한다는 점이다. 군부권위주의 하에서 한국의 자유주의는 진보주의—80년대에 이는 혁명적 급진주의로 존재하였다—와 결합된 채로 존재하였다. 그러나 시민운동의 출현은 반독재 민주화운동 과정에서 결합되어 있던 자유주의와 진보주의의 분립, 더 정확하게는 자유주의의 진보주의로부터의 분립과 독자화로 규정될 수 있다고 생각된다. 이러한 분립은 86년 6월 민주항쟁의 '실패', 즉 87년 이후의 수동혁명적 민주화라고 하는 결과에 의해 시민운동이 영향을 받았음을 의미한다.

여기서 우리가 염두에 두어야 할 것은 시민운동이라는 것이 '선험적인 실체'로 존재하는 것이 아니라 시민운동의 외연과 그 정체성이 구성되는 것이라는 점이다. 사실 현재 시민운동이라고 포괄되는 개별운동형태들은 이전 시기부터 존재해왔다. 그러나 그것이 87년 이후의 지형 속에서 독특한 성격의 운동으로 부상되었고 어떤 점에서 민중운동과 구별되는 자유주의적 정체성을 갖는 시민운동으로 '구성'되었다고 할 수 있다. 여기서 구성이라고 하는 것은 무엇이 시민운동인가, 시민운동에 포괄되는 운동은 어떤 형태인가 하는 것은 선험적으로 결정되어 있는 것이 아니라는 점이다. 이런 '구성의 관점'12)에서 볼 때, 초기 시민운동은 80년대의 전투적·급진적 지향의

---

11) 조희연, 『한국의 민주주의와 사회운동』, 당대, 1998, 325-330쪽.
12) 여기서 구성의 관점이라는 것은 '구성주의적 사회운동론'(임희섭, 『집합행동과 사회운동의 이론』, 고려대 출판부, 2002, 9장)과 같은 특정한 사회운동론을 염두에 두기보다는 민족주의와 같은 담론의 구성에서 보여지는 보다 일반적인 구성주의적 관점을 지칭한다. 베네딕트 앤더슨, 『상상의 공동체: 민족주의의 기원과 전파에 대한 성찰』, 윤형숙 역, 나남, 2002.

민중운동과 구별되는 제도적 조건을 활용하면서 자유주의적 지향을 갖는 새로운 사회운동으로 구성되어졌다고 할 수 있다.

그런 점에서 시민운동은 '실체적' 개념이라기보다는 그 자체가 하나의 '이데올로기'적 범주로 간주될 필요가 있다. 87년 이전 군부파시즘체제가 존재하고 그에 대항하는 민중운동의 혁명적 투쟁이 존재하고 그것이 시대정신으로 존재하고 있었던 때, 민중운동 개념이 사회운동의 지배적 개념으로 존재하였다. 이때 모든 저항적 사회운동이 민중운동으로 자기동일시를 하고자 했다. 이제는 군부파시즘의 혁명적 위기의 봉합과 그것의 수동혁명적 재편이라는 구조적 상황에 대응하면서 존재하게 되었다는 점에서, 시민운동이라는 것은 실체적 범주이기보다는 이차적으로 재구성된 이데올로기적 범주라는 점을 주목할 필요가 있다. 13) 예컨대, 반파시즘 투쟁이 한창이던 80년대 초반에 기존의 보수적 여성운동과 구별되는 진보적 여성운동은 변혁적인 반독재투쟁의 일부로, 즉 민중운동적인 정체성을 자기화하고자 하였다. 그러나 80년대 후반과 90년대 초반에 진보적 지향을 갖는 여성운동도 시민운동으로서의 정체성을 자기화하고자 노력하게 된다. 이런 점에서 현재와 같은 외연과 내포적 의미를 갖는 시민운동은 87년 이후의 체제의 수동혁명적 변화에 대응하는 인식적 조응과 자유주의적 실천의 결과로 나타나게 된 것이라고 할 수 있다.

사실 시민운동의 초동주체들의 이념적 성향은 이미 70·80년대 기독교운동 내부에서도 존재하였다. 물론, 그 내부에서도 이른바 혁명적 지향과 이른바 '개량적' 지향 사이의 대립이 내재하고 있었지만, 당시는 반독재라는 시대적 과제 때문에, 이러한 내부적 대립 자체가 중요한 것이 아니었다. 즉 개량적 입장에서의 혁명적 지향에 대한 비판 자체가 군부독재 앞에서의 적전(敵前) 분열이라는 성격이 있었기 때문에, 내부적 대립은 운동권 내부에서는 치열하였지만, 공론의 과정에서는 크게 부각되지는 않았다. 어떤 점에서 본격적인 분화의 정치적 공간, 개량적 입장에서 혁명적 입장과 분립할

---

13) 서준식 인권운동사랑방 대표가 『한겨레21』에 실린 한 칼럼에서 인권운동은 시민운동이 아니라고 표현한 적이 있었다. 이것은 바로 시민운동이라는 범주 자체의 구성적 성격, 그 이데올로기적 함의를 잘 지적하고 있다.

수 있는 도덕성의 공간이 부재하였다. 그러나 역설적으로 87년 6월 항쟁 이후 민주주의 이행이 가속화되고 독재정권의 퇴진이라고 하는 객관적 변화 속에서, 개량적 입장이 분립할 수 있는 도덕적 공간이 존재하게 되었다고 생각된다.

이러한 구성에는 80년대 후반 초기시민운동의 초동주체들의 이념적 지향과 전략적 선택이 매개적으로 작용하게 된다. 특별히 초기 시민운동을 주도하는 사람들이 비(非)민중운동 혹은 반(反)민중운동적 성향을 강하게 갖는 보수적 지향의 사람들이었다는 점이다. 89년 7월 창립된 경실련이 80년대 말에서 90년대 초·중반에 시민운동의 상징적 주도단체가 되었는데, 초기 경실련이 강하게 비민중운동적 성격을 띠고 있었던 것도 현재의 이미지를 형성하는 데 결정적인 역할을 했다. 나아가 초기 시민운동그룹들이, 현재 한국의 이데올로기적 지형이 분단조건에 의해 대단히 '비정상적으로 우익화'되었다는 점을 파악하지 못하고 그것을 수용하는 협소한 인식틀에서 운동을 전개하였기 때문이다. 현재 문제가 되는 시민운동의 온건화는 시민운동의 주체들이 현재의 지형을 받아들이면서, 급진적인 전략보다는 온건한 전략을 선택한 결과, 현재와 같은 보수적 정체성(정확하게는 '보수적 자유주의'적 정체성)이 일반화되었다고 볼 수 있다.

앞서 서술한 바와 같이 87년 이후의 수동혁명의 과정은 능동혁명의 의제를 가지고 있지 않은 정치적 변동의 과정이라고 할 수 있다. 그런 점에서 80년대의 혁명적 급진성의 전통에 서있는—비록 그것을 동일하게 갖고 있지는 않지만—민중운동과 수동혁명적 체제는 근본적으로 긴장관계를 지니고 있었다. 반면에 체제의 자유주의적·다원주의적 변화를 지향하는 시민운동의 경우에는 체제와 충돌할 필요가 없었다. 포스트-파시즘의 이데올로기적 안정화를 지향하는 보수언론들은 오히려 시민운동이 갖는 제한적 비판성을 국민적 운동으로 부상시키면서 포스트-파시즘의 혁명적 균열은 방지하면서도 파시즘의 합리화의 동력으로 시민운동의 동력을 활용하고자 하는 의도하에서 시민운동이 국민적 운동으로 부상하는 것을 지원하게 된다. 시민운동의 부상에는 바로 이러한 보수언론의 적극적인 지원이 중요한 근거를 이루었다고 할 수 있다. '국민적' 운동으로서의 시민운동은, 파시즘체제의 혁명적 파국의 타협적 봉합과 그 수동혁명적 재편의 경로가 지배적이 된 조건에서 보수언론을 포함하는 이데올로기적 국가기구의 적극적인 행위에 의해서 구성된 것이라고 할 수 있다.

여기서 시민운동의 이른바 '신사회운동'적 성격에 대해서도 논의할 필요가 있다. 통상 시민운동은 서구의 신사회운동과 동일시된다. 물론 한국의 시민운동에는 신사회운동적 성격도 존재하기는 하지만, 오히려 서구적 의미에서의 구(舊)사회운동적 성격이 강력하게 존재하고 있다고 표현할 수 있다. 필자가 볼 때, 시민운동은 본질적인 의미에서의 서구적 의미에서의 신사회운동과는 구별되며, '신'사회운동의 의미를 말할 수 있다면 그것은 87년 이전 반독재민주화운동의 지배적인 형태로서의 급진적 민중운동과 구별되는 '새로움'을 의미한다고 생각된다. 그러나 한국의 시민운동은 개발독재하에서 고착된 왜곡된 국가와 왜곡된 시장의 민주적 개혁이라고 하는 과제를 중심으로 활동하고 있고, 이런 점에서 사실 이른바 '구(舊)'사회운동적 성격도 강하게 가지고 있다.[14] 현재 한국에서 시민운동이 담당하고 있는 민주주의의 참정권의 확장, 형식적 민주주의의 실제적 불완전성, 부패적 성격, 시장의 천민적 성격을 극복하기 위한 투쟁은 서구에서 노동자운동이 일정부분 담당했던 역할이었다. 단지 이것이 변화된 맥락에서 시민운동에 의해 담지되고 있는 것이다. 성격적 측면에서 보더라도, 68년 5월 혁명으로 상징화되는 신사회운동은 사회민주당이 집권하는 수준에 이른 서구적 민주주의의 근본적인 한계성, 제도화된 권위주의, 직접민주주의적 요소의 탈각 등에 대한 비판의식에 기초하고 있다. 즉 권력감시적 혹은 권력지향적 운동을 뛰어넘어 생활세계적 이슈, 가치적·문화적 이슈들을 지향하는 급진성을 내장하고 있다. 그러나 초기 한국의 시민운동들을 본다면, 서구의 신사회운동이 갖는 기존의 경제주의적·국가주의적 질서에 대한 급진적 저항성은 대단히 취약하였다.[15] 서구의 신사회운동은 사회민주주의적 복지국가

---

14) 조희연, 「'종합적 시민운동'의 구조적 성격과 변화전망에 대한 연구」, 앞의 책, 236-237쪽.
15) 신사회운동의 정치적 동맹양식과 관련하여서도 다양한 견해가 존재하고 있다. 신사회운동과 서구의 맑스주의 운동의 적극적 '근접화'를 주장하는 D. Plotke의 "What's So New About New Social Movements?", *Socialist Review*, Vol. 20, No. 1 (Jan-Mar, 1990) 참조.

와 같은 수준으로 민주화되어 있는 서유럽적 현실에 대한 저항운동인 것이다. 그런 점에서 '반(反)제도주의적 급진성', '반권위주의적 급진성'을 내장하고 있다. 한국의 시민운동도 물론 이러한 신사회운동적 성격이 전혀 없었다고는 할 수 없지만, 시민운동을 국민적 운동으로 부상시킨 '낙선운동'이나 재벌개혁운동 등은 기본적으로 구사회운동적 과제의 영역에 속한다고 할 수 있다. 이런 점에서 시민운동은 민중운동에 대한 운동적 대립물로서의 '새로움'만을 착안하였지 서구의 '신'사회운동에 내장된 급진성에 대해서는 취약한 성격을 지녔다고 볼 수 있다.

결국 87년 이후의 시민운동은 87년 6월 민주항쟁의 성공과 실패의 이중적 결과 속에 규정되면서 스스로를 비(非)민중운동적 '신'사회운동으로 '구성'하면서 출현한 운동이다. 이러한 초기 시민운동의 자기규정은, 87년 이후 군부파시즘체제의 혁명적 타파의 경로가 주변화되고 그 수동혁명적 경로가 지배적인 조건에 대응하는 자유주의적 행위자들의 능동적 실천에 의해 구성된 범주라고 할 수 있다.

4. 90년대 수동혁명적 민주화의 균열과 시민운동의 다양화

이러한 초기 시민운동의 구성된 정체성은 90년대를 경과하면서 변화하게 된다. 87년 이후 노태우정부가 수립되면서 사회운동 진영, 특별히 민중운동진영에서는 '패배'적 정서가 강력하게 존재하였다. 87년 대선을 거치면서 수동혁명적 경로가 지배적인 경로로 정착하게 되면서 이러한 패배적 정서는 87년 말과 88년 초에 강하게 존재하였다고 생각된다. 그러한 경로가 자신들의 분열, 반독재민주화운동의 일부를 구성하는 양김의 분열에 기인한다고 하는 점이, 민중운동진영의 무력감과 좌절감을 증폭시켰다. 과거 민중운동이나 반독재민주화운동의 좌절요인은 주로 외부적인 독재권력의 억

클라우스 오페는 3가지 동맹모델을 상정하고 있는데, 신사회운동과 좌파적 정당, 사민주의적 정당의 동맹을 중심으로 하는 모델도 이러한 예가 될 것이다. C. Offe, 「신사회운동: 제도정치의 한계에 대한 도전」, 한국정치연구회 정치이론분과 편, 『국가와 시민사회: 조절이론의 국가론과 사회주의시민사회론』, 녹두, 1993.

압에서 주어진 것이었다면 이제는 내부적인 요인에 의해 좌절을 맛보아야한다는 점에서 일종의 '정신적 공황' 같은 것마저 존재하였다. 이런 요인이사실 시민운동이 '국민적' 운동으로 부상되는 조건이기도 하였다.

그러나 노태우정부 시기를 거치면서 수동혁명적 이행 자체가 균열되면서87년 이전 급진적 민중운동을 계승하는 민중운동의 재활성화와 사회운동의역동성 회복에 따라 시민운동의 정체성이 변화할 것으로 요구받게 된다. 이러한 변화에는 여러 가지 정치사회적 요인이 작용한 것으로 보여진다. 먼저국가의 재불안정화이다. '합헌적' 방식으로 재집권함으로써 높은 정치적 정당성과 정치적 안정성을 향유할 것으로 보였던 노태우정부는 여러 가지 요인이 복합적으로 작용하면서 다시 정치적으로 불안정하게 된다. 이것은 '합헌적' 방식으로 선거를 통해 노태우 정부가 재집권했음에도 불구하고 그 집권과정의 허구성이 노정됨으로써, '변형된 군부정권'에 반대하는 국민들의비판의식이 재활성화되었기 때문이다. 예컨대, 6월 민주항쟁의 좌절을 낳은 6.29선언이 군부파시즘의 전략적 시나리오에 의해 기획된 '정치적 쇼'라는 것이 폭로되고 5공청문회나 광주청문회를 통해 집권층의 역사적 반민주성이 대중적으로 드러나게 됨으로써였다. 87년 이후―비록 지역주의에 의해 왜곡되기는 하였지만―88년 4.26총선을 계기로 한 여소야대 국회의 출범은 노태우정부의 정치적 불안정화를 촉진하게 된다. 이처럼 억압적 기능을 담당하는 정부의 약화는 사회운동의 역동성이 회복될 수 있는 가능성을만들게 된다.

다음으로 파시즘적 억압체제의 균열에 따르는 시민과 민중들의 다층적인주체화와 민주적 활성화의 증대이다. 87년 군부파시즘의 민주적 전환 이후, 과거 파시즘권체제하에서 순응과 굴종을 강요당했던 국민들이 개인의차원에서 주체화(empowerment)될 뿐만 아니라 직업집단 및 계급계층 차원에서 자신들의 이해를 실현하기 위하여 조합을 결성하거나 시민·사회단체를 조직하는 등 집단적으로 주체화되어 갔다. 87년 이전에 군부파시즘에 대항하는 방향에서 사회적 역동성이 '저항'적으로 활성화되었다고 하면, 87년이후에는 스스로를 주체화시키는 방향에서 사회적 역동성이 활성화되고 있다고 할 수 있다. 이전에 관변단체밖에 존재하지 않았던 다양한 사회영역에서 다양한 직업, 계급, 계층별로 조합들과 결사체들이 생겨나고 정부와 정당에 대해서 비판적 목소리를 발하는 시민·민중단체들이 확대되어간 것도 이를 말해주고 있다. 일종의 직업별, 계층계급별 자각과 조직화가 진행되는 것이다. 이것의 대표적인 예로서, 87년 7, 8, 9월 노동자 대투쟁 이후 활성화된 민주노조운동은 생산직 영역은 말할 것도 없고 사무직과 전문직으로, 중소기업뿐만 아니라 대기업으로, 국내기업뿐만 아니라 공기업이나 외국기업에 이르기까지 확산되어 갔다. 그런 점에서 사회적 역동성의 저항적 활성화는 87년 이전에는 주로 파시즘적 독재정권 타도라는 '외재적인' 저항의 형태로 표출되었으나, 87년 이후에는 관변적 조합과 조직에 대항하여 다양한 사회적 주체들이 자발적·독립적으로 자기조직화를 하는 방향으로 진행되었다고 할 수 있다. 87년 이후의 이러한 변화를 87년 이전의 시민사회의 '저항적 활성화'에 대비되는 시민사회의 '민주적 활성화'라고 표현할 수 있겠다. 심지어 공무원 노조의 결성과 같이 시민사회의 민주적 활성화가 국가공무원으로까지 확장되는 것은 사회적 역동성의 활성화 및 주체화의 확장의 정도를 말해준다는 점에 대단히 의미있는 현상이라고 할 수 있겠다.

이러한 국가 변화와 사회적 역동성의 변화는, 80년대 초반~90년대 초반에서와 같이 시민운동이 비(非)민중운동적인 보수적(정확하게는 보수자유주의적) 정체성을 공유하고 있었던 상태에서 시민운동의 다양화가 나타나는 것을 의미한다. 90년대를 거치면서 시민운동의 정체성이 재구성되는 방향으로 나아갔다고 표현할 수 있다. '진보적 시민운동', '민중적 시민운동'을 표방하는 시민운동단체들, 초기의 보수적 정체성을 갖는 시민운동으로서의 정체성을 거부하는 인권운동단체들의 출현, 비록 자유주의적 틀내에서이지만 급진적 정체성을 추구하는 다양한 사회운동체의 출현(동성애적이나 급진적 여성운동단체 등)은 시민운동의 정체성의 재구성을 결과하였다. 그러나 이러한 시민운동 정체성의 재구성은 민중운동으로의 시민운동의 정체성이 복귀하거나 시민운동적 정체성의 해소보다 민중운동과 시민운동의 분립구조를 지속하면서, 시민운동이 다양화되고 다원화되는 형태를 취하였다고 생각된다.

시민운동 영역에서 비록 소수파적 지위를 갖는 것이기는 하지만 급진주의적 흐름이 출현하게 된 것도 시민운동의 다양화를 말해준다. 90년대를 거치면서 인권운동영역에서의 급진주의적 지향, 환경운동에서의 급진주의적 지향, 생태근본주의적 관점, 생태운동과 결합된 무정부주의의 흐름, 생태공동체운동, 급진주의적 페미니즘운동 등 다양한 영역에서 급진주의가 출현하기도 하였다. 특별히 기존의 대변(代辯)형 운동이나 권력감시형 운동이 기성질서와 성장주의적 가치를 공유하고 거대기구화하여 관료주의적 병폐를 노정한다는 비판적 관점에서, 보다 근본주의적 관점에서 생활가치를 전환하고 근본적인 문화적·의식적·생활적 전환이 필요함을 역설하는 시민운동도 출현하게 된다. 시민운동의 다양화 과정에서 맑스주의적 급진성과는 구별되는 비(非) 맑스주의적 급진성이 다양한 사회적 이슈를 중심으로 형성되고 실천되고 있으나 이것은 현재까지는 주변적인 흐름으로 존재하고 있다고 보여진다. 이러한 다양화는 이념적 분화뿐만 아니라 시민운동이 다양한 이슈영역으로 또한 풀뿌리 수준으로 확장되는 방향으로도 나타났다. 사실 시민운동은 종합적 시민운동에 의해 '과잉대표'되고 있었기 때문에 권력감시나 시장감시가 주된 시민운동 영역으로 인식되었으나, 시민운동의 발전과정 속에서 다양한 시민적 주체가 참여하고, 다양한 사회적 적대와 이슈들을 둘러싼 운동들이 분화하게 된다.

이처럼 다양하게 분화되고 다양화되는 시민운동의 문제는, 맑스주의적 관점 혹은 변혁론의 관점에서 보면 계급계층적으로는 중간층을 포함한 비(非)노동자계급적 역동성, 이슈상으로는 다양한 사회적 적대와 이슈들을 어떻게 파악할 것인가 하는 문제가 된다. 시민운동의 부상에 대하여 급진주의 진영은 다양한 형태의 비판을 제기하였다. 시민운동의 대표적 사례라고 할 수 있는 소액주주운동이나 다양한 형태의 권력감시운동, 재벌개혁운동 등에 대해서 그것이 자본주의체제 자체를 균열시키는 운동이 아니며 오히려 그것을 합리화하고 체제내적 운동이라고 비판하였다.[16] 미국식 운동의

---

16) 대표적 글로 정종권, 「시민운동에 대한 비판적 평가」, 『시민사회와 시민운동(2)』. 여기서 정종권은 시민운동이 자유주의 운동, 관리주의 운동, 미국적 모델을 지향하는 운동, 비(非)신사회운동으로서의 성격을 가지고 있다고 비판하고 있다. 이종회, 「자본의 신자유주의적 공세와 한국의 시민운동」, 『진보평론』 2호, 1999년 겨울; 김세균, 『한국민주주의와 노동자-민중정치』, 도서출판 현장에서 미래를, 1997, 제5부; 홍일표, 「이제 다시 위태

모델을 따르면서 시장 '관리주의'적 입장으로 경도됨으로써, 체제의 합리화와 선진화에 기여하지 그것이 자본주의적 시장질서 자체으 근본적인 재편으로 이어지지 못한다고 하는 비판이 제기되었다. 정치개혁운동의 대표적인 사례로서 인식되는 낙천낙선운동에 대해서도 그것이 기성정당의 인적 쇄신에 기여하였을 뿐, 기성정당의 이데올로기적 폐쇄성이나 부패구조를 근본적으로 척결하는 데 이르지 못하였으며 진보정당의 제도정치권 진출에 기여하지도 못하였다고 하는 비판도 제기되었다. 이러한 비판들은 대체로 '맑스주의적 혁명주의' 혹은 급진주의의 입장에서 시민운동이 갖는 온건보수주의 혹은 자유주의적 성격을 비판하는 것이었다. 이러한 급진주의적 비판은 시민운동의 보수적 정체성의 극복과 분화를 촉진하는 '외적' 환경으로 작용하였다고 보여진다.

5. 국민정부 및 노무현정부하에서의 시민운동: 지배체제의 수동혁명적 합리화의 '협력적 파트너'?

1997년 50년만의 야당정부의 성립은 87년 6월 민주항쟁에서 표현된 종속적 파시즘의 혁명적 위기에 대한 타협적 봉쇄체제로서의 87년 체제의 변화를 의미한다. 이것이 87년 이전 급진적 민주주의세력과 결합되어 있었던 자유주의적 정치세력의 독자적인 집권을 의미한다면, 노무현정부는 국민정부 2기로서의 성격을 갖는다고 생각된다. 이는 87년부터 1997년까지 진행된 1단계 수동혁명의 2단계로의 전환을 의미한다.

거시역사적 관점에서 볼 때 87년 이후의 수동혁명적 민주화를 통해 과거의 종속적 파시즘이라고 하는 개발독재적 예외국가가 더욱 높은 수준으로 자본제적 정상국가로 재조직화해 가고 있다고 할 수 있다. 풀란차스의 표현을 빌린다면,[17] 87년 6월 항쟁 이후의 거시역사적 변화는 '개발독재적 예외

로운 모험의 기로에 선 한국시민운동」, 『시민사회와 시민운동(2)』 참조.
17) N. Poulantzas, *Fascism and Dictatorship* (London: New Left Books, 1974); B. Jessop, *Nicos Poulantzas: Marxist Theory and Political Strategy* (London: Macmillan, 1985) 참조.

국가'에서 자본주의적 '정상'국가(정상적인 자본제적 민주주의)로 변화하는 과정으로 표현될 수 있다. 그의 논의에 따르면, 자본주의적 상부구조로서 민주주의가 표준적인 정치형태로 정착한 이후 비(非) 민주주의적인 '예외적' 정치형태들이 존재하여 왔다. 파시즘, 좌익전체주의, 제3세계 군부파시즘 등이 그 예가 될 것이다. 이러한 예외적 상부구조들은 특정 국면에서의 토대적 조건에 기초하여 지배블럭이 갖는 위기성과 특수성에 대응하는 현상들이라고 할 수 있다. 그러나 이러한 조건들은 토대적 변화와 계급적·사회적 투쟁의 매개에 의해 '정상적'인 민주주의적 상부구조로 전환되어 간다. 우리의 경우에도 6월 민주항쟁과 같은 투쟁에 의해 매개되면서 이러한 정치적 지배형태의 예외성에서 정상성으로의 변화가 나타나고 있다고 생각된다. 구체적으로 개발독재적 예외국가하에서의 시장의 '예외적인' 천민성과 국가의 '예외적인' 반민주주의적 억압성은 점차 정상화되고 있다.

한국의 경우에는 반공주의적 프레임이 부여하는 거시적 한계, 시민사회의 보수성, 정치사회와 시민사회의 지역주의적 왜곡 등으로 인하여—비록 불철저하기는 하지만—자본제적 민주주의국가로 전형(轉形)되고 있다고 판단된다. 이 과정에서 지배와 저항의 대치선은 국가의 예외적인 폭력성과 반민주성을 쟁점으로 하던 상태에서 민주주의의 실질화와 확장을 쟁점으로 하는 상태로 변화하게 되며, 시장의 예외적인 천민성과 반민중성을 쟁점으로 하던 상태에서 시장의 합리성과 합리성을 쟁점으로 하는 상태로, 생활세계적 이슈의 경우 사회적 적대의 폭력적 억압과 주변화 자체에 대항하던 상태에서 사회적 적대의 제도화와 체제내적 쟁점화를 둘러싼 상태로 이행하게 된다(동성애가 이전에는 억압되었으나 이제는 인권의 쟁점으로 전환된 것을 상기하자). 이러한 변화는 파시즘적 상부구조의 예외성에 기초하여 그 예외성의 민주화를 주된 과제로 하는 시민운동의 위상에 변화를 요구하게 된다.

87년 이후의 변화과정은 상당부분 예외국가의 정상화—이른바 '민주개혁'이라는 이름으로 진행되는—과정에 있고 이러한 '정상화'를 추동하고 보다 개혁적으로 진행하고자 하는 운동을 지배적으로 담당하고 있는 것이 시민운동이다. 이러한 정상화 차원 자체는 분명 87년 이후 중요한 시대적 과제이고 민중운동도 이러한 과제에 복무하고 있고 이를 위해서 투쟁하고 있는 것이 사실이지만, 이러한 정상화에도 불구하고 맑스주의적 관점에서 볼 때, 정상화되는 국가 및 지배질서라는 것은 자본제적인 것이고 새로운 계급적·사회적 적대를 내재한 체제라는 것이다. 여기서 지배적 형태의 시민운동—시민운동의 다양성에 대해서는 앞서 서술하였다—은 지배체제의 수동혁명적 합리화의 '협의파트너'로 존재할 것이냐 지배체제의 정상성에 대항하는 저항적 사회운동으로 자신을 진보화할 것인가 하는 선택을 요구받게 된다고 본다. 지배의 수동혁명적 합리화가 진전되면 될수록, 시민운동은 87년 이후 수동혁명적 경로를 따라 전개되는 파시즘적 국가의 정상화 과정의 '협력적 파트너'로 왜소화할 가능성이 크다.[18]

또한 지배체제의 수동혁명적 합리화는 시민운동을 '협의적 제도화'의 틀 내로 이동시킬 가능성을 크게 만들게 된다. 예외국가의 정상화와 합리화는 시민운동을 제도적 틀내로 흡수하고 포섭(co-opt)할 가능성을 크게 한다는 것이다. 넓은 의미의 국가의 일부를 이루는 제도정치의 정상화와 그 이념적 스펙트럼의 확대(국민정부와 참여정부는 중도자유주의 정파가 지배블록의 헤게모니 분파로까지 변화하는 과정으로 이해될 수 있다)로 인하여, 더욱더 사회운동의 제도화의 위험이 커질 수 있다. 시민운동의 의제들은 합리화되어 가는 국가의 내부개혁의 의제들의 일부가 될 수도 있다. 예컨대, 법원개혁을 위해서 논의되는 배심제나 참심제의 논의를 상기해보자. 심지어 민주노동당의 제도정치 진입은—의도하지 않게—제도정치와 사회의 관계에서 전자의 개방성과 포괄성을 확장함으로써, 사회적 역동성이 점차 '제도화된 통로'를 통해서 발현되는 방향으로 나아가게 할 수 있다. 물론 이러한 개혁 자체가 유산되거나 정체될 수도 있지만 경향적으로 볼 때, 국가와 정당

---

18) 1987년 6월 민주항쟁의 타협적 재편을 가장 상징적으로 보여주고 있는 것이 이른바 '1987년 노동체제'라고 할 수 있을 것이다. 노중기, 「국가의 노동통제전략에 관한 연구, 1987-1992」, 서울대 사회학과 박사학위 논문, 1995. 이러한 노동체제가 국민정부 이후 새로운 체제로 전화하게 되는 것과 대응시켜볼 수 있을 것이다. 1987년 체제의 한계점('급진적 노동정치의 부재', '산별노조의 부재' 등)이 무엇인가에 따라 극복방향도 달라지듯이, 시민운동의 경우에도 국민정부와 참여정부가 동반하는 변화를 어떻게 긋느냐에 따라 상이한 분화를 경험하게 될 것이다.

의 정상화는 제도화의 영역을 점차적으로 확장하게 되리라는 것은 자명하다. 낙선운동의 '아들'이라고도 할 수 있는 노사모적 대중들은 부분적으로는 민주당이나 개혁국민정당의 '진성'당원이 될 가능성도 있다. 구조적 측면에서 파악하게 되면, 87년 이후 수동혁명적 민주화 과정 속에서 시민운동은 상당부분 예외국가의 정상화—이른바 '민주개혁'이라는 이름으로 진행되는—를 추동하는 운동으로서 발전하여 왔다. 이는 많은 부분 기성제도정치의 '정치지체'에 기인하는 반사이익에 힘입어 '대의의 대행' 역할을 수행하여 왔기 때문이다. 이러한 '대의의 대행'(proxy representation)19) 영역은 불가피하게—거시역사적 관점에서 보면—축소될 것으로 예상된다.20)

이처럼 시민운동은 정상화와 제도화의 도전에 대결하지 않으면 정부나 정당의 '협의적 파트너'로 전락하는 선택의 지점에 와있다고 생각된다. 이는 역설적이지만 시민운동이 자신의 성공을 쟁취함으로써 직면하게 되는 딜레마이다. 시민운동은 87년 이후의 수동혁명적 민주화를 추동하는 하나의 동력으로 작동하면서 지배의 민주적 혁신에 기여해왔고 이러한 민주적 혁신의 결과로 자신은 새로운 선택을 강요당하는 지점에 서있는 것이다.

6. 나오면서

맑스주의적 지향의 변혁적 민중운동에게 있어, 시민운동은 기존의 지배적인 형태로서의 맑스주의적 이론과 실천의 '공백'영역에 대한 맑스주의적 실천의 올바른 방안이 무엇인가를 제기하고 있다. 19세기 말 이후 맑스주의가 변혁론에 있어 '지배적인' 이론이 된 이후, 그리고 그것이 볼셰비키 혁명에 의해 '실천적인 성공사례'로 현실화한 이후, 급진주의적 저항론은 특정한 형태로 논리화되었다. 그 핵심적인 내용은 노동자계급 중심형 혁명모델,

---

19) 조희연, 「민주주의 이행과 제도정치·민중정치·시민정치」, 『경제와 사회』, 2000년 여름호.

20) 특별히 제도정치의 정상화는 시민운동이 담당하고 있던 정치개혁적 운동의 비중을 축소시키게 될 것이다. 87년 이후 시민운동의 부상을 규정하던 정치개혁적 구사회운동의 비중을 축소시키게 됨으로써, 시민운동이 정치사회와 어떤 관계를 형성해갈 것인가 하는 점은 앞으로의 과제로 남는다고 할 수 있다.

계급적대 중심형 혁명모델, 국가 중심형 혁명모델 등으로 표현될 수 있다. 계급적대의 현실체제로서의 자본주의 타파, 그러한 계급적대체제의 정치적 재생산기구인 국가의 혁명적 전복, 그러한 혁명적 전복의 중심주체로서의 노동자계급이라는 인식이 맑스주의적 혁명론의 중심내용이 되었다는 것이다. 이러한 모델은 스탈린주의에 의해 교조적으로 해석된 후 소비에트 국가권력이 강제적으로 보증하는 논리로 독점화된 이후, 여타의 사고를 배제하는 폐쇄형 모델로 고착화되어 갔다. 볼셰비키 혁명을 포함하여 일체의 혁명이 특정한 맥락 속에서 출현한 '역사적' 모델임에도 불구하고 그것을 탈(脫) 역사화된 보편모델로 정식화하는 과정에서, 새로운 맥락을 배태시키는 저항성과 역동성을 개방적으로 개념화하고 자기화하지 못하였다. 그 결과 다양한 사회적 적대를 중심으로 하는 저항성과 역동성, 그것의 급진화라는 과제가 맑스주의적 패러다임내에서 적절하게 다루어지지 못하였다고 생각된다.

그러나 맑스주의를 포함한 급진주의의 역사는 이론적 측면과 실천적 측면 모두에서 부단한 자기변화와 혁신의 과정이었다고 할 수 있다. 이 과정은 물론 대부분 현실변화가 강제하는 것이었으며, 하나의 쟁취된 현실이 대립물로 전화하고 그 대립물을 새로운 투쟁과제로 하는 과정이었다고 할 수 있다. 그러나 사회적 현실의 변화에 따라 실천이론은 부단히 자기변화와 혁신을 해왔으며―자체적으로건 강제된 것이건―지금도 진행되고 있다. 어떤 점에서 현재와 같은 내포적 의미와 외연을 갖는 시민운동, 특별히 몇몇 민중운동을 제외한 사회운동 전체가 시민운동으로 간주되는 현실, 그리고 시민운동의 보수적 정체성이 지배적인 현실은 87년 이후의 수동혁명적 과정 속에서 반(反)민중운동적인 배제적 개념화에 성공한 경우라고 할 수 있다. 이제 다양한 사회적 적대, 현존사회주의의 경험이 가져온 국가주의적 혁명의 문제점, 계급범주로 포착되지 않는 다양한 사회적 집단 속에서 발현되는 저항성을 어떻게 혁명적인 방향으로 각인할 것인가 하는 과제를 제기한다고 할 수 있다. 이러한 새로운 상황은, '맑스주의적 혁명주의'적 입장에서 보면, 비노동자계급이나 비계급적대를 둘러싸고 출현하는 다중의 새로운 역동성을 어떻게 급진적으로 전유(專有) 할 것인가 하는 문제로 제기된

다. 21) 필자의 시각에서 볼 때, '시민운동의 민중화'22) 라는 과제를 이야기할
수 있다면 바로 이런 의미에서라고 생각된다.

---

21) 네그리의 사회적 공장과 사회적 노동자 개념은 공장을 넘어서는 자본의 확장, 즉 '실질
적 포섭'의 확장에 따라 유통, 소비, 생활세계의 전 영역에서 출현하는 새로운 주체성을 포
착할 수 있는 맑스주의적 분석 통로를 제공하고 있다고 할 수 있다. 안토니오 네그리, 『지
배와 사보타지』, 윤수종 편역, 새길, 1996; 윤수종, 「아우토노미아: 안토니오 네그리의 현
대사회분석」, 같은 책. 특히 제국주의와 구별되는 제국적 질서 속에서 나타나는 복합적 주
체구성을 표현하기 위하여 사용하는 다중(multitude) 개념은 적대의 사회적 확산, 적대의
글로벌한 확산을 특징으로 하는 현대적 질서 속에서의 저항성을 분석하는 데 도움을 줄 수
있다. 안토니오 네그리·마이클 하트, 『제국』, 윤수종 역, 이학사, 2001.
22) 김세균, 앞의 책, 제5부.

현시기 한국사회 계급투쟁 지형 분석

고민택(노동자의 힘)

1. 들어가며

지금 한국사회는 커다란 변화의 소용돌이를 겪고 있으며, 특히 미국의 이라크 침략전쟁에서 알 수 있는 바와 같이 세계사적 변화와도 맞물려, 그 변화의 방향과 내용이 대단히 역동적이다. 어떤 정치세력 또는 어느 계급이 이 변화의 주도권을 쥐느냐에 따라 이후 한국사회의 모습이 새롭게 결정될 것이다. 노동계급 또는 맑스주의의 입장에서 현시기 한국사회 계급투쟁 지형을 분석하고자 하는 것도 그러한 변화에 능동적인 대처를 하고자 하기 위함이다. 본 논문은 크게 세 가지 논점을 중심으로 현시기 한국사회 계급투쟁 지형을 분석하고 있다.

첫 번째 논점은 한국사회 계급역학과 정치지형을 어떻게 볼 것인가? 이다.

첫 번째 논점의 가장 핵심적인 지점은 한국사회의 계급역학·대립 구도를 어떻게 인식할 것인가이다. 가장 대칭적인 분석은 자본과 노동 사이의 대립이 보다 분명한 형태로 드러나고 있으며 또한 강화될 것이라는 분석(전망)과 이와는 정반대로 오히려 자본과 노동 사이의 대립이 단지 한국사회에 존재하는 여러 가지 대립 중의 하나일 뿐이며 그 지위와 강도 또한 갈수록 약화될 것이라는 분석(전망)이라고 할 수 있다.

다음으로 한국사회의 계급역학과 정치지형이 변화하고 있는가에 대한 동의 여부와 변화하고 있다면 그 변화의 동력 및 성격을 어떻게 이해할 것인가를 둘러싼 논점이다. 먼저 전자와 관련해서는 변화에 의구심을 보이는 입장이 두 방향에서 제기되고 있다. 한 방향은 한국사회의 수구·보수진영이 여전히 막강한 힘을 발휘하고 있다는 사실을 강조하는 입장에서 나오고 있으며, 또 하나의 방향은 노무현정권의 성격이 김대중정권과 다를 바 없으며 오히려 노무현정권 아래에서 탈계급화, 탈정치화가 보다 가속될 것이라는 관점에서 제기되고 있다. 본 논문은 이러한 분석이 내포하고 있는 한계와 약점을 지적하고자 한다. 또한 변화를 강조한다고 할 때에도 그 변화의 동력 및 성격을 탈계급적 입장에서 접근하고 있는 개량주의와 민족주의(민족주의 역시 정치적 개량주의로 귀결된다) 적 관점도 본 논문의 비판의 대상이 될 것이다.

두 번째 논점은 노무현정권의 성격과 주요 정책을 어떻게 볼 것인가?이다.

노무현정권이 기본적으로 김대중정권을 계승하고 있다는 점은 모든 세력이 동의하고 있다. 예컨대 수구·보수진영은 물론 노동자민중운동 진영도 각각 서로 다른 방향이긴 하지만 바로 이 점이 불만이다. 여기서는 노무현정권이 기본적으로 신자유주의 정권이라는 전제 아래 그 구체적 양상이 주요 정책을 통해 어떻게 드러나고 있는가를 파악할 것이다. 다만 노무현정권의 신자유주의 정책은 큰 틀에서 볼 때 한국사회 계급역학과 정치지형이 변화하고 있는 방향을 충분히 활용해나갈 것이라는 것이 본 논문의 입장이다. 이것이 의미하는 정치적 함의는 노동자민중운동 진영 또는 맑스주의 진영이 자유주의와 개량주의 정치와 분명히 구별되는 정치적 전망과 대안을 시급히, 그리고 충분히 마련해야 한다는 사실이다. 다만 이 부분은 본 논문이 직접적으로 논증해야 할 범위에 있지 않음을 미리 밝혀 둔다. 한편 노무현정권은 동북아 중심국가 건설, '북핵' 문제 해결, WTO 뉴라운드 대처 등을 해나가야 한다는 점에서 대외 변수에 따른 영향을 김대중정권보다 훨씬 많이 받을 것이며, 이는 정권의 불안정성을 높이는 결과로 나타날 것으로 보인다.

세 번째 논점은 노동자민중운동 진영의 상태와 지형을 어떻게 볼 것인가?이다.

노동자민중운동 진영은 지난 87년 노동자대투쟁을 통해 형성된 운동 동력과 방향을 새롭게 설정해야 하는 전환점에 처해 있다는 것이 본 논문의 기본적인 입장이다. 먼저 민주노총으로 표현되어온 대중적 노동운동은 내부의 정치적 약점 때문에 운동의 방향이 흔들리고 있으며 노동계급 내부 구성 변화에 따른 대책 마련과 외부의 환경 변화에 따른 대처를 동시에 이루어야 한다는 점에서 새로운 도전을 맞고 있다는 점을 논증할 것이다.

다음 그동안 노동자민중운동 진영으로 포괄적 범주를 형성해온 노동자 정치운동과 사회운동이 이제 본격적인 정치적 분화의 시기에 돌입하고 있다는 것이 본 논문의 기본적 입장이다. 그 분화는 크게 사민주의와 민족주의를 표방하고 있는 개량주의 정치세력과 이른바 신·구 좌파로 불리는 변혁주의 정치세력 사이의 분화이다. 그러나 전자가 비교적 범주 형성이 용이한 것에 비해 후자의 경우는 사실상 범주 형성 자체가 상당한 난관에 처해 있다. 이 때문에 비교적 변혁주의를 견지해온 현장조직과 이들을 지지하고 있는 대중들 또한 개량주의로부터 정치적 압력을 받고 있다. 이는 앞의 첫 번째 논점에서의 분석과 논리적·현실적으로 모순된다. 바로 이 점이 맑스주의 진영이 처한 오늘의 현실이며, 시급히 극복해야 할 과제라는 것이 본 논문의 정치적 결론이다.

2. 한국사회 계급역학과 정치지형 변화

1) 전체 계급역학: 부르주아계급과 노동계급 사이의 헤게모니 전선 형성 본격화

87년 이전의 한국사회 전체 계급역학은 큰 틀에서 볼 때, 부르주아 계급이 절대적 우위를 점한 속에서, 군부독재세력이 민주화세력을 억압하는 관계로 나타났으며, 87년 이후에는 민주화 세력이 군부독재 세력을 앞지르는 역학 구도로 점차 변화됐다. 그러나 다른 한편으로 87년 이후 지난 15년 동안은 이른바 민주 대 반민주 역학 구도와 함께 노동과 자본의 대립 구도가 새롭게 형성되는 시기이기도 했다. 이는 부르주아 계급과 근본적으로 이해를 달리하며 동시에 자유주의 세력으로부터도 정치적으로 독립적인 노동계급이 형성되고 그와 맞물려 대중적 노동운동, 즉 민주노조운동이 시작한 데 따른 것이다. 이로 인해 전체 계급 역학에 있어서도 부르주아 계급이 차지했던 절대적 우위가 상대적 우위로 바뀌는 변화를 가져왔다.

한편 이러한 변화로부터 생긴 이득을, 오늘의 시점에서, 정치적으로 수렴한 세력은 자유주의 세력이다. 이는 지난 16대 대선 결과를 보면 잘 알 수 있다. 그러나 사실 한국의 자유주의 세력은 이미 부르주아 계급 또는 지배세력의 한 분파를 이루고 있으며, 반면에 이들 세력과 노동계급 사이의 관계는 적대적이다. 이런 의미에서 본다면 지난 15년의 과정은 전체적으로 부르주아 계급의 헤게모니가 강화되는 과정이었다고 할 수 있다. 그 결과 노동과 자본의 대립 구도가 등장해 있음에도 불구하고 아직 노동계급의 헤게모니 형성은 지체되고 있는 상황이다.

다만 여기서 부르주아 계급의 헤게모니가 강화되고 있다는 것이 곧 노동계급의 약화를 의미하는 것만은 아니다. 지난 16대 대선에서 노무현이 당선될 수 있었던 가장 결정적인 또는 거시적인 근거는 노동계급의 형성과 이들의 정치적 성장에서 찾아야 한다. 비록 노동계급이 지배세력과 맞설 수 있는 정치력을 확보하는 데에는 이르지 못했지만 한국사회 계급역학을 전반적으로 좌쪽으로 끌어오는 가장 중요한 동력으로 작용했으며, 노동계급의 제도권 진입 가능성을 열었다는 측면에서 정치적 성장을 말할 수 있다.

문제는 이후의 전개 과정이다. 즉 노동계급의 정치적 성장이 체제내로 제한될 것인가, 아니면 그 이상으로 진전될 것인가이다. 현재로서는 양자의 가능성이 공존하고 있다. 다만 신자유주의 세계화가 지구적 차원에서 관철되고 있는 조건에서 일국내에서 계급 타협이 이루어질 가능성은 획기적으로 줄어들었다. 따라서 노동계급의 투쟁이 반체제운동으로 나아갈 논리적 현실적 가능성을 말할 수 있다. 마침 반세계화, 반전운동이 세계적 차원에서 전개되고 있는 것도 이를 뒷받침하고 있다.

어쨌든 노동계급의 정치적 성장이 어느 방향을 향해 나아가든 당분간 그것은 노동계급의 헤게모니를 강화하는 과정을 동반하는 효과를 낳는다는 것을 의미하는 것으로 보아도 무리가 없다. 비록 체제 내적으로 제한된다고 해도 그조차 정치적 성장을 필요로 하기 때문이다. 결론적으로 한국사회 계급 역학은 이제부터가 부르주아 계급과 노동계급 사이에 헤게모니 강화를 둘러싼 본격적인 대립전선이 형성되고 있다고 할 수 있다.

2) 정치지형 변화: 보수세력의 분화와 '진보세력'의 제도권 진입

지난 16대 대선 결과—각 계급(정치) 세력이 차지한 득표율—를 놓고 볼 때 지배세력(계급)과 피지배계급(세력) 사이의 힘 관계는 그 전과 비교해 크게 달라진 것은 없다. 민주노동당과 사회당이 차지한 4% 득표로 힘 관계의 변화를 말할 수는 없다. 그러나 재·보궐 선거가 아닌 지난 2000년 4. 13 총선과 2002년 6. 13 지방선거 그리고 16대 대선과 같은 전국 선거에서 이른바 '진보진영'은 꾸준히 4-8%의 득표율을 보여주고 있는 것에서 알 수 있는 바와 같이 '진보진영'이 제도 정치권으로 진입할 가능성은 이제 현실로 다가와있다. 이는 한국사회 제도정치지형이 기존 보수 정치 일색에서 탈피해 새로운 정치지형이 창출·형성되는 단계에 들어섰다는 것을 의미한다.

87년 이후 한국사회 제도정치지형은 이른바 3김 정치도 언명된 것에서 알 수 있는 바와 같이 보수 3당 체제가 주축이 되었다. 그리고 이는 지역구도와 맞물려 선거와 의회 정치 차원에서 노동계급과 민중의 정치를 철저히 차단하거나 심각하게 왜곡시키는 힘으로 작용했다. 이런 조건에서 이념 또는 정치노선과 정책을 중심으로 한 정치는 발붙일 수 없었다. 이 또한 노동계급과 민중의 정치적 성장을 가로막는 원인이 되었다. 그러나 바로 이 때문에 지배계급은 또한 정치위기를 맞게 되었다. 먼저 그와 같은 지형과 정치 행위는, 지배계급의 입장에서 볼 때 정치의 효율을 떨어뜨림으로써 날로 격화되는 자본간 국가간 경쟁에서 효과적인 대응을 어렵게 하였다. 동시에 노동계급과 민중으로부터는 물론이고 자유주의적 세력들에게조차 불신과 불만을 낳게 하였다.

이런 상황에서 제도 정치지형에 일정한 변화가 일고 있다. 먼저 보수 정치세력 내부의 분화를 예상할 수 있다. 이전까지 나타났던 단순 이합집산이나 합종연횡하고는 달리 최소 수준에서나마 제계급·계층의 이해를 반영하는, 즉 노선과 정책을 중심으로 한 실질적인 재편 또는 분화가 이루어질 가능성이 그 어느 때보다 높다. 그것은 보수와 중도의 모습들 띠고 나타날 것으로 보인다. 여기에 '진보진영'의 제도 정치권 진입까지를 고려한다면 한국

사회 제도정치 지형은 전체적으로 보수-중도-진보의 구도로 짜질 것이라는 전망이 가능하다.

물론 그러한 구도가 형성되기까지는 상당한 우여곡절을 겪을 것이다. 거기에는 큰 틀에서 '북핵' 문제 해결을 둘러싼 갈등, 경제위기 대처 방안을 둘러싼 대립이 놓여 있다. 그것들은 일차적으로 지배계급 내부의 재편과 분화를 불러올 것이며, 나아가 지배계급 전체와 노동계급 및 민중 사이의 전선을 형성하는 매개 또는 근거로 작용할 것이다. 이러한 과정을 거치면서 한국사회 제도 정치지형은 2004년 총선에서 모습을 드러낼 것으로 보인다.

3) 사회세력관계의 새로운 구도 형성: '87년 체제'의 전화

87년 6월 항쟁과 7-9월 노동자대투쟁은 이른바 '87년 체제'로 불릴 만큼 한국사회에 커다란 변화를 몰고 왔다. '87년 체제'란 한마디로 한국사회가 '민주화' 시대로 진입하는 입구를 통과한 것이라고 말할 수 있다. 이에 비하면 지난 16대 대선 결과가 87년과 같이 한국사회를 그 이전과 전혀 다른 차원으로 변화시키는 역할을 한 것으로는 볼 수 없다. 이미 진행되고 있던 자유주의 세력의 전면적 등장과 함께 신자유주의를 강화하는 결과를 가져왔다. 이런 측면에서 볼 때 지난 대선 결과에 대한 지배계급은 물론 소부르주아의 분석, 즉 '개혁세력'의 승리라는 관점은 노동계급의 입장에서는 마땅히 경계해야 한다.

그러나 이번 대선을 기점으로 최소한 '87년 체제'가 더 이상 단순 반복되지 않을 것이라는 전망은 가능하다. '87년 체제'는 노동계급이라는 범주를 낳았다. 그러나 노동계급은 이제 더 이상 새로운 범주가 아니다. 오히려 지금은 노동계급 내부의 분화가 이미 심각한 현상으로 등장해있다. 동시에 '87년 투쟁'을 직접 경험하지 못한 노동계급의 새로운 세대가 본격적으로 등장하고 있다. 또한 '87년 체제'가 여전히 북의 안보 위협이, 그것이 실질적 차원이든 이데올로기적 차원이든, 사회 전반을 규정하고 있었다면 지금은 비록 '북핵' 문제가 전면화되고 있는 속에서도 과거의 규정력과는 내용과 강도를 달리하고 있다. 특히 '87년 체제'로도 불가능했던 '진보진영'의 제도 정치권 진입이 현실적 가능성으로 다가와있다. 이밖에도 87년 당시에는 전혀 없었던 '인터넷 세대'라는 새로운 현상이 나타나고 있다. 이들은 기본적으로 '민주화' 투쟁으로부터 어느 정도는 자유로운 세대이다.

이랬을 때 지금까지 한국사회를 실질적으로 규정해왔던 전통적(친일, 친미, 반북, 반공 수구세력) 지배계급의 위력은 약화되었으며 지난 대선은 이들에게 커다란 패배를 안겼다. 이에 비하면 친자본적 자유주의 정치세력은 한편으로는 자신을 지배세력의 한 분파로 안착시키는 데 성공하고 있으며 시민운동세력을 자신의 정치적 지지 기반화함으로써 한국사회의 새로운 주류로 점차 성장하고 있다. 이들은 자본과의 관계에서 신자유주의를 앞장서 실현함으로써 자본의 비토세력이 되는 것을 방어하고 다른 한편으로는 신자유주의 개혁을 앞세워 한국사회 및 자본 내부를 재편하려는 의도를 띠고 있다.

또한 노동계급 속에서 성장한 또다른 소부르주아 세력은 신흥 정치 엘리트로서의 성장을 도모하고 있다. 이들은 지난 대선에서 노동계급과 민중의 정치적 지지를 놓고 앞으로 친자본적 자유주의 세력과 치열한 경쟁을 벌여 나갈 수 있는 최소한의 대중적 기반과 조직적 구심을 확보했다. 이들 세력은 노동자, 농민, 영세자영업자, 도시빈민 등을 대상으로 한 정책 개발, 비정규직, 여성, 장애, 이주노동자 등 사회적 약자층과의 연대, 환경, 인권, 평화 등 이른바 정체성 정치에 대한 개입, 그리고 반미, 통일 등 민족문제에 대한 쟁점화를 시도하면서 세력 확장을 꾀할 수 있는 여건을 마련함으로써 주변부 세력에서 벗어날 가능성이 높아졌다.

한편 비민주노동당 좌파세력과 현장노동자는 이번 대선에서 의미있는 하나의 독자적인 정치세력으로 등장하는 데 실패했다. 나아가 노동자민중진영 내부의 분화를 이끌어낼 수 있는 주체적인 조건과 객관적인 명분을 마련하지 못했다. 이전에도 비민주노동당 좌파세력과 현장노동자는 비록 한국사회에서 독자적인 세력을 형성하고 있지는 못했지만 대중투쟁전선에 대한 개입을 통해 전체 계급 정세를 형성하는 데 의미있는 역할을 적지 않게 발휘하였으며, 노동자민중운동진영 내부적으로는 사민주의, 민족주의 세력과 함께 변혁세력으로서의 위상과 입지가 없지 않았다. 그러나 아직 속단하기는 이르지만, 대중적 노동운동의 실리주의 및 조합주의가 더욱 강화되고 이에 편승하거나 조장하면서 '진보정치'가 기승을 부릴 것이 분명한 상황에서, 스스로 획기적인 변화를 꾀하지 못한다면 과거와 같은 역할과 비중이 약화될 가능성을 배제할 수 없게 되었다. 특히 이들 주체는 내부적으로 정치적 전망과 조직 건설을 둘러싸고 통일성이 매우 낮다는 취약점까지 안고 있다. 이런 의미에서 지금 한국사회에서 새로운 활로를 모색해야 하는 처지에 몰린 세력은 앞에서 말한 전통적 지배세력과 바로 비민주노동당 좌파세력과 현장노동자이다.

4) 여론 및 의제 형성 수단·과정의 새로운 방식 등장: 쌍방향 구조

이제까지 한국사회의 전통적 지배세력은 정보독점력을 통한 여론형성·조작능력을 맘껏 발휘해왔다. 이것이 권력형성의 결정적 근거는 아니지만 최소한 권력을 형성하고 유지하기 위한 주요한 수단으로 작용한 것은 사실이다. 그러나 지난 대선에서 드러나고 있는 것처럼 이와 같은 일방통행은 점차 위력이 약화되고 있다. 최소한 확인 가능한 거짓 정보는 더 이상 통할 수 없게 되었다. 나아가 정보에 대한 일방적 규정과 해석도 과거와 같은 정치적 의미와 위력을 발휘하기는 어렵게 되었다. 정보에 대한 대중의 접근력이 획기적으로 확장됨으로써 소수 엘리트 중심으로 형성되던 '여론 시장'에 변화가 일어나고 있다. 지난 대선은 대규모 군중동원을 통한 선거 방식에서 이른바 미디어를 중심으로 한 선거 방식으로의 전환을 가져왔다. 특히 인터넷 및 휴대전화를 통한 실시간 의사소통이 가능해짐으로써 이의 활용이 여론과 의제 형성의 새로운 수단으로 등장했다.

그동안 이것들은 주로 사적(私的)인 공간으로만 사용되거나 주로 상업적 광고나 각종 대중 '스타'에 대한 '신변잡기'를 유통하는 것이었다면 이제 정치적·사회적 여론, 담론, 의제 등을 형성하고 유통하는 하나의 공적(公的) 영역으로 떠오르고 있다. 특히 온라인에서만의 단순한 의사소통에 그치는 것이 아니라 '촛불 시위'가 보여주듯이 오프라인, 즉 거리와 광장에서 직접 대중을 움직일 수 있는 주요한 수단이 되고 있다. 나아가 특정 단체 또는 주체가 아닌 단순(?) 개인도 수만, 수십만을 움직일 수 있는 가능성을 보여주고 있다. 이는 과거에는 거의 상상할 수 없는 새로운 현상이다. 앞으로 5년, 10년 뒤에는 어떤 일이 벌어질지 상상하기조차 쉽지 않다.

물론 이에 대한 과도한 해석이나 의미 부여는 마땅히 경계해야 한다. 예컨대 지배계급의 이데올로기 기구나 장치가 갖는 위력은 여전히 막강하다. 이것이 가능한 이유는 그들이 사회의 물적 체계와 구조를 장악하고 있을 뿐만 아니라 법적·제도적 수단을 통한 통제와 제어가 얼마든지 가능하기 때문이다. 현실적·실질적으로도 전통적인 미디어는 말할 것도 없고 인터넷이나 휴대전화 역시 현실 세계로부터 독립적일 수 없다. 즉 현실 계급관계가 그것들을 규정하는 것이지 그 역은 될 수 없다. 또한 그들 수단을 통한 의사소통이나 토론은 기본적으로 불특정·무정형이라는 특성을 갖으며, 그런 만큼 특히 기본적으로 의제 선정에서의 이념적·정치적 제약은 물론 지속성과 책임성에 한계를 보일 수밖에 없다.

그러나 이와 같은 제약과 한계에도 불구하고 또는 그를 전제하더라도 인터넷과 미디어를 매개로 한 의사 소통과 토론이 가능해짐으로써 전통적인 매체, 즉 거대 신문과 방송을 통한 위로부터의 일방적인 전달 구조에 균열이 생기고 있는 것은 분명하다. 즉 여론과 의제 형성에서의 쌍방향 소통 구조가 가능해졌다. 따라서 이제껏 소수 엘리트 또는 이해(이익) 집단의 이데올로그들의 여론 및 의제 독과점 현상은 상당히 약화될 것으로 예상된다. 또한 노동자민중의 직접적인 투쟁을 매개하지 않더라도 지배계급과 피지배계급 사이의 전선이 형성될 가능성을 높이고 있다.

5) 대중의 대북·대미에 대한 새로운 인식과 태도

지금 한국사회에서 벌어지고 있는 변화 가운데 정치적 의미와 사회적 파급력이 큰 또 하나는 대중의 대북, 대미 인식과 태도라고 할 수 있다. '북핵' 문제나 미국의 이라크 침략전쟁을 대하는 대중의 반응은 과거와 비교할 수 없을 정도로 혼란이나 동요를 일으키지 않고 있다. 그에 비하면 미국, 특히 부시정권의 일방적 패권주의와 군사 행동에 대한 대중의 인식과 태도는 대단히 부정적이며 불만이 높아가고 있다. 그동안 한국사회를 근본적으로 규정하는 힘으로 작용했던 친미, 반북 이데올로기가 급격히 후퇴하고 있다. 그동안 한국사회에서 친미, 반북은 건드릴 수 없는 일종의 성역으로 취급되었지만 이제 그것들은 성역이 아니라 현실에서 논의되고 검토되어야 할 선택의 문제가 되고 있다. 이는 이제까지 없었던 전혀 새로운 현상으로 계속해서 지속·강화될 것으로 보인다.

이와 같은 현상은 앞으로 한국사회의 정치지형의 변화에는 물론 계급역학에도 상당한 영향을 미칠 것이며 나아가 사회, 문화 전반에 걸쳐 일대 변화를 몰고올 수 있는 중요한 정치적·사회적 변수가 될 것이 분명하다.

3. 노무현정권의 성격과 주요 정책 방향

1) 노무현정권의 성격: 신자유주의 정권

노무현정권은 기본적으로 신자유주의 정권이다. 먼저 노무현정권은 국내외 독점자본 또는 초국적자본의 이해를 거스를 의지와 능력이 없을 뿐만 아니라 그럴 필요성을 느끼지 않고 있다. 노무현은 대선 기간 동안 김대중정권의 최대 업적의 하나로 IMF 경제위기를 성공적으로 해결했다는 점을 들고 있으며, 그 자신이 시장경제를 더욱 진전시키겠다는 확고한 의지를 갖고 있음을 분명히 밝혀왔다. 노무현이 말하는 재벌개혁도 김대중정권이 시행한 한국자본주의의 신자유주의로의 재편을 위한 일환과 완전히 일치하는 것이다. 따라서 노동계급의 입장에서 볼 때 노무현의 재벌개혁도 김대중정권의 재벌개혁과 마찬가지로 그 어떤 진보적인 내용도 갖고 있지 않다.

이게 아니더라도 노무현 자신이 경제특구법을 앞장서서 찬성하고 있으며, 대기업의 노동유연화가 경직되어 있다는 인식을 하고 있다는 점에서 그가 확실한 신자유주의자라는 것을 분명하게 알 수 있다. 노무현이 그나마 유일하게 노동자를 옹호(?)하는 발언으로는 비정규직 노동자가 너무 많다고 한 것인데 이는 일종의 정치적 수사(립서비스)에 불과하다. 오히려 엉뚱하게도 비정규직의 문제를 정규직의 경직성에서 찾고 있다는 점에서 그 한계를 적나라하게 드러내고 있다. 노무현정권이 비록 수구 보수 세력의 지지를 받고 탄생한 정권은 아니지만 신자유주의 정권이라는 점에서 그 반노동자성을 분명히 알 수 있다.

노무현정권은 한국사회 계급 역학이나 정치지형이라는 측면에서 볼 때

수구 보수 세력을 대표하는 한나라당의 왼쪽에 있으며 노동자민중의 오른쪽에 있다는 점에서 중도주의 정권이라고 할 수 있다. 그러나 이는 어디까지나 계급 역학과 정치지형을 고려한 상대적 의미에서 그러할 뿐 반노동자정권이라는 점에는 아무런 변화가 있을 수 없다. 다만 노무현정권은 그동안 미국식 신자유주의가 빈부격차를 더욱 심화시키고 바로 이 때문에 노동자민중의 저항을 심하게 불러왔다는 인식 아래 유럽식 신자유주의를 좀더 원용하려는 태도를 보이고 있다. 그러나 이 과정은 끊임없이 '탈계급화', '탈정치화'를 동반하는 포퓰리즘적 정치 행위와 맞물릴 가능성이 높다고 할 수 있다. 현실적으로 노무현정권의 지지 기반이 아직 계급적으로 안정되어 있지 않고 취약하다는 데서 특히 정권 초기에 그럴 수 있다는 전망이 가능하다. 그리고 이는 2004년 총선에 대비해 노동계급을 견제·고립시킬 수 있는 하나의 과정으로 배치될 수도 있다. 어쨌든 최종적으로 노무현정권은 신자유주의 정권이라는 기본적 전제 아래 한국형 중도주의 정권을 안착시키려 할 것으로 예상된다.

노무현정권은 김대중정권의 '햇볕정책'을 기본적으로 계승하고 있다. 본디 '햇볕정책'은 크게 두 가지 맥락을 띠고 있다. 하나는 남북관계를 긴장완화시키려는 것이다. 예컨대 한(조선)반도의 '탈냉전화' 정책이다. 또 하나는 남북 경제 단일화(협력)를 기반으로 동북아를 중심으로 하는 새로운 경제 블록을 형성하기 위한 것이다. 즉 새로운 경제 블록을 형성하려는 '시장확장' 정책이다. 여기서 '탈냉전화'와 '시장확장'은 동전의 양면을 이룬다. 그런데 알다시피 여기에는 기존 한미일 남방동맹과 북중러 북방동맹이라는 전통적인 군사적 긴장 관계가 형성되어 있고, 미국의 환태평양 경제 블록 구상과 중국과 러시아 그리고 내심으로 일본조차 선호하는 동북아 경제 블록 형성과의 긴장이 새롭게 형성되고 있다.

바로 여기에 남의 '탈냉전화'와 '시장확장' 정책과 북의 '체제 안정화(유지)' 정책과 '개혁·개방' 정책이 맞물려 있다. 한국 자본주의의 입장에서 보면 전통적 한미일 동맹 관계를 유지하고 미국 시장을 보전하는 것도 필요하지만 다른 한편으로는 이미 미국 시장을 능가하기 시작한 중국 시장을 강화하고 나아가 동북아 경제 구상을 실현시키기 위해서는 경직된 한미일 동맹관계는 역으로 이의 걸림돌이 되는 형국에 놓여 있다. 북의 입장에서 보면 '체제유지'와 '개혁·개방' 정책을 동시에 이루기 위해서는 역시 전통적인 북중러 협력을 필요로 하지만 결정적으로는 미국과의 긴장완화 또는 관계 개선이 절대적으로 필요한 처지에 놓여 있다. 바로 이러한 지형과 역학이 남과 북의 지배계급 모두에게 현실적·이데올로기적으로 이른바 '민족공조'를 필요로 하게 하고 있다. 이런 상황에서 노무현정권은 전통적인 의미에서의 일방적인 친미·반북 정권도 아니지만 역시 반미·민족주의(자주) 정권도 될 수 없다.

2) 노무현정권의 주요 정책 방향
(1) 노무현정권의 대경제·재벌 정책

앞으로 노무현정권 5년의 경제정책은 한마디로 '새로운 시장'의 창출에 핵심을 둘 것으로 보인다. 이는 바로 동북아 중심국가로의 성장이라는 것으로 집약된다. 김대중정권이 신자유주의 구조조정을 핵심으로 한 경제정책을 폈다면 노무현정권은 구조조정이 이미 일상화·제도화 단계에 접어 든 조건 위에서 새로운 성장 동력을 어떻게 창출할 것인가로 눈을 돌리려 할 것이다. 알다시피 세계 자본주의는 지금 경기침체에 시달리고 있으며, 경제의 불안정성·불투명성이 그 어느 때보다 심하며, 언제 예기치 않은 공황을 맞을 것인가를 염려하고 있다. 이 과정에서 자본간, 국가간 경쟁은 날로 격화되고 있으며, 지역화를 통해 위기를 분산하거나 집단적 대응을 모색하려 하고 있다. 그런데 이를 위해서는 알다시피 남북관계 및 한미, 북미, 북일 관계의 새로운 정착을 필요로 한다. 여기서 바로 경제와 정치의 접점이 치열하게 전개되고 있다. 또한 노무현정권은, 김대중정권이 IMF 외환위기 극복과 구조조정에 집중했다면, WTO 뉴라운드 및 한칠레 자유무역협정, 한일, 한미 투자협정 등이 진행되는 것과 함께 한국 경제의 본격적인 대외 개방 시대를 맞아 신자유주의 세계화의 새 국면을 맞이할 것으로 보인다.

노무현정권의 대재벌 정책은 기본적으로 김대중정권의 정책을 계승하는 데 두고 있다. 현재 이는 총액출자제한제도 유지, 증권 집단소송제 도입,

상속증여세 완전포괄주의 채택, 구조조정본부 폐지 등으로 나타나고 있다. 모두 기존 재벌들로서는 껄끄러운 정책들로 벌써부터 에에 대한 반발이 터져나오고 있다. 또한 자본은 '주5일 근무제' 도입에도 부정적이며, 노사관계에 대한 보다 강경한 대처를 주문하고 있다. 이 점에서도 노무현정권과 재벌과의 관계는 상충하는 면이 없지 않다. 노무현정권은 선거 공약과 당선 프리미엄을 앞세워 대재벌 정책을 추진하고자 하고 있으며, 재벌은 투자 특히 설비투자 및 경제성장에 대한 협조 여부로 맞서고 있다.

(2) 노무현정권의 대노동정책: 신자유주의 아래에서의 사회적 합의주의 재시도

노무현정권의 노동정책의 핵심은 다시 한번 사회적 합의주의를 시도하는 것으로 요약할 수 있다. 여기에는 몇 가지 리트머스 시험지가 있다. '주5일 근무제', '공무원노조', '직권중재' 등을 중심으로 하는 노동법개정과, 철도 구조조정과 남동발전소 매각 문제 등에 따른 '민영화(사유화)' 정책, 그리고 비정규직 양산을 완화시킬 수 있는 구체적 방안에 대해 노구현정권이 어떤 태도와 입장을 들고나올 것인가가 그것이다. 또한 기존 노조체계인 기업별 노조의 '산별노조'로의 전환에 대한 노무현정권의 정책과 민주노동당, 즉 '진보정치'에 대한 태도도 사회적 합의주의 재시도와 관련하여 노무현정권이 꺼낼 수 있는 카드가 될 수 있을 것이다.

예상컨대 노무현정권은 사회적 합의주의를 어떤 형태로든 재도입하기 위한 시도에 보다 적극적인 자세로 나올 것으로 보인다. 김대중정권이 노사정위원회를 사실상 형식화·무력화시킬 수밖에 없었던 조건과 지형에 비해 결정적으로 달라진 것은 없지만 노무현정권은 정권 교체기라는 사회적 분위기를 타면서 위에서 예시한 몇 가지 리트머스 시험지를 활용 카드로 들고나와 노동조합을 압박해올 수 있다. 특히 민주노총 등 상급단체는 지금까지의 경험으로 보아 쉽게 응하지 않을 것에 대비하여 단위 노동조합 및 연맹을 앞세우고 나올 가능성을 배제할 수 없다.

(3) 노무현정권의 대북 정책: 햇볕정책 계승

노무현정권은 기본적으로 김대중정권의 대북 정책, 즉 '햇볕정책'을 이어가면서 이를 한층 발전시켜 나가고자 하고 있다. 이러한 노무현정권의 정책이 어떻게 현실화될 것이며, 탄력을 받을 수 있을 것인가는 당연히 '북핵' 문제 해결에 달려 있다.

김대중정권의 '햇볕정책'은 지난 5년 동안 한나라당을 중심으로 하는 수구·보수 세력으로부터 끊임없이 저항을 받아왔다. 특히 부시정권 등장 이후로는 더욱 강한 반발에 부딪쳤다. 그러나 노무현정권은 대선에서 승리함으로써 일단은 유리한 고지 위에서 '햇볕정책'을 펴나갈 수 있는 조건을 확보했다고 할 수 있다. '북핵' 문제가 평화적으로 해결된다면, 특히 노무현정권의 역할이 반영된 결과로 그렇게 된다면, '햇볕정책'과 노무현정권의 대북 정책은 상당한 탄력을 받을 것이 분명하다. 반대로 '북핵' 문제 해결이 어려움에 빠지거나 교착 상태가 지속된다면 '햇볕정책'과 노무현정권의 대북 정책은 또 다시 역풍에 휩싸일 수밖에 없다. 다만 그 어느 때보다 미국의 대북 정책에 대한 대중의 불만이 높아져 있는 것이 변수로 작용할 여지가 없지 않다. 예컨대 대중의 '전쟁반대', '파병반대'가 '햇볕정책'에 대한 현실적·잠정적 지지로 이어질 것이기 때문이다.

그런데 노무현정권의 대북 정책은 북의 태도는 물론 미국의 대북 정책에 의해 언제든지 흔들릴 수밖에 없다는 점에서 일관성을 유지하기가 결코 쉽지 않을 것으로 보인다. 큰 틀에서는 '햇볕정책'을 견지해 나가겠지만 '햇볕정책'은 그 자체로 독립적이기보다는 북과 미국의 태도에 종속적이라는 점에서 본질적·현실적으로 불안정하다고 할 수 있다. 이 때문에 수구·보수 진영의 정략적·조직적 반발과 함께, 적지 않은 대중으로부터도 '햇볕정책'이 일방적 '퍼주기'라는 비판을 맞이하고 있는 것이다. 그러나 보다 근본적인 차원에서 볼 때 '햇볕정책'은 그 본질에서 노동계급의 이해를 반영하는 것과는 거리가 있다는 것이 불안정의 배경이 되고 있다. 즉 '햇볕정책'이 남의 신자유주의를 이북으로까지 확장하려는 것이며, 그 과정에서 대중의 민족주의 정서를 동원하고자 한다는 점에서 노동계급의 전폭적인 지지를 이끌어내기는 어려운 것이다.

(4) 노무현정권의 대미 정책: 한미동맹 관계 유지와 대북 중재 역할 강화

노무현정권이 취하고자 하는 또는 취할 수 있는 대미 정책의 핵심은 큰 틀에서는 여전히 전통적인 한미동맹 관계의 유지일 수밖에 없다. 그러나 한미동맹 관계라는 기조와 틀을 유지하되 한국 정부의 역할과 위상을 제고하고자 하는 자세를 취할 것으로 보인다.

여기에는 몇 가지 배경이 있다. 우선 북이 전면적인 '개혁·개방' 체제로 들어설 경우 남북 및 동북아 안보 정세는 새로운 국면을 맞게 된다. 한국의 입장에서 볼 때 그 핵심은 미국에 대한 군사 의존도가 낮아진다는 것이다. 이 경우에 한국은 지금까지 미국의 안보 우산에 들어 있는 것 때문에 지불했던 대가, 즉 미국의 대북방(중국, 러시아) 군사 전진기지로서의 역할을 완화 또는 변경시킬 수 있는 조건을 맞게 된다. 다음 한국 자본주의는 이미 미국 시장에 대한 의존도의 의미가 달라지고 있다. 즉 한국 자본주의는 미국 시장에만 의존해서는 더 이상 성장을 지속할 수 없게 되었다. 이는 한국 자본주의가 그 만큼 성장했으며 그 결과 새로운 시장을 요구하고 있다는 것을 가리킨다. 예컨대 갈수록 중국과의 교역량이 늘고 있으며, 중국이 고도 성장을 계속할 것을 예상할 때 이런 상황은 더욱 강화될 것이다. 그리고 앞에서 말한 바와 같이 노무현정권은 동북아 중심국가로의 성장을 국정운영의 기본 목표로 설정하고 있다. 이를 위해 일방적인 대미 의존에서 탈피해야 할 객관적인 필요성이 대두하고 있다. 또한 국내 계급 역학과 정치지형의 변화를 들 수 있다. 이번 대선 결과와 '촛불 시위'가 상징적으로 말해 주고 있듯이 일방적인 '친미·반북' 세력의 입지는 상당히 위축되었다. 이 또한 노무현정권의 대미 정책에 일정한 영향과 근거를 제공해 주고 있다.

그럼에도 불구하고 노무현정권 역시 근본적으로 또는 기본적으로 미국의 이해 자체를 거스를 수 있는 가능성은 많지 않다. 단적으로 한국군의 이라크 파병 결정을 보면 알 수 있다. 다만 노골적이고 일방적으로 끌려가는 모양새를 벗어나 합리적이고 세련된 관계를 요구하는 수준에서 대미 관계를 풀고자 할 것이다. 그러나 이 정도도 기존의 관계에 비하면 상당한 변화임에는 틀림없다. 따라서 노무현정권의 대미 정책은 이와 같은 동북아의 변화와 국내 상황을 염두에 두면서 속도와 폭을 조절해 나갈 것으로 예상된다.

그런데 노무현정권의 대미 정책은 북의 태도에도 상당한 영향을 받지 않을 수 없다. 북이 미국과의 직접 대화를 계속해서 강행할 경우 노무현정권의 대미 의존도는 상대적으로 높아질 수밖에 없는 상황이 전개될 것으로 예상된다. 결론적으로 미국 부시정권의 북에 대한 강경 정책이 지속되는 한 노무현정권이 의도하는 대미 정책은 그 폭이 근본적으로 제한될 수밖에 없을 것이다.

4. 노동자민중운동 진영의 상태와 지형 변화

1) 대중적 노동운동

지난 87년 이후 한국사회에서 지배계급 또는 부르주아 정치에 맞서 싸울 수 있는 가장 강력한 세력은 대중적 노동운동이었다. 특히 민주노총 출범 이후 대중투쟁은 곧 민주노총 투쟁으로 불릴 만큼 민주노총은 자본과 부르주아 정치의 대칭적 세력을 대표하였다. 비록 90년대 중반 이후 시민운동이 나름대로의 운동적 근거를 확보하긴 하였지만 대중적 노동운동이 갖는 힘에는 미치지 못했다. 다만 지난 4. 13 총선에서 낙선운동을 매개로 비로소 대중운동과는 또다른 의미에서 주목을 받게 되었다. 또한 97년 대선 이후 민주노동당이 창당되고 지난 4. 13 총선에 참여할 때까지도 민주노동당은 사회 전체적으로는 민주노총의 다른 이름일 뿐 독자적 힘이나 조직으로 표현되지 못했다. 그러다가 지난 6. 13 지방선거와 이번 대선을 통해 비로소 '진보정치' 영역과 민주노동당이라는 독자성을 확보하게 되었다.

대중적 노동운동은, 비록 내부적으로 실리주의와 조합주의가 확산되면서 운동노선과 투쟁방식을 둘러싸고 진통을 겪고 있기는 하지만, 여전히 반신자유주의 투쟁전선에서 가장 강력한 힘으로 작용하고 있으며 중요한 역할을 하고 있는 것은 사실이다. 그러나 앞으로 대중적 노동운동이 한국사회에서 이제까지 차지하고 있었던 위상과 역할이 지속될 수 있을 것인가에 대해서는 다시 검토해 보아야 한다. 단언할 수는 없지만, 지금까지 차지하고 있었던 대적 투쟁에서의 절대적 대표성과 지위는 상당히 흔들릴 가능성이 높으며, 한국사회의 계급 역학과 정치 지형을 변화시킬 수 있는 힘도 새로운 활로를 뚫지 못한다면 과거에 비해 약화될 것으로 보인다.

　대중적 노동운동의 미래를 위와 같이 전망하는 것은 무엇보다 대중적 노동운동 내부에 실리주의와 조합주의가 커다란 흐름으로 형성되어 있기 때문이다. 그리고 당분간 이를 변화시킬 수 있는 강력한 힘을 조직하는 것이 쉽지 않은 반면, 오히려 그를 조장하는 힘과 분위기는 더욱 기승을 부릴 것이라는 판단은 어렵지 않게 할 수 있다. 여기에 이제까지 없었거나 미약했던 새로운 상황이 등장한 사실을 들 수 있다. 먼저 민주노동당의 변화된 위상과 입지이다. 민주노동당은 지난 대선을 경과하면서 이른바 '시민권'을 완전히 획득하였다. 이로써 민주노동당은 지금까지는 민주노총의 하위 범주에 머물렀다면 앞으로는 독자적인 범주를 구축하는 것은 물론 나아가 민주노총의 상위 범주로까지 될 가능성을 배제할 수 없다. 다음 '붉은 악마'나 '촛불 시위'에서 나타나고 있는 바와 같이 불특정·무정형·비대칭·불연속한 대중행동의 출현을 들 수 있다. 이러한 현상은 기존 시민운동과는 또 다른 측면에서 한국사회 전반에 변화를 가져오거나 대중의 의식과 행동에 영향을 미칠 수 있는 현실적 가능성을 보여주고 있다. 특히 대중적 노동운동이 실리주의와 조합주의를 극복하는 데 실패하거나 또는 그러한 대중행동과의 접합·소통·연대를 이루지 못함으로써 그와 같은 대중행동 자체의 자립화가 진행될 경우 대중적 노동운동과 갈등을 빚을 수도 있을 것이다. 그런데 그와 같은 대중행동이 기존 체제의 경직성과 사회적 습관을 흔드는 효과를 낳더라도 그러한 대중행동이 갖는 불특정·무정형·비대칭·불연속한 특성으로 인해 결국 지배계급의 이데올로기와 전략 아래로 배치될 가능성이 매우 높다는 점에서 대중적 노동운동에게 부담으로 작용할 가능성을 배제할 수 없다.

　어쨌든 지금 대중적 노동운동은 이제까지 한국사회에서 차지하고 있었던 위상과 역할에서의 재정립을 객관적으로 요구받고 있다. 예컨대 직접적 대중투쟁을 중심으로 대적 전선을 형성하고 이로부터 정세에 대한 개입력을 발휘하고 주체 형성을 이루기 위해서는 대중적 노동운동이라는 튼튼한 진지가 절대적으로 필요하다. 이 점에서 대중적 노동운동은 내부적으로는 운동노선과 투쟁방식을 둘러싸고, 밖으로는 위상과 역할에 대한 재정립을 놓고 새로운 도전을 받고 있다.

2) 정파·전선(민중연대)·현장조직·계급적 사회운동

한국사회의 현실에서 과연 '진보정당' 운동이 현실적으로 가능할 수 있을 것인가 하는 문제는, 그러한 운동노선이 노동계급의 전략이 될 수 있는가라는 논쟁과는 별개로, 불과 얼마 전까지만 해도 회의적이었던 것이 사실이다. 그 근거는 크게 두 가지 측면에서 제기되었다. 하나는 한국 자본주의가 과연 노동계급의 투쟁과 요구를 제도정치내로 수렴할 수 있을 만큼 개량의 물적 토대가 가능한가라는 질문이었다. 또 하나는 사상 이념적인 측면에서 극단적인 친미, 반북(반공) 이데올로기가 사회 전체를 규정하고 있는 상황에서, 또한 각종 법적, 제도적 제약이 아직도 위력을 발휘하고 있는 조건에서 '진보정치'가 대중적 뿌리를 내릴 수 있을 것인가라는 의문이었다. 이의 또다른 근거는 현실사회주의가 붕괴했을 뿐만 아니라 유럽의 사민주의 정당들조차 국민정당화(우경화)의 길을 걷고 있는 마당에 '진보정치'가 대중적 호응을 얻을 수 있을 것인가라는 점이었다. 그리고 역사적·경험적으로도 87년 이후 노동자민중운동 진영 또는 '진보진영'이 시도한 선거 참여가 언제나 참담한 결과를 낳고 해체됨으로써 위와 같은 인식은 더욱 사실적이 되었다.

그러나 97년 대선에서 대중적 노동운동이 처음으로 조직적으로 결합·참여하기 시작하면서부터, 그리고 민주노총의 정치방침으로 민주노동당이 창당되면서 '진보정당' 운동은 운동적 연속성을 갖게 되었다. 그 결과 지난 6·13 지방선거와 이번 대선을 통해 '진보정당'은 마침내 대중적 근거까지 갖는 상황을 맞게 됐다. 이로써 위에서 말한 바와 같이 '진보정당'은 이제 민주노조운동의 하위·종속 범주에서 독자 범주 내지 상위 범주로 나아갈 수 있게 되었다. 2004년 총선에서 원내 진출이라는 목표는 그 현실감을 갖게 하고 있다. 지금의 상태가 지속된다면, 당분간 주·객관적 조건으로 보아 그럴 수 있는 가능성이 높다고 할 수 있는데, 노동자민중운동의 정치적·대중적 대표체가 대중적 노동운동(민주노총)에서 '진보정당'(민주노동당)으로 대체될 가능성이 현실화되고 있다.

또한 전선운동 또는 민중연대투쟁전선 역시 '진보정당'의 보조 범주가 되거나 스스로 그러한 역할을 자처하고 나올 가능성을 배제할 수 없다. 이제 '진보정당'은 노동자민중운동 진영내에서 분명한 근거를 갖게 되었으며, 나아가 한국사회 전체 정치지형내의 한 분파로서 권력에 참여하는 것을 가시권에 두고 있다. 그리고 이는 대중적 노동운동에서 나타나고 있는 실리주의와 조합주의를 더욱 강화시키는 효과를 낳을 것으로 보이며, 좌파운동 및 이와 근거리에 있는 현장(조직)운동에게는 상당한 압박으로 다가올 수 있을 것이다.

한편 한국의 좌파운동은, 사회 전체적으로는 독자적 세력으로 인지되고 있지 못하지만, 노동자민중운동 진영내에서는 하나(one이 아닌 part)의 세력으로 명백히 존재하고 있다. 좌파운동은 대중적 노동운동과 대적 투쟁전선 형성에서 실질적인 역할을 담당해왔으며 부여받아 왔다. 그리고 이를 근거로 전체 정세에 대한 개입력을 발휘하면서, 노동자계급의 주체형성 및 운동의 재조직화를 시도해왔다. 이제껏 좌파운동은 대중적 노동운동을 민주적·계급적 운동으로 강화하는 데 주력하면서 사민주의 및 민족주의 정치세력과 그들의 이데올로기에 맞서 전선을 형성해왔다. 앞으로도 이러한 역할은 지속되겠지만 노동자민중운동내에서 차지하고 있던 정치력을 유지·강화하는 데에는 많은 어려움을 겪을 것으로 보인다. 밖으로는 좌파운동이 노동자민중운동내에서뿐만 아니라 전체 사회적 관계 속에서 '진보정당'과 다른 독자적 정체성과 운동 영역을 확보할 수 있을 것인지 여부가 문제로 되고 있다. 안으로는 좌파운동이 노동자민중운동내의 세력(part)으로서의 존재를 넘어 단일(one) 조직을 형성할 수 있을 것인가 문제가 되고 있다. 이와 연동하여 현장의 비민주노동당 활동가 및 이에 동의하는 현장노동자 역시 좌파운동이 부딪치고 있는 어려움을 함께 할 것이라는 예상이 가능하다.

전선(민중연대)운동 역시 향후 그 위상과 역할이 재조정 또는 재편될 국면을 맞고 있다. 역사적으로 한국사회에서 전통적·고전적 의미에서의 전선운동은 지속적으로 약화·분화되어 왔다. 이는 한국 자본주의 성장과 이에 따른 노동계급의 형성, 농민인구의 감소, 그리고 일반민주주의의 확장이 가져온 필연적(합법칙적) 결과이다. 그런 속에서도 역으로 전선운동의 약화·분화를 계속적으로 저지해온 상쇄 요인이 있어 왔다. 가장 결정적인 상쇄 요인은 말할 것도 없이 분단구조(상황)이다. 분단구조는 한국사회에서 '민족주의 좌파'(세력과 이데올로기 모두)를 끊임없이 재생산해 냈다. 이들에게 있어 전선운동은 언제나 최대의 목표가 되어왔다. 이게 지금의 전선운동을 유지하는 결정적인 동력이 되고 있다. 다음 대중운동의 성장과 그에 못 미치는 정치운동의 상태이다. 전선운동은 대중운동이 서로 만나는 연대운동의 장으로 여겨져 왔다. 당연히 정치적 미분화에 따른 결과이다. 끝으로 좌파의 주관적 열망이다. 좌파의 주관적 열망은 크게 두 가지로 나뉘어진다. 하나는 노동운동에 대한 우회적 개입을 전선운동을 통해 이루고자 하는 것이다. 또 하나는 정당운동(제도 정당이든, 비제도 정당이든) 또는 조직운동에 대한 불신 속에서 전선(민중운동)을 아래로부터의 대중권력 또는 대체권력을 형성하는 계기·과정·영역으로 삼고자 하는 것이다. 이것들 외에 부분적으로는 시민운동에 대한 대응으로서의 전선(민중연대)운동이라는 인식이 있어왔다. 이것들이 전선운동의 약화·분화를 저지하는 상쇄요인으로 작용해 왔지만 이게 앞에서 말한 합법칙적 경로를 거스를 수는 당연히 없는 노릇이다.

시민운동은 크게 두 가지 운동 형태를 띨 것으로 보인다. 하나는 시민운동의 형식을 유지하는 것이고 또 하나는 정당에 참여하는 방식이다. 내용적으로는 노무현정권 수준의 정치적 자유주의, 경제적 신자유주의적 성향을 갖는 부분이 시민운동의 다수 또는 주류를 이룰 것이며, 일부 또는 소수가 민주노동당에 대한 지지를 보일 가능성이 있다. 이와 달리 대중적 노동운동과 전통적(?) 좌파(민주노동당 포함)에 비판적인 시각을 갖는 이른바 '계급적 사회운동', '신좌파', '문화좌파' 세력 또는 주체들의 운동은 비민주노동당 좌파와의 접합·연대·소통을 시도하거나 독자적인 운동양식을 모색할 것으로 보인다.

5. 맺으며

본 논문이 '현시기 한국사회 계급투쟁 지형 분석'을 시도함에 있어 '사회구성체' 분석이나, '계급' 분석에 기초하고 있지는 못하다. 그만큼 한계를 갖고 있다. 또한 서두에서 제기했던 논점이나마 충분히 다루지 못했다.

이러한 근본적 한계를 전제로 하고라도 본 논문이 이야기하고자 했던 것은 현시기 한국사회 정세 또는 계급투쟁 지형이 노동계급 또는 맑스주의 진영에게는 새로운 도전을 던지고 있다는 사실을 논증하고자 한 것이다. 물론 언제나 도전은 있어왔다는 점에서 무엇이 어떻게 '새로운'가가 정확히 논증되지 못했다면 그 의미는 반감될 수밖에 없다. 보는 이에 다라서는 본 논문이 한국사회의 변화를 좌경적으로 해석하고 있다는 불만을 보일 수도 있으며, 그 반대일 수도 있을 것이다. 아니면 분석은 놔두고라도 여전히 과거의 관점에 머물러 있다는 비판을 가할 수도 있을 것이다.

그러나 필자가 두려운 것은 그러한 반감과 비판을 떠나 과연 현장노동자들이 이러한 분석을 얼마나 공감할 수 있을 것인가이다. 보다 솔직하게는 공감 여부 그 자체라기보다 과연 소통이 가능한가이다. 비록 공감에 이르지 못한다 하더라도 소통이 이루어진다면 서로가 배울 수 있는 기회가 주어질 수 있기 때문이다. 어쩌면 이를 위해서는 보다 본질적인 논의와 토론이 필요할 수도 있으며, 그게 아니라 정서적인 만남이 필요할 수도 있을 것이다.

본 논문이 이를 위한 작은 출발이라도 될 수 있기를 감히 기대해 본다.

비제도적 투쟁정당과 노동자계급정치

송석현(노동자의 힘)

1. 들어가며

90년대 초반 소련을 비롯한 현존사회주의권의 붕괴로 '맑스주의의 위기'는 남한 사회에서도 현실로 드러났다. 사회 혁명을 향한 담론은 즉각적으로 기각되었고, 실천 주체는 뒤돌아볼 새도 없이 뿔뿔이 흩어졌다. 포스트적 해체의 열풍이 90년대를 몰아쳤다. 변혁운동의 주체가 해체되고 대안사회의 상과 변혁의 궁극적 도달지점이 상실된 시대가 10여년 지속되었다. 자본의 신자유주의 공세는 노동자·민중을 사정없이 압박했고, '역사의 종말'은 실현되는가 싶었다. 하지만 이에 대한 노동자·민중의 저항 또한 만만찮았다. 신자유주의 구조조정에 반대하는 남한 노동자계급의 투쟁은 한시도 쉴 틈이 없었고, 지구화에 반대하는 전세계 민중들의 투쟁은 수십 수백만의 거대한 함성을 만들었다. 그러나 적어도 남한에서는 여전히 패배중이다.

그러나 위기는 동시에 기회이기도 하다. 맑스주의와 노동자계급 운동의 위기가 자본으로 하여금 신자유주의 지배를 관철하는 절호의 기회임과 마찬가지로 현재 신자유주의는 노동자·민중이 자본에 대항하는 새로운 기회를 제공한다. 그것은 신자유주의 지구화가 다름 아닌 자본의 위기를 보여주는 것이기 때문이다. 따라서 여기서 새로운 실천, 재기의 기반을 발견할 수 있다.

현재 자본의 위기를 드러내면서 전지구적으로 일어나고 있는 신자유주의적 반동은 노동자계급의 자본에 대한 전면적인 반격을 요구하고 있다. 신자유주의에 대항한 대중적 노동운동은 한시도 그치지 않았으나, 그것의 성격은 노동운동의 자기 한계와 즉자성을 넘어서지 못한 것이 사실이다. 전지구적이면서 당연히 전국적인 문제인 신자유주의에 대항하는 투쟁은 전국적이면서 전지구적인 전체 노동자·민중의 실천과 전망을 요구한다. 이와 같은 실천은 절대적으로 빈곤하다. 문제는 상대적으로 과잉되어 있으면서도 절대적으로는 빈곤한 상태에 놓인 모순적인 노동운동을 '어떻게 자본을 넘어서서 자기의 실천을 주체화하는 노동자계급 운동으로 상승시킬 것인가, 새로운 사회의 전망을 여는 변혁과 해방의 운동으로 전화시킬 것인가'이다.

이런 의미에서 21세기 초엽은 혁명과 해방의 기획으로서 맑스주의의 복원을 강력하게 요청하는 시대이다. 그러나 과거의 유령을 그대로 불러일으켜서 과거의 지위로 복원하는 것은 아니다. 현실 정세와 계급투쟁이 요청하는 맑스주의는, '생산의 사회화'와 '생산수단의 사적 소유'라는 오래된 자본주의의 모순 속에서 그 모순을 육체로 체현하고 있는 노동자계급의 실천 속에서 살아난 맑스주의이며, 동시에 지난 수십년간 맑스주의의 이름으로 행해졌던 교조적이고 독단적인 역사적 과오에 대한 맑스주의적 반성에서 거듭난 맑스주의이다.

우리는 맑스주의의 재구성이 이론 내부의 공백과 난점을 해결함으로써 이루어질 것이라고 보지 않는다. 맑스주의에서 이론은 지식인의 지적 산물로 주어지는 것이 아니며, 맑스주의의 생명력은 이론 자체에 있는 것이 아니라 자본주의사회의 모순을 육체로 체현하고 있는 노동자계급을 통해서 이론이 실천과 결합되고, 실천의 과정과 결과에서 다시 이론으로 정립되는 '이론과 실천의 결합' 메커니즘에 있기 때문이다. 이 결합은 인간의 육체를 매개로 이론과 실천을 상호 부단히 실어나르는 조직을 통해서 현실화된다. 따라서 현재 '맑스주의의 위기'는, 이 결합의 해체를 의미하면서, 동시에 그것은 맑스주의 조직, 정확하게 당조직의 위기를 말한다. 이런 의미에서 맑스주의의 위기는 항상적이다. 이론과 실천의 결합 메커니즘의 해체는 물질과 의식의 괴리라는 모순을 낳는 계급사회 속에 존재하는 한 언제든지 일어날 수 있기 때문이다. 문제는 어떻게 양자를 부단히 소통하면서 모순을 통일시켜 나갈 것인가이며, 그렇기 때문에 문제 해결의 핵심은 '조직'에 있다.

우리는 맑스주의의 생명력에 근거하여 맑스주의의 위기를 본다. 그리고, 과거 맑스주의의 역사를 맑스주의의 눈으로 직시하면서 맑스주의의 법정에 세워 자기 반성을 거칠 것이다. 그것은 아타의 이분법으로 단선적인 전선을 구획했던 고전적인 혁명 이론에 대한 재검토와 혁명에서 집권으로 나아갔던 국가에 대한 도구론적 이해에 대한 편향을 바로잡는 작업이 될 것이다. 그 과정에서 포스트적 해체에 의해서 부정되었던 역사 주체로서의 노동자계급과 노동자계급 중심성·헤게모니·독재의 명예를 회복시킬 것이며, 나아가 '맑스주의의 위기' 속에서 '맑스의 이름'으로 단죄받았던 '계급투쟁의 조직 형태로서의 당'을 실천적으로 제기할 것이다.

2. 맑스주의 당조직론과 맑스주의의 위기

1) 이론과 실천의 결합으로서의 당조직과 당파성

인류는 주어진 공간과 시간 속에서 사회적인 대상을 변화시키는 노동을 한다. 이것이 변혁이다. 변혁은 사회라는 대상에 행하는 노동이고 인간의 삶을 조직하는 노동이다. 따라서 변혁의 대상은 사회적 조직이며 변혁의 목적은 주어진 시기에 맞추어 변혁을 생산하는 조직을 형성하는 것이다. 이런 의미에서 맑스주의의 이론이 제시하는 실천적인 변혁의 모든 귀결점은 진정한 인간사의 출발점이 되는 사회를 건설하는 조직적인 실천이다. 그런데 맑스주의에서 이론은 지식인의 지적 생산물로서 선험적으로 주어져 있는 것이 아니라 이론외적인 요소, 즉 인간 실천의 산물이며 동시에 실천을 조직하면서 생동감있게 발전하는 이론이다. 따라서 맑스주의는 이론 자체의 완결성을 고집하는 것이 아니라 오직 현실적인 변혁의 실천을 담보하는 '조직'을 통해서 자신의 이론적 무기가 지닌 정당성을 획득하고자 한다. 모든 사회 역사적인 운동의 근거인 모순은 조직을 통해서 자신의 모순적 근거를 바꾸게 되며 바로 이런 모순적 근거가 변혁의 출발점이 되기 때문에 맑스주의에서 모든 운동의 출발점이면서 귀결점이 되는 분절의 지점은 '조직'이다.

맑스에게 이론과 실천의 결합은 인간해방의 이론(정신)적 무기인 철학과 실천(물질)적 무기인 프롤레타리아의 결합, 즉 '과학적 사회주의와 노동운동의 결합'으로 나타났다. 맑스는 프롤레타리아는 철학을 통해서 자신을 해방하고 철학은 프롤레타리아를 통해서 자신을 실현한다고 했다. 이 말은 물질과 의식의 통일, 그리고 자생성과 의식성의 결합을 의미한다. 자본주의 사회에서 노동자계급은 존재 자체[1]로부터 자연발생적으로 생성되는 의식, 즉 사회적 생산력을 담당하는 물질적 존재 자체로부터 발생하는 공동체적 사회 지향에 대한 모종의 자생적인 의식을 갖고 있다. 그러나, 자생적 의식은 동시에 자본주의사회의 지배 사상, 즉 지배계급의 사상에 의해 훈육되고 주입된 지배적 의식에 의해 오염되고 가려진다.[2] 그리하여, 자본주의사회에서 노동자들은, 지배계급인 자본가계급과는 달리, '존재와 의식 사이의 괴리'라는 모순을 육체적으로 느끼면서 살아가는 존재이다. 맑스는 이와 같은 괴리를 육체를 통한 실천으로 해소하고자 했다.

이런 의미에서 맑스주의는 노동자계급 존재 자체가 지닌 자생적 의식을 이론화함으로써 지배계급의 이데올로기에 의해 발생하는 노동자계급의 존재와 의식간의 괴리를 해체하는 사상이다. 이때 이론화는 노동자계급 존재 자체에서 나오는 의식들을 곧바로 이론화하는 것이 아니라, 자본의 이데올로기에 대항하는 반정립의 과정을 거치면서 동시에 역사적으로 노동자계급의 실천을 통해서 검증된 집단적인 의식을 결합하는 과정을 거친다. 이것은 노동자계급이 자신의 실천을 통해서 끊임없이 반성적으로 획득한 의식을 가리키는데, 이것이 곧 당파성이다. 이런 의미에서 당파성은 노동자계급 자신의 실천으로부터 나온다.

하지만 당파성은 계급성과 등치되는 것이 아니다. 계급성은 특정한 존재

---

[1] 여기서 존재(또는 존재성)는 형이상학적인 존재론에 기반한 것이 아니다. 맑스가 말한 사회적 존재는 '사회적 제관계의 총체'를 의미한다. 따라서 노동자계급의 존재를 말할 때도 노동자계급이 맺고 있는 사회적 제관계를 의미한다. 이때 생산과 소유를 둘러싸고 맺는 생산력과 생산관계가 중심성으로서의 역할을 한다.

[2] 맑스의 사적 유물론의 테제는, 전자의 경우 "사회적 존재가 사회적 의식을 결정한다", 후자의 경우 "한 사회의 지배이데올로기는 지배계급의 이데올로기이다"로 정립된다. 양자는 형식논리학적으로 분명 모순이지만, 이 모순은 계급 사회 자체의 물질성이 불러일으키는 모순이다. 이것에 대한 자세한 논의는 노동자의 힘(준비모임), 「맑스주의 조직론의 철학적 근거와 조직적 전회를 위하여」, 『2001년 정치교육 자료집』, 2001 참조.

가 계급적으로 위치지어진 바로 그 조건과 상황에 의해서 주어지는 의식들 전체를 가리키는 개념이다. 여기에는 계급적 감정들에서 시작해서 고도로 정치의식화된 것들까지 포함된다. 노동자들의 계급성은 크게 계급적 감성, 경제적 계급의식, 그리고 정치적 계급의식으로 층차를 나눌 수 있다. 계급적 감성은 노동자계급 그 자체의 존재로부터 주어지는 감정인데, 분노, 반항, 일탈 등으로 나타난다. 경제적 계급의식은 노동자들의 경제적인 이해 관계에 의해 주어진 의식이다. 이것은 자본이 정할 게임의 법칙의 테두리에 놓여있으며, 따라서 지배이데올로기의 경계 안에 놓여있다.

정치적 계급의식은 노동자계급이 대안사회의 정치 주체로서 자기를 정립하는 고도의 정치적·사회주의적 계급의식을 말한다. 그런데, 정치적 계급의식은 노동자계급의 공통의 관심사인 경제적인 이해 관계 안에서는 획득될 수 없다. 왜냐하면, 이 의식은 노동자계급 자신의 경제적 이해 관계를 떠나서 전 계급적으로, 그리고 전국적, 전세계적인 관점에서 자본주의사회를 근본적으로 변혁하고자 하는 의식이기 때문이다. 노동자계급은 자기를 해방함으로써 인간 전체를 해방하는 존재, 사회적 소유를 실현할 수 있는 사회적 생산의 담지자라는 노동자계급의 존재라는 점에서 이와 같은 정치적 계급의식의 씨앗을 내재하고 있으나, 동시에 지배계급의 이데올로기, 즉 자본 자체의 물질성이 각인되어 자기 자신과 동일시하게 되는 이데올로기와 그 장치에 의해서 의식의 괴리를 겪으면서 왜곡·변형될 수밖에 없는 존재라는 점에서 그 스스로 이러한 의식을 형성하여 발휘할 수 없다. 따라서, 노동자계급의 정치적 계급의식은 노동자계급의 외부로부터 형성되어 노동자계급과 결합하는 과정을 통해서 드러날 수 있다. 이때, '외부'란 바로 '과학적 사회주의 사상과 노동자계급 운동이 결합'하는 곳, 바로 '조직'을 말한다.

맑스주의에서 조직은 노동자계급이 지배이데올로기로부터 분리 정립하여 사회 전반에 대한 새로운 정치적 기획과 실천을 계급투쟁 속에서 스스로 구현해가는 조직이다. 이런 의미에서 이 조직은 노동자계급을 대안사회의 권력으로 조직하는 정치조직이며, 부르주아지를 비롯한 여타 계급과 명확하게 구분한다는 점에서 당파적 조직이다. 역사적으로나 논리적으로 노동자계급의 정치적 계급투쟁을 전국적이고 전계급적인 관점이서 안내하고 지도하며, 궁극적으로 노동해방, 사회혁명의 길로 나아가게 하는 조직은 '당 조직'이다. 여기서 정치적 계급의식은 곧 당파성이 된다. 당파성이란, 특정한 정치 정당의 이데올로기를 가리키는 말로서 특정 계급의 정당이라는 조직 형식을 전제로 하며 당적 실천을 통해서 끊임없이 수정되면서 반성적으로 발전하는 노동자계급의 조직화된 의식을 말한다. 다시 말해, 당파성은 노동자계급 그 자신의 존재와 의식의 괴리를 당적 실천을 통해서 지배계급으로 조직해가는 것이다.

이런 측면에서 '과학적 사회주의'란 당적 조직의 실천 속에서 구현된 노동자계급의 의식을 의미하며, '노동자계급(의 운동)'은 사회적 생산의 담지자로서 사회를 변혁하고 발전시켜 나가는 실천적 주체이다. 닭스에게 '과학'이란 물질과 의식 양자를 매개하는 실천 그 자체에 놓여져 있으며, '사회주의'란 노동자계급의 존재성 그 자체, 예를 들어 생산의 사회화와 사회화된 생산활동, 그리고 사적 소유와 생산의 사회화의 모순에 근거한 존재성에 놓여있다. 따라서 '과학적 사회주의'는 과거 전위정당의 이데올로기 중앙에 의해 일방적으로 도입되는 '무오류의 의식성'이 아니다. 그것은 자본주의사회의 모순이 빚어내는 계급투쟁의 장에서 실천을 통해서 획득된 노동자계급의 자생적 의식을 대안사회의 전망으로 전유한 이론이며, 동시에 다시 노동자계급의 정치적 실천을 통해서 부단히 발전해나가는 의식인 것이다. 이것이 이론과 실천, 자생성과 의식성의 결합의 본래적 의미이다.

맑스주의는 현존하는 지배체제의 착취에 대항하는 물질적 무기를 조직함으로써 '무기의 비판'을 완수하고 대안사회를 건설하고자 하는 조직적 실천 기획이다. 맑스주의는 사회적 생산 제관계에 주목하여 생산의 주체인 노동자계급을 경제의 영역에서 정치의 영역으로 상승시켜 계급정치의 주체로 나아가게 함으로써 자본의 이데올로기에 의해 유포된 경제와 정치, 계급과 정치의 분리를 극복하며, 생산 제관계와 무관한 '개인의 의지와 자유에 따라 행위하는 근대적 주체'를 해체한다.[3] 이와 같은 맑스주의적 '비판'과 '해

---

3) 박영균, 「맑스주의의 '주체'와 포스트적 전화의 담론들」, 『문예미학』 10, 문예미학회, 2002 참조.

체'의 기획은 실천의 이론으로의 정립, 이론의 실천에의 적용이라는 이론과 실천의 결합 메커니즘이 구현되는 당조직, 즉 '노동자계급정당'을 통해서 계급투쟁의 현실에 등장하였다. 이것이 맑스주의 당조직의 의의이며, 맑스주의의 고유한 생명력이자 발전의 동력이다.

2) 맑스주의의 위기와 당조직

맑스주의의 위기는 알튀세르가 말하듯이 맑스주의 이론에서 모순과 공백, 난점이 존재하는 이론 자체의 위기라기보다 맑스주의의 생명력이라고 할 수 있는 이론과 실천의 결합 메커니즘이 해체 또는 마비됨으로써 발생하는 위기이다. 다시 말해 이론과 실천의 결합이 해체되어 상호간에 소통작용이 일어나지 않는 상태, 그리고 존재와 의식의 괴리를 극복하지 못하게 되는 상태를 의미한다. 이것은 '과학적 사회주의와 노동자계급 운동의 결합'이 해체되는 형태로 드러나며, 그것은 양자 결합의 현실태인 당조직의 위기로 드러난다.

당의 위기로 현상하는 맑스주의의 위기는 역사적으로 크게 서구사민주의와 스탈린주의로 나타났다. 제2인터내셔널의 사회 개량주의와 스탈린주의(볼셰비즘의 다수 포함)는 경제주의와 대리주의라는 본질에서 발현되는 동전의 양면에 불과하다. 이들의 차이는 단지 본질적으로 혁명을 어떤 방식으로 진행시킬 것인가 하는 방법상의 차이만을 가지고 있었을 뿐이다. 이들은 국가권력의 공식적이고 실질적인 주체로서 '당'을 설정하고 노동자・민중의 투쟁을 궁극적으로 '의회-선거의 득표'로 물질화하거나 아니면 '권력 탈취 부대'로 물질화시켰다. 여기서 권력의 실질적인 물질화는 노동자계급의 대표체인 '당'으로 귀결된다. 또한, 이들은 노동자계급의 대표체인 '당'이 '의회'를 통해서든 아니면 '폭력적인 전복'을 통해서든 일차적으로 국가권력을 접수하고 그 권력을 가지고 사회주의적 조치와 생산력의 발전이라는 이행의 계기를 만들어내려 했다는 측면에서 정치와 경제를 구분하고 정치를 통한 경제의 조직화라는 경제주의에 빠져있었다. 여기서 노동자계급은 경제의 한계 안에 갇혀 있는 존재이며, 당이 이를 정치적으로 대표하는 정치 권력체가 된다.

위 양자는 국가권력의 장악을 목적으로 한다는 점에서 동일하며, 당적 구성 원리가 의결과 집행, 구상과 실행의 분리 체계라는 점에서 동일하다. 이와 같은 당의 목적과 구성 원리는 부르주아 정당과 다를 바가 없다. 따라서 맑스주의의 정당들은 그들이 목적하는 바와 무관하게 사실은 부르주아적 정당과 닮은꼴로 구성되고 계급 전선 속에 배치되어 왔던 것이다. 여기서 문제는 노동자대중 그 자체를 대상화한다는 점이며 정치적 행위를 특정 정치 지도자에 대한 지지와 같은 물신화 속에 가두어 버린다는 점이다. 이로써 정치적 주체가 되어야 하는 노동자계급은 '관객'으로 전락하며, 정치적 지도의 대상으로 전락하고 만다.

　스탈린주의는 당과 국가의 융합체제, 당의 국가로의 전화를 용인함으로써 노동자계급 대중을 정치로부터 배제하였다. 사회주의사회에서 권력은 노동자계급 대중으로 무한히 확장되어야 함에도 불구하고 구소련의 국가권력은 부르주아사회와 마찬가지로 소수의 특정 집단(당 관료 집단)에 귀속됨으로써 결과적으로 자본주의사회로 퇴행하고 말았다. 서구 사민주의는 선거를 통해서 역시 권력의 장악을 기도하는데, 이것은 노동자계급의 정치를 투표행위에 묶어 버림으로써 부르주아 지배 질서 내부로 투항하는 결과를 낳았다. 역사적으로 드러난 이 두 가지 편향은 부르주아 국가주의 정치로 퇴행하였을 뿐만 아니라, 노동자계급의 이름으로 척결해야 할 부르주아 국가장치를 용인하거나 활용하는 결과에 이르렀다.

　서구 사민주의는 노동자계급을 자생성의 영역에 가두어 두고 의식성을 배제함으로써 자본주의체제 내부로 투항하였고, 스탈린주의는 당의 의식성을 앞세워 노동자계급의 자생성을 배제함으로써 계급투쟁으로부터의 이론적 수혈화를 거부하였다. 그리하여 맑스주의는 한편으로는 부르주아 계급타협과 변혁 전망의 포기라는 수정주의로 변질해갔고, 다른 한편으로는 맑스주의 이론이 신격화되어 '이성의 화신'으로 군림하면서 화석처럼 굳어만 갔다. 그리하여, 서구에서는 맑스주의가 더 이상 계급투쟁의 이론이 될 수 없었고 자본의 이데올로기에 흡수되고 말았으며, 구소련에서 교조화된 맑스주의 이론은 그 자체로 새로운 변화에 적응할 수 없었고 점점 더 앙상하게 이론적 불임을 낳았다. 양자가 동일하게 배제한 것은 '사회주의적 또는 정치적 계급의식'이 노동자계급 그 자신의 존재성과 결합된 노동자계급 그 자신의 이데올로기라는 점이다. 여기서 맑스주의의 위기는 본격화된다. 그리하여 '과학적 사회주의와 노동자계급 운동의 결합'을·이루어내는 결절점으로서 노동자계급정당은 형해화되고 말았다.

3) 당형태의 위기와 비제도적 투쟁정당

맑스주의의 위기가 당조직의 위기인 이상 당조직에 근본적으로 내재해 있는 모순을 해결하지 않고서는 위기를 돌파하기 어렵다는 결론이 나온다. 따라서, 맑스주의 당조직이 벗어날 수 없는 조직 형태상의 근본적인 한계와 모순이 있는가, 만약 그렇다면 어떻게 그것을 극복할 것인가라는 질문에 대답하지 않고서 이 문제를 해결할 수는 없다.

맑스주의 당조직은 자본주의사회의 모순을 그대로 담지하고 있는 조직이다. 당은 이론과 실천, 존재와 의식, 자생성과 의식성 등 계급사회에서 드러나는 제반 모순의 지점에 놓여 있으며, 그 모순을 인간의 육체적 실천을 통해서 해소하고 극복하고자 함을 앞서 확인했다. 거기에는 위기도 있고 생명력도 있다. 계급투쟁이 모순의 지점에서 촉발하고 진퇴가 갈리듯이 당도 그러하다. 따라서 당형태의 위기는 항상적으로 존재하는 위기이다. 하지만 모순 운동의 지점에서 모순을 실천으로 극복하고자 하는 조직이라면, 당뿐만 아니라 그 어떤 조직도 이와 같은 위기를 갖고 있다. 그러므로, 당형태의 모순을 빌미로 당조직의 폐기를 주장하는 것은 논리적으로도 실천적으로도 설득력을 갖기 어렵다. 또한 역사적인 사실에 매달려 당조직의 폐기를 주장하는 것은 경험주의적 오류에 빠진 것에 불과하며 맑스주의의 반성적 실천과 생명력을 간과한 것이다.

여기서 우리는 당조직의 모순과 항상적 위기 속에서 모순과 위기를 극복할 새로운 당조직과 실천을 제기하고자 한다. '국가로 전화하는 당'이 아니라 맑스주의의 생명력인 이론과 실천, 그리고 '노동자계급 운동과 과학적 사회주의 사상의 결합'을 복원하여 노동자계급을 정치의 주체로 세우는 정당이 그것이다. 이 정당은 노동자계급과의 관계를 수직적인 지도-피지도 관계로 설정하지 않으며, 노동자계급 대중과 투쟁공간 속에서 함께 하면서 노동자계급이 올바른 방향으로 자신의 투쟁을 기획하고 집행할 수 있도록 하는 조력자 역할을 한다. 이러한 정당이 곧 '비제도적 투쟁정당'으로서의 노동자계급정당이다.

맑스주의가 기획하는 해방은 노동자계급 스스로의 사업으로서 해방이다. 그러므로 맑스주의자는 대안사회의 권력을 책임지는 정치의 주체는 바로 노동자계급 그 자신이며, 그들이 전국적인 경제를 계획하고 회계와 통제를 실시할 주체로 성장할 것이라는 것을 승인해야 한다. 이런 의미에서 노동자계급의 정당은 권력의 '바깥에 있는 조직'이다. 그것은 혁명 이전이나 이후에나 여전히 바깥에 있어야 한다. 당의 지도적 원칙은 끊임없는 설득을 통한 동의, 폭로와 선전 활동을 통해서 관철되어야 한다. 당이 노동자계급을 조직적으로 하부 체계에 둠으로써 지도하는 것이 아니라 노동자계급의 안팎에서 그들의 투쟁을 안내하고 선전함으로써 계급투쟁을 조직하고 방향을 제시하는 것이다. 노동자계급 정당은 항상 제도 밖에서 국가에 대항하는 정치를 기획하고 조직한다는 의미에서 '비제도적 정당'이다.

노동자계급 정당은 자본주의를 뛰어넘어 실질적 민주주의와 참된 인간해방을 목적으로 하는 조직이다. 따라서 그 구성원은 노동자계급을 비롯하여 이와 같은 대의에 동의하는 제계급의 선진 분자로 이루어진다. 이런 의미에서 대중정당이 아니라 전위정당의 성격을 갖는다. 그러나 이론적으로나 실천적으로 앞선 전위라고 해서 그들이 항상 옳은 것은 아니다. 이론은 실천을 통해서 끊임없이 검증 받음으로써 진리성을 획득한다. 따라서 노동자계급정당의 이론과 노선도 현실 계급투쟁의 변화와 발전에 근거한 노동자계급의 실천 속에서 끊임없이 수정 보완되어야 한다. 당의 지도 노선과 이론적 생명력은 바로 끊임없이 현실 계급투쟁으로부터 수혈 받아야 하며, 노동자계급은 당적 활동을 통해서 자신의 의식을 당파적인 '과학'으로 정립시켜가야 한다. 바로 이런 의미에서 이 새로운 노동자계급정당은 '투쟁정당'인 것이다.

당이 국가로 전화하는 것을 막기 위해서는 부르주아 국가장치와 전혀 다른 새로운 구성 원칙과 운영 원리가 있어야 한다. 이것은 당이 국가로 전화하는 물질적 토대를 파괴한다는 것을 의미하는데, 이것이 전제되지 않고서

당의 국가로의 전화를 막는 것은 공문구에 불과하다. 비제도적 투쟁정당은, 이후에 좀더 상세히 살펴보겠지만, 노동자계급이 건설하고자 하는 '대체권력'과 동일한 구성 원칙과 운영 원리를 가지고 있는데, 그것은 다음과 같다.

첫째, 비제도적 투쟁정당은 직접민주주의를 조직 구성 원칙으로 삼는다. 노동자계급이 대체권력의 주체로 성장하기 위해서는 계급투쟁과 정치 활동의 과정에서 조직의 민주적 운영과 활동을 스스로 체험하고 훈련해야 한다. 따라서 노동자계급 정당의 조직 구성은 철저하게 각 당원들이 실질적인 주인이 될 수 있는 방향, 즉 그들 스스로 당의 모든 활동과 내용, 그리고 방향성을 결정할 수 있는 메커니즘을 가져야 한다.

둘째, 정신노동과 육체노동의 결합을 위한 조직 구성이 되어야 한다. 그러기 위해서 어떠한 경우에도 당에서 지식 독점이나 정보 독점은 일어나지 않는 체계를 구축해야 한다. 지식 독점이나 정보 독점은 소수 엘리트 또는 정치적으로 훈련된 사람들에 의한 당권력의 장악뿐만 아니라 정신노동과 육체노동의 분리를 더욱 격화시킨다. 이것은 당내 관료주의를 척결하고 생산자들이 그 스스로 전국적인 생산을 통제하고 기획하는 그런 정치권력을 만들기 위해서이다.

셋째, 부르주아 조직 형태와 전혀 다른 질을 갖는 독자적인 형태로 조직되어야 한다. 즉 자본의 물질적 조건에서 생산되는 이데올로기와 그러한 장치와 명백히 다른 질의 조직 구성 원리를 가져야 한다. 그러기 위해서는 현실계급투쟁에서의 노동자계급의 실천으로부터 대항 이데올로기를 형성하고 정치를 재전유할 수 있는 열린 체계를 가져야 한다. 역사적 전위정당은 '계급투쟁으로의 통로'가 '계급투쟁으로부터의 통로'보다 훨씬 더 압도적인 구조를 갖고 있었는데, 양자의 소통이 원활하게 이루어질 수 있는 구조가 필요하다.

이상의 원칙 속에서 직접민주주의를 실현하기 위한 조직체계와 운영수칙에 대해 간략하게 살펴보면, 우선 당 중앙은 철저하게 아래로부터 각 당원들에 의해 조직되어야 한다. 각 지역과 부문의 기초 단위에서 선출된 이들이 의결기구를 구성하고 이 기구가 직접 집행 단위를 구성하여 '의회와 행정의 통일 체계'를 구축해야 한다. 행정 권력 그 자체가 따로 선출되어서는 안 된다. 당내 모든 구성원들이 단일한 의결-집행 체계에 포함되어 의결과 집행의 주체가 되도록 해야 한다. 그리고 각 기초 단위에 있는 당원들에게는 '소환권'이 부여되어야 하며, 모든 회의록은 공개됨으로써 선출된 자의 견해에 대해 각 기초 단위 당원들이 평가할 수 있어야 하며 이의가 있을 때에는 정해진 절차에 근거하여 소환, 파면할 수 있는 권리를 가지고 있어야 한다. 당내 모든 정보는 정해진 규칙에 따라 공개되어야 하며, 정보나 이론을 독점적으로 소유하거나 이용할 수 있는 단위는 폐지해야 한다. 이밖에 모든 당원의 발안권, 그리고 분파형성과 활동의 권리를 보장하는 등의 장치가 있다.

비제도적 투쟁정당이 던지는 문제의 핵심은 오직 노동자들 스스로가 정치활동을 기획하고 집행하며 당조직을 운영하면서 '민주주의의 정치적 행위자'로 활동할 수 있는 조직 활동을 통해서만 노동자들 스스로 '정치적 주체'로 조직될 수 있다는 관점에서 당을 구성하고 건설하는 것이다. '비제도적 투쟁 정당'은 노동자들 스스로가 투쟁 속에서 정치적으로 각성될 뿐만 아니라 그들 스스로 이 사회의 경제와 생산 메커니즘, 그리고 생활을 기획하고 조절하고 통제하는 주체로서 기술과 능력을 배우고 체득하는 그런 정치조직을 의미한다. 이런 의미에서 현시기 비제도적 투쟁정당으로서 노동자계급정당 건설 투쟁은 전달 벨트적인 당-노조 관계의 혁신과 민주적 의사 소통의 복원이라는 '맑스주의의 혁신' 작업의 일환이면서 노동자의 자생적 혁명성을 당적 질서로 조직하는 '위기'의 돌파 지점을 열어가는 것이다.

3. 국가와 혁명, 그리고 비제도적 투쟁정당

1) '국가장치'의 폐지와 대체

비제도적 투쟁정당은 당구성 원칙에서만이 아니라 '당의 국가로의 전화'를 낳는 물질적 토대에 대한 맑스주의적 분석과 재구성에 기초하여 성립한다. 스탈린주의의 문제는 스탈린이라는 개인의 인격 문제가 아니고, 또한 형태상의 당조직 체계만의 문제가 아니라 맑스주의 자체의 역사적 과오의 문제이기 때문이다. 이것은 전반적으로 맑스주의 국가론과 혁명론에 대한 자기반성적 재검토와 수정을 요구한다.

맑스는 파리 코뮌을 경험하면서『공산당 선언』의 일부를 정정했다. 즉 "노동자계급이 기존의 국가기구를 단순히 장악하여 이것을 자기 자신의 목적을 위해 가동시킬 수는 없다"[4] 는 사실을 밝히면서 국가에 대한 기존의 관점, 즉 소박한 '도구론'적 관점을 폐기하였다. 이 말의 의미는 부르주아지의 국가, 국가권력, 국가기구(또는 장치)는 단순히 접수하여 도구처럼 사용할 수 있는 것이 아니라 완전히 '폐지'하고 새로운 것으로 '대체'해야 한다는 것을 의미한다. 레닌도 파리 코뮌에 대한 맑스의 경험을 해석하면서, 부르주아 국가권력과 국가권력이 작동하는 국가장치를 폐지하고 새로운 국가권력, 새로운 장치로 대체해야 함을 말하였다. 그리하여 레닌은 소비에트를 새로운 권력기관, 즉 대체권력 기관으로 여겼으며, 국가권력을 대체할 주체는 소비에트를 형성한 노동자계급에게 있음을 확인하였다.

레닌은, 비록 현실에서 동요하기는 했지만, 새로운 권력기관인 소비에트가 전국적인 회계와 통제를 배워야 하고 그들 스스로 구상하고 집행하는 정치가로서의 역할을 해야 한다고 누누이 강조했으며, 말년에는 스탈린을 중심으로 하는 관료주의에 대한 투쟁을 전개하였다. 그러나 현실은 맑스와 레닌의 주장대로 나아가지 않았다. 결국 노동자계급은 국가권력을 '대체'하지 못하였고, 스탈린을 비롯한 당관료 중심의 전위정당이 국가권력을 '장악'하였다. 이로써 소련은 소비에트 중심의 노동자계급의 독재이기를 포기하였고 공산당 관료 중심의 당독재로 귀결되었다. 그런데, 우리가 이와 같은 사태에 이르게 된 원인을 분석할 때 한 가지 유념해야 할 사안이 있다. 여기서 스탈린주의는 스탈린 개인의 인격의 문제가 아니라는 점을 인지해야 한다. 스탈린이 권력욕이 강해서 당 관료를 통해서 국가권력을 장악한 것이라고 한다면, 그것은 맑스주의적 평가가 아니다. 문제는 당이 국가로 전화되는 물질적 토대, 또는 노동자계급의 독재가 당관료의 독재로 왜곡되는 사회적 기반이 무엇인가를 밝히는 것이다.

---

4) 칼 맑스, 「공산주의당 선언—1872년 독일어판 서문」,『칼 맑스 프리드리히 엥겔스 저작선집』1권, 박종철 출판사, 1995, 370쪽.

문제의 원인은 국가권력의 작동과 관련하여 특정 집단의 지배와 지배이데올로기를 생산하는 '지배장치'에 있다. 부르주아 국가권력에서 행정 체계는 관료적 지배장치를 낳는다. 우리가 흔히 생각하는 행정관료 집단 또는 관료제도는 국민에게 봉사하는 공익 요원이 아니라, 자신의 특수한 지적 능력과 전문적인 이론을 바탕으로 자본주의국가체제를 이끌어감으로써 부르주아적 지배질서를 유지시키는 기능을 하는 집단 또는 지도이다. 그런데, 이 집단은 자체의 지배이데올로기를 생산하는데, 그것이 곧 '관료주의'라는 관료적 지배이데올로기이다. 관료주의란 전문화된 행정 기술들을 작동시킬 수 있는 능력, 또는 전문적인 행정 능력을 가진 자들에 으해 만들어지는 이데올로기이다. 이와 같은 지배이데올로기는 단순히 생산관계 내부에서 형성되는 것이 아니다. 이데올로기를 낳는 물적 토대가 따로 존재한다. 그것은 자체의 지배이데올로기를 생산하면서 국가권력을 작등시키는 기구, 또는 장치로서의 '국가장치'이다. 소련에도 이와 같은 전문가 집단이 권력을 생성하게 하는 특정한 조건, 즉 국가권력을 작동하는 물ㅈ인 토대가 있었기 때문에 관료주의, 관료적 지배이데올로기가 발생했던 것이다.

관료제라는 국가장치에 의해 유포되는 관료주의는 노동자계급의 근본 변혁에 보다 결정적인 걸림돌이 된다. 그것은 다름 아니라 이론과 실천의 결합을 파괴하는 것이며, 이론에 의한 일방적인 지도를 의미하는 것이기 때문이다. 나아가 더 본질적으로 정신노동과 육체노동의 재결합을 불가능하게 만드는 것이다. '이성의 화신으로서의 당', '강철블록으로서의 맑스주의'라는 권위는 이론 그 자체에 권위를 부여함으로써, 이론적 권위로부터 권력을 만들어내는 메커니즘을 생산한다. 즉, 당 관료들은 노동자계급 대중과 달리 이론과 지식, 그리고 정보에서 우위를 점하고 그것을 독점함으로써 사회주의에서의 생산과 소비, 분배에 대한 일반적인 회계와 통제 권력을 장악한다. 이렇게 본다면, 스탈린주의는 당 관료의 관료적 ㅈ배이데올로기라고 할 수 있다.

그러므로, 맑스주의에서 국가에 대한 명료한 재해석ㄱ 재구성이 필요하다. 우선, 우리는 국가를 단순히 누구나 활용할 수 있는 제도 또는 도구라는 관점을 거부한다. 맑스가 자본주의국가를 '부르주아 집행위원회'라고 했을 때, 그것은 특정계급의 지배장치로서 국가권력의 계급적 성격을 보여준다. 그런데, 프롤레타리아가 국가권력을 장악한다고 해서 '부르주아 집행위원회'가 '프롤레타리아 집행위원회'로 바뀐다고 보는 관점이 국가에 대한 도구론적 관점이다. 부르주아적-계급지배적 성격이 내재해있는 국가장치가 있기 때문에 장악이 아니라 폐지와 대체가 되어야 한다는 점은 이미 살펴보았다.

둘째로, 우리는 '계급세력간의 힘 관계가 물질적으로 응축되는 것'으로서의 국가권력이라는 관념도 거부한다. 여기서는 국가권력을 둘러싼 게임의 법칙만이 있을 뿐 특정 시기에 특정계급의 정치적 지배장치라는 국가의 본질을 드러내지 못한다. 이것은 국가권력의 계급적 성격을 부정하고 나아가 노동자계급 중심성을 부정하는 이론들과 연결된다. 특히 권력을 미시적 지배권력의 다차원적 내면화, 자기훈육의 과정 전체를 포괄하는 것으로 설정하는 포스트모던적 관점에 이르면 모든 권력의 해체 전략은 권력의 작동과 배치를 '일상적'인 것으로 평면화할 뿐만 아니라 탈'정치'라는 '정치의 부재' 효과만을 낳는다.

따라서 우리는 이와 같은 경제주의적 단순화로서 도구론과 국가권력의 평면화, 다층화를 통한 '정치의 부재'라는 탈맑스주의 양자를 비판, 극복하고자 한다. 우리는 국가권력이란 "사회 세력간의 힘 관계가 응축되어 나타나는 '특정계급의 정치적 지배장치'"[5] 라는 규정에 동의한다. 이것은 한편으로 '응축'을 수용하면서도 궁극적인 힘의 결정으로서의 '계급'이라는 중심성의 한계 범위를 설정한 것이다. 즉, 사회적 세력관계는 궁극적으로 국가권력을 통해서 제도화되는데, 역사적으로 특수한 생산관계는 특별한 형태의 정치적 지배장치로서의 국가를 발전시켜 왔다는 것이다. 여기서 우리는 '국가장치'의 폐지와 새로운 것으로의 대체가 곧 혁명의 문제와 직결된다는 점에 주목한다.

---

5) 이와 같은 국가론에 대해서는 김세균, 「국가, 대중, 그리고 마르크스주의적 정치」(『이론』 창간호, 1992년 여름) 와 「자본주의국가의 '기본적 형태성'에 관하여」(『이론』 6호, 1993년 가을) 참조.

2) 대체권력 형성으로서의 혁명

국가권력은 단지 그것을 '장악'한 집단에 의해 마음대로 사용되는 단순한 도구가 아니다. 국가를 단순한 도구로 본다면, 부르주아의 국가권력을 찬탈하여 장악하고, 그것을 기반으로 생산수단의 사회화 등을 이룰 수 있다는 가설이 가능할지 모른다. 그러나, '국가장치' 그 자체에 계급지배의 속성이 내재해있다는 점에 주목한다면, 혁명은 권력의 장악─그것이 의회를 통해서든, 봉기를 통해서든─으로 완수되지 않는다. '국가장치'를 완전히 분쇄하고 새로운 것으로 대체하는 것이 국가 변혁과 관련하여 가장 중요한 관건이다.

맑스가 말한 '폐지'와 '대체'는 국가 유형의 수준에서 부르주아독재를 프롤레타리아독재로 대체한다는 의미인데, 이것은 단순히 국가권력의 계급적 성격을 바꾸는 작업이 아니다. 그것은 기존의 국가장치를 새로운 국가장치로 대체한다는 것을 의미한다. 그런데, 국가장치는 국가권력의 계급적 성격과 무관하게 그 자체로 지배이데올로기를 생산할 수 있는 물질적 기반을 가질 수 있음을 앞에서 살펴보았다. 따라서, 맑스주의 국가변혁의 과정에서 대체해야 하는 새로운 국가는 국가권력의 새로운 주체로서의 노동자계급이 '국가장치'를 전적으로 통제하고 관리할 수 있는 형태의 대체권력을 형성하는 것이 되어야 한다. 그리하여 국가장치가 권력적 지배장치로서 작동하지 못하게 하는 상태로 나아갈 수 있는 방식으로 대체권력을 형성하는 것이 혁명의 관건이다.

그런데, 노동자계급이 혁명을 통해서 이와 같은 대체권력을 형성하기 위해서는 기존의 국가권력 장치와 전혀 다른 새로운 통치 결서 또는 장치가 이미 혁명 과정 속에서 형성되고 맹아적 권력 형태로 조직되어 있어야 한다. 전통적인 '기동전'에서는 국가권력을 단순히 공격함으로써 접수하는 방식을 진행되었으며, 이것은 기존의 국가장치를 그대로 이용하는 것에 불과하였다. 물론 권력을 장악한 이후에 그것을 새로운 권력장치로 바꿀 수 있다고 주장할 수 있지만, 이것은 국가장치의 물질적 토대를 간과한 주장이다. 러시아혁명에서 관료제적 국가장치가 권력장치로서 기능하게 된 것도 소비에트라는 대체권력이 행정 관료에 대한 통제권을 상실했기 때문이다.

한편 의회를 통해서 권력을 장악한 경우에는 더욱 힘들어진다. 부르주아 국가장치를 인정하고 그것의 규칙에 따라 집권한 정당이 군대와 사법제도, 의회제도, 관료지배장치 등을 바꿀 수 있을 것이라고 믿는 순진한 사람은 아무도 없을 것이다.

혁명이 실질적으로 완수되기 위해서는 노동자계급이 자본주의사회 태내에서부터 공산주의사회로의 해방을 위한 투쟁을 진행하듯이 새로운 사회에 적합한 대체권력을 형성해나가는 투쟁을 벌여야 한다. 여기서 맑스주의 혁명 이론의 재구성이 요구된다. 이제 혁명은 국가권력을 탈취하는 봉기의 차원에서만 그 성공 가능성을 기대해서는 안 된다. 본질적으로 혁명은 혁명을 준비하고 진행하는 과정에서 대체권력이 어느 정도 조직되어 있는가에 달려 있다. 이렇게 되면 프롤레타리아 혁명이란 무장 봉기에 의한 국가권력의 공격 또는 국가권력을 장악한 이후에 국가권력을 사용하여 국유화와 사회화 조치를 실시하는 혁명으로 이해할 수 있는 것이 아니라 혁명 과정 그 자체가 부르주아 국가권력 장치와 전혀 다른 새로운 계급 지배의 권력 장치를 만들어내는 과정으로 이해해야 한다. 그러므로, 국가장치 자체에 내재해있는 지배적 속성까지 제거하는 대체권력의 형성이 혁명의 궁극적인 성공을 보증하는 열쇠가 된다.

대체권력이란 바로 노동자계급 스스로의 힘으로 국가를 운영하는 권력 체계이다. 대체권력은 생산의 사회화에 근거하여 경제활동 전반을 노동자계급이 통제하고 조직하는 권력기관이다. 사회주의에서 정치의 본질은 경제이다. 정치는 지배 통치의 기술이 아니라 전사회의 생산·분배·소비에 대한 계획과 통제를 실시하는 활동이 된다. 사회주의사회에서 정치와 경제의 통일이 시작되며 경제는 정치적인 것으로 정치는 경제적인 것으로 본래 자신의 짝을 만나 하나가 된다. 따라서, 경제를 담당하는 생산자가 곧 정치가가 된다. 생산자대중이 정치가가 된다는 것은 정치와 경제의 통일만을 의미하는 것이 아니라, 무엇보다도 계급사회를 형성하는 근본원인이 되었던 정신노동과 육체노동의 분리를 해체하고 재결합시킨다는 의미가 있다. 정신노동과 육체노동의 재결합은 소수 엘리트에 의한 지식과 정보의 독점을 파괴함으로써 관료주의적 국가장치를 파괴한다는 의미이기도 하다. 물론 전문적인 행정 능력이나 지식은 활용될 것이다. 그러나, 이런 지식과 기술은 노동자계급에 의해서 정치적으로 통제되고 관리될 것이다. 즉 전문 행정은 철저하게 대체권력의 정치적 결정에 의해 통제되는 단순 기술 이상의 것이 아닌 것이 됨으로써 자체의 권력 생산 기반을 만들지 못하게 될 것이다. 또한 이것은 사회주의사회에서도 끊임없는 계급투쟁이 존속해야 하는 이유를 밝혀준다.

따라서 혁명은 생산자들이 단지 생산자로서가 아니라 그 생산 자체를 기획하고 통제하는 정치가로 조직된 대체권력 시스템으로 기존의 국가장치를 대체하는 것을 의미한다. 그런데, 대체권력의 주체인 노동자들은 육체노동과 정신노동의 분리를 극복한 자들이어야 하는데, 이것은 혁명 이후에 갑자기 조직되거나 훈련될 수 있는 것이 아니다. 지난한 훈련과 투쟁의 과정을 필요로 하기 때문에, 노동자계급 대중은 그와 같은 역할을 할 수 있도록 미리 준비하고 훈련해야만 할 것이다. 바로 이런 훈련을 통해서만이 노동계급이 실질적인 정치주체로 성장할 수 있을 것이다. 이런 의미에서 혁명 과정은 그 자체가 대체권력을 조직하는 과정일 뿐만 아니라 노동자들 그 스스로 대체권력의 주체로 훈련되고 조직되는 과정이라고 해야 한다. 이것이 바로 맑스가 말한 '지배계급으로 조직된 프롤레타리아'의 참된 의미이며, 바로 노동자계급정치를 구현하는 것이다.

4. 노동자계급정치와 비제도적 투쟁정당의 임무

1) 국가권력과 사회권력의 문제

현실자본주의사회에서 비제도적 투쟁정당의 과제는, 현존하는 계급사회와 단절하고 대안사회로의 이행을 담보하는 새로운 권력의 상으로서 '대체권력'을 형성하는 데 중심을 두고서 계급투쟁을 조직하는 것이다. 그런데, 이와 같은 실천은 현대자본주의 지배체제의 특성으로부터 제출되어야 하는데, 우리는 현대 자본주의의 유연성, 시민사회를 포괄하는 지배체제의 다층성과 다원성의 맥락에서 나타나는 국가권력과 사회권력의 단선적이지 않은 지배체제의 문제를 고려하고자 한다.

자본주의 국가권력은 궁극적으로 부르주아 권력임에 틀림없다. 왜냐하면, 생산과정에서 잉여가치를 착취하여 이윤으로 전유하는 과정은 그것에 상응하는 정치적·이데올로기적 지배체제의 구축을 필요하며, 그러한 필요에 의해 부르주아 국가권력이 형성되었기 때문이다. 부르주아 국가권력은 자신의 권력적 지배를 위해서 강권적이고 물리적인 억압 장치를 필요로 하는데, 그것이 바로 '국가장치'이다. 이런 의미에서 본다면, 부르주아 국가권력은 국가장치를 통해서 피지배계급의 저항을 강제적으로 무력화시키면서 자본의 이윤 확보 구조를 형성해가는 자본의 권력이라고 할 수 있다.

그런데 자본주의사회에서 경제권력을 갖고 있는 부르주아는 봉건사회에서의 지주처럼 국가권력의 직접적인 담지자로 나서지 않는다. 즉 자본주의 국가는 '사회의 곁에·위에 세워진 특수한 공적 기구'[6]라는 형태로 시민, 또는 국민의 보편적 이익과 공공의 선을 추구하는 중립적인 존재로 등장한다. 이렇게 되면, 자본주의사회에서 경제권력과 자본권력은 형식적으로 분리되어 생산과정에서의 착취를 은폐함과 동시에 그것을 유연하게 존속시키는 효과를 거둘 수 있으며, 피지배계급의 정치적 저항을 제도정치의 영역으로 포섭할 수 있다는 이점이 있다.

한편 현대자본주의는 사회세력간의 투쟁을 정치적으로 포섭해가는 국가권력보다 더 저변이 넓은 권력인 사회권력을 가지고 있다. 사회권력은 주로 '시민사회'[7]라는 공간을 통해서 자본주의적 생산과정에 대한 이데올로기적 뒷받침을 하는 역할을 하는데, 그것은 문화·교육·종교·매체 등의 이데올로기장치를 통해서 피지배계급 대중을 포섭해 들어간다. 피지배계급은 사회권력의 작동으로 인해 자본의 물질성이 낳는 이데올로기와 자신의 존재를 동일시하는 현상을 보이는데, 제계급대중은 '계급'을 탈각한 '정치적이

---

6) 김세균, 앞의 글, 71쪽.
7) 시민사회는, 시민을 'citoyen'의 의미로 사용하여 법적·정치적 의미를 갖는 'civil society'의 시민사회 개념과 시민을 부르주아로 사용하여 상품생산자 사회로서 시민사회 개념, 그리고 독일어 뷰르거(bürger)로 사용하여 위 양자를 모두 포괄하는 개념으로 나눌 수 있다(김세균, 「'시민사회론'의 이데올로기적 함의 비판」, 『한국 민주주의와 노동자·민중정치』, 현장에서 미래를, 390-391쪽 참조). 여기서는 '자본주의사회구성체와 접목되어 있는 시민사회'로 보고 논의를 전개하겠다.

고 법적인 권리를 누리는 개인'으로서의 '시민'으로 호명되는 것을 자연스럽게 받아들인다.

사회권력은 국가권력보다 더 물리력을 가지고 있지도 못하고 강력하지도 못하지만, 대신에 더 유연하고 더 간접적이어서 보다 생명력이 강하다. 현실사회주의체제는 단 한 번의 민중봉기로도 생명을 다하였지만, 자본주의 체제는 무수한 혁명적 격변기와 대공황의 격변기에도 살아남았다. 이것은 지배적인 정치권력을 저변에서 묶어주는, 경제적 사회구성체에 뿌리박고 있는 사회권력이 있었기 때문이다. 사회권력이 작동하는 한 국가권력을 둘러싼 아/타의 이분법적 단일 전선은 있을 수 없으며, 오직 운동의 중심성으로서 역할을 한다. 따라서 현대자본주의사회에서 계급적 전선은 매우 다층적이고 다원적으로 나타난다.

이상과 같은 자본주의 지배 권력의 두 측면을 종합적으로 고려하지 않는다면, 역사적으로 발생했고, 또 현존하고 있는 맑스주의적 변혁 이론에서의 편향 혹은 비맑스주의적 개량 운동으로의 전환을 낳을 수밖에 없다.

우선, '국가권력'의 계급적 성격에 지나치게 치중했을 때는 노/자 적대라는 아/타의 이분법적인 단일 계급투쟁 전선을 설정하고 현실 사회의 모든 모순을 노/자 적대로 환원한다거나 국가권력에 대한 공격만을 혁명의 관건으로 사고하는 국가에 대한 도구론적 관점에 빠질 위험이 있다. 또한 이 경우에는 시민사회를 부르주아 이데올로기가 일방적으로 관철되는 사회로 보는 관점을 낳을 수 있는데, 이렇게 되면 사회권력과 자본권력을 등치시켜 역시 현대 자본주의의 다면적인 전선을 무시하게 된다. 즉 시민사회론이 갖고 있는 일말의 긍정성, 즉 국가주의에 대항하는 공간으로서의 역할, 노/자 적대로 환원되지 않는 성·환경·인권 등에 대한 민주주의 투쟁의 함의 등을 보지 못하는 한계를 가진다

한편, 자본주의 국가권력의 계급적 성격을 무시하고 그것의 외피, 즉 '사회의 곁과 위에 세워진 공적 기구'라는 중립성을 주장하면서 제도정치 영역으로 들어가서 국가권력을 장악하려는 시도 또한 도구론적 관점에 다름 아니며, 이렇게 되면 부르주아 국가장치 내부로 포섭되어 부르주아 지배체제를 유지하는 세력이 되고 만다. 또한 이와 같은 관점은, 동일하게 사회권력

의 중립성이라는 관점을 낳을 수 있는데, 이때에는 사회권력의 차원에서 다충적이고 다원적인 전선의 형태들만 항상적으로 강조하고 모색하게 된다. 여기서 '노동자계급 중심성'은 사라지며, 대신 일상 속에서 미시적 권력에 대항하는 미시적 차원에서의 논의가 중심이 된다. 법적·정치적으로 자유롭고 평등한 시민이라고 스스로 여기는 이들은 시민사회 또는 사회권력을 '중립적인 권력투쟁의 공간'으로 설정함으로써 '공공성 또는 공동선'을 이데올로기로 하는 시민운동을 지상의 과제로 제출하고 있다. 이것은 부르주아적 질서가 규정해 놓은 틀내에서 사회권력을 두고서 사회개량을 위한 게임을 하는 것과 같다. 그러나, 사회권력과 시민사회는 중립적인 권력 투쟁의 공간이 아니라 여전히 경제적 사회구성체에 기반한 계급들의 권력적 장치가 지배를 생성하고 작용하는 공간이다. 이런 의미에서 노동자계급의 중심성은 여전히 견지해야 할 투쟁 전선의 본질적 축이다.

2) 노동자계급정치와 당의 임무

국가권력과 사회권력이 상호보완적으로 작용하는 현대자본주의 지배체제의 특성을 고려하여 비제도적 투쟁정당이 구현하고자 하는 노동자계급의 정치는 첫째, 부르주아 제도적 틀 속에서 부르주아 정치에 포섭되는 정치가 아니라 부르주아체제와 국가, 그리고 지배이데올로기에 대항하는 정치이다. 비제도적 투쟁정당은 노동자계급의 대중투쟁 속에서 부르주아 국가에 대항하는 정치를 조직해야 한다. 가장 일차적인 과제는 자본의 이데올로기 속에서 정치적으로 배제되어 있는 현상태를 극복하는 것, 즉 노동자계급의 '정치화'이며 노동자계급이 정치를 재전유하는 투쟁을 조직하는 것이다. 노동자계급의 정치화를 위한 투쟁은 자본주의체제를 넘어서는 대안 체제를 운영할 권력, 즉 대체권력을 만드는 투쟁이다. 그것의 중핵은 직접적인 착취가 일어나고 있는 생산 현장에서 직접민주주의에 기초한 노동자대중 권력의 맹아를 발굴하고 조직함으로써 노동자계급을 대체권력의 주체로 세워내는 것이다. 이것이 비제도적 투쟁정당의 가장 중요한 과제이다.

둘째, 노동자계급정치는 생산현장에서 획득된 노동자대중의 직접 민주적 실천을 자기 계급 내부에 한정시키는 것이 아니라 무한히 확장하여 사회 전

영역에서 민주주의의 투쟁의 전위로서 역할을 수행하는 정치다. 이것은 국가와 국가적 이데올로기에 대항하는 정치뿐만 아니라 사회권력과 그것이 작동하는 시민사회를 해체하고 그것을 대체권력 건설의 관점에서 재조직화하는 것을 의미한다. 시민사회에서 드러나는 복합적이고 다면적인 모순은 근본적으로 자본이 창출하는 생산관계의 모순 운동의 한계내에서 궤적을 그리고 있다. 동시에 노/자 적대로 환원되지 않으면서 자본주의사회에서는 도저히 해결할 수 없는 모순, 즉 인권·성·환경 등을 둘러싼 투쟁이 활발하게 전개되고 있는 공간이기도 하다. 따라서 노동자계급은 반자본의 전망뿐만 아니라 시민사회와 사회권력의 장에서 다층적·다면적으로 나타나는 투쟁 전선을 노/자 전선을 기본축으로 하여 종적·횡적으로 구축해야 할 임무가 있다.

특히 계급적 전망과는 전혀 다른 성·환경·인권 등의 과제를 노동자계급 자신의 정치적 전망으로 전유함으로써 대안사회의 전망을 열어가야 한다. 이때의 방법론은 '차이'를 통한 '연대'이다. 과거에는 '차이'를 무시하고 모든 것을 노/자 모순으로 환원해버렸다. 그러나, 현실의 역사는 '차이'를 무시하고서는 노동자계급이 결코 새로운 사회의 전망을 가질 수 없음을 보여주었다. 따라서 노동자계급은 '차이'들이 말하는 바의 내용들을 '인류 보편의 과제'로 수용하여 적극적으로 대안사회의 전망 속에서 연대를 이루어야 할 임무가 있다. 이런 맥락에서 비제도적 투쟁정당은 시민운동이 가지고 있는 '공공성 또는 공동선'의 이데올로기를 해체하고 시민운동 내부의 분화를 촉진하면서[8] 지역과 부문의 거점을 확보하여 대체권력을 조직화하는 과제에 복무해야 한다.

셋째, 노동자계급정치는 부르주아 국가장치 내부에서 국가권력을 두고서 벌이는 게임을 거부하고, 오직 부르주아 국가체제를 넘어서는 계급투쟁의 관점에서 제도 정치에 임한다. 부르주아 정치체제 내부에서 국가권력을 장악하기 위해 다투는 행위는 제아무리 '진보정치', '계급정치'라는 수식어를 붙여도 궁극적으로 부르주아 정치와 다를 바 없다. 왜냐하면, 그것은 이미

---

8) 신자유주의 세계화는 시민운동을 '시민없는 시민운동'으로 몰아가고 있으며, 시민운동 내부의 선택을 강요하고 있다. 여기에 대해서는 박영균, 「한국 진보주의의 최근 논의와 방향—노동자계급 정치운동의 모색이라는 관점에서」, 학단협 심포지움, 2002 가을 참조

부르주아 정치가 계급지배를 위해서 만들어 놓은 장치에 포섭되는 것에 불과하기 때문이다. 역사적으로 혁명정당에서 국민정당으로 변모한 예는 허다하다. 그러므로, 비제도적 투쟁정당은 '집권'을 위해서가 아니라 '대체권력'의 형성에 기여하고, 정세적으로 대중투쟁의 성과를 정치적으로 확장시킬 필요 등을 고려하여 각종 선거에 참가할 것이다.

넷째, 노동자계급정치는 필연적으로 국제주의 원칙에 따라 전세계 노동자·민중의 해방을 실현하는 정치이다. 맑스주의의 국제주의 원칙을 더 이상 재론할 필요가 없이 오늘날 신자유주의 지구화는 해방운동이 이미 국제적인 것임을 확인해주고 있다. 반세계화와 반제·반전 운동의 지구적 물결은 90년대 후반부터 세계적 차원에서 연대 질서를 일궈내고 있으며, 세계사회포럼은 이와 같은 연대 투쟁의 가능성을 보여주고 있다. 남한의 노동자계급 운동은 이미 국제적으로 주목을 받고 있으나, 아직까지 국제 노동자계급 운동에서 주요한 역할을 하지는 못하고 있다. 비제도적 투쟁정당은 남한 노동자계급뿐만 아니라 전세계 노동자·민중의 투쟁을 세계적인 반제·반자본 투쟁으로 성장 발전시키기 위해 노력할 것이다.

다섯째, 노동자계급정치는 자본주의사회에서나 사회주의사회에서나 바로 '공산주의의 높은 국면'으로서 '생산자 대중의 연대적 결합 사회'를 건설하는 계급투쟁으로 조직되어야 한다. 이것은 일차적으로 자본주의사회에서 대체권력을 조직하는 투쟁에서 부르주아 국가권력을 폐지하고 노동자·민중의 권력[9]으로 대체하는 투쟁으로 나아가는 것, 그리고 끝내는 노동자 권력이 완전한 의미의 대중적-사회적 권력으로 전화하여 소멸하는 시점까지 계급투쟁을 멈추지 않는 것을 의미한다. 여기서 핵심은 구계급사회와 단절의 계기이자 궁극적 대안사회로의 이행의 계기가 되는 노동자·민중의 권력으로 자본주의 국가권력을 대체하는 것이다. 이것의 함의는 노동자 권력의 수립 없이 비국가 코뮌으로 나아가고자 하는 '정치혁명 없는 사회혁명',

---

9) 프롤레타리아독재를 의미하는 말이다. 그렇지만, 이것은 순수한 노동자만의 권력이라고 보기 어려우며, 계급연합 권력은 더더욱 아니다. 여기에 대해서는 별도의 연구, 또는 실천적 강령이 필요하겠지만, 필자는 프롤레타리아독재를 노동자계급의 헤게모니가 관철되는 노동자·민중의 권력으로 본다. 순수한 노동자만의 혁명과 노동자만의 권력은 가능하다고 보지 않기 때문이다.

또는 혁명을 정치권력의 장악과 사회주의 수립 그 자체 혁명의 목적을 두는 '사회혁명 없는 정치혁명'의 오류를 극복하는 데 있다. 혁명은 현존 자본주의사회에서부터 '연대적 결합 사회'에 이르기까지 부단히 지속되어야 하며, 비제도적 투쟁정당은 최후의 순간까지 계급투쟁과 사회혁명의 과정에 복무해야 한다. 이 과정에서 노동자계급이 수행해야 할 투쟁의 과제는 관료제적 국가장치와의 부단한 투쟁, 사적 소유를 폐지하고 소유 일반의 성격을 사회적 소유로 전화시키는 투쟁, 그리고 마침내 계급의 소멸과 더불어 국가의 소멸에 이름으로써 사회혁명을 완수하는 투쟁이 있다.

사회혁명의 전과정은 정치와 경제, 정신노동과 육체노동의 결합의 과정이며, 모든 억압적 사회 관계가 해체되는 과정이다. 노동자 권력은 국가주의적 요소를 폐지 또는 사멸시킬 것이며, 국가권력이 무한히 확장되어 사회화되면서 소멸해갈 것이다. 또한 실질적 평등이 진행될수록 노동자·민중은 모두 생산자로서 동등하게 호명될 것이며, 생산자들 모두가 노동과 정치, 그리고 문화와 사회생활 전반에서 주체적으로 행위하는 문화적 사회공동체로 발전해갈 것이다. 이러한 변혁이 모두 완결되는 순간 비제도적 투쟁정당은 국가와 계급, 사회적 적대의 모든 산물과 함께 운명을 같이 할 것이다.

5. 글을 맺으며

자본의 이윤율의 경향적 저하는 자본주의가 지속하는 한 존속할 것이며, 이에 따라 자본의 대노동에 대한 신자유주의적 공세는 가속화될 전망이다. 자본의 노동에 대한 분할과 포섭은 한편으로는 제도정치 영역으로 포섭을, 다른 한편으로는 경제적 실리주의와 조합주의적 한계내에서 가두는 방식으로 이루어질 것이다. 이러한 상황은 노동자계급뿐만 아니라 사회 전방위적인 차원에서 전개되고 있으나, 노동자·민중 운동 진영을 제외하고는 이에 대한 반격을 조직할 수 있는 세력은 사실상 존재하지 않는다. 그럼에도 불구하고, 노동자·민중 운동 진영의 일부에서는 '노동자계급의 독자적 정치세력화', 혹은 '사회주의적 정치세력화'를 주장하면서 실제로는 제도정치 내부에서 의회주의 수준으로 노동자계급정치를 전락시키고 있다. 이것은 노동자·민중의 변혁적 전망을 배신하고 부르주아체제로 투항하는 수순에 다름 아니다. 이와 같은 속류 계급정치에서는, 단언컨대 노동자계급의 정치적 전망을 결코 찾을 수 없다.

현재 가장 필요한 투쟁은 전국적으로 전개되고 있는 반신자유주의 대중투쟁을 하나의 단일한 정치투쟁 전선으로 결집시킬 세력을 형성하는 것이다. 그러기 위해서는 우선 노동운동은 전투적 조합주의를 넘어서서 '정치화'함으로써, 사회운동은 노동자계급 중심성을 복원하여 '적색화'함으로써 양자의 결합을 모색해야 할 것이다. 이를 통해 노동자·민중은 변혁적-정치적 전망 아래서 대체권력을 형성하는 투쟁으로 나아갈 것이며, 동시에 노동자·민중의 대중적 역량을 지역과 현장에서 거대한 세력으로 조직하여 체제의 경계를 확장하면서 체제를 뛰어넘는 계급투쟁을 전국적으로 조직할 것이다. 비제도적 투쟁정당은 바로 이와 같은 대중투쟁의 정치적 조직화라는 첫 번째 과제로부터 형성되어 발전할 것이다.

비제도적 투쟁정당은 우선 전국적으로 지역과 현장의 인민 대중 속에서 직접 정치적 행동을 할 수 있는 인자들이 결집하여 단일한 강령과 단일한 슬로건을 갖고서 각각의 전선에서 대체권력의 맹아를 발굴하고 조직하면서 대중과 함께 정치적 주체로 서나가는 존재들로 구성될 것이다. 이들은 자기 내부에서 정신노동과 육체노동을 결합시켜 나가는 존재들이며, 동시에 생산자이자 정치가로서 자기 전망을 갖는 활동가이다. 이러한 자들로 출발하는 비제도적 투쟁정당은 근본 변혁의 전망하에서 계급투쟁을 선도하고 안내하는 지도적 역할을 한다는 점에서 전위정당이며, 대중투쟁 속에서 계급 대중을 정치 주체로 세우는 과정에서 스스로를 끊임없이 반성하고 수정해 나가며, 대중의 지지가 아니라 대중을 정치가로 전취해 나간다는 점에서 대중 정당이 될 것이다.

이제 입론 수준인 비제도적 투쟁정당론은 현실의 실천투쟁을 통해서 얼마든지 수정 보완되어 발전할 것이다. 계급적 좌파 진영의 이론적·실천적 차이와 쟁점은 결코 뛰어 넘을 수 없는 장벽이 아니라 단일한 정치적 대오와 운동의 진행 속에서 풀어나가야 할 과제이다. 그러기 위해서 계급적 좌파의 조직적 단결이 절실히 필요하다.

현장조직운동의 현재와 전망

이종호(노동자의 힘)

1. 들어가며

87년 이후 한국의 노동운동은 세 갈래로 발전해왔다. ① 한국노총으로 대표되는 어용노조에 맞서 전노협과 민주노총으로 발전하온 민주노조운동 ② 노동운동단체, 비합법 써클, (반)공개 정치조직 등으로 활동해온 정치적 노동운동의 단계를 지나 96-97년 노동법개정 총파업 이후 민주노동당, 노동자의 힘, 사회당 등으로 본격화된 노동자정치운동 ③ 노동조합과는 다른 현장대중투쟁조직과 일상적인 현장대중조직, 현장활동가조직 등으로 발전해온 현장조직운동이 그것이다.

민주노조운동은 87년 7-9월 노동자대투쟁 이후 지난 16년 동안 이념과 조직, 투쟁의 힘을 키워왔다. ① 자주성, 민주성, 투쟁성, 계급성, 연대성, 변혁지향성 ② 잠정합의안에 대해 반드시 조합원 찬반을 묻는 총회민주주의 전통 ③ 금속제조업 대공장 공장점거파업, 공공부문 산개파업, 전국적 정치총파업과 민중연대투쟁에 이르는 풍부한 투쟁경험이야말로 한국 민주노조운동이 피와 땀과 눈물로 쟁취한 소중한 자산들이다. 그러나 민주노조운동은 근래 들어 심각한 위기에 직면하고 있다. ① 신자유주의 지구화와 구조조정에 대한 태도, 노무현정부 아래서 새롭게 추진되는 노사정위원회에 대한 태도를 둘러싼 이념적 혼란 ② 대공장 정규직 중심주의와 조합주의·경제주의의 만연, 노동조합 간부들의 개량화·관료화 ③ 총연맹의 총파업 선포와 단위노조 현장투쟁의 괴리, 총파업의 연이은 무산과 철회 등이 민주노조운동의 정체성마저 위협하고 있다. 위기를 돌파하기 위해 지금 시기 민주노조운동에 요구되는 과제는 ① 신자유주의에 맞서는 '또다른 세계의 가능성'을 구체화함으로써 민주노조운동의 이념을 재정립하는 것 ② 뼈를 깎는 반성과 혁신을 통해 노동조합운동의 민주성과 현장성을 회복하고, 불안정노동철폐투쟁과 비정규직 노동자의 조직화를 전면화함으로써 민주노조운동의 계급성을 확장하는 것 ③ 산발적으로 분출하는 방어적 생존권투쟁들을 전국적 총파업으로 집중하고, 이 총파업이 조합주의적으로 왜곡되거나 의회주의 압력수단으로 변질되는 것을 철저하게 막아내는 것 등이다.

　노동자정치운동은 97년말 15대 대선, 2000년 4. 13 총선, 2002년 6. 13 지방선거, 2002년 12월 16대 대선을 거치면서 대중적으로 본격화되었다. 민주노동당은 민주노총의 일방적 지지를 등에 업고 2002년 지방선거에서 8. 1%를 득표함으로써 제3당으로 올라섰고 16대 대선에서는 과거와는 확연히 달라진 언론의 대접을 실감할 만큼 대중적으로 급부상했다. 그러나 민주노동당은 이념적으로 민족주의와 사회민주주의의 불안한 동거상태를 벗어나지 못하고 있고, 조직적으로는 민주노총과의 특별한 관계에 거의 전적으로 의존하고 있으면서도 진보적 국민정당을 표방하며 끊임없이 탈계급화하고 있다. 그리고 투쟁에 있어서도 대중투쟁을 강화함으로써 대중정치를 활성화하기보다는 대중투쟁은 노동조합이, 선거와 의회활동은 민주노동당이 분담하는 구시대적 양날개론에 머물러 있다. 사회당은 사회주의를 전면에 내세워 2002년 지방선거와 대선을 정면 돌파하는 과단성을 보여주었다. 그러나 사회당은 자신이 표방한 사회주의의 내용을 충분히 제시하지 못하고 있고, 사회주의를 실현해갈 주체가 비어있는 '노동운동 없는 정치운동'의 한계를 벗어나지 못하고 있다. 게다가 사회당에게 선거는 지난 대선에서의 0. 089%라는 득표에도 이제 더 이상 전술이 아니라 전략으로 절대화되고 있다. 노동자의 힘을 비롯하여 대중정치의 활성화와 노동자계급정당 건설을 위해 활동하고 있는 세력들은 노동운동과 현장투쟁에 밀착해있다는 장점을 갖고 있지만, 여전히 그 현장성에 걸맞은 정치적 명확성을 강령적 수준에서 구체화하지 못하고 있고, 정치적 노동운동을 넘어서는 노동자계급정치운동을 전면화시키지 못하고 있다.

현장조직운동은 민주노조운동, 노동자정치운동과 더불어 87년 이후 한국 노동운동의 주요한 한 축을 이루어왔다. 이 글의 목적은 민주노조운동과 노동자정치운동과의 밀접한 관계 속에서 독자적으로 발전해온 현장조직운동의 과거와 현재를 진단하고, 미래의 전망과 과제를 도출해내는 데 있다. 이 글에서는 현장조직의 위상을 둘러싼 논란과 현장조직의 세 가지 형태에 대해 먼저 정리할 것이다. 현장조직의 세 가지 형태는 노동조합이 제대로 투쟁하지 않을 때 노동조합을 대신해서 대중투쟁을 이끌었던 현장대중투쟁조직과 노동조합의 경계 안팎을 넘나드는 일상적 현장대중조직, 그리고 제조업 금속 대공장의 노조민주화추진위원회(노민추)로부터 출발하여 중소사업장과 공공부문에까지 일반화되어온 현장활동가조직이다. 현장조직의 이 세가지 형태를 다룬 다음에는 현장활동가조직운동이 걸어온 역사를 압축해서 정리하고, 현장활동가조직운동이 지금 어디에 서있는지를 살펴볼 것이다. 그리고 현장활동가조직의 체계와 활동을 사례를 들어 살펴본 다음 현시기 현장조직운동의 과제와 전망을 제시하고, 마지막으로 현장정치활동의 과제에 대해 정리할 것이다.

2. 현장조직의 위상

1) 현장조직의 위상을 둘러싼 논란들

현장조직은 현장대중투쟁조직과 일상적 현장대중조직, 현장활동가조직으로 나누어 살펴봐야 한다. 이 세 가지 조직 형태를 뭉뚱그려 생각하다 보면 많은 혼란이 발생하고 그로부터 그릇된 진단과 전망이 제출되곤 했다. 여기서는 우선, 현장조직의 위상을 둘러싼 논란들을 정리하고 현장조직의 세 가지 형태에 대해 차례로 살펴볼 것이다.

먼저, 현장활동가조직과 노동조합의 관계에 대한 논란들부터 하나씩 살펴보자.

첫째, "노동조합은 공조직이고 현장활동가조직은 사조직"이라고 보는 견해가 여전히 뿌리깊게 남아 있다. 이 견해는 현장활동가조직이 몇몇 명망가들에 의해 선거시기에만 움직이는 사조직이고, 공조직인 노동조합의 대중적 단결을 저해하며 분열과 이합집산만을 거듭하는 해로운 분파집단이라는 것이다. 따라서 노동조합은 전체 조합원을 대변하여 운영되어야지 특정 사조직의 이해관계에 따라 좌지우지되어서는 안된다는 주장이다. 극단적으로 보자면 사조직은 필요없고 공조직만 있으면 된다는 입장인데, 이 견해대로라면 노동조합 위원장과 집행부는 특정 사조직에 속해 있거나 그 입장을 대변해서는 안되고, 심지어 자신을 배출한 특정 현장활동가조직과의 관계조차도 그 관계를 끊거나(조직 탈퇴), 최소한 공조직과 일반 사조직들과의 관계 정도로 약화시켜야 한다. 그러나 이미 노동조합과 현장활동가조직의 관계를 이렇게 보는 사람은 그리 많지 않다. 많은 경우 노동조합 집행부는 선거를 통해 그 집행부를 배출한 현장활동가조직에 의해 파견되는 것으로 인식되고 있고 이런 생각은 상당히 보편화되어 있다. 노동조합 집행부를 배출한 현장활동가조직과 그 집행부는 노동조합 운영에 대한 공동책임을 지게 되고 대중적으로도 그렇게 비쳐진다. 이때 노동조합 집행부는 공조직으로서의 대중적 책임과 더불어 파견자로서의 조직적 책임도 짊어지게 되는 것이다. 이렇게 봤을 때 노동조합과 현장활동가조직의 관계를 공적인 것과 사적인 것으로 나누고 대립시키는 견해는 대중적인 것과 조직적인 것의 관계("조직적 책임을 제대로 지지 못하는 사람이 어떻게 대중적 책임을 제대로 질 수 있는가?" "가장 조직적일 때 가장 대중적일 수 있다")를 잘못 이해했기 때문에 나온 것이고, 이 주장이 얼핏 보면 대중에 대한 노동조합의 공적 책임성을 강조하는 것처럼 보이지만, 사실은 노동조합에 대한 현장활동가조직들의 비판과 제어, 견인의 필요성을 부정하거나 약화시킴으로써 오히려 노동조합이 위원장을 비롯한 집행부에 의해 사적으로 좌지우지될 위험성을 내포하고 있다.

둘째, "노동조합은 제도권 조직이고 현장활동가조직은 비제도권 조직"이라고 보는 견해는 노동조합이 근본적으로 개량주의와 관료주의의 도구로 전락할 수밖에 없다고 주장하고, 제도권 안에 있는 노동조합의 체제내적 한계를 강조하면서, 노동조합을 부정하고 뛰어넘는 비제도권 운동체로서 현장활동가조직을 주목한다. 그러나 이 견해는 노동조합의 부정적 측면만을 지나치게 강조한 나머지 노동조합운동의 현실적 의의를 극단적으로 부정하거나 노동조합 활동에 대한 개입의 필요성조차 거부하는 것으로 나아갈 수 있다.

셋째, "현장활동가조직 일반은 노동조합과 질적 차이가 거의 없다"고 보는 견해는 실제 활동의 목표와 내용에 있어서 현장활동가조직이 노동조합의 울타리를 벗어나고 있지 못하다는 점을 강조한다. 그러나 이 견해는 현장활동가조직이 노동조합과는 다른 현장에서의 독자적 조직운동을 발전시켜 왔고 노동조합 간부에 제한되지 않는 변혁적·의식적 활동가들을 부단히 훈련하고 성장시켜 왔다는 점을 간과하고 있다. 그리고 현장활동가조직이 대중투쟁과 선거, 숱한 논쟁들을 통해 경향을 넘어 노선으로 자신의 활동 목표와 내용을 구체화시켜 왔다는 점을 제대로 보지 못한다.

다음으로, 현장활동가조직과 현장대중투쟁조직을 혼동하면서 발생하는 논란이 있다.

"현장활동가조직은 대중투쟁기관이자 현장권력기관"이라고 보는 견해는 현장활동가조직이 직접 현장대중투쟁을 조직함으로써 노동조합을 대체하는 현장대중권력으로 성장하고 발전해야 한다고 강변한다. 그러나 이 견해는 활동가조직이 곧바로 대중권력기관이 될 수 있다고 혼동함으로써 마치 당을 국가권력화하는 것과 동일한 오류에 빠지고 있다. 특정한 시기에 대중투쟁기관이자 현장권력기관으로 발전해갈 수 있는 조직형태는 현장활동가조직이 아니라 현장대중투쟁조직이고, 일상적 시기에 현장대중권력체로 성장할 가능성을 갖고 있는 것 또한 현장활동가조직이 아니라 노동조합의 밑바닥이나 그 바깥에서 만들어진 다양한 현장대중조직들이다.

또 하나, 현장활동가조직과 노동자정치조직의 관계에 대한 논란이 있다.

"현장활동가조직은 선진노동자대중의 풀(pool)"이라고 보는 견해는 현장활동가조직이 노동자정치조직과는 다른 선진노동자대중조직이라는 점을 강조하고, 현장활동가조직을 노동자정치조직들이 그 안에 프락션해야 할, 또는 그밖에서 계몽하고 지도해야 할 대상으로 설정한다. 현장활동가조직 안에도 활동가들 사이에 선진적 부분과 상대적으로 중·후진적인 부분이 존재하는 것은 사실이다. 그러나 지금 시기 현장활동가들의 수준이 이른바 '바깥'의 그것보다 전체적으로 낮고 따라서 여전히 지도되어야 할 대상이라고 보는 것은 시대착오적 발상이다. 일상적인 대중선전과 선동능력, 조직 능력, 자본과의 투쟁력, 계급적 직관력 등에서 현장활동가들의 선진적 부분을 능가할 바깥 활동가들이 과연 얼마나 되는지, 오히려 여러 점에서 현장활동가조직의 지금 수준이 노동자정치조직들의 그것을 능가하고 있는 건 아닌지 따져본다면 수준 들먹이는 식의 현장활동가조직에 대한 위상 논의가 얼마나 공허하고 부당한 것인가가 명확해진다. 지금 필요한 것은 현장활동가조직과 노동자정치조직이 함께 안과 밖의 경계를 허물고 전체 노동자계급의 선진적 일부로서 스스로를 정치적으로 재조직화하는 것이다.

"현장활동가조직은 여러 정치조직들의 공적 기제"라고 보는 견해 또한 현장활동가조직을 대상화시키고, 거꾸로 현장활동가조직을 사적 기제화하려는 여러 정파들의 소모적 대립의 원인이 되어왔다.

2) 현장대중투쟁조직

현장대중투쟁조직은 특정한 시기에 노동조합을 대신하여 대중투쟁을 이끌어냄으로써 대중적 지도력을 획득하는 대중투쟁기관이자 현장권력기관이다.

88-89년 현대중공업 128일 파업지도부, 91년 현대자동차연합투쟁위원회(현연투), 95년 현대자동차 양봉수동지 분신공동대책위원회(분신공대위) 등이 바로 대표적인 현장대중투쟁조직들이다. 88-89년 현대중공업 128일 파업투쟁 당시 파업지도부는 어용 집행부에 맞서 부단히 현장의 이중권력을 만들어내면서 투쟁하는 대중들의 목소리와 의지를 직접 반영하고 그 지도력을 즉각적으로 검증받았던 명실상부한 아래로부터의 대중투쟁기관이었다. 91년 현연투는 노민추, 구속해고동지회(구해동), 공동소위원회(공소위), 민주연합대의원회(민대), 풍물패연합 등 당시 현대자동차 민주세력이 총결집하여 만들어졌다. 현연투는 91년 5월 투쟁에서 노동조합을 제낀 채 연일 4-5,000명의 조합원들을 직접 이끌고 공장 안 대규모 집회와 시내 거리행진을 감행한 후 격렬한 반민자당·반노태우정권 거리투쟁을 벌여냈다. 현연투는 더 이상 투쟁하지 않는 노동조합 집행부에 기대지 않고 스스로 대

중투쟁 지도부가 되어 자발적인 정치투쟁까지 벌여냈던 것이다. 95년 현대자동차 양봉수 동지 분신투쟁 당시 현장활동가들이 사업부별로 즉각 투쟁대오를 꾸리고 전공장에 걸쳐 분신공대위를 결성함으로써 노동조합과는 무관하게 바로 파업투쟁을 벌였던 것도 노동조합을 뛰어넘는 대중투쟁의 한 전형을 보여주는 것이었다.

현장대중투쟁조직은 노동조합이 투쟁을 회피하거나 가르막을 때 노동조합을 대신하여 대중투쟁을 직접 이끌어냈다. 투쟁하는 동안 현장에서는 노동조합과 현장대중투쟁조직의 이중권력 상태가 만들어졌고, 현장대중투쟁조직은 투쟁하는 대중들로부터 지도력과 권위를 인정받음으로써 노동조합의 형식적 권력을 무력화시켰다. 그러나 현장대중투쟁조직은 노동조합을 넘어서는, 현장 대중들의 직접적인 투쟁기관이자 현장권력체로서 공장평의회로까지 전면적으로 발전하지 못했다. 투쟁이 끝난 후 현장대중투쟁조직은 선거를 통해 민주노조로 전환되었고 결국 다시 노동조합으로 되돌아갔다. 민주노조가 대중투쟁기관으로서 거의 유일한 역할을 담당하고 있었기 때문에 민주노조를 회복한 이상 또다른 대중투쟁조직이 필요하지 않았던 것이다. 한편 대중투쟁기관으로서 민주노조운동의 전투성과 역동성에 주목하면서 한국에서는 민주노조 그 자체가 평의회로 발전할 수도 있다고 보는 경우도 있었다. 그러나 근래 민주노조운동이 처해 있는 심각한 위기상황을 고려한다면 지금도 이렇게 주장하기는 어려울 것이다. 산별시대로 접어든 민주노조운동의 개량화와 관료화가 심화될수록 노동조합을 대체하는 현장대중투쟁조직의 평의회적 맹아가 발아할 가능성은 더욱 높아지고, 현장대중투쟁조직의 전국화와 정치화가 가속화될 것이다.

3) 일상적 현장대중조직

일상적 현장대중조직은 노동조합 규약으로는 의사결정기관이나 집행기관의 지위를 갖지 않지만 노동조합과는 다른 대중적 영향력을 갖고 독자적인 투쟁과 활동을 벌여내는 조직이다. 현대자동차의장부총연합(의총련)과 현대중공업 1630, 공동소위원회연합(공소위)과 같은 조직들이 대표적 예가 될 수 있을 것이다.

의총련은 콘베어 타는 의장부 노동자들이 모여 만든 현장대중조직이었다. 사업부별 대표자들과 전공장 회의체계를 꾸리고 일상 선전사업과 콘베어수당 인상투쟁 등을 대중적으로 벌여냈다. 의총련은 자동차 생산공장의 절대다수를 차지하는 콘베어 노동자들의 처지와 열망에 근거하여 아래로부터 자발적으로 조직되었고, 콘베어수당 인상을 쟁점화시켜 대중투쟁의 동력을 끌어올리기도 했다. 의총련과 같은 조직형태로 도장부총연합(도총련), 차체부총연합(차총련) 등 부서별 현장대중조직을 만들려는 시도들이 있었지만 현실화되지는 못했다.

현대중공업 1630은 유해작업자인 조선소 도장부 노동자들이 모여 만든 현장대중조직이었다. 1630은 "하루 6시간, 주5일 30시간 노동"을 요구하며 자발적이고 일상적인 현장투쟁을 벌여냈다.

공소위는 규약상 노동조합 공식체계에 포함되어 있기는 하지만 노동조합의 공식 의사결정과정에서 아무런 권리와 의무를 행사할 수 없고 집행에서의 권한 또한 없다. 그래서 실제 공소위는 스스로 부서별, 사업부별, 전공장 체계를 꾸리고 출범식도 독자적으로 해왔다. 노동조합의 맨 밑바닥에 있으면서 동시에 노동조합 바깥에 있는 셈이다. 공소위는 주요 시기에 자신의 입장을 대중적으로 표명하여 현장 여론을 형성하기도 하고 대의원회와 대립하여 소위원회 독자의 목소리를 내기도 한다. 소위원회는 활동가를 발굴하고 훈련하는 풀(pool)이고, 많은 현장활동가들이 소위원회를 통해 활동에 입문해왔다. 그렇다고 소위원회가 초보 활동가들의 훈련코스인 것만은 아니다. 집행부나 대의원을 하지 않는 경우, 경험 많은 활동가들이 소위원회에서 다시 활동함으로써 소위원회 자체내에 활동 경험이 축적되고 새로운 활동력들이 보충된다. 공소위는 노동조합 대의원체계와는 달리 현장 대중들로부터 자신들의 일부로 인식되고 그만큼 소위원과 대중의 관계는 직접적이다. 소위원이 현장 대중들 안에서 투표를 통해 선출되고 있지는 않지만 전공장 공소위는 노동조합의 다른 체계들과는 달리 현장의 직접성을 담보로 커다란 대중적 힘을 행사할 수 있다. 실제 소위원들이 현장에서 직접 선출되고 그 소위원들의 부서별, 사업부별, 전공장체계가 꾸려진다면 이야말로 공장평의회에 가장 가까운 형태가 될 것이다. 그리고 울산지역에서 초보적 시도가 있었듯이 단위사업장 공소위들을 묶어 지역체계를 꾸리고 더 나아가 소위원회의 전국체계까지 꾸려질 수 있다면 이 조직이야말로 노동 자평의회에 가장 근접한 형태가 될 것이다.

현장의 대중들은 자신의 처지와 요구에 따라 다양한 현장대중조직들을 만들어왔다. 현장의 직접성을 담보로 건설되는 일상적 현장대중조직은 노동조합운동이 위계화될수록 불가피하게 드러나는 대리주의적 한계를 뛰어넘어 일상시기 노동조합을 대체할 평의회적 맹아를 풍부하게 보여주고 있다.

4) 현장활동가조직

현장활동가조직은 현장활동가들이 노동운동 내부의 일정한 경향과 노선에 따라 결집하여 노동조합운동과 노동자정치운동 등의 활동을 벌여나가는 조직이다.

현장활동가조직은 조직구성원리와 운영원리에서 노동조합과 다르다. 노동조합은 사상, 나이, 성별의 차이에 상관없이 그 노동조합의 규약이 정한 범위에 있는 노동자면 누구나 가입할 수 있지만, 현장활동가조직은 그 사업장의 민주노조운동이 쟁취해온 활동목표와 내용에 동의하고, 그 활동에서 대중으로부터 검증될 뿐만 아니라 활동가 내부의 일정한 검열과정을 거친 현장활동가들로 구성된다. 또한 노동조합은 의사결정체계(대의원회)와 집행체계(상무집행위원회)가 분리되고 집행부의 상근으로 현장과 밀접하게 늘 결합되지 못하는 한계를 갖지만, 현장활동가조직은 해고자와 상집 파견자를 빼고 의장을 비롯한 조직원 전체가 대부분 생산노동으로부터 분리되어 있지 않고, 의사결정과정과 집행과정도 의결체계인 중앙위원회와 집행체계인 집행위원회로 나누어지는 것이 아니라 대개는 중앙집행위원회로 통일되어 있다.

현장활동가조직은 노동자정치조직과도 차이가 있다. 노동자정치조직은 국가권력 획득을 일차 목표로 하여 직접 대중정치활동을 벌임으로써 대리정치를 지양하고자 하는 정치사상적 결사체이이다. 반면 현장활동가조직은 노선적 분화과정을 거쳐 정치적으로 발전하면서 노동자정치조직과의 구분과 경계가 엷어지고는 있지만 아직 그 자체로 노동자정치조직인 것은 아니다. 이 점에서 현장활동가조직의 과도기성이 존재한다.

현장활동가조직은 또한 현장대중조직과 구별된다. 현장대중조직은 대중 스스로의 자발성과 현장의 직접성에 근거해서 대중투쟁기관이자 현장권력 기관인 공장평의회로 발전할 맹아를 품고 있다. 현장활동가조직은 현장대 중조직에 대한 적극적 개입을 통해 현장대중조직의 평의회적 맹아를 싹틔 울 수 있도록 촉진할 뿐이지 현장활동가조직 그 자체가 현장대중권력체로 전환되는 것은 아니다.

3. 현장활동가조직운동의 역사와 현재

87년 7-9월 노동자대투쟁 이후 대공장에서의 현장활동가조직운동은 어디 랄 것 없이 어용노조 퇴진투쟁으로부터 비롯되었다. 어용노조 퇴진에 뜻을 같이 하는 현장활동가들은 노민추를 건설했다. 당시 노민추는 노조민주화 를 선거를 통한 집행부 장악으로 제한하는 경향과 투쟁성과 민주성을 강화 하는 현장조직력 강화로 이해하는 경향이 그 내부에 섞여 있었지만 대부분 은 선거조직으로서의 성격이 강했다. 한편 87-88년 대중투쟁의 선봉에 섰 던 해고자들은 초창기 노민추 조직의 상근역량으로서 많은 역할을 했다.

89-90년 어용노조 퇴진투쟁의 성과로 등장한 대부분의 노조 집행부가 직 권조인을 저지름으로써 또 다시 어용화되었다. "집행부 장악만으로는 민주 노조를 세워낼 수 없다. 민주노조를 제대로 지켜내려면 공권력과 부딪혀서 도 끝까지 싸울 수 있는 의식적 지도력과 조직력이 뒷받침되어 있어야 한 다"는 게 분명해졌다. 이러한 자각 위에서 민주적 현장활동가들은 어용 집 행부를 견제하고 노동조합의 현장일상활동을 강화하기 위해 대의원에 대거 진출했고 소위원회가 광범위하게 꾸려졌다. 노조민주화투쟁은 집행부 장악 에만 한정되었던 민주파들의 선거투쟁에 그치지 않고 민주노조운동의 일상 적 대중 저변을 확대하면서 활성화되었다. '노민추운동의 대중화'와 동시에 현장활동가들을 새롭게 발굴하고 의식적으로 훈련시키기 위한 현장학습소 모임 활동도 왕성하게 이루어졌다. 이러한 활동의 성과로 민주집행부가 태 어났다.

90년대 초 새로 등장한 민주집행부는 집권하자마자 3중의 어려움에 직면했다. 첫째, 직권조인과 배신의 역사에 종지부를 찍기를 열망하는 현장대중들의 신임 민주집행부에 대한 기대감이 아래로부터 폭발하듯 분출되고 둘째, 위로는 가볍게 넘어가고 싶은 첫 싸움조차 청와대가 진두지휘하는 총자본의 전면 탄압이 들어오고 셋째, 안으로는 집권 경험과 실무력 부족으로 고통받는 상태가 그것이었다. 이러한 3중고(三重苦)를 해결하기 위해 노민추의 주요 현장활동가 대부분이 노동조합 집행부로 들어갈 수밖에 없었다. 노민추는 민주집행부 아래서 조직이 해소되거나 활동이 느슨해졌고, 신임 민주집행부를 아래로부터 강화하기 위해 새로운 현장활동가조직으로 재편된 경우에도 주요 활동가 대부분이 집행부로 들어감으로써 현장조직력과 활동력은 극히 취약해졌다. 이렇듯 민주집행부와 새롭게 재편된 현장활동가조직의 관계와 상호 역할을 정비할 틈도 없이 대공장 민주노조의 첫 싸움은 예외없이 공권력과의 전면전으로 치달았다.

이 전면전에서 대부분의 대공장 민주노조는 대량 구속·수배·해고 등 총자본의 집중탄압을 받게 되고 현장활동가조직은 거의 와해되었다. 구속된 지도부를 대신해 살아남은 민주노조의 집행간부들은 직무대행체제로 민주노조사수투쟁을 전개함과 동시에 지리한 노조정상화투쟁을 벌여야 했다. 이 시기 현장활동가들은 한편에서는 부서동지회 등으로 산개되고 다른 한편으로는 소수의 활동가들이 보다 강화된 정치적 입장을 중심으로 집중되었다(산개와 집중의 시행착오과정). 자본은 이 틈을 비집고 신경영전략을 전격 도입하면서 현장을 반 단위까지 장악해 들어왔다.

95년을 지나면서 신경영전략으로 야금야금 빼앗긴 현장권력을 되찾아야 한다는 위기의식이 커져갔고, 현대자동차 '양봉수열사' 분신투쟁을 계기로 대공장 현장활동가조직들이 하나 둘 재건되었다. 이때의 조직 재건은 현장활동가들끼리 벌였던 이른바 만리장성론과 깃발론의 논쟁이 아니라 신경영전략 자체에 의해 야기된 현장대중투쟁을 통해 이루어졌다.

재건된 현장활동가조직은 선거용 조직이 아니라 아래로부터 민주노조를 강화하고, 현장활동가를 발굴·훈련하며, 노동조합 수준에 제약되지 않는 현장정치활동과 연대사업을 개척해가는 일상활동조직으로 스스로를 자리매

김했다.

현장활동가조직은 지역과 전국으로 빠르게 일반화되어 갔다. 97년 금속산업 대공장 현장활동가조직들이 주축이 되어 전국현장조직대표자회의가 결성되었다. 전국현장조직대표자회의는 97년 대공장 노동조합 선거에서 대거 집행부에 당선되었다. 그러나 전국현장조직대표자회의에서 배출된 노조 집행부들은 격렬하게 전개됐던 98년 투쟁에서 대부분 패배했고, 이후 현장활동가조직운동은 정치적·조직적 분화과정을 본격적으로 겪게 된다. 민주노조운동의 이념·노선과 활동방식을 둘러싼 차이는 99년 금속산업연맹 임원선거에서 조돈희, 조준호, 문성현 후보의 3파전으로 드러났다. 이른바 현장파(좌파), 국민파(우파), 중앙파의 3분립 구도가 분명해진 것이다. 중앙연락사무소와 권역별 서기를 두고 대표자회의와 정책협의회를 달마다 열었던 전국현장조직대표자회의와 달리 '국민과 함께 하는 노동운동'을 표방하며 결성된 민주노동자전국회의는 중앙운영위원회와 집행위원회, 지역별 위원회체계에 이르기까지 보다 완성된 조직형식을 갖추고 출범했다. 한편 금속 대공장을 넘어서 중소사업장에까지 현장활동가조직이 일반화되었는데, 연대와전진을위한전국노동자회는 주로 금속노조 산하에 전국적으로 흩어져 있는 중소사업장 현장활동가들이 지역별·전국적 회의체계를 꾸리고 금속산별노조에 대한 전국적 공동대응을 모색해왔다. 공공부문에서도 현장활동가조직이 일반화되기 시작했고 공공부문 현장활동가조직들끼리 공공현장모임을 꾸리기도 했다. 지역별 현장활동가조직의 연대도 활발해지고 있는데 경기현장연대가 근래 왕성하게 움직이고 있다.

현장활동가조직이 일반화되면서 산업과 규모, 역사적 경험 등의 차이에 따라 현장활동가조직이 매우 다양하게 존재하고 있다. 여전히 노조민주화 수준에서 노민추운동을 대중화하는 단계에 있는 조직이 있을 수 있고, 한참 앞서 현장활동가조직의 정치적 전화·발전을 고민하는 조직이 있을 수 있다. 그러나 이제 갓 출범하는 현장활동가조직이 비록 노조민주화를 목표로 활동하는 노민추라 하더라도 현장조직운동의 일정한 보편성으로부터 자신의 미래를 예견하고 압축하여 발전시킬 수 있는 여지는 있다.

4. 현장활동가조직의 체계와 활동

1) 현장활동가조직의 체계

현대자동차 울산공장의 경우 민주노동자투쟁위원회(민투위), 노동해방인간해방을위한현장권력쟁취투쟁위원회(현장투), 민주노동자동지회(동지회), 현장활동혁신을위한자주노동자회(자주회), 실천노동자회(실노회), 평등세상을여는민주노동자투쟁연대(민노투), 노동자투쟁위원회(현노투), 노동자연대투쟁위원회(노연투) 등 모두 8개의 현장활동가조직이 있다. 전투적·계급적 노동운동(민투위)과 사민주의적 노동운동(민노투) 사이에 현장투와 동지회가 있고, 민족주의(국민)적 노동운동(실노회, 자주회)과 실리적·노사협조주의적 노동운동(노연투) 사이에 현노투가 있다. 현대자동차 노동조합은 전국 3만8천여명의 조합원 가운데 울산공장에만 2만4천여명의 조합원이 있다. 현장활동가조직들은 적게는 수십명에서 많게는 3-4백명에 이르는 회원들로 구성되고 후원회원을 두기도 한다. 메이저 현장활동가조직들(민투위, 민노투, 실노회, 노연투)은 울산공장뿐만 아니라 전주, 아산공장과 남양연구소, 판매와 정비본부에도 조직을 구성하고 있고 이 조직들간의 전국적 네트워크를 형성하고 있다.

민투위를 예로 들어 단위 공장 현장활동가조직의 체계를 살펴보자. 현대자동차 울산공장 민투위는 대략 200명의 회원으로 구성되어 있다. 이 회원 중에는 사내하청 노동자도 포함되어 있다. 1년에 한번 열리는 조직원 정기총회에서 의장과 2명의 부의장, 사무장이 선출되고 수시로 임시총회가 열린다. 사업부 조직원 총회에서 사업부 중앙위원과 주·야간조 연락 책임자, 총무 등 집행단위가 꾸려진다. 의장단은 사무장 산하에 집행단위를 조직하는데 집행위원회는 정책부, 선전부, 신문(노동자의 길) 편집부, 교육부, 조직부, 재정부, 문화부, 연대사업부, 비정규직사업부, 노동보건부, 정치세력화팀, 산별팀으로 구성된다. 의장단(임원)과 사업부 중앙위원, 집행위원들이 1주일에 한번 중앙집행위원회를 개최한다. 정책부, 신문편집부, 노동보건부 등은 부장과 부원들로 주1회 별도 회의를 갖는다. 지부·본부 민투위와는 의장단회의와 전국 민투위 수련회 등으로 만나고, 2년에 한번 본조, 지부, 본부가 선거에 들어가면 선거체계로 전환된다. 타 현장활동가조직들과는 현장제조직 의장단회의를 구성하고 있는데 민투위 의장이 소집권자를 맡고 있다. 지역·전국 연대조직체계로는 지금은 회의체계가 거의 무너졌지만 현대중공업전진하는노동자회(전노회), 미포조선민주노동자회(미포민노회), 울산지역해고자협의회(울해협) 등과 함께 구성했던 울산지역현장조직대표자회의가 있고 기아자동차현장의힘 등과 함께 구성된 전국현장조직대표자회의가 있다.

2) 현장활동가조직의 활동

현장활동가조직은 일상적으로 노동조합 공식체계(집행부, 대의원회, 소위원회)에 진출하여 활동한다. 현장활동가조직과 노동조합의 관계는 많은 점에서 부르주아 민주주의체제에서 정당과 의회, 정부가 맺는 관계와 같다. 즉 현장활동가조직(정당)-대의원회(의회)-집행부(정부)의 관계와 같다고 할 수 있다. 현장활동가조직들은 노동조합 공식체계에서 다수파·집권세력이 되기 위해 일상적으로 각축한다. 노동조합 공식체계내에서 현장활동가조직간의 경쟁은 빈번하게 이루어지며 이런 활동들은 때로는 노-노분열의 양상으로까지 치닫기도 하지만 노동조합 공식활동을 더욱 활발하게 만드는 동력으로 작용한다. 대의원 선거에서 어느 조직이 얼마만큼의 대의원을 배출해내느냐에 따라 다수파와 소수파가 갈린다. 현대자동차 노동조합의 경우 무소속이 거의 없을 정도로 8개 현장활동가조직들이 대의원을 대부분 분점하고 있다. 무소속이라 하더라도 어느 성향 무소속으로 구분되어 전체 현장활동가조직들의 대의원 분포도를 어렵지 않게 알 수 있다. 노동조합 집행부를 배출한 현장활동가조직은 집행부와 일종의 당정협의라 할만한 협력체계를 갖고 집행에 공동책임을 진다. 이 체계는 현장제조직 의장단들과 노동조합 집행부가 갖는 연석회의와는 성격이 다르다. 현장활동가조직은 노동조합 집행부를 일상적으로 비판하고 견제하는 역할을 하지만 노동조합을 중심으로 단결하여 투쟁해야 할 경우 집행부와 협력하여 힘을 모아주기도 한다. 현장활동가조직은 대의원뿐만 아니라 소위원회에서도 새로운 현장활동가를 발굴하는 등의 활동을 벌인다. 노동조합 상급단체의 선거나 중요한 결정을 내려야 하는 민주노총, 산별연맹의 대의원대회에 대해서는 현장활동가조직의 전국적 연대를 통해 개입한다.

현장활동가조직은 노동조합 공식체계에서만이 아니라 독자적으로도 조직활동과 대중활동을 전개한다. 현장대중들은 이제 이러한 현장활동가조직의 활동을 노동조합 공식체계의 활동만큼이나 자연스럽고 일상적인 것으로 받아들이고 있다. 현대자동차 현장활동가조직들은 대부분 공장 바깥에 사무실을 두고 있다. 현대자동차 현장활동가조직 가운데 6개 조직이 인터넷 홈페이지를 운영하고 있고, 5개 현장활동가조직이 격주간으로 신문을 발행하고 있다. 대략 2만여부가 배포되는 현장신문은 보통 광고를 받아 재정을 충당한다. 현장활동가조직들은 사안이 있을 때마다 수시로 유인물과 대·소자보를 발행한다. 그리고 현장활동가조직에서 직접 현장대중을 대상으로 설문조사를 실시하고 그 결과를 분석, 정책자료집을 내기도 한다. 민투위는 98년 고용위기 때 '실질임금 삭감없는 주35시간 노동시간 단축과 주간연속2교대'를 주장하는 대중용 소책자를 발행하고 점심시간 식당 순회 홍보투쟁을 벌이기도 했다. 2002년에는 비정규직 노동자를 대상으로 설문조사를 실시하여 그 결과를 발표했다. 2003년 3월에는 근골격계직업병공동연구단과 공동으로 '현대자동차 노동자들의 노동강도 강화에 따른 근골격계 직업병 실태연구' 보고서를 냈다. 현장활동가조직의 교육활동은 집체교육, 강좌, 소모임학습, 선전선동교실 등으로 진행된다. 그러나 대부분의 현장활동가들이 노동조합 공식체계에서의 활동과 현장활동가조직의 회의만으로도 시간에 쫓길 정도로 바쁘기 때문에 현장활동가조직 차원의 교육과 학습을 안정적으로 진행하기가 어려운 형편이다. 현장활동가조직은 또 일상적으로 출·퇴근 투쟁, 독자 집회, 천막 밤샘농성, 단식농성, 삭발농성 등의 투쟁을 벌이고 있다. 민투위는 현대자동차 노동조합 집행부가 노사공동으로 추진하는 근골격계 직업병 대응을 강도높게 비판하면서 독자적으로 현장대중에 대한 설문조사와 유소견자 검진을 실시하고 비정규직 노동자가 포함된 요양대상자들과 함께 근골격계 집단요양신청투쟁을 벌이는 등 현장활동가조직 독자의 대중투쟁을 강력하게 벌여냈다. 현대자동차 현장제조직 의장단회의에서는 최근 미국의 이라크 침략전쟁과 한국군 파병 반대를 위한 공장 출입문별 1인 시위를 전개하기도 했다.

현장활동가조직들 사이에는 특정 사안을 두고 경쟁과 협력이 빈번하게 이루어진다. 선거연합이 이루어지거나 정책연합이 이루어지기도 하고, 현장활동가조직 전체가 공동투쟁을 위한 연대체를 꾸리기도 한다. 그리고 단위 공장을 넘어서서 지역연대투쟁도 벌여왔다. 울산지역에서는 91년 울산민주노동자협의회(울민노), 95년 울산노동자연대투쟁실천위원회(울연투), 96년 노동법개악저지 및 개정투쟁 울산지역 선봉대(노개투선봉대), 2001년 구조조정박살 노동운동탄압분쇄를 위한 울산지역 연대투쟁실천단(실천단), 2002년 신자유주의분쇄 울산지역 공동투쟁실천연대(공투련)에 이르기까지 현장활동가조직이 지역의 좌파 노동·정치단체와 함께 연대투쟁을 전개해왔다. 2002년 공투련은 울산해고자협의회(울해협), 노동자의 힘, 사회당, 울산노동자연대, 평등연대 등 지역 좌파단체들과 현대자동차 9개 현장활동가조직 전체, 현대중공업 5개 현장활동가조직 연대체인 민주연대, 미포민노회 등 울산지역 현장활동가조직 거의 대부분이 망라되어 발전노조의 38일 파업과 화섬 3사 해고자 복직 및 민주노조 재건·사수 투쟁을 지원했다. 단위 노동조합이 대중투쟁을 제대로 이끌지 못할 때 단위 공장의 현장조직이 나섰듯이, 노동조합의 지역 상급단체가 현안 투쟁들에 대해 연대와 지원투쟁을 제대로 조직하지 못할 때 현장활동가조직과 노동·정치단체들의 지역 연대단위가 공동투쟁에 나섰던 것이다.

현장활동가조직 내부의 분파활동 또한 현장활동가조직에게 일상적이면서도 중요한 활동이라고 할 수 있다. 노동조합 선거를 전후하여 많은 현장활동가조직들이 분열했고, 큰 투쟁을 치르고 나면 어김없다 싶을 정도로 그 투쟁을 주도했던 현장활동가조직 내부가 조직적으로 분리되곤 했다. 그러나 현장활동가조직의 정치적, 조직적 분화가 꼭 부정적인 것만은 아니다. 현장활동가조직운동이 발전할수록 이러한 분화는 필연적이기까지 하다. 그리고 자신의 활동노선을 분명히 하면 할수록 현장활동의 대중적 책임성이 높아지고 현장활동가조직간의 경쟁과 협력 때문에 현장활동이 활성화되는 장점이 있다. 현장활동가조직이 노선적으로 미분화되어 있는 경우에는 내부 분파활동을 강화하면서 노선적 분화를 촉진시킬 필요가 있다. 단, 이때

'차이를 인정한 연대의 정신'에 근거하지 않고 정파적이고 패권적인 방식으로 서로를 갈라치기해서는 곤란하다. 현장활동가조직이 노선적으로 이미 분화되어 있는 경우라면 내부의 분파활동을 조직의 민주성과 통일성을 강화하는 수단으로 활용해야 할 것이다.

5. 현장조직운동의 과제와 전망

현장조직운동은 이제 그 가장 앞선 부분에서 노동자계급의 선진적 일부로서의 활동가일반이 정치적으로 결사하는 활동가정치조직운동으로 전화·발전하는 단계에 접어들었다. 지금 시기 노동자계급정당 건설을 자기 목적으로 활동하고 있는 노동자정치조직들은 이른바 바깥 학생출신 활동가들의 인테리주의적 한계를 벗어나 명실상부한 현장활동가들의 자기조직으로 발전해야 하고, 현장활동가조직은 정치적으로 강화됨으로써 현장정치활동을 목적의식적으로 전개하는 노동자정치조직으로 전환해야 한다. 이렇게 현장활동가조직과 노동자정치조직이 활동가정치조직으로서 하나가 되면, 이 활동가정치조직은 계급적 좌파진영의 혁신과 연대, 현장활동가조직운동 전반의 정치적 재조직화를 통해 노동자계급정당 건설로 전진해야 한다. 활동가정치조직은 또한 현장대중(투쟁)조직의 평의회적 맹아를 싹틔우는 다양한 실천을 통해 아래로부터 노동조합을 넘어서는 현장대중권력을 창출해내고, 그것이 노동자대중의 직접적인 자기권력으로 성장하도록 촉진하고 지원하는 현장대중활동을 전개해야 한다. 이때 활동가정치조직은 평의회적 대중권력이 투쟁하는 노동자대중 스스로의 창조물이고 활동가는 대중의 그 창조력을 촉진하고 조력할 뿐이라는 사실을 인식하고, 스스로 권력화하려는 일체의 경향과 시도를 철저히 경계하고 차단해야 한다. 활동가정치조직은 민주노조운동을 혁신하고 노동조합운동을 계급적·민주적으로 발전시키기 위해 투쟁함과 동시에 현시기 대중투쟁에서 점하고 있는 노동조합운동의 과잉결정권을 바로잡아야 한다. 노동조합만이 정치총파업의 투쟁지도부를 독점하고 있는 왜곡된 현실을 바로잡고 활동가정치조직이 그 투쟁의 지도부로 정당하게 복권되어야 한다.

이상의 내용을 요약하여 현시기 현장조직운동의 과제와 전망을 제시하면 다음 세 가지로 정리할 수 있다. ① 현장활동가조직은 정치적으로 강화되어 활동가정치조직으로서의 노동자계급정당으로 발전되어야 한다. ② 활동가정치조직은 민주노조운동의 혁신과 노동조합운동의 민주적·계급적 발전을 위해 투쟁해야 한다. ③ 활동가정치조직은 대중투쟁이 분출하는 시기에 노동조합을 제치고 등장하는 현장대중투쟁조직과 노동조합의 대리주의적 한계를 넘어 현장의 직접성을 담보하고 있는 일상적 현장대중조직의 평의회적 싹을 풍부하게 키워내야 한다.

6. 나가며—현장정치활동의 과제

정치를 일반적으로 '권력의 획득과 유지를 둘러싸고 벌어지는 제세력의 투쟁과 행동'으로 이해한다면 현장정치란 '현장권력을 둘러싼 노자간 투쟁'에 다름 아닐 것이다. 그렇다면 현장활동가들과 현장조직은 이미 오랫동안 현장정치활동을 전개해왔고 지금도 치열하게 현장정치를 실천하고 있는 셈이 된다.

현장은 자본의 경제적, 정치적, 문화적, 이데올로기적 공세가 체계적이고 집요하게 전개되고, 그에 대한 노동자의 저항이 일상적으로 벌어지는 각축장이다. 자본주의가 존재하는 한 현장에서의 이 투쟁은 사라지지 않을 것이다. 자본에 맞선 현장투쟁은 작업량, 작업방식, 작업조직, 작업속도, 노동강도와 밀도, 근무시간, 근무형태, 작업투입인원 등의 문제를 둘러싸고 일상적으로 벌어지고 있고, 자본의 현장통제전략과 기업문화전략에 맞선 저항도 계속되고 있다. 그런데 문제는 이러한 현장투쟁이 개별 공장과 기업의 울타리 안에 가두어지거나 정규직 노동조합의 이해만을 대변하는 투쟁으로 협소화되는 것에 있다. 이를 극복하기 위해서는 전국적·계급적·정치적 관점에서 현장의 문제를 해석하고, 그러한 관점에서 현장활동을 실천해야 한다. 이렇게 전국적·계급적·정치적 관점에서 현장활동을 수행하는 것이 바로 현장정치활동이다.

현장정치활동은 노동자계급정치로 확장되고 발전된다. 노동자계급정치란 ① 착취와 억압이 없는 새로운 사회를 건설하기 위해 노동자계급의 선진층을 활동가정치조직으로서의 노동자계급정당으로 조직하는 것 ② 부분적으로 분출하는 경제적 방어투쟁들을 정치총파업과 강력한 민중연대투쟁으로 집중하고 결합시켜 자본주의를 넘어서는 또다른 세상의 가능성을 키워가는 대중정치로 활성화시키는 것 ③ 대중을 파편화된 유권자로 대상화시키는 것이 아니라 투쟁하는 계급으로 통일시키고, 이렇게 계급으로서 정치화되고 주체화된 대중이 스스로 국가권력으로까지 상승함으로써 종국에는 국가를 소멸시키는 것을 의미한다.

이제 끝으로, 지금 시기 노동자계급정치를 전면화하기 위한 현장정치활동의 과제를 정리해보자.

첫째, 활동가 정치학습을 체계화하고 획기적으로 강화함으로써 변혁의 상과 전망을 재정립하고, 현장활동가 자신의 운동과 삶의 전망을 새롭게 추스려야 한다. 근래 들어 현장활동가들 대다수가 운동의 전망을 찾지 못하고 활동가로서의 개인 삶의 미래조차 불투명한 상태로 힘겨워하고 있다. 많은 활동가들이 노동조합 대의원 되기, 위원장 되기, 상급단체 임원 되기, 지방선거를 비롯한 정치판의 후보 되기 따위에 자신의 활동 전망을 가두고 있다. 현재의 이 질곡을 뚫고 나가기 위해서는 현장활동가들의 정치학습을 강화하는 것과 더불어 좌파 이론진영과 노동자정치조직이 변혁의 상과 전망을 둘러싼 사상투쟁을 복원하고 이를 노동자계급정당의 강령건설투쟁으로 모아나가야 한다.

둘째, 생산현장에서의 노동자통제권을 강화하기 위한 구체적 대안을 마련하고 투쟁해야 한다. 생산량, 노동강도, 노동시간과 근무형태, 인원, 건강권, 기업문화에 맞선 노동문화에 이르기까지 자본의 전략에 대한 노동의 전략을 세워야 하고, 이를 세부적인 현장투쟁전술로 구체화해야 한다.

셋째, 파업투쟁의 전략과 전술을 풍부하게 해야 한다. 그리고 이 파업투쟁이 선거주의와 의회주의라는 협소한 전망과 조합주의적으로 결합함으로써 '선거는 정당, 투쟁은 노동조합'이라는 양날개로 다시 왜곡되고 분리되는 것이 아니라, 노동자계급정치·총파업정치의 변혁적 전망과 올곧게 결합되도록 해야 한다.

넷째, 현장대중투쟁을 중심으로 선거와 의회전술을 결합시켜야 한다. 지방의회와 지방자치단체에 대한 개입을 통해 현장과 지역을 잇는 '노동자·민중자치'의 다양한 실험과 경험을 축적해야 한다. 학교운영위원회의 활동이 현장정치활동의 중요한 한 부분으로 인식되어야 한다. 현장정치활동은 지역적 수준에서 삶의 다양한 영역에 뿌리를 내림과 동시에 전국적·계급적 수준으로 확장되고 활성화되어야 한다. 총선과 대선은 바로 이를 위한 적극적 계기로 활용되어야 한다.

기로에 선 한국노사관계
─2003년 두산중공업 노동열사투쟁을 중심으로

이종래(경상대, 사회학)

1. 한국노사관계: 제도화인가? 급진화인가?

　한 노동자가 죽었다. 보통사람들이 곤히 잠을 자던 1월 9일 아침 5시가
조금 지나 여느 때처럼 집을 나선 두산중공업의 배달호 노동자는 스스로를
불태우는 분신이라는 극단적인 방법으로 죽었다. 무엇 때문에 자신이 분신
이라는 참혹한 길을 택할 수밖에 없었는지는 그의 유서가 대신 말해주고 있
다.[1]

　힘없는 노동자들의 편에 서서 권력에 의해 자행되는 일상적인 폭력에 저
항하는 것이 노동운동의 근본일 것이다. 하지만 권력 앞에 무기력함을 느끼
는 노동자 개인들이 자신이 가진 마지막 수단으로 분신이라는 극단적인 대
항형태를 택한 사례는 우리 노동운동의 역사에서 그리 낯설지 않다. 노동자
들의 권익을 보호하는 노동조합이 87년 이후 우리사회에서 조금씩 자리를
잡으면서 노동자들의 극단적인 저항은 과거완료형일 뿐이고 새 천년이라는
21세기에는 현재진행형으로 등장하지 않을 것이라고 소시민들은 작은 기대
를 가졌다. 그러나 한 노동자의 죽음이 소시민들의 장밋빛 기대를 물거품으

---

[1] 유서의 자세한 내용은 '두산재벌 노동탄압 규탄 노동열사 고 배달호 동지 분신사망대책
위원회'(이하: 분신대책위, www. antidoosan. or. kr)의 홈페이지를 참조할 것.

로 만들었다.

노동운동의 발전경로를 두고 흔히 몇 개의 유형으로 구분한다.[2] 이 구분에서 핵심은 노동통제의 방식이 배제와 포섭 및 억압과 자율의 기제 중에서 무엇이 우선되는가에 달려 있다. 즉 1987년 이전 국가주도의 경제발전모형에서 파생된 권위주의적 지배의 실체가 노동자들에 대한 배제와 물리적 억압이라고 한다면 87년 이후의 노사관계에서 포섭과 자율의 정도를 어떻게 보는가에 따라 노동운동 및 노사관계에 대한 이해는 다르다.

한국노사관계를 배제적 국가권위주의에서 배제적 시장권위주의[3]로의 이행으로 볼 경우 제도화라는 주제가 핵심으로 된다. 그러나 '1987년 노동체제'에서 '97년 노동체제'로의 전환[4]이라는 문제에 관심을 기울이는 경우 급진화의 가능성을 열어두고 있다는 점에서 차이가 있다. 다시 말해 국가에 의해 자행되던 물리적 억압에 의한 노사관계 조율방식이 시장이라는 기제로 지배의 방식이 전화할 때 노동운동의 위치를 어떻게 규정할 것인지가 문제의 핵심이다.

노동운동 및 노사관계의 제도화 양식에 초점을 두는 경우에는 법, 제도적인 개선과 정비가 일차적 과제로 되면서 이를 위해 사회적 합의모형의 건설이 시

---

[2] 예를 들어 송호근은 노사관계를 정치체제에 대응하여 다음과 같이 특성화하여 유형화하고 있다. ① 다원주의 혹은 자유민주주의: 자율적-개체적 수용, ② 사회적 조합주의: 자율적-제도적 수용, ③ 신보수주의적 다원주의: 자율적-개체적 수용에서 배제의 정도가 강화, ④ 신보수주의적 조합주의: 자율적-제도적 수용에서 배제의 정도가 강화, ⑤ 신보수주의적 위임민주주의: 억압적-개체적 배제에서 노동자의 자율성이 증대, ⑥ 권위주의 I: 억압적-개체적 수용과 배제의 중간형태, ⑦ 국가조합주의 I: 억압적-제도적 수용, ⑧ 권위주의 II: 억압적-개체적 배제, ⑨ 국가조합주의 II: 억압적-제도적 배제(송호근,『열린 시장, 닫힌 정치』, 나남, 1994, 47쪽). 이런 분류방식에 따라 송호근은 한국의 노사관계는 1987년을 기점으로 ⑧의 유형에서 ⑤로 이행하고 있다고 본다. 즉 그에 따르면 1987년 이전 한국의 노사관계는 시장기제적 억압이라는 방식을 사용하여 개별 노동자들을 원자화시키면서 노동자들의 정치적 참여를 배제하는 권위주의체제였다고 한다면, 1987년의 노동자 대투쟁을 계기로 노동자들의 자율성이 증대하고는 있지만 계급갈등을 중재할 제도적 기제가 결여되어 있고 노동자 정치세력화의 부재로 인해 노사관계는 매우 유동적이라는 것이다(같은 책, 139쪽).

[3] 장홍근,「한국 노동체제의 전환과정에 관한 연구, 1987-1997」, 서울대 사회학과 박사학위논문, 1999, 32쪽.

[4] 노중기,「한국의 노동정치체제 변동, 1987-1997년」,『경제와 사회』36호, 1997년 겨울, 128-156쪽.

급한 과제로 된다. 두산중공업 투쟁을 계기로 사회적 관심을 모았던 가압류 및 손해배상청구소송과 관련한 문제가 전형적인 예이다. 서계노동운동사에서도 이런 부류의 사례는 쉽게 볼 수 있다. 노조간부들이 기업에 피해를 입히려는 의도를 가지고 파업이라는 행위를 일으킨다고 가정하면 기업경영진은 노조활동에 대해서 얼마든지 손해배상을 청구할 수 있다는 유권해석에 따라 법원의 판결로 이어진 최초의 사건이 1901년 영국의 태프 베일(Taff Vale) 사건이다.[5] 이 판결로 영국노동운동은 엄청난 시련을 겪게 되면서 1906년 노동쟁의법이라는 노조활동의 보호법률이 만들어진다. 노동쟁의조정법이 가지는 이런 영국적인 의미와는 달리 한국노사관계에서 노동법은 현재 전혀 다른 의미로 사용되고 있다. 즉 노동법은 노조활동을 보호하기 위한 도구가 아니라 세련된 지배의 도구로서 이용되기 때문이다. 그리고 신자유주의 시대라는 현대적 조건에서 백년 전의 사례처럼 사회적 합의를 창출하는 것이 가능하겠는가라는 소박한 반론에 부딪칠 수밖에 없다.

제도화론과 달리 급진화론의 기본전제는 노사관계에 대한 국가개입방식이 형식적으로는 변화하였을지라도 본질적으로는 변화가 없다는 점이다. 그리고 노사관계에서 사회적 합의의 이면에는 권력의 본질인 힘관계가 자리잡고 있다는 사실에 주목한다. 급진화론은 개량적인 합의모형보다 변혁으로 이야기되는 대안사회에 대한 관심이 주요한 내용이다.

제도화론과 급진화론에서 보여지는 주장의 차이는 인식톤적 차이 혹은 단절로까지도 보인다. 그리고 노동운동에 대한 이해라는 측면에서 보면 인식론적 차이는 근본적인 입장의 차이로까지 말해진다. 하지만 구체적 사실에 대한 해명으로부터 출발하면 인식론적 차이는 부차적 주제로 될 수도 있다. 왜냐하면 제도화론도 노사관계는 노동운동진영의 주체적 준비정드에 따라 변화할 수 있다는 사실을 인정하고 있으며, 급진화론 역시 법, 제도적 개선을 투쟁의 성과물로 이해하고 있을 뿐만 아니라, 노동운동적 관점에서 보면 인식론적 차이는 그리 중요한 문제가 되지 않을 수 있기 때문이다. 결론적으로 말해 두산중공업 노동열사투쟁은 노동운동 및 노사관계의 지평을 넓혀주는 계

---

5) Sidney and Beatrice Webb(1920), *The History of Trade Unionism*, 김금수 역, 『영국노동조합운동사』, 형성사, 1990.

기적 사건으로 이해할 수도 있다는 문제의식을 명확히 하는 것이 이 글의 또다른 목적이다.

2. 두산중공업 노동열사투쟁의 진행과정

1) 노동열사투쟁의 배경

2003년 두산중공업 투쟁의 배경은 한 노동차의 죽음으로 촉발된 것으로 보이지만, 실질적 배경은 2000년 12월 12일 두산그룹이 당시 한국중공업을 인수하면서부터 시작된다. 김대중정부의 정책사업이었던 공기업 민영화의 대표적인 성공 사례로까지 거론되었던 두산의 한중 인수는 이후 특혜논란에 휩싸인다. 6) 의혹으로 제기되고 있는 내용 중에서 대표적인 것이 약 5조원 규모의 자산가치를 지닌 것으로 평가되던 구 한국중공업에 대한 낮은 인수가격과 두산그룹의 파행적 기업경영이다.

산업은행과 한국전력이 당시 보유했던 한국중공업의 지분 36%를 3,057억원에 (주)두산과 두산건설이 인수하면서 두산그룹은 경영권을 확보하였다. 하지만 기업 명칭을 두산중공업으로 바꾼 후 중장기적인 경영합리화에 필수적인 기술개발을 위한 연구개발비 투자는 한국중공업 시절보다 오히려 줄어들었다. 2000년 한중시절 매출액의 1.23%가 연구개발비로 투자되었지만 2001년 0.99%, 2002년 9월까지 0.74%로 해가 갈수록 감소하는 추세를 보인다. 기업경영에 필수적인 연구개발비는 줄이면서도 두산중공업은 2001년 12월과 2002년 1월 두 차례에 걸쳐 두산매카텍에 8백억원을 출자한 것을 비롯하여 최근 2년 사이에 계열사나 다른 회사에 2,626억원을 투자한 것으로 밝혀져 두산중공업이 두산그룹의 자금줄 역할을 하는 게 아닌가라는 부당내부거래 의혹까지 나오게 된다.

---

6) 이런 특혜논란의 시비를 가려야 할 공정거래위원회가 오히려 두산을 두둔하는 게 아닌가라는 의혹이 제기되고 있다는 점에서 문제는 더욱 심각하다. 왜냐하면 2002년 4월 현재 두산그룹 박용곤 명예회장의 지분은 0.4%에 불과하지만 내부지분율은 58.44%에 달하고 있는데, 두산그룹은 다른 재벌들과는 반대로 총수 일가의 지분율은 줄곧 낮아지고 있지만 계열사 출자분까지 합한 내부지분율은 더욱 늘어나고 있는 셈이다(『한겨레신문』, 2003. 2. 25. 참조).

2003년 두산중공업 투쟁의 두 번째 이유는 노사관계를 둘러싼 사회적 배경이다. 1997년 노동법 개정 이후 법원의 판결이 보수화와 친자본화의 경향성을 강하게 띠고 있다는 점이다. 신종 노동탄압의 전형으로 이야기되는 손해배상청구소송과 가압류제도가 대표적인 사례이다. 민주노총 소속사업장의 경우 손배, 가압류로 인한 피해는 2003년 1월 22일 기준 50개 사업장, 2천 222억 9천 752만 4천284원으로 집계되고 있다. 그리고 2002년 6월말 38개 사업장 1,253억원이었던 것이 불과 6개월 사이에 1천억원이 증가한 사실을 고려하면 노조활동에 대한 자본의 대응방식이 급격하게 변화하고 있음을 알 수 있다.[7] 게다가 노동쟁의의 수가 1998년부터 증가하고 있고 이에 따라 구속노동자의 수가 증가하고 있으며 부당해고 및 부당노동행위에 대한 구제신청 역시 증가하는 추세[8]라는 사실을 감안하면 손배, 가압류로 인한 노동운동의 피해는 짐작이 갈 만하다.

노동자의 입장에서 법원판결이 매우 보수적일 뿐만 아니라 경우에 따라 부당하다고 비판하는 또다른 이유는 법원의 친자본적 판결 경향이다. 민주노총에서 문제로 제기하고 있는 판결은 다음과 같다. 기업 양도의 경우 고용승계를 인정하지 않은 삼미특수강 사례, 파견노동 기간 경과 후에 정규직화를 하지 않고 계약해지를 한 다음 동일업무에 다른 노동자들을 파견노동으로 사용하는 관행을 인정한 방송사 차량운전 노동자들의 사례, 정리해고를 반대하는 목적의 파업에 대하여 정당성을 부인한 대우자동차 사례, 파업 종료 이후 민사책임을 광범위하게 인정한 발전노조와 두산중공업 사례 등이 대표적이다.[9]

---

7) 비민주노총 소속 사업장의 경우 손배, 가압류로 인한 피해가 2개 사업장에 5억 4천만원에 불과하다는 사실을 고려하면 민주노총 측의 주장은 타당성을 지닌다고 보인다(박강우, 「손배, 가압류 사업장 현황과 문제점」, 『민변・분신대책위 공동주관 토론회 자료집』, 2003).

8) 노동쟁의의 건수는 1997년 78건, 98년 129건, 99년 198건, 2000년 250건, 01년 235건, 02년 9월 현재 264건으로 집계된다(한국노동연구원, 『매월노동동향』, 2002년 11월). 구속노동자 현황은 김영삼정부 시절 총 632명에서 김대중정부에 이르러 2002년 11월 30일 기준 878명으로 증가하고 있다(민주노총, 정책보고서『김대중정부 5년 평가』, 2002. 11). 그리고 노동위원회 발표에 따르면 부당해고 및 부당노동행위 구제신청건수는 1998년 각각 4,465, 988, 99년 4,839, 1,075, 2000년 4,843, 1,285, 01년 6,117, 1,830, 2002년 9월말 기준 4,315, 1,478건으로 급증하고 있다.

2003년 두산중공업 투쟁의 세 번째 이유는 기업수준의 노사관계가 제도화되는 듯하지만 합법주의가 노조활동을 저해하는 요소로 등장하고 있다는 점이다. 노사관계 제도화의 이러한 방침은 2002년 5월 10일 청와대 비서관 회의에서 김대중대통령 스스로가 "불법폭력 노조운동을 용납해서도 안되지만 구속만이 최선이 아니다"라고 말하면서도 "불구속기소나 민사소송 등 여러 가지 방안에 대해 검토해주기 바란다"라고 구체적으로 언급하면서 본격화한다. 사용자측은 노동부의 행정지도나 행정해석을 앞세워 노조파업을 불법이라고 규정하면서 각종 고소고발과 그로 인한 구속수배, 파업참가 노동자에 대한 구속수배, 징계 및 해고 그리고 손배소송과 가압류조치를 합법화한다. 노동자측은 파업권은 헌법이 보장하는 국민기본권이라는 헌법정신을 강조하면서 상위법이 하위법에 우선하는 법률적용의 원칙문제를 거론하지만, 법원의 판결은 노조활동 자체를 원천적으로 막는 효과를 가져왔다. 게다가 필수공익사업장의 경우 합법적 노동쟁의라 하더라도 노동위원회의 직권중재를 받아들이지 않으면 불법파업으로 되는 노동법의 한계를 사용자측이 적극 활용하면서 사용자측은 노사관계에 합법주의의 원칙을 세운다는 주장을 하고 있다. 10)

사용자측의 이런 공세적 이데올로기는 노사관계 제도화의 방식으로 합법주의의 원칙을 앞세우고는 있지만 실행의 근거는 상위법이 아니라 하위법에서만 철저히 찾고 있다는 사실을 우선 주목할 필요가 있다. 노조의 합법적 파업이 법적으로 지극히 제한되는 상황은 1997년 노동법 개정으로 마련되었다. 11) 쟁의행위에 권리쟁의가 포함되지 않음으로써 노동현장에서 분

---

9) 같은 글, 86쪽.
10) 필수공익사업장으로 지정된 직권중재대상사업장의 경우 직권중재에 회부되면 15일간 파업을 못하며 직권중재기간에 파업을 하면 불법파업이 된다. 그리고 15일간의 중재기간에 중앙노동위원회에서는 노사 양측이 자율교섭으로 타결하라고 중재를 붙이지만 안될 경우 중재결정을 한다. 이 중재결정은 단체협약과 똑같은 효력을 가지고 있으며 이 중재결정을 받아들이지 않고 파업을 계속하면 또 불법파업이 된다. 이런 직권중재제도가 악용된 대표적 사업장은 보건의료노조 소속의 병원들이다. 병원측은 직권중재조항을 악용하여 성실하게 교섭하지 않고 버티기만 하다가 직권중재에 회부되면서 노조의 파업을 불법파업으로 유도하여 고소고발, 무노동무임금, 징계, 손해배상청구와 가압류 등 온갖 노동탄압을 해왔다.
11) 1997년 개정이전 노동쟁의의 법적 개념은 제3조인 "임금·근로시간·후생·해고 기타 대우 등 근로조건에 관한 노동관계 당사자간의 주장의 불일치로 인한 분쟁상태"로 정의되어

쟁은 끊이지 않게 되고 불법파업, 업무방해, 명예훼손 등과 같은 법적인 구실에 노조활동이 제약을 받을 수 있게 된다. 게다가 노동위원회는 교섭미진을 이유로 행정지도를 하지만, 이런 노동위원회의 결정은 쟁의행위가 마치 절차를 위반한 것처럼 해석될 여지를 주고 있다. 노동쟁의를 불법으로 규정한 후 사용자는 손배와 가압류라는 전가의 보도를 꺼내든다.[12] 자본측이 주도한 손배나 가압류와 같은 민사소송은 형사법과 달리 아주 신속하게 대응이 이루어진다는 성격을 자본측이 악용하고 있을 뿐만 아니라 거액의 손배 청구 및 가압류는 엄청난 소송비용과 인지대를 수반하기 때문에 노조측은 민사소송으로 대응하기 어렵다는 약점을 활용하고 있는 것이다.

자본측이 의미하는 합법주의는 노조하면 패가망신한다는 의미로 노동자들은 해석할 수밖에 없다. 이와 반대로 노동운동 진영이 말하는 합법주의는 헌법 제33조 제1항인 "근로자는 근로조건의 향상을 위하여 자주적인 단결권, 단체교섭권 및 단체행동권을 가진다"는 규정에 따라 노동 3권의 보장은 국민기본권이라는 헌법정신에 근거한다. 노동자들이 지닌 권리에 대하여 국가가 침해를 할 수도 없을 뿐만 아니라 만약 자본측이 이 권리를 침해하면 국가는 엄격히 규제해야 할 의무를 가지고 있다는 의미로서 노동자들은 합법주의를 이해한다. 결론적으로 말해 노자간에 합법주의에 대한 이해의 엄청난 간극이 존재하고 있다.

2003년 두산중공업 투쟁의 네 번째 배경은 두산그룹의 억압적이고 배제적인 노동통제이다. 한국중공업이 두산그룹으로 인수된 후 두산중공업으로 기

권리쟁의도 노동쟁의에 포함된다고 해석해 왔는데 개정이후 쟁의행위의 개념은 근로조건의 '결정'에 관한 주장의 불일치로 한정되어 해고자 복직·단체협약 이행·부당노동행위 구제 등 기존 권리의 적용과 해석에 관련된 권리쟁의는 쟁의행위가 아닌 것으로 해석되고 있다 (민주노총·민변·민주노동당, 『노동조합 활동에 대한 가압류, 손해배상청구의 제한 등 노동기본권 보장을 위한 청원』 자료집, 2003).
12) 손배와 가압류는 최근에 이르러 노조 자체뿐만 아니라 일반 조합원까지 확대되고 있다. 예를 들어 장은증권의 경우 노조위원장의 부친과 숙부, 조모의 집뿐만 아니라 선산에까지 손배 및 가압류를 하였으며 동광주병원은 조합원의 가족인 보증인 47명의 부동산에 대해 14억원의 가압류를 하였다. 더욱 심한 경우는 회사퇴직 이후에도 손배, 가압류를 지속하기도 한다. SBS 스포츠채널의 경우 정리해고자 30여명에게 4억 6천만원씩의 가압류를 취하고 있다(민변·분신대책위, 『신종 노동탄압 손배, 가압류로 인한 노동기본권 제약의 문제점과 개선방안』 자료집, 2003년 1월 24일, 7쪽).

업명칭이 바뀌었고 인수 3개월만에 혹독한 구조조정을 거쳤다. 13) 종업원의 약 14%에 해당한 1,124명이 명예퇴직의 형식으로 퇴사하였는데, 이런 사태는 노동자들에게 정리해고의 단행으로 보일 수밖에 없다. 이런 정리해고의 과정에서 두산중공업 관리직 노조가 설립되었다. 구 한국중공업 시절 노조와 반목하였던 관리자들이 중심이 되어 노조를 설립한 사실은 당시의 구조조정 압력이 생산직보다 사무관리직에 집중되었다는 사실을 반증한다. 14) 그리고 경영진은 소사장제의 도입을 요구하고 나서면서 생산직에 대한 구조조정을 시작하려고 하였지만 노조의 강력한 반대로 한발 물러서는 자세를 보이는 듯하다가 2002년 단체교섭에서 단체협약 일방해지라는 초유의 사태를 가져왔다. 15)

2002년 단체협약이 일방적으로 해지된 상태에서 두산중공업 지회는 47일간 파업을 벌여나갔다. 하지만 이 파업을 두고 불법과 합법이라는 법리논쟁이 노사간에 치열하게 전개되는데, 결과는 노조측이 일방적으로 피해를 보는 상황으로 전개된다. 즉 47일간의 파업이후 두산중공업 지회는 노조간부 89명 징계해고, 167명 고소고발, 22명 체포영장발부, 5명 구속 및 6명 수배, 보석 4명, 불구속 6명의 피해를 입었다. 16) 정부에 의해 물리적인 인신

---

13) 한국의 대표적 대기업인 두산중공업의 노동조건은 다른 기업에 비해 상대적으로 양호한 것으로 보인다. 2002년 기준 조합원 수 4,176명, 통상임금 기준 700%의 상여금을 포함한 평균임금 2,598,498원, 종업원 평균 근속연수 12.7년, 평균 나이 38.6세, 주당 노동시간 42시간, 유급휴일일수 27일, 휴가비 400,000원, 학자금 보조(유치원 매월 20,000원, 중·고등학교 100%보조, 4년제 대학 첫째 90% 둘째와 셋째 70%), 명절귀성비 200,000원, 정년 57세이다.

14) 두산중공업 경영진은 과도한 명예퇴직으로 인원이 부족해지자 명예퇴직자들을 이전 급여의 절반 수준으로 다시 채용하기도 하였다. 이 과정에서 힘이 없는 식당의 노동자들을 강제로 명예퇴직시키고 다시 파견 업체를 통해 그전보다 훨씬 낮은 임금으로 같은 일을 시킨다던가, 운전직 노동자 14명을 강제로 퇴직시킨 후 그 중 10명을 다시 외주 업체에 채용시켜 2/3의 낮은 임금 수준으로 같은 일을 시키는 등 노동자들의 권리 침해가 다반사로 일어났다.

15) 두산중공업 사용자가 일방적으로 단협을 해지한 배경에는 산별노조인 금속노조가 주관하는 집단교섭에 불응하는 것이 일차적 목적으로 되었기 때문이다. 금속노조에 대한 혐오에 가까운 사용자측의 배제논리는 이후 분신사망 사건으로 벌어진 각종 교섭에서도 그대로 표면화되었고 사용자측의 '불온세력' 운운하는 주장도 이러한 인식에 근거한다.

16) 두중지회, 『두중지회 속보(2003. 1. 9.-3. 17)』, 7호. 두산중공업의 이런 대량 징계해고는 이미 예견되어 있었다. 왜냐하면 2002년 2월 26일 발전노조 연대파업과 관련하여 201

구속이라는 방법이 사용되는 와중에 파업이후 두산중공업 경영진은 파업기간 동안 파업참여자와 불참자를 구분하여 차등적인 임금지급을 하는 것과 같은 부당노동행위마저 저지른다. 노조의 입장에서 활동한 조합원들이 일방적으로 피해를 입으면서 현장활동은 위축되고 노조활동은 무력화되어져 두중지회 노조의 조직활동이 이후 마비되는 지경에까지 이르게 된다. 게다가 두산중공업 경영진은 2002년부터 2004년까지 '신노사문화 정립계획'이라는 노조무력화 3단계 전략을 수립[17]하여 현장통제를 강화하는 활동을 펼쳐왔다. 이런 상황에서 소사장제 도입을 통한 생산직 구조조정이 일어날 가능성은 항상적으로 존재하였다. 노동자의 입장에서 출구가 보이지 않는 위기상태에서 배달호 조합원의 분신자살이 발생한다.

2) 노동열사투쟁의 경과

2003년 두산중공업 투쟁은 1월 9일 배달호 씨의 분신사망으로 시작되어 3월 12일 권기홍 노동부장관의 중재로 타결될 때까지 지속되었다. 두 달 이상이나 걸린 이 투쟁을 단계별로 구분하여 보는 것이 평가를 용이하게 만든다. 즉 두산중공업 투쟁을 3단계의 국면으로 우선 재구성한다.[18] 1월 9일부터 2월 초까지의 1단계는 돌발적인 사건이 발생하면서 시작된 투쟁준비기라고 하면 2월 초부터 2월 24일까지의 2단계는 투쟁과 교섭이 병행되면서

명 조합원 징계, 총 78억원의 손해배상 청구 및 가압류가 이미 이루어졌기 때문이다.
17) 2003년 2월 12일 분신대책위가 공개한 기업측의 '신노사문화 정립계획'이라는 문건에 따르면 2002년 '조합활동가 밀착관리', 2003년 '조합원과 비조합원 차등관리', 2004년 '우호 합리적 집행부 건설'이라는 목표를 세워두고 실행방안으로 의식개혁 활동, 오피니언 리더 밀착관리, 건전세력 육성방안, 사업본부(Business Group)별 책임노무관리 제도운용 방안, 사내 동아리 활성화, 계파활동 차단, 현장관리자 위상강화, 차등관리 방안 등을 제시하고 있다(분신대책위, 『노동열사 고 배달호 동지 분신사망 투쟁보고 및 평가회』 자료집, 2003).
18) 투쟁과정의 분석에 대한 글은 일차적으로 분신대책위의 내부평가 자료에 근거하였다. 하지만 투쟁시기의 국면구분에 대해 평가서 원안과 지역시민사회단체들이 참여한 투쟁보고 및 평가회에서 발표된 안은 차이가 있다. 원안의 4단계(1단계: 1월 9일-2월 2일 설까지, 2단계: 2월 3일-2월 24일, 3단계: 2월 25일-3월 초, 4단계: 3월 초-3월 12일)로 구분되지만 평가회 발표안은 3단계(1단계: 1월 9일-1월말 설날 전까지, 2단계: 2월 초-2월 24일, 3단계: 2월 25일-3월 12일)로 구분하고 있다. 이 글은 평가회 안을 기준으로 하여 국면을 구분하는데, 그 이유는 원안처럼 3단계와 4단계를 시기적으로 구분하기가 어려울 뿐만 아니라 구분시기가 너무 짧기 때문이다. 그리고 국면별 명칭은 필자가 붙였다.

노동운동의 공세가 시작되는 시기이다. 마지막으로 2월 25일부터 3월 12일까지의 3단계는 투쟁이 종결되는 타결기이다.

(1) 투쟁준비기: 1월 9일-2월 초까지

이 시기는 출발에서 전국화에 이르기까지의 투쟁준비기이다. 그리고 분신대책위가 결성되면서 노동운동 진영의 총역량을 결집하려고 시도된 시기이다. 특히 노동운동진영은 시신사수투쟁을 중심으로 배치하면서 회사측에 대해 초반 기선제압의 효과를 누렸으며, 이것은 장기투쟁을 유지할 수 있는 토대를 마련하였다.[19]

민주노총을 중심으로 하여 노동운동 진영은 1월 10일 분신대책위를 즉각 구성하면서 시신 사수투쟁을 벌인다. 투쟁 초반에 시신사수라는 완강한 저지선을 전략적으로 펼치면서 노동운동 진영 내부적으로는 전선의 긴장감을 창출할 수 있었다. 대외적으로 노동운동 진영은 시신반출불가라는 단호한 입장을 표명함으로써 투쟁을 전국화할 수 있었다. 결과적으로 이 투쟁은 전국적으로 유례가 없는 현장부검이라는 선례를 만들었다는 점에서 성과를 거둔다. 그러나 투쟁의 전국화는 사실상 금속노조를 중심축으로 형성되었지만 민주노총의 낮은 결합정도가 투쟁의 전기간 동안 문제로 제기된다. 즉 164개의 지회가 소속된 금속노조(2002년 12월 말 기준)가 2003년 1월 13일 두산중공업에서 금속노조 지회장 결의대회를 개최하였을 때 약 180여명이 참석[20]한 사실이 보여주듯이 금속노조의 투쟁참여는 인상적이지만 민주노총의 다른 연맹의 결합력은 지속적으로 낮았다는 점이다. 금속노조의 간부 활동가들이 투쟁의 중심역량으로 구축되면서 전국적인 차원의 투쟁을 보다 확장시켜 나갈 수 있는 토대가 마련되었음에도 불구하고, 다른 연맹의 참여가 너무나 낮아 노동운동 진영이 이 투쟁을 주도하기에는 한계가 있었다.

---

19) 이 시기에는 무엇보다 숨진 배달호씨의 부인인 황길영씨의 역할과 결정이 돋보였다. 유족이 초지일관 투쟁에 동의하여 주었을 뿐만 아니라, 현장에서 끝까지 결합하는 모습을 보여주어 노동운동 진영은 투쟁 초기부터 도덕적인 정당성을 확보할 수 있었다. 그리고 직계유족인 부인은 시댁의 이간질에도 꿋꿋하게 견뎌내며 전투쟁기간 동안 분신대책위가 어려운 문제를 해결하는 데 결정적인 역할을 하였다.
20) 분신대책위, 『노동열사 고 배달호 동지 분신사망 투쟁보고 및 평가회』 자료집, 12쪽.

게다가 분신대책위를 급박하게 구성하는 과정에서 대책위의 의사결정구조와 대책위 집행위원회의 구성원이 혼재하는 문제가 투쟁의 전과정에서 제기되었지만 해결되지 못하면서 이후 조직적 난맥상으로 나타난다. 대책위의 위상과 역할을 보다 명확하게 하지 못함으로써 중앙과 지역, 지역과 대책위, 대책위와 지회의 위상설정에 혼선을 빚게 되는데, 이것은 객관적 조건과 주체적 역량의 불일치에서 파생되어 구조적 한계로까지 된다. 쉽게 말해 민주노총의 사업 관장력이 미미한 가운데 다른 연맹의 참여가 저조해지면서 중앙과 지역의 위상이 애매해졌고, 결과적으로 지역의 다른 연맹조직들의 결합도 기대하기 어렵게 된다. 그리고 지역사회의 시민사회단체들이 대책위에 공동대표로 형식적으로만 참여하여 그 실질적 내용을 기대하기 어려워지면서 모든 부담은 분신대책위로 떠넘겨지는 상황이 발생하였다. 분신대책위로 과부하가 걸리면서도 두산중공업 지회노조와 대책위의 관계설정이 제대로 되지 않아 문제는 더욱 복잡하게 된다.[21] 그리고 분신대책위 집행위가 실무자와 대표자의 결합이라는 절충적인 형태로 구성되면서 회의를 진행하는 가운데, 의사결정구조는 그 내용성을 채우지 못하고 형해화하는 현상이 나타나기 시작하였다. 바로 이런 구조적 문제는 이후 투쟁의 중요시기에 의사결정의 혼선으로 나타난다.

이런 어려움에도 불구하고 분신대책위는 2월 1일 설을 기점으로 두산재벌에 대한 불매운동을 시작하는데, 이 시기의 투쟁은 실제적으로는 두산재벌에 대한 이미지 타격에 집중하였다. 불매운동의 구체적인 성과(매출대비)는 실제적인 측정이 불가능하다는 점에서 두산재벌의 이미지를 타격하는 정도로 의미가 부여될 수밖에 없다. 설 명절을 맞이하여 불매운동을 집중했던 경남대책위의 활동은 지역사회의 여론환기에는 영향을 주었고 이후 사이버공간에서의 불매운동으로 나아가는 기점을 마련하였지만, 실제 각 지역에서 지속되었던 KFC매장 앞에서의 불매운동을 분신대책위의 성과로

---

21) 투쟁 전과정 동안 김창근 금속노조위원장이 분신대책위 집행위원강과 교섭단 대표자격으로 활동하였다. 즉 금속노조위원장이 교섭권을 행사하는 형식은 갖췄지만, 지회가 본조로 파업권의 이양을 거부하면서 대책위 결정사항은 집행력에 한계를 가지게 된다. 즉 대책위에서 급박하게 결정한 사항이 지회의 상집회의와 대의원회의를 거쳐야 집행되는 모순적인 상황이 연출된다.

모아나가지는 못하였다.

마지막으로 1단계 투쟁준비기에 인상적인 대목은 2월 1일 설을 맞이하면서 1월 31일-2월 4일 사이에 빈소 지킴이들이 벌인 자발적 참여와 활동이다. 새 정부 출범을 목전에 두고 있었다고 하더라도 공권력 투입가능성이 존재하는 상황에서 마산, 창원과 부산 그리고 인근지역의 노동자, 시민, 학생들 약 70여명이 명절기간 동안 빈소를 지켜내었다. 학생운동의 종말이 공언되는 시대에 몇몇 학생들의 자발적 참여는 대책위활동을 하던 활동가들에게 사회운동의 미래에 대해 많은 인상을 남기는 사건이었다.

(2) 노동운동 진영의 공세: 2월 초-2월 24일

노동운동 진영의 공세는 본디 1월 23일 지역방송사가 주최한 생방송토론회 자리에서 두산중공업 경영진의 노무관리문건을 공개하면서 회사측이 주장하는 합법주의의 실체를 폭로하면서 시작되었다. 하지만 노동부 특별조사가 이루어지는 시기에 펼쳐진 이런 총체적인 폭로전은 준비된 투쟁전술이라기보다 주어진 계기를 충실하게 활용한 전술로 평가된다.

설 연휴를 마치고 분신대책위는 사측의 부당노동행위를 현장에서부터 광범위하게 입수하여 2월 12일 기자회견을 열었는데, 이 날 공개된 문건들은 대기업에 의한 노조파괴공작이 물증으로 처음으로 드러났다는 점과 함께 일그러질대로 일그러진 노사관계의 전형을 보여 주고 있다. '신노사 정립계획'이라는 문건에는 노조대의원과 조합활동가 백명을 포섭하기 위해 1인당 50만원씩의 포섭비용을 책정했을 뿐만 아니라 개인적 성향에 따라 온건, 조합추종, 강성, 초강성, 합리적 인물로 분류하고 있다. 2002년 4월 노무팀에서 작성한 것으로 보이는 '차등관리방안'이라는 문건에는 파업참가자에게 잔업·특근을 통제하고, 기피업무로 배치전환하고, 인원정리시 불이익을 부여하고, 연수 등 각종혜택에서 배제한다는 내용이 담겨 있다. 특히 한 회사간부의 수첩에는 '구제불능'으로 분류된 강성 조합원은 주차위반이나 안전장구 미착용 같은 사소한 일까지 체크하고, 경조사에 출장금지를 유도하고, 친척을 찾아내 설득한다는 메모까지 있다. 또한 회사간부 수첩에는 2002년 10월 과장급 관리자들이 점심시간이나 퇴근 뒤에 조합원들을 만나 선무활동을 펼친 것으로 보인다. 회사쪽은 조합원 개인별 성향을 금전·의

리·가족등의 파업동기에 따라 5가지인 'S'(회사에 매우 우호적), 'A+'(회사에 우호적인 편), 'A0'(중간에서 동요하는 부류), 'A-'(노조에 우호적), 'T/M'(노조에 매우 우호적)으로 분류했다. 하지만 이런 문건이 발견되기도 전에 현장에서 이미 S는 '싸가지 있는 조합원', A는 '아리까리한 조합원', T/M은 '튀는 조합원'이라는 말이 돌고 있었다는 사실에 주목할 필요가 있다(『한겨레 신문』, 2003. 2. 20).

두산중공업 사용자에 의한 블랙리스트 작성은 탈법적인 노동통제가 현장에서 진행되고 있다는 증거로 되지만, 두산중공업 지회의 무너진 현장조직력의 단면을 보여준다. 노동부 특별조사가 진행되는 동안 분신대책위가 불법적인 문건을 폭로하여 노동운동 진영은 공세적 분위기를 만드는 데 성공한다. 2002년 기준 4,176명의 조합원을 거느린 두산중공업 지회는 이 기간 동안 두중 현장에서 열린 중식집회에 600-700명이 참석한 것이 최대의 조직 동원이었다. 2000년 두산그룹으로 인수된 후 두산중공업 지회의 현장조직력이 얼마나 파괴되었는지를 단적으로 보여주고 있다.

두산중공업 자체의 현장조직력이 살아나지 않으면서 분신대책위 혼자의 힘으로 투쟁을 전개하는 데 한계가 나타난다. 협상전술 사용의 필요성이 제기되기 시작하였지만 두산중공업 경영진의 양보불가 및 합법주의 고수라는 초강경 거부에 부딪치면서 협상은 전혀 진척이 없이 답보만 계속하게 된다. 이 과정에서 분신대책위의 협상창구가 복잡해지게 되어 내부혼선을 빚게 되었고, 이 혼선은 2월 22일 노동부 중재단이 내놓은 노동부 중재안에 대한 결정에서 극에 달하게 된다.

노동부 중재단은 분신대책위 집행위원장이자 협상대표인 김창근 금속노조 위원장과 협상위원인 김춘백 금속노조 경남1 지부장을 수배자라는 이유로 중재협상에서 배제하려는 의도를 공공연히 표명하였다. 하지만 분신대책위는 교섭대표를 배제한 그 누구와도 협상은 불가능하다는 원칙을 지키면서 이런 의도를 차단하였다. 이후 노동부 중재안[22] 이 언론에 일방적으로

---

22) 노동부중재안의 내용은 다음과 같다: 1) 개인가압류는 장례직후 소급하여 해제한다. 2) 조합비 가압류는 장례 이후부터 조합비 해당 부분의 40%에 대해서만 적용한다. 3) 해고자 복직 및 징계문제는 노동위원회 및 법원의 결정에 따른다. 4) 파업기간(02. 5. 22-7.7)

발표됨으로써 대책위 내부에서 일부 동요가 있었으나 조건부 거부라는 결정을 내린다. 분신대책위가 조건부 거부 결정을 내리게 된 주요 이유는 첫째, 개인가압류는 해제한다고 하지만 손배에 대한 언급이 없어 사실상 무용지물인 점, 둘째, 해고자 복직 및 징계문제에 대해 회사측이 확답을 회피하고 있는 점, 셋째, 투쟁기간 중에 일어난 각종 고소, 고발에 언급이 전혀 없는 점이다. 분신대책위의 이런 결정은 새 정부 출범을 앞둔 시점에서 노동부를 곤혹스럽게 만들었고 향후 협상에서 중재안을 기준점으로 활용할 수 있는 근거를 마련하였다.

3) 투쟁의 타결: 2월 25일-3월 12일

노동부 중재안이 무산된 후 새 정부 출범일인 2월 25일 두산중공업 정문에서 분신대책위의 소속 조합원들과 경비들이 물리적으로 충돌하는 사태가 발생하였다. 하지만 이 날의 충돌은 이미 예견되어 있었다는 점에서 유의 깊게 볼 필요가 있다. 1월 14일과 29일 조문객들을 막으면서 이미 충돌이 있었을 뿐만 아니라, 이른바 용역경비회사의 실체를 두고 노사의 충돌은 피하기가 어려웠기 때문이다. 두산중공업 경비업체 중의 하나인 '시크리트 서비스'의 경우 광고명함에 노조진압이라는 문구를 버젓이 인쇄하여 무단 배포한(『경남신문』, 2003. 2. 26.) 사실을 고려하면 파업파괴 행위에 노조가 자위권을 행사하였다고 볼 수도 있다. 즉 노동법의 제3자 개입금지조항을 금과옥조처럼 여기는 정부가 보기에도 두산중공업 사태를 더 이상 방치하기에는 부담스러운 형국이 만들어진 것이다. 그러나 두산중공업 사용자는 이 시기에 휴업과 같은 특단의 조치를 취한다고 언명하면서 대책위에 노동부 중재안을 수용하지 않으면 협상은 거부한다는 입장을 공공연하게 표명하였다. 다시 말해 회사측은 자신들이 주장하는 합법주의의 원칙을 끝까지 고수한다는 초강경 밀어붙이기 카드를 던진 셈이다.

중 무결처리로 인한 순손실 분의 50%는 조합원의 생계비 보전 차원에서 지원한다. 5) 권고 수용 후 즉시 제반 장례절차를 진행한다. 6) 사택 및 식당 관련 문제는 노사간에 별도로 협의한다. 7) 향후 회사는 부당노동행위를, 노조는 불법쟁의행위를 하지 않음으로써 협력적 노사관계 조성에 총력을 경주한다(분신대책위, 『노동열사 고 배달호 동지 분신사망 투쟁보고 및 평가회』 자료집, 9쪽).

자본측의 이런 공세에 노동운동 진영 역시 마지막 투쟁을 위한 전술을 만들어야 했는데, 이것은 이른바 '1000인 결사대' 투쟁으로 기획된다. 일천 결사대는 2월 28일 금속연맹 중앙집행위원회에서 결정되었는데, 이 결정은 이후 두산중공업 사용자가 2월 25일의 충돌 상황과 일천 결사대를 연관지어 휴업압력을 넣으면서 더욱 크게 부각되었다. 일천 결사대는 3월 12일부터 14일까지 2박 3일간 두산중공업에 머무르면서 두산중공업 사태의 해결을 새 정부에 촉구하기 위한 전술로 볼 수 있으며, 두산중공업 경영진이 휴업을 하면 휴업이후에 일천 결사대가 다시 두산중공업 현장으로 들어간다는 옥쇄 전술의 성격도 가지고 있었다. 그리고 때마침 금속연맹 일천 결사대 투쟁이 시작되는 12일과 경남지부의 지역파업이 계획된 13일은 신임 노무현대통령이 진해를 방문하기로 계획되어 있었기에 새 정부에게 일천 결사대투쟁은 부담으로 작용할 수 있었다. 3월 10일 권기홍 노동부장관이 직접 중재협상에 나서게 된 원인도 바로 이런 정치적 우려가 계산된 것으로 보인다. 3월 10일 저녁 노동부 장관이 노사양측에 중재를 시작하고 11일부터 12일 오전 7시까지 철야 협상을 거쳐 두산중공업 노동열사투쟁은 종결된다.[23]

3. 두산중공업 투쟁의 평가와 함의

한 노동자가 스스로를 불태우면서 폭로한 노동현장의 참혹한 현실을 있

---

23) 두산중공업 노사가 합의한 내용은 다음과 같다: 1) 회사는 개인손배·가압류는 장례후 7일이내에 소급하여 전부 취하한다. 2) 조합비 가압류는 합의후 조합비 해당부분의 40%에 대해서만 적용한다. 3) 회사는 분신사망 등 일련의 사태에 대한 유감표명 및 재발방지를 내용으로 하는 사장명의의 담화문을 발표한다. 4) 회사는 노사문화팀, 3G별 노무팀의 업무성격을 명확히하고 부당노동행위에 해당하는 업무를 지시하거나 시행하지 않는다. 5) 회사는 해고자복직 및 징계문제에 대하여 전향적으로 검토하고 해고자 중 5명(HSD엔진 2명 포함)을 복직시키며, 나머지 인원에 대해서는 추후 지속적으로 협의한다. 6) 회사는 파업기간(02. 5. 22-7. 7) 중 무결처리로 인한 순손실분의 50%를 지급한다. 7) 2003년 1월9일 이후 발생한 사안에 대하여 회사는 조합원에 대한 사규적용을 하지 않으며 2003년1월9일 이후 노사양측 및 관련 당사자가 제기한 진정, 고소, 고발 등 일체의 민형사상의 다툼은 이를 취하한다. 8) 이 합의후 즉시 제반 장례 절차를 진행하며 이상의 모든 합의는 장례후 7일 이내에 이행한다. 9) 명예회복 차원에서 고 배달호 조합원에 대한 징계는 철회하고 장례절차 및 유족 관련 사항은 별도로 협의한다. 10) 기타 현안사항은 추후 별도로 협의한다.

는 그대로 보여준 것이 2003년 두산중공업 노동열사투쟁이다. 하지만 이 투쟁을 지켜본 노사관계 연구자라면 누구나 한국노사관계의 현주소가 도대체 어디인가라는 의문이 들것이다. 한국노사관계에서 노사간의 신뢰가 과연 존재하는가라는 의문을 넘어 오히려 너무나 철저한 불신관계가 양측에 도사리고 있음을 쉽게 볼 수 있다. 협조와 타협이 존재하는 동반적인 노사관계가 아니라 마치 내전을 치르는 것 같은 '전쟁상태'24) 에 노사관계가 놓여 있다는 생각마저 든다. 노조를 불법 폭력세력이라고 선동하는 사용자에 대응하여 노조는 사용자가 저지른 불법적이고 탈법적인 노조탄압의 사례를 하나씩 밝혀내야만이 조금이라도 양보를 얻을 수 있는 현실을 너무 극단적인 사례라고 말하기는 어렵다. 즉 2003년 두산중공업 투쟁을 제대로 평가하기 위해서는 노동현실에 대한 이해가 요구되는 것도 이 때문이다. 이런 맥락에서 우선 두산중공업 투쟁을 평가할 필요가 있다.

첫째, 두산중공업 투쟁은 손배와 가압류 문제의 심각성을 사회화하였다는 점이다. 가압류제도와 손배 청구소송의 제한이 필요하고, 이를 위해 노동법개정이 필요하다는 사회적 공감대를 형성한 것은 한 노동자의 죽음이 가져온 소중한 성과이다. 이런 성과적 측면과 달리 두산중공업 투쟁 동안 사용자는 총 4건의 가처분 신청25) 을 하였다. 즉 자본측이 주장하는 합법주의는 최하위 법률의 적용을 '법대로'라고 여전히 주장하고 있다. 자본측의 이러한 대응방식은 질서의 준수가 기본으로 되는 법치주의의 필요성을 인정하는 사회적 여론을 악용하고 있는 셈이다. 그러나 자본측의 이런 주장이 적어도 도덕성을 가지려면 블랙리스트와 용역경비업체 건에서 나타나는 완전히 불법적인 행태에 대한 법적 처벌이 선행되는 것이 법치주의의 근본일 것이다. 다시 말해 정부는 자본측이 가지고 있는 노동배제적인 노사관을 언

---

24) T. H. Marshall, *Citizenship and Social Class* (Cambridge, 1950).

25) 2월 6일 숨진 노동자의 모친과 일부 유족이 대책위를 상대로 '장례절차 방해 등 금지 가처분'을 신청하였으나 17일 취하했다가 다음날 모친과 남동생 명의로 똑같은 가처분 신청을 냈다. 당시 일부 유족을 앞세운 이런 가처분신청의 이면에 회사가 영향력을 행사하고 있다는 의혹이 제기되었다. 두산중공업 사용자는 2월 6일 분신대책위 집행위원장과 두중지회를 상대로 '시신퇴거와 업무방해 가처분'을 신청하였고 같은 달 14일 분신대책위의 활동가 4인에 대하여 '회사출입금지 가처분'신청을 하였다(『두중지회 속보』, 2003. 2. 24).

제까지 방관만 할 수 있을 건가라는 여론에 압력을 느낄 수 있도록 노동운동이 앞으로 어떻게 조직하고 투쟁할지가 결정적으로 주요할 것이다.

둘째, 두산중공업 사태에서 누가 노사자율교섭을 저해하는 당사자인지가 드러났다. 한국노사관계에서 노조들이 자율적으로 산별조직체계로 전환하고 있는데도 불구하고 자본가 단체와 기업은 산별교섭을 부정하고 있다. 다시 말해 민주노총 소속 16개 산별 조직 중에서 8개 조직이 이미 산별노조로 전환하였고, 전체 조합원의 41%가 산별 혹은 업종별 단일노조 조합원으로 편입되어 있다. 사무금융연맹, 금속산업연맹, 화학섬유연맹이 산별노조전환을 구체적으로 추진하고 있기 때문에 2003-2004년 기간에 조합원 80% 이상이 산별노조로 편입될 전망이다. 노조가 스스로 조직을 전환하고 있는 상황임에도 불구하고 자본측은 산별교섭 그 자체를 부정하고 있다.[26] 게다가 두산중공업 사태에서 보았듯이 노동부와 노동위원회가 남발하는 행정지침과 행정지도가 한국노사관계에서 노사자율교섭을 위협하는 요인으로 볼 수 있다.

셋째, 정치권의 적극적 개입 없이 노사정위는 제대로 구성되기 어렵다는 점이다. 노사자율교섭의 원칙을 지키면서도 대립적 노사관계를 협조적 노사관계로 바꾸는 노력을 정부와 정치권에서 전개하도록 노동운동 진영이 압력을 행사해야 할 것이다. 산업평화가 국가경제 발전에 도움이 된다면 정부와 정치권이 적극적으로 나서는 것이 순리이고, 이를 위해 1938년 스웨덴에서 노사헌장의 형식으로 채택된 살췌바덴 협약과 같은 사회적 협약은 반드시 필요할 것이다. 신임 노동부장관이 희망사항으로 밝혔듯이 사회통합적 노사관계가 정립되기 위하여는 우선 노사간에 기본적인 규칙이라도 제대로 세워야 한다는 점이다. 이런 노력이 가시화될 때 노사정위에 대한 노동자들의 불신감을 최소한 줄일 수는 있을 것이다.

---

26) 예를 들어 경총 '2003년 단체협약 체결 지침'에 노사교섭에 대한 조언으로 다음과 같은 내용이 들어가 있다. △ 불법 쟁의행위에 대해서는 경중을 가려 징계 처분하고, 민사상 가처분제도나 손해배상청구제도를 활용하라. 불법 쟁의가 끝난 뒤의 면책합의는 응하지 말라. △ 산별노조에 대해 반대입장을 지켜라. 노동계의 산별교섭 요구에 대해서는 해당 업종별 단체와 기업 사이의 연계체계를 구축해야 한다. △ 노동시간 단축 요구와 관련해 경조휴가, 여름 특별휴가 등을 축소하고 연월차휴가로 대체하는 방식으로 대응하라.

넷째, 민영화 이후 억압적인 노동통제가 계속되면서 두산중공업 지회의 조직역량이 거의 파괴되었고, 이런 현상은 두산중공업 지회에 한정되지 않고 대기업 노조의 전반적 상황을 반영하고 있다. 두산중공업의 경우 이미 산별전환을 한 노조인데도 불구하고 투쟁동력을 회복하지 못하기 때문에 산별노조전환 무용론이 나올 수도 있을 것이다. 그러나 대기업 노조는 기업별노조체계로 운용하더라도 별 문제없이 조직운영을 할 수 있다는 허상이 완전히 드러난 것이 2003년 두산중공업 투쟁이다. 그나마 산별노조로 전환하였기에 분신대책위의 집행력을 금속노조가 담보할 수 있었다는 사실을 간과하면 곤란하다.

마지막으로 노조의 조직전환논란 이전에 자본측의 억압적 노동통제가 조직적으로 진행되면 개별노조가 이를 감당하는 것이 불가능하다는 현실인식이 필요할 것이다. 총자본에 의해 기도되는 노조무력화를 봉쇄하기 위한 총노동의 대응모형이 2003년 두산중공업 투쟁에서 실험되었다고 볼 수 있다. 이 실험은 한국노사관계를 위기에 빠뜨리려는 불순한 의도를 사회적으로 차단할 수 있는 가능성을 보여준 선례로 높이 평가해야 한다.

신자유주의 반대투쟁과 불안정노동 철폐투쟁

김혜진(전국불안정노동철폐연대)

1. 이 글의 취지

2000년 이후 장애, 여성, 이주, 실업, 비정규직 노동자 등 그동안 투쟁과정에서 잘 보이지 않던 주체들이 한꺼번에 투쟁에 나서기 시작하면서 불안정노동자들에 대한 사회적 관심이 높아졌다. 그러나 불안정노동자에 대해 여전히 "사회에서 소외된 노동자, 약한 노동자, 주변부 노동자"라는 시각이 지배적이다. 그렇지만 신자유주의 시대에 노동의 불안정화는 전반적인 현상이기에 아무도 이에서 자유로울 수 없다. 이런 점에서 불안정노동 철폐투쟁은 장애, 여성, 이주, 실업 노동자 등 일부 노동자들의 투쟁으로서가 아니라, 전체 변혁운동 안에서 새롭게 조망되고 조직되어야 할 주체들이다. 이 글에서는 불안정노동자들이 노동시장에서 어떤 위치를 차지하고 있는지 점검해보고, 불안정노동철폐투쟁이 신자유주의 반대투쟁에서 어떤 의미를 갖는지 이야기하고자 한다.

2. 상대적 과잉인구에 대한 맑스의 고찰

맑스는 비정규, 실업, 이주, 장애 등 불안정노동자라고 불리는 이들을 상대적 과잉인구의 다양한 존재형태로 설명했다. 생산규모의 팽창은 노동자의 증대 없이는 불가능하기 때문에 자본은 산업예비군을 양산함으로써 자본축적을 보장받는다. 인간이 갑작스럽게, 그리고 다른 영역의 생산규모에 해를 끼치지 않고 결정적인 시점에 투입될 수 있으려면 인간재료의 공급처가 필수적으로 마련되어야 하고, 그 역할을 과잉인구가 한다. 자본은 생산증가에 비해 사용노동자수를 줄이는 방법으로 과잉인구를 만들어낸다. 그 결과 노동에 대한 수요는 총자본이 증가함에 따라 가속적, 누진적으로 감소하게 된다. 이것이 자본주의적 생산양식에 고유한 인구법칙이고 이러한 잉여노동인구의 축적은 자본주의적 축적의 지렛대가 되며, 자본주의적 생산양식의 한 존재조건이 된다. 바로 이 잉여노동인구가 산업예비군을 형성하고 산업예비군은 고용된 노동자의 과도노동과 실질임금의 하락과 노동자 종속을 유도한다.

더 나아가, 맑스는 상대적 과잉인구의 여러 존재 형태들을 크게 유동적·잠재적·정체적 형태로 나눈다. '유동적 형태'는, 공업생산에서 나타나는 것으로, 산업화로 노동력이 대량 유입된 뒤, 방출되면서 형성되는 과잉인구를 말한다. '잠재적 형태'는, 자본주의적 생산이 농업을 점령하기 시작하면서 도시노동자로 될 준비를 하고 있는 농촌인구를 가리키고, '정체적 과잉인구'는 현역군이지만 취업이 전적으로 불규칙한 인구, 즉 가내노동 같은 노동자를 일컫는다. 맑스는 최대한의 노동시간과 최소한의 임금(과소지불/과도노동)을 특징으로 하고 있는 이 계층이, 자본의 고유한 착취부문의 광대한 기초를 형성하게 된다고 분석하고 있다. 그리고, 마지막으로 상대적 과잉인구의 가장 밑바닥에 침전되어 있는 부분이 '피구휼 빈민'으로, 산업예비군의 사중(死重)을 이루고 있다고 하였다. 그 제1부류가 노동능력을 가진 자이고, 제2부류는 고아나 빈민 아동 등으로 이들은 산업예비군의 후보자로서, 호황기에 급속히 현역에 편입되는 층이고, 제3부류로서 노동능력이 없는 자, 장애인, 병자 등이 있다고 했다.

'빈민'은 자본의 입장에서는 산업예비군의 침전물이기 때문에 자본주의적 생산의 계산에 포함되지 않는 비용에 해당되고, 혹 계산되더라도 그 비용을 노동자계급이나 중간계층에 전가한다. 그 대표적인 예가 국가복지라고 할 수 있다. 빈민의 생산은 상대적 과잉인구의 생산 속에 포함되어 있고, 그 필연성도 상대적 과잉인구의 필연성에 포함되어 있다. 따라서, 노동자계급의 극빈층과 산업예비군이 많으면 많을수록 공적 피구휼 빈민도 점차 많아진다. 이것이 자본주의적 축적의 절대적이고 일반적인 법칙이다.

이 모든 것들의 본질적 원인은 다름 아닌 자본주의적 생산의 적대관계이다. 한쪽 극에서의 부의 축적은 동시에 반대편 극에서의 빈곤, 노동의 고통, 종속상태 등을 초래하는 것, 부가 생산되는 똑같은 생산 제관계 속에서 빈곤 또한 생산되는 것, 이것이 적대적 생산관계의 결과물이다.

3. 신자유주의 시대 과잉인구의 특수한 형태, 불안정노동층의 확대와 기간(基幹)화

신자유주의 시대에 들어서면서 자본은 인간재료를 착취하는 방법만이 아니라, 인간재료를 자유롭게 방출하는 방법도 고민한다. 자본이 "원하는 시기에, 원하는 만큼 노동자들을 사용하거나 방출할 수 있는 자유!"를 획득하려면 방대한 산업예비군이 있어야 할 뿐 아니라, 이미 고용된 노동자들도 자유롭게 해고할 수 있어야 했다. 즉 모든 노동력이 부유해야 하는 것이다. 이것을 실현하는 것이 '노동력유연화'였다. 그런데 노동력 유연화는 단지 예전에 정규직이었던 노동자들을 비정규직으로 만든다는 것만을 의미하지는 않는다. 언제라도 자유롭게 노동자를 교체하려면 대부분 노동력이 단순미숙련이어도 일이 가능해야 하며, 다양한 영역에 다양한 방식의 노동자들이 존재해야 하며, 이 노동자들을 자유롭게 활용할 수 있도록 제도가 정비되어야 했다. 바로 이런 측면에서 예전에 정규직 노동자들이 비정규직으로 전환하는 것만이 아니라, 여성노동과 청소년 노동도 대거 등장하고, 이주노동자들도 도입되는 것이다.

이들은 예전의 '상대적 과잉인구' 개념으로는 설명하기 어렵다. 이미 불안정노동자들은 부수적 업무에서 나와 중심업무까지 확장되었으며, 서비스업 등에서는 이미 기간(基幹)노동력이다. 산업의 특성에 따라 유동적이지만 이 유동적인 형태는 정규직에서 실업자로 갔다가 다시 정규직이 되는 형태가 아니다. 이 유동성을 담보하는 것은 광범위한 비정규직이다. 즉 비정규직에서 실업으로, 그리고 다시 비정규직으로 끊임없이 이동하게 되는 것이다. 그리고 여성노동력과 청소년노동력은 상대적 과잉인구의 잠재적 형태로서 언제라도 시장에 투입될 준비를 하고 있으며 이것이 그러한 유동성을 가능하게 만드는 요인이다.

용역·외주화·아웃소싱·분사 등의 형태로 간접고용은 확산된다. 이것을 법적으로 보장하기 위해 '파견근로자보호 등에 관한 법률'이 만들어졌고, 파견법 확대를 통해 간접고용은 더욱 일반화될 것이다. 그리고 계약직의 계약기간을 3년으로 연장함을 통해 계약직을 확대하려 하며, 노동자이면서도 '사업자등록증'을 내게 해서 자영업자로 위장하게 한 후 도급계약을 맺는 방식인 특수고용노동자도 확대된다. 특수고용노동자는 노동자로 인정받지 못해 4대보험도 적용되지 않고, 수요변동에 따르는 책임을 온전히 노동자가 떠맡는다.

신자유주의 시대 생계의 고통과 복지의 축소로 인해 여성들은 언제라도 일자리를 찾을 준비를 한다. 이들은 산업이 팽창할 때 저임금노동자로 시장에 나오고, 경제위기가 닥칠 때 '가정의 수호자'가 되어 시장에서 퇴출된다. 또한 청소년노동자들도 이제는 광범위하게 노동시장에 진입하고 있다. '아르바이트'라는 명목으로 민간서비스업계에서는 큰 노동력 층이다. 그러나 여성노동과 청소년노동은 생산과정에서 중요한 역할을 담당하면서도 부수적 노동으로 취급당한다. 언제라도 자유로운 퇴출이 가능하도록 애초부터 비정규직이다. 정규직·남성 노동자들은 관리노동을 담당하고 있을 뿐이다.

자본이 세계화하는 만큼 노동력 이동도 세계화하는 것은 자연스러운 일이다. 자본은 노동력 이동의 적절한 통제를 자국 노동시장 관리 전략으로 활용한다. 정부는 '산업연수생' 제도를 통한 관리 통제와 '불법체류'의 양산을 통한 저임금 구조 유지 전략을 취했는데, 통제할 수 없는 '불법체류자'가 많아지면서 '고용허가제'를 검토한다. 원하청 수직계열화 구조에서 최하층 하청은 단가인하 압력 등으로 저임금을 유지할 수밖에 없는데, 그로 인해 한국국적 노동자가 떠나간 그 자리를 '이주노동자'로 메워왔다. 그런데 이주노동자들이 저임금을 선호하는 자본에 의해 조금 더 나은 노동조건의 생산현장으로 이동하게 되면, 최저임금선의 생산현장은 또다시 노동력 공백에 처하게 된다. 정권은 그것을 막기 위해 '고용허가제'를 시행하고자 한다.

'장애노동자'와 '산재노동자'는 노동능력을 갖고 있으나, 노동시장에 편입되지 못하거나 아주 열악한 노동조건을 강요당하고 있다. 불안정노동층이라 하더라도 그 노동자의 처지에 따라 다양한 위계가 형성되는 것이다.

이는 자본주의 노동시장의 새로운 국면을 보여주는 것이다. 예전에는 정규시장이 중심이었고, 정체적 과잉인구가 주변부였다면, 이제는 거꾸로 정규시장이 주변화되었다. 이러한 역전으로 인해, 심지어 극격하게 시장이 확장되어 노동력을 필요로 하게 될 때조차 여성노동력과 청소년노동력, 이주노동력을 활용하게 되고, 일정한 불황이 유지될 때에는 이 노동자들을 시장에서 퇴출시킨 후 약간의 과잉인구만 가지고도 노동시장을 효과적으로 통제하게 된다. 위기의 지속적인 발현은 불안정노동층 전체의 일상적 불안정화, 그리고 정규노동시장의 축소를 낳는다. 상대적으로 더 불안정한 불안정노동층이 두터워지는 것은 자본에게는 매우 필요한 일이다. 필요한 시기에 적정한 인력을 공급받고, 언제라도 버릴 수 있으려면 대기 상태에 있는 노동자, 자유롭게 이동이 가능한 노동자들이 많아야 하기 때문이다. 그래서 불안정노동층의 확대는 자본의 노동유연화를 가능하게 만들고, 그 유연화의 결과로 또다시 불안정노동층이 확산된다. 이런 과정을 거쳐서 결국은 대부분의 노동자들이 불안정노동층으로 편입된다.

4. 노동의 불안정화가 가져오는 고통

급격한 성장의 시기에 자본은 노동자들을 기업 내부로 귀속시키고, 그 속에서 병영적 훈련을 시키면서 노동자가 기업의 흥망성쇠와 자신의 생존을 동일시하도록 만들어왔다. 그런데 자본은 전세계적으로 이윤율이 하락하면서 경제위기가 닥치고 경쟁이 격화되자, 시장의 불안정성과 경쟁의 고통을 노동자들에게 떠넘기고 노동조건을 악화시키는 방향으로 자신의 생존 전략을 택했다. 이제 쓸모가 다해버린 폐기물을 처분하는 것처럼 노동자들을 기업 바깥으로 내몰아, 원하는 시기에 원하는 만큼만 쓰고 버리는 시스템을 만들려고 하는 것이다.

신자유주의는 고용을 파괴하는 것에만 그치지 않는다. 고용되어 있는 노동자들의 노동강도를 높이면서 건강을 파괴한다. 노동력 비중을 줄이려고 노동자수를 줄이면서 고용되어 있는 노동자들에게는 엄청난 노동강도와 노동강도 악화를 강요한다. 대우조선에서 일부만 건강검진을 했음에도 76명이나 되는 노동자들이 근골격계 질환으로 당장 입원해야 하는 지경에 이르고, 3년 동안 173명의 집배원이 과로로 죽음에 이른 상황을 생각해 보라. 이것은 노동자가 처한 건강과 생존의 파괴를 적나라하게 나타내는 것이다. 신자유주의는 노동자들이 자신의 생명을 파괴하면서까지 생산성을 높이게 하고, 이를 통해 다시 자신의 고용기반을 파괴하는 악순환을 경험하도록 만든다.

이렇게 불안정노동층이 확산되고, 노동력이 기업 외부에 존재하게 되면, 자본은 노동에 대해 이전과 같은 통제력을 발휘할 수 없게 된다. 그렇기 때문에 노동자 사이에도 위계를 만들고, 경쟁을 시킴으로써 여전히 통제력을 유지하려고 한다. 일용직과 임시직, 간접고용과 단시간 노동, 특수고용직, 이주노동자, 장애노동자 등 다양한 형태는 객관적 현실이 다르기 때문이 아니라, 불안정노동층 내부에도 경쟁과 위계를 만들고자 하는 자본 의지의 산물이다. 정규직 노동자들은 비정규직 처지에 처하지 않기 위해, 그리고 비정규직 노동자들은 더 열악한 처지의 비정규직으로 전락하지 않기 위해 경쟁해야 하고, 이주노동자들이나 장애노동자들을 짓밟고 올라서야 한다. 그러면서 자본 종속적인 태도를 내면화하게 되는 것이다.

불안정노동자들조차도 이처럼 경쟁을 하면서 연대의 정신을 발휘할 수 없게 만드는 것은 바로 생존의 위협 때문이다. 자본주의사회에서는 고용되어 있지 않으면 생존할 수 없다. 고용 자체를 파괴하는 신자유주의에서는 '고용하지 않으면 살아남을 수 없다는 사실' 그 자체가 무기가 되어 노동자들에게 경쟁하도록 위협한다. 50만원의 임금으로 살아가야 하는 시설관리 미화원 노동자, 월 25만원 이하의 수입으로 살아가는 14.1%의 장애인 노동자, 임금노동자로 인정도 받지 못하는 월 60만원의 산업연수생 이주노동자를 생각해보라. 게다가 일자리에서 밀려난 실업노동자들은 친지의 보조로 생계를 유지하고, 그마나 정부 보조를 받는 노동자는 2.5%에 불과하다. 또한 우리는 최옥란 동지의 고통스러운 죽음을 통해 생존을 보장한다고 떠들어댔던 '국민기초생활법'이 오히려 노동에서 밀려난 노동자들의 삶을 파괴하는 제도라는 것을 알게 되었다. 이러한 생존의 위협과 고통 때문에 노동자들은 제살 깎아먹기 경쟁을 수용할 수밖에 없다. 신자유주의에서 빈곤화는 자본의 주요한 전략이다.

노동의 불안정화는 불안정노동자들의 노동권 박탈을 전제로 한다. 비정규직 노동자들이 자신들의 권리를 요구하고 투쟁을 하게 되면 그 자체로 자본의 의도가 무너지는 것이기 때문이다. 간접고용 노동자들은 원청업체의 사용자성 불인정과 부당노동행위 때문에, 직접고용 비정규직들은 복수노조 금지조항과 계약해지 때문에 권리를 인정받지 못한다. 특수고용 노동자들은 노동자성 자체를 부정당한다. 이주노동자들은 산업연수생이라는 허울좋은 제도 속에서 노동자로 인정받지 못하고 있으며, 장애인 노동자들은 고용 자체가 부정당한다. 자본은 노동자들의 권리를 '시혜'로 바꾸고, 자신들이 허락하지 않는 한 권리를 찾을 수 없게 만든다. 이러한 노동권의 부정은 단지 상대적으로 더 불안정한 노동자들에게만 미치는 것이 아니다. 더 불안정한 노동자들의 존재 그 자체가 전체 노동자들의 단결을 해치고 이것은 실질적으로 노동권을 무력화한다. 결국 불안정노동층의 노동권 박탈은 전체 노동자들의 노동권 박탈로 이어진다.

5. 불안정노동철폐투쟁의 의미─정치적 주체의 형성을 위하여

우리가 불안정노동철폐투쟁에 주목하는 이유는 이것이 '노동의 불안정화'라는 신자유주의 전략에 파열구를 내는 투쟁이기 때문이다. 자본으로서는 투쟁의 주체였던 정규직 노동자들에게 일정한 양보를 하는 대신 불안정노동층을 극도로 빈곤하게 만들어왔다. 불안정노동자들에게 줄 수 있는 것은 아무것도 없다. 그러기에 이들의 투쟁은 결국 정치적 문제제기로 향할 수밖에 없는 것이다. 또한 불안정노동철폐투쟁은 그동안 운동의 관성을 넘어서서 '전체노동자계급 총단결'이라는 아주 단순하지만 정확한 기치를 회복하는 것이기 때문에 중요하다. 그리고 이 투쟁에 보여주는 필연적 전투성은 그동안 운동에서 횡행해왔던 주고받기식의 타협주의를 근원적으로 거부하는 힘이기도 하다.

노동의 불안정화는 신자유주의시대 자본의 전략이기 때문에 '현재 불안정한 노동자들'의 문제일 수 없다. 오히려 이것은 신자유주의에 반대하는 민중운동 전체의 과제여야 한다. 물론 이 투쟁에서 장애, 여성, 이주, 실업, 비정규 노동자 등 이 동지들의 투쟁은 그 자체로 의미가 있고 중요하게 평가되어야 하지만, 지금 노동자들에 대한 분할은 허구의 기반 위에 세워진 것이기 때문에, 불안정노동철폐투쟁을 자신의 과제로 하는 공동투쟁을 만들고 정치적 주체를 형성하는 것이 더 중요한 문제이다.

그런데 지금은 이 투쟁이 불안정노동자들의 문제로만 국한되고 있으며 그 주체들만 힘겹게 투쟁하고 있다. 비정규직노동자들의 경우 '정규직화 쟁취'를 외치면서 장기투쟁에 나서고 있고, 장애노동자들은 노동권·교육권·이동권·시설비리 척결 투쟁을 자신의 요구로 하고 있다. 이주노동자들은 미등록노동자 합법화, 노동허가제 쟁취를 목표로 하고 있다. 국민기초생활보장 제도 혁신과 안정적 일자리를 위해 투쟁하는 장애·실업 동지들도 있다. 이처럼 불안정노동자들은 자신을 투쟁의 주체로 세우기 위해 노력하고 있다. 이 투쟁은 제한적이다. 노동기본권이 확보되지 않음으로 인해 대중적 투쟁동력을 만들지 못하고 있기 때문이다. 불안정노동자들의 조직화 역시 '노동조합'이라는 대중적 조직화를 필요로 하기는 하지만, 이 투쟁이 갖고 있는 정치적 의미를 생각한다면 스스로 '노동조합'으로만 조직화의 시야를 국한할 필요는 없다. 또한 불안정노동자들의 공동투쟁을 통해 자신들의 요구를 정치적 요구로 승화시키는 노력을 지속해야 한다. 그럴 때 '불안정노동철폐'라는 정치적 투쟁의 중요한 근거를 마련하게 된다.

그렇다면 불안정노동철폐투쟁을 위한 정치적 주체를 어떻게 형성할 수 있는가? 비정규직과 정규직, 이주노동자와 한국국적 노동자, 여성과 남성, 장애인과 비장애인, 영세사업장과 대기업노동자 할 것 없이 노동의 불안정화는 모두가 공통으로 직면하게 되는 상황이며, 불안정노동철폐투쟁은 우리 모두의 과제라고 이야기했다. 이 과제를 제대로 수행하기 위해서는, 한 축으로는 그간 민주노조운동의 관성을 떨쳐버리고 노동운동 안에서도 새롭게 주체들이 혁신해야 하며, 또 한 축으로는 투쟁을 통해 자신을 성장시키는 불안정노동자들이 만나, 노동의 분할과 빈곤화, 삶의 파괴를 강제하는 신자유주의에 맞서 '노동자 총단결'의 기치를 세워야 한다. 개별 사업장이나 부문이 처해있는 요구를 뛰어넘어 노동자와 민중의 권리를 제기하고, 이것을 '신자유주의 반대'라는 대중투쟁전선으로 확장할 때 우리는 계급운동으로 만난다.

대중투쟁 전선의 형성이라는 점에서 노동조합은 여전히 중요하게 고려되고 있다. 그런데 일부에서는 노동조합과 정치조직의 역할분담, 노동조합과 시민단체의 역할분담에 기초해서 노동조합의 투쟁을 자기 대중의 경제적 이익에만 국한시키려는 경향을 보이기도 한다. 그러나 노동조합은 경제적 이해를 넘어서는 정치적이고 사회적인 요구들을 자기 투쟁의 요구로 해왔고, 그렇게 발전해야 한다. 노조운동 자체가 이미 정치적 권리 획득을 위해 전진해야 하는 과제를 안고 있는 것이기 때문이다. 그러나 그것만으로는 부족하다. 불안정노동철폐투쟁은 전체 민중의 삶을 완전히 파괴하는 신자유주의에 대한 반대투쟁이기에 정치적이고 선도적인 투쟁과, 계급적 연대를 실현해가는 수많은 대중투쟁과, 자신의 이해관계를 위해 투쟁하지만 그것 자체가 불안정노동철폐투쟁에 기여하는 장애·여성·실업·이주·영세사업장·비정규직 노동자들의 투쟁과, 이 투쟁을 묶어서 새로운 사회에 대한 전망으로 이끌어가는 선진적인 활동가들의 투쟁이 하나로 합해져야 한다. 그럴 때 우리는 계급운동으로 만날 수 있다.

6. 불안정노동철폐투쟁과 우리의 요구

저임금과 장시간노동, 그리고 고용의 불안정 모두가 자본의 생존전략에서 필연적이기 때문에 현재의 고통을 완화시키기 위한 지난한 투쟁은 결국 '신자유주의 전반'에 대한 투쟁으로 발전할 수밖에 없다. 따라서 불안정노동철폐투쟁은 인간의 삶을 파탄시키는 극악한 신자유주의 체제에 맞서 인간의 존엄성과 공동체의 가치를 새롭게 세우는 투쟁이어야 한다.

자본주의사회에서는 '고용'과 '권리'를 연계시킨다. '고용된 자들만이 권리'를 갖고 있기 때문에 노동자들은 기업의 흥망성쇠와 자신의 생존을 동일시하게 된다. 그러나 불안정노동자들의 경우 이미 고용으로부터 배제되어 있기 때문에, 이 노동자들에게는 '생존' 자체가 자신의 절실한 요구로 직접적으로 등장하게 된다. 우리는 '고용'과 연계되지 않은, 말 그대로 생존하고 있다는 이유만으로도 자신의 권리를 주장해야 한다.

불안정노동철폐를 위한 우리의 요구는 생활권, 노동권, 노동조건에 대한 자주적 결정권이다. 생활권이라 함은 말 그대로 인간으로서의 존엄한 생활을 유지할 수 있는 조건에 대한 것이다. 인간은 누구나 태어난 이상 고용되어 있든 고용되어 있지 않든 인간으로서 충분히 살아갈 만큼의 기본생활을 보장받아야 한다. 그런데 자본주의에서는 '고용'이 생활의 전제이며, 신자유주의에서는 '복지'조차도 '생산'과 연계된다. 그래서 밑바닥의 민중들은, 신자유주의적 고용파괴 전략에 의해 삶터를 빼앗긴 노동자들은 죽음과도 같은 생존의 고통을 경험하게 된다. 우리가 '생활권'을 선언한다는 것은 주택과 의료, 교육을 포함하여 어떤 사람이든 일정한 정도의 수준은 보장을 받아야 한다는 최저선을 선언하는 것이다. 현재 '최저생계비'라는 말로 포장되어 있지만, 그것은 죽음 직전의 삶만을 의미할 뿐이다. 우리가 이야기하는 최저선은 "인간의 존엄성을 유지할 만한" 것이다. 이 최저선을 기준으로 해서 고용되어 있는 노동자들은 누구나 이만큼을 받아야 하며, 고용되어 있지 않은 노동자들도 당연히 그만큼을 받아야 한다. 그러한 최저선을 우리의 권리로 선언하고 투쟁할 것이다.

그러나 생활권만으로는 빈곤의 재생산을 피할 수 없다. 우리는 '일'을 통해 빈곤을 탈피하고 자신을 건강하게 재생산해야 한다. 그런 점에서 '고용안정'은 매우 중요한 우리의 권리이다. 노동권이라 함은 누구나 안정적으로 떳떳하게 일할 수 있는 권리를 말하는 것이다. 장애노동자이건 산재노동자이건 장기실업노동자이건 마찬가지다. 이주노동자들도 마찬가지다. 신자유주의적 구조조정은 이러한 안정적이고 적정한 일자리를 지속적으로 파괴하고 있다는 점에서 공동의 투쟁을 통해 안정적인 일자리 창출을 요구해야 한다. 이것이 우리의 당연한 요구로 인식될 때 국가가 이런 일자리를 제공할 수 없을 경우 현재 취업하고 있는 사람이나 그렇지 못한 사람이나 기본생활 보장을 '권리'로 요구하는 것이 당연해진다.

그러나 일자리에 대한 요구는 '일자리'로 국한되어서는 안 된다. 어떠한 일자리이건 고용을 유지하는 것을 목표로 하게 되면 고용유지의 거래대상으로 노동조건의 삭감을 감수하도록 만든다. 일단 노동조건의 삭감이 이루어지면 역으로 고용축소의 위협에 시달리게 된다. 그렇기 때문에 우리는 단순히 '고용유지'를 넘어서 '노동조건에 대한 권리'를 부각시키게 되는 것이다. 우리의 '노동조건'에 대한 요구야말로 일자리를 지속적으로 파괴하는 자본의 전략에 대한 저항선이기도 하다. 자주적 단결을 통한 노동조건과 생활조건의 결정권은 불안정노동자의 공동투쟁전선을 만들기 위해서도 대단히 중요한 것이지만, 그 자체가 실제적인 권리로 충분히 부각될 필요가 있다.

노동조건과 생활조건을 스스로 결정할 수 있어야 하고, 이를 위한 필수불가결한 전제로서 자주적 단결권이 보장되어야 한다. 그것은 지금까지의 노동3권보다 더욱 보편화된 단결권이여야 한다. 지금까지는 '고용'된 자에 한해서 '노동3권'이 협소하게 보장되었다. 그러다 보니 사회적 권리를 쟁취하는 데 있어서도 고용된 노동자들의 임단협에 의존하게 되고, 일반적인 권리로 그것을 요구하는 주체를 형성하기 어려운 조건이었다. 그렇기 때문에 '자주적 결정권'을 통해 불안정노동자 자체가 고용되어 있든 아니든, 자신의 삶의 주체이자 '권리'의 주체로서 자신의 요구를 쟁취하도록 해야 하는 것이다. '불안정노동자들은 소외된 가엾은 노동자'라는 동정론은 투쟁의 주체로 불안정노동자들을 세우지 못하도록 만들고, 시민단체가 대리적으로 투쟁하게 만든다. 이것을 넘어서는 길은 바로 투쟁과 권리의 주체로서 자신을 선언하는 '불안정노동자들의 자주적 단결권'이다.

7. 마치며

절대 빈곤층의 확산, 전 민중의 빈곤화, 실업의 구조화, 교육과 보건의료의 공공성 박탈, 노동권의 박탈 등 신자유주의적 공격은 일부의 민중만을 향하고 있지 않다. 신자유주의 공세는 전사회 계급과 계층을 향해 이루어지면서 인간의 삶 자체를 파탄시킨다. 경쟁력이 없는 인간은 버려지고, 버려지지 않은 인간들은 다시 자신의 고용기반을 파괴할 노동강도 강화를 수용하며 죽을 만큼 일한다. 실업과 반실업을 반복한다. 가계부채는 쌓이고 생활공동체는 파괴된다. 일부 자본가계급을 제외한 모든 민중들의 삶은 피폐해진다. 이러한 신자유주의 공격에 맞서는 투쟁은 본질적으로 '경제적'인 것이 아니라, '정치적'인 것이다. 말 그대로 대중의 정치투쟁으로 전화될 때 투쟁의 승리도 가능하다. 신자유주의에 대한 수세적 대응을 넘어서서 인간의 존엄과 공동체의 가치를 세우기 위해, 더 이상 죽지 않고 살기 위해 신자유주의를 넘어서는 새로운 패러다임을 공공연하게 이야기하고 투쟁을 조직해야 한다.

이러한 문제의식을 가진 선진활동가들이 함께 모여야 한다. 그가 정규직이든, 비정규직이든 사회단체에 있든, 정치조직에 있든, 빈민이든 학생이든 만나야 한다. 광포한 신자유주의에 맞서, 현실가능성과 피해최소화의 논리를 넘어서서, 불안정노동철폐투쟁의 정치적 의미를 각인시키고자 하는 동지라면, 비록 현장에서는 투쟁하는 족족 깨지고 현장의 무력감을 감당하기 어렵지만 계급적 신뢰를 갖고 다시 '노동자 총단결'을 조직하고자 하는 동지라면, 민주노조운동의 혁신과 불안정노동자 스스로가 조직되어서 '노동자 총단결'이 총투쟁으로 현실화하도록 하는 데 일조하고자 노력하는 동지들이라면, 인간성을 말살하고 삶을 파괴하는 이 구조를 더 이상 용납하지 않고 투쟁을 통해 극복하고자 하는 동지들이라면 모두가 계급으로 만나야 한다. 아니 그렇게 거창할 필요도 없다. 불안정노동철폐투쟁을 자신의 과제로 삼고, 그것이 미래의 과제가 아니라 지금의 과제라는 것을 이해하고 그렇게 하기를 원하는 동지들이라면 함께 만나야 한다. 그럴 때 지금까지의 한계를 딛고 불안정노동철폐투쟁을 새롭게 시작할 수 있다.

공공성 쟁취 투쟁과 사회변혁 투쟁

송유나(노동자교육센터)

1. 글을 시작하며

97년 경제위기, 그리고 신자유주의가 전면화되는 과정에서 공공성 쟁취 투쟁은 조심스럽게, 그렇지만 정세적인 요구로 제기되기 시작했다. 공공성 쟁취 투쟁의 발전과 전화의 과정을 보면 공공부문·국가부문을 둘러싼 노동자운동이 성장하고 있다는 사실을, 주체가 확장되고 있다는 점을 발견할 수 있다. 또한 공공성을 둘러싼 계급적 이해와 요구가 확장되어야 하며, 좀 더 근원적인 것으로 전화해야 할 필요성이 제기되고 있다. 즉 공공성 쟁취 를 둘러싼 투쟁이 분출될 수밖에 없는 신자유주의 구조조정의 성격, 한국사 회 독점자본 재편의 특질로 말미암아 공공성 쟁취 투쟁이 현 질서를 유지· 온존하는 형태로서가 아니라 오히려 적극적인 노동자·민중의 국가에 대한 통제 투쟁으로 나아가야 함을 요구하고 있기 때문이다.

이러한 점에서 이 글은 공공성 쟁취 투쟁을 화두로 삼지만, 공공성 쟁취 투쟁을 국가권력에 대한 노동자·민중의 통제, 공공부문·국가부문을 둘러 싸고 전개되는 확장된 영역의 투쟁으로 바라보고 있다. 뒤에서 간략히 부연 하겠지만, 사유화 저지·의료나 교육에서의 공공성 쟁취 투쟁 등 이미 존재 하던 투쟁의 영역—사회화된 의미의 공공성 쟁취 투쟁이자 노동력 재생산 비용의 사회화 쟁취를 위한 투쟁으로 적극적으로 인식해야 할—을 넘어 세 계화·금융화 반대를 둘러싼 국가권력과의 투쟁, 나아가 노동자·민중의 사회적 연대의 계기라는 측면에서 공공성 쟁취 투쟁의 의미를 찾고 있다. 물론 공공성을 화두로 삼아 이렇듯 고민을 진척시켜나가 본다면, 비정규직 철폐 투쟁, 여성·인권·환경에서의 투쟁 등 모든 것을 공공성 쟁취 투쟁이라 꿰어 맞추게 되는 궤변 논리에 빠질 가능성이 크다. 그로 인해 불필요하고 비생산적인 논쟁이 벌어질 수도 있다. 그러나 자본의 위기관리 혹은 지연 정책으로서의 신자유주의가 일국의 국가가 가지는 통제권을 최대한 자본의 것으로 이전시키기에 혈안이 되어 있음에도, 노동시장의 전면적 재구조화를 촉발하기 위해 국가를 더욱 폭력적이고 강위력한 조정자로 내세우고 있다는 점을 상기하자. 이러할 때 공공성 쟁취 투쟁이 노동력 재생산 비용의 사회화 투쟁을 전제하고 있음을 인식하고, 나아가 세계화·지구화·금융화 반대 투쟁과 적절히 결합하여 발전해 나가지 않는다면, 최대한 성공한다 할지라도 현상 유지 혹은 시혜적 수준에 머물고 말뿐이다. 그러기에 공공성 쟁취 투쟁은 국가와 자본 전반에 대한 통제라는 시각을 가져야 하며, 생존권 쟁취 투쟁 및 다양하게 분출하는 반신자유주의 투쟁 역시 국가와 자본에 대한 통제로 나아갈 때만이 오히려 현장과 부문의 요구와 충돌하지 않으며, 이를 넘어서는 투쟁으로 발전해나갈 수 있을 것이다.

2. 공공성 쟁취를 둘러싼 투쟁의 전개·발전, 그리고 현실적 한계

98년부터 본격적으로 전개된 공기업 구조조정 정책은 공공부문 노동자들의 위기의식을 급속히 확장시켰다. 사유화 정책을 포함한 공공부문 구조조정 정책은 그동안 공기업 노동자들이 '멀리서 지켜보아 왔던' 노동자계급으로서의 '자아'를 급속히 내면화시키도록 강제해왔다. 이로 인해 공기업에서의 노동(조합) 운동은 양적 측면에서 뿐만이 아니라 질적 측면에서도 성장하였다. 99년 조폐공사와 지하철 노조의 투쟁, 2000년 한국중공업과 한국통신, 그리고 2002년 철도·발전·가스 3사의 파업 투쟁은 사유화 정책을 둘러싼 주요한 투쟁이었다. 이 투쟁 과정에서 노동조합의 민주화, 민주적 전화 역시 가능했다고 볼 수 있다. 사회보험 노조·보건의료·전교조와 학생들의 교육권 쟁취 투쟁 역시 사유화·시장개방·공공성 축소를 저지하는 투쟁의 한 축을 담당하였다. 나아가 금융 구조조정에 대항하였던 노동자들의 투쟁 역시 금융에 대한 공적 지배의 축소, 사적 지배의 확장 및 개방화에 맞선 투쟁이었다는 점에서, 국가부문을 둘러싼 주요한 투쟁의 축이라 할 수 있다. 대우자동차 노동자들의 공기업화 주장은 생존권 확보를 위해서라도, 공적 자금이라는 국가의 기능이 시장 중심적이며 자본의 이윤을 보장하는 식이 아닌, 민중적인 방향으로 기능할 것을 요구하는 투쟁이었다. 이런 점에서 대우 자동차 노동자들의 투쟁은 개별 사업장의 생존권 쟁취 투쟁이 필연적으로 국유화 및 사회화 투쟁으로 나아갈 수밖에 없는, 신자유주의하에서의 노동자투쟁의 방향을 보여주는 중요한 경험이었다. 나아가 보자. 비정규직·불안정 노동 철폐, 여성노동권 및 장애인 노동권 쟁취 투쟁은 어떠한가. 결국은 노동력 재생산 비용의 사회화를 요구하지 않고는 풀릴 수 없다는 점에서 국가영역·공적부문을 둘러싼 투쟁의 연장선에 있다 할 것이다. 특히 노동력 재생산 비용을 둘러싼 투쟁이 현장의 임금 인상 투쟁을 넘어서 다양한 전선으로 촉발되고 있음을 우리는 알 수 있다. 비정규직 철폐가 매우 높은 수준의 요구안이기도 하지만, 설령 차별 철폐에 만족한다 할지라도 개별 사업장의 투쟁만으로는 넘어설 수 없다. 연기금·모성보호·노후보장 등 노동자 건강권·사회권을 둘러싼 투쟁 역시 현장이라는 울타리를 훌쩍 뛰어넘고 있다. 또한 인권·환경·문화 등에서의 투쟁 역시 노동자의 생존권과 사회적 권리와 결합되어야 하며, 의료와 교육의 공공성 쟁취 투쟁 역시 노동권·사회권, 나아가 재생산 비용의 사회화 투쟁의 연장선에 있다 할 것이다. 이렇듯 반신자유주의 투쟁은 필연적으로 투쟁의 공간과 영역, 나아가 전선을 확장시키고 있다. 그런 만큼 공공부문·국가 영역을 둘러싼 계급투쟁의 진전은 질적 측면에서 뿐만이 아니라 양적인 측면에서 노동운동의 내용과 주체를 확장시켜내고 있다.

그러나 투쟁 공간과 영역의 확장, 주체의 성장에도 불구하고 우리는 무언가 구조적인 한계 상황에 봉착해 있음을 느끼고 있다. 총파업이 '총파업을 포함한 총력 투쟁'으로 그리하여 공문구로 전락하는 과정을 빈번히 목격하고 있으며, 대중운동의 발전에도 불구하고 투쟁은 고립·분산되어 각개 격파 당하기 십상이다. 대중들의 자발성이 확장되고 그런 만큼 투쟁의 공간이 열리고 있음에도 한 발 더 나아가기가 매우 힘들며, 자본과 권력에 타격을 주는 조직적 행동으로 나아가기 쉽지 않다. 멀리 돌아볼 필요도 없다. 최근의 반전 투쟁, 여중생의 죽음으로 촉발된 반미·촛불 시위가 그러했으며, 7월 시행을 앞둔 경제특구법 저지 투쟁의 좌절과 2002년 발전 및 3사 투쟁에서의 총파업 불발이 그러했다. 비정규직 노동자들의 치열한 투쟁에도 불구하고 조직의 강화와 확장으로 이어지지 않고 있는 것도 마찬가지이다. 무엇이 문제인가. 현재 구조조정이 관철되는 양상과 속도는 매우 다양하게 드러나고 있으며, 임단투와 현장에서의 생존권 투쟁은 사업장간, 부문·영역간 시간차를 두며 수위를 달리하고 있다. 신자유주의 반대, 금융화·세계화 저지, 공공성 쟁취 등의 슬로건이 전체적이건 부분적이건 투쟁의 통일성을 담보하는 슬로건으로 기능하고는 있지만, 실제로는 현장과 매우 동떨어진 사안으로 그야말로 추상적인 과제 정도로 인식되고 있을 뿐이다.

신자유주의 반대 투쟁은 현장의 사안에 반신자유주의를 덧칠하는 이상으로 나아가지 못하면서, 신자유주의 반대 투쟁의 총적 의미와 현실성은 괴리된 채 겉돌고 있다. 더욱이 어느 정도 안정화되어 가고 있는 노동(조합) 운동의 구조는 오히려 노동자계급의 분단화·양극화 전략에 적절히 대응하지 못한 채 활용되기도 한다. 그렇기 때문에 정규직과 비정규직, 조직된 노동자와 미조직 노동자, 여성과 남성 노동자, 나아가 노동'조합' 운동과 대중운동간 갈등은 현재 노동자계급 운동의 진전을 가로막고 있는 장애물이 되고 있다. 현재 노동조합 운동은 기존의 주체가 추락하고 새로운 주체가 부상하는 일종의 'zero sum' 게임을 반복하고 있다. 이는 정규직·대공장에 대한 자본의 관리·지배 전략이 매우 효율적으로 관철되고 있기 때문이며, 노동 '조합' 운동이 가질 수밖에 없는 실리적·대중추수적 경향이 일정하게 부응하고 있기 때문이다. 물론 노동자계급 운동의 이념적 공동화 역시 한 몫을 더한다. 즉 이념·사상 운동의 축소, 정치·사회 운동이 부차화·왜소화되어 있는 상황에서 대중운동으로 주체 형성이 일임되거나 지도력 형성이 과부화되고 있기 때문이다. 그러기에 현재 대중운동은 주체를 전략적으로 구성하고 투쟁을 정치적으로 기획·조직·지도해 나가는 긴장감을 점차 잃어가고 있다.

노동(조합) 운동의 조합주의적·현장중심적 경향은 노동자·민중운동이 처한 위기의 결과이자 원인이라 할 수 있다. 소위 좌와 우를 막론하고 드러나고 있는 이 경향은 일종의 '경제주의적 편향'에서 출발한다. 물론 노동조합이 본질적으로 자본주의 내적 구조이기 때문에 실리추구의 경향에서 자유로울 수 없으며, 대중추수적 성향을 갖는 것은 당연하다. 그러나 자본의 총체적 위기가 심화되고, 더욱이 한국사회와 같이 종속적 자본주의의 길을 걸을 수밖에 없는 상황에서 노동조합운동이 얻을 수 있는 거량과 실리의 여지는 매우 한정적이다. 그러나 소수의 정규직 노동자들에게만 해당되는, 이 실리의 여지로 인해 노동자계급의 분단화·양극화는 심화되고 있다. 결국 자본의 관리전략이 효과적으로 관철될 수밖에 없는 것이다. 또한 97년 외환위기 이후 계속되어온 패배의 경험으로 인해 노동자대중은 허구적인 실리의 여지에 집착하기도 한다. 되지 않을, 이기지 못할 투쟁보다 될 듯이 보이는 현장의 요구에 집중하자거나, 불가항력적으로 보이는 고용불안을 인정하고서 단기적인 요구에 만족하게 만드는 것이다. 이런 상황이기 때문에 현안을 둘러싼 투쟁에는 매우 치열하지만, 당면한 요구와 조금이라도 멀게 보이는 투쟁에는 무관심할 수밖에 없게 된다. 한일·한칠레 투자협정 체결을 저지하고, WTO를 막아내고, 경제특구법에 맞서 싸워야 함에도 불구하고 현장은 움직이지 않는다. 전쟁반대를 외치지만 총파업을 해서라도 막아내야 한다는 것에는 소극적이다. 연대 투쟁의 의미 역시 현안을 해결하기 위해 외연을 갖추는 식 정도에, 자기 사업장의 필요에 따라 실용적으로 배치하는 식 정도에 머물고 있다. 그러기에 총파업, 연대 투쟁은 불가능하며, 일정을 꿰어맞추는 식의 고민 이상으로 나아가지 못한다. 이러한 상황은 '리모델링 하는' 수준으로는 극복하기 힘들다. 투쟁 전선을 복구하기 위해 구조와 조직, 그리고 내용을 전면적으로 재구성해 나가야단 한다. 이는 일종의 정치적 기획을 요구한다. 그러나 소위 정치적 기획을 이야기할 때 우리는 정치(적) 투쟁을 선거 대책, 노동자당 건설로 대체해버리고 이 속에서 운동의 대안을 모색하는 한 편향과 마주하게 된다. 노동자 정당을 건설하고, 선거나 지배세력의 정치적 일정에 일상적으로 대응하는 일은 중요하지만 이것은 정치 투쟁 그 자체를 대체할 수 없으며, 구조적 위기를 극복하기 위한 '정치'적 기획과는 다른 범주에 속한다 할 것이다.

그렇다면 우리가 화두로 삼은, 공공성 쟁취 투쟁은 어떠한 의미이며 어디에 위치해 있는가. 국가와 자본에 대한 민중적·민주적 통제라는 전략적 방향을 전제해야 한다면, 아니 이러한 방향 설정이 필요하다면 공공성 쟁취 투쟁을 구체적인 생존권 투쟁과 결합시키기 위한 노력이 필요하다. 구체적인 현실 투쟁의 요구가 현장에서의 투쟁만으로 풀릴 수 없다면, 반대로 신자유주의 반대 투쟁과 노동자·민중의 통제의 문제를 전략적 요구로 선언하고 말 것이 아니라면, 우리는 '현실 투쟁의 심화·전략적 투쟁의 구체화'를 동시에 고민해야 한다. 현장을 포괄하고, 현장을 넘어서는 정치적 기획은 이러할 때만이 하나의 구상으로 만들어질 수 있다. 그러기에 공공성이라는 화두는 전환을 위한 한 경로, 하나의 출발점이라 볼 수 있다. 물론 그동안 공공성 쟁취 투쟁이 시민적·국민적 연대를 구하기 위한 장식품 이상을 넘어서지 못하기도 했다. 또 다르게는 국가와 자본에 대한 노동자·민중의 통제라는 고민도 변혁의 사후적 과제 수준으로 미뤄져왔다. 이와는 정반대로 현실의 전술적 과제로 성급히 대체되기도 하는 과정을 반복해왔다. 이것은 무엇 때문이며 어떻게 극복해나가야 할 것인가.

먼저 노동자계급 운동에서 '계급성'의 범주와 개념이 다변화하고 있으며, 운동 공간이 확장되고 일정하게 전화하는 등 투쟁의 지형이 변화하고 있기 때문이다. 그러나 노동조합·노동자 (계급)대중 운동이 다수자 투쟁으로 나아가기 위한 '연대'에 있어 그 내용적·조직적 고민은 변화된 지형을 따라잡지 못하고 있다. 노동자계급의 선도성, 대중운동 공간으로서의 노동조합은 여전히 중요하다. 그렇지만 노동자계급 내적 구성의 분화로 인해 주체의 구성 역시 변화하고 있으며, 그런 만큼 소위 선도성이 발휘될 수 있는 조건은 달라지고 있다. 더욱이 투쟁의 계급적 요구는 현장을 넘어서―사실 이것이 확장된 의미의 현장일 것이다―틀을 짤 때만이 관철될 수 있다. 결국 대중운동은 노동조합 내외부를 넘나들며 새로운 결합을 시도해야 하며, 이를 통해서 확장된 연대가 실현되며, 이럴 때만이 이길 수 있다. 그러나 노동(조합) 운동의 전투적 조합주의와 실리적 조합주의라는, 이념적 지반을 달리하는 양자가 오히려 결합하면서 조합을 넘어서는 투쟁에 대해 거부하거나 혹은 제한하는 양상으로 나타나고 있다. 물론 국민과 함께 하는 노동운동, 사회적 조합주의 등으로 표현되었던, 노동조합 운동의 노선에 대한 평가가 여전히 필요하다. 특히 노무현정권의 등장과 더불어 신노사협조주의가 발현될 것이고, 노동조합운동내에서 협조주의와 실리적 경제주의가 급속히 부상할 것이다. 그러기에 이러한 경향과의 투쟁과 더불어 반경향으로서의 현장중심주의, 전투적 경제주의와의 투쟁 역시 불가피할 것이다.

다음으로 지적할 수 있는 바는 노동(조합)운동이 발전해오는 과정에서 자본에 대한 통제의 문제가 경영참가나 이사회 참여 수준—사실 이 조차도 격렬한 투쟁을 동반하는데—에 머물거나, 현장에 대한 노동자의 장악력·통제력이라는 건강한 문제의식이 존재함에도 불구하고 개별사업장 '내적'인 문제 이상으로 나아가지 못했기 때문이다. 주주 자본주의의 확장, 금융 자본의 기형적 확장은 우리사주제나 종업원지주제 등에 대한 일종의 환상을 불러일으키기도 한다. 또한 개별 사업장내의 힘의 관계로 볼 때도 자본의 우위가 관철되어 가는 상황에서 소위 '통제'의 문제는 매우 개량적인 영역으로 간주되곤 해왔다. 더욱이 현장에 대한 노동자 통제의 구체적·역사적 경험—물론 현실적으로 관철하기 매우 힘들기 때문이다— 역시도 기술적 발전 속도, 정규직·비정규직 혹은 업종과 직무가 다변화하는 상황을 따라잡지 못하고 있다. 특히 금속·제조업 등 현장과는 달리 사무직이나 공공부문의 경우 현장 통제에 대한 적확한 개념 자체가 존재하지 않는다. 공공부문에서뿐만이 아니라 전교조나 공무원 노동조합에서 보여지듯이 현장 통제에 맞서는 투쟁은 국가권력의 정책, 지침과의 직접적 싸움이 되기 때문이기도 하다. 이렇듯 개별 사업장 차원에서조차 노동자의 현장 통제 문제는 다양한 편차를 그리며, 자본의 공격 방식에 제대로 대응하고 있지 못한 상황이다. 그러기에 개별 사업장을 넘어서는 '자본에 대한 통제'의 문제는 고민하기조차 버거운 주제가 되어 있다. 결국 여기저기서, 마구마구 떨어지는 구조조정 지침에 수동적으로 대응하기에 급급하고 이조차도 힘겨워하는 것이 현실이다.

마지막으로 국가에 대한 통제 문제에 대해 돌아보자. 현존했던 사회주의 경험은 국유화·사회화 전략에 대한 막대 구부리기식 접근, 막연하기만 한 부정적 '감성'만을 남겨놓았다. 또한 코포라티즘·사회적 합의 등으로 표상되었던 서구 자본주의의 타협적 체계, 노사정위원회 등으로 시도되었던 한국사회의 경험은 국가에 대한 통제 문제를 고전의 테제 혹은 개량의 테제식의 흑백논리로 대체하게 만들었다. 물론 현존했던 사회주의의 국유화·사회화 프로그램의 적실성은 명확히 따져보아야 하며, 노무현정권이 시도할 노동정책은 국가와의 관계를 매우 다중적인 양상으로 만들 것이다. 이러한 상황이 결합하는 과정에서 국가와 자본에 대한 통제는 매우 추상적인 수준에 머물거나, 개량적인 요구로 치부될 가능성이 높다. 그러나 현실의 한계와 역사적 오류가 그 자체로 절대적일 수 없다. 이런 점에서 공공성이라는 화두로 시작하건 아니건 간에, 전환을 위한 고민을 좀더 자유롭게, 그러나 치열한 상상력을 동원하여 진전시켜 나갈 필요가 충분하다고 본다. 국가에 대한 통제, 국가부문·공적영역을 둘러싼 투쟁의 의미, 그 전략적·전술적 관계에 대해 좀더 면밀히 살펴보도록 하자.

3. 국가에 대한 통제, 이를 둘러싼 투쟁의 의미

김대중정권의 출범, 그리고 외환위기를 경험하면서 한국사회 노동운동은 극심한 혼란을 경험했다. 불가항력적으로만 보이던 경제위기는 고통분담과 타협을 요구해왔다. 정리해고안 합의, 노사정위원회, 각종 노동악법의 관철, 비정규직의 일반화 등 지난 5년의 경험은 매우 지난했다. 그러더니 어느 사이 월드컵을 통해 5.18과 6.10을 되새김질하고, 주식시장과 벤처 열풍에 로또 복권을 대체하고 있는 현실과 마주하고 있다. 노무현정권은 노사모로 시작하여 386을 동원하는 등 정치적 포퓰리즘을 최대한 활용하면서 등장했다. 한국사회의 일반민주주의의 천박성이 정치 개혁에 대한 대중적 욕구와 환상을 지배하고 있기에 가능한 일이었다. 그러나 한국사회 자본주의는 세계시장 재편의 룰에 한 치의 오차도 없이 편입될 수밖에 없다. 최근 동북아구상과 경제자유구역법만으로도 이같은 상황을 충분히 볼 수 있다. 부품 및 중간재 공급 기지화, 서비스를 전담하는 국가발전모델은 최적으로 유연화된 노동시장을 통해서 가능하다. 첨단기술 산업과 금융적 육성이라는 구상 역시 일부 국내 독점자본의 초국적자본화와 사회 전반의 종속심화 이상을 넘어설 수 없다. 여하튼 세계적 차원의 과잉생산·과잉경쟁이라는 자본의 구조적 위기가 격화되는 방식으로, 지역적·지형적으로 편중되는 방식으로 자본주의는 숨을 고르고 있다. 최근 산업자본과 금융자본간 대립, 양자의 진보성 여하를 가름하며 한국사회의 신사회 대안을 찾는, 일종의 신비교우위·우위형성 전략이 대두되기도 한다. 그러나 경쟁론은 저렴하고 유연화된 노동시장의 조건에서만 가능하며, 그리하여 시작될 새로운 경쟁은 파국을 앞당기는 길이라는 사실을 부정할 그 어떠한 객관적 징후도 존재하지 않는다.

자본간 경쟁은 이윤 확대를 위한 것이 아니라 손실을 전가하는 방식으로 거듭되고 있다. 손실의 사회화는 국가에 의해 합법화된다. 외환위기 과정에서 구조조정을 주관했던 국가정책이 그것이었고, 이 경향은 더욱 강화되고 있다. 국가보조금의 확대, 공적 자금의 무한정 투입, 각종의 규제완화와 다양하게 전개되는 소득의 반동적 재분배 정책이 자본의 편협한 이윤 출구를 보장해주는 주요한 기재이다. 연기금의 확장과 투기적 자본으로의 전화, 투기적 자본에 대한 보호, 이를 위한 각종의 국제적 협약 역시 마찬가지이다. 이러한 상황이기 때문에 노동자·민중이 투쟁해야 할 사안과 영역은 확장될 수밖에 없고, 투쟁의 수위 역시 높아지게 된다. 단위사업장 투쟁이 임금인상 투쟁을 넘어 정리해고·인원감축 저지, 부도사업장 처리에 대한 사회적 요구, 나아가 비정규직 철폐 투쟁으로 나아가야 했다. 더욱이 사유화 저지, 교육·의료시장 개방 반대, 투자협정 반대, 그리고 반전 투쟁까지 실로 광범위한 투쟁을 경험해야 했다. 그러나 투쟁의 양상을 면밀히 돌아보면, 결국 임단투에 기반해 있거나, 국회의 법안 상정 여부를 둘러싼 양상으로 전개되어 왔음을 알 수 있다. 이러한 투쟁은 임단투 시기 조절에 따른 투쟁의 분산, 국회 법안 상정 일정에 끌려가는 식 이상을 넘어서기 힘들다. 투쟁의 집중, 역량의 집중을 힘들게 하는 객관적 조건이 이미 형성되어 있다 할 것이다. 물론 우리는 이같은 현실을 극복하기 위해 많은 것을 해왔다. 노정 직접교섭을 요구하기도 했고, 시기와 역량을 집중시키기 위한 기획 투쟁을 시도해보기도 했다. 기업별 노동조합의 한계를 넘기 위해 산별로의 전화, 산별 건설을 위해 노력하는 것도 이 때문이다. 산별노조 건설을 통해 병렬적으로 존재하는 요구를 모아내고, 투쟁의 시기를 집중하며, 재정과 지도력을 단일화하는 일은 매우 중요하다. 그러나 자본주의의 재편 방향이 궁극적으로 노동자계급의 분단화를 의도하고 있으며, 기존의 노동(조합) 운동의 틀과 구조로 감당하기 어려운 투쟁이 요구되고 있다는 점에서, 산별 건설은 '조직'구성 자체보다 산별적 투쟁의 '내용'을 구성하는 일이 더욱 시급하다 할 것이다.

신자유주의 재편에 맞서는 투쟁은 이미 일국적 차원을 넘어서고 있다. 우리는 그동안 세계화 전략에서 이탈을 요구해야만, 아니 이탈해야만 승리할 수 있는 투쟁을 경험해 왔고, 그래서 패배해 왔다. 그러나 실질적인 '이탈'을 위한 투쟁은 그야말로 높은 수준의 투쟁을 요구한다. 세계화·금융화 저지 투쟁은 양허안을 막아내고, 경제특구법을 철회시키고, 외자유치 및 해외매각을 막아내는 투쟁에서 시작하지만, 이 끝없이 이어질 것이 분명한 투쟁은 직접적으로 세계화에서의 일탈을 요구하는 투쟁을 목표로 할 때 개별화되지 않고 모아질 수 있다. 그러나 현실은 미력하다. 이러한 상황이기에 우리가 설정해야 할 투쟁의 방향은 매우 공허하게 들린다. 자본의 세계적 재편 양상이 일국 차원의 계급투쟁의 한계점을 이미 전제하고 있기 때문이기도 하다. 그렇다고 현존했던 사회주의의 자취를 따라가자는 주장도 설득력을 갖기 힘들며, 사민주의의 길은 이미 신자유주의로 돌아서버린 지 오래이다. 그렇다면 우리 운동의 발전 전략은 어떻게 가능할 것인가. 세계화에서의 이탈이라 부르건, 신자유주의와의 전면전이라고 부르건, 이 투쟁은 결국 일국 차원의 계급투쟁의 활성화를 통해서만이 시작하게 된다. 그러나 또한 일국내의 계급투쟁이 이미 세계화, 신자유주의적 자본의 세계적 재편과 맞물려 있다는 점에서, 국가에 대한 통제·국가를 통한 자본에 대한 통제는 매우 어렵지만, 세계화에서의 이탈·반신자유주의 투쟁의 출발점이 된다. 즉 이탈과 재구성을 위한 전략은 국가권력의 현실적 위치에 의해 결정되며, 이를 둘러싼 계급간 힘의 관계에 의해 좌우된다. 정반대의 상황 역시 마찬가지이다. 그럴수록 투쟁의 출발점과 목표·방향을 명확히 설정해 나가는 일이 중요하다. 물론 국가는 그 자체로 반동적일 수밖에 없으며, 부르주아적 기관임이 분명하다. 그러나 종속적 신자유주의의 길을 걷는 한국 사회는 독점자본의 입장에서조차 자율성을 가지기 어렵기 때문에 일국적 수준에서 볼 때, 자본과 노동과의 역관계 역시 국가부문·국가권력을 둘러싼 투쟁을 통해 그 힘의 관계가 좌우될 것이다. 금번 철도 투쟁에서 보듯이 한 번의 투쟁으로 국가정책이 바뀌지 않으며, 투쟁이 전개될수록 국가를 둘러싼 노동과 자본간의 줄다리기는 험악해질 것이다. 계속되어온 투쟁으로 사유화정책이 일정 제자리걸음을 하고 있다 하더라도 국가정책이 바뀔 여지는 없다. 그러나 투쟁의 과정에서 국가와의 관계, 그를 둘러싼 노-자 간의 긴장력의 실체가 확인될 것이며, 투쟁을 통해 힘의 관계가 결정될 것이다.

자본의 재생산을 위해서 국가의 역할이 필연적인 것과 마찬가지로 노동자계급의 현실 투쟁에서 역시 국가는 우회할 수 없는 공간이다. 특히 국가권력과 국가 부문·공적부문으로 존재하는 공간 자체가 그러하다. 그러나 국가를 둘러싸고 전개되는 투쟁은 통제와 소유의 문제를 동시에 제기하며, 그럼으로써 복잡한 문제를 제기한다. 소유의 문제가 그 자체로는 진보적일 수 없고 통제를 통해서만이 의미를 가지듯, 통제의 문제 역시 소유를 전제하지 않고는 가능하지 않다. 자본주의의 모순을 극복하는 일은 시공간적 단절을 통해 일순간 이루어지는 것이 아니라, '과정' 그 자체이다. 이는 현존했던 사회주의와 사민주의의 경험을 통해서도 충분히 알 수 있다. 더욱이 국가권력의 장악은 설사 선거를 통해 혹은 변혁적 정세 속에서 집권─이 의미 역시 다양하지만─했다 할지라도 경제적 관계·생산구조와 계급관계를 완전히 전환시켜 나가는 장구한 투쟁의 시작일 뿐이다. 이러한 상황에서 현재 진행되고 있는 소유의 문제, 혹은 국가의 책임을 요구하는 투쟁은 하나의 출발점일 뿐이며, 통제를 둘러싼 투쟁으로 나아갈 수밖에 없게 된다. 공공성이라는 화두로 이렇듯 고민을 진척시켜 나가는 이유는 이 때문이다. 소유와 통제를 둘러싼 다양한 투쟁이 공공성, 혹은 국가권력을 둘러싼 투쟁으로 수렴되고 있기 때문에, 이 투쟁이 가지는 전략적 측면을 명확히 이해하는 속에서 방향을 설정해나가야 한다. 즉 공공성 쟁취, 국가영역을 둘러싸고 전개되는 현실의 투쟁을 전략적 침로 속에서 인식하고, 재구성하기 위한 고민이 필요하다는 것이다.

　그러나 여기서 전략을 전술로, 방향을 지침으로, 성급히 끌어내리고자 조급함에 대해서는 심히 우려하지 아니할 수 없다. 물론 대우자동차 투쟁에서와 같이 전략적 투쟁이 현실 투쟁 과제와 급격히 만나게 되는 상황이 벌어지기도 하며, 의료나 교육 투쟁에서처럼 사회화의 요구를 직접적으로 내걸을 수밖에 없는 상황이 빚어진다. 바로 이것이 현실 투쟁의 조건이다. 최근 들어 사유화 저지 투쟁 전선에서 공기업의 민주적·민중적 운영과 통제에 대한 고민이 적극적으로 배어 나오고 있는 것 역시 이 때문이다. 환경의 경우 친환경적 정책을 위해서는 국가의 적극적인 통제, 적어도 제한조치·규제가 필요한데, 실제로 이 제한조치는 자본과의 격렬한 싸움을 동반할 것이다. 이렇듯 현실적 수준에서 국가에 대한 통제, 나아가 사회화·국유화의 전망을 걸어야 하는 투쟁이 전개되고 있다. 그러나 전략적 방향을 정세적·전술적인 요구로 내걸어야 한다는 강박관념에 시달릴 필요는 없다. 전략과 전술이 만나는 현실을 충분히 이해하고 이것의 합일을 위해 충분히 대처하는 것, 나아가 전술적 요구를 전략적 요구로 전화해나가는 긴장관계를 이해하는 것이 중요하다. 즉 국유화·사회화를 당장 내거는 것이 중요하지 않으며, 공공성 쟁취 투쟁을 높은 수준의 강령적 요구로 선전 선동하자고 주장할 필요는 없다. 다만 공공성 쟁취·국가와 공적 영역을 둘러싼 투쟁이 이미 '나아가 있는' 조건에 대해 충분히 이해하고 소통하며, 고민을 진척시켜나가야 할 따름이다. 특히 실질적 사회화와 통제, 실질적 민주주의에 대해 '지나온 역사'가 왜 그리 논쟁을 거듭해왔던가에 대해 돌아보고 평가하는 일은 매우 중요하다. 통제의 주체는 누구인가, 민주적 운영과 노동자적 통제는 어떻게 가능한가, 생산수단의 공동소유와 이를 통한 노동자적 분배의 문제는 무엇인가, 분배의 문제 역시 소위 경영을 통해 가능하다면 자본주의적 경영이 아닌, 노동자·민중적 운영원리는 무엇인가 등은 필히 풀어나가야 할 과제이다. 좀 더 구체적인 논의로 접근하기 위해 현실 투쟁의 양상이 어떠하며, 이 속에서 우리의 과제가 무엇인가에 대해 거칠게나마 살펴보도록 하자.

4. 사회화를 둘러싸고 전개되는 현실 투쟁의 현안, 그리고 과제

1) 공기업과 국가자본을 둘러싼 투쟁

전력산업, 한국전력만을 보더라도 공기업이면서도 관료화된 기업의 전형이며 사적자본의 축적의 논리에 종속되어 있다는 점은 명혹하다. 그러나 사양화의 길을 걷는 석탄산업을 최소한이나마 보호하기 위해 석탄의 수요를 안정적으로 뒷받침하는 역할을 수행했다는 점은 시사적이다. 이는 공기업이 사적(독점) 자본의 이해에 복무하며 시장논리에 근거한다 할지라도 공적 수요, 공공적 필요라는 국가 책무의 연장선에 존재할 수밖에 없다는 점을 보여준다. 물론 이 국가의 책무는 계급투쟁의 역관계하에 절대적인 영향을 받는다. 99년 구조조정 과정에서 석탄산업과 한전의 관계는 정리되었고, 10여 년의 구조조정 과정에서 한국통신의 공적역할은 이미 소진되어 버렸다. 국가부문·공적영역의 계급적이자 가변적 성격이 이러하다 할지라도 사유화된 기업 혹은 사적독점자본과는 전혀 다른 양상을 띠고 있음은 분명하다. 사적독점자본을 규제하고 통제하는 것과 국가자본을 통제하는 투쟁은 현실적인 투쟁의 힘과 방도, 나아가 대중적 이데올로기적 측면에서 차별적이다. 공기업 철도의 공공성을 요구하는 투쟁과 사기업이 된 철도의 공공성을 요구하는 투쟁이 질적으로 다를 것임은 분명하며, 이미 사유화된 지역난방공사이지만 공적역할을 요구하는 주민들의 자발적인 투쟁은 계속되고 있는 것이다. 이러한 상황에서 우리는 국가권력 장치 전반의 문제를 가정해 볼 수 있다. 국가는 국가의 재정과 조세를 통해 경제에 기입하고, 이 속에서 사적 자본의 이해를 대변한다. 정치적 측면에서뿐만이 아니라 법적·군사적인 모든 것이 국가권력의 영향력하에 존재한다. 국가는 개별 기업이 할 수 없고, 결코 하지 않는 정책을 수행한다. 산업 전반의 투자를 선정하는 것에서부터 가격 결정, 나아가 생산·투자·유통에까지 개입하고 있다. 철로·도로·항만을 구축하고 통신망을 넓히며, 의료와 교육 관련한 투자 전반을 기획하고 결정한다. 국가 방위에 따른 군수의 영역은 다른 모든 영역을 넘어설 만큼의 재정적·정치적 역량을 요구한다. 국가가 자본의 이해에 복무하는 만큼 이 자본, 총자본을 통제하거나 투쟁하는 과정에서 역시 국가는 경유해야 할 필연적인 투쟁의 대상이다. 국가가 형식적인—사실은 친자본적이지만—민주주의의 외피를 쓰고 있는 한 노동자·민중의 투쟁의 주요한 대상이자 공간일 수밖에 없으며, 이를 둘러싼 투쟁은 모든 투쟁을 관통하고 있다.

사유화 저지와 공공성을 둘러싼 투쟁은 결국 국가 자본을 둘러싸고 벌어지는 소유와 책임성 여부를 가름하는 투쟁이다. 물론 이 싸움 그 자체로 얼마만한 의미가 있을 것인가는, 이 투쟁이 가지는 현실적 한계는 명확하다. 사유화되지 않은 한전이 과연 친노동자적 공간일 것인가에 대해 누구나 회의적이다. 공교육의 확대가 그 자체로 의미를 갖기 힘든 것과 마찬가지로, 공기업 대우자동차가 민중적일 수 있을 것인가에 대한 현실적 답변은 분명하다. 분할·사유화되지 않더라도 한전과 한통은 여전히 사적자본의 충실한 대리인일 것이며, 자본의 이데올로기에 순응하는 노동자를 생산해내는 체계로 기능할 것이다. 공기업 대우와 몇몇 은행과 증권사는 공적자금을 갉아먹는 패륜아였을 것이다. 그럼에도 불구하고 이 소유권을 둘러싼 투쟁은 그것이 가져오는 현실적 효과—직접적인 고용과 생존권 쟁취 투쟁이자, 형식적이나마 사적독점자본의 전일적 시장지배를 제어할 가능성을 남기는—자체를 둘러싼 투쟁이며, 이 현실적 효과가 미래에 누구의 것이 될 것인가는 투쟁의 결과가 된다. 이 과정에서 공기업, 국가 소유 아래 풀 수 있는 현실적 고용보장은 한계적 수준에 머물지언정 매우 중요하다. 결국 현재 전개되고 있는 투쟁의 성과가 미래의 성과—국가와 자본에 대한 노동자의 실질적 통제와 자본 전반에 대한 통제—로 나아갈 수 있는가 아닌가를 열어놓고 현실의 계급투쟁을 바라보고, 전화·발전시켜나갈 방향을 설정해야 한다.

앞서 언급했듯이 사유화정책은 자본의 입장에서 손실의 사회화를 위한 한 과정이며, 폭력적인 국가정책을 토대로 자본의 위기를 떠넘기는 한 단계이다. 두산중공업이 대표적인데, 공적자금을 투입해 국유화한 공기업이 정상화되자마자 사유화시킨 경우이다. 최근 자본과 권력이 '긴장'하고(?) 있는 철도의 공사안을 보면, 현실적인 적자 수준과 매각 가능성을 고려해 중단기적으로 상업적 지표를 늘이고자 함이며, 결국은 매각 가치를 높이기 위한 과정이다. 사유화는 노동비용 감소를 통한 이윤율 확대 과정을 전제하고 있으며, 부도 사업장은 폭력적이고 일괄적인 고용 파괴를 보장해준다. 이런 점에서 사유화 저지, 공적자금 투입을 통한 공기업화라는 소유권을 둘러싼 투쟁은 그 자체로 머물거나, 개별 사업장 차원의 고용안정에 머문다면 성과는 미미하며, 효과 역시 일시적일 것이다. WTO 반대 등 반세계화 투쟁과 경제특구법 저지 투쟁 역시 마찬가지이다. 최근 반미감정이 고조되고 한국사회의 종속성이 심화되는 과정에서 세계화 반대 투쟁이 일견 민족적 정서 속에서 확장되기도 하며, 경제특구법에 맞선 투쟁이 활발하게 전개되고 있다. 소유권, 국가부문·공적영역의 축소 혹은 폐절이라는 측면에서 세계화의 확장, 종속의 심화는 일국의 국가권력—그것이 철저히 자본의 이해에 종속되어 있다 할지라도—의 자율성을 심각하게 훼손시킨다. 그러기에 세계화 반대, 종속 반대 투쟁은 그 자체가 가지는 생존권 쟁취 혹은 매각 반대 투쟁을 넘어 국가권력의 종속성을 막아내고 공공성을 강화시키는 투쟁으로 발전해나갈 때만이 더욱 의미있는 투쟁이 될 것이다. 즉 국가에 대한 노동자·민중의 미래의 통제력을 현실 투쟁에서 어떻게 확보해나갈 것인가를 내포하고 있기 때문이다. 그러기에 우리는 현재 소유권을 둘러싼 투쟁, 국가부문·공적영역의 축소, 종속심화에 맞서는 투쟁을 현실의 방어적 투쟁으로부터 시작하여 미래를 바라보는 투쟁으로 발전시켜야 한다. 이제까지 사유화 저지 투쟁, 공공성 쟁취 투쟁이 많은 의미와 성과를 남겼음에도 불구하고 미래를 바라보는 투쟁으로 전화하지 않는다면, 투쟁의 성과는 그리 오래 가지 않을 것이기 때문이다.

2) 노동력 재생산 비용의 사회화 투쟁

사회보장, 사회복지의 영역으로 존재해왔던 투쟁 공간은 공공성 쟁취 투쟁의 공간이자, 노동력 재생산 비용의 사회화 투쟁이라는 점에서 계급적 투쟁 요구로 적극적으로 '끌어올려야 하는' 투쟁의 대상이다. 현재 비정규직의 정규직화 투쟁, 여성·장애인의 생존권 투쟁, 나아가 4대 보험 및 사회보장 투쟁이 지속되고 있다. 그러나 이러한 투쟁이 개별 사업장의 임단투와 개별화되어 있다는 점은 매우 안타까운 현실이다. 소위 사회보장의 제영역은 사실상 개별 사업장의 임단투의 실내용과 맞닿아 있다. 퇴직금은 이미 반동적으로 후퇴한 상황이며, 자녀들의 학자금 및 사내 복지는 해체되고 있다. 연금과 교육, 의료의 공공성 쟁취 투쟁은 개별 사업장의 임단투 속에서 구체화되어야 하며, 이를 통해 국가적 차원의 공공성 담지를 요구하는 대중적 투쟁 대오를 확장시켜 나가야 한다. 물론 산별이 건설되면 어느 정도의 요구안은 마련될 것이다. 그렇지만 산별의 요구가 개별 사업장 임단투의 합산 이상의 것으로 나아가기 위해, 노동의 재생산 비용이 사회화되기 위해서는 무엇을 해야 하는가. 개별 사업장의 임단투가 변화해야 하며, 4대 보험을 둘러싼 투쟁이 확장되어야 하며, 삶의 질 확장이라는 측면에서 노동시간단축과 비정규직 철폐 투쟁은 획기적으로 발전하여야 한다. 현재 진행되는 사유화 저지, 공공성 쟁취 투쟁이 국가와 공공영역을 둘러싼 투쟁이라는 점에서 노동력 재생산 비용의 사회화 투쟁과 밀접하게 연결되어 있는 것이 현실이다. 그러기에 노동권·생활권·건강권 확대라는 노동력 재생산 비용의 사회화 투쟁은 국가의 소유권 여하, 공적부문의 확대·강화, 나아가 이에 대한 노동자·민중의 통제라는 측면에서 결합해야 한다. 나아가 실질적인 관철을 위해 투쟁해야 한다.

독일철강산업 위기에 맞서 노동자들은 철강산업의 입지 보장, 사회적 신분상태의 보장, 대체일자리의 창출 등을 제기했다. 이것은 물론 금속산업 노조가 힘을 가지고 있었고, 계속적인 고용불안과 유연화에 대한 대중적 불안감이 고조되었기에 가능하였다. 그러나 한국사회 구조조정 저지 투쟁은 개별 사업장의 임단투를 넘어서고, 정규직과 비정규직을 포함하는 전반적인 고용안정의 요구로 나아가고 있지 못한 것이 현실이다. 자본의 위기가 과잉축적과 과잉생산에 기반해있기 때문에 희생의 원칙이 관철되지 않고는 결코 해결될 수 없는 상황이다. 그런 만큼 이 희생의 원칙은 노동자들 간의 단결을 통해서만이 깨어질 것이며, 노동자·민중적 요구의 확장을 통해서만 돌파될 수 있는 것이다. 당장의 고용안정이 노동자간 내적 분할과 해체로 나아가고 있으며, 차별의 확대를 불러일으키고 있다는 점을 잊지 않아야 한다. 대구지하철 참사와 빈번한 철도·지하철 사고로 인해 국가나 자본의 입장에서도 1인 승무제 문제를 막무가내로 관철시킬 수 없는 조건이 형성되어 있다. 더욱이 1인 승무제 철폐 투쟁이 기관사들의 노동권을 넘어서는 투쟁이라는 사실 역시 대중적으로 검증되었다. 외주하청 노동자 7인의 죽음은 '안전한' 공공철도 건설 투쟁의 과정에 자리하는 매우 중요한 투쟁 과제를 다시금 확인시켜 주었던 것이다. 사실 공공부문에서의 고용안정 투쟁은 노동시간 단축 투쟁의 본원적 목표와 많은 부분 연결되어 있다. 노동시간 단축은 해당부문 혹은 개별 사업장 내적으로 고용을 안정시키는 투쟁에 머무르는 것이 아니라, 고용을 확장시키고 삶의 질을 향상시키기 위한 투쟁이다. 역시 공공부문에서의 고용안정과 생존권 투쟁은 공공성 강화라는 포괄적 과제를 구체적 · 현실적으로 실현시켜내는 투쟁이며, 이를 위해서는 당연히 고용의 안정 · 확장 · 보장을 요구할 수밖에 없는 투쟁이 된다. 그러나 현재 노동자계급의 투쟁이 매우 수세적으로 몰려 있는 상황에서 노동시간 단축과 공공부문에서의 고용안정 투쟁, 나아가 공공성 쟁취 투쟁은 매우 위축되어 있다. 그럼에도 불구하고 이 수세적 위기를 극복할 수 있는 물질적 힘, 단결과 연대의 확장이 어디에서 가능할 것인가는 매우 분명하다.

3) 노동자 · 민중의 실질적 통제

국가 혹은 공적 소유권을 둘러싼 투쟁, 노동력 재생산 비용의 사회화를 위한 투쟁은 노동자 · 민중의 실질적 통제권을 확보하는 것을 통해 비로소 의미를 획득한다. 구조조정 저지 투쟁이 방어적 투쟁을 넘어서기 위해서는 공공적 필요와 공적 수요 · 친환경적 고민이라는 근원적인 것을 요구한다. 국가적 소유와 노동력 재생산 비용의 사회화가 어느 정도 확보된다 할지라도 노동자 · 민중의 통제권과 결합하지 않는다면 그 의미를 가질 수 없다. 새로운 과학기술의 발전이 연구 · 기획 · 개발하는 단계에서부터 노동자의 고용과 환경파괴를 저지하고, 자본의 통제권을 축소하는 것으로 시작될 수 있도록, 나아가 삶의 질을 보장하는 노동권 · 건강권을 담지하는 것으로 나아갈 수 있도록 통제하며 기획할 수 있어야 한다. 물론 이것은 개별 사업장 차원의 것이 아니다. 국가적 적어도 포괄적인 영역 수준에서 이루어져야 할 문제이다. 철도의 국가보조금 확장 투쟁이 철도의 친환경적 발전을 위한 것으로, 지하철 연장 운행을 내세운 자본의 허구적인 공공성 논리를 장애인

이동권 보장 등의 노동자·민중적 요구로 전환시켜내야 한다. 이것이 가능하다면 우리는 충분한 한 걸음을 내디딜 수 있다. 철도산업·에너지 산업은 자본을 통제하고 노동자·민중의 삶의 질 확장을 위한 전환의 기획을 가능하게 할 영역이 되어줄 수 있다. 그런 만큼 현실의 투쟁은 노동자·민중의 전략적 통제를 기획해나가는 디딤돌이 될 수 있을 것이다. 물론 우리가 자본의 배치·생산·가격·공급·유통을 포괄하는 고민을 내어놓는 것은 엄청난 수준의 진전을 요구할 것이다. 나아가 국가권력의 장악을 전제로 할 것이다. 그럼에도 불구하고 일보전진의 가능성이 자본의 위기 속에서 오히려 높아지고 있는 상황에서 이 과제를 머나먼 과제로 내몰 필요는 없다.

　최근 들어 사유화 저지 투쟁을 보면 전선의 교란 요인이 상당부분 발견되고 있다. 철도의 공사화 방안은 더욱 적극적인 양상으로 전개될 것이며, 가스와 발전의 경우에도 다양한 지분 매각 방식으로 우회로를 탈 가능성이 높다. 즉 이제까지 사유화 저지 투쟁이 매각이냐 아니냐의 단일한 전선이었다면, 향후에는 각 사의 매각 혹은 구조조정의 일정 분리뿐만이 아니라 다양하고 합리적(?)인 사유화 장치를 통해 겨우 유지해왔던 전선을 해체시킬 가능성이 크다. 더욱이 매각의 전제 조건인 노동비용의 감소 및 효율화, 이를 위한 사적·상업적 통제 방식, 그리고 현장 통제는 다양한 측면에서 시도될 것이다. 이러한 내부적 구조조정은 노동자간 분할·경쟁을 심화시키는 것으로, 노동조합간 연대를 불가능하게 만드는 것으로, 결국은 노동조합으로부터의 이탈을 불러일으키는 양상으로 전개될 것이다. 매각 방식에 있어서 지분의 분산·우리사주 혹은 종업원 지주제가 대두될 가능성이 농후한데, 이것은 매각의 문제점을 중화시키는 것으로, 노동자의 저항을 순화시키는 것으로 기능할 것이다. 최근 ERP나 팀제, 그리고 외주·하청의 다양한 방식이 도입되고 있다. 이것은 업무전환의 효율성을 통해 노동자의 현장에 대한 통제력과 숙련도를 떨어뜨리는 것으로 기능할 것이며, 기존에 존재하던 노동자들의 단결의 조건과 방식을 철저히 파괴해나갈 것이다. 그러나 이러한 총체적 구조조정의 상황에서 개별개별 사안에 급급한 대응에 머무른다면 각각의 구조조정 양상에조차 대응할 수 없을 뿐더러, 사유화 저지 투쟁 전선 자체를 유지하기 힘들어질 것임이 분명하다. 사유화 저지 투쟁뿐만이 아니라 전반적으로 공공성 확대·강화를 위한 투쟁 전선은 노동자들이 현장에 대한 통제권을 확보한다는 관점을 철저히 견지해야 한다. 그럴 때만이 노동자의 통제권을 둘러싼 투쟁이 현장을 넘어선 소유의 규제로 국가권력-자본에 대한 투쟁으로 연결되어 나갈 수 있다. 이는 그동안의 연대 전선을 구체적·실질적 연대로 만들어갈 수 있는 토대이다. 80년대 이후 금속과 제조업 사업장에서 전개해왔던 작업장 통제 문제가 당연한 노동자의 권리 투쟁이었음에도 불구하고 지난 몇 년 사이 고용안정을 요구하는 투쟁조차 매우 높은 수준(?)의 투쟁으로 여겨지고 있음을 상기하자. 현실 투쟁의 역관계를 고려한다 할지라도 우리 내부에 존재하는 '자발적 위축'이 또다른 통제로 기능하고 있지 않은지 돌아보아야만 한다.

4) 공공성 확장·강화를 위한 연대전선 구축

시민의 이해와 노동자의 이해는 자본의 힘의 우위, 이데올로기 공세 속에서 끊임없이 부딪히고 갈등하는 관계로 왜곡되고 있다. 공공성 쟁취 투쟁을 둘러싸고 시민의 이해와 노동자계급의 이해가 갈등하고 있는 것은 언뜻 이해하기 어려운 측면이면서도 현실의 상황이다. 이것은 무엇 때문인가. 사실 노동자로서의 개인은 시민이며, 오히려 시민으로서의 자아와 정체성이 더욱 지배적이다. 문제는 개인의 의식구조 자체가 아니라, 노동자적 의식보다 몰계급적 시민으로서의 의식이 우위를 점하게 하는 조건에 있다. 이것은 노동(조합) 운동이 개인의 삶을 포괄하는 노동자계급 운동으로 나아가지 못하기 때문이기도 하며, 노동(조합) 운동의 현안이 구체적 삶의 양상과 연결되지 못하고 있다는 점을 보여주기도 한다. 예를 들어 교육과 의료의 영역에서, 공적 시스템을 붕괴시키고자 하는 자본의 논리에 노출되어 있는 개인은 노동자로서가 아니라 사교육비를 더 벌어야 하고 질 높은 의료서비스를 받기 위해 경쟁하는 개인으로 편입하게 된다. 교육과 의료를 둘러싸고 열려 있는 사적 시장에 편입하기 위해, 재생산 비용의 사적 부담을 감내한다. 이렇기에 자신이 속해 있는 유일한 해방의 공간에서의 착취와 경쟁을 용인해야 하게 되는 것이다. 결국 현장 통제의 관철, 노동자계급의 내적 분화는 이러한 과정 속에서 순환하고 있다. 결국 시민적인 자아와 계급적 자아간의 내적 투쟁에서 후자가 패배할 가능성이 높은 것이 현실이기 때문이다.

　그러나 국가부문·공적영역의 축소와 시장화 경향이 현실적으로 시민의 이해를 갉아먹는다는 점에서 소위 시민적 이해와 노동자적 이해는 일치될 가능성이 높아진다. 그러나 가녀린 일치의 지점은 세련된 자본의 공세 속에서 매우 쉽게 끊어져 왔다. 그럼에도 불구하고 영국철도나 캘리포니아, 호주까지 돌아보지 않더라도 이미 대구지하철 참사만으로 이 가느다란 끈을 강고히 맺어가야만 한다는 사실은 절실히 드러나고 있다. 사실 사유화 저지와 1인 승무제 및 인원확충, 외주용역화 저지 투쟁은 공공철도 건설을 위한 최우선의 과제이다. 나아가 전쟁과 주가 변동에 시달리는 현실에서 안정적인 에너지 수급을 위한 국가적 책무를 요구하는 것은 당연한 투쟁이다. 또한 노동자·민중적 관점에서 교육과 의료의 시장 개방 및 자본의 이윤논리 저지 투쟁은 민중 복지라는 포괄적 과제와 맞물려 있다. 전쟁이 우연이 아니듯이 이 모든 구조조정의 양상은 자본의 운동이 처한 구조적 모순의 해결방식이며, 우리 앞에 놓여진 객관적인 투쟁 과제이다. 그렇기에 노동자의 생존과 민중의 삶의 결합하는 공공성, 그리고 이를 실현하기 위한 국가-자본과의 투쟁을 좀더 밀도있게 결합시켜 나가야 한다. 물론 이 '결합'은 하루아침에 혹은 우연적으로 만들어지지 않는다. 국가와 자본이 양산해내고 있는 몰계급적인 시민의 이해관계로 인해 역공을 당하지 않으려면, 이를 노동자·민중적 자아로 재구성할 수 있어야 한다. 이것은 매우 중요한 투쟁 과제이기에 시간이 걸리고 공을 들여야 한다. 적어도 향후 2-3년내에는 공공성을 둘러싼 '사회적' 투쟁을 광범위하게 실현할 수 있는, 기획하고 준비된 투쟁을 해야 한다. 특히 현정권의 유일한 무기인 정치적 포퓰리즘이 관철되어 나갈 가능성이 높은 상황에서 허구적인 통합 이데올로기가 아닌 공공성 확대·강화를 위한 대중적 프로그램과 구체적 투쟁을 시도해보아야 한다.

　이렇듯 노동자계급의 투쟁 과제로서 공공성을 이해하고, 구체적인 투쟁의 과정 속에 이를 이입시켜 들어가는 일은 매우 중요하다. 사회적 임금·노동의 재생산을 둘러싼 투쟁, 특히 임금투쟁에 있어 여성의 노동력이 배제·은폐되고 있는 현실은 개별 사업장의 투쟁만으로, 임단투의 관점만으로 풀릴 수 없다. 값싼 수입 농축산물을 둘러싸고 농민의 이해와 노동자의 이해 역시 갈등관계로 돌아설 가능성이 크다. 결국 공공서비스의 확장은 국가적 차원의 문제로 다시 나아가게 된다. 공공성이 노동자와 민중의 헌신을 통해 이루어지는 '허구적 논리'에 갇혀버리지 않으려면, 공공성을 놓고 계급적 단결을 새로이 구축하기 위한 기획이 필요하다. 특히 이러한 상황에서 우리는 시민운동에 대해 돌아볼 필요성을 느낀다. 시민운동의 역사 역시 짧은 것이 아니다. 문민정권이라 칭하던 김영삼정권이 들어서는 과정에서 기존의 노-자간의 계급적 대립구도를 혁파하기 위한 자본의 공세와 더불어 시민운동은 시작되었고, 김대중정권 이후에 '의식적으로' 정착하게 되었다 할 수 있다. 노동자의 파업에 함께 하지 못하고, 오히려 공격의 주체로 나섰던 경험은 어렵지 않게 기억할 수 있다. 시민운동이 자본의 더리인으로서, 계급대립의 완충지대-스폰지로 기능해왔던 점에 대해 평가하고, 판단·해석을 내린 바 없지 않다. 그러나 최근 들어 소위 시민운동·사회운동은 다양한 영역과 공간에서 분출하고 있다. 노동자들이 투쟁하는 다양한 공간에서 다양한 관계를 맺어가고 있는 형국이라 할 것이다. 전쟁반대 투쟁, 환경과 인권, 여성 및 장애인 투쟁 등에서 새로운 그리고 변화된 시민운동을 만나기도 하며, 새로운 주체와 만나기도 한다. 이것은 구조조정이 블러일으키고 있는 폐해의 결과이자, 현실이다. 나아가 새로운 주체이건 아니건 간에, 운동공간이 확장되어 나가기 때문에 그 속에서 조우할 밖에 없는 현실 상황을 보여주고 있다. 물론 여전히 논쟁해야 할 것도 많고, 관점의 차이 속에서 서로 갑갑해하기도 한다. 이는 노동운동과 시민·사회 운동이 인식하고 있었던 객관적 지형이 달랐기 때문이기도 하며, 노동(조합)운동이 가졌던 조합적 중심성 때문이기도 함을 인정할 필요도 있다. 그러나 비판할 지점과 연대의 지점, 논쟁해야 할 지점과 이해할 지점 역시 다양하게 드러나고 있다. 오히려 노동자계급적 관점에서 현실의 상황을 재구성하기 위한 노력이 우선되어야 한다. 물론 노무현정권은 소위 시민·사회적 운동 공간을 더욱 동요하게 하고 편입시켜 나갈 것이다. 그러나 시민운동의 영역이 현존해왔던 질서만이 아니라 다른 내용과 방식으로 넓어지고 있다는 점을 돌아볼 때, 다른 가능성이 존재하고 있다는 점을 굳이 부정할 필요는 없다. 노동자계급 운동이 처한 조건과 마찬가지로, 노동현장을 넘어서는 실질적 투쟁의 '현장'은 매우 광범위하게 열려 있기 때문이다. 오히려 노동자·민중운동이 이 공간으로 적극적으로 뛰어들고, 이 공간을 조직하고 장악해나가야 한다. 공공성을 화두로 연대의 내용·영역을 확장시켜내야 한다면 다양한 운동공간을 창출하고, 새롭게 조우하기 위한 노력은 함께 해야 하기 때문이다. 논쟁은 이제부터 다시 시작하도록 하자. 환경·여성·인권·문화에서의 투쟁이 개별 노동자의 생존과 별개가 아니라는 점에서, 결국은 반자본·반신자유주의·반세계화 투쟁과 동일한 길을 나아갈 수밖에 없다는 점에서, 노동자·민중운동 역시 이 문제에 대한 철학적 사고의 깊이를 더해야 한다.

5. 글을 마치며

공공성 쟁취 투쟁은 여전히 막연하고 추상적 주제이다. 공공성 쟁취 투쟁에 이런 저런 의미를 부여하는 순간 더욱 그러할 것이다. 이 글이 구체성을 보여주지 못한다 할지라도 구체성을 획득하기 위한 필요성을 염원하고 있다는 선에서 읽히길 바란다. 노동자계급은 파업을 통해, 자본과 권력에 대한 타격을 통해 자신의 힘을 비로소 확인한다. 그러나 우리가 가진 유일무이한 무기는 자본의 운동방식의 전화 속에서 힘을 잃거나 방향을 잡기가 매우 힘든 상황이다. 이러한 상황에서 자본과 권력에 대한 노동자계급의 힘이 어디에서 어떻게 발휘될 수 있을 것인가에 대해 차분히 돌아보아야 한다. 공공성 쟁취라는 전술적 투쟁 과제가 투쟁의 방향과 내용에서뿐만이 아니라 투쟁의 힘인 연대, 그 실내용을 만들어나가는 한 계기점이 되기를 바라면서 지루한 글을 마치고자 한다.

현시기의 정치조직과 진보적 지식인의 현재

김상태(노동자의 힘)

1. 들어가는 말

단 한 가지 질문이 분명하게 대답되어야 한다.

'당대의 사회주의적 지식인이란 무엇을 의미하는가?'

그러나 사정이 그렇게 만만한 것은 아니다. 무엇보다 이 질문이 주어져야 하는 배경과 이 질문의 중대성 자체가 적지 않은 설명을 요구하고 있기 때문이다. 따라서 이 질문은 대답 이전에 그 정당성부터 증명되어야 하는 질문일 것이다. 그런데 현실적인 운동 없는 사회주의적 담론의 공허성에 대해 언급하는 것은 어떤가. 이미 오래된 습관 그대로 담론 자체가 운동으로서 현실이라고 대답할 것인가? 예컨대 오늘날 급진적인 지식인이라 불리는 사람들은 단지 매체나 잡지나 텔레비전 혹은 주로 제도권에서 얽혀진 자신들의 관계나 자신의 연구실 속에서만 존재하는 것 같다. 디통령직 인수위원회나 민주노동당의 브레인으로서 참가하고 있는 지식인들을 제외한다고 하면 이는 현시기에 매우 두드러지는 현상이다. 그렇다면 그들은 왜 현실에 개입하지 않는가. 왜 그들은 정치운동의 이론적 사상적 조직적 전망에 대해 구체적으로 관여하지 않으며 왜 그들은 노동조합이나 활동가들에 대한 현장교육 실무로부터 멀어지고 있는가. 다시 말해 그들은 왜 허공에 존재하는 것처럼 보이는가. 이는 현실운동의 모순 때문에 생긴 일인가? 혹은 그들 자신이 공중에서 분해되어 가는 중인가? 이 사연은 아무래도 추적되어야 할 가치가 있는 사연인 것 같다.

2. 『진보평론』 15호

　『진보평론』 15호의 특집은 '지식인과 한국사회'이다. 여기에는 다섯 개의 특집 글이 실려 있는데 그 저자들은 김진균, 이성백, 박동범, 이철의, 박노자로서 이철의를 제외하면 모두 전문적인 학자이자 전형적인 지식인들로 구성되어 있다. 지금부터 이 특별한 특집을 살펴보기로 한다.

　박노자의 「한국의 진보적 지식인에 대한 단상」의 부제는 '전향의 현상이 보여주는 진보적 지식인의 이면'이다. 그러므로 이것은 이미 글 내용의 골간을 다 말해 주고 있다 해도 과언이 아니다. 한 번 상상해 보라. 이 호기심 넘치는 "이면"의 실체가 무엇일까를 말이다. 박노자의 이 글에 의하면 한국의 급진적 지식인, 더 정확히 말해서 공산주의운동에 헌신했던 한국 지식인들은 무척이나 흉악스러운 모습으로 변절을 하곤 했던 것인데 그 주된 이유가 '학벌주의'와 '외래사상의 피상적 수용'에 있다는 것이었다. 나머지는 실제로 이 골간을 둘러싼 엽기적인 소설이나 영화 같은 것이다. 참으로 놀라운 일이다. 하기야 패배한 혁명운동의 역사에 갖다 부치지 못할 품평이 어디 있겠는가. 그러나 그의 글 속에는 사정이 그러한 어떠한 사회적 경제적 역사적 해석도 존재하지 않는다. 따라서 한국의 공산주의운동은 참으로 형편없는 속물 애송이들 때문에 망가진 것이며 만일 거기에 헌신했던 운동가와 혁명가들이 '학벌주의'적이지 않고 '사상을 피상적으로 수용'하지 않았다면 훨씬 좋은 결과를 가져왔음에 틀림없다. 하나마나한 박노자에 말에 의하면 상황은 늘 그럴 수밖에 없다. 다시 말해 나쁜 일은 그냥 나쁜 일일 뿐이며 좋은 일은 그냥 좋은 일일 뿐인 것이다.

　어째서 이러한 글이 진보평론의 단상에 올라오게 되었는가는 나중에 묻기로 하자. 또 박노자의 이 엽기적인 관점에 대한 미주알고주알도 일단은 제쳐두기로 하자. 여기서 물어야 하는 것은 그것이 아니다. 정말로 중요한 것은 지금 이런 말을 하고 있는 박노자라는 지식인이 외국에서 들어와서 그냥 한국에 있다가 지금은 먼 나라의 대학 교수를 하고 있는 사람이라는 사실이다. 도대체 한국의 변혁운동과 아무런 상관도 없는 사람이 한국의 변혁운동에 대해서 왜 그렇게 말이 많은가. 이에 대해 혹시라도 '그럼 말도 못하느냐', '외부에서의 충고도 중요한 것 아니냐', '박노자라는 학자의 나름대로의 연구와 견해가 있는 것 아니냐'라고 말해서는 안 된다. 지금 문제가 되고 있는 것은 그런 일이 너무 많아졌다는 것이며 더 나아가 아예 사회적 흐름이 되어가고 있다는 점이기 때문이다. 그러니까 도처에 이와 같은 박노자들의 함성이 난무한다는 것, 언제부터인가 변혁운동에 아무런 연관도 없는 사람들이 술 자리의 안주 다루듯 변혁운동을 중얼거리기 시작했다는 것이며 급기야는 이 박노자들과 이 흐름이야말로 그 정체를 묻지 않을 수 없는 대상이 되었다는 것이다. 정말이지 '전향의 이면'을 말하는 박노자의 '이면'이야말로 궁금증을 넘어선 해석의 대상이 된 것이다.

박동범이 쓴 글은 「대학에서의 의제 생산과 학회, 그리고 운동」이다. 이 또한 제목이 내용의 핵심을 가리키고 있다. 아마도 박동범의 글과 같은 것을 포스트모던한 글이라고 말해야 할는지 모르겠다. 장장 25페이지에 이르는 이 글은 참으로 긴 호흡의 문장과 더불어 실로 글쓰기의 새로운 미학을 구성하고자 하는 의욕에 차있다고도 보이는데 그럼에도 불구하고 필자의 눈에 뜨이는 유일한 것은 제목 자체와 연관된 몇 개의 대목일 뿐이다. 그것은 다음과 같다.

> 앞서 이러한 제안, 요청에 대한 소박하면서도 가장 현실적인 응답으로, 자율-자치적인 결사 형태로서의 '학회'를 거론했던 것 기억하시죠? 자기 조직적인 일상정치의 장으로서 대학 공간을 자리 매김하는 일은 예컨대 이반 일리치가 제시했던 '모든 일상의 교육화' 테제를 학회 성원들 자신이 발 딛고 있는 현실에 조응하는 구체적 실천 프로그램으로 변이시킬 '차이의 공간'으로서 규정될 수 있을 것입니다.

박동범 자신의 요청과 제안에 대한 응답으로서 학회에 대한 박동범 자신의 비전은 이후로도 장장하게 이어진다. 어쨌든 운동의 위기에 대한 나름대로의 진지한 모색임에는 틀림없다.

그러나 참으로 결정적인 것은 박동범 자신은 자신의 응답을 현실에서 실천하고 실현할 가망이 거의 없는 존재라는 사실에 있다. 그는 대학을 졸업한 석사과정 학생이고 연구 공간 '너머'의 회원이라고 소개된 만큼 이미 연구자로서 절반의 고개를 넘고 있는 사람이다. 그런 그가 과연 자신의 응답으로서 학회를 조직하거나 실천할 수 있을 것인가? 한편 운동으로서, 그리고 그 운동의 대안 중 하나로서 대학내 학회를 조직하고 그것을 이끌어나가는 것이 얼마나 처절한 투쟁인가를 그는 정확히 알고 있는가? 설마하니 학부에 있는 후배들 몇 명 불러서 세미나팀을 하나 조직하는 대학원생들의 유행을 그 응답의 실천이라고 말하는 것은 아닐 것이다. 그렇다면 이 학회를 부흥시키려고 학부 때부터 졸업한 이후 몇 년 동안 기를 쓰고 활동했던 활동가들의 고뇌와 실패를 박동범은 무엇이라고 이해할 것인가? 그 고뇌와 실패는 박동범의 응답을 몰라서 생긴 것인가? 그러니 박동범의 말은 그 진위가 무엇이건 간에 박동범 자신과는 무관한 일이다. 그리고 이 경우에도 연구자는 그런 실천의 문제가 아니라 연구를 통한 대안을 발표하고 충고하는 자라는 변호를 해서는 안 된다. 박노자의 경우와 똑같이 운동과 무관한 사람들이 운동을 운운하는 현실의 총체적인 흐름이 문제이기 때문이다.

이성백은 「인적 배치의 측면에서 본 지식인 사회」란 제목의 글을 썼다. 이 글은 대단히 현실적인 질문과 진단으로부터 시작된다. 현재 한국사회에서 진보적 지식인의 재생산이 매우 어려운 조건에 처해있는데 이는 왜 그러하며 어떻게 극복해야 하는가라는 질문이 바로 그것이다.

앞으로 진보진영의 사회적 활동을 이어나갈 후속세대를 키워나가는 데 있어서 한국의 진보진영은 난관에 처해 있다. 그 징후들은 여기저기서 드러나고 있다. 학생운동은 대학내의 '소수자 운동'으로 전락해버릴 정도로 대중성을 상실해 가고 있다. 각 운동단체들에는 젊은 신세대 후배들의 발길이 뜸해지고 있다. 대학원 석・박사 과정에서는 이제 진보적 인문 사회과학을 연구하는 학생들은 좀처럼 찾아보기 힘들다. 1990년대 지난 10년간 진보적 성향의 박사들 중에서 대학 강단에 자리를 잡은 사람들은 손에 꼽을 정도에 불과하다.

분명 한국의 진보적 지식인 사회는 세대단절의 위기에 봉착해 있다. 그 위기의 원인은 어디에 있는가? 어떤 요인들이 작동하여 90년대 이후 진보적 지식인 진영의 후속세대 재생산을 가로막고 있는가? 이러한 저해 요인들에 대한 분석으로부터 어떤 현실적인 대응책들이 마련될 수 있을 것인가?

당연히 이어지는 대목은 상황의 원인에 대한 서술이며 이는 파시즘체제 하에서 굳어진 지식인의 인적 배치라는 것으로 연결된다. 그런데 정작 강렬한 인상으로 다가오는 것은 이 서술 뒤의 마지막 결론 부분이다. '진보적 지식인 사회의 후속세대 양성의 길 (제안)' 이라는 소제목 아래 이성백은 다음과 같이 말하고 있다.

따라서 나는 제도권 학계를 쳐다보는 방식으로 진보적 지식인사회의 후속세대 문제를 풀어나가는 것은 이미 한계점에 도달했다고 생각한다. 그래서 이제 후속세대의 문제를 풀기 위해서는 획기적으로 새로운 방법이 모색되어야 한다. 제도권이 아니라면, 모색의 출발점은 제도권 바깥이다. 진토진영의 사회적 활동을 이어나갈 후속세대를 양성하기 위한 독자적인 교육과 연구매체들을 제도권 바깥에 설립하는 문제를 진지하게 고민해야 한다. 진보진영의 대안적인 대학, 대학원, 연구소들을 설립하는 것을 진보진영 전체의 운동적 차원에서 전개할 필요가 있다.
이것이 이루어질 수 있기 위해서는 우선 지배체제의 가치관과 단호하게 절연하는 정신적 '혁명'이 요청된다. 그리고 나는 대학교수가 되었으면 하는 미련은, 사상은 진보를 추구하고 있으면서도 국회의원, 변호사, 교수를 더 나은 삶으로 보는 지배체계의 가치관을 떨쳐버릴 각오가 되어 있어야 한다. 오히려 지배체제의 가치관을 우습게 여길 수 있어야 한다. 한때 운동 경력으로 국회의원으로 '출세'한 사람들보다 자기 운동현장에서 절대적 빈곤 이하의 경제적 압박에도 아랑곳하지 않고 묵묵히 자기의 사상을 실천하는 사람들의 삶을 더 나은 삶으로 볼 수 있어야 한다.

분명 귀담아 들어야 할 고언이라 하지 않을 수 없다. 이러한 제안이 문자 그대로 진보진영 전체 운동차원으로 전개되고 과감한 정신적 혁명으로 이어질 수 있기를 바라마지 않는다. 그러나 너무도 괴로운 것은 이 말을 하고 있는 당사자가 다름 아닌 교수라는 사실이다. 지금 현직 고수인 사람이 아직 교수가 아닌 사람들을 향해 대학교수의 미련을 버리라고 말하고 있는 중이다. 오히려 지배체계의 가치관을 우습게 여기고 절대적 빈곤 이하의 압박에도 굴하지 않는 사람이 되라고 말하는 중이다. 과연 이 말이 아직 교수가 되지 못한 후학들에게 현실성이 있는 충고로 들릴 수 있을까? 이성백 본인의 충심이 아무리 간절하다 한들 과연 이 말이 후학들에게 실제적인 의미로 현현될 수 있을까? 못지 않게 고통스러운 것은 그가 제시한 실천적 제안 자체이다. 위의 박동범이 말한 학회 이야기처럼 이성백이 말하는 '진보진영의 대안적인 대학 대학원 연구소'들을 설립하는 일은 말 그대로 장난이 아니라는 것을 분명히 기억해야 한다. 문제는 언제나 처참할 정도로 단순한 곳에 있다. 누가 고양이 목에 방울을 달 것인가, 요컨대 누가 그 일을 실천할 것인가에 있기 때문이다. 혹시라도 이성백은 누군가가 그런 일을 대신해줄 것이라고 생각하거나 자신의 제안이 뜻 있는 사람들 사이에 저절로 바람이 일어 그런 일이 시작될 거라 생각하는 것은 아닐 것이다. 그렇다면 그는 되건 안 되건 스스로 총대를 메어야 한다. 그리고 그 순간 그는 그 일에 사실상 목숨을 걸어야 한다. 운동의 차원에서 어떤 일인가를 실천하고 조직한다는 것은 여전히 처절한 투쟁이며 현시기와 같은 상황에서는 더욱이나 그러한 것이기 때문이다. 그러니 묻지 않을 수 없다. 이성백의 글은 진보적 지식인으로서 얼마만한 실천적 결단을 전제하고 있는 것이냐고 말이다. 만일 그 결단이 준비되어 있지 않은 것이라면 이는 참으로 심각한 일이 아닐 수 없다.

이렇게 해서 대충 두 가지 정도를 지적한 셈이다. 하나는 위의 박노자로 대변되는 사실상 쁘띠 부르주아 한량들의, 지난 10년 동안 줄기차게 진행되었던 변혁운동 진영에 대한, 그것도 충고의 탈을 쓰고 난무하는 욕설들과 그것을 무슨 국민 계몽적 실천인 양 의기양양해 하는 작태들이다. 다른 하나는, 사실은 훨씬 중요한 것으로서, 한때 변혁운동의 이론적 실천적 전위였던 급진적 지식인들이 전혀 생명력 없는 이야기들을 중얼거리기 시작했다는 것이다.

당연히 이것들은 최초의 질문들과 직접적으로 연관된 것이다. 그것은 무엇이었던가.

'당대의 사회주의적 지식인이란 무엇을 의미하는가?'

라는 것이었다. 자 이제 선택하기로 하자. 현시기에 있어 이 질문은 정당한 자기 권리를 가지고 있는가? 만일 그렇다고 대답한다면 여기에 어떤 대답이 가능한가. 정치조직 운동이라 불리는 사뭇 낯선 주제는 이 질문이나 대답들과 어떤 관계가 있는 것인가?

3. 현시기의 정치조직 운동

물론 변혁적 정치조직을 말하는 중일 것이다. 참으로 세간을 주름 잡는 단어 중 하나가 정치조직일 터인데 그러나 그만큼이나 알 수 없는 것은, 대체 그것이 무엇이냐는 실로 황당한 의구심들이다. 확실히 주소를 잃어버리고 방황하고 있는 것은 예의 처참한 단순성인 것 같다.

변혁적 정치조직이란, 첫째 자본주의사회를 넘어 궁극적으로 해방된 세계를 추구한다는 것이고 둘째, 그를 위해 정치조직 자체로 권력을 획득하는 일주체가 되겠다는 것이며 셋째, 그 방법에 있어서 근원적이며 넷째, 이를 위해 특별한 방식과 행동과 인간형으로 결합된 사람들의 특별한 조직이다. 너무 단순하다고? 그렇다. 필요한 것은 바로 이 단순성이라고 몇 십 번이든 반복해서 말해야겠다. 이 단순성이 왜 민주노동당을 변혁적 정치조직이 아니라고 규정하고, 이 단순성이 선거주의 위험을 왜 그렇게 우려하고 이 단순성이 왜 질적으로 다른 공산주의적 인간형과 조직 형식을 추구하는가를 설명할 수 있는 한, 이 단순성은 현재로서는 있어야 할 모든 것에 해당한다. 그래도 복잡성을 말해야 하겠다면, 가령 강령이 무엇이고, 어떤 이름의 이념과 전통을 가지고 있고, 그 위력과 실력과 내적 모순이 무엇인가를 샅샅이 물어야 하겠거든 그건 언제든지 그렇게 하기로 하자. 왜냐하면 어떤 식의 정치조직이든 이와 같은 복잡성은 넘치도록 준비되어 있는 법이고 실상을 이야기하자면 그 복잡성의 논쟁이 오히려 부족해서 안달이 나있는 형편이기 때문이다. 그러니 그것은 언제라도, 어느 테이블 위에서라도 밤새도록 토론하기로 하자. 단 지금 여기서의 화두는 여전히 그 단순성에 있다.

가장 중요한 것은 정치라는 단어가 이전의 어떤 시대보다 풍부하게 사용되고 있음에도 그것이 의미하는 실체 자체는 어디론가 실종되어 버렸다는 것이다. 그러므로 먼저 해야 할 일은 이 실종의 근본부터 추적하는 일이 되어야 한다.

그 물질적 근원이 어디 있든지 간에 생존과 의미가 문제시되는 한 그것은 반드시 정치조직으로 지향된다.

이 명제는 어떠한가. 지금부터 이 명제의 문자 그대로의 현실성을 캐묻기로 하자. 예를 들어 도처에 정치가 있다는 식의 화려한 문구들은 그야말로 문전사절이 될 것이다.

2002년 12월 19일에 노무현 대통령 당선자가 탄생함으로써 한국사회는 생가죽을 한 꺼풀 벗겨 놓은 듯한 경끼를 일으켰다. 유감스럽게도 이 경끼의 냉정한 본질은, 참으로 밉기만 한 상대편의 면전에 사망 직전의 카운터펀치를 작열시키는 광경을 목격한, 어느 권투 시합 관람자의 감정과 크게 다른 것이 아니다. 대단히 통쾌하기는 했지만 자고 일어나면 별 볼일 없는 사건이었다는 말이다. 물론 이렇게 말하는 순간 급진주의자의 식상한 동어 반복이라는 아우성이 쏟아질 것이다. 그러니 이 내밀한 전후를 따지는 일 또한 다음 기회로 미루기로 하자. 그런데 이 생가죽을 벗겨내는 경끼의 이면으로, 마치 빈 공간에 물이 스며들 듯 급속하고 소리없이 이동해간 것은 정작 어떤 세력이나 사람들의 무리였다. 이 말의 뜻을 명확히 하고 싶다면 노무현정부라는 원주로부터 일정한 거리에 따라 배치되어 있는 세력이나 사람들의 분포를 상상해보면 된다. 우선 과거에는 기억의 언저리에도 없던 인물들이 권력의 최측근으로 쓸려들어 갔다. 나아가 수많은 지식인과 활동가들과 내노라하는 인물과 시민단체들이 그 거리에 따라 제 몫의 공간을 꿈꾸기 시작했다. 도처에 정치가 있다고? 물론이다. 그러나 누가 뭐래도 가장 결정적인 정치행위는 노무현정부와 노무현 당으로서 민주당이라는 정치조직의 부상 자체에 주어져 있다. 이 사건은 그동안 생존과 의미를 정치조직 바깥에서 찾고 있는 듯했던 모든 지향이 결국 어디로 향해있었는가를 한번에 증명한 것이다. 예를 들어 모든 시민단체는 반드시 어떤 형태의 정부와 당으로서 정치조직을 목표의 결절점으로 상정하고 있다. 그 시민 단체가 어떤 정부나 당에 참가하든 참가하지 않든, 그 단체의 핵심에는 이상적으로 존재해야 하는 정치조직의 상이 존재하는 것이며 이에 따라 가령 한나라당은 최악의 정치조직인 것이고 노무현정부와 당은 좀 나은 정치조직인 것인 반면 변혁적 정치조직은 좀 곤란하다는, 다분히 암묵적인 그러나 실로 결정적인 평가기준이 주어져 있는 것이다. 이것은 시민운동이나 제도권 밖의 제반 움직임이 정치조직과 상당히 무관하다는 이상한 환상이 실제로 얼마나 환상인가를 있는 그대로 반추해보아야 한다는 것을 의미한다. 분명 그들은 정부나 정당 같은 정치조직만이 아니라 사회 전체를 총체적으로 문제삼는다. 그러나 그 속에 그들이 상상하는 이상적인 정치조직에 대한 지향은 틀림없이 핵심 중의 핵심이다. 속된 말로, 그 핵심이 존재하지 않는다면 그들의 이상은 진정 앙꼬 없는 찐빵일 따름이다. 대체 얼마나 강조해야 하는 걸까. 80년대의 운동권은 87년 대투쟁 이전까지 전혀 제도권 밖의 이상으로서, 심지어는 현실에 존재하는 어떤 제도권 정치조직과도 무관한 것처럼 보였다. 그러나 대통령 직선제가 선포된 그 순간부터 정치조직의 문제는 그야말로 전부가 되어 버렸다. 후보 단일화니, 비판적 지지니, 민중후보니 하는 이 모든 것은 재론의 여지가 없는 정치조직의 문제이다. 어떤 선거도 그러하듯이 일단 정치조직을 선택하는 문제가 떠오르게 되면 들끓는 냄비처럼 요란스러워지게 된다. 어느 당을 선택할 것인가, 혹은 자신의 조직이 선거 공간에서 무엇을 해야 하는가가 초미의 관심이 되는 것이다. 그러므로 이제 더 이상 숨기지 말기로 하자. 인간은 틀림없이 정치적 동물이며 그 정치적 동물의 정치적 핵심에는 언제나 정치조직의 선택이나 건설이 웅크리고 있다. 못 살겠으니까 갈아보자는 것이고 못 살겠으니까 황건적이나 태평천국 같은 정치조직이 생기는 것이고 못 살겠으니까 어떤 당 혹은 당수를 비난하거나 추종하게 된다. 따라서 무엇을 뭐라 해도 좋다. 모든 생존과 의미에는 반드시 정치조직에 대한 지향이 들어 있다는 것, 그 진실과 허구의 토대가 무엇이든 간에 이 한심할 정도로 당연한 상식만은 지금 이 자리에서 분명히 하도록 하자. 온통 해체가 판치는 이 시대가 너무도 일찌감치 잃어버린 바로 그 상식을 원본 그대로 복원시켜야 한다는 말이다. 그리하여 맑스니 레닌이니 그람시니 알튀세르니 하버마스니 들뢰즈니 네그리니 하는 것은 잠시 접어두기로 하자. 이 고상한 현학 다음에는 민주당이건 개혁신당이건 민주노동당이건 맨몸 그대로 달려드는 줄행랑이 이제 불을 보듯 확연한데 그리도 아름다운 물빛 몸매들의 이론적 향연은 이쯤에서 잠시 쉬어도 될 것 같다. 사실은 그 중지를 통한 상식의 복원이야말로 모든 이론에 대한 진정한 예의이자 진정한 이론적 실천일 것이다.

해방 이후 무지개 빛 스펙트럼으로 온갖 정치조직이 빛과 그림자의 무대를 장식했다. 한 쪽으로는 자유당, 민주당, 신민당, 공화당, 민정당…신한국당, 새정치 국민회의, 한나라당, 새천년 민주당이, 다른 한 쪽으로는 남로당, 통혁당, 인혁당, 남민전, 구학련, 사노맹이 그 무대의 배역들이었다. 더 나아가 지금 이 순간도 전위조직을 모색하는 모든 시도, 그 무수한 조직 사건의 주역들까지 포함한다면 정치조직을 향한 여망은 모든 정치적 행동의 전방위에 존재하는 것이었다. 틀림없이 정치적 동물로서 정치조직을 향한 인간적 행동의 전형이었던 것이다. 그렇다면 질문의 핵심은 명백하다.

모든 운동 주체들은 어떤 정치조직을 선택하는가. 혹은 어떤 정치조직을 새로 건설하려 하는가.

물론 들려오는 반론의 주류도 그만큼 명백하다. 운동이란, 그리고 정치란 결코 정치조직의 선택이나 건설이라는 협소한 틀로 다 가둘 수 없다는 것이 그것이다. 확실히 그렇다. 위에서 앞뒤를 그만큼이나 길게 말했어도 이 반론은 결코 멈추지 않을 것이다. 그러나 이것이야말로 소망하는 바 명백한 효과 아니었던가? 그러니까 당신들은 앞으로 언제나 그렇게 대답하라. 그리하여 당신들은 어떠한 정치조직 바깥에서도 계속 숭고한 충언과 가르침과 부담 가질 필요 없는 편안한 행동으로 자신들의 실천을 자랑스러워하도록 하라. 오늘날 자신들은 어떠한 정치조직과도 무관하다 말하면서도 끊임없이 이런 저런 모임을 구성하고 이런 저런 단체로 모여드는 당신들,

그 속에서 사실상 정치권력 이상의 권력놀음으로 움직이는 당신들은, 그 모든 것이 정치조직과 끝끝내 관련이 없다고 끝까지 주장하라. 마침내 그 어느 날인가, 그 어떤 정치조직에 당신이 참여라도 하게 된다면, 그때는 단지 공간이 바뀌었을 뿐이라고 아주 간단하게 대답하도록 하라. 그리고 우리는 이쯤에서 당분간 평행선을 달리도록 하자. 지금은 일단 그렇게 하자.

위에서 말한 단순성으로서 변혁적 정치조직은 한 개인이나 개인들로 이루어진 집단의 정치적 행동과 삶에 대한 완전한 비전을 담고 있다. 이때 자신의 현실태로서 정치조직이 이 비전에 비추어 얼마나 부족하고 얼마나 불일치하는가는 일단 두 번째 문제이다. 정치조직은 실제로 존재하는 물적 존재로서 단순히 상상된 유토피아에 비추면 너무도 구체적인 존재이며 정치조직의 현실이 자신의 이상과 심하게 괴리를 일으킬 경우에는 그 내부와 외부에서 이에 대한 즉각적인 투쟁이 발생할 것이기 때문이다. 따라서 변혁적 활동가는 반드시 이 변혁적 정치조직에 대한 입장을 가질 수밖에 없다. 그는 어떤 변혁적 정치조직을 적극적으로 선택하거나 거부한다. 혹은 비판적 지지나 비판적인 관조의 입장에 머무르기도 한다. 만일 그가 어떤 변혁적 정치조직을 적극적으로 선택했다면 그는 그에 따라 자신의 활동과 삶과 세계관을 근본적으로 재정립하게 될 것이다. 그가 그렇게 하지 않는다면, 이권과 권력과 명예가 오가는 부르주아 정치판의 속셈을 가지고 있지 않는 한, 그 정치조직에 참가한 어떠한 이유도 존재할 수 없기 때문이다. 한편으로 그는 그 정치조직에 애정과 헌신을 다할 것이며 다른 한편으로는 그 정치조직의 부정태에 대해 있는 힘을 다해 투쟁할 것이다. 그는 자신의 세계관과 일상과 인간관계와 온갖 정치행위의 방식과 희노어락의 감정구조를 바꿔갈 것이며 그 정치조직 자체가 해방의 선취로서 현실화될 수 있도록 노력할 것이다. 그렇다. 변혁적 정치조직이란 이런 것이다. 따라서 변혁적 활동가는 이 정치조직의 문제에서 절대로 자유로울 수 없다. 예를 들어 그는 현재 존재하는 어떤 정치조직에도 만족하지 못하고 그리하여 어떤 정치조직에도 참가하지 않을 수도 있다. 그러나 그가 정말로 그 상황에 대해 진지했던 것이라면 그는 절대로 변혁운동에 대해 실천적으로 책임지지 않는 헛소리 같은 것은 하지 않는다. 어떻게 그럴 수 있겠는가. 그가 실제로 할 수 있는 일은 그를 만족시키지 못하는 정치조직의 현실에 대해 전면적인 투쟁을 전개하거나 반대로 그가 추구하는 새로운 정치조직을 건설하기 위해 매진하거나 아니면 정치조직에 대해 침묵하고 자신의 자리에서 해야 하는 일을 묵묵히 수행하거나 혹은 크게 실망하여 은거해 버리거나 그것도 아니라면 그는 자신의 이념과 계급적 당파성을 포기하고 전적으로 변신하게 될 것이다. 현실적으로, 그리고 실천적으로 가능한 일은 이 가능성 바깥에서 쉽게 상상되지 않는다. 다시 말해 정치조직 바깥의, 그리고 변혁운동 바깥의, 객관적인 품평과 충고란 처음부터 있을 수가 없는 것이다. 그 객관성은 언제나 숨어있는 계급적 당파성일 따름이다.

그런데 이 모든 게 어쨌다는 것인가. 간단하다. 변혁운동에 복무하는 활동가와 변혁적 정치조직간의 관계, 벌거벗은 정치성으로서 모든 정치행위의 정치조직을 향한 지향성이라는 지금까지의 논의를 이른바 진보적 지식인이라 불리는 사람들에 적용하면 무슨 그림이 그려지겠느냐는 것이다. 그들은 좀 다를 것인가? 노무현정부의 등장이 가져온 진보적 개혁적 지식인들의 유연한 흐름들, 민주노동당으로 흡수되어 가는 진보적 지식인들의 전진은 지금까지의 이야기와 많이 다른 것인가? 박노자들과 같은 충고쟁이들, 특히 좌파 지식인들의 정치조직 일반으로부터의 대거 일탈과 그들의 무력한 중얼거림이라는 현상은 지금까지의 논의와 아무런 상관도 없는 것인가?

고래로 일상적 시기의 좌파는 항상 소수파로 존재해왔다. 그들은 일반 대중에게 잘 알려지지도 않는다. 그러나 바로 그렇기 때문에 그들 내부에서는 변혁적 정치조직이 가장 중대한 사안이기도 했다. 그 조직이 볼셰비키처럼 혁명의 역사를 일구어낼 것인지 아니면 아무런 이름도 남기지 않은 채 역사의 뒤안길로 소리없이 사라질 것인지는 아무도 알 수 없는 일이다. 그러나 좌파 활동가와 좌파 지식인들에 이 역사의 공과 따위는 처음부터 고려의 대상이 아니다. 그들은 자본주의사회의 여러 단층으로부터 단절을 체험하고 그 단절의 삶을 결단했던 자들이며 그 단절을 하나의 당위만이 아니라 하나의 욕망으로 체득한 자들이기 때문이다. 그는 실로 야수의 정글에서 단한 평 진실의 공간을 이루기로 작정한 자들이며 그 작은 공간으로부터 세계의 반란을 냉철한 뜨거움으로 꿈꾸는 자이다. 하물며 사회주의적 지식인의 정체를 되물음에 있어 정치조직의 현존이라는 냉엄한 사실이 그 질문과 어떻게 무관할 수 있겠는가.

4. 지적 급진주의와 변혁적 정치조직

지식과 지식인에 대한 숱한 규정과 덕담과 악담들이 존재해 왔다. 과연 지식이란 무엇인가. 그것은 이데아의 일차 모상인가? 아니면 역사의 완성에 화룡점정으로 피어나는 미네르바의 우아한 부엉이인가? 혹은 철저한 기술, 혹은 이윤창출의 도구이거나 이데올로기적 합리화의 유력한 수단!

그러나 우리는 또다시 단순한 유물론적 상식으로 돌아가지 않으면 안 된다. 지식과 지식인의 가장 본질적인 속성은 운동에서의 보편성과 실존에서의 특수성이라 부를 만한 어떤 것이다. 하지만 이 거창한 규정을 그리 난해하게 생각할 필요는 없다. 이 말은 지식의 내용과 지향이 끊임없이 보편성을 추구하고 있는 데 대해 지식 자신은 주어진 시공 안에서 반드시 그 누구에겐가 부양과 보호를 의탁해야만 한다는 것이다. 더 쉽게 말하자면 고상한 지식은 본래 먹고살 능력이 전혀 없는 것이어서 그 누구로부터인가 생존을 보장받지 않으면 단 한 순간도 존재할 수 없다는 말이다.

지식이 처음 탄생하던 순간에 지식과 지식인은 종교적 지식과 승려로 현신했다고 한다. 그리고 바로 그 순간에 지식과 지식인은 생산으로부터 분리되었다. 그를 먹여살린 것은 두말할 필요 없이 그 사회의 잉여생산물이다. 운이 좋았을 경우 지식과 그에 복무하는 전문적 지식인은 그 잉여들을 배불리 섭취했을 것이다.

계급사회가 무르익어 가게 되자 지식과 지식인을 부양하는 당사자가 현란하게 변신하기 시작했다. 그는 왕이라고 불리었다. 어떤 땐 영주, 또 어떤 땐 돈 많은 부자, 그리고 어떤 때는 자본이라고도 불리었다. 그리하여 극미의 원자에서부터 초거대 규모의 우주를 다루는, 찰나의 순간에서부터 영겁의 무한을 추적하는, 신경섬유 마디마디에서부터 전사회의 구조를 모색하는 이 위대한 지식과 지식인은 몹시도 초라하고 슬픈 역사를 일구어야만 했다. 몸체로서 책들이 불살라지고 역시 몸체로서 학자들이 생매장되고, 천동설을 부인하여 화형에 처해지고, 학자로 영욕을 탐하느라 권력자의 쓸개를 핥아주고, 지금도 어느 구석에선가는 단 몇 푼의 자금을 더 끌어내려는 대학 행정가들의 몸부림치는 로비가 진행되고 있다.

그러므로 분명히 말해두지 않으면 안 된다. 지식과 지식인에 대해 어떤 이야기를 하든 간에 그 바닥에는 지식과 지식인의 생존조건에 대한 전제가 있어야 한다. 만일 지식과 지식인이 자신을 부양하는 권력이나 그 체제에 대해 충실하게 복종할 수 있었다면 그 역사는 그토록이나 슬프고 모욕적이지 않았을지도 모른다. 그러나 지식의 또다른 본성은 근본적인 반역을 내포하고 있다. 지식은 결코 자신의 부양자에게 온전히 충성하는 법이 없다. 그것은 처음부터 실재하는 현실적 모순의 심화된 재생으로서 지식이었기 때문이다. 따라서 모든 지식과 지식인은 생존을 위한 피동성과 보편을 향한 능동성의 딜레마에 처해있다. 그리고 현시기의 지식과 지식인의 운명에 있어 이것만큼 중요한 긴장은 없다. 이는 증명의 문제가 아닌 선택의 문제이다. 누군가가 이 긴장을 가장 중요하기는커녕 지식의 형이상학적인 의미에 비추면 지극히 하찮은 것이라고 생각하고 말한다면 그것은 그의 자유이다. 다만 우리는 그와 더불어 더 이상 할 이야기가 없다는 것뿐이다.

자본주의사회는 이 긴장을 극단적으로 보편화함과 동시에 극단적으로 강화시켰다. 오늘날 지식과 지식인은 전대 미문의 통일성으로 자본의 그물망 안에 포섭되었다. 역사 이래로 이렇게 많은 사람들이 대학의 문에 들어선 적이 없으며 그 문이 지금처럼 개방적인 적도 없었다. 그러나 그것이 지금처럼 철저하게 제도화된 적도 결코 없었다. 학부생은 학점을 정점으로 하는 일체의 학사행정에 족쇄 지어지고 대학원 석·박사 과정 이수자는 마피아를 방불케 하는 학계의 미로에 죽은 듯이 순응해야 하며 교수들은 파벌과 상호 경쟁과 국가나 재단의 감시에 전전긍긍해야 한다. 이는 비단 제도권에만 해당되는 이야기가 아니다. 자본주의사회는 제도권 바깥에서의 지적 생산의 공간도 한없이 크게 넓혀놓았다. 도처에 문화강좌와 교육 프로그램이 존재하고 종류를 셀 수 없을 만큼 많은 수의 출간물이나 인터넷 사이트가 범람하고 있다. 영화, 문학, 음악, 미술 등 거의 전분야에 걸쳐 아마추어들의 대쉬가 이어지는 한편 그것은 종종 대단한 성공의 신화를 일궈내기도 한다. 그러나 이 화려한 백가쟁명은 언제나 상업적 성공과 자본의 이윤창출 운동에 단단히 고삐가 걸려있다. 제도권 바깥에 대중적 지적 생산이 몰려 있다는 사실 그 자체가 자본의 전략일 뿐만 아니라 조금 전에 말한 성공의 신화 이면에 무수하게 몰락하는 대중들의 착취를 전제하고 있는 것이다.

그리하여 무한대의 미로에 갇힌 한 마리 개미들의 신화가 시작되었다. 지식과 관련하여 모든 사람들은 이제 무엇이든 할 수 있게 되었다. 그는 대학이나 대학원을 갈 수 있고 혼자 독학을 할 수 있으며 학교, 연구소, 대중적 문화공간이나 동호회, 그 어디에든 소속될 수 있고 그 속에서 나름대로의 일과 역할을 가질 수 있다. 그러나 그들은 그 자유 속에서 언제나 가난하고 비참하고 불안하게 살아간다. 제도권에서 학위를 이수한 자는 취직자리를 구할 수 없고 비제도권에서 활동하는 사람들은 복권 맞듯이 성공하지 못하면 아무도 보아주거나 읽어주지 않는 무력한 지식생산을 반복할 뿐이다. 어떤 경우에도 자본의 눈에 들어 자본주의적 체제에 선택되지 못한다면 그 앞날은 궁핍과 모욕뿐이다. 무한대의 미로 속에서 무한대의 자유가 주어져 있고 그 자유는 옴짝달싹 못하는 무력함과 탄식과 비굴함의 자유라는 이상한 역설이 모든 곳을 지배하고 있는 것이다. 그렇다. 부양되어야 하는 지식과 지식인의 족쇄는 자본주의사회에서 그 극단의 형태를 완성하였고 그렇게 함으로써 지식 자신의 보편적 열망과 비전은 그 어느 시대보다 처참하게 퇴색되었다. 자 이제 어찌할 것인가.

그러나 어떤 시대, 어떤 공간에서도 까닭을 알 수 없는, 저항하는 소수들이 항상 존재해왔다. 왜 그들은 저항하는 걸까? 앞에서 말했듯 그 저항으로 화형에 처해지고 그 저항으로 기꺼이 독배를 마시고 그 저항으로 맷돌에 이마를 부수고 그 저항으로 영원히 가난하기로 작정한 자들. 그것은 아마도 지식의 보편적 열정이 자신의 특수한 실존을 용납할 수 없었던 데서 비롯했을 것이다. 아무리 해도 그 보편적 열망은 사라지는 법이 없다. 두 말할 필요도 없이 여기 전지구를 뒤덮은 자본의 정글 속에서도 그 저항은 생생히 살아 숨쉰다. 자본의 승인을 거부한 자들, 자신의 부양자인 자본을 뿌리부터 경멸하는 자들, 바로 그 저항하는 소수들이다. 그는 한때 청운의 꿈을

품은 소년이었을 것이다. 상대성이론과 아인슈타인에 취해서 정신을 못 차리던 소년, 밤마다 시상을 움켜쥐고 몸을 떨었던 문학 소년, 역사의 오묘함과 다채로움과 신비함에 불멸의 역사학도를 꿈꾸던 소년! 그 소년들이 모진 세월 속에서 몰락해간다. 대학을 가고 대학원을 가고 학위를 이수하며 청운의 꿈 대신 자본과 그것이 일으킨 세파에 오염되고 일그러지고 타락해간다. 한 개의 취직 자리와 한 쪼가리 유명신문이나 잡지의 지면에 전전긍긍하고 온갖 인맥과 그 인맥 속에서 전전긍긍하는 탁한 눈빛의 중년으로 기울어가는 것이다. 그리고 그 자리에서 궁극적 저항이 결단되고 저항하는 어떤 소수자들이 탄생한다. 두말할 필요 없이 이 처절한 탄생의 자리야말로 지금 우리가 묻고 있는 바로 그 자리이다. 이름하여 지적 래디컬리즘이 탄생하는 바로 그 자리인 것이다. 당연히 우리는 이 지적 래디컬리즘의 전술을 캐물을 수밖에 없거니와 그것이 전술인 이유는 어느 쪽에서 쳐다본다 해도 그것—지적 래디컬리즘의 실존!—이 명백한 투쟁의 장정일 수밖에 없기 때문이다.

1) 저항하는 소수, 지적 래디컬리스트는 지적 생산을 통해 생계를 유지하는 것을 포기하거나 언제나 포기할 준비를 갖추고 있다. 그는 자본의 유혹이나 협박에 굴복되거나 타협하지 않는다.

2) 그는 오로지 자신의 열정과 당위에 의해서만 지식과 관계한다. 그는 지식의 생산이 근원에 있어서는 자본주의적으로 보상과 무관하다는 것을 알고 있다. 그가 창출한 한편의 논문은 아무도 읽어주지 않는다 해도 그 존재 자체로 그에 대한 완전한 보상이다. 지식과의 만남에 있어서 지적 대상에 대한 불같은 정열과 차오르는 긍지를 폭사할 수 있었다는 것이야말로 지식의 본래적 충족이며 인간과 지식 양자의 완전한 실현이다. 그가 그렇게 하지 않았다면 그 열정과 긍지의 표출은 그 어느 곳에서도 존재할 수 없는 것이었기 때문이다.

3) 그는 그 자신의 모습으로 끈질기게 존재하며 그 존재함이 하나의 본질적인 투쟁임을 자각한다. 온통 자본주의적 게임으로 채색된 공간 속에서 저항하는 소수, 곧 지적 래디컬리스트가 가차없이 자신으로 존재한다는 것은 자본 자신에 대한 강력한 충격이며 자본에 포섭된 지식인들에게는 파출소

를 흔적도 없이 타격하는 화염병의 충격 같은 감각으로 다가갈 것이다. 그의 실존은 분명 중대한 투쟁이다. 그리고 그것은 그 자신에 의해서 확실하게 자각되어야 한다.

　이렇게 해서 우리는 이 시대의 지적 래디컬리즘과 그것의 전술을 빈 공간에, 그러나 뚜렷하게 표상해낸다. 그리고 이제 왜 이것, 지적 래디컬리즘이 변혁적 정치조직과 뗄 수 없는 연관을 가지는 것인지를 투시하게 된다.
　지적 래디컬리즘과 그 전술은 실존 자체로 민중적이고 반자본주의적이다. 따라서 지적 래디컬리스트의 시선과 대상은 저절로 사회적 저항의 총체성으로 지향될 수밖에 없다. 그는 지식을 다루는 자이므르 이 사회적 저항의 총체성을 예리하게 꿰뚫는다. 더불어 자신의 실현의 공간이 바로 그곳이라는 것도 피부와 현실에서 체득하게 된다. 그는 그 체득의 과정에서 관계와 활동을 엮어가며 다름 아닌 자신과 같은 지적 래디컬리스트를 만나게 된다. 이 순간 그 소수자들의 조직적 결합은 필연적인 문제가 된다. 나아가이 조직의 필연은 정치조직의 필연과 단 한발 밖에 떨어져 있지 않다는 것을 대번에 알게 된다.
　변혁적 정치조직은 그것이 전국적일 뿐만 아니라 전부문에 걸친 전방위성이라는 특징을 갖는다. 하나의 변혁적 정치조직이 작거나 역량이 취약하다는 것은 이 경우 문제가 되지 않는다. 그 전방위성은 변혁적 정치조직의 개념 자체에 이미 깃들어 있는 술어이기 때문이다. 따라서 변혁적 정치조직이 이 지적 래디컬리즘에 관여하지 않을 수 없다는 사실은 중력의 법칙만큼이나 당연한 것이다. 마침내 지적 래디컬리즘과 변혁적 정치조직은 조직의 차원에서 맞닿게 된다. 만사는 이처럼 순리대로 형통한다. 다만 어떤 형통은 때때로 그토록 모질고 아프고 처절한 투쟁 속에 진행되어야 한다는 것뿐이다.
　그러나 이것이 전부는 아닐 것이다. 어떤 순리나 형통도 수면 중에 관철되는 법은 없다. 정치조직과의 관계에서 급진적 지식인의 모습은 여전히 자기모순을 노정한다. 정치조직은 그것이 아무리 변혁적 정치조직이라 해도 특수한 시공의 현존이며 그 현존에 따른 정치활동과 조직활동과 투쟁의 응집이다. 다시 말해 변혁적 정치조직은 어쩔 수 없이 현재에 구속되어야 하며 또 그 현재성은 정치조직의 절대적인 임무이기도 하다. 그 임무를 방기하는 한 정치조직은 정치조직이 아니라 종교단체가 되고 말 것이다. 그러나 지식은 여전히 자신을 둘러싼 현실의 특수성을 뛰어넘는다. 급진적 지식의 입장에서 보자면 정치조직의 현실에 대한 구속과 특수성은 끊임없는 모순과 한계로 남게 된다. 그리하여 이번에는 하나의 강령이 도출된다.

1) 정치조직과 결합된 급진적 지식인은 정치조직의 안과 밖에서 정치조직의 총체적 활동과 맞물려 자신의 활동을 전개한다. 그것은 자신의 보편적 지적 실현과 유기적으로 통일되어야 한다.

2) 그러나 급진적 지식인의 존재는 정치조직의 현실, 특히 정치조직의 정치적 실현과 상대적으로 독립되어 있으며 항상 긴장과 길항관계를 유지한다. 드물게 급진적 지식인이 정치조직의 지도부로서, 혹은 정치조직의 중심적 활동가로서 위치를 전이할 수 있지만 그 경우 그 지식인은 지식인이기보다는 정치조직의 현실적인 활동가이다. 때문에 정치조직 내부에 급진적 지식인의 존재는 항상 따로 남아있게 되는 것이다. 그러므로 정치조직 내부의 급진적 지식인은 한편으로 정치조직의 일원임과 동시에 비판자이기도 하다. 그는 이 양자의 모순된 임무와 필연을 끝까지 견지해가야 한다.

돌지 않는 팽이는 결국 쓰러지고 만다. 다시 말해 꿋꿋하게 서 있다는 것은 맹렬하게 회전한다는 것을 의미한다. 한 명의 급진적 지식인, 지적래디컬리스트가 긴 여로를 거쳐 자본주의체제에 맞서는 소수의 저항자로 결단된 이후 그는 정치조직과의 만남 속에서 평화를 맞이할지도 모른다. 그러나 그 평화는 언제나 맹렬한 회전 속에 존재하는 것이다. 그는 정치조직 내부에서도 영원한 보편자의 표상이며 심지어는 해방된 새로운 사회 속에서도 모순된 보편자이자 비판자로 존재해야만 할 것이다. 그렇다면 이 끈질긴 운명이란 도대체 무엇이란 말일까. 다른 것이 아니다. 그것은 수백만년의 인류 역사에 결코 포기될 수 없었던 것, 보편적 인간성의 과학적 실현이라는 것이다. 지식인으로 탄생하고 존재하는 한 이것이면 충분하다.

5. 맺음말

확실히 여기엔 양비론이 숨어있는 것 같다. 한편으로는 자본주의적 체제에 흠씬 젖어있는 지식과 지식인에 대한 비타협적인 비판 문제이다. 그러나 다른 한편엔 지식의 보편성과 상대적인 독립성을 끊임없이 망각하는 정치조직의 피할 수 없는 숙명을 다시 자각하는 문제가 남아있다. 정치조직이 이 숙명을 망각하는 순간 세계는 피로 물들고 정치조직 자신은 경화되어 돌이킬 수 없는 리바이어던의 변종으로 돌변한다. 정치의 그 섬뜩한 증오와 폭주하는 아드레날린을 돌아보라. 한 번 칼을 들면 결코 중간에 내려 설 수 없는 고속열차의 질주로 나아가고 마는 그것, 수 천년에 걸친 수양과 학습과 시행착오를 거치고도 아직껏 인간이 뛰어넘지 못한 몇 안 되는 함정으로서의 정치. 급진적 지식인의 운명은 이 고통스러운 괴물과 오로지 투쟁을 통해서만 맞서야 한다는 것이다.

그러나 이것은 오직 다음의 문제, 아니면 다른 곳의 문제일 뿐이다. 우리는 결코 최초의 질문을 놓치는 법이 없다. 그것은 무엇이었던가.

"현시기에 있어서 사회주의적 지식인이란 무엇인가."

그렇다. 첫 발이 없으면 천 걸음도 없다. 우리는 결코 처음의 질문을 잊지 않는다.

제10부
역사적 사회주의 평가, 이행과 변혁의 전망

레닌의 사회주의 이행론에 대한 비판적 평가

김기환(저술활동가)

1. 들어가며

최초의 사회주의 혁명이 성공한 나라이자 이행의 근간을 세우고 이를 전세계에 확산시켰던 사회주의 종주국 소련 연방이 해체된 지 15년이 지났다. 소련의 몰락은 평등과 효율, 진보와 평화, 자유와 연대, 그리고 자주와 창조를 향한 인류의 열망에도 불구하고 그 실제적인 이행경로에 대해서는 회의와 불신을 낳게 만들었다.

이제 대부분의 사람들에게 러시아혁명, 사회주의 이행전략은 일말의 애증도 없이 잊혀진 과거이거나 산 자들의 어깨를 짓누르는 상속된 부채일 뿐이다. 그리하여 성급하게 부채를 털어버리려는 자들은 소련식 사회주의 이행전략실패의 근본원인으로 '러시아의 낮은 생산력'을 거론하거나 혹은 '볼셰비키 전위당 노선'을 지목했다. 15년 전에는 성경과도 같은 권위를 자랑했던 정통 레닌주의 이행전략은 그 실체가 무엇이든 '필연적으로' 스탈린주의를 낳게 되었으며, 그 불가피한 역사적 결말은 국가 사회주의의 몰락으로 종결되어야 했다.

혹은, 권위에 대한 부정, 중심의 해체, 과거와의 전면적인 단절을 통해 상속된 부채를 거부하려는 사람들은 레닌주의 이행전략의 실패원인과 그 대안을 찾기 위한 치열한 모색보다는 손쉬운 정치적 수사로 과거를 말소시키는 데 관심을 기울일 뿐이다. 이에 반해 여전히 레닌주의 이행전략의 유효성을 믿고 싶은 이들은 스탈린 개인을 단두대에 올리는 것으로 냉정하고 치열해야 할 역사에 대한 평가를 대신한다.

그러나 역사는, 그것도 미래를 향한 이정표로 오랫동안 인정되어 왔으나 결국은 실패로 귀결된 역사는 이렇듯 손쉬운 방법으로 청산되지 않는다. 역사를 딛고 넘어서기 위해서는 무엇보다도 과거의 충실한 재현, 진행되었던 객관적 사실을 총체적으로 재구성해야만 한다.

서술 대상으로서의 역사는 현재의 우리와 독립적으로 존재하는, 이미 지나가 버려서 고정된 유일한 사건들이 아니다. 역사에 있어 모든 과거의 사실들은 특정한 문제설정하에서 조사, 수집, 인과적 계열에 따라 재구성된다. 그러나 역사의 재구성이 더욱 긴급하게 요청되는 까닭은 '항상 새롭게 재구성되어야 하는 역사의 본질'[1] 그 자체 이전에 우리가 소련 사회주의 혁명의 이행과정에 대해 알고 있는 역사적 사실들이 턱없이 부족하다는 점에, 게다가 알고 있던 단편적인 역사적 사실들마저 지나치게 왜곡되어 있다는 현실로부터 출발한다.[2]

이 글은 바로 이러한 문제의식에서 시작되었다. 우선 지금까지 러시아혁명을 다룬 다른 대부분의 역사서술과 비교해서 이 글의 특징을 간략하게 정리하면 다음과 같다.

첫째, 대부분의 러시아혁명사들은 1917년 10월을 끝으로 멈춰서 있거나 이후 시기를 다룬다 해도 극히 일면적으로만 다루고 있을 뿐이다. 사회체제의 이행이 기존권력의 타도에 국한되지 않고 새로운 질서의 형성을 포괄하

---

1) 역사철학 일반에 관한 탁월한 설명은 폴 리꾀르, 『시간과 이야기 1』, 문학과 지성사, 1999를 참조하라.

2) 1930년대에 있었던 혁명가이자 역사학자인 슐리아니코프 숙청 이후 공산당 정치국의 지도하에서 서술된 『러시아혁명사』는 객관적 사실을 체계적으로 수집하려는 시도를 억압하는 한편 레닌-스탈린으로 이어지는 이데올로기적 정통성을 더욱 중시하는 역사서술을 강요했으며, 최근에 대두한 수정주의 역사학자들을 제외하곤 서구의 좌파 역사학자들 역시 이러한 경향으로부터 자유롭지 못했다. 이와는 정 반대로 우파 역사학자들 역시 러시아혁명의 총체적 전개과정을 밝히기보다는 레닌주의의 치부를 들춰내는 데 전력을 기울였을 뿐이다. S. Kotkin, "1991 and the Russian Revolution; Sources, Conceptual Categories, Analytical Frameworks," *The Journal of Modern History*, Vol. 70, Issue 2 (1998); L. E. Holmes, "Soviet Rewriting of 1917: The Case of A. G Shiliapnikov," *Slavic Review* (1996).

는 연속적인 과정이라고 한다면 1917년 10월은 단지 혁명의 시작을 의미할 뿐이다. 그럼에도 불구하고 대부분의 역사서술은 소련식 사회주의 이행의 정치, 사회적 기반이 만들어졌던 1918년 이후의 내전과정으로부터 전시공산주의가 완료된 1923년, 사회주의 이행의 정치, 경제적 기반이 구조화되었던 5년간을 간략하게만 언급하거나 아예 다루지 않고 있다. 특히 이행주체의 재편이 이 당시에 가장 격렬한 형태로 전개되었다는 점을 고려한다면 이 5년간이야말로 사회주의 이행을 규정하는 가장 결정적인 시기라는 점을 부정할 수 없다. 따라서 이 글의 첫 번째 문제의식은 노동자계급의 소비에트, 프롤레타리아 민주주의의 조직적 주체가 어떻게 볼셰비키 당 독재(프롤레타리아 독재)로 대체되어 갔는지 살펴보는 것이며, 다른 가능성은 없었는지를 확인하는 것이다.

둘째, 그동안 대부분의 역사연구는 공식적인 볼셰비키 혁명사관에 충실할수록 당파간 논쟁을 중심으로 대중투쟁의 역사를 재구성한 '위로부터의 역사'에 한정되어 있었다. 이러한 접근 방식은 역사연구에 반드시 필요한 총체적 객관성을 총족시키지 못한다는 점뿐만 아니라 다양한 역사적 주체들의 시간과 특정 당파 혹은 개인의 시간이 갖는 차이를 두시한다는 점, 역사적 과거는 그 주체들에게는 가능한 미래일수도 있다는 점, 그 결과, 브로델의 표현을 빌어서 표현하자면, 서로 다른 역사적 지속들이 상호충돌하는 그 간극을 헤치고 부상했던 다른 질서의 가능성을 말소시킨다는 점에서 하나의 폭력일 수밖에 없다. 이와 관련해서 우리는 70년대 이후 서구 러시아혁명사 연구자들 사이에서 새롭게 떠올랐던 로젠버그, 스디스 등 소위 수정주의 역사학자들의 '아래로부터의 역사관'과 파이프, 브로보킨 등을 필두로 하는 1917년 10월 이후 반볼셰비키 대안모색 논자들의 연구성과에 기대어 러시아 계급투쟁의 3대 축이라고 할 수 있을 노동자, 농민, 병사들의 대중투쟁이 보여 주었던 역동적 흐름을 살펴볼 것이다.[3]

셋째, 러시아혁명사와 관련한 서구 역사학계의 논쟁은 정통 볼셰비키의

---

3) 이 글은 단행본 출판을 염두에 두고 쓰여진 글의 축약판에 해당한다. 따라서 한정된 분량내에서 아래로부터의 역사에 충실한 사료 혹은 문헌적 근거를 세시하게 열거하는 것은 불가능하다.

역사에 대해 산발적이고 개별적으로 '다른 사실들'을 제시하거나 특정한 부문과 주제에 대해 의문을 제기하는 수준을 넘지 못했다. 소련 몰락을 계기로 시작된 비밀문서 해제에 힘입어 러시아혁명사를 보다 총체적으로, 보다 일관되게 재구성해 보려는 시도가 없는 것은 아니지만 여전히 초기적 수준을 넘지 못하고 있다. 특히 역사를 돌아본다는 것은 과거를 통해 미래를 향한 교훈과 대안을 모색하는 것이라는 점을 상기한다면 대안적 이행전략의 가능성을 탐색하는 것이야말로 '다른 역사'를 구성하는 제1의 요건이라고 할 것이다. 바로 이런 점에서 다른 역사를 향한 전략적 상상력과 그 상상력을 뒷받침할 수 있는 사실들의 객관적 총체를 재구성하는 것이야말로 지금 우리가 요구받고 있는 러시아혁명사 재평가의 핵심이다.

2. 러시아혁명의 역사적 배경과 원인

1) 러시아 자본주의 발달과 노동력 재생산 구조

1905년부터 1913년까지 러시아의 년 평균 경제성장률은 6.5%로 1885년 이후 최고의 전성기를 누렸다. 이렇듯 높은 경제성장률은 그 성장의 원천이 심각한 자본 및 기술종속에 있었음에도 불구하고, 자기재생산적 축적 기반을 확보할 수 있는 물적 조건을 만들어주었다. 특히 러시아 대륙을 횡단하는 대철도 공사의 추진 및 보호주의적 무역정책과 결합된 농업공동체의 해체는 러시아 산업자본주의의 새로운 주체를 형성할 수 있는 환경을 조성해주었다. 철도건설의 경우 총 4천 7백만 루블을 투자, 금속 및 기계산업의 활성화에 기여했을 뿐만 아니라, 시장의 급속한 확장을 통해 국내외의 교역을 활성화시켰다. 철도건설은 그 건설에 소요되는 요소재들에 대한 산업연관 효과만이 아니라 시장의 통합이라는 더욱 심원하고 장기적인 잠재력을 창출하는 효과를 가지고 있었던 것이다. 러시아 산업보호 무역정책의 경우는 유럽내 어떤 나라에서도 보기 힘든 강력한 보호무역 관세을 정책을 기반으로 추진하였는데, 보호무역 관세를 통해 제정 러시아의 주요재정을 충당했을 뿐만 아니라 거둬진 무역관세 중 일부를 금속 및 기계생산 부문에 금융지원의 형태로 활용하기도 했다.

그러나 강력한 산업부흥정책의 조건을 마련하기 위해 높은 조세, 특히 농산물에 대한 엄격한 조세부과와 함께, 공-농간의 부등가 교환체계를 지속시킴으로써 한편으로는 농촌공동체의 해체와 동시에 저가격에 기초한 공산품 수출을 추진해나갈 수 있게 되었다. 이것이 결국 노-농의 극심한 빈곤을 강제하는 동시에 금속, 철강, 기계산업 부문의 비약적 성장을 가능케 했다.[4] 특히 이러한 축적구조상의 기형성은 다음과 같은 중요한 사회적 갈등의 근원을 내포하고 있었는데, 첫째, 전제귀족정의 심각한 부패와 무능으로 인해 산업 및 노동력 재생산을 위한 사회적 기반, 제도가 완전히 부재한 상태였으며, 둘째, 신흥자본가와 전제정간의 갈등, 신흥 산업부문의 거의 대부분이 외국계 금융자본에 종속되어 있었다는 점, 셋째, 대규모 독점자본과 자생적 신흥 부르주아간의 정치적 갈등, 넷째, 대부분의 생산요소, 원료를 전량 수입에 의존함에 따라 축적위기에 대한 대응 능력이 극도로 취약했다는 점을 지적해야 한다.

1900-1906년의 경제위기는 비테에 의해 추진되어 왔던 종속적 자본주의 체제 구축을 위한 원시적 축적이 유럽시장의 불안정화로 인해 터져 나온 것이다. 자본의 원시적 축적이 갖고 있는 야만성에 대해 그동안 누적되어 왔던 노동자 농민의 불만이 폭발, 신흥자본가 및 자유주의적 서구형 입헌민주주의자들의 정치력과 결합, 1905년 1차 혁명을 만들어내게 된 것이 1905년 혁명이다. 그리고 1905년 이후 위기 타개책으로 제시된 것이 바로 스톨리핀 개혁을 통한 강력한 농민층 분해 시도인데, 이를 통해 저임 노동력의 대량 창출을 강제할 뿐만 아니라 농촌지역에서 공산물 수요시장을 형성하고 지주출신의 자본가를 창출했다. 그 결과 유럽 및 국외시장의 활성화와 스톨리핀 개혁의 성과가 나타나면서 1909년부터 1913년 사이에 다시 년 7.5%에

---

[4] 금속, 기계, 철강부문의 노동임금 증가율은 15%, 동부문 산업생산 증가율은 9%, 섬유 및 식품 부문은 노동임금이 정체된 반면 산업증가율은 5%를 기록했고, 식품 및 섬유가공은 모스크바 지역에 집중되어 있었다. 부문별 상대임금을 비교해보면 기계금속 부문의 절반을 받았다. 금속부문 산업 노동자들은 페트로그라드에 집중되어 있었으며 상대적으로 높은 임금, 높은 교육수준, 그리고 상대적으로 폭압적인 노동통제 및 대규모로 밀집된 노동자 구성으로 인해 혁명 초기에 전투적, 급진적 노동운동의 주축이 된다. W. G. Rosenberg, and D. P. Knenker, *Strikes and Revolution in Russia 1917* (Princeton Univ. Press, 1989).

이르는 높은 경제성장률을 실현하게 된다. 그리고 높은 경제성장률을 물적 토대로 삼아 이 시기 동안 고질적인 산업부문간의 격심한 임금격차를 해소하기 위한 노력이 지속적으로 행해져서 섬유부문의 경우는 33%, 금속, 기계산업 부문은 19%의 화폐임금이 상승함으로써 산업간 균형이 어느 정도 달성되었으며, 과거의 극심한 도농간 불균형 가격체계 역시 상당정도 완화되어 농산물 가격은 41% 상승, 평균물가는 8.7%가 증가했다.[5)]

2) 전쟁과 혁명

유럽대륙에서 전개되었던 제1차 세계대전은 제정 러시아로 하여금 지극히 곤란한 딜레마에 직면하게 만들었다. 경제성장에 기반해서 추진했던 군비 대확장 계획이 완료되려면 5년여의 시간이 필요했고 독일과 비교한 군수, 장비상의 열세는 누구의 눈에도 명확한 것이었다. 뿐만 아니라 1905년 일본에 대한 패전으로 촉발된 혁명의 기억은 전쟁이 곧 혁명으로 이어진다는 악몽으로 나타났다. 그러나 지정학적 이해관계의 충돌은 영국과 프랑스 연합군로부터의 군수지원을 매개로 러시아의 참전을 불가피하게 만들었다.[6)] 러시아는 개전 초기에는 대등한 전투력을 보여주었지만 1915년 독일군의 대공세로 인해 1백 4십만의 사상자와 백만 병사들을 포로로 내주는 등 심각한 타격을 받았다. 뿐만 아니라 내부적으로는 전쟁의 지속에 따라 자본축적의 구조적 기반인 농업생산물의 절대적인 감소와 신흥자본의 몰락, 그리고 1916년 이후 점증하는 노동자, 농민, 병사들의 저항에 직면하게 된다.

그러나 독일의 잠수함전 시작으로 촉발된 미국의 참전 약속은 러시아와 연합군으로 하여금 전쟁의 최후승리가 눈앞에 있다고 믿게 만들었다. 뿐만 아니라 1917년 들어 영국이 개발한 탱크가 실전에 투입, 독일을 상대로 상당한 전과를 올리고 있었다. 이러한 전쟁 진행양상은 러시아의 지배세력으

---

5) 국제비교를 통해 본 러시아의 경제수준은, 러시아의 대규모 공업부문의 전체 산출물 가치가 국내 총가산출에 대한 기여도가 미국의 같은 부문 기여도의 7%에 그치는가 하면, 러시아의 공업 총산출 가치가 농업 산업물 가치의 47%임에 반해 미국의 경우는 170%를 차지, 4배 이상의 격차를 보여주고 있다 따라서 높은 성장 속도와 놀라운 집적도에도 불구하고 공업생산이 러시아 전체 경제에서 차지하는 비중은 대단히 낮았다.

6) D. Leiven, *Russia and the Origins of the First World War* (Macmillan, 1983).

로 하여금 체제적 위기와 급진 좌익화의 근원이 전쟁임을 알면서도 전쟁중단을 고려할 수 없게 만들었다. 즉각적인 종전은 당면한 군사적 열세로 인해 러시아의 굴욕적인 패배를 의미하는 반면, 국제적인 전쟁의 전략적 양상은 시간이 지남에 따라 연합군의 장기적 우위가 확실했기 때문이다. 따라서 병사들의 즉각적인 종전요구를 받아들였다면 거세게 불기 시작한 혁명의 파고를 잠재울 수 있었음에도 불구하고 레닌을 제외한 러시아 지배세력 혹은 2월 혁명 이후 임시정부나 사회주의 세력은 이러한 요구에 선뜻 응할 수 없었다.7)

1914년에 시작된 러시아의 전쟁개입은 몇몇 군수자본에 대해서는 엄청난 이윤을 보장해준 반면, 자생적 축적체제 구성에 대해서는 중대한 장애로 작용했다. 이 당시 전체 산업생산 중 30% 이상이 전쟁관련 산업에 집중되어 있었고, 이 중에서도 특히 중금속 부분이 60%를 차지하고 있었을 뿐만 아니라 특히 이들 산업 부문의 경우 자본, 기술, 경영, 노동관리 전반에 걸쳐 외국자본에 대한 종속성이 심각한 수준에 이르러 있었다. 전쟁과 동시에 부문간 이윤율 격차는 더욱 격심해져서 거의 대부분의 신흥 중소규모 산업자본이 거대 독점체의 집중에 의해 도태되었으며 스톨리핀 개혁에 의해 농촌지역에서 성장해온 신흥자본가 계층 역시 전쟁으로 인한 불균형 축적체제의 심화로 인해 개화도 하기 전에 사그라져 버렸다.8) 여기에 전쟁비용을 충당하기 위한 이윤세가 모든 산업부문에 걸쳐 38.8%에서 45% 정도 부과됨으로써 독점의 심화, 가파른 물가 상승 등이 결합, 축적체제의 위기는 걷

7) E. Acton, V. I. Cherniaev, W. G. Rosenberg, *Critical Companion to the Russian Revolution 1914-1921* (Arnold, 1997).

8) 1913년 당시 러시아 전역에는 재무성에 정식 등록된 28,000여개의 기업체들이 있었고, 그 중에서 9,000은 식품가공, 3,000은 섬유, 1,500개의 기업체가 기계설비 부문에, 78개 기업체는 전기기계 부문에서 활동하고 있었는데, 전쟁과 동시에 이들 각 산업부문간의 이윤율 격차를 살펴보면, 1911년 부문간 평균적 격차가 8-12%였음에 반해 1916년에는 40-60으로 급격하게 확대되었다. 개별 기업체의 이윤율 통계기록을 살펴보면 몇몇 군수 산업체의 경우는 년 200% 이상의 이윤율을 기록했다. 특기할 점으로는 식품 및 섬유산업부문의 이윤율이 1917년에 가까워지면서 점점 상승, 1916년 이후 전선의 병사들 및 도시 노동자들의 의식주가 최악의 상황까지 내몰려졌다. 이는 기본적으로 전쟁을 위한 대량징집으로 인해 농촌지역의 산업기반이 파괴된 결과라고 할 것이다. T. Cohen, "Wartime profits of Russian Industry 1914-1916," *Practical Science Quaterly*, Vol. 58, Issue 2 (1943).

잡을 수 없었다.[9]

이러한 자본축적의 객관적 조건은 트로츠키가 탁월하게 표현했듯이 계급투쟁의 불균등 결합발전을 낳았는데, 초기 선도적인 노동자 집단의 투쟁에 따라 높은 이윤율을 올리고 있던 대기업 집단이 임금인상에 동의하게 되자 동일한 요구가 후발 노동자 집단에게로 빠르게 전파되었던 반면, 낮은 이윤율 혹은 독점적 경쟁으로 인해 사멸하던 소규모, 주변부 산업부문에서는 동일한 만큼의 임금인상을 수용할 수 없었다. 이로 인해 1917년 후반부로 갈수록 주변부 및 서비스 부문 노동자들 사이에서 보다 급진적인 형태의 격렬한 노-자 갈등을 확대재생산하게 된다. 뿐만 아니라 자본내 분파간의 갈등 역시 극심했는데, 이는 2월 대중봉기가 전제정의 와해로 직접 이어질 수 있었던 정치적 기반을 제공했다. 또한 1917년 내내 이 양자의 정치적 차이는 자본가 내부의 분열(모스크바와 페트로그라드 자본가들간의 이해대립)과 근대적 부르주아로의 계급적 세력화를 불가능하게 만들었으며, 결국 코르닐로프 반란에 의해 군사독재라는 반동의 물결에 묻혀버렸다.

3. 국가주의 이행노선과 프롤레타리아 독재

1) 대중의 좌익화와 헤게모니의 부재

2월 혁명의 시작과 함께 등장한 소비에트와 임시정부는 이중권력 상태조차 만들어내지 못했다. 임시정부가 공식적인 권력기구로 작동했으나 정치적 협의체에 불과했고, 실질적인 권력집행을 위해서는 소비에트의 승인이 반드시 필요했다. 반면 최종적 권력기구로서 작동했던 소비에트는 권력적 대안에 대한 요구를 스스로 거부, 혹은 감당할 수 없었다. 이는 사회혁명당과 멘셰비키가 소비에트내 다수파를 구성했던 당시의 사정과 무관하지 않

9) 축적체제의 위기와 함께 노동력 재생산 조건의 참혹함을 나타내는 가장 대표적인 사례로 페트로그라드 지역 유아 사망율을 조사한 결과가 있는데, 노동자 밀집지역인 비보르그와 부르주아 거주지역인 아드미랄리티(Admirality)를 비교해보면 각각 25%와 8%를 기록, 거의 3배 가까운 차이를 보여주고 있다. 일반적인 주거형태는 1914-1917년 기간 중 4.6명당 1침실, 주택임대료는 약 400% 가까이 상승한 것으로 나타나고 있다. D. H. Kaiser, eds., *The Worker's Revolution in Russia 1917* (Cambridge, 1987), pp. 20-87.

지만, 보다 근본적으로는 소비에트 역시 전국적인 범위에서 혁명주력인 노동자, 농민, 병사들을 헤게모니 블록으로 통합시킬 수 있을 만큼 성장하지 못해서 나타난 결과였다. 10)

대중의 좌익화가 폭발적으로 진행된 것은 사실이지만 1917년 이전에 진행되어온 계급투쟁의 과정에서 단련된 선진 노동자층 대부분이 강제징집의 형태로(약 5-6천명 규모) 상실되었고, 볼셰비키를 비롯한 그 누구도 권력장악 이후의 대안적 프로그램을 제시할 수 없는 상황이었다. 11) 대중의 급진화는 바로 이렇듯 이중권력하에서가 아니라 권력의 공백이라는 무정부적 상황에서 축적위기가 확대재생산된 데 따른 필연적인 결과였을 뿐이다.

임시정부가 구성되고, 소비에트와의 협조를 통해 2월 혁명을 계기로 분출된 노동자 농민 병사들의 저항과 분노를 적절하게 관리, 조절, 이후 소집될 제헌의회를 통해 해결한다는 임시정부 참여세력의 기본적인 합의는, 잠시 동안의 시간을 벌어줄 수는 있을지언정 이미 붕괴를 시작한 축적체제의 위기와 분출되기 시작한 노동자 농민 병사들의 확대 재생산되는 요구 앞에서 무력해질 수밖에 없었다. 더구나 체제붕괴의 직접적 원인으로 작용했던 전쟁을 중단하지 않고는 확대재생산을 시작한 노동자, 농민 대중의 요구와 임시정부, 혹은 우파 사회주의자들의 프로그램이 양립 불가능하다는 것이 확연하게 드러나게 된다.

임시정부의 한 축을 구성했던 카데츠 세력은 계급양극화가 심화되던 당시의 상황에서 러시아 애국주의에서 부르주아 독재로 자신의 정체성을 분별정립해야 했음에도 불구하고 전쟁의 결정적 승리가 가시화될 때까지 제헌의회 소집을 가능한 한 늦추는 것에만 매달렸다. 비록 카데츠가 10월에 있었던 시 듀마선거에서 같은 해 6월에 있었던 선거 결과보다 약 3배 이상의 득표율 증가를 보여주었던 것은 사실이지만, 어떤 조직된 계급적 기반을 확보하지는 못했다. 카데츠의 가장 강력한 지지기반은 러시아 애국주의와

---

10) M. Ferro, *The Russian Revolution of February 1917* (Prentice Hall, 1972).

11) 상징적이지만, 제2차 소비에트 총회에서 "누가 권력을 장악할 것인가"라는 질문에 대해 레닌만이 "볼셰비키"라고 혼잣말을 중얼거렸다. 볼셰비키에 의해 "모든 권력을 소비에트로"라는 슬로건이 제시되었으나 당시에 이를 당면한 실제적인 정치적 과제로 승인한 볼셰비키 역시 극소수에 불과했다.

체제위기에 직면한 안정 희구 심리에 불과했다. 특히 카데츠가 1917년 중반 이후 부르주아지들을 자신의 정치적 계급기반으로 설정하려고 노력했지만 7월에 있었던 모스크바 총회에서의 정치적 패배를 끝으로 8월 코르닐로프 반란으로 인해 부르주아들의 독자적인 정체세력으로 등장할 수 있는 기회를 완전히 상실당한 채 반혁명의 대열로 이끌려 들어갔다.[12]

노동자 농민 역시 헤게모니 세력으로 등장하기에는 역부족이었는데, 인구의 절대 다수가 농민이라는 당시의 객관적 조건을 반영하듯이 이들을 기반으로 성장해온 사회혁명당은 1917년 중반까지 1백만의 당원을 자랑하며 농민 소비에트와 병사 소비에트내에서 절대 다수를 차지하는 등 가장 강력한 혁명세력으로 활동하고 있었다. 그러나 미르(Mir) 공동체를 모태로 하는 농업공동체 사회주의 구상은 그것의 현실 가능성은 차치하고라도 2월 혁명을 통해 만들어진 권력의 공백상태에서 사회혁명당이 헤게모니 주체로 나설 수 있는 공간을 극도로 제약했다. 농업공동체 사회주의 구상은 사회혁명당으로 하여금 앞으로도 오랫동안 비판적 야당의 역할에 머물 것을 요구했기 때문이다. 뿐만 아니라 2월 이후 도시 지역 노동자들이 대규모적으로 정치적 급진화의 흐름을 만들어내자 이들에 대한 사회혁명당의 조직화 시도를 본격화했다. 놀랄 만큼 빠른 속도로 진행된 이들 흐름은 대중의 좌익화 흐름에 압도 혹은 적극적으로 자기 동일시함에 따라 소비에트에 의한 즉각적인 권력장악을 요구하는 사회혁명당 좌파가 주도적 분파로 부상했다. 그러나 역으로 이러한 당내사정의 변화는 사회혁명당이 단일한 정치적 주체로 헤게모니 형성에 나설 수 없도록 만들었다.[13]

멘셰비키의 경우는 2월 혁명과 동시에 누구보다 먼저, 그리고 광범위하게 노동자계급의 정치적 조직화에 착수했다. 2월 혁명 이후 최초로 소비에트를 구성한 것도, 노동자 스스로의 무장과 공장 방어를 위한 노동자 적위대 구성, 그리고 노동자 통제를 위한 공장위원회 모두가 처음에는 멘셰비키 주도로 진행된 것이다.[14] 그러나 국유화＋계획화에 의거한 사회주의 이행

---

12) W. G. Rosenberg, *Liberals in the Russian Revolution* (Princeton Univ Press, 1972).
13) O. H. Radkey, "An Alternative to Bolshevism: The Program of Russian Social Revolutionism," *The Journal of Modern History*, Vol. 25, Issue 1 (1953).

론, 그리고 당면한 러시아혁명의 성격은 부르주아적 성격을 넘어설 수 없다는 2단계 이행론으로 인해 대중들 스스로에 의해 제기된 전국적 노동자 산업통제, 노동자 자위군 구성, 그리고 소비에트에 의한 권력장악 요구를 공장 내부의 문제, 노동자 지구 치안확보, 노동자 대의기구의 문제로 제한했으며 이에 따라 당시 인민대중의 3대 요구였던 빵, 토지, 평화에 대한 명확한 대안도 제시하지 못했다. 그 결과 멘셰비키 페트로그라드 당조직의 경우 1만명에 가까운 조직원 숫자에도 불구하고 각 지역구별로 실제 조직활동에 참여하는 인원은 2-30명을 넘지 못하는 등 대중들로부터도 기층 당조직원으로부터도 정치적 지지를 상실했으며, 결국 전통적으로 멘셰비키 근거지였던 금속, 기계부문에서도 6월 이후 볼셰비키에게 그 자리를 내주게 된다. 물론 아래로부터의 대중적 압력으로 인해 1917년 후반기도 갈수록 쩨레텔리를 비롯한 당내 우파들로부터 마르토프로 대표되는 국제주의 좌파로 당내 헤게모니가 이동되긴 했으나 무장봉기 직전인 10월 20일에 열렸던 민주적 총회(Democratic Conference)에서 마르토프에 의한 '카데츠 없는 사회주의 연립정권' 제안이 멘셰비키내 우파의 거부와 볼셰비키의 퇴장으로 인해 유의미한 헤게모니 세력으로 성장하는 데 실패했다. 결국 지식인과 선진 노동자층에서 가장 강력한 영향력을 가지고 있었을 뿐만 아니라 대부분의 임시정부 경제, 노동정책을 입안하고 노동자 기초조직들에서의 계급적 기반을 형성하는 데 가장 먼저 나섰던 노력에도 불구하고 일관된 지도력에 근거한 권력적 대안이 부재했던 멘셰비키는 무장봉기와 함께 소비에트 의사당을 장악한 트로츠키로부터 '역사의 쓰레기'로 규정당하고 만 것이다. 15)

볼셰비키는 2월 혁명 초기까지 페트로그라드와 모스크바를 제외하고는 멘셰비키와 뚜렷하게 구별되는 정치적 입장을 제시하지 못했으며, 당조직 역량에 있어서도 모스크바의 경우는 지역위원회만이 존재할 뿐 실질적인 대중운동의 기반이 와해된 상태였다. 뿐만 아니라 레닌에 의해 4월 테제가

---

14) R. Smith, *Red Petrograd: Revolution in the Factories 1917-1918* (Cambridge Univ Press, 1983).

15) A. Ascher, *The Mensheviks in the Russian Revolution* (Thames & Hudson, 1976); L. H. Haimson, "The Mensheviks after the October Revolution -3," *The Russian Review*, Vol. 39, No. 1, 2, 3 (1980).

발표되었음에도 불구하고 대다수의 볼셰비키들은 전쟁에 대해서도, 소비에트 권력에 대해서도 선언적 동의 이상을 넘지 않았다. 16) 그러나 소비에트의 정치적 무능력에 따라 공장위원회, 노동자 적위대, 그리고 병사 위원회를 중심으로 대중들의 자생적 좌익화가 진행되면서 이에 적극 결합했던 볼셰비키의 대중적 기반 역시 확대 강화되었다.

그러나 '대중의 볼셰비키화'라고 표현되는 일련의 흐름이 특정한 이행대안에 기초한 정치적 헤게모니 블록 형성과 동일시될 수 없다. 먼저 급진화의 정치적 표현은 볼셰비키 당조직의 확장으로만 나타난 것이 아니다. 당시 페트로그라드 지역에서 발간된 무정부주의 일간 신문 *Golos Trouda* 발행부수가 볼셰비키 기관지인 이스크라와 마찬가지로 약 10만부에 이를 만큼 그 세력이 급격하게 성장했고, 실제로 대부분의 기초 대중조직(적위대와 공장위원회) 내에서 가장 급진적인 투쟁을 주도한 사람들(7월 봉기 역시 이들과 볼셰비키 좌파가 주도했다) 역시 무정부주의자들과 사회혁명당 좌파였다. 둘째, 대중들의 볼셰비키화가 진행된 기간은 고작 6개월여에 불과하다. 아무리 혁명적 정세하에서 대중의 정치적 성장이 폭발적으로 진행된다 해도, 이 시기 볼셰비키가 정치적 조직화를 위해 제시한 내용은 모두 '빵, 토지, 평화를 위한 소비에트 권력'에서 한 걸음도 더 나아가지 않았다. 권력 장악 이후 러시아 인구의 절대 다수를 차지하고 있는 농민 문제, 경제재건, 사회주의체제와 기초 대중조직간의 관계 등 이행의 핵심적 쟁점들은 완전히 배제된 것이다. 이처럼 대중의 볼셰비키화는 기본적으로 계급양극화에 따른 정세적 산물이라는 한계를 벗어나지 못했다. 이는 7월 봉기 실패 이후, 독일의 첩자라는 근거없는 악선동이 유포되면서 노동자대중들 사이에 볼셰비키에 대한 지지가 급격하게 퇴조한 것에서도 확인될 수 있다. 셋째, 무장봉기가 진행되는 바로 그때까지 볼셰비키에 의한 단독 권력 장악에 대해 거의 모든 혁명적 선진대중들이 반대했으며, 이는 볼셰비키 하부 당조직원들도

---

16) 1917년 6월 이전까지 볼셰비키와 멘셰비키의 정치, 조직적 분립은 중앙조직간에만 존재했다. 페트로그라드와 모스크바를 제외한 러시아 전역에서 각각의 독자적인 지역위원회는 존재하지 않았으며, 경향적 차이를 갖는 인적인 연결망에 불과했고, 조직 중앙을 제외하고 대부분의 볼셰비키들은 전쟁과 소비에트에 대해 좌파 멘셰비키의 입장에 훨씬 가까웠다.

마찬가지였다. 특히 코르닐로프 반란이 노동자, 병사들의 투쟁에 의해 분쇄되면서 소비에트를 통한 사회주의 연합정권 구성이 거의 대부분의 사회주의자들에 의해 동의되자 당 내외의 쟁점은 무장봉기와 소비에트를 통한 사회주의 연합권력으로 전환되었다.17)

레닌과 지노비에프간에 벌어진 무장봉기와 사회주의 연합권력을 둘러싼 논쟁은 내전의 위험과 이행주체의 미성숙(헤게모니 블록의 미형성)을 지적했던 지노비에프와 내전의 불가피성과 당 독재를 통한 이행론간의 대립이었다.18) 이 논쟁에서 레닌은 당시 존재하지도 않는 반혁명의 위험을 논거로 동원해서 무장봉기를 관철시켰는데 이처럼 레닌이 중앙위원직의 사임을 내걸면서까지 무장봉기를 관철시키려 했던 보다 근본적인 이유는, 지노비에프를 비롯한 대다수 사회주의 진영이 헤게모니 블록의 부재를 근거로 '권력장악이 아니라 권력유지'의 가능성에 대해 회의적이었던 데 반해 레닌은 '당-국가권력을 통한 위로부터의 사회주의 이행'을 관철하고자 했던 데에서 찾을 수 있다. 이와 같은 레닌주의 이행노선은 단일체적 권력을 필연적으로 요구했고, 이를 위해서는 무장봉기가 그 선결조건이었다. 그리고 이렇듯 헤게모니 블록 형성 없는 이행노선은 레닌이 공공연하게 인정했듯이 격렬한 내전을 동반하는 것이었다.

2) 국가주의 이행전략과 노동자 자주관리

레닌을 비롯한 일부 볼셰비키만이 반대했던 Vikzhel의 사회주의 연합권력 제안은 모스크바에서 권력장악이 완료되는 11월 19일 최종적으로 무산되었다. "연합권력안이 실현 불가능함을 보여줄 목적으로만 협상에 참여할 것"이라는 볼셰비키 중앙위 결정문 내용처럼 레닌은 처음부터 권력을 분점

---

17) O. Anweiler, *The Soviets: The Russian Workers, Peasants, and Soldiers Councils 1905-1921* (Random House, 1975). 그리고 개괄적인 진행상황을 파악하려면 E. H. Carr, *The Bolshevik Revolution*, Vol. 1, 2, 3 (Macmillan, 1950-53) ; M. Ferro, "The Russian Soldier in 1917: Undisciplined, Patriotic, and Revolutionary," *Slavic review*, Vol. 30 (1971) ; W. H. Chamberlain, *Russian Revolution* Vol. 1, 2 (Macmillan, 1957)를 참조하고, 아래로부터의 대중투쟁 전개과정은 R. Smith, op. cit. ; D. F. Koenker, *Moscow Workers and the 1917 Revolution* (Princeton Univ Press, 1981) ; D. H. Kaiser, op. cit.
18) M. W. Heldin, "Zinoviev's Revolutionary Tactics in 1917," *Slavic review*, Vol. 34.

할 의사가 전혀 없었다. 그러나 Vikzhel의 사회주의 연합권력 제안은 누가 권력을 장악할 것인가 이전에 내전의 가능성을 사전에 차단하는 동시에 사회주의 이행의 기본방향을 설정한다는 데 그 핵심적 의미가 있었다. 사회주의 연합권력은 소비에트를 축으로 카데츠를 제외한 전체 사회주의 진영이 권력의 주체로 참여한다는 의미 외에도, 각각의 당파가 정치적으로 대표하고 있던 노동자, 병사, 농민, 그리고 중소자본가들의 이해를 통합, 헤게모니 블록을 형성할 수 있는 가능성을 열어놓는 것이었다. 뿐만 아니라 가장 핵심적인 3대 대중조직이었던 공장위원회, 소비에트, 블로스트를 누가, 얼마만큼 성공적으로 정치적 조직화를 이끌어내느냐에 따라 권력의 축이 변화될 수밖에 없다는 점에서 아래로부터의 사회주의를 보장하는 관건이었으며 기실 레닌이 혁명공약으로 내걸었던 내용들 모두는 바로 이러한 사회주의 연합권력의 정신 바로 그것이기도 했다. 19)

그러나 당 독재-국가-프롤레타리아 독재를 통한 위로부터의 사회주의 이행에 대한 레닌의 입장은 확고했고, 이를 위해서는 권력장악과 동시에 선포했던 혁명공약의 대부분 내용들을 실천적으로 부정하는 것 역시 주저하지 않았다. 이는 다음과 같은 핵심적 쟁점에 대한 레닌의 태도에서 분명하게 드러난다. 레닌은 1917년 4월경에 소비에트가 아니라 공장위원회가 권력을 장악해야 한다고 주장했었는데, 20) 이러한 태도와는 정반대로 10월을 전후해서는 노동자 통제위원회가 중앙정부의 지도관철을 감독하는 역할에 제한되어야 한다는 점을 〔노동자 통제에 관한 법령〕에서 분명히 했다. 뿐만 아니라 이러한 입장이 혁명기의 혼란 상황으로 인한 불가피한 조치가 아님을 1920년에 있었던 노동자 반대파와의 논쟁에서 노동자 자주관리에 관한 일체의 시도를 생디칼리즘이라고 규정함으로써 다시 한번 입증했다. 21) 또

---

19) 멘셰비키와 사회혁명당의 전술변화와 내부분열, 그리고 대안모색에 관해서는 P. V. Volobuev, "The proletariat-leader of the socialist revolution," *Soviet Studies in History* (1983-84) ; M. Melanion, *The Socialist Revolutionaries and the Russian Anti-War Movement 1914-1917* (Ohio State Univ Press, 1990, 1997).

20) Personal Collection of G. K. Ordzhonikidze: Leader's of Russian Revolution, Harvard Univ Library Archival Collections

21) 이정희, 「볼셰비키 사회주의와 노동자 자주관리 운동 1917-21」, 서울대 서양사학과 박사학위논문, 1998.

한 Volost를 중심으로 농민들 스스로에 의한 토지몰수와 재분배가 실행된 상태에서 빈농위원회와 식량징발대를 도입, 이를 강압적으로 실행해나가는 과정에서 "토지를 농민에게"라는 혁명 이전의 대중적 요구 역시 무산되었고 이에 대해 저항하는 농민들은 무자비한 적색테러에 직면하게 되었다. 뿐만 아니라 레닌은 빈농위원회를 통해 그동안 농촌지역에서 확고한 정치적 기반을 장악해왔던 사회혁명당의 조직적 거점을 해체하는 데 성공했으며, 그 정치적 종결은 독일대사 미르바하 암살사건을 계기로 한 좌파 사회혁명당의 불법화에서 정점에 달하게 된다.

유일하게 레닌이 혁명 이전의 대중적 요구를 수용한 것이 있다면 무조건적인 즉각 종전과 제국군의 해체라고 할 수 있는데, 대독강화조약을 둘러싼 격렬한 내외부의 논쟁에서 볼 수 있듯이 강화조약을 통한 무조건 종전은 독일측에게 영토와 경제력의 절반을 넘겨주었을 뿐만 아니라 연합군측에게는 절대적으로 불리한 전세를 만들어냈다. 그리고 이러한 결정이 불가피했던 보다 근본적인 이유는 볼세비키 단독권력 장악과정에서 필연적으로 나타날 수밖에 없었던 대중적 저항과 내전에 대한 사전정비가 필수적이라는 점으로부터 찾아질 수 있다. 레닌에게 있어서 아래로부터의 사회주의 이행 가능성은 전혀 고려되지 않았으며 1918년 6월 적색테러가 공공연하게 진행되는 것과 동시에 권력의 조직적 주체인 소비에트마저 선거조작, 강제해산, 반대파 숙청 등을 통해 완전 무력화시켰으며, 실제로 이후 단 한차례도 소비에트 총회는 소집되지 않았다.

볼세비키는 단독권력을 확고하게 구축하기 위해 권력장악과 동시에 소비에트 중앙위를 통해 카데츠 등 정치적 반대파에 대한 탄압을 출발점으로(12월), 그동안 볼세비키 권력이 제헌의회 소집 이전까지만 기능할 과도적 임시정부에 불과할 뿐이라던 약속을 번복하고 제헌의회를 강제해산하는가 하면(1월 6일), 소비에트로부터 멘세비키와 사회혁명당을 축출하고 사회혁명당은 불법화하는 것(4월)으로 이어져, 6월에는 빈농위원회와 식량징발대를 구성하는 것으로 점점 확대되었다.[22] 뿐만 아니라 혁명강령으로 민족자결

22) 이 기간동안 소비에트 중앙위원회에서 논의 결정된 회의록으로는 J. L. H. Kepp, *The Debate on Soviet Power: Minutes of the All Russian Central Executive Committee of*

주의 원칙을 선언했음에도 불구하고 우크라이나 자치정부와 체코군에 대한 선제도발을 통해 그 이전까지는 극히 소규모의 제국군대 장교들만으로 구성된 반혁명군과의 국지적 전투를 한순간에 전 러시아 지역에 걸친 내전으로 확대시켜 놓았으며, 이를 계기로 총 95만 명의 중·사상자를 만들어냈던 3년간의 끔찍한 내전(대독전쟁에서 러시아군 중·사상자는 총 32만명)이 시작되었다.

이 당시 레닌의 이행전략이 구체적인 형태로 드러난 것을 간략히 요약하면 다음과 같다.

볼셰비키 단일권력의 기반을 위한 조치로 1월 6일 제헌의회 해산을 결정한 이후 대독강화 조약을 체결하는 한편 4월에는 사회혁명당 불법화를 통해 내용과 형식 모든 측면에서 실질적인 볼셰비키 권력의 단일화를 성공시켰다. 이와 동시에 이행의 경제체제적 경로와 관련해서는 체제적 수준에서 노동자 자주관리를 요구했던 페트로그라드 공장위원회 중앙위의 요구(1917년 12월 28일)를 전면 부정하면서 자본가들의 소유 및 경영권을 보장하는 한편, 노조의 위상과 역할로 국가기관의 일부로 편입되어 생산성 향상과 노동규율 확립에 주어져야 한다는 점을 강조했을 뿐만 아니라(4월 3일), 부하린을 중심으로 한 당내 분파였던 Communist그룹의 적극적인 반대에도 불구하고 성과급제 및 테일러 시스템의 도입을 추진(4월 28일)하는 등 자본주의적 생산관계를 유지 온존할 것임을 분명히 했다. 여기에 1918년 6월 사전준비 없이 단행된 전면적 기업국유화 조치 이후 노동통제의 강도를 점점 높였을 뿐만 아니라 내전이 거의 종료되는 시점인 1920년 1월 트로츠키에 의해 노동병영화가 전격 도입됨으로써 위로부터의 사회주의 이행노선은 그 절정에 달했다.[23]

이러한 위로부터의 국가주의 이행전략에 대한 노동자들의 저항 역시 만

Soviets, Second Convocation October 1917-January 1918 (Oxford univ Press, 1979)을 참조하라.
23) 이러한 일련의 상황들에 대한 생디칼-무정부주의자들의 역사이해와 비판적 평가에 대해서는 The Bolsheviks and Workers Control(http://www.geocities.com/WestHollywood/ 2163/bolintro.html)을 참조하고, 보다 중립적으로 사태전개에 대해 연구한 책으로는 G. Shkliarevsky, *Labor in Russian Revolution* (St Martin's Press, 1993)을 참조하라.

만치 않았다. 노동자들의 대중적 저항과 빈농위원회와 무장 식량징발대에 대항하는 농민들을 기반으로 사회혁명당과 멘셰비키는, 결국 볼셰비키에 의해 무력진압 혹은 강제해산되는 운명을 겪게 되지만, 1918년 중후반에 전국 각 지역 소비에트 선거에서 급속하게 정치적 재기에 성공하게 되었다. 특히 볼셰비키의 유일하고도 핵심적인 지지기반이었던 대도시 노동자들이 1918년 중반 국가주의 이행전략 전면화에 저항하며 강력한 반볼셰비키 투쟁을 전개하자,24) 레닌은 이러한 흐름을 막기 위한 방책으로 두 가지 핵심 조치를 단행하게 되었다. 그 하나는 무장된 식량징발대를 통한 식량강제 징발로 대도시 노동자들의 경제적 요구를 충족시키는 한편, 다른 하나는 체카와 군대를 동원한 노동자 저항의 무력진압을 단행하는 것이었다.

그러나 식량징발대와 빈농위원회를 통한 노동자 중심의 공업재건 시도는 인구의 9할을 차지했던 농민들의 반볼셰비키적 태도를 더욱 부채질함으로써 이에 저항하는 농민들만이 아니라 일부 볼셰비키들조차 백군에 가담하게 만드는 등25) 백군 군사력을 급속하게 증강시켜 사상 유례없는 장기적 내전을 초래했고 적색테러를 동원한 노동자 탄압은 1921년 크론슈타트 항쟁까지 지속된 노동자 저항의 성격을 '좀 더 좋은 볼셰비키'를 위한 투쟁에서 "공산당과 인민위원들을 타도하자"라는 반체제적 수준으로 내몰았다. 이로 인해 한편으로는 내전에서 적군의 정치적 핵심으로 동원된 볼셰비키 선진노동자들의 대규모 전사와 또다른 반대편에서는 반볼셰비키 노동자 투쟁에 연루된 선진활동가들이 정치적 탄압에 의해 희생됨으로써 1921년 트로츠키에 의한 크론슈타트 항쟁 강제진압을 끝으로 국가권력으로부터 독립된 혁명적 이행주체는 완전히 사멸해 버렸다. 26)

---

24) V. L. Brovkin, *The Bolsheviks in Russian Society* (Yale Univ Press, 1994) ; V. L. Brovkin, *Behind the Front Lines of the Civil War* (Princeton Univ Press, 1994).

25) 1919-1920년까지 붉은군대로부터 백군측에 가담한 병사를 포함 총 탈영병 수가 2백 8십만명에 이르렀는데, 이를 두고 사회혁명당 좌파 신문인 『델로 나루다』는 "내전에서의 승리자는 보다 강한 군대를 가진 쪽이 아니라 더 작은 탈영병을 가진 쪽이 될 것(1919. 3. 27)"이라고 논평했다.

26) 노동자들의 반볼셰비키적 저항이 발전해 나가는 과정에 대해서는 J. B. Sorenson, *The Life and Death of Soviet Trade Union 1917-1928* (A Therton Press, 1969). 1918년에 벌어진 일련의 반볼셰비키 노동자 대중투쟁 양상에 대해서는 W. G. Rosenberg, "Russian

그 결과 비록 1918년 초반부터 1921년까지 볼셰비키 당내 반대파가 여러 차례 형성되어 다양한 방식으로 국가주의 이행전략에 대한 저항을 시도했던 것은 사실이나 그것들은 모두 당 중앙위 내부에서만 이루어졌을 뿐, 당 밖에 존재하는 비판적 선진 노동자대중들과 결합하려는 시도는 존재하지 않았다. 오히려 당 밖에서의 모든 정치적 비판은 반혁명, 제국주의의 앞잡이로 간주되었다. 결국 레닌이 그의 죽음을 앞에 놓고 당의 관료주의와 스탈린 독재에 대한 마지막 투쟁을 시도했었지만, 레닌의 정치적 유언에 따라 새로운 사회주의 이행의 주체로 나설 수 있는 혁명적 선진 노동자들은 더 이상 당 내부에서도, 당 바깥에서도 찾아볼 수 없었다.

3) 내전의 기원과 전시 공산주의의 성격

그동안 정통 볼셰비키 역사가들은 흔히 내전의 기원을 제국주의 열강의 개입에 의한 것이라고 주장해왔지만, 이는 그동안 이루어졌던 서구 역사학자들의 연구결과와 전혀 상반되는 것이다. 무엇보다 영국, 프랑스, 일본, 미국의 군사적 개입은 대독전쟁 기간 중에 볼셰비키 정부와의 협의를 통해 미리 양해된 범위내에서 소규모로 이루어졌으며,[27] 반 볼셰비키 세력에 대한 군수물자 지원은 대부분 대독전쟁이 종전되기 이전에 이루어진 반면, 백군의 반혁명 전쟁은 제국주의 열강의 군수지원이 줄어드는 시점에서 맹위를 떨치기 시작했다. 뿐만 아니라 유럽내 제국주의 열강들은 자국내 계급투쟁의 고양에 따라 전면적인 군사적 개입 역량이 존재하지 않았으며 미국 대통령 윌슨의 평화협상(일명 Prinkipo 평화협상) 제안에 따라 러시아내의 내전중단에 나서기도 했다.[28]

Labour and Bolshevik Power after October," *Slavic review*, Vol. 44, No. 2 (1985); Brovkin, op. cit.; E. Mawdsley, *The Russian Civil War* (Allen & Unwin, 1987).

27) 오데사 중심의 프랑스 병력 5천, 그리스와 폴란드 병력 1만 2천, 영국은 그루지아 등의 유전지역에 병력을 파견했는데, 전체 병력은 미상이나 전투 중 병력손실은 중상자 포함 983명으로 기록되어 있다. 미국은 시베리아 극동 지역에 주둔했는데, 이들은 적군이 아니라 코사크군과 군사적 충돌을 빚었다. Chamberlain, op. cit.

28) 윌슨의 평화협상은 레닌이 먼저 러시아 영내 지하자원을 연합국측에 조차하겠다고 제안하면서 공식화되었는데, 결국 콜차크군과 볼셰비키측의 입장 차이가 워낙 커서 성사되지 못했다. 볼셰비키 역사가(특히 Victor Serge, *Year One of Russian Revolution* [Allen Lane

1918년부터 1921년까지 진행된 러시아 내전을 유형별로 구분해 본다면, 1917년 10월 혁명 직후부터 1918년 4월까지 진행된 칼레딘, 코르닐로프가 주도했던 의용군(Volunteer Army)과의 산발적 전투행위를 1기로, 1918년 4월부터 1920년 초까지 이어졌던 콜챠크, 데니킨군과의 전면전을 2기로, 그리고 1919년 초부터 시작된 소수민족들의 분리독립 전쟁을 3기로 나눌 수 있다. 그리고 1기와 2기 사이에 사회혁명당과 체코군이 결합한 Komuch 정부 수립 및 우크라이나 Rada 정부와의 전쟁이 놓여져 있는데, 내전 1기의 반혁명군 숫자는 2만 명을 넘지 않았으며, Komuch 정부, Rada 정부와의 대결은 볼셰비키의 선제공격으로 시작되었고 그 규모 역시 상대적으로 작았다. 내전 2기는 가장 길고 격렬했을 뿐만 아니라 러시아 전역을 무대로 진행된 본격적인 의미의 내전이라고 할 수 있는데, 빈농위원회 설치와 식량징발대의 강제징발에 저항했던 농민들이 대규모로 백군에 가담하게 되면서 반혁명군의 병력 수는 최대 10만 명 수준까지 증가했다. 이에 반해 적군측은 총 60만 병력 중 약 20만명을 동원해서 백군과 전투를 진행했는데, 백군이 내전에서 패배한 결정적인 이유는 병력이나 무기의 열세가 아니라 콜챠크와 데니킨 치하에서 진행된 볼셰비키에 못지않은 농민탄압으로 인해 그들의 지지기반을 스스로 제거해버렸기 때문이었다.[29] 결국 적군과 백군 양측으로부터 등을 돌린 농민들은 녹색군이라는 10만의 자생적 민병대를 조

---

the Penguin Press, 1972))들은 영국과 프랑스 비밀요원이 붉은 군대 장교와 결탁해서 트로츠키와 레닌을 암살하려 했다는 Lockhart 사건 등을 거론하며 제국주의 세력의 반혁명 개입 시도를 입증하려 했지만, 이는 체카의 자작극일 가능성이 높은 것으로 평가되고 있다. 체카에 의한 대표적 조작극의 하나는 레닌 암살범 카플란을 사회혁명당이 연루시키려던 시도였는데, 사회혁명당과의 연루는 체카의 조작이었음이 확인되었고, 장님이었던 카플란이 진짜 암살범이었는지에 대해서도 강력한 의문이 제기되고 있다. 제국주의 열강의 내전개입 양상에 대해서는 J. Bradley, *Allied Intervention in Russia 1917-1920* (America Univ Press, 1984); G. A. Brinkley, *The Volunteer Army and Allied Intervention in South Russia 1917-1921* (NotreDame Univ Press, 1966)을 참조.

29) 내전 전개과정에 대한 자세한 연구는 Brovkin, op. cit; M. Lewn, *Russian Peasants and Soviet Power* (Northwestern University Press, 1968); S. L. Gauthier, "The popular base of Ukrainian nationalism in 1917", *Slavic Review*, Vol. 38 (1979); R. Suny, ed., *Transcaucasia, Nationalism and Social Change: Essays in the History of Armenia, Azerbaijan and Georgia* (University of Michigan Press, 1996); V. P. Danilov, *Rural Russia Under the New Regime* (Indiana University Press, 1988)을 참조.

직, 1919년부터 적군과 백군 양측에 대한 게릴라전을 수행하게 된다. 30) 내전 3기는 1919년부터 시작된 폴란드와의 전쟁, 31) 핀란드, 백러시아, 그루지아, 아르마니아, 크리미아 등과 극동지역 소수민족들의 분리·독립 전쟁을 지칭하는데, 이 시기에는 무차별적인 강제징집을 통해 형성된 적군의 규모가 이미 1918년 12월 기준 100만 명에 달했으며 1920년 7월에는 300만 명에 이르렀던 만큼 소수민족의 저항에 대한 일방적 진압과 녹색농민군의 산발적 저항이라는 수준을 넘지 않았다. 그러나 레닌을 비롯한 볼셰비키들은 바로 제3기를 내내 반혁명의 위험을 내세워 적색테러의 강화, 볼셰비키에 대한 일체의 비판세력을 반혁명 음모로 처단하는가 하면 전시 공산주의적 정책을 전면화했다.

내전의 기원과 마찬가지로 대부분의 볼셰비키 역사학자들 혹은 서구 역사가들 다수가 전시 공산주의 역시 제국주의 세력의 반혁명 음모, 내전의 확대, 그로 인한 경제적 피폐화에 따른 불가피한 임시조치라고 평가하는 견해가 일반적이었는데 이러한 주장 역시 그 사료적 객관성과 역사적 개연성에 비추어 동의하기 어려운 것이다. 32)

첫째 내전과 관련된 논란이다. 이미 위에서 살펴보았듯이 본격적인 의미의 내전은 1920년 초반에 볼셰비키의 승리로 돌아갔고, 1월을 기점으로 영,

---

30) 2기 내전에서 볼셰비키와 백군의 테러에 의해 희생된 인민의 숫자는 전사자를 제외하고 거의 25만명에 달하는 것으로 알려졌다. 적십자사가 집계한 데니킨 치하에서의 12만명과 체카가 공식 집계한 적군 치하에서의 10만명을 포함. Heifetz, *The Slaughter of Jews in the Ukraine in 1919* (Thomas Seltzer, 1921).

31) 폴란드와의 전쟁은 폴란드의 선제도발에 의해 시작된 것인데, 레닌은 "이제 우리는 우리에 대한 연합국들의 군사적 위협이 종결되었다고 확신할 수 있다. 우리는 이미 승리했다…. 이제 우리는 공세적인 전쟁을 시작할 수 있으며, 해야만 한다"고 주장함으로써 유럽지역에서 혁명적 정세 고양에 맞추어 전쟁을 통한 혁명수출론을 주장했다. 이날 레닌이 행한 발언은 1992년 이후 해제된 비밀문서에 기록되어 있는 것으로 R. Pipe, *Three whys of the Russian Revolution* (Random House 1996)에 소개되었다.

32) 챔벌린에 따르면, 전시공산주의란, '첫째, 가능한 모든 범위와 영역에서 모든 생산수단을 국가가 장악하고 사적소유권을 최소화하는 것, 둘째, 모든 러시아 인민의 노동에 대한 강제동원 및 국가통제, 셋째, 일체의 생산활동을 국가가 담당하는 것, 넷째, 모든 영역에서 극단적인 형태의 중앙집중화 다섯째, 국가에 의한 분배의 조직화, 여섯째, 화폐폐지를 통한 물물교환과 배급제도의 구축'으로 요약될 수 있다고 한다. Chamberlain, op. cit., Vol. 2, Ch. 15, p. 195.

프, 이탈리아에 의해 취해졌던 무역 금수조치 역시 해제되었다. 국내 정치 상황의 경우 멘세비키는 볼셰비키에 대해 타협적인 태도르 전환했고, 좌파 사회혁명당은 불법화되어 소규모 지하활동만으로 제한되어 있었기에 긴급 조치를 취해야 할 이유가 전혀 존재하지 않았다. 물론 1920년 이후에도 농민반군을 주축으로 하는 녹색군이 러시아 각지에서 투쟁을 계속하고 있었지만 병력 수나 무장력에 있어서 붉은군대와는 도저히 비고할 수 없는 상태였고, 당시 러시아 국내적 정치상황은 카데츠와 같은 자유주의적, 혹은 부르주아적 당파는 물론이고 볼셰비키에 정면으로 대적할 수 있는 어떤 정치 당파도 존재하지 않았다.

둘째, 레닌이나 트로츠키가 후일 전시 공산주의를 회고하면서 그것의 오류를 인정했지만, 전시 공산주의가 실시되는 당시에는 오히려 전시 공산주의, 병영 공산주의야말로 유일한 사회주의 이행의 올바른 경로임을 주장했다. 이는 단지 레닌과 트로츠키에게만 국한된 것은 아니고 부하린이나 오이신스키 등 볼셰비키 당내의 주요한 경제이론가들 역시 모두 공유했던 사회주의 이행의 유일하게 올바른 길이었다. 특히 레닌은 1920년 2월 2일에 있었던 「전러시아 중앙집행위원회 및 인민위원회 성과보고서」에서 "본격적인 의미에서의 내전은 종식되었음"을 보고, 전시 공산주의가 결코 내전에 의해 강요된 임시조치가 아님을 명백히 했다.

셋째, 전시 공산주의는 인간과 세계에 대한 레닌과 트로츠키의 가장 기본적인 인식으로부터 도출된 이행전략이었다. 트로츠키는 1920년 3월 9차 당 대회에서 "인간은 본래 게으른 존재이며 노동을 회피하는 것이 본능"이라는 전제하에 자본주의와 사회주의는 노동을 강제하는 방식에서 차이가 날 뿐이라고 주장했다. 그리고 사회주의적 생산계획은 노동의 배분에서도 계획을 요구하므로 노동의 이동은 엄격하게 금지되어야 한다는 결론을 이끌어낸 후, 바로 이러한 계획적인 노동배분을 가능케 하는 가장 효율적인 시스템이 노동의 병영화에서 찾아질 수 있다고 주장했다.[33] 이와 동시에

---

33) 트로츠키의 병영 공산주의에 대한 입장은 그의 저작인 『공산주의와 테러리즘』에서 가장 극적으로 보인다. "노동조직은 새로운 사회의 조직과 그 본질상 동일한 것이다. 모든 역사적 사회형태는 그 내부에 특정한 한 형태의 노동조직을 갖는다… (따라서) 임금은 그것이

레닌은 집단경영체제의 폐지와 일인 경영지배체제의 구축, 테일러 시스템의 전면적 도입을 주장했는데, 일인 경영체제에 대해서 노동자계급의 이해가 침해될 것이라는 비판에 대해 일인 경영자를 선임, 통제하는 것이 곧 노동자계급 일반이므로 그럴 염려는 없다고 주장했을 뿐만 아니라 1920년 1월 10-21일 사이에 열렸던 제3차 경제 위원회 총회에서 집단 경영체제는 과도적으로 필요한 조치임에 반해 새로운 사회체제 건설에 있어서 필요한 것은 일인 경영체제라고 주장했다.34)

넷째, 혁명과 내전으로 인해 러시아 산업전반이 해체되었고, 부하린이 『이행기의 경제학』에서 지적했듯이 이행기에 경제성장이 후퇴하는 것은 불가피하고도 당연한 일이다. 그러나 1917년에서 1920년 사이에 러시아에서 보여졌던 산업전반의 해체는 그 정도가 지나치게 심각했고, 전시공산주의의 도입은 그 심각성을 더욱 극적으로 악화시켰다. 전시 공산주의의 도입은 러시아 경제위기의 원인을 전혀 잘못된 지점에서 찾고 있을 뿐만 아니라 그 결과 사회주의 이데올로기가 지향하고 있는, 이후 대안체제의 근본동력이 될 수 있었을 노동자계급의 자주적 창조성, 연대성, 주도성을 부정하는 방향으로 나아갔다. 당시 경제위기의 원인은 물질적 생산력 혹은 생산성의 저하가 아니라 전혀 새로운 생산자 중심의 축적체제를 도입하지 못한 데 있으며, 노동자계급의 자주성을 정치, 경제 영역에 확대강화시킬 수 있는 전략의 부재에 놓여 있었다. 그러나 레닌에 의해 대표되는 국가 사회주의 이행 전략은 이러한 문제의식 일체를 반혁명 행위로, 무정부주의적 생디칼리즘으로 규정, 봉쇄해버렸다.

다섯째, 생산의 계획화에 대한 요구와 노동자 자주관리에 대한 요구와의

화폐적 형태이든 현물적 형태이든, 개인 노동자들의 생산성에 가장 가깝게 근접해야만 한다. 사회주의하에서 노동자들은 그가 일반적 이익을 위해 일하는 정도에 맞게 임금을 받아야만 한다…나는 내전으로 인해 우리의 경제가 피폐화 되지 않았다면…의심의 여지없이 보다 빨리 경제관리에 있어서 일인경영체제를 도입했을 것임을 믿어 의심치 않는다"(L. Trostky, "Terrorism and Communism" [Ann Arbor edition, 1961], pp. 146-163).
34) 전시공산주의 전반에 대한 개괄적 이해를 위해서는 S. Malle, *The Economic Organization of War Communism, 1918-21* (Cambridge Univ Press, 1985); M. Lewin, *The Making of the Soviet System* (Methuen, 1985); 그리고 이에 대한 역사적 평가는 P. G. Roberts, "War Communism; A Re-Examination," *Slavic Review*, Vol. 29 (1970).

관계에 대해 레닌을 비롯한 볼세비키들은 노동자 자주관리에의 요구와 생산의 계획화가 갖는 긴장관계를 강조하면서 노동자 자주관리가 과도기에만 유효하다고 주장했는데, 이 주장은 생산의 계획화가 무엇을 의미하느냐에 따라 전혀 다르게 평가되어야 한다. 생산의 계획화는 시장이 존재하든 그렇지 않든 필수적인 것이다. 자급자족체제가 아닌 한 모든 생산은 사회적 차원에서 조직되는 것이기 때문이다. 그러나 여기서 말하는 계획이 불확실한 미래에 대한 가능한 사전준비의 차원을 떠나 그 자체로 완결된 전국적 범위에서의 미래에 대한 설계도를 의미한다면 노동자 자주관리와 계획화에 대한 요구와 필연적으로 대립될 수밖에 없다. 전자는 의사결정의 주체가 단일한 의지인 반면, 후자는 각 생산주체에게 귀속되기 때문이다. 그런데 혁명 직후 노동자 자주관리를 주장했던 전러시아 공장위원회 디표자 회의에서는 전자의 의미에서 계획의 필요성을 승인하고, 이를 위한 구체적인 대안으로 기업간, 지역간 수평적 네트워크로 연결된 공장위원회 체계를 제안했다. 따라서 노동자 자주관리 운동이 무정부주의적, 자기업 중심주의적 오류에 빠질 수밖에 없다고 주장하는 것은 본질을 왜곡하는 것이다. [35)]

정작 1917-1921년 사이에 필요했던 가장 핵심적인 이헝전략은 노동자와 농민의 계급적 연대를 가능케 할 수 있는 도농 통합 산업구조로의 재편, 전쟁산업으로부터 일상산업으로의 이행, 계급주체 형성을 위한 생산과 정치에서의 노동자, 농민 조직 건설 및 의사결정에서의 주도권 이전, 지역 및 핵심산업 부문에서의 전반적 계획화 등이라고 할 수 있으며 이행기에 특별하게 요구되는 소비재 부문의 활성화와 이를 통한 실업인구의 흡수, 소비재 부문 활성화를 위해 지역별 농공단지 조성을 통한 도농간 통합, 국유화 기업단위에 대해서는 공장위원회 활성화를 통한 노동자 자주관리의 시범적 실시, 농업부문에서 점진적 사회주의를 실현하기 위한 구스따르 공업 활용 및 협동조합 운동의 실시 등을 시도할 수 있으며, 이러한 제반의 정책들은

---

35) 노동자 자주관리 이행노선이 국가 사회주의 이행노선과 일치할 수 있는 유일한 조건은 만인의 의지가 일인의 의지와 일치하는 사회체제, 계급과 당의 차이가 소멸된 사회, 생산력이 고도로 발전해서 사회적 생산력이 사회적 필요를 능가하는 사회에서만 가능하다. 그리고 이러한 사회체제에서 노동의 병영화, 일인 경영체제는 불필요할 뿐만 아니라 오히려 반동적 유산에 불과할 것이다.

러시아가 당시에 직면했던 광범위한 실업, 산업구조 재편에의 요구, 농업 생산력의 제고, 식량위기의 해결 등을 노동자 자주관리라는 전략적 핵심과 연결시켜낼 수 있는 가능한 대안적 정책들 중의 한 사례라고 할 수 있다. 뿐만 아니라 정치적으로도 이를 통해 광범위하게 진행되던 러시아 민중들의 반볼셰비키 경향을 되돌리는 동시에 사회혁명당과 멘셰비키를 체제내로 끌어들여 보다 나은 정책대안을 두고 경쟁할 수 있는 공간을 제시할 가능성도 있었다. [36]

4. 맺는 말

역사는 다양한 사건들과 전략적 주체가 만나는 변곡점을 따라 그 궤적을 만들어나가며, 궤적의 흐름은 하나의 구조적 역사를 낳는다. 이 안에서 각각의 사건들과 주체들은 유일하게 결정되며, 그것들을 환원하는 것은 불가능하다. 게다가 역사를 만드는 당사자들에게 있어서 각각의 변곡점들은 열린 가능성이기보다는 단 하나의 해답일수도 있다. 따라서 역사에서 다른 이행의 경로를 탐색한다는 것은 소설적 상상력을 요구한다. 그리고 소설적 상상력이 인과적 개연성을 획득할 때, 인과적 개연성이 사료적 객관성 혹은 총체성에 의해 뒷받침될 때, 다른 역사의 가능성은 미래의 대안모색으로 연결될 수 있는 것이다.

레닌에게 있어 1917년 10월은 무장봉기라는 수단을 통해서라도 권력을 장악해야 할 불가피한 상황일 수 있다. 코르닐로프 반란을 통해서 볼 수 있듯이 더 이상의 권력공백은 반동적 군사독재로의 길로 통할 수도 있었기 때문이다. 그러나 다른 한편으로 본다면 변변한 무장력도 갖추지 못한 노동적위대만으로도 코르닐로프 반란을 진압할 수 있을 만큼 권력의 균형추는 명백히 사회주의 진영으로 기울어져 있었다. 그리고 이미 대다수의 사회주

---

36) 멘셰비키는 1919년 「무엇을 할 것인가」라는 중앙위 문건을 통해, 빈농위원회 해체, 식량징발 중단, 협상가격에 의한 농산물 교환, 혁명이후 재분배된 토지 사유권 인정, 일당독재 철폐와 새로운 소비에트 선거 실시 및 다당제 확립을 대안으로 했으며, 사회혁명당은 1917년 10월 이후로 줄곧 노동자 통제의 전면적 도입, 연방제가 아닌 코뮌적 형태의 소비에트 정치체제 건설을 대안으로 제시했다.

의자들은 소비에트에 의한 권력장악을 가능한 최선의 대안으로 동의하고 있었다. 봉기의 성공과 함께 다른 역사의 가능성은 충분하게 열려 있었으며, 이미 앞에서 개괄적으로 살펴보았듯이 1917년 10월부터 1918년 4월까지 사회주의 연합권력, 제헌의회를 통한 헤게모니 블록의 형성, 그리고 이를 정치적 기반으로 삼아 노동자 자주관리를 점진적으로 도입하는 아래로부터의 사회주의 이행가능성 역시 살아있었다. 당시 유일하게 전략적 주체로서의 역할을 감당할 수 있는 볼세비키가 만약 그 당시 올린 변곡점들에서 다른 대안의 경로를 채택했다면 소련 사회주의 이행의 역사는 지금과는 전혀 다른 모습을 보여줄 수도 있었을 것이다.

전면적 내전이 국지적 내전으로, 소비에트를 중심으로 프롤레타리아 민주주의를 통해 이행주체들을 형성하며, 노동자 자주관리와 구스따르 공업을 활용함으로써 도농간의 점진적 통합을 이루어냈다면 스탈린주의라는 역사의 괴물은 등장하지 못할 수도 있었을 것이다. 그러나 러닌과 볼세비키는 다른 역사의 가능성, 무엇보다 레닌 그 자신과 볼세비키를 제외한 그 누구의 전략적 선택도 허용하지 않았으며, 다른 가능성을 믿지 않았다. 그리고 그 결과는 우리가 살펴보았듯이 4년간의 격렬한 내전이 끝난 후 완전히 무너진 경제와 이행주체의 소멸, 그리고 프롤레타리아 독재라는 이름으로 강요된 학살과 억압의 기억뿐이었다.

비록 1923년 이후 신경제 정책을 도입함으로써 무너져버린 경제를 재건하고, 이를 위해 제한적 범위에서의 시민적 자유가 보장되었으나 이미 소멸된 이행주체를 형성하기에는 역부족이었다. 그 결과 레닌 사후 사회주의 이행의 현실적 가능성은 스탈린이 선택했던 농업 강제 집산화, 중공업 우선 성장주의를 벗어날 수 없었으며, 설령 다른 대안의 가능성을 선택한다 해도 그것이 아래로부터의 사회주의를 만들어낼 수는 없었을 것이다. 알다시피 신경제 정책 시기에 핵심적인 논점은 프롤레타리아 민주주의도, 새로운 이행주체 형성도 아닌 생산력 성장과 경제의 재건이라는 문제의식뿐이었다. 역사에서 변곡점 각각은 다른 역사의 가능성이지만, 그 변곡점들이 하나의 궤적을 형성할 때, 궤적은 이미 구조가 된다.

시장사회주의 비판

이정구(다함께 편집위원)

1999년 11월 시애틀에서 시작하여 프라하, 제노바, 바르셀로나, 포르투 알레그레로 확산된 반자본주의운동은 진정한 좌파를 등장시켰을 뿐 아니라 많은 논쟁점도 제기했다. 그 가운데 하나가 바로 시장이라는 문제다. 반자 본주의 운동이 다양한 정치적 경향과 세력을 포괄함에도 그 운동에는 '우리 의 삶을 시장에 내맡길 수 없다'는 공통된 정서가 흐르고 있다.

시장이 아닌 다른 질서를 바란다면 그것은 무엇일까? 자원의 효율적인 배분을 위해서는 시장이 여전히 필요하지 않을까? 복잡한 현대자본주의에 서 수많은 생산 요소와 생산물에 대한 정보를 충분히 획득할 수 있을까? 시 장경제가 아니라면 계획경제일텐데 옛 소련과 동유럽의 경험은 계획경제의 실패를 입증하지 않았던가?

사실 반자본주의 운동이 나아갈 방향과 관련하여 우리는 위의 질문에 답 변해야 한다. 이 글은 시장이 공평하고 민주적이라는 허구를 폭로하고 시장 메커니즘이 자원을 효율적으로 분배하는 자연스럽고 합리적인 시스템이 아 니라는 점을 밝히고자 한다. 그리고 계획경제와 관련하여 옛 소련과 동유럽 의 경험은 계획경제가 아니라 지시 또는 명령 경제였다는 점과 헝가리나 유 고슬라비아의 시장사회주의 경험이나 중국의 시장 실험도 대안이 되지 못 한다는 점을 주장하고자 한다.

1989년 동유럽에서 민주주의 혁명이 일어나고 두어 해 뒤에 소련이 붕괴 하면서 서방, 즉 자유민주주의체제가 승리한 듯이 보였다. 레이건과 대처가 표방했던 세계화와 신자유주의 교리가 대세인 듯이 보였다. 보수 정당의 신자유주의 정책에 대한 환멸로부터 등장한 영국 노동당의 토니 블레어나 독일 사민당의 슈뢰더조차 '제3의 길'이나 '신중도'를 주장할 만큼 신자유주의 교리에서 자유롭지 못했다. 이제 전통적인 좌파의 이념, 즉 평등, 정의, 공평, 복지가 한물 간 듯이 보였다.

소위 '현존사회주의'체제라고 알려진 스탈린주의 국가들이나 사회민주주의 정부가 아니라 새로운 좌파가 자본주의와 시장경제에 반대하는 운동을 건설하고 있다는 점이 의미심장하다. 앞서 지적했듯이, 시애틀에서 시작되어 선진국뿐 아니라 제3세계로까지 확대된 반자본주의 운동은 대안의 문제에 직면해있다. 어떤 사회를 건설할 것인가의 문제에 대한 대응에 따라 상이한 전략이 도출될 수밖에 없다. 대안의 문제와 관련해서 우리는 구 소련과 동유럽 체제에 대한 진지한 평가를 다시 해야 한다. 그렇다면 민주적 계획경제란 것이 정말 인류에게 다다를 수 없는 시지프스의 노동일까? 맑스와 레닌은 과연 '죽은 개'일까?

1. 자유와 민주주의로서의 시장 ?

시장경제 옹호론자들은 시장이 공정하고 민주적 제도라고 주장한다.[1] 시장에서의 교환은 자발적인 거래와 참여자의 동등한 권리 그리고 등가 교환을 전제한다는 것이다. 이런 주장을 펴는 대표적 인물인 아마티야 센은 시장을 대화에 비유하면서 대등한 인간들의 상호작용으로 이해하고 있다. 또 그는 시장 메커니즘의 제한은 필연적으로 인간의 자유를 교란시킨다고 생각하여 시장을 자유와 연관시키고 있다.

시장에 전적으로 반대하는 것은 사람들간의 대화에 전적으로 반대하는 것처

---

1) 데이비드 맥널리는 자본주의사회의 핵심적 특징은 노동 시장이 구조화되어 있을 뿐 아니라 경제활동의 대부분을 지배하고 있는 점이라고 지적했다(David McNally, *Against the Market* [London: Verso, 1993], pp. 175-177). 이런 점에서 이 글에서 다룰 시장은 자본주의 이전 시기 특정 지역에서의 교환과 시장의 발전이나 특정 생산물의 상품화가 아니라 자본주의하에서의 시장이다.

럼 이상한 것이다. …시장 메커니즘이 경제 발전에 기여하는 바는 물론 중요하다. 그러나 이것은 언어, 재화, 재능을 상호 교환하는 자유의 직접적인 중요성이 인정되고 난 뒤의 문제다.[2]

센이 위의 인용문에 이어서 주장한 것처럼, 노동자들이 각종 법적・정치적 예속에서 해방되어 자유를 획득하는 과정은 역사적 진보라 할 수 있다. 하지만 이런 형식적 자유 이면에는 실질적인 불평등이 결합되어 있다.

자본가들은 공정한 노동에 대한 공정한 임금이라는 이데올로기를 통해 노동자계급으로부터 노동력 구매가 공정한 거래임을 암시한다. 하지만 자본주의 역사를 통틀어 사회의 부가 증대하고 자본의 규모가 상대적으로 커짐에 비해 노동자들의 생활수준은 크게 나아지지 않았다. 아담 스미스나 데이비드 리카도 같은 고전파 경제학자들은 사회의 부를 증대시키는 원천을 발견하지 못했다. 노동이 아니라 노동력이 상품이라는 점과 노동자들은 자본가들에게 노동력을 제공하지만 노동력의 대가보다 더 많은 가치를 창출한다는 점과 공정한 듯이 보이는 이 거래에서 착취가 스며들어 있다는 점을 지적한 것이 맑스의 공헌이었다.

더욱이 시장이 도입되거나 확대되면서 자유와 민주주의가 발전하지 않았음은 동서 자본주의의 경험이 이를 웅변적으로 보여준다. 유엔개발계획(UNDP)의 1999년 보고서에 따르면, 세계 인구 중 상위 20퍼센트와 하위 20퍼센트의 빈부 격차가 1960년에는 30대 1에서 1990년에는 60대 1로 늘어났으며, 신자유주의가 기승을 부리던 1990년대에는 오히려 더 늘어나 74대 1로 벌어졌다. 1994년에서 1998년 사이에 세계에서 가장 부유한 2백인의 부가 4,400억 달러에서 1조 420억 달러로 두 배 이상 늘었으며, 1998년에 세계 2백대 부자들의 부는 전 세계 인구 41퍼센트의 소득과 비슷했다.[3] 폴 크루그먼은 미국 최고 경영자의 소득이 평범한 노동자들의 그것에 비해 비약적으로 늘어난 이유를 "시장의 보이지 않는 손"이 아니라 경영자들이 자신들의 급여를 결정할 뿐 아니라 많은 특혜를 관리하는 회사 이사진을 자신들

---

2) 아마티야 센, 『자유로서의 발전』, 세종연구원, 2001, 23쪽.
3) Alex Callinicos, *Equality* (Cambridge: Polity, 2000), p. 1.

이 임명하면서 하는 "회의실의 보이지 않는 악수"였다고 비꼬았다.[4]

동구도 서구와 크게 다르지 않았다. 1990년대 초반 동유럽과 옛 소련에서 폐쇄적 국가자본주의가 몰락하면서 등장한 자유민주주의체제가 더 나을 것이라는 예상은 현실의 검증을 이겨내지 못했다. 경제 성장률은 하락하고 실업률이 늘어 생활수준이 전반적으로 하락했다. 사회복지 시스템이 붕괴하면서 절대적 빈곤 상태에 처한 인구의 비율이 더 높아졌다.

제3세계의 대부분도 지난 10년 간 혹독한 고통을 겪기는 마찬가지였다. 특히 외채 위기는 빈국에서 부국으로 부가 이전되는 메커니즘 역할을 해왔다. 기근이 아프리카를 강타하고 국제 금융자본가들의 책략으로 남미경제가 붕괴했다. 아르헨티나의 경험이 이를 가장 잘 입증해주는 사례일 것이다.

시장의 발전은 경제력의 집중을 초래하고 이것은 민주주의를 심각하게 제한한다. 왜냐하면 대부분의 시민들은 그들의 삶에 영향을 미치는 중요한 결정에 대해 개입할 수 있는 권리를 갖고 있지 않기 때문이다. 더욱이 시장은 생산 자원과 부와 소득의 분배에 대한 접근이 빈부격차에 따라 불평등할 뿐 아니라 시장의 동요에 대한 대응에서도 불평등하다. 1997년 한국의 IMF 관리체제가 부자와 가난한 사람에게 똑같은 영향을 미치지 않았다.

시장이 불평등을 확대할 뿐 아니라 자유와 민주주의를 신장시키는 데도 도움이 되지 않음이 현실인데도 시장체제에 매력을 버리지 못하는 이유는 무엇일까?

2. 자원의 효율적 배분이라는 신화

시장을 옹호하는 가장 강력한 버팀목은 시장이 자원의 효율적 배분을 보장하는 자연적이고 최고의 메커니즘이라는 믿음이다. 알렉 노브가 시장을 옹호하는 근거는 두 가지다. 첫째는 역사적 경험으로서 소련이나 동유럽 경제가 낭비적이고 비효율적이었다는 점이다. 둘째는 현대 산업사회가 너무 복잡하기 때문에 민주적 계획은 필연적으로 관료주의, 낭비, 비효율을 낳

---

4) Paul Krugman, *The New York Times Magazine*, 2002. 10. 20.

을 수밖에 없다는 점이다. 그는 결론으로 실현가능한 사회주의의 특징은 바로 시장이라고 주장한다. 5)

그의 주장에 대해 다음과 같은 물음을 던져볼 수 있다. 첫째, 시장은 과연 자원을 효율적으로 배분하는 메커니즘인가? 둘째, 시장에서는 자원의 낭비나 비효율성이 존재하지 않을까? 셋째, 옛 소련과 동유럽의 경제를 계획경제라고 부를 수 있을까? 마지막으로 과연 인류는 민주적 계획을 실행할 수 없을까?

시장이 자원을 효율적으로 분배하는 기제라는 이데올로기는 신고전파 경제학의 중심 사상인 가격 신호 논리에 근거하고 있다. 사람들의 소비는 시장경제에서 얼마나 많이 생산할지를 결정한다. 그런데 사람들이 어떤 재화에 대해 기꺼이 지불할 준비가 되어있는 가격은 개별 기업들이 무엇을 생산하고 또 무엇을 생산하지 말아야 할지를 알려주는 신호 역할을 한다는 것이다.

그렇지만 가격 신호라는 개념에는 근본적인 결점을 안고 있다. 생산이 소비보다 항상 먼저 진행되는 과정이기 때문에 '가격 신호'는 미래에 무엇을 원하는지를 알려주는 것이 아니라 생산 이전에 무엇을 원했는지를 알려준다. 6)

시간이라는 요소는 소농들이 곡물만을 생산하는 단순 상품 생산체계에서도 엄청난 문제를 낳는다. 나쁜 기후의 영향으로 어떤 해에 마늘 농사를 망쳤다면 마늘 가격은 전년도보다 오를 것이다. 이 가격 신호를 보고 다음 해에 농부들이 더 많은 경작지에서 마늘을 재배했을 경우 다음 해에 마늘 가격은 폭락할 것이다. 그런데 우리는 이런 일을 주변에서 자주 목격한다.

단순한 상품생산 체계가 아니라 거대한 자본주의 기업의 경우 문제는 더 심각해진다. 산업생산의 대부분은 단 몇 달 만에 생산을 해낼 수 없다. 몇 해에 걸친 계획과정과 부지확보나 공장건설 등의 고정자본 투자가 이루어진다. 자유시장경제이기 때문에 경쟁 기업들 사이에서 생산 설비의 조정 같은 것은 존재하지 않는다. 그렇다면 경쟁 기업들은 시장의 가격 신호를 보고 동시에 장기적인 투자계획을 세워 추진한다. 경쟁 기업들이 앞다투어 생

---

5) 알렉 노브, 『실현 가능한 사회주의의 미래』, 백의, 2001, 485쪽.
6) Chris Harman, "The Myth of Market Socialism," *International Socialism*, No. 42.

산에 뛰어들면서 원재료에 대한 수요가 증가하고 노동력 확보 경쟁도 이어진다. 전반적으로 가격이 상승하지만 어느 순간에 가서는 사회 전체에서 필요한 양보다 더 많이 생산된다는 것이 드러난다. 일반균형이론에서 말하는 균형이란 수식의 계산을 통해 쉽게 도출할 수는 있겠지만 현실에서는 과잉생산, 파산, 구조조정, 돌아가지 않는 공장, 대량해고 등의 고통스럽고 격렬한 과정을 동반한다.

알렉 노브조차 자본주의에서 합리적 가격 구조를 한 번도 가진 적이 없음을 시인하고 있다.

> 이 과정에서 새로운 기술의 등장, 소비자 기호의 변화, 투자결정이 다른 사람의 수중으로 이전되게 되면, 초기의 투자결정이 의존했던 (사전적) 예측은 뒤엎어질 수 있다. 그 결과 투자에 필요한 비용은 자본 조달 능력이나 제한된 능력을 초과할 수도 있다.
> 오늘의 가격은, 비록 인플레이션이나 가격을 왜곡하는 다른 요소들을 추상할 수 있을지라도, 향후 6년 이내의 상대적 부족에 대해 좋은 지침이 되지는 않는다. [7]

가격 신호는 생산과 소비가 균형 상태에 이르도록 하는 효율적인 메커니즘이 되지 못한다. 자본주의 역사에서 새로운 기계의 등장 때마다 격변이 존재했고, 농산물 가격의 급등락 때문에 아일랜드의 수백만 농부들이 굶어 죽었다. 불황기에 일을 할 수 있는 노동력과 생산 설비가 있음에도 공장은 가동하지 않고 다른 한쪽에서는 노동자들이 돈이 없어 비참한 생활을 하는 현상을 두고 시장이 자원의 효율적인 분배와 혁신을 고무할 기제라고 말할 수 있을까!

현실에서 보이는 생산과 소비 또는 생산과 투자의 불균형은 정보 부족에 의한 시장의 실패라기보다는 자본주의체제 그 자체에서 비롯하는 것이다. 그래서 자본주의가 발전하면 할수록 그리고 그 규모가 크면 클수록 신자유주의자들이 말하는 균형에 이르는 길은 더 파괴적이고 혼란스런 모습을 띤다.

---

7) 알렉 노브, 앞의 책, 109쪽.

3. 가격 신호와 독점적 국가자본주의

거대 기업이 현대 자본주의를 지배하면서 가격체계에서 중대한 변화를 가져왔다. 가격체계는 고전파 경제학자들의 주장처럼 실질적인 생산비의 영향을 더 적게 받게 된 것이다. 거대 기업들은 자신들의 이윤을 극대화하기 위해 계속하여 가격을 고정시키거나 점진적으로 인상하려 노력해왔다. 독점 또는 과점 기업에 대한 무수한 연구들은 현실경제생활에 필요한 많은 생산물들이 한두 기업에 의해 생산된다는 점을 보여주었다. 신고전파의 논리대로라면, 기업은 생산물이 팔리지 않을 때에는 제품 가격을 인하하여 대응해야 하지만 전후 거대기업의 대응은 자신들의 이윤을 확보하기 위해 오히려 가격을 인상했다. 예를 들어 미국에서 1953년, 1958년 그리고 1969년에 경기가 침체했을 때 비교적 경쟁 산업 제품의 가격이 하락했지만 독점 산업의 제품 가격은 오히려 상승했다.

그래서 가격 정책은 독점 기업들이 경쟁 기업을 희생시켜 자신의 입지를 구축하는 의식적인 도구가 됐다. 1950년대에 IBM이 최초의 컴퓨터에서 꼭 필요한 카드 판독기 생산에서의 독점적 지위를 이용해 다른 부문에서 독점을 유지하는 방식으로 사업을 확장했다. 이런 방식은 비단 IBM에만 나타나는 것은 아니었다. 거대 기업들은 독점적 지위에 있는 국내 시장에서는 가격을 생산비보다 높게 책정하고 경쟁에서 시장을 장악하고자 하는 해외 시장에서는 가격을 낮추었다. 또 이들은 이윤에 대한 세금이 낮은 나라의 생산비를 세금이 높은 나라의 생산비로 전가시키기도 했다. 그리고 자신들이 생산하는 원재료와 부품 가격을 교묘하게 인상하여 이윤을 확보하는 반면 완제품의 가격은 낮게 유지했다. 이런 정책은 경쟁 기업들이 그 사업에 진입하지 못하게 하는 장벽 역할을 했다.

이런 교묘한 술책이 없다 할지라도 기업들은 비용에 근거하여 생산하지 못하게 하는 강력한 동력이 작동한다. 노쇠한 자본주의에서 생산은 수년에 걸친 거대한 투자에 기초한다. 이런 투자 과정에서 알렉 노브가 거듭 강조한 복잡한 성격이 그대로 드러난다.[8] 기업들이 온갖 부품과 원재료를 가장 효율적으로 조달하여 생산에 배치하는 일은 거의 불가능해진다. 그래서 거대 기업들은 부품과 원재료를 독점하거나 가격 변동에 대처하기 위해 장기 계약을 체결한다. 또 국가가 나서서 가격 변동을 제한하기도 한다.

이런 점들은 가격이 시장에서 신호 역할을 한다는 주장과 동떨어져 있음을 보여 준다. 더군다나 현대 자본주의는 자원의 효율적 배분과는 거리가 멀다. 미사일, 폭탄 등의 파괴적 무기 생산은 논외로 치더라도 자본주의 경제에서 생산은 항상 기술혁신과 효율성을 추구하지는 않았다.

H 라이벤쉬타인은 독점 시장의 자원배분의 비효율성을 추계한 결과 독점에는 기업의 내부 요인에 기인하는 얼마간의 비효율이 존재한다는 점을 입증했다. 알렉 노브가 '현존 사회주의국가'의 특징이라고 주장했던 관료제와 비효율성이 서구 자본주의에서도 주된 특징으로 나타난다.

4. 현대 자본주의의 복잡성과 측정의 문제

『붕괴 이후』에서 로빈 블랙번은 맑스주의자들이 루드비히 폰 미제스와 프리드리히 폰 하이예크의 주장에 제대로 대응하지 못했다고 평가했다. 미제스와 하이예크에 의하면, 생산수단의 사적 소유와 이윤 극대화를 위한 투자에 기초한 경쟁적인 시장이 제공하는 가격 신호 없이는 합리적인 경제적 의사결정은 불가능하다고 주장했다. 하지만 이런 주장은 전후에 이미 반박을 받은 바 있다. 프레드 테일러와 오스카 랑게는 노동력 및 소비재 시장은 여전히 존재하지만 투자재 시장은 존재하지 않는 계획경제에서 어떻게 배분의 효율성이 이룩될 수 있는가를 보여주었다. [9]

다양한 생산 요소에 대한 측정의 문제를 외면하는 것은 아니지만 측정의 문제를 제기하며 사회주의를 비판하는 이런 주장은 경제생활에 관한 기본적인 가정과 불가분 연결될 수밖에 없다. 시장 없이는 합리적인 경제적 측정이 불가능하며 그래서 사회주의도 비합리적인 계획이라는 미제스와 하이예크의 주장 자체는 잠시 제쳐두더라도 그 주장이 방법론적 개인주의에 근거하고 있다는 점을 지적하는 것이 필요하다. 슘페터는 오스트리아 학파의

---

8) 알렉 노브, 앞의 책, 36쪽.
9) 알렉스 캘리니코스, 『역사의 복수』, 백의, 1993, 154쪽.

반(反)사회주의가 원자화된 개인들이 자신들의 고립된 노동 생산물을 교환하고자 하는 '로빈슨 크루소 경제모델'에 기인한다고 지적한 바 있다. 10)

그런데 신오스트리아 학파는 이런 방법론을 그 극단까지 밀고 간다. 이들에 따르면, 모든 경제생활은 소비자의 필요에 의해 추동되며, 결국 시장교환으로 바뀐다. 결국 산다는 것은 교환을 의미한다. 그리고 경제이론의 핵심은 바로 시장이론이 된다. 경제적 관계를 주관적인 이해관계에 기초한 시장교환으로 환원시키고 있는 신오스트리아 학파는 이윤을 주관적인 현상, 즉 기업의 발견으로 여기고 있다.

이런 주장에는 두 가지 결정적인 약점이 존재한다. 첫째로, 시장이 기껏 해야 할 수 있는 일이란 고립된 개인으로서 소비자에게 개별적인 경제적 선택의 폭에 관한 정보만을 제공할 뿐이다. 시장은 개별적인 경제적 거래의 사회적 영향에 관한 의미있는 정보는 전혀 제공하지 못한다. 복지경제학에서 많이 지적하듯이, 심지어 사적 경제조차 '외부성'이라고 하는 공공적 효과를 가지고 있다. 로빈슨 크루소는 결코 고립되어서는 살 수 없다. 헌트(E. K. Hunt)는 현실세계의 상황을 이렇게 지적했다.

> 우리가 일상적으로 관여하는 수백만의 생산과 소비 행위는 외부성과 연관되어 있다. …거의 대다수의 생산 및 소비 행위가 사회적인 것, 즉 어느 정도는 그 행위가 한 개인의 범위를 벗어나는 것이기 때문에 그 행위들은 외부성을 낳는다고 할 수 있다. 11)

둘째는 시장이 투자를 위한 합리적인 기준을 제공할 수 없다는 점이다. 오스트리아 학파나 신오스트리아 학파는 자본과 투자에 관한 의미있는 이론을 구축할 수 없었다. 왜냐하면 시장은 도로, 통신 네트워크, 학교, 공원 등의 공공시설을 건설하는 데 합리적인 지침을 제공할 수 없기 때문이다. 기업 차원에서 보더라도, 다른 기업이 투자 계획을 확정할 때까지는 어떤 한 기업은 시장의 데이터에만 근거해서 투자의 생산성을 측정할 수 없다.

---

10) David McNally, *Against the Market* (London: Verso, 1993), pp. 197-213.
11) Ibid., p. 199에서 재인용.

그런데 사회 전체로 보면 문제는 더 심각해진다. 오스트리아 학파에 의하면, 도시에 철로를 깔아야 할지 말아야 할지를 알기 전에는 투자의 생산성이 어떠할 것이라고 말할 수 없다. 하지만 여기서 우리는 생산의 외부성 효과라는 문제에 직면해 있다. 이런 투자 결정은 집단적 필요에 대한 장기적인 측정을 요구한다. 그런데 가격은 현재의 데이터만 제공할 뿐이다.

측정에 관한 초자유주의적 이론은 가장 천박한 가정, 즉 합리적인 경제적 의사결정은 고립된 개인들이 선택하는 소비 모델에 따라 구성될 수 있다는 가정에 근거한다.

그렇다면 이제는 알렉 노브를 포함하여 많은 시장사회주의론자들이 계획경제의 실현 불가능성으로 들이밀고 있는 '현존 사회주의' 국가들을 살펴볼 차례다.

5. 옛 소련과 동유럽의 경험

1) 소련과 유고슬라비아[12]
토니 클리프는 옛 소련경제가 결코 계획에 기초하지 않았음을 지적했다.

> "계획경제"라는 말을 모든 구성요소들이 단일한 리듬으로 조정되고 조절되며, 갈등이 최소화되어 있고, 무엇보다도, 예측을 바탕으로 경제적 결정이 내려지는 경제로 이해한다면, 소련 경제는 결코 계획경제가 아니다. 정부 결정에 의해 경제에서 형성된 격차를 메우기 위해서 진정한 계획 대신에 엄격한 정부 통제 방식이 사용되어 왔다. 따라서 소련 경제를 계획경제로 부르기보다는 관료제적 지시경제라고 부르는 편이 더 정확할 것이다.[13]

소련 경제에서 나타났던 낭비와 비효율성의 악순환은 소련 경제를 둘러싼 세계 경제의 압력에서 기인한 것이었다. 후진국에서 출발한 스탈린의 소련

---

12) Mike Haynes, "Nightmares of the market," *International Socialism*, No. 41, pp. 17-23.
13) Chris Harman & Andy Zebrowski, "Glasnost—before the storm," *Internaional Socialism*, No. 39에서 재인용.

경제는 서구 선진국 경제를 따라잡기 위해 자원과 노동을 극단적으로 통제하지 않으면 안 됐다. 스탈린이 수천 명을 처형시키고, 수백만 노동자들을 노예와 같은 처지로 내몰았던 원인은 바로 세계적 체제의 경쟁 때문이었다.

이런 압력은 소련 사회에서 생산과 소비의 우선 순위를 뒤바꿔놓았다. 소비가 축적에 종속되고 관료들이 집단적 자본가 역할을 하면서 1917년 혁명의 결과가 전도되기 시작했다. 하지만 관료제적 부실과 비효율성은 급속한 공업화와 팽창과 밀접한 연관을 갖고 있다. 당시의 구체적 조건하에서 경제를 조직하는 데서 다른 방도가 없었기 때문에 관료 계급은 농업 집단화와 노동 통제와 같은 억압적 방식으로 가용 산업 자원을 필요한 곳에 극도로 집중시키는 길을 걸었다. 더욱이 냉전 동안 경제 규모가 미국의 절반밖에 되지 않은 소련이 미국과 군사적 경쟁을 버텨내야 했기 때문에 준전시 체제를 유지할 수밖에 없었다.

그런데 소련 경제의 내부에 형성되어 있는 낭비와 비효율성의 문제는 알렉 노브도 자신의 책에서 여러 차례 지적한다. 알렉 노브는 소련 경제의 비효율성을 근거로 계획경제가 근본적으로 불가능하다는 주장으로 이어진다.[14] 이런 차이점 때문에 동유럽에서 시장을 도입한 사례를 살펴볼 수밖에 없다. 물론 옛 소련이 계획경제가 아니라는 공통점에서 출발했지만 알렉 노브는 시장사회주의를, 토니 클리프를 포함한 국제사회주의 경향은 소련이 국가자본주의일 뿐이며 진정한 사회주의 혁명이 대안임을 주장했다.

유고슬라비아의 경우, 제2차 세계대전 말미에 권력을 장악한 티토와 유고공산당은 구체제를 해체하고 소련과 같은 체제의 주된 특징을 재빨리 도입했다. 하지만 그 이면에는 소련과의 갈등이 싹트고 있었다. 이런 갈등은 1948년 6월 코민포럼이 티토를 비난하는 결의안을 통과시키면서 증폭됐다. 유고슬라비아의 교역량 중에서 러시아, 체코슬로바키아, 헝가리의 비중이 1947년에 48.3퍼센트에서 1950년 러시아의 유고슬라비아 경제 봉쇄 뒤에는 거의 제로가 됐다.

러시아와의 갈등 때문에 유고슬라비아는 내부적으로 자주관리와 시장에

---

14) 알렉 노브, 앞의 책, 제2장 '현실사회주의와 소비에트의 경험'.

대한 의존이 커졌고 외부적으로는 세계 시장에 편입되고 서방의 원조를 받게 됐다. 1949년 9월 유고슬라비아는 처음으로 미국으로부터 2천만 달러의 원조를 받았다.

이와 함께 티토는 1950년대 말 비동맹운동의 발전을 촉진함으로써 자신의 독립성을 과시했다. 이런 모든 특징들 덕분에 유고슬라비아는 동구국가들로부터 매력적인 대안으로 비춰졌고, 1950년대와 1960년대 급속한 경제발전 덕분에 '유고의 기적'이 동서방 모두로부터 찬양받았다.

이런 성공의 원인으로 자주관리제가 거론되곤 하지만 이 당시 많은 국가들이 급속한 경제성장을 이뤘다는 점에서 자주관리제가 경제 발전에 얼마나 기여했는지를 평가하기는 힘들다. 하지만 세계시장에 편입되면서 유고슬라비아 경제는 집중화 경향, 규제완화 압력 그리고 경제적 불안정성이 커질 수밖에 없었다.

하지만 이런 문제들은 성장이 지속되고 있는 동안에는 문제가 되지 않았다. 많은 경제학자들과 정책 입안자들 그리고 서구의 유고 찬미자들은 이런 문제들이 일시적일 것이라고 믿고 있었다. 1971년 유고의 경제학자 알렉산드르 바이트는 유고 경제에서 나타나는 주기적 불안정성을 검토한 결과 이런 문제들은 정책과 계획의 오류에서 비롯하는 것이며 정보와 경험이 누적되면 사라질 것이라고 판단했다. 하지만 세계적 호황이 불황으로 뒤바뀌는 1970년대 초반에 유고의 '기적 경제'도 악몽으로 바뀌었다.

동유럽 국가들은 경쟁의 압력이 정책 결정자로 하여금 고성장 부문에 자원을 집중하는 형식으로 간접적으로 작용했지만 유고의 경우는 세계 시장의 압력이 바로 작용했다. 세계 경제가 후퇴할 시기에 유고 경제의 어려움은 다른 동유럽 국가들보다 더 심각했다. 비록 호황 동안에는 성장의 혜택을 누렸을지라도 유고 경제는 세계 시장에서 상대적으로 취약했고, 경쟁이 치열해질수록 그 타격 또한 컸다.

1974-1976년 유가 상승과 더불어 서방과의 무역수지는 더욱 악화됐다. 그러자 교역량이 급격히 줄어들었을 뿐 아니라 국내 생산이 축소되면서 실업률이 급등했다. 1973년에 실업률이 4.2퍼센트였지만 1976년에는 11퍼센트로 뛰어올랐다.

유고 정부는 다른 나라 정부와 비슷하게 국내 경기를 부양하는 정책을 실시했다. 그래서 1978년에는 사회 총생산의 40퍼센트에 이르는 총자본 형성을 위한 거대한 투자를 단행했다. 하지만 초기에 성장을 구가하던 외부 조건이 계속 지속되지 못했다. 수출이 힘들어지면서 수입도 줄어들었다. 서방 선진국의 성장률이 1퍼센트 하락하면서 유고의 수출도 1-1.6퍼센트 줄어들었다. 1979년에 무역수지 적자는 유고 국민총생산(GNP)의 6퍼센트에 이를 정도로 급증했고, 해외차관이 대규모로 늘어났다. 세계경제가 1980년대 초반 다시 하락하면서 유고경제는 주저앉았다.

유고경제는 1980년대 내내 위기, 스테그네이션, 실업, 인플레이션, 평가절하, 외채의 악순환이 반복됐다. 위기가 고조되면서 유고 경제는 IMF와 서방 은행의 손아귀에 놓이게 됐다. 이것은 더 많은 시장 개혁을 강요받게 됐다. 1982년에 유고는 GNP의 8퍼센트, 수출로 벌어들인 수익의 23퍼센트를 외채의 원금과 이자로 지급했다. 그럼에도 상황은 나아지지 않았다. 1979년에 유고가 IMF에 진 빚은 전체 외채의 2퍼센트였지만 1983년에는 11퍼센트로 상승했다.

시장이 초래한 파멸로 인해 노동자들도 고통을 겪었다. 1970년대 동안 실업률이 거의 20퍼센트에 이를 정도였다. 심지어 30퍼센트가 넘을 것이라고 추정하는 경제학자도 존재했다. 이런 상황은 생활수준의 폭락으로 이어질 수밖에 없었다.

2) 헝가리[15]

제2차 세계대전 이후 소련과 같은 사회 구조를 갖춘 헝가리는 1956년의 투쟁을 겪으면서 경제개혁의 필요성이 커져 갔다. 농업에서 경제개혁이 먼저 시작됐다. 1956년 이후 부농을 집단농장에 끌어들이면서 농업이 재건됐다. 집단농장에서 부농들은 상당한 자유를 누렸으며, 그 결과 농업생산성은 높아졌다. 1960년대와 1970년대에 달러화 가치로 평가한 농업생산성은 코메콘 소속 국가 전체가 260퍼센트 증가했고, 선진국에서 200퍼센트 증가

---

15) Mike Haynes, op. cit., pp. 32-40.

한 것에 비해 헝가리는 300퍼센트 증가했다. 농업에서 거든 성공은 외화를 벌어들이는 데 중요한 역할을 했다. 동시에 수익성이 매우 낮은 부문의 개혁을 추진하는 강력한 동기를 제공했다.

1968년 신경제 메커니즘이 경제 전체에 도입되면서 중앙 계획이 줄어들고 시장 조율이라는 방식이 사용됐다. 이러한 변화의 궁극적 목표는 '조율되는 시장'을 만드는 것이었다. 그렇지만 헝가리처럼 작은 규모의 경제에서 경제구조는 경쟁에 매우 취약했고 또한 다양한 부문에서 개혁에 대한 저항도 나타났다.

하지만 심각한 난관에 봉착한 것은 석유 위기로 인해 헝가리의 경제성장이 느려졌던 1970년대 초반이었다. 서방은 헝가리를 압박하기 시작했으며, 그 결과 교역량은 1974-5년에 20퍼센트 줄어들었다. 더욱이 소련이 헝가리에 제공하는 유가를 인상하면서 어려움은 가중됐다. 원자재 수입 비용 상승으로 인한 어려움뿐 아니라 세계 시장에서의 경쟁력 하락으로 인한 난관도 나타났다.

다른 국가들과 마찬가지로 이런 위기에서 헝가리는 내수를 확대하는 것으로 대응했지만 실효는 없었다. 1971년에서 1975년 사이에 경제는 6.3퍼센트 성장했지만 1976년부터 1980년 사이에는 3.2퍼센트로 하락했다. 하지만 이 정도의 성장률을 유지하기 위해서조차 많은 외채를 끌어들일 수밖에 없었다. 그래서 1978-79년에 외채 증가율은 폴란드보다 더 높았다.

1979년부터는 더 이상 예전과 같은 성장을 유지하는 것이 힘들다는 점이 분명했다. 그래서 헝가리를 세계시장에 개방해야 한다는 '경제적 합리주의자들'의 목소리가 커졌다. 이들은 국내에서 시장을 확대하고 헝가리 기업 규모를 줄여 더 경쟁적이고 유연하게 만들어야 한다고 주장했다. 이들의 주장은 1980년대 초반에 격렬한 논쟁을 낳았다. 하지만 세계 경제가 침체하고 있던 1980년대 초의 상황에서 헝가리 지배 관료들이 취할 수 있는 선택의 여지는 그다지 크지 않았다.

1982년에 위기가 찾아왔다. 1982년 1/4분기에 유동성 위기가 찾아와 헝가리의 보유 외환은 바닥이 났다. 운 좋게도 헝가리 지배자들은 IMF와 세계은행에 가입한 대가로 구원을 받았고 이 위기를 그럭저럭 넘길 수 있었다. 하지만 이 구원은 공짜가 아니었다. IMF는 더욱 강력한 내핍정책을 헝가리 정부에게 강요했다. 그래서 수입은 급격히 줄어들었고, 물가는 치솟았으며, 투자는 얼어붙었다.

무역수지 적자는 1984년에만 겨우 줄어들었을 뿐 그 뒤에는 다시 늘어났다. 순자본형성도 줄어들었을 뿐 아니라 고용인구도 줄어들었다. 1986년에 고용된 인구는 1974-5년의 그것에 비해 12퍼센트나 적었다. 그런데 이런 개혁으로도 외적 문제를 전혀 해결할 수 없었다. 1988년에 외채는 일인당 2천 달러에 이르렀고, 무역수지 적자가 지속되어 외채는 줄어들지 않았다. 더군다나 인플레율은 17퍼센트에 이르렀다.

헝가리가 시장을 도입한 결과는 노동자들에게도 영향을 미쳤다. 이 당시 헝가리 노동자들은 다른 동유럽 국가들보다 형편이 더 낫다는 믿음이 널리 퍼져 있었다. 하지만 1970년대에 헝가리 사회학자들은 헝가리에서 농촌 빈민, 도시 슬럼가 거주인들 그리고 헝가리에서 소수민족인 집시 등으로 구성된 최하층(underclass) 집단이 광범하게 존재한다고 지적하고 있다. 실제로 이 집단은 전체 인구의 15-20퍼센트에 이르렀다. 야간 부업을 통해서 근근히 이전과 같은 생활수준을 유지해야 하는 가구가 전체 가구 중의 80퍼센트가 넘었다는 점은 헝가리 노동자들의 형편이 낫다는 믿음이 사실과 다르다는 점을 말해준다.

헝가리 또한 시장을 도입하고 세계경제에 편입됨으로써 재앙만을 낳고 끝났다.

3) 중국[16]

덩샤오핑을 중심으로 한 현대화론자들은 마오쩌둥의 경제전략이 경제적 쇠퇴와 빈곤을 가져왔다고 공격했다. 1978년 덩샤오핑은 4대 현대화(공업, 농업, 과학·기술, 국방)에 따라 경제 방향을 완전히 변화시키겠다고 발표했다. 새로운 전략은 두 부분으로 구성되어 있는데, 첫째는 현대적인 공장 설비와 기술을 수입해 수출지향적 산업을 발전시키는 것이었고, 두 번째는

---

16) 찰리 호어, 『천안문으로 가는 길』, 책갈피, 2002, 114-133쪽.

공업의 많은 부분과 사실상 농업의 모든 부분에서 국가의 중앙 통제를 대신할 '시장관계'를 도입하는 것이었다.

세계 경제에 대한 문호 개방은 지배계급의 의도대로 돼지 않았다. 현대 기술을 도입하려던 초기의 야심찬 계획들은 시간이 갈수록 시들해졌고 해외로부터의 구매량도 상당 정도 삭감됐다. 그리고 하이테크 설비들을 경제에 통합시키는 일이 생각보다 훨씬 더 어렵다는 것이 드러났다. 상하이 북쪽에 위치한 바오산(寶山) 제철소의 경험은 이를 잘 보여즈었다. 습지가 많은 지반이 용광로의 무게를 견디지 못해 기초 보강을 위한 철근을 수입해야 했고, 일본산 용광로는 중국산 철보다 더 질 좋은 철광석을 필요로 해서 호주에서 수입했지만 철광석 수송선이 양쯔강 어귀의 모래톱 때문에 부두에 댈 수 없어 새로운 항구와 저장고를 건설해야 했다.

세계 시장 속으로 더 크게 통합하는 방향으로 나아갈 때마다 지배계급은 자신들이 의도했던 것보다 더 깊게 끌려들어 갔고, 그 과정에서 수시로 계획을 바꾸어야 했다. 이것은 무역과 투자를 유치하면 할수록 그 발전의 속도와 방향에 대한 그들의 통제력이 더욱 약화됨을 의미했다.

중국 지배자들은 외국인 투자 유치 드라이브에 따라 20여개의 해안도시에 경제특구를 세우고 모든 세금을 감면해주고 토지와 건물의 무료 사용 그리고 저임금을 제공했다. 그렇지만 외국인 직접 투자는 중국 당국이 기대했던 규모로 이루어지지 않았다. 1978년부터 대외무역이 증가하면서 수출도 늘어났지만 수입은 더욱 빠르게 성장했다. 그래서 1979년부터 1990년 동안 두 해를 제외하곤 해마다 무역적자가 발생했고, 이는 단기 차관으로 해결했다.

세계 시장에 대한 개방이 약속된 모든 것을 가져다주지는 못했지만, 그럼에도 중국 경제는 1978년 이래로 탈바꿈해 역사상 그 어느 때보다도 빠르게 성장했다. 전반적인 경제성장은 1980년대 동안 연평균 10퍼센트 이상을 기록했다. 이런 고성장의 주된 요인은 '현대화' 전략의 두 번째 부분에 있었다. 즉 국내 경제를 급격히 재편해 투자와 생산 목표액에 대한 국가 통제를 크게 줄였다. 하지만 바로 이런 개혁 프로그램의 성공은 마오쩌둥하에서보다 더 큰 경제적 어려움을 낳았다.

최초의 개혁은 농촌에서 이루어졌다. 1979년과 1981년에 공동경작지가 개별 가족경작지로 해체됐다. 이런 개혁의 결과 토지에서의 소출이 60퍼센트 이상 증가하고 농촌의 빈곤선 이하 인구가 크게 감소하는 괄목할 만한 성과를 올렸다. 하지만 이런 개혁의 이면에는 사회복지비의 급격한 감소가 있었다. 특히 인민공사의 소득이 거의 완전히 없어지자 인민공사가 제공하던 최소한의 서비스도 곧 사라졌다. 그래서 모든 건강 관리는 개인의 몫이 됐고 중병에 걸린 사람들은 엄청난 비용을 소모했다. 또 부모들이 자녀들을 학교에 보내지 않고 농사일을 시켰기 때문에 교육 수준이 놀랄 만큼 저하됐다.

농업 개혁이 처음에는 확실히 생활수준을 향상시켰지만 그것이 정부 투자가 거의 없는 상태에서 농민이 더 고되게 일함으로써 이루어진 것이기 때문에 농촌 지역에서 불평등이 증대됐다. 인구 밀도가 높고 원래 비옥한 지역에서는 생활 수준이 향상됐지만 더 낙후된 지역에서는 그렇지 못했다. 농촌 주민 가운데 한해에 200위안 이하의 소득을 올리는 비율이 장쑤(江蘇) 성에서는 17퍼센트 이하였음에 비해 서북부의 간쑤(甘肅) 성에서는 46퍼센트를 넘었다.

어찌보면 이런 불균형 자체는 전혀 새로울 게 없었다. 1980년대 동안 변한 것이 있다면 각 촌락 내부에서도 생활 수준의 차이가 더욱 벌어졌다는 것이다. 중국 당국이 우려했던 것은 불평등의 증가가 아니라 농촌에서의 변화가 도시 물가와 그에 따른 임금 수준에 미칠 영향이었다. 사실 이런 일이 1985년에 도시 물가가 두 배로 오르는 방식으로 극적으로 나타났다. 농촌에서는 곡물 가격의 국가 통제 때문에 자유 시장에서 거래될 수 있는 작물을 재배했고, 그 결과 곡물 수확량은 현저히 떨어져 도시 물가 상승을 불러왔다.

농업에 대한 국가 통제를 없애고 자유 시장을 허용해 농업생산을 증대시킨다는 목표는 다름 아닌 시장의 작동 때문에 달성 불가능한 것으로 입증됐다. 중국 당국은 1980년대 중반부터 계속해서 단지 식량생산 하락을 완화하기 위해 농촌에 점점 더 많은 자금을 쏟아부어야 했다.

농업에서 정체가 문제였다면 공업은 과열이 문제였다. 공장 경영자들은 기업의 이윤에 대한 통제권을 쥐고 있었기 때문에 자신의 판단에 따라 이윤을 재투자할 수 있었다. 이들은 원료와 부품을 사고 제품을 내다파는 데 자유시장을 이용하는 것도 허용됐다. 또 지방 관리들은 외국 차관과 투자 협정을 맺는 것을 포함해 이전보다 더 많은 권한이 주어졌다.

이런 개혁들은 전례 없는 성장률을 구가했다. 1985년에 공업성장률은 계획했던 목표치인 8퍼센트보다 두 배나 높은 18퍼센트를 기록했다. 그래서 지배계급은 과열을 걱정하여 통제를 가하다가도 경기 후퇴를 우려하여 통제를 완화하는 등의 스톱고(stop-go) 정책을 반복했다.

특히 가장 빠르게 성장했던 부분은 향진기업이었다. 이 기업들은 본질적으로 집약적인 착취에 의존하는 소규모 업체로서, 곡물을 가공하거나 국영 부문에 납품하는 부품을 생산했다. 농업 개혁 이후 토지를 잃은 농민들을 고용하기 위해 1980년대 초에 세워졌던 이 기업들은 무서운 속도로 성장했다. 향진기업들이 '시장사회주의'가 경제 성장을 촉진할 수 있음을 가리키는 적극적인 증거인 것처럼 보였다.

향진기업들의 성장은 주로 기존 기업들의 희생 위에서 이루어졌다. 중공업 중심지인 상하이와 중국 동북부 지역은 새로운 향진기업들이 1980년대 중반부터 국내와 국외 모두에서 시장을 잠식해 들어옴으로써 정체에 빠졌다. 향진기업들은 국가 계획 밖에서 성장했기 때문에 그들에 의한 원료와 에너지 사용은 자원 부족을 더욱 악화시켰다.

향진기업뿐 아니라 지방 경영자들도 국가의 중앙집권적 지시를 거부하면서 국가의 통제력은 점점 줄어들었다. 국가가 인위적으로 물가를 고정시켜 인플레이션을 억제할 수 있었지만 통제가 느슨해지자 다시 나타나곤 했다. 물가 상승보다 더 심각한 문제는 산업 성장의 극심한 불균형이었다. 기본 필수품이 주기적이고 예기치 못한 부족이 나타나는가 하면 과잉생산된 다른 상품들은 낭비됐다.

경제의 혼란, 관료들의 부정과 부패, 노동자들의 불만, 인플레이션, 국가의 경제에 대한 통제권 축소 등의 문제는 지배계급내에서 전체 전략의 성격과 속도를 둘러싸고 논쟁을 불러일으켰다. 경제의 방향과 발전에 관한 통제권을 유지하는 수준에서 성장의 속도를 조절해야 한다는 보수파와 세계 시장에서 경쟁력을 갖추는 것이 최우선 과제라는 개혁파 사이의 갈등은 국제 경쟁이 중국 경제에 부과하는 요구들과 중국 경제의 능력 사이의 모순에서 비롯한 것이었다. 지배계급의 공개적인 분열과 지도의 부재는 결국 1989년 천안문 항쟁과 같은 아래로부터의 저항이 벌어질 수 있는 공간을 제공했다.

6. 시장을 넘어서

알렉 노브는 "맑스의 유토피아적 관념들, 특히 사회주의사회에 걸맞는 새로운 인간형이 출현하고, 개인과 단체들 사이에는 더 이상의 갈등과 대립이 없을 것이라고 가정한 것은 실현될 수 없는 공상에 불과하다"[17]고 지적한 점에서 기본적으로 비관주의적이다. 또 그는 옛 소련이나 동유럽을 염두에 두고 개인과 단체들 사이의 갈등과 대립이 필연적으로 나타날 수밖에 없다고 주장한다. 하지만 공산주의사회에서도 개인과 단체들 사이의 갈등과 대립이 나타나지만 이런 갈등과 대립이 생산관계의 모순에 의해 지배되는 그런 성격의 갈등과 대립이 아니다. 또한 그는 자원의 희소성에 근거하여 풍요로운 세계의 실현 불가능성을 역설한다.[18] 그의 주장은 결국 맬더스의 인구론에 기초하고 있다. 하지만 자본주의적 사회관계가 바뀐다면 현재 나타나는 생산관계를 둘러싼 계급갈등이라는 구조적 문제가 아니라 토론과 논쟁을 통한 민주적 의사결정으로 갈등을 해결할 수 있을 것이다.

알렉 노브의 주장에서 핵심은 계획경제는 관료제와 비효율성을 낳기 때문에 근본적으로 불가능하다는 점이다. 하지만 중앙의 수직적 강요에 기초한 명령 경제가 아니라 생산자들과 소비자들 사이의 분산적이고 수평적인 관계에 기초한 계획경제가 가능하다는 점을 팻 데빈이 보여 주었다.

> 노브가 제기한 도전을 잊어서는 안 된다. "수평적 연계(시장)가 있고 수직적 연계(위계)가 있다. 거기에 다른 차원이 어떤 게 있을까?"…다른 차원은 없다—그러나 수직적 연계가 권위주의적 의미로 위계적일 필요는 없으며, 수평적 연계가 시장의 힘이라는 보이지 않는 손에 의해 사후적으로 조정된다는 의미로 시장에 기초할 필요는 없다. 양자는 '협상 조정'(negotiated coordination)에 기초할 수 있다.[19]

---

17) 알렉 노브, 앞의 책, 146쪽.
18) 같은 책, 59-66쪽.
19) P Devine, *Democracy and Economic Planning* (Cambridge, 1988), pp. 109-110; Alex Callinicos, *An Anti-Capitalist Manifesto* (Cambridge: Polity, 2003), pp. 125-126에서 재인용.

데빈이 발전시킨 '민주적 계획 모델'에서는 계획이 협상 조정이라는 정치적 과정의 형태를 띠며, 영향을 받는 사람들이 그 결정들을 직접적 혹은 간접적으로 내린다. 광범한 경제적 변수들, 즉 개인적 소비와 집단적 소비 사이의 거시경제적 자원 배분, 사회적 경제적 투자, 에너지와 교통 정책, 환경에서의 우선 사항들과 같은 문제들을 포함한 여러 경제적 변수들은 전문가가 마련한 일련의 대안적 계획에 기초하여, 선출된 대표 회의체에 의해 전국적 차원에서 결정될 것이다. 그러나 이러한 틀 안에서 대부분의 경제적 의사결정들은 분산된 기초 위에서 이루어질 것이다. 경제적 권력은 개별적 생산 단위와 부문들의 협상조정기구들에 부여될 것이며, 노동자들, 소비자들, 공급자들, 관련 정부기구들 및 관련 이익집단들의 대표들이 협상 테이블에 앉을 것이다.

협상 조정 모델에서는 생산단위들이 생산비용을 충당하고 투자를 위한 생산물의 계획된 할당량을 충족하기 위해 잉여를 실현할 수 있는 수준에서, 상품과 서비스의 상대적 가격이 정해질 것이지만, 재생가능한 그리고 재생 불가능한 자연자원의 사용으로 나타나는 사회적 비용 또한 고려에 넣을 것이다. 협상 조정 기구들은 중앙의 행정적 명령 없이 경제적 결정들이 의식적으로 조정되도록 할 것이다. 그렇지만 전반적 상황에 기초하여 지역적 지식을 효과적으로 사용할 수 있을 정도로 충분히 분산된 기초 위에서 그렇게 할 것이다.

데빈은 협상 조정 모델의 근저에 있는 원칙들은 국제적인 경제적 거래에도 적용될 수 있다고 주장한다. 이 모델에 대한 반대는 의사결정 과정에 소요되는 시간의 문제이다. 특히 나라 전체와 심지어 세계 전반에 걸쳐 있는 복잡한 이해관계들 때문에 개별 사례별로 조정되는 데는 긴 시간이 걸린다는 것이다. 데빈은 현대사회에서 많은 자원과 시간 그리고 활동이 행정, 협상, 체제의 조직과 운영에 소비되고 있는데, 이러한 활동의 상당 부분은 상업적 경쟁과, 착취, 억압, 불평등 및 천대로부터 유래하는 사회적 갈등 및 소외의 결과를 관리하는 것과 관련되어 있다고 지적했다.

데빈이 기술한 이런 모습은 1917년 러시아혁명을 포함하여 전세계의 거대한 격변기 때마다 선명한 형태로 또는 어렴풋한 형태로 나타났다. 물론

자본주의적 생산관계를 파괴하고 새로운 사회 질서를 구축하는 일과 그 과정에서 필요한 정치 전략에 관한 논점은 또다른 논점을 이룬다.

현재까지로서는 반자본주의 운동진영내에서 시장사회주의가 반향을 얻고 있지 못하다. 자본주의적 착취 제거와 시장의 유지가 시장사회주의의 핵심인데, 시장이 착취와 불평등을 더 강화하고 있다는 사실을 대중에게 은폐시키기가 매우 힘들기 때문이다. 시장에서의 경쟁과 경쟁이 부과하는 압력 때문에 시장사회주의는 언젠가 꼭 시장자본주의로 쉽게 무너져버릴 위험을 갖고 있다.

시장과 정의 또는 민주주의와 시장 사이의 타협으로 등장한 두 번째 대안은 영미식 자유방임 모델보다 더 규제된 형태의 이해당사자 자본주의다. 경제적 안정성과 사회적 조화를 유지하기 위해 시장을 규제한다는 모델은 전후 독일과 일본에서 유행했다.

이해당사자 자본주의에 대한 평가는 또다른 지면이 필요하지만 노동력이 상품으로 바뀐 사회에서 시장, 경쟁, 축적 그리고 착취가 존재하는 한 자본주의는 결코 길들여질 수 없을 것이다. 다른 세계는 가능하다는 것이 반자본주의 운동내에서 가장 많이 외쳐지는 구호 중의 하나다. 착취와 불평등 그리고 빈곤이 없는 다른 세계는 오로지 사회주의사회를 통해서만 가능할 것이다.

맑스가 고타강령 비판에서 지적했듯이, "개인이 노예처럼 분업에 예속되는 상태가 사라지고 정신노동과 육체노동 사이의 대립이 사라지고 나면 노동이 생활을 위한 수단일 뿐 아니라 그 자체가 삶의 제일차적인 욕구가 될"[20] 것이다. 누에가 명주실을 생산하는 것과 똑같은 이유에서 밀튼이 『실락원』을 생산하는 그런 사회의 세세한 부분까지 고려하는 것은 지금 꼭 필요한 일은 아닐 것이다. 사회주의사회를 건설하기 위한 정치 전략들, 즉 혁명의 주체와 동학 그리고 1917년 혁명과 스탈린 반혁명의 경험에서 교훈을 이끌어내는 일이 더 시급하기 때문이다.

---

20) 칼 마르크스, 「고타강령 비판」, 『마르크스·엥겔스 저작선』, 거름, 1988, 173쪽.

사이버스페이스와 맑스주의 운동의 미래

신승철(자율평론)

서문: 맑스가 사이버스페이스에 접속한다면?

이런 역사적 가정을 하는 이유는 무엇일까? 그 이유는 부르주아의 새로운 이론들이 맑스를 대영박물관 구석에서 먼지를 뒤집어쓴 채 관광객을 기다리는 화석화된 인물로만, 증기기관이 주도하던 초기 산업시대의 과거의 인물로만 묘사하고 있기 때문이다. 그러나 우리가 생각하는 맑스는 전 세계 노동해방운동의 지향성과 제과정을 이론적으로 정교화해 내고, 자본주의의 제모순 속에서 계급투쟁의 위상을 밝혀낸 '개념적 인물'로 존재한다.[1] 그렇기 때문에 개념적 인물로서의 맑스는 오늘날까지 자본주의의 제모순에 맞서 투쟁하는 노동자운동과 늘 함께 하며, 자본주의의 다측면적 제적대에 맞서고 있는 다중의 운동 속에 함께 살아 움직이고 새롭게 재창안되고 있다. 이 개념적 인물인 맑스가 정보혁명을 접하게 된다면 어떤 태도를 취했을 것인가 하는 단서들을 맑스의 저작들에서 찾아보자. 어찌 보면 유물론자인 맑스가 정보와 소통의 역할을 과소평가했을 것이라고 단정하면서, 그런 선입견을 갖고 문제를 접하는 사람들도 있을지도 모른다. 사이버스페이스와 맑스와

---

1) 질 들뢰즈·펠릭스 가타리, 「개념적 인물들」, 『철학이란 무엇인가?』, 이정임·윤정임 역, 현대미학사, 1998. 이 책에서 들뢰즈·가타리는 개념적 인물이 끊임없이 생성되는 주체를 의미한다고 말하며, 철학의 절대적 영토인 탈영토화와 재영토화들을 드러내는 것을 의미한다고 말한다.

의 접속을 일종의 이종교배라고 가정한다면, 이 결과로 탄생한 새로운 미지의 생명체를 '사이버맑스'라고 불러도 좋으리라.2) 이 가상적인 생명체인 사이버맑시안(cybermarxian)의 임무는 디지털자본주의의 암호화된 매트릭스를 해독해내며, 맑스주의가 '무엇을 해야 할 것인가'를 밝혀내는 것이다.

시간 배열을 거슬러 올라가는 타임머신이 있다면 맑스를 현재로 데리고 와서는 "맑스 선생 인터넷으로 무얼 하시겠소?"라고 물어본다면 문제는 간단할 것이다. 안타깝게도 그러한 기계가 없는 우리는 다만 사유라는 추상기계3)를 통해 과거로 거슬러 올라가야 한다. 그러나 우리는 역사적 상상력을 통해 맑스가 정보 및 소통과 결코 무관하지만은 않다는 사실을 쉽사리 발견할 수 있을 것이다. 젊은 시절 맑스는 이미 당시에는 최첨단 정보산업의 메카로 불렸던 신문, 즉『라인 신문』의 편집장(1842-43)을 맡았고『독불연보』와『신 라인신문』을 발간했으며『뉴욕 트리뷴』의 유럽 통신원(1851년)을 지냈다. 그뿐만 아니라 맑스는 당시 전세계 노동운동의 투쟁과 소통의 네트워크였던 국제노동자협회(제1인터내셔널)에서 오랜 시간(1864-?) 동안 활동하였다. 그리고 말년에 맑스는 전세계 지식과 정보의 데이터뱅크였던 영국도서관을 드나들면서 정치경제학을 연구해 불굴의 역작인『자본론』을 집필할 수 있었다. 이러한 맑스가 오늘날의 정보산업의 발전을 접한다면 상당부분 중요한 언급을 하였을 것이라는 점은 쉽게 예상할 수 있다. 맑스가 당대의 대공업의 발전이 노동자운동의 결속을 강화해줄 것이라고 언급했던 바는 상당부분 이후 시대에 입증되었다. 하지만 맑스 사후에 살고 있는 우리는, 그의 단상으로부터 발전된 기계들에 대해 그가 하였을 언급을 유추해보는 수밖에 달리 방도가 없다.

인터넷은 최초에는 핵전쟁을 대비하여 수퍼컴퓨터를 연결하는 전쟁기계의 일종으로 개발된 것이었다. 그러나 이후 대학의 연구공간에서 인터넷은 새롭게 변형되어 대중화되었으며, 대중의 품에서 다른 모습으로 바뀌었다.

---

2) Nick Dyer Witheford, *Cybermarx* (University of illinois press, 1999).
3)『철학이란 무엇인가?』에서 사유는 카오스를 일으키면서도 개념이라는 추상기계와 접속하면 끊임없이 새로운 생성을 일으키면서 일관성의 구도를 갖게 되는 것으로 정의되어 있다.

1980년대 말 정보혁명은 68년 이후에 더 이상 머무를 수 없는 복지국가의 몰락에서 새롭게 재구성되고 있는 신자유주의적 위기국가로의 이행을 함축하고 있다. 위기국가는 핵국가와 전쟁국가라는 다른 이면을 가지고 있는 국가 유형인데, 이 시기에 지배계급은 적을 향하고 있던 전쟁기계들을 다중에게 돌리는 조치의 한 방안으로 인터넷을 대중화시켰다. 그것은 은밀한 대중운동과 비밀스런 노동자운동을 분쇄하기 위한 조치의 일종이었다. 이는 1968년 이후 폭발적으로 등장한 다중의 운동에 대한 반응으로 볼 수 있는데, 인터넷은 탈근대 자본주의의 국가와 자본이 다측면적 적대에 맞서기 위한 다중에 대한 '초판옵티콘이자 전지구적 포획장치'로서의 의미를 갖는 것이다.

그러나 인터넷 발전의 어두운 이면과 달리 인터넷이 다중들을 결집시키는 새로운 네트워크로서 역할을 하고 있다는 점에 주목하여야 한다. 디지털 코드에 접속한 다중들은 인터넷을 그대로 놔두지 않고 변형시켜내 탈코드화하였다. 인터넷공간은 상품의 유통과 소비의 메커니즘에 한정되는 것이 아니라 필연적으로 소통을 수반할 수밖에 없었다. 그리고 이 소통이라는 계기는 다중들의 삶의 연결접속을 가속화시켜 소용돌이치는 무리로 만들어냈다. 온라인은 폭발적인 접속 수를 연일 갱신하였고, 온라인이 형성한 가상성은 오프라인으로 역류하기 시작하였다. 다중은 수직적으로 위계화되어 조직되어 있는 각종 사회조직에서 탈주하여 새로운 가상성과 익명성의 실험에 나서기 시작하였다. 사이버공간에서 다중은 족쇄처럼 주어진 현실의 단조로운 일상을 넘어설 계기를 찾으려고 했으며, 가상적으로 변모된 새로운 주체로 변형되기를 원했다.

그리고 얼마 지나지 않아 사이버공간은 조직된 군중을 거부하는 거대한 무리로서의 다중을 오프라인으로 역류시켜 도도한 물결을 이루었다.[4] 다중(multitude)이라는 개념은 '이질적인 소수자들의 연합적 질서로 구성된 무리로서의 존재로 탈근대자본주의의 다측면화된 적대에 직면하여 다면적으로 조직된 무리'를 의미한다. 다중은 오늘날의 프롤레타리아트를 일컫는

---

4) 『천개의 고원』(들뢰즈·가타리, 김재인 역, 새물결, 2002)의 2장 「1914년 늑대는 한 마리인가, 여러 마리인가?」에서의 군중과 무리의 분석은 군중을 벗어난 무리가 어떻게 형성되는지를 분석해내고 있다.

말로 '공장을 넘어선 노동자'와 '학교를 넘어선 학생들', '가족을 넘어선 여성' 등의 계열들의 총체이다. 최근에 가시화된 한국에서의 다중의 물결은 월드컵 붉은악마라는 무리를 계기로 출발하였다. 이 붉은 악마라는 무리의 출현은 인터넷이 고도로 발전된 한국에서 벌어진 초유의 상황으로 전세계를 주목시킨 일이었다. 그리고 이 무리의 흐름은 노사모라는 제도권의 흐름과 효순이, 미선이의 죽음을 애도하고 미국을 반대하는 촛불시위라는 비제도권의 흐름으로 연결되어 새로운 힘을 지상으로 드러내 보였다. 여기서도 인터넷은 다중의 소통을 위한 네트워크로서 기능하였다. 붉은악마도 인터넷의 동호회로부터 출발하였고, 노사모 또한 마찬가지였으며, 촛불시위는 인터넷 게시판에 올려지는 한 점 불꽃과 같은 글에 의해 극적으로 수천 개의 불꽃으로 타올랐다. 인터넷은 다중이라는 소용돌이치는 무리가 만들어낸 촛불의 극적인 시간을 연속시켜내는 고갈되지 않은 잠재성의 영토였다. 그리고 나서 이라크에 대한 미국의 침공은 전쟁을 반대하는 전지구적 다중운동의 거대한 물결을 만들었다. 이라크전쟁은 반전네트워크를 통해 인터넷상에 있었던 수천의 전자직조공동체를 지상으로 결집시켜낸 사건이었다. 여기서 우리가 주목해야 할 점은 인터넷 속에서 다중이 재조직되고 생성되는 방식에 대한 문제일 것이다.

1. 사이버스페이스는 계급구성에 어떤 영향을 미쳤을까?

우리는 일단 『자본론』에서 확장되고 있는 인간-기계의 구성적 질서의 다양한 변이를 살펴보아야 할 것이다. 『자본론』에서 인간-기계의 이종교배라는 사이보그(cyborg)적 질서는 먼저 유동자본-고정자본이라는 '유기적 구성'의 개념적 층위로 드러난다. 5) 자본가계급이 기계를 도입하였던 이유는 노동자계급의 조직된 힘을 분쇄하기 위해서였다. 이것은 자본의 시각에서

---

5) 맑스에게서 '인간'-'기계'라는 사이보그의 개념적 변천은 '현재노동'-'과거노동', '산노동'-'죽은노동', '공존노동'-'사회적 노동'이라는 노동의 심급에서, '유동자본'-'고정자본', '가변자본'-'불변자본'이라는 자본의 심급으로 스펙트럼을 넓혀가며 변주되어졌다. 『자본론』 1권 제15장 '기계와 대공업' 참고.

보자면 '가치구성'의 배열인 불변자본-가변자본의 변화로 드러나지만, 노동자계급의 시각에서는 '계급구성'의 변화로 드러난다. 그것은 현장의 지성을 축출하고, 과학이라는 사회적 지성을 매개함으로 노동계급의 선진부위를 공격하려는 의도에서 자본이 조직한 '전쟁 무기로서의 기계'의 지위를 드러낸다.[6] 이 과정에서 숙련노동자들은 축출되고 보다 고도로 발전된 생산벨트랄지 생산설비가 그 역할을 대신하며 미숙련노동자들이 그것을 통해 매개된다. 그러나 노동자의 힘은 사라지는 것이 아니라 사회적 차원으로 확장되어 보다 고도로 추상화된 지적인 노동이나 과학적 노동으로 변형된다. 탈근대자본주의의 계급구성은 사회화된 자본이 사회라는 영역에서 노동과 매개할 수밖에 없다는 점에서 사회적 노동자의 시대라고 할 수 있다. 이러한 분석의 과정에서 우리는 노동자계급의 시각에서 출발하는 계급구성의 배열에서부터 출발하여야 한다. 사실상 계급구성에는 외부란 존재하지 않는다. 계급구성에 대한 외부로부터의 개입의 여지가 없는 자본은 사실상 노동자계급에 덧씌워진 흡혈귀와 같은 기생체에 불과하다. 그러나 겉으로 보기에는 마치 전도된 현실로, 즉 전지구화된 자본주의의 실질적 포섭 국면에서 오히려 제국의 외부가 없는 것으로 보인다. 물론 다중이 만들어내는 국가외부로 향하려는 탈주의 거대한 물결은 전지구적 국민국가의 주권의 배열을 흔들어놓고 계급구성의 형태를 끊임없이 변형시켜 내고 있다.

먼저 계급구성으로부터 원론적인 분석에서 논의를 시작해 보자. 안토니오 네그리가 쓴『지배와 사보타지』에서 논의한 분석의 틀은 계급구성에 대한 일반적인 문제의식을 드러내 보인다.[7] 초기 네그리는 사회적 노동자의 계급구성을 '노동과정론과 정치적 구성, 소비양식과 규제양식'으로 제시하고 있다. 이러한 계급구성에 대한 제기는 탈근대자본주의의 정보혁명의 과정이 계급구성에 미치는 영향에 대해서는 기술하고 있지 않은 상태이다. 초

---

6) "Marxism," in *Cybermarx*. 위데포드는 기계에 대한 입장을 각기 제출하고있는 과학적 사회주의와 신러다이트운동인 프랑크푸르트학파와 포스트포디즘을 비판적으로 검토하고 있다. 그는 노동자계급에 대한 전쟁무기로서의 기계라는 설정에서 비롯된 러다이트운동에 대한 맑스의 비판적 대응을 언급하는데, 맑스는 기계를 파괴하는 것이 아니라 노동자계급의 손으로 재전유하여야 한다는 입장을 드러낸다.
7) 안토니오 네그리, 『지배와 사보타지』, 윤수종 옮김, 새길, 1996 참고.

기 네그리는 정보혁명의 단초는 보았지만 사회적 노동자의 계급구성에까지 그 파급효과가 미칠 것이라고는 예상하고 있지는 못한 듯하다. 그러므로 인간-기계의 배열의 변화로서 사회적 노동자가 컴퓨터/인터넷과 고도로 전자자동화된 기계를 사용하게 된 디지털 자본주의의 등장을 고려하여 계급구성론을 재구성한다면, 사회적 노동자의 계급구성의 요소에 '소통구성과 정보양식'을 추가하여야 할 것이다. 이러한 보충이 인터넷에 대해서 대체로 소극적인 생산직 노동자층에게는 별로 설득력이 없어 보일지도 모르겠지만, 실제로는 인터넷과 디지털이라는 기계를 도입하고 있는 새로운 자본주의는 어느 때보다 생산직 노동자운동에 대해서 공격적으로 변모하고 있다는 점을 유념해 두어야 할 것이다. 탈근대자본주의가 제시했던 장밋빛 미래 즉, 극소전자산업의 도입으로 굴뚝산업은 사라지고 자동기계가 그것을 대신할 것이라는 약속은 계급구성에서 미숙련-여성 등의 주변부위를 서비스노동과 정신노동으로 재조직하면서 광범위한 비정규직을 양산하였으며, 주기적으로 노동자를 해고시켜 실업자를 양산하며, 노동자운동에 대해서 야만적으로 공격하는 모습을 보여주고 있다. 이것이 다름 아닌 정보혁명의 어두운 이면이다.

그러므로 우리는 더욱더 정보혁명을 발생시켰던 인터넷과 컴퓨터를 노동자계급을 공격하는 전쟁기계라는 부정적인 이미지와 정보혁명의 장밋빛 약속이 디스토피아적인 암울한 미래에 불과하다는 생각을 하게 된다. 하지만 맑스는 『정치경제학비판 요강』의 「기계에 대한 단상」에서 기계는 일반적 지성의 산물임으로 사실상 노동자계급의 사회적 차원의 지성의 응집물로 보아야 한다고 제기한다. 8) 이러한 맑스의 시각은 기계에 대한 가치중립성을 수혜한 것이라고 왜곡되어 왔다. 생산력 발전이 생산관계를 변화시키는 추동력이 되어 결국은 사회변혁으로 이를 것이라는 기술결정론자들은 기계를 발전시킨 과학기술은 가치중립적인 것이라고 주장하여 왔다. 그러나 맑스의 「기계에 대한 단상」은 사실은 기계에 대한 인식의 기준점을 제기하고 나서 기계에 대한 사용의 문제를 제기했다는 점에서 의미가 있을 뿐이다. 기

8) 「기계류와 이윤」, 『정치경제학비판요강』 3권, 백의, 107-123쪽; 「고정자본과 사회의 생산력 발전」, 『정치경제학비판요강』, 369쪽.

계가 사회적 노동인 일반적 지성의 산물이라 할지라도 자본가계급의 수중에서는 노동자계급을 공격하는 무기로 바뀌어진다. 그러나 노동자계급과 다중의 손으로 재전유되면 자본주의적 제관계로부터 벗어나기 위한 새로운 무기가 된다.

인터넷이라는 새로운 기계는 다중의 손에서 이미 실재적으로 전유되고 있으며, 잠재적으로 재전유될 수 있는 기계라고 보아야 한다. 다중은 탈근대자본주의의 다측면적 적대 속에서 투쟁의 소식을 알리고, 자신의 동지를 획득하고, 새로운 투쟁의 전망을 수립하는 데 이 인터넷을 활용할 기회를 갖게 되었고, 인터넷이 억압의 도구가 아닌 해방의 도구로 재전유될 수 있다는 사실을 보여주고 있다. 일단 인터넷에 접속하여 커뮤니티를 형성하면, 살아있는 소통의 행위와 그 소통이 코드가 되어 잔여물로 남게 되는 정보의 집적이라는 이중적 과정을 동시적으로 수행하게 된다. 이러한 디지털의 코드화과정은 살아있는 소통의 행위가 죽어있는 정보의 코드가 되는 과정이며, 이것은 '산노동이 죽은 노동으로 전화되어 착취의 전제조건이 수립되는 자본주의적 생산양식'과 상응하는 피할 수 없는 분절화의 과정을 의미한다. 인터넷상에서는 소통과 정보의 이러한 이중분절을 벗어나서 커뮤니케이션할 수 없다.[9] 그것은 제국이라는 전지구적 자본주의의 실질적 포섭의 외부가 없다는 현재의 상황과 완전히 조응한다. 다중은 익명성의 탈코드화로 코드화의 매트릭스에 대해서 상대적 자율성을 획득하려고 하였지만 이 또한 IP address의 잔여를 남기게 된다. 디지털 코드는 외부가 없는 매트릭스이다.

그러나 이러한 코드의 매트릭스에서 자본과 국가의 잉여가치의 욕구가 달성되는 것이 아니다. 포획장치를 넘어서려는 살아있는 소통의 욕구는 늘 자신의 욕구의 벡터장을 넓혀가고 새로운 가치를 증식시키고 있다. 자본과 국가는 이러한 자기증식하는 인터넷의 영역을 덧코드화시키려 한다. 덧코드화는 다중의 비물질적 소통과 정보의 코드화와 탈코드화의 운동에 '위계

---

9) 『천개의 고원』 중 「3. 기원전 1만년—도덕의 지질학」 부분 참조. 들뢰즈·가타리는 피할 수 없는 이중분절의 작용을 "신〈가제〉는 이중집게, 이중구속이다"라며 언급하기 시작한다. 이중분절은 내용의 지층과 표현의 지층의 분절이며, 몰적인 것과 분자적인 것의 분절이다. 정보가 내용과 몰적인 것의 지층을 차지한다면, 소통은 표현과 분자적인 것의 지층을 차지할 것이다.

선긋기와 중심잡기와 목적설정' 등을 통해서 이루어진다.[10] 가장 잘 알려져 있는 덧코드화장치는 '지적 재산권'이라고 할 수 있을 것이다. 지적재산권은 다중의 자유로운 소통과 공유의 운동에 끊임없이 자본의 가치를 덧씌워내어 다중적 가치를 가진 비물질적 소통의 과정을 자본의 상품질서의 획일적 질서로 변모시키고자 한다. 또다른 덧코드화장치로는 '초판옵티콘'이 있다. 초판옵티콘이란 기존의 판옵티콘과 같이 정체성을 규정하지 않는 비밀스러운 인간정보를 집적시키는 장치이다. 푸코가 제시한 감옥과 감시자의 기계적 배치는 죄수의 정체성을 형성하여 스스로 자기감시할 수 있는 역할을 하였다고 한다면, 초판옵티콘이라는 정보기관은 다중의 다면적 적대에서 드러난 인간정보를 관리하고 집적해서 거기에서 자신의 전략을 수정하고 전술을 결정한다.[11] 이러한 초판옵티콘의 포획장치를 사용하고 있는 탈근대자본주의의 제국은 어느 때보다 더 레닌주의적인 정보조직을 훈련하고 운영하고 있다. 그러나 다중의 분자적 욕구는 다양한 자기가치증식을 통해 이러한 포획장치로부터 탈주하고 있다. 이것은 겉으로는 포획과 탈주의 쫓고 쫓기는 과정과도 같이 드러나지만, 사실은 다중의 연결접속과 자기가치증식은 덧코드화의 반경을 늘 초과한다. 그래서 지배계급의 덧코드화 과정은 재포획을 위해 끊임없이 자신을 혁신할 수밖에 없다. 디지털자본주의의 자본과 국가는 다중의 운동에 덧코드화되어 있기 때문에 항구적인 자기혁신을 이루어야 한다는 난점에 직면하며, 늘 개혁주의라는 또다른 가면을 쓰고 목숨을 건 도약을 준비할 수밖에 없다.

2. 정보양식은 새로운 공유의 양식이다

우리가 앞에서 본 '소통이라는 산노동과 정보라는 죽은 노동'이라는 이중

---

10) 같은 책, 88쪽. 들뢰즈·가타리는 "중심잡기, 통일화, 총체화, 통합(=적분), 위계세우기, 목적 설정 따위의 현상 이것들이 덧코드화를 형성한다"고 말한다. 이러한 입장은 보들리야르 등의 포스트모더니즘이 주장한 코드화에 권력이 형성된다는 입장을 반대하는 것이다. 자본과 권력은 코드화가 아니라 바로 덧코드화에서 발생한다는 것이다.
11) 마크 포스터, 『제 2미디어의 시대』, 한울. 다중의 운동은 초판옵티콘내에서 초판옵티콘에 맞서서, 초판옵티콘을 넘어서 움직인다.

분절의 도식에 따르면 정보는 '과거의 죽은 노동'으로 상대적 의미에서 인식될 수밖에 없다. 그러나 소통과의 이중분절의 상황을 벗어난 정보는 기계와 마찬가지의 심급에서 존재한다. 정보는 기계와 마찬가지로 사회적 지성의 산물로서 비물질적인 사유라는 추상기계의 산물이다. 그러므로 기계와 마찬가지로 정보 또한 '누구에 의해서 사용될 것인가'의 문제로부터 자유로울 수 없다. 정보-지식 자본주의의 핵심적인 기반은 이 사회적 추상노동의 응집물인 정보라는 비물질적인 추상기계를 독점하고 사적으로 전유하고자 하는 지적재산권이나 특허권과 같은 사적 소유에 있다. 한마디로 정보지식자본주의는 생산수단이라는 구체적인 기계의 사적 소유에서 정보와 지식이라는 추상적 기계까지 소유권의 영역을 확장하려는 시도이다. 맑스는 생산수단이라는 기계가 사회적 지성의 산물이므로 공유되어야 한다는 공산주의적 이론의 핵심테제를 말한 바 있다. 그러한 공유론은 사회적 소유개념이 아니라 국유화로 한정되어져 국가주의적 전략으로 왜곡되어졌지만, 국유화는 공유를 향한 다중의 사회적 압박에 의한 다양한 결과물 중의 하나의 결과물이지, 다양한 공유의 운동의 전제조건이 될 수 없다. 이러한 맑스의 공유론은 추상기계인 정보의 심급으로 확장되어져야 한다. 생산수단이라는 구체기계만이 아니라 사회적 지성의 산물인 정보와 지식이라는 추상기계도 사회적 공유의 지반에서 사용되어져야 한다. 인터넷이라는 공간에서 다중은 정보의 자유로운 사용과 공유의 도도한 물결을 만들어냈다. 프로그램과 시스템과 소프트웨어에 대한 공유는 기존의 사적 소유에 의해 훈련되어 왔던 과정을 일소하고 새로운 문제의식에서 출발하도록 다중의 운동을 조직화하였다.

사실 사이버스페이스에서 정보공유운동의 출발은 맑스주의자들에 의한 것이 아니었다. 그 공유운동의 영감으로 가득찬 시원적 출발지점은 정보혁명가 중에 일군의 무리들이었던 그누정신(GNU, General Not Unix의 약자), 자유소프트웨어 운동으로 무장한 리눅서들에 의한 오픈 소스운동이었다.[12] 이들은 운영체계를 독점하고자 하는 유닉스에 반대하여 집단지성을

---

12) Gnu공식 홈페이지는 www. gnu. org이며, 한국어로 번역된 글이나 최근 뉴스를 보기 위해서는 리눅서를 양성시키는 http://www. interedu. co. kr/~nll/visiondb/read. php3?table=visiondb&no=2로 접속하면 된다.

통해 새로운 운영체계인 리눅스를 등장시키고 유통시켰다. 리눅서들은 운영체계가 오픈되어 사회적인 집단지성의 공유의 공간에서 창조되고 발전되어야 한다는 명확한 인식지점을 가지고 있었다. 리눅스에 대한 다중의 열정적 관심과 참여는 기존의 공유개념인 국유라는 경직된 운영체계와는 다른 지평을 제시하였다. 사회적 공유가 집단적이면서도 창조적인 새로운 차원의 문제라는 지평을 말이다. 사회적 공유를 훈련할 수 있는 새로운 공간으로서의 사이버스페이스라는 유쾌한 전환점에서, 다중은 사이버스페이스의 거스를 수 없는 공유의 물결에 거침없이 참여하기 시작하였다. 이는 사회적 지성이 사회적 차원으로 재전유되었을 때 어떠한 혁명적 변화가 가능한가를 알 수 있게 한 계기라고 할 수 있다. 맑스주의자들은 정보혁명가가 제기한 새로운 차원의 공유라는 목소리에 연대하고 재전유함으로써 프로그램, 시스템, 데이터베이스, 초고속인터넷망 등에 대한 사회적 차원의 공유의 흐름을 만들어나가야 한다.

이러한 정보혁명가와의 연대는 맑스주의에 대한 섬광과도 같은 변화를 의미하는 것이기도 하다. 기존의 맑스주의는 토대와 상부구조라는 경제환원론의 포로가 되어 협소한 물질성만을 기초로 하는 기계적 유물론으로 간주되어 왔다. 맑스주의가 사이버스페이스의 정보라는 추상기계의 비물질적 영역까지 문제의식을 확장한다면, 물질성의 영역은 보다 폭넓은 영역으로 확장될 수 있다. 이러한 문제의식은 스피노자적인 유물론의 복원을 의미하는 것이라 할 수 있다. 스피노자의 문제의식에 따르면 자기운동하는 무한실체의 양태의 심급으로서 물질성의 영역과 비물질성의 영역을 바라볼 수 있게 된다. 이러한 전통 속에서 맑스주의에는 정보혁명의 풍부한 가능성이 내재되어 있다. 맑스주의는 정보혁명의 과정에서 기존의 디지털자본주의가 독점했던 정보혁명의 메커니즘과는 완전히 다른 정보혁명의 과정을 보여 줄 것이다.

전지구적 메커니즘 속에서 정보혁명은 매우 불균등하고 국지적으로 이루어지고 있다. 정보의 불평등은 제국의 배열을 공고히 하는 역할을 한다. 제1세계의 정보독점과 제3세계의 정보빈곤의 배열은 제국 속에서 내면화된다. 디지털 자본주의의 등장의 배경은 보다 고도로 조직화된 사회적 노동자의 계급구성에 대한 자본의 대응으로부터 출발하기 때문에, 정보화가 현상적으로는 1세계로의 진입처럼 보이게 된다. 하지만 국가적 차원의 정보화는 사실상 노동자운동에 대한 자본의 선전포고라고 할 수 있다. 그렇지만 모든 것이 자본의 의도대로 이루어지는 것은 아니다. 정보에 대한 입장의 차이를 갖는 정보혁명가들의 등장은 이미 정보혁명의 내적인 균열을 의미하는 것이며, 인터넷을 통한 다중운동의 활성화는 디지털 자본주의가 의도했던 바와는 다른 방향으로 물꼬를 돌리는 것이다.

3. 사이버스페이스의 등장은 소통구성에 혁명을 일으킨다

맑스가 지금 살아있다면 인터내셔널이라는 네트워크를 어디에 구축했을까? 후진적 자본주의 러시아에서 선진적인 소통 방식의 신문 발간과 유통을 통해 네트워크를 구축했던 레닌은 또한 어찌할까? 이러한 질문에도 불구하고, 보안과 비밀이 전제되지 않는 사이버스페이스에서의 소통은 노동자조직의 네트워크일 수 없다고 생각할지 모르겠다. 하지만 맑스주의는 음모론적인 요소를 가지는 것이 아니라, 보다 많은 다중의 참여와 활력을 위해 자신을 오픈해야 할 시점에 와있다. 오히려 지배계급이야말로 비밀스럽게 움직이는 음모적 정보조직이 해킹당하여 다중 앞에 폭로되는 것을 두려워하고 방화벽으로 자신을 둘러치고 있는 상황이다. 이와는 티대칭적으로 새롭게 등장한 오픈된 맑스주의운동은 다중의 운동과 결합하여 새로운 대중운동의 기반을 형성하여야 한다.

사이버스페이스는 정보혁명만이 아니라 소통구성의 혁명도 동반하였다. 소통구성은 급격하게 재배치되고 있는데, 일단 소통구성의 변화를 몇 가지 시기로 구분할 수 있겠다. 역사적 소통구성은 1) 고대의 지배 질서를 허물었던 문자문명으로의 전화, 2) 종교혁명을 이끌어냈던 그텐베르크의 인쇄술, 3) 부르주아 공론장을 형성하여 부르주아혁명의 첨병 역할을 했던 신문 매체, 4) 전문노동자 시대를 이끌었던 영화와 라디오, 5) 대중노동자의 시대를 이끌었던 TV, 5) 68년 혁명이후 다중운동의 출현과 그에 대응하고자 했던 인터넷으로 분류될 수 있다. 이러한 소통구성은 다중매체로 변모되어 일상생활에 다측면적으로 배치되고 있다. 이제까지 맑스주의 운동은 소통구성에 대하여 역사적으로 대응하여 왔다. 레닌이 전근대적인 러시아 상황에서 채택한 신문매체는 부르주아혁명의 매체를 노동자혁명의 매체로 역전시켜 활용한 예라고 할 수 있다. 이후 가타리가 참여했던 자유라디오 알렙체운동이나 비디오감시운동, 대안미디어운동 등을 새로운 소통구성에 따른 대응으로 볼 수 있다. 그리고 최근에 라깐다나 정글에서 인터넷을 통해 투쟁의 메시지를 전세계로 알려나갔던 짜파티스타가 대표적인 사례라 할 수 있다. 역사적으로 소통구성의 혁명적 변화 속에서 노동자계급과 다중은 자신의 목소리를 담을 수 있도록 소통매체를 변형시켜 왔으며, 소통매체의 새로운 실험에 적극적으로 참여해 왔다. 이를 통해 소통구성은 계급구성에서 민중적 연결접속을 위한 네트워크로 변모되었다.

지배계급의 입장에서 보면 다중은 다종다양한 역사적 소통매체에 포위되어 있다. 다중을 수동적 수신자로 규정하려고 하는 지배계급의 입장에서 보면, 계급구성 속에서 소통구성이 만들어내는 다중의 적극적인 역할은 축소된다. 그러나 소통은 살아 꿈틀대는 민중의 목소리를 기반으로 하여야만 가능하다. 다중이 접하는 소통의 매체는 전근대와 근대와 탈근대를 가로질러 구성된다. 다중은 어느 시점에서는 문자문명과 구술문명이라는 질서에 있다가도, 어느 시점에서는 신문매체 속에서 부르주아 공론장에서 포섭되기도 했다가, 라디오를 들으며 노동을 하고, 텔레비전을 보면서 여가시간을 보내기도 하고, 인터넷에서 적극적으로 자기의견을 게시판에 남기는 네티즌이 되기도 한다.

이 중에서 가장 최근의 소통구성의 변화인 매스미디어에서 사이버스페이스로의 전환의 시점을 살펴보기로 하자. 매스미디어는 획일적 대중노동자를 양산하고 남성노동자와 가사노동자인 여성을 한 쌍으로 하는 핵가족을 기본단위로 사회를 재조직하였던 대중노동자 시대의 대표적인 매체였다. 텔레비전을 대표로 하는 매스미디어는 다중의 시청력을 착취함으로써 재생산하여 노동자로서의 안락함과 소비의 욕구를 적당하게 유지시켜 주는 자본의 강력한 무기이다. 대중노동자들은 텔레비전에 시청력을 착취당하면서 일정한 정보와 일정한 소비욕구와 오락과 사회적 문제에 대한 동일한 사건에 대한 동일한 평가 등을 유지할 수 있었다. 이러한 일방향적인 매스미디어는 여가시간을 자본의 시간으로 재조직하고 동질적인 노동자를 재창출할 수 있게 하는 동일성의 전체주의적 기계였다. 대중노동자는 상당시간 동안 이러한 일방적 자본의 포획장치에 마비를 일으킨 듯하였다. 그러나 대중노동자의 불만은 높아만 가는 소비욕구나 표현의 욕구를 일방적 매스미디어의 환각장치로는 해결할 수 없다는 불만에서 시작되었다. 다중은 항상 수신자로서만 자신이 위치해야 한다는 사실에 광범위한 불만을 느끼며, 곧 이러한 시스템에 지루해하기 시작하였다. 다중은 처음에는 텔레비전의 채널을 이리저리 돌리는 행위인 써핑(surfing)을 하면서 일방적 소통행위에 대한 불만을 드러냈으며, 환상적 포획장치에서 몇 십초만 지나면 곧 시선을 지루해하는 현상이 광범위해졌다. 그럴수록 텔레비전의 미디어자본은 광란하며 대중을 포획하기 위해서 보다 자극적이고 저질인 프로들을 방영하였고, 다중의 일반화된 지성으로부터 외면당하기 시작하였다.

68년 혁명은 다중의 등장과 다측면적인 적대를 보여준 사건이었으며, 그 다측면성은 일방적 매체의 포획을 훨씬 초과하는 것이었다. 이후 대중노동자들은 대부분 텔레비전이라는 포획장치를 끈 상태에서 단순히 3인칭 관찰자 시점인 수신자가 아닌 역사적 투쟁의 현장에서 주역이 되었다. 68년 혁명의 거대한 물결 이후에 자본주의의 소통구성의 변화는 이미 예고된 상황이었다. 다중은 쌍방향적인 소통구성 속에서 자신을 표현하기를 강력하게 욕구하고 있었고, 다방향적인 정보의 검색을 원하고 있었다. 다중의 이러한 소통의 욕구의 힘은 미니텔이라고 불리는 은행이나 곧 공서의 통신라인을 이용한 해킹으로부터 시작하여 PC통신으로 성장하였다. 당시 PC통신은 다중의 들끓어 오르는 소통의 욕구로 가득차 있었다. 그리고 각종 통신라인을 아우르는 월드와이드웹(www)의 등장으로 인터넷은 다중의 이러한 쌍방향적 소통과 다방향적 정보검색의 욕구의 매체로 자리잡았다. 이 과정에서 인터넷은 매스미디어권력이 행사했던 일방향적인 동일성의 메커니즘과는 다른 쌍방향적으로 차이와 다양성을 증식시키고 이를 연결접속시키려는 소통의 욕구를 현실화하는 유력한 매체가 되었다.

이 과정에서 기존 권력의 지배명령관계라는 수직적 지배질서들은 잠식되기 시작하였다. 그리고 지배적인 규범이 약화된 사이버스페이스의 영토에 네티즌이 스스로가 만든 수평적이고 차이를 존중하는 민주주의적 담론의 질서인 네티켓이라는 새로운 규범이 만들어졌다. 이러한 인터넷의 화용론의 질서를 살펴보자면, 들뢰즈의 언급처럼 자본주의의 소통구성은 권력의 언어인 명령이라는 발화수반행위로 가득 차있다. 13) 이것은 계급의 차별적 질서에서 의사소통행위로 해결될 수 없는 피할 수 없는 적대와 권력의 충돌을 의미하며, 발화행위는 계급질서의 권력에 굴절되어 명령어로 나타나게 된다는 점을 의미한다. 파업의 현장에서 노동자와 자본가는 협상테이블에 앉아서 대화를 하는 것이 아니라 두 개의 서로 다른 명령어의 힘의 관계 속에서 평행을 달리는 것이다. 여기서 인터넷이라는 소통구성은 하버마스의 이상적 담화상태로 나아갈 수 있는 다중의 잠재력과 미래의 가능성을 보여준다. 그것은 현재 다중의 잠재력이 명령어라는 계급적대의 권력의 역학관계를 넘어서 '이상적 담화'의 조건을 충족시킬 수평적 대화의 미래로 향할 잠재력을 지상에 드러내 보여주는 것이다. 사이버스페이스는 수직적 위계구조를 잠식하고 끊임없이 공격하여 수평적 네트워크라는 다중의 소통양식으로 변화시켜 낸다. 이러한 사회적 차원의 수평적 소통양식은 노동자운동 역사 속에서도 평의회와 같은 수평적 소통과 직접민주주의운동으로 제기된 바 있다. 지배명령의 수직적 소통조직을 넘어서려는 다중의 운동은 사이버스페이스라는 공간을 먼저 자신의 영역으로 변형시켜내는 데 상당히 성공하고 있는 상황이다. 이 시점에서 맑스주의 운동은 사이버스페이스에서의 다중의 소통양식의 변화에 대하여 주목하며 자신을 다중의 소통구성으로 열려진 새로운 방식을 변모시켜내는 데 앞장서야 할 것이다.

4. 가상성은 '차이를 통한 연대'의 역능이다

사이버스페이스는 자본주의적 제조직이 갖고 있는 획일화되고 위계제적인 질서를 단순히 반영하는 것이 아니라, 다중이라는 다양한 프롤레타리아

---

13) 「1923년 11월 20일—언어학의 기본전제들」, 『천개의 고원』. 들뢰즈는 언표행위의 기초단위는 명령어이며, 그것은 권력의 현실적 작동 때문이라고 말한다. 네그리는 역능들의 총합이 이상적 담화조건으로 이루어지는 과정에 있으며, 계급적대에 의해서 굴절된 지배명령어를 극복할 수 있다고 본다. 이러한 점에서 네그리는 현재적으로는 들뢰즈를 취하지만 미래적 지향성으로는 하버마스를 따른다.

트의 지절들이 발산하는 '천개의 목소리'를 사회적 차원으로 끌어내는 데 성공하고 있다. 다중이라는 프롤레타리아트의 구성은 소수자들의 연합적 질서의 계열들의 총체이다. 남성-자국인-정규직-정상인이라는 다수자의 계열이 아니라 여성-이주민-장애인-비정규직노동자-동성애자-노인-어린아이 등의 소수자의 계열들의 존재론적 차이를 통한 연합의 질서가 바로 다중을 일컫는 말이다. 국가주의는 이러한 존재론적 차이의 계열들을 다수자의 원리를 기준으로 하여 동일화시켜 차별의 위계로 몰아넣고 자본주의적 동질적인 가치의 질서로 만들어낸다. 지배질서는 존재론적 차이의 질서를 다수자의 계열에서 경쟁과 위계의 질서로 변모시킴으로써 자본주의적 가치질서를 유지하려고 한다. 이에 맞서서 다중은 '차이를 통한 연합'의 질서를 통해 이질적인 자기가치들의 총체를 증식시켜 내면서 획일적 자본주의적 가치질서에 맞서려고 한다. 이제까지 자본주의는 소수자의 질서를 다수자의 권력적 헤게모니를 통해 억압하여 그 목소리를 차단시켜 왔다 예컨대 여성-노인-어린이 등의 소수자의 목소리는 노동자 가장이라는 가부장제에 의해 봉쇄되고 가족의 책임논리에 의해 사회적 차원의 문제가 되지 못하였다. 노동자 가장의 역할은 사실상 소수자들을 자본주의국가를 대신하여 지배명령의 목소리로 관리하는 것이었다. 그러나 1968년 이후 다중의 폭발적인 저항은 이러한 가부장제를 비롯한 사회시스템의 족쇄를 풀고 소수자들의 현실적 문제를 사회적 차원으로 이끌어내었다. 그 시기 이후 노동현장에서 노동의 대가로 지불되는 임금의 체제를 중심으로 재생산되는 모델은 사라져가는 가치질서가 되었으며, 오히려 다중의 운동은 '정치적 임금' 혹은 '사회적 임금'의 질서로 가치질서를 바꾸어냈다. 그러나 신자유주의는 이러한 사회적 임금의 일종인 사회보장제도를 야수와 같이 공격하여 다중에 대한 적대적인 정책을 숨기지 않고 있다.

차이를 증식시키고 연결시키는 사이버스페이스에서는 억압되고 있는 다중의 운동과 목소리가 파편화된 질서로 머무는 것이 아니라 새로운 차원의 연대로 재조직되는 데 기여하고 있다. 그 이유는 사이버스페이스가 가지고 있는 가상성의 역할이 '차이를 통한 연대'를 가능하게 만들기 때문이다. 우리는 가상성이라고 하면 각종 가상게임이나 개인적인 가상몰입의 과정으로 생각하게 되기 쉽다. 하지만 사이버스페이스의 가상성의 역할은 이질적인 것이 연결접속되면서 '소수자되기'의 과정을 가능케 한다는 데 의미가 있다.[14] 사이버스페이스에서 가상성은 정체성주의가 갖고 있는 동일성의 논리에 다중이 탈주할 수 있는 가능성을 보여준다. 가상성(virtuality)은 덕(virtue)이라는 다중의 역능(force)에서 파생된 개념으로서, 자신에게 잠재되어 있는 다중적 가능성의 역량을 드러내 보인다는 의미를 가지고 있다. 우리가 곰곰이 생각해 보면 가상성의 덕은 현실 도처에 존재한다는 것을 쉽게 발견할 수 있다. 즉, 남의 입장에서 생각하고, 연대하며, 사회적 약자를 도우려는 민중의 소박한 덕이 그러하다. 그것은 착취와 억압을 거부하고, 차별의 시선으로 남을 규정하지 않는 것, 차이를 존중하고 한번 남의 입장으로 되어 생각해 보고 실천해 보는 것이다. 사이버스페이스의 가상성은 그러한 현실적으로 도처에 존재하는 다중이 갖고 있는 덕의 연장선에서 존재한다. 자본주의의 사회적 제조직에서 벗어난 다중은 이질적이고 다양한 목소리를 가상공간에서 드러내 보였다. 그리고 자신을 속박하는 일차원적인 존재지반을 넘어서서 소수자의 입장이 되어 변주된 목소리를 내기 시작하였다. 이러한 '소수자되기'와 '다중되기'라는 되기(=생성)의 가상성은 사회 각 부위에 흩어져 있는 공동체들이 한정된 영역에서 고립되면서 발생하는 폐쇄성으로부터 벗어나 간공동체적인 네트워크를 구성할 수 있는 힘을 즉, 사회적 연대의 구성적 힘을 드러내 보인다. 사이버스페이스의 가상성은 다중의 다측면적 적대 속에서 구성적 역능들의 총합을 생성해 낸다.

들뢰즈는 이미 가상성의 잠재력을 높이 평가하고 리좀이라는 개념으로 민중적 연결접속의 이미지를 개념화시켰다.[15] 들뢰즈·가타리의 『천개의 고원』은 68년 혁명시기에 다중운동을 면밀히 검토한 역작으로서, 그 두 사람은 사실상 다중은 주어진 자신의 일자라는 표상에서 벗어나 다중적 연대라는 n-1(일자를 뺀 다자) 차원이 되라고 언급한다.[16] 이 리좀이라는 n-1이

---

14) 10장 「1730년-강렬하게 되기, 동물되기, 지각불가능하게 되기」, 『천개의 고원』, 441-585쪽.
15) 1장 「리좀」, 『천개의 고원』.
16) 같은 책. 들뢰즈는 사실상 "리좀학＝민중분석"(53쪽)이라고 말하면서 유일체를 뺀, 중앙제어장치나 장군이라는 권력을 뺀 n-1의 다양체를 리좀이라고 말한다. 이 리좀은…그리

라는 개념은 민중이 지배질서 속에 포섭된 자신의 현재성에서 벗어나 다중이 되는 과정을 형상화한 것이다. 즉, 공장을 넘어선 노동자, 학교를 넘어선 학생, 가족을 넘어선 여성 등은 이미 더 이상 노동자나 학생이나 가정주부라는 일차원적 규정을 넘어선 다중의 차원으로 나아간 것이다.[17] 인터넷 또한 리좀이라는 다중의 연결접속을 닮아가고 있다. 지배계급은 초고속인터넷망과 거대서버를 집중시키면서 민중의 연결접속을 재코드화하려고 하지만, 다중의 연결접속은 Tcp/Ip의 일차원적 형상을 넘어서 탈코드화되고 있다. 인터넷리좀은 집중화된 권력이나 중앙제어장치 없는 중심없는 다양체로 존재하며 수평적으로 증식하는 덩이식물처럼 수천갈래로 민중을 연결시키고 있다. 인터넷리좀은 차이와 다양성이라는 존재자적 질서를 가상성을 통한 연대라는 연결접속으로 변형되는 과정 즉, '차이를 통한 연대'를 통해 다중의 소용돌이치는 역능의 총합을 지상에 드러내는 신질서이다.[18]

5. 넷 전쟁에서 다중은 네트워크 전사들이다

오늘날 탈근대 자본주의는 68년 혁명 이후에 계속되는 다중의 연속혁명과 이를 재포획하려는 제국의 제3차 세계대전의 과정에 직면해 있다. 제3차 세계대전의 특징은 정보전쟁이면서 네트워크 전쟁이라는 점이다.[19] 최근에 벌어진 이라크 전쟁만 보더라도 전쟁을 미화하고 홍보하며, 여론을 조작하는 전쟁미디어와 이에 맞서서 전쟁을 반대하는 전자직조공동체의 반전조직간의 대결은 새로운 전쟁의 양상을 드러낸다. 새로운 전쟁의 핵심적인 특징은 정보전쟁이라는 점이다. 이제 전쟁을 수행하는 집속탄과 열화우라늄탄 등의 대량살상무기의 배후에는 언제, 어디에, 어떠한 일이 벌어지고 있

고…그리고…로 연결되는 사이 간주곡이며, 끊임없이 생성되고 증식도는 다양체를 의미한다. 그것은 아래로부터 꿈틀대며 움직이는 다중에 대한 개념이다.

17) 『지배와 사보타지』에서 네그리는 이러한 '다중되기'의 과정을 노등거부라는 개념으로 구체화시킨다. 즉, 노동해방은 노동자가 노동을 거부하는 노동으로부터의 해방을 전제로 해야 한다는 것이다. 노동거부는 파업, 사보타지, 태업 등 다양한 노동자계급의 '다중되기'의 행위라고 할 수 있다.

18) 인터넷에 리좀을 적용한 사례로는 http://www.socio.demon.co.uk/rhizome.html가 있다.

19) "6. Planets," in Cybermarx "Netwars and Antiwar," pp. 157-162.

는가를 탐색하는 첩보위성을 이용한 정보전자전이 자리잡고 있다. 또다른 특징으로 이 전쟁이 네트워크전쟁이라는 점이다. 원래 다중을 포획하고 감시하기 위해 전쟁기계인 인터넷이 전쟁을 반대하는 전자직조공동체들의 중요한 전쟁기계로서 등장했다는 점이다. 네트워크전이라는 새로운 양상의 전쟁은 제국과 다중간의 새로운 대결로 자리잡고 있다. 그것은 전쟁을 하느냐 마느냐의 여부 이전에 수행되고 연속되는 '전쟁을 반대하는 다중'과 '전쟁을 추구하는 제국'간의 정당성을 둘러싼 비물질적이고 추상적인 전쟁이다.

　두 가지 계기 68년 대혁명과 이에 따른 1989년 소비에트 몰락과 신자유주의 등장이라는 대반동은 복지국가의 유형을 위기국가인 핵국가와 전쟁국가 유형으로 바꾸어냈다. 핵국가는 형이상학적인 전멸의 가능성 속에서 평화가 보장된다는 역설이라는 기묘한 역학관계를 드러내 보였고, 전쟁국가의 유형을 저강도의 국지전으로 만들어냈으며, 전쟁을 추상적인 정당성을 둘러싼 것으로 바꾸어 놓았다. 전쟁국가는 다중의 이질적 다양성이 끊임없이 생성시키는 전쟁기계(=전사)들을 사실상 영구적인 전쟁이라는 단일전선 속에 획일화시켜 재포획하고, 전쟁의 지속 속에서 제국의 영토로 재구조화하려는 조치이다.20) 전지구적 질서를 평화로운 세계시민국가로의 진입이라고 선전했던 시기는 매우 짧은 일시적 시기였으며 그것은 곧 사실이 아님을 드러냈다. 근대의 국민국가의 주권의 배열은 더 이상 의미가 없으며, 새로운 간섭과 개입 그리고 다중의 삶을 초토화하려는 열화우라늄탄과 집속탄과 같은 제국의 전면전이 새로운 현실로 자리잡아 가고 있다. 그런데 우리는 제국과 다중의 대결이 매우 비물질적인 영역에서 이루어지고 있다는 점에 주목해야 할 것이다. 제국의 전쟁미디어와 이에 맞선 다중의 인터넷이라는 전쟁기계간의 대결은 정보전쟁이라는 형태로 사이버스페이스 속에 이전시키고 있다. 제국의 미디어가 쏟아붓는 전쟁을 찬양하는 집속탄과 같은 융단폭격에 다중의 반전평화의 목소리를 담은 전자직조조직들의 참호들이 새로운 담론을 생성시키면서 이것에 맞서는 과정이 그것이다. 제국의 포획장치는 초판옵티콘이라는 웹실런과 첩보위성의 검은 구멍을 가지고 전쟁미

---

20)『천개의 고원』의 12장「유목론 또는 전쟁기계」. 이 장에서 들뢰즈·가타리는 전쟁기계인 다중의 전사들의 활력과 국가가 일으키는 전쟁과의 관계를 정교하게 서술하고 있다.

디어라는 안면성을 가지면서 집속탄과 같은 지배명령어를 다중에게 뿌려대는 리바이어던과 같은 형상이다. 이에 맞선 다중은 전쟁을 반대하는 네트워크 전사로 구성된 노마드적 게릴라들과 이들 게릴라가 움직일 수 있는 반전평화의 네트워크망이라는 연결접속의 참호와 반전 전자직조조직의 홈페이지들이라는 진지들로 구성되고 있다.

현재 다중에게 반전평화는 어느 시기보다 중요한 의미를 갖고 있다. 왜냐하면 전쟁의 궁극적인 의미가 '차이를 통한 연대'라는 다중의 이종결합의 사회적이고 전지구적인 연결접속에 대한 배열을 획일화시키는 과정을 통해 이를 전면적으로 공격하는 과정을 의미하고 있기 때문이다. 맑스주의 역사에서 레닌은 한때 '세계대전을 내전으로 전화하는 전략'을 사용한 적이 있다. 제국주의 전쟁에 노동자계급을 동원할 수 없으며, 제국주의간의 전쟁을 노동자계급의 해방운동으로 전화해야 한다는 입장이 그것이다. 그러나 핵국가이자 전쟁국가 시대의 항구적인 저강도의 국지전의 양상을 접하게 될 때 레닌의 생각도 달라질 수밖에 없을 것이다. 또한 제국의 외부란 존재할 수 없는 실질적 포섭의 상황에서 새로운 전쟁에 맞서서 맑스주의 운동은 어떠한 전략과 전술을 사용할 것인가를 고민했을 것이다. 맑스주의는 다중의 반전평화운동에 대한 강력한 연대 속에서 수구냉전세력을 포위하고 네트워크전쟁과 정보전쟁이라는 새로운 상황에 대응하여야 할 것이다.

결론: 사이버맑스에서 버츄얼 코뮌으로

2003년 봄, 미국이 이라크에 대해 전쟁을 선포하고 대량살상무기를 갖고 있다는 허울좋은 명분을 UN에 일방적으로 알리고, 전쟁을 미화하는 미디어 홍보전에 나서고 있을 때, 전 세계 평화네트워크연합은 천만명의 반전평화 시위대로 이에 응답했다. 그리고 곧 이라크를 향해 인공위성의 전자유도장치가 달린 첨단유도탄이 날아갔다. 그 순간부터 미디어의 여론조사의 발표와 공식입장은 조작되기 시작하였고, 이러한 미디어와 반전을 조직하는 다중의 인터넷을 통한 전자직조 조직간의 대결은 시작되었다. 사이버스페이스에서 벌어지고 있는 새로운 전투의 양상은 사이버맑시안에게 새로운 임무를 정보와 소통의 이중분절의 영역에서 재구성하고 있다. 사이버맑시안은 디지털자본주의의 새로운 전장이 된 소통과 정보영역이라는 비물질적 영역에서의 투쟁과 제국의 전쟁에 반대하는 새로운 네트워크전을 조직하는 임무를 가지고 있다. 사이버맑시안은 정보혁명에 응답하는 맑스, 제3차 세계대전에 맞서 다중을 조직하는 맑스를 지상에 복원한다. 열린 맑스주의는 수직적 위계와 권위주의로 점철되었던 국가주의 전략과 단절하고 수평적 연결 접속과 차이를 통한 연대라는 새로운 지평으로 나아가야 한다. 사이버(cyber)는 원래 키잡이(steerman)라는 의미에서 유래되었으며 주체성의 새로운 전망을 함축한다. 사이버맑스는 새로운 '정보시대에 키잡이가 될 맑스'를 의미한다. 그리고 사이버스페이스에서 새로운 주체성의 구성형식과 맑스주의가 취해야 할 운동방향성을 함의한다.

반전평화를 평화를 외치는 전자직조공동체는 사이버스페이스에서 가상성을 매개로 차이와 다양성을 통해 연합한 새로운 질서로서 21세기 버츄얼 코뮌의 가능성을 보여준다. 코뮌은 장인조합이라는 공동체에서 출발하여, 노동자운동의 수평적이고 직접민주주의적인 권력체로 간주되어 왔다. 코뮌은 '커뮤니티'와 '커뮤니케이션'이라는 파생어처럼 어떻게 민중이 소통하고 조직될 수 있는가를 담고 있는 개념이다. 가상성은 앞서 말했듯이 이질적인 차이를 연결접속할 수 있는 연합체의 구성가능성을 담고 있다. 버츄얼코뮌은 다중의 역량과 활력을 총합시킨 새로운 가상공동체이며, 제도적 현실에 긴박된 민중이 자신을 속박하고 있는 일차원적 규정에서 벗어나 어우러져 다중이 되어 아래로부터의 직접민주주의를 실천하는 과정을 의미한다. 사이버스페이스에 '정보시대의 키잡이 맑스'가 인도하는 '버츄얼코뮌이라는 거대한 배'는 맑스주의 미래와 코뮤니즘의 미래를 향해 도도히 흘러가고 있다. 이제 폭발적으로 성장한 인터넷이 만든 사이버스페이스라는 가상공간은 그 공간의 아래 지층에서 끊임없이 올라오는 마그마인 다중의 폭발적인 새로운 활력에 의해 활화산으로 변하고 있다. 사이버맑시안은 맑스주의에 새로운 활력을 부여하면서 이 분출하는 마그마가 만들어내는 영토의 지도를 그려내고 있다. 마그마의 연쇄 폭발을 앞두고 있는 활화산인 다중의 운동에 우리가 다시금 주목하는 이유는 그 때문이다.

이행과 국가: 해방의 정치, 해방의 조직

최형익(한신대, 정치학)

1. 들어가며: 정치와 해방

맑스 정치사상의 핵심적 문제의식을 하나의 단어로 표현한다면 '해방'이 아닐까? 맑스 사상의 실천명제가 해방을 위한 정치 및 조직의 구성에 놓여 있다고 해도 그리 틀린 말은 아닐 것이다.[1] 맑스의 저작에는 '해방의 계보학'을 논할 수 있을 정도로 해방에 대한 언급이 많다. 대표적으로, "도래할 새로운 혁명의 성격은 부르주아 혁명의 성과이자 한계인 '정치적 해방'을 뛰어넘는 사회적 해방에 있다"라든가, "노동자계급의 해방은 노동자계급 스스로에 의해 쟁취되어야 한다", "코뮌은…노동자에 대한 경제적 해방이 이루어질 최종적으로 발전된 정부형태였던 것입니다", "인민대중의 사회적 해방의 정치적 형태" "사회해방이 공화국의 위대한 목표라는 것을 솔직하게 공언하고" 등등.

맑스가 말하고자 하는 해방은 특정 사회에 대한 특정한 문제의식을 기반으로 한다. 그것은 바로 근대 부르주아사회 또는 자본주의사회로부터의 인민대중의 정치적, 사회-경제적 해방이다. 하지만 해방의 여정 그 자체는 종

---

[1] 해방의 사전적 의미는 다음과 같다. 즉, ① 가두어 두거나 꼼짝 못하게 얽매어 둔 것을 풀어놓거나, ② 일체의 인습적인 속박을 풀어서 자유로운 몸으로 하는 행위를 지칭한다. 양주동 책임감수, 『새국어대사전』, 신한출판사, 1974, 1915쪽. 따라서 해방은 그 구체적 의미에 있어서 인류사의 아래로부터의 역사발전에 해당하는 정치-사회혁명 등 진보적 형태의 획기적 시기를 구획해주는 용어이다.

착점이 없다. 역사가 존재하는 한, 인류는 언제나 좀더 나아지려는 방향을 선택하려 할 것이기 때문이다. 이처럼, 해방을 향한 영구혁명이라는 문제의식을 통해 사회경제적 계급관계로 단순 환원할 수 없는 생태학적, 성정치적 문제 등 다종다양한 사회적, 인간적 해방의제가 맑스의 사상 내부에서 조우하여 이론화될 수 있는 계기가 마련될 수 있다. 결국, 해방이라는 도달할 수 없는 일종의 무한소(無限小, infinitesimal)에 다다르기 위한 그 어떤 종류, 모든 형태의 실천 자체를 해방의 정치라는 개념으로 포괄할 수 있다. 따라서 정치는 어떤 경우에든 소멸할 수 없다.

정치가 소멸할 수 없다는 말은 인간의 공적 생활 일반의 소멸 불가능성에 대해 언급하는 것과 같다. 역사가 말해주듯이, 그 형태를 달리함에도 국가란 공적 생활의 한가운데 있는 특정한 정치조직을 표상한다. 우리가 특정한 억압국가의 해체에 대해서 논의할 수 있어도 공적 활동 일반의 담지자로서 국가의 파괴 혹은 소멸에 대해 무규정적 혹은 무매개적으로 말하는 것은 실현 가능하지 않음에도 마치 가능한 것처럼 주장한다는 차원에서 무정부주의와 같은 이론적 기회주의로 귀결한다. 물론 먼 훗날 국가와 사회가 일치하여 국가의 존립 자체가 불필요하게 되는 역사적 시기를 상정할 수도 있겠다. 그러나 그러한 시점에 도달하기 위해 조차 오랫동안 국가가 존립할 필요가 있다. 맑스주의 정치이론은 상당 기간 존속할 수밖에 없는 바로 그 '국가'의 문제를 다루어야 하며, 그것이 바로 이행기 정치의 핵심 쟁점이다.

맑스주의 전통내에서 '어떤 국가, 어떤 정치냐'에 관해서 말하는 것이 옳다. 요컨대, 정치, 국가 문제와 정면대결해야지 그것을 에둘러 회피하거나 우회해서는 안된다. 따라서 사회-경제적 해방과 정치적 국가를 매개하는 이론적 문제이자, 과두주의, 엘리트주의의 반정립으로서의 '다수자의 자기통치'를 의미하는 민중민주주의 문제야말로 결국 사회주의 정치사상이 해명해야 할 최대 이론적 쟁점이라고 할 수 있다.

2. 두 개의 해방이론

맑스의 사회주의와 바쿠닌의 무정부주의는 19세기 중엽에 등장한 대표적인 급진적 정치-사회이론이다. 두 가지 모두 피억압계급 해방이론으로 등장했다는 점에서 공통점이 있으며, 제1인터내셔날에서도 오랜 시기동안 나란히 공존했다. 하지만 두 이론간에는 결정적 차이가 있다. 역사성이 바로 그것이다. 맑스는 해방의 여정에 '역사성' 개념을 도입하는데, 이는 정치경제학비판에 기반한 정치이론의 구성으로 구체화된다.

맑스의 정치이론과 정치경제학비판의 근저를 이루고 있는 사유는 다음과 같다. 개인은 사회적 조건을 선택한다. 그러나 자의적 선택이 아닌 과거로부터 물려받은 특정 환경, 곧 역사의 산물인 동시에 역사의 창조자로서 정치-사회적 실천을 구성한다.

> 사람들이 그들의 인류전체 역사의 토대인 생산력을 마음대로 선택할 수 없다는 사실에 대해서 중언부언 이야기할 필요가 없을 것입니다. 왜냐하면 모든 생산력은 하나의 획득된 힘, 과거의 활동의 산물이기 때문입니다…. 인간은 그들이 획득한 것을 결코 포기하지는 않지만, 그렇다고 해서 이 말이 인간들은 그 속에서 자신이 특정한 생산력을 획득한 사회형태를 포기하지 않는다는 것을 의미하는 것은 결코 아닙니다. 사태는 이와 정반대입니다. 달성될 결과를 잃어버리지 않기 위하여, 문명의 성과를 잃어버리지 않기 위하여, 인간들은 그들의 교통(교역) 방식이 획득한 생산 제력에 더 이상 조응하지 않게 되자마자 그들이 물려받은 기존의 모든 사회형태를 변화시키도록 강요받습니다. [2]

맑스는 자본주의 역사에 내재하는 이중성, 그 진보성과 반동성을 사회적 생산력과 생산관계 사이의 모순으로 포착하고자 했다. 그것은 근대부르주아사회가 인류사에 차지하는 지위는 무엇인가와 같은 질문이다. 무엇보다 자본주의는 일차적으로 고도의 사회적 생산력으로 인간을 물질적 곤궁함으로부터 벗어날 수 있게 해줌으로써 인류의 실질적 해방에 단초를 제공한다. 그러나 우리는 물질적 곤궁함으로부터 벗어나는 일이 해방의 정치의 전부라고 생각해서는 안된다. 부르주아사회가 그 자체로 대량생산/대량소비의 형태로 물질적 곤경으로부터 벗어났을 뿐 아니라, 경제공황을 야기할 정도

---

[2] K. Marx, "Marx to Annenkov, 28 December 1846," in *Collected Works*, Vol. 38 (Moscow: Progress Publishers), p. 96.

로 구조적 과잉생산이 문제가 된 지 이미 오래다. 무엇보다 중요한 것은 착취자, 억압자적 지위를 보존하기 위한 부르주아 계급의 정치, 국가, 사회-경제적 제도로부터 벗어날 수 있어야 한다. 맑스는 이 점에서 해방이 실제로 가능할 수 있는 사회경제적 조건과 그것을 실현할 수 있는 해방의 정치조직과 아울러 해방 구성적인 사회적 실천의 내용, 사회적 주체의 문제를 분리할 수 없는 것으로 동시에 사고했다. 이 글에서는 전자의 문제, 즉 해방의 정치를 다루는 국가 및 사회주의적 민주주의에 대해서 주로 언급할 것이며, 후자에 관해서는 기회가 있다면 향후 별도의 글에서 다룰 것이다.

근대 부르주아사회는 정치적 측면과 사회경제적 측면에서 상호모순되는 양가성의 형식을 띤다. 정치적 국가는 대중들을 그 이전의 계급사회와는 달리 정치적 불평등의 사회경제적 주체인 신분이 아닌 정치적 평등의 담지자인 시민 또는 공민으로 호명하고 동시에 통치한다. 법 앞의 평등 관념과 헌법에 의해 보장되는 시민권 개념이 그것이다. 이것이 바로 정치형식적 해방의 내용을 구성하는데, 그 효과와 범위는 대단히 광범위하다. 그 결과, 사회-경제적 불평등은 단순히 은폐되어 있다기보다 여타의 모든 사회적 삶, 공적 활동과 혼융되어 나타난다. 계급적 착취의 구분선을 명백히 드러내기가 어렵게 되어, 과거의 신분제적 사회구성체, 그리고 자본주의 초기의 정치적 문법만으로는 설명할 수 없는 현실이 도래한다. 국가 역시 마찬가지이다. 국가가 점차 정치적 민주주의 국가로 변화함으로써 역설적이게도 노동자 등 피지배계급은 사회-경제적 불평등을 국가를 통해 교정하는 전략을 선택해왔다.

이러한 전략이 갖는 함의를 단순히 국가주의로만 규정할 수 없다. 각종 봉기정치의 실패 이후 노동자계급을 핵심으로 하는 민중진영은 새로운 해방전략의 일환으로서 각종 억압과 불평등을 대중적 사회운동과 정치적 민주주의의 방법으로 나아가 국가라는 공적 조직이 보증하는 '사회-경제적 권리'의 확보—이는 다른 한편 사회적 입법의 실현으로 나타난다—를 통해 교정하고자 했다. 20세기를 특징짓는 대표적인 정치 현상은 바로 일반 대중의 정치적 진출이 급격히 증가되었다는 점이다. 이러한 사실을 이론적으로 간파하고, 그것을 이행의 필요충분조건으로 파악할 수 있게 해주는 데 여전히 맑스 정치 이론의 최대 강점이 있다.

새로운 현실은 대중들을 고분고분한 통치 대상으로만 여겨왔던 부르주아를 포함한 지배계급들에게 지금까지와는 전혀 다른 난제를 던져주었다. 새로운 상황에 직면하여 지배계급은 1980년대 이후부터 신자유주의라는 우파적 대중주의 반동전략으로 대응했다. 사회-경제적 민주주의는커녕 종래의 제한적 형태의 정치적 민주주의마저 자칫 부르주아사회 그 자체의 심대한 위기를 불러 올 것이라는 데 대해 부르주아 계급은 의견일치를 보았기 때문이다. 결국 해방의 조건은 정치적 민주주의를 일관되게 사회-경제적 민주주의로 현실화시켜 나갈 수 있는 노동자계급 및 민중들의 더중정치적 능력, 즉 해방의 조직을 현실화시킬 수 있는가의 여부에 달려있다. 나아가 이러한 민주주의는 그냥 실현될 수 있는 게 아니다. 민중들의 자기통치 및 투쟁을 조직할 수 있는 능력―노조, 평의회, 정당, 민중연합 조직뿐 아니라 다양한 형태의 지역공동체로 이루어진 사회내의 해방의 대중정치조직―과 함께 이를 기반으로 궁극적으로 국가를 어떻게 해방의 정치조직으로 구성할 수 있는가에 달려있다. 따라서 '어떤 특정'(the) 국가가 사회의 기생체라고 말하는 것은 말이 되지만, 모든 국가를 그렇게 규정하는 것은 피억압 계급의 실질적 해방에 별반 도움이 되지 않을 것이다.

요컨대, 해방은 인간이 자의적으로 선택할 수 있는 백화점 진열대의 기성품 같은 것이 아니다. 특정 조건, 역사 및 조직과 결합되어야 한다. 따라서 무정부주의와 맑스주의의 결정적 차이는 해방의 정치를 실현할 수 있는 사회내부의 해방의 조직과 함께 정치조직으로서의 국가를 적극적으로 사고하고 이론적으로 구성하는가 그렇지 않은가이다.

3. 국가 폐지와 소멸 사이에서

바쿠닌의 무정부주의 사상은 맑스의 그것에 비해 20세기 초반을 경과한 이후 해방의 정치이론으로 그다지 각광받지 못했다. 이론 내적으로는 비역사적이기 때문이며, 무엇보다 대중들의 실물적 정치감각에 전혀 부응할 수 없었기 때문일 것이다. 하지만, 소련 현존 사회주의의 붕괴 이후 새로운 형태로 옷을 갈아입은 채 무정부주의 이론이 재생되고 있는 인상이다. 새롭게 부각되고 있는 자율주의 및 코뮌주의, 비국가 민주주의를 부르짖는 평의회 사상 등 포스트모던 맑시즘적 정치-사회이론은 바쿠닌의 무정부주의와 상당한 친화성을 보인다. 총파업을 통한 대규모 공장에서의 현장권력의 구성을 유난히 강조하는 좌파 조합주의 역시 국가문제를 정치적 고려의 대상에서 제외하고 있다는 점에서 사정이 크게 다르지 않을 것이다. 바쿠닌은 아나키즘을 '국가없는 사회주의'라고 규정하는 가운데, 그 어떤 형태의 국가든 시급히 폐지해야 할 정치-사회적 악으로 강도높게 비판한다. 바쿠닌의 사상이 별로 알려져 있지 않은 관계로 그것의 소개라는 차원에서 다소 길지만 인용하도록 하겠다.

원리상으로나 실제상으로도 **정치권력이라 부르는 것을 완전히 철폐**할 필요가 있습니다. 그것이 존재하는 한 지배자와 피지배자, 주인과 노예, 착취자와 피착취자가 존재할 것이기 때문입니다. 정치권력이 일단 철폐된다면 생산담당자 조직과 경제서비스 단체로 대체되어야 합니다…. 인민들에게 이러한 이상은…지배의 종식이자, 인민들이 자신들의 욕구와 부합하는 삶을 국가에서 보여지는 내리먹힘 방식이 아니라 아래로부터 자유롭게 조직화하는 것을 표현하는 것으로서, 인민들 스스로 일체의 정부 및 의회와는 무관한 조직—농촌과 공장 노동자들, 나아가 코뮌, 지역 그리고 전국적 수준의 조합, 마침내 먼 미래에는 국가가 모두 무너져내린 폐허 위에 찬란하게 빛나는 될 보편적 인류 동포애의 조합을 결성하는 것을 의미합니다…. **정치적 지배가 존재할 가능성은 없습니다.** 왜냐하면, 이 정부는 공통 관심사의 단순한 관리체로 전화될 것이기 때문입니다…. 사회혁명 기간에, 사회혁명은 모든 측면에서 정치혁명과 정반대 되는데, 개인의 행동은 전혀 중요하지 않은 반면에, 대중의 자생적 행동이 결정적 중요성을 가집니다. 개인이 할 수 있는 거라곤 민중적 본능과 부합하는 사상을 명확하게 밝히고, 선전하며, 실행하는 것 그리고 이에 더하여 대중의 자연스런 권력체인 혁명조직에 그칠 줄 모르는 노력을 보태는 것뿐입니다. 그러나, 그 이상 기대할 것은 없습니다. 그 나머지는 인민 스스로가 할 수 있고, 또 그렇게 해야만 합니다. 이와는 다른 방법을 구사한다면 정치적 독재로 귀결되고, **국가가 재출현하여 국가의 압제, 불평등과 특권이 부활될 것**입니다. 다시 말해 우여곡절은 있겠지만 결과적으로 인민 대중의 정치적, 사회적, 경제적 노예상태가 재구축 될 것입니다…범독일인들의 깃발에는 다음과 같이 쓰여있습니다. 어떤 대가를 치르고서라도 국가를 유지, 강화시켜라. 반대로 우리의 깃발, 사회혁명가의 깃발에는 핏빛 찬연한 글씨로 이처럼 적혀 있습니다. **모든 국가의 파괴**, 부르주아 문명의 일소, 억제할 수 없는 근로대중들의, 그리고 해방된 전인류의 조직인 자유결사를 통해 아래로부터 자생적으로 건설되는 자유조직, 그리고 보편적 신인간세계의 창조.[3] (강조는 인용자)

바쿠닌이 일체의 정치권력을 얼마나 증오했는가를 잘 달게 해주는 대목이다. "국가가 모두 무너져내린 폐허 위에 찬란하게 빛나게 될 보편적 인류 동포애의 조합을 결성"하자고, 무정부주의의 목표가 "모든 국가의 파괴, 부르주아 문명의 일소, 억제할 수 없는 근로대중들의, 그리고 해방된 전 인류의 조직인 자유결사를 통해 아래로부터 자생적으로 건설도 는 자유조직, 그리고 보편적 신인간세계의 창조"라고 힘주어 부르짖는 대도에 이르면, 맑스 이론의 급진성은 정말 명함도 못 내밀 정도다.

국가가 만악(萬惡)의 근원이란 말인가? 그러한 주장은 부르주아적 자유 방임주의자들의 핵심주장이 아닌가? 국가가 존재하기만 하면, 사람들의 노예상태가 불가피하다고 할 수 있는가? 오히려 그 반대가 아닐까? 억압과 지배가 정치적 국가의 존재로부터 행해졌는지는 몰라도, 진정한 착취는 사회로부터 나온다. 이러한 문제제기가 가능하다. 앞에서 예로 들은 바쿠닌의 주장은 맑스와 엥겔스가 공유한 당대 사회주의 사상의 핵심이며, 어떤 의미에서는 바쿠닌이 맑스의 사상을 도용했을지도 모른다고 추측할 수도 있다. 과연 그럴까? 그렇다면, 맑스와 바쿠닌의 차이점은 도대치 어디에 있단 말인가?

화려한 혁명적 수사나 지키지도 못할 정치적 공문구보다 운동의 일보 진전을 중시했던 맑스는 국가 문제에 대한 일반적인 정치이론를 제시하지 않았다. 이러한 문제에 대해서 그는 정세적 필요에 의한 이론적 개입의 형태로 대응했다. 예컨대, 그는 '고타강령'을 비판한 글에서, 당시 독일 사민당

---

3) M. Bakunin, "Stateless Socialism: Anarchism," in G. P. Maximof, ed., *The Political Philosophy of Bakunin: Scientific Anarchism* (New York: the Free Press, 1953), pp. 295-301.

의 '인민국가' 주장에 대해 '인민'과 '국가'라는 말을 수천번 조합해봐야 문제의 해결에는 털끝만큼도 접근할 수 없을 것이라고 조롱 섞인 투로 말했다. 따라서 정세변화에 따라 국가문제에 대한 맑스의 입장이 상호 모순된 것으로 여겨지는 것은 어쩌면 당연한 일일지도 모른다. 물론, 맑스는 노동자계급의 직접적 '대중노선'의 정치라는 형태로 이론적 난점을 돌파할 단초들을 제시하긴 했지만 말이다. 그러나 맑스주의 내부에 국가론을 위시한 정치이론 일반의 부재 책임을 면제해주는 구실이 되지는 못한다. 더구나, 현존 사회주의의 실패 경험과 잔존 사회주의국가의 현실에서도 알 수 있듯이, 정치이론의 부재로 사회변혁운동이 얼마나 고통받고 있는가를 감안한다면 더욱 절실한 문제가 아닐 수 없다.

맑스는 국가론에 관한 한 당시 독일 노동운동 내부에서 무시할 수 없는 영향력을 행사하고 있던 라쌀 일파가 주장한 국가 사회주의 노선[4]과 국가를 전면 부정하는 바쿠닌의 무정부주의 사이에서 줄타기를 했던 것으로 여겨진다. 국가문제는 맑스와 엥겔스를 포함한 당시의 사회주의자들을 끊임없이 괴롭힌 이른바 '뜨거운 감자'이지 않았을까? 따라서 국가문제와 관련하여 논리적 근거는 박약하나 있음직한 바쿠닌의 비판에 대해서 맑스가 제대로 반론했다고 볼 수 없다. 바쿠닌 비판의 핵심은 맑스가 『공산당 선언』에서 언급한 대로, 사회주의자들의 정치적 급선무는 '노동자계급을 지배계급의 지위'에 올려놓는 것이라고 말하는데, 이것 역시 또다른 국가권력이 아니냐는 말이다. 나아가 현존하는 국가를 파괴해야 한다고 하면서 어째서 프롤레타리아트 독재라는 형태로 사실상 또다른 국가권력을 만들어내느냐 하는 것이다. 요컨대, 그 어떤 형태의 국가든 국가 그 자체가 존재하는 한, 지배와 피지배, 억압과 착취가 영구화 될 수밖에 없다는 게 바쿠닌 주장의 핵심이다. [5]

---

4) 라쌀주의 정치노선에 자세한 설명으로는 정병기, 「라쌀의 국가관과 독일 사민당에 대한 라쌀주의의 영향과 의미」, 『한국정치학 회보』 36집 2호, 2002년 여름 참조.
5) "'The first step in the revolution by the working class, is to the position of a ruling class… The proletariat will centralize the instruments of production in the hands of the state, that is, the proletariat raised to the position of a ruling class(K. Marx and F. Engels, "The Manifesto of Communist Party").' What does it mean: 'the proletariat raised to the position

한편, 맑스 및 엥겔스의 국가론은 크게 다음과 같이 대별된다. 하나는 『공산당 선언』에서 제출된 이른바 '계급국가론'이다. 근대 국가를 '부르주아 계급의 공무를 담당하는 집행위원회"로 보는 관점이 그렇다. 다른 하나는 이행기의 국가형태로서의 '프롤레타리아트 독재론'이다. 이 두 가지는 상호 인과적 관계에 있다. 분석적 관점에서 보았을 때, 부르주아 독재로 규정된 근대 국가를 파괴한 연후라면 그 자리에 '프롤레타리아트 독재' 형태로 노동자 국가가 들어서는 것은 논리적으로 타당하기 때문이다. 그런데 국가를 폐지할 것인가 그렇지 않으면 국가는 소멸되는 것인가를 둘러싸고 문제가 발생했다. 국가폐지냐 소멸이냐에 대해 엥겔스와 레닌이 모두 이론적으로 관여하여 심각하게 대응했다는 사실로 미루어볼 때, 양자 모두 그 문제를 매우 중요하게 여겼던 것으로 생각된다. 하지만, 결과적으로 무정부주의와 차이점을 만들어내기 위해 이행기의 국가형태로서의 프롤레타리아 독재를 강조하면서 동시에 수정주의 등 서구 사민주의 주류, 즉 국가주의에 경도된 정치적 입장에 반대하기 위해 무정부주의와 유사한 국가소멸론을 주장한 것은 아닐까? 왜냐하면, 거의 동시기에 쓰여진 엥겔스의 서로 다른 글에서 우리는 다음과 같은 국가와 관련된 상반된 진술을 볼 수 있기 때문이다.

종래의 국가권력이 파괴되고 그것이 새로운 참된 민주주의 국가권력으로 성립돼가는 순서는『내전』제3장에 상세하게 기술되어 있다…. 그러나 사실상 국가는 한 계급이 다른 한 계급을 억압하기 위한 기구일 뿐이며, 이러한 점에서 민주적 공화제도 군주제와 조금도 다를 바 없을 것이다. 아주 좋은 경우에도 국가는 계급지배를 지양하는 투쟁에서 승리한 프롤레타리아트가 계승하는 하나의 해악이다. 6)

---

of a ruling class?' Will the proletariat as a whole be at the head of the government? There are about forty million Germans. Will all govern and there will be no one to be governed. The whole people will govern and there will be no one to be governed. It means that there will be no government, no state, but if there is a State in existence there will be people who are governed, and there will be slaves" (M. Bakunin, "Criticism of Marxism," in G. P. Maximoff, ed., *The Political Philosophy of Bakunin: Scientific Anarchism* (New York: the Free Press, 1953), p. 287).

6) F. Engels, "Introduction to Karl Marx's The Civil War in France," in *Collected Works* Vol. 27, p. 190.

반권위주의자들은 어째서 정치적 권위에 대해, 즉 국가에 대해 반대하는 데 그치고 있는가? 다가올 사회혁명의 결과로서, 정치적 국가가 정치적 권위와 함께 사라질 것이라는 점, 즉 공적 기능이 그 정치적 기능을 상실하여 참된 사회적 이익을 위해 배려하는 단순한 행정적 기능으로 변할 것이라는 점에서는 모든 사회주의자들이 의견의 일치를 보고 있다. 그러나 반권위주의자들은 권위적인 정치적 국가를 발생시킨 사회적 조건이 아직도 파괴되지 않은 가운데 정치적 국가를 일거에 폐지하도록 요구한다. 그들은 권위의 폐지가 사회혁명의 최초의 행위가 되도록 요구한다.[7]

위의 주장이 다양한 형태의 기회주의 사상과의 투쟁의 산물이라는 차원에서 이해가 가지 않는 것도 아니다. 하지만 맑스, 엥겔스의 국가론이 혼란스러운 것만큼은 그리고 내부에 중대한 긴장이 있다는 것은 부정할 수 없는 일이다. 정치적 국가라기보다 단순한 행정기능만을 담당하는 코뮌이 참된 사회적 이익을 배려할 수 있는 논리적, 정치적 근거는 도대체 어디에 있는가? 참된 사회적 이익이 무엇인지를 결정하는 행위자체가 이미 하나의 정치적 행위 아닌가? '억압적 부르주아 계급국가-정치적 기능을 상실하여 점차 소멸하는 프롤레타리트 독재국가'라는 극히 단순한 이분법적 논리만을 가지고는 적극적인 그리고 긍정적인 국가이론을 구성할 수 없다. 이러한 구성을 통해서 나올 수 있는 정치적 결론이란 봉기에 의한 국가권력의 접수와 급격한 정치권력의 파괴 또는 '좋게 보아' 소멸이라는 대안 이외 제출될 내용이 별로 없다.

그렇다면 적극적인 또는 긍정적(positive) 형태의 정치-국가론, 민주주의론은 과연 맑스주의 사상 내부에서 구성될 수 없는 것인가? 최근에 제출되고 있는 자율주의, 코뮌주의, 평의회이론 모두 특장이 있는 매력적인 이론구성이라고 할 수 있다. 그러나 과연 이들 이론들이 바쿠닌의 '국가없는 사회주의가 무정부주의'라는 주장과 다르게 국가문제를 해명하거나 해결하고 있는가? 해방의 정치이론은 국가문제를 과연 우회할 수 있는가? 그럴 수 없다면, 부정적(negative), 비판적 의식의 산물인 계급국가론 및 이행기 국가

---

7) F. Engels, "On Authority," in *Collected Works*, Vol. 23, p. 425.

로서의 프롤레타리아트 독재 이론과는 다른 방식으로 국가론이 새롭게 구성될 필요가 있다. 한마디로 말해, 국가문제와 관련하여 지금까지 해왔던 문제전형방식과는 다르게 접근 해보아야겠다는 말이다.

4. 러시아혁명에 대한 로자 룩셈부르크의 비판적 평가와 그람시의 국가론

러시아혁명의 걸출한 그리고 대표적인 이론적, 정치적 지도자들이었던 레닌, 트로츠키 등의 국가론 역시 맑스와 엥겔스의 계급독재 국가론을 그대로 이어받았다고 할 수 있다.[8] 1905년 무렵에 레닌은 『사민주의자의 두가지 전술』이라는 저작에서 서구와 러시아 정치구조의 차이점을 비교하는 등 정치이론의 문제에 관해 상당히 예리한 분석을 선보였다. 하지만, 1917년의 레닌은 이론적으로 무뎌졌고, 단순해졌다. 물론 보다 근본적으로 레닌이 인식할 수 있었던 국가의 모습은 억압과 부르주아 국가 이상이 아니었기 때문이다. 즉, 상부구조로서의 경찰, 군대 등 억압적 강권력에 의해서만 유지되는 국가형태이었을 뿐이다. 하지만 서구의 국가는 독점자본의 등장으로 인한 국가의 적극적 경제개입 및 대중투쟁의 결과, 정치적 민주주의의 도입으로 인해 기존의 국가와 사회의 경계가 사실상 허물어지고 재구조화되는 등 거대한 변동의 시기를 경험하고 있었다. 국가라는 같은 주어를 사용하더라도 의미에 있어서 차이가 나는 술어가 대응되어야 했다. 레닌은 이 점을 간과했다. 그래서 그가 러시아에서 짜아르 전제권력과 부르주아 정치권력을 파괴하고 대체한 것은 결국에는 상부구조로서의 국가권력의 모습을, 다시말해서 초기 부르주아사회의 국가권력, 그러나 사실은 지주귀족계급의 과두지배에 의해 유지되었던 억압적 권력을 재현한 것으로 드러났다.

봉기에 의한 국가기구의 파괴, 그러나 프롤레타리아트 독재하에서 국가의 즉각적 폐지가 아닌 소멸이라는 정식하에서 사회와는 분리된 노동관료적, 행정적 국가권력이 등장했다. 이로부터 맑스주의 전통내에 민주주의에

---

8) 레닌의 국가론에 관한 상세한 이해는 V. I. Lenin, 『국가론 노트』, 두레, 1990 참조.

대한 이론적 논의는 사실상 자취를 감추게 되었으며, 이는 프롤레타리아트 독재라는 무결점, 무오류성의 국가라는 전제하에 사실은 새로운 형태의 억압기구를 낳는 요인이 되었다. 그렇다면, 일관되게 부르주아 국가기구의 파괴와 소멸, 이행기로서의 피티독재론을 맑스주의 정치신조의 준별기준으로 삼았던 레닌의『국가와 혁명』의 이론적 지도하에 진행된 러시아 사회주의 혁명이 어째서 노동자, 민중의 정치적 공적 생활을 파괴하고 가장 억압적 형식의 국가주의 사회를 낳았는가? 나는 이론이 현실을 따라잡으려 했던 것이 아니라, 이론에 현실을 꿰어 맞추려 했던 결과라고 생각한다. 이러한 역설이 맑스주의자들을 종종 정치적 위선가들로 만드는 경향이 있다. 가령, 혁명운동의 선두에 섰던 혁명가, 또는 활동가들은 일정한 시기 후에 기꺼이 자신의 권력을 포기할 용의가 있는가? 그들은 자신의 권력을 어떤 형태로든 인민의 위임을 거치지 않고 사용할 방법이 있는가? 이외에도 너무나 많다. 이런 문제에 대해 더 이상 얼버무리거나 눈감아선 안된다. 사실, 혁명이후 러시아에 진정 요구되었던 것은 국가소멸을 향해 치닫는 프롤레타리아트 독재가 아니라 명실상부한 '민주주의 국가', 곧 민주공화국을 확립하는 작업이었다. 밀리반드의 다음과 같은 주장이 상당히 근거있게 들리는 것도 바로 같은 이유에서다.

엄격한 맑스주의적 의미에 있어서 '프롤레타리아트 독재'의 개념은, 특히 혁명적 상황에 있어서 지도의 필요와 민주주의의 요구 사이에 존재하는 불가피한 긴장을 너무 안이하게 처리해 버림으로써, 결국 전혀 처리하지 못하는 것이 되고 있다. 레닌은 당의 독재(따라서 당이 통제하는 국가의 독재)가 프롤레타리아트 독재이다라고 단언함으로써 그 문제를 처리하였다. 그러나 그는 곧 자신이 원래의 공약을 수행한 것이 아니라 오히려 재정의했을 뿐이었음을 인식하였다. 사실상 레닌주의 혁명의 시기가 바로 프롤레타리아트 독재가 적어도 가능한 때이다라고 말하는 것은 거의 불가능하다. 왜냐하면 그 시기는 혁명이 '파괴'한 국가의 폐허 위에 새로운 강력한 국가, 즉 '엄격한 의미의 국가'의 재창조를 요구하기 때문이다. 그러나 이것은 맑스나『국가와 혁명』저작시의 레닌이 말하는 프롤레타리아트 독재는 아니다. 9)

---

9) R. Miliband,『마르크스주의 정치학 입문』, 풀빛, 1989, 213쪽.

레닌주의와 일정한 거리를 유지하면서 러시아혁명의 수행과정을 비판적으로 평가한 로자 룩셈부르크의 정치관은 경청할만한 가치가 있다. 특히, 볼세비키적 정치관에 대한 비판은 대단한 직관의 산물이 아닐 수 없다. 우리는 로자가 서구식 자유민주주의를 결코 물신화하지 않았음을 잘 알고 있다. 그럼에도 불구하고 그녀는 정치적 민주주의의 다양한 요소들이 결코 부르주아지의 계급지배의 산물로 환원될 수 없으며, 오히려 그러한 민주주의의 확장을 통해 사회-경제적 해방의 문제가 프롤레타리아 대중정치의 의제로 각인될 수 있음을 이해했다. 물론 서구사회에서의 오랜 정치적 활동의 경험이 그녀에게 공공적 삶, 곧 정치의 중요성에 대해 깊이 인식하는 계기를 부여했음은 재론의 여지가 없다.

이 모든 사례를 통해 민주적 제도의 '성가신 메커니즘'이란 것의 이른바 대중의 살아있는 운동이라든가 끝없는 대중적 압력과 같은 강력한 교정도구를 가지고 있음을 확인할 수 있다. 그리고 제도가 민주화되면 될수록, 대중의 정치적 생명의 맥박은 더욱 생생하고 강력해지며—비록 선거인 명단, 엄격한 정당의 기치 등에도 불구하고—대중의 당에 대한 영향력은 더욱 직접적이고 완전해진다. 그러나 트로츠키와 레닌이 발견한 바와 같은 민주주의를 완전히 제거하는 식의 처방은 치료될 수 있는 질병 그 자체보다 더욱 나쁜 것이다. 왜냐하면 그러한 처방은 모든 사회제도의 선천적 결점을 유일하게 치료할 수 있는 바로 그 살아 있는 원천을 차단시키기 때문이다. 살아있는 원천이란 인민대중의 활동적이며 자유롭고 활력에 찬 정치활동이다. 10)

생활 속의 사회주의는 부르주아 계급지배 수세기 동안 비참해진 대중의 완전한 정신적 변혁을 요구한다. 즉 개인중심적 본성이 아닌 사회적 본성을, 모든 고통을 다스리는 이상주의나 타율이 아닌 인민대중의 자발성과 주도권 등등을 요구한다. 레닌보다 이것을 더 잘 알고, 철저히 기술하고, 반복해서 주장했던 사람은 없다. 그러나 그는 수단을 선택하는 데서 완전한 실수를 저질렀다. 법령, 공장감독관의 독재적 힘, 가혹한 처벌, 공포에 의한 지배, 이 모든 것은 도식적 수단일 뿐이다. 부활을 위한 유일한 길은 가장 제한받지 않고 광범위한 민

---

10) Losa Luxemburg, 「러시아혁명」, 『러시아혁명. 레닌주의냐 마르크스주의냐』, 두레, 1989, 81쪽.

주주의와 여론, 공공생활 자체의 가르침 등이다. 인민의 사기를 저하시키는 공포에 의한 지배이다. 앞서 언급한 것들을 모두 제거하였을 때 실제로 무엇이 남겠는가? 일반적 대중선거로 창출된 대의기구 대신에 레닌과 트로츠키는 노동하는 대중의 유일한 대의체로서 소비에트를 내세웠다. 그러나 전반적인 국내의 정치활동을 억압함에 따라, 소비에트내의 생활은 점점 더 기형화될 것임이 분명하다. 보통선거, 언론결사의 자유, 여론을 끌어들이기 위한 자유로운 투쟁이 보장되지 않은 상태에서는 모든 공공기관내의 생활은 파괴되고, 단지 관료제만이 판을 치는 껍데기뿐인 정치활동만이 유지된다. 공공생활은 점차 동면에 들어가고, 지칠 줄 모르는 정력과 무한한 경험을 지닌 몇몇 소수당 지도자들만이 명령하고 지배하게 될 것이다. 실제로는 그중에서도 몇몇 탁월한 당 지도자가 전권을 행사할 것이며, 노동계급 엘리트들은 가끔씩 회의에 초대되어 당지도자의 연설에 박수를 치고, 이미 결론 내려진 제안을 이의없이 만장일치로 통과시키는 들러리가 될 뿐이다―이때 밑으로부터는 파벌이 생겨난다.[11]

로자의 직관적 비판이 러시아 정치현실에 대한 몰이해에서 나왔다고 비판할 수도 있겠지만, 이후 전개된 혁명이후 붕괴까지 소련 70년 역사를 돌이켜 볼 때 그녀의 정치적 통찰은 그대로 들어맞았다고 인정할 수밖에 없다. 한편, 그람시의 국가론은 부르주아사회의 정치적 구조 그 자체의 변동 문제를 다룬다. 여기서 국가의 개념변화는 정확히 구조적이다. 맑스가 국가/시민사회 관계의 구조변동에 착목하지 못했다는 그람시의 지적은 대체로 올바르다. 맑스가 주로 목격한 것은 억압적 강권력으로서의 국가였기 때문이다. 이에 비해 그람시는 종래의 부정적인 형태의 맑스, 엥겔스의 국가관, 곧 "사회의 기생물", "아무리 좋아야 하나의 해악"으로 인식돼온 관점으로부터 적극적이고, 긍정적 관점에서 국가 문제를 사고한다. 그것은 국가의 사회화 현상, 사회의 국가화 현상으로부터 대중민주주의가 구성되는 지점에 상당한 변화가 발생했기 때문이다. 그람시는 국가라는 동일한 형식과 명칭에도 불구하고 전혀 다른 의미를 지닌다는 의미에서, '차이'의 변증법을 통해 국가를 이론적으로 재구성한다.

---

11) 같은 글, 91-92쪽.

그람시의 국가론 속에서 국가는 단순한 억압적 상부구조의 지위만을 부여받는 것이 아니다. 국가는 세 가지의 의미를 동시에 지닌다. 첫째, 국가는 시민사회를 포괄(State encompasses civil-society)한다. 둘째, 국가는 시민사회와 대립 혹은 대비(State contrasts〔opposes〕 civil society) 된다. 셋째, 국가는 시민사회와 일치(State is identical with civil society)한다. 여기서 현대 국가의 구조변화와 관련하여 역사적으로 새롭게 등장한 현상은 사회를 포괄하는 의미를 지니는 첫 번째의 '통합국가'이다. 그러나 이론적으로 중요한 것은 세 번째 국가의 의미, 즉 국가와 시민사회의 일치이다. 이를 통해서 통합국가 개념은 정치적으로 실제적 의미를 지닐 수 있기 때문이다.

> 두 가지 주요한 상부구조의 수준을 고정하는 것이다. 즉 시민사회라고 불릴 수 있는 것, 즉 흔히 '사적'이라고 불리는 유기체들의 총체와 '정치사회' 혹은 '국가'로 불릴 수 있는 것이 그 두 가지다. 이러한 두 가지 수준은 한편으로 지배집단이 사회 구석구석에서 행사하는 헤게모니 기능과 다른 한편으로 국가의 법률상의 정부를 통해 행사되는 직접적인 지배나 통치기능에 조응한다. 문제의 기능은 정확히 구조적이고 연관적이다. 12)

> 구체적 현실에서 시민사회와 국가는 하나(one)이며 동일(same)하다. 13)

> 이러한 형태의 체제에서는 그 제도의 역사적 발전상의 헤게모니가 사적인 세력들, 즉 시민사회—이것은 국가이기도 하며, 실로 국가 그 자체(itself)이다—에 속해있다는 사실이 간과된 채 넘어간다. 14)

통합국가는 일반적 의미의 국가와 사회의 권력관계가 역전됨으로써 발생하는 것이다. 이로부터 부르주아적 지배의 정치적 형식은 적나라한 폭력보다 지적, 도덕적, 정치적 헤게모니에 의존한다. 소위 '동의'에 의한 지배가 형성되는 것이다. 이때 '시민사회' 개념은 헤게모니, 곧 동의에 의한 지배를

---

12) A. Gramsci, *Selections from the Prison Notebook* (New York: International Publishers, 1971), p. 12.
13) Ibid., p. 162.
14) Ibid., p. 261.

산출하는 정치-사회조직 및 제도, 이데올로기를 의미한다. 반대로, 노동자, 민중의 올바른 변혁전략 역시 새로운 국가형성을 위해서 요구되는 '카운터-헤게모니'를 창출할 수 있는가의 여부에 달려있다. 곧 부르주아사회 및 국가에서조차 독자적인 노동자계급의 민중민주주의를 현실화하여 해방의 정치를 구사할 수 있는 능력 말이다. 이는 결국 다종다양한 해방의 정치- 사회조직들의 형태로 드러나기 마련이다. 왜냐하면, 이제는 과거 볼세비키 혁명과 같이 부르주아적 억압기구만 분쇄하면 혁명을 달성할 수 있는 일회성 기동전략의 시대가 아니라 지루한 낮은 포복의 일상적, 항구적 계급투쟁이 벌어지는 그러한 시대가 도래했기 때문이다. 이것이 바로 그람시가 말하는 '진지전' 개념이다.

> 시민사회는 제재나 강제적인 의무없이 작동하지만 그러나 집단적인 압력을 행사하며 관습이나 사고와 행동의 방식, 도덕 등의 진화라는 형태로 그 객관적인 결과를 성취한다…국가조직과 시민사회의 여러 단체들의 복합체에서 모두 볼 수 있는 현대 민주주의의 대량적 구조들은 말하자면 정치기술상 진지전의 전선에 설치된 참호와 항구적인 요새를 구성한다는 것이다. 그리하여 이전에는 전쟁의 '모든 것'이었던 기동전의 요소는 이제 단지 부분적인 것으로 된다. 15)

> 이 모든 것들은 우리가 정치, 역사적 상황의 막바지 국면에 접어들었다는 것을 의미한다. 왜냐하면 정치에 있어서는 진지전에서의 승리는 결정적인 것이기 때문이다. 다시 말해서, 정치에 있어서는 기동전은 결정적이지 않은 진지들을 획득하는 것과 관련해서만 존속한다. 기동전은 1917년에 동방에서 적용되어 승리했지만 서유럽에서 가능한 것은 진지전뿐이다. 16)

그람시 국가논의의 장점은 국가와 사회를 동시에 사고하게 해준다는 데 있다. 그러면서도 맑시즘에서 공백으로 남겨져왔던 국가문제에 대한 긍정적, 적극적 사고를 가능케 한다. 맑스 사상이 '사회' 중심적 이론임은 잘 알려진 사실이다. 앞에서 지적한 대로, 노동대중들의 사회-경제적 해방이 해

---

15) Ibid., pp. 242-243.
16) Ibid., p. 239.

방의 정치가 지향해야 할 중심항이기 때문이다. 그러나 이러한 해방의 정치 과정은 국가문제를 경시할 수 없다. 국가 또는 정치권력에 대한 정면대결을 하지 않고서 계급해방은 이루어질 수 없기 때문이다. 이때 국가주의적 함정에 빠지지 않으면서도 국가를 민중민주주의의 형태로 개조할 방법은 없는가? 정치적 국가를 사회해방의 근거지로 삼을 수 있는 진정한 힘은 각급의 다기한 해방의 조직들, 즉 노조나 정당, 대안적 사회운동 공동체 등 대중적 정치-사회조직의 민주주의적 헤게모니 역량으로부터 나온다. 다시 말해서, 국가라는 정치적 중심을 인정하면서도, 동시에 국가에 흡수되지 않는, 오히려 국가를 통제할 수 있는 다방면의, 다차원적인 사회적 대중권력, 대중적 사회운동의 진지를 구축하는 일이 병행되어야 한다. 이러한 작업은 그 힘의 방향에 있어서 수평과 수직을 지향하는 조직들 사이에 정치적 접점을 마련하여 사방소통하는 일로, 그 핵심은 정치적 다이나미즘을 생성하는 일이라 하겠다.

또한 자치와 자율, 대중들의 해방을 지향하는 대중정치. 사회운동의 영역은 국가권력을 사회 내부로 환수하고 급기야 그 자신이 국가를 구성하기 위해 점차 그 지위와 역할을 제고해야 하겠지만, 그것은 상당한 '역사적' 시일이 걸리는 과제이다. 해서 오랜 시기 동안 국가권력과 사회는 형태상으로 분리되어 공존할 수밖에 없다.

물론, 새롭게 도래할 국가가 지금과 같이 오직 민족 또는 국민국가의 형태를 띨 것이라고 예단해서는 안된다. 현재는 자명한 것으로, 그리고 유일한 발전노선으로 인정되는 부르주아적 서구 국민국가의 형성 역시 진화적 발전노선의 산물이 아니라 상당한 우발성에 따른 정치적 전환이자 무엇보다 지배계급간의 내적 갈등을 해결하는 과정에서 도출된 특정한 정치조직임은 널리 알려진 사실이다. 따라서 장래에 등장할 국가형태를 미리 예단하거나 선험적으로 규정하는 것은 올바르지 않다. 누구에게 국가구성원, 곧 인민의 지위를 부여할 것인가와 같은 문제 역시 개방되어야 한다. 예컨대, 우리는 장래에 민족적 단위를 뛰어넘어 이주노동자들을 하나의 민중적 구성원으로 포함시켜야 할 것이다. 그럼에도 불구하고 '정치의 소멸불가'라는 최초의 입장을 견지했을 때, 현재의 국가권력과 유사한 형태의 정치적 중심은 불가피하다. 결국 남는 문제는 이러한 정치권력과 사회권력이 상당 기간 동안 공존한다 했을 때, 둘 사이의 관계를 어떻게 확정하느냐가 해방의 정치를 실현하는 핵심 의제가 될 것이다. 이러한 문제에 제대로 답하기 위해, 나는 새로운 형태의 사회계약론과 이것에 의해 지탱되는 민중공화국 이론과 논의가 맑스주의 정치학의 목록에 새롭게 추가될 필요가 있다고 생각한다.

5. 나오며

향후 국가론의 핵심 내용은 어떤 것들로 채워져야 하는가, 그리고 무엇이 토론되고 논쟁되어야 하는가? 우리에게 현재 요구되는 국가이론은 먼 훗날에 존재할지 말지 모르는 그러한 국가소멸에 대한 미래학이 아니다. 격렬한 계급투쟁, 정치-사회적 투쟁 한가운데서 성장해야 할, 그리고 지배계급의 반혁명 시도와 끊임없이 동요하는 소부르주아의 불안을 잠재우고 건설해야 할 국가, 다시 말해서 '새로운 민중공화국'(New People's Republic) 형성을 위한 정치이론이 필요한 것이다. 앞서의 분석을 통해 얻은 잠정적 결론은 국가 사회주의가 더 이상 가능하지 않겠지만, 그렇다고 국가를 우회해서는 민중의 사회-경제적 해방은 결코 달성되지 않는다는 사실이다. 어떤 특정한 정치조직이 해방을 자동으로 실현해줄 것으로 기대하는 것 역시 잘못된 태도이다. 그것이 소비에트가 됐던 코뮌이건 마찬가지다.

맑스 정치이론의 제1법칙은 피억압계급 대중들의 자기통치능력과 해방의 자치적 역능에 대한 긍정이다. 17) 이것을 부정한 선상에서의 국가 및 민주

---

17) 이러한 원칙을 제거하면 맑스주의 정치학이 지닌 종별적 특징은 사라지고 앙상한 권력탈취 이론만이 남게 될 것이다. 70년대 후반, 서유럽 좌파들 사이에 맑스주의 국가론을 둘러싸고 전개된 이른바 '보비오 논쟁'이 있다. 그 논쟁에서 보비오는 인민대중 중심의 정치노선이라는 맑스 사상의 제1원칙에 대해 전혀 이해하지 못했다. 그 결과, 그가 제출한 대안은 사회주의적 민주주의 역시 부르주아 국가의 대의제적 원리를 벗어나지 못할 것이며, 오히려 이러한 대의제 원리가 유일한 대안이라고 주장하였다. 정치 엘리트에 의한 통치를 정당화하는 국가중심적 민주주의 주장은 사실 맑스의 정치사상과 아무런 인연이 없음을 밝혀둔다. 보비오 논쟁에 대해서는 구갑우, 김영순 편, 『마르크스주의 국가이론은 존재하는가: 보비오 논쟁』, 의암출판, 1992 참조.

주의 주장은 결국 계급적 소수 엘리트 지배를 항구화하는 과두주의에 다름 아니다. 결국, 관건은 사회를 국가에 몰입시키는 국가주의적 함정에 빠지지 않으면서도 어떻게 국가를 해방의 정치를 실현하는 조직으로 구성할 수 있을 것인가 하는 문제다. 이러한 문제에 대해서, 지금 당장 결론을 내리기보다 앞으로 중요하게 다루어야 할 연구과제와 토론주제를 정리한다는 차원에서 간략히 언급하고자 한다.

첫째, 국가소멸을 단지 뇌까리는 것만으로는 아무 것도 해결되지 않는다. 여전히 준거점은 대중, 민중들의 해방으로서, 이를 위해 어떤 국가가 요망되는가가 보다 유의미한 문제 전형방식이다. 민중민주주의의 실현을 위한 구체적 실천지형으로서 대중들의 공적, 정치적 삶을 어떻게 복원할 것인가가 핵심 의제로 떠올라야 한다.

둘째, 민주주의 문제를 적극적으로 사고해야 한다. 사회 내부에 다양한 민중운동적 진지가 필요하다. 이를 통해 새로운 정치-사회-경제적 민주주의의 형식을 만들어내야 한다. 다른 한편으로, 국가를 압박하며, 민중사회의 힘에 뒷받침되는 민중권력의 상을 형상화할 수 있어야 한다. 이것이 그람시가 말하는 바의 '역사블록'의 형성이다. 국가부문 등 공공부문에 대한 올바른 정치경제학적 해석을 통해 새로운 사회의 물질적 토대가 실제로 어떻게 가능할 것인가의 문제 등을 긴급한 논쟁의 쟁점으로 부각시켜야 한다. 나아가, 이러한 토대의 문제를 사회주의적 민주주의 주체 형성의 문제와 긴밀히 연관시킬 수 있는 형태의 정치-국가이론 구성이 절실히 요망된다.

셋째, 국가와 사회와의 새로운 관계, 정치-사회적 주체, 곧 대중적 질의 변화에 대한 이론적 파악이 가능해야 할 것이다. 국가의 형태와 역할, 무엇보다 사회와의 관계가 재정립되어야 하겠지만, 국가의 소멸이 어떻게, 언제 이루어질지, 실제로 소멸이 가능한지 나로서는 모르겠다. 더 정확히 국가의, 정치의 소멸이 대중들의 해방에 실제 도움을 줄 것인지에 대해서는 더더욱 모르겠다. 오히려 현존사회주의의 경험은 '프롤레타리아트 독재-국가소멸론'이라는 이데올로기적 배경하에서 더 많은 국가적 억압이 행해졌다. 국가-사회의 일정한 분리, 이를 통한 권력중심의 다원주의적 분산체제는 민중들의 실질적 해방에 도움을 주면 줄 일이지 해악을 끼치지는 않을 것이다. 해서 나는 오랜 기간동안 제도적 국가권력과 대중운동의 활력을 통해 사회에 광범위하게 포진된 대중적 민주주의 권력간의 정치적 구분 및 양 권력 사이의 세력균형이 필요하다고 생각한다. 이 두 권력간의 연합이 민중민주주의 헤게모니의 요체이다. 이때 노동자-민중정당으로 대표되는 각각의 정치조직들은 전사회적 차원의 대의기구를 확립하고 그 속에서 지배의 민주적 정당성확보를 위해 노조 등, 과거 해방공간에서의 전평과 같은 정치적 대중조직들과 긴장관계하에 있으면서, 다른 한편으로, 긴밀히 협력해야 할 것이다. 이처럼 당-국가체제만이 아닌 국가권력과 다양한 형태의 사회 권력과의 공존이라는 정치적 다이내미즘의 확보를 통해서만 국가권력의 관료적 자립화 및 특정 정치지도자들의 독재화를 막고, 국가에 대한 인민대중의 민주적 통제를 확보할 수 있을 것이다.

사회변혁과 국가변혁

김세균(서울대, 정치학)

1. 기본관점

사회변혁의 최종과제는 자본주의적 계급사회를 '각인의 자유로운 발전이 만인의 자유로운 발전의 조건이 되는' '사회화된 인간 내지 결합된 인간들의 연대적 공동체', 즉 '연대적으로 결합한 사회화된 인간들의 민주적 공동체'로 변혁시키는 것이다. 그런데 그러한 민주적 공동체 역시 오직 '물질적 생산의 필연성'이라는 '필연의 왕국'에 기초하여 수립될 수 있을 뿐인데, 이 점에서 이 사회는 '필연의 왕국에 기초한 자유의 왕국'의 성격을 지닌다.[1] 이 사회의 기본골격은 대체로 다음과 같을 것이다.

① 대중의 직접적인 자기조직들이 전면적으로 발전하고, 대중을 정치의 진정한 주체로 상승시키는 직접민주주의적 정치형태인 평의회민주주의체제

---

[1] 이와 관련해서는 맑스의 다음의 언급을 참조할 것. "자유의 왕국은 궁핍이나 외적인 합목적성에 의해 규정되는 노동이 끝나는 곳에서 비로소 시작되며, 따라서 그 본성상 고유한 의미에서의 물질적 생산의 영역을 넘어서 존재한다. 문명의 발전에 따라…필연의 왕국 역시 확대된다. 이 왕국에서의 자유는 다음과 같은 것이 될 것이다. 즉 사회화된 인간, 결합된 인간들이 자연과의 신진대사를 합리적으로 규제하여 그 신진대사가 맹목적인 힘으로서 그들을 지배하는 것이 아니라, 그들이 그 신진대사를 집단적 통제하에 두는 것, 그리하여 최소의 노력으로 그리고 인간성에 알맞고 적합한 조건 속에서 그 신진대사를 수행하는 것이다. 그러나 그것은 여전히 아직 필연의 왕국이다. 이 왕국을 넘어서야만 진정한 자유의 왕국─즉 인간의 힘(역능)을 목적 그 자체로서 발전시키는 것─이 시작된다. 비록 자유의 왕국은 필연의 왕국을 그 토대로 하여야만 개화될 수 있기는 하지만 노동일의 단축은 그 기본조건이다"(K. 마르크스, 『자본』 III (하), 김수행 옮김, 비봉출판사, 1989, 1001쪽).

가 전사회적으로 확립된다.

② 생산수단 및 생산조건에 대한 전면적인 공유제가 확립된다. 그리고 사회구성원 모두는 원칙적으로 물질적 생산과정에 직접적으로 참여하고 사회적 필요노동을 각자의 능력에 알맞게 공정하게 분담한다. 나아가 경제과정에 대한 이들의 전면적인 목적의식적 통제가 이루어진다. 그러므로 **연대적으로 결합한 사회화된 인간들의 민주적 공동체는 무엇보다도, 필연의 왕국인 물질적 생산영역에서의 노동 분담에 기초하는 '생산자대중의 연대적 결합체'의 성격을 지니게 되며,**[2] 이 사회의 경제체제는 확고한 '민주적 계획경제체제'의 성격을 지니게 된다. 이 체제하에서 모든 사회구성원은 '능력에 따라 일하고, 필요에 따라 분배받는다'. 그리고 사회적 필요노동시간 이외의 시간은 인민들의 전면적인 정치참여와 지적-문화적 발전을 위한 시간으로 사용된다. 그런데 노동생산성이 증대하는 만큼 '각인이 지닌 역능을 목적 그 자체로서 발전시키는' 정치적, 지적, 문화적 실천을 위한 시간 역시 확대된다.

③ 국가관료층, 전문경영자-관리자층의 소멸을 통해 지식노동과 육체노동의 대립이 해소하고, 국가권력이 '대중권력' 그 자체로 전화한다. 국가권력이 대중권력 그 자체로 전화하는 만큼 공적 업무를 수행하는 사회의 특수한 장치로서의 국가가 사멸하고, 인민의 전면적인 자기통치체제가 구축된다. 계급적 착취와 지배 등을 가져올 수 있는 다른 모든 사회적 적대와 차별 역시 소멸한다.

무엇보다 생산자대중의 연대적 결합체의 성격을 지니는 새로운 민주적 공동체는 그 정치경제적 측면과 관련시켜 보면 **생산수단에 대한 공유제와 전인민의 생산자대중으로의 전화에 기초하여 성립되는 '생산자대중으로서의 인민의 전면적인 직접적 자기통치체제'**로 규정할 수 있다.

---

2) 사회구성원 모두가 원칙적으로 물질적 생산과정에 직접적으로 참여하고 사회적 필요노동을 각자의 능력에 알맞게 공정하게 분담하기 때문에 그 사회의 구성원은—이들의 사회적 규정성이 생산적 노동자라는 규정성으로 모두 환원되는 것은 아니지만—모두 생산적 노동자로서의 규정성을 지니게 되며, 또 그런 의미에서 그 사회는 생산자대중의 연대적 결합사회로 규정될 수 있다.

그런데 이러한 연대적 결합사회'가 역사적 현실 속에서 '순수한' 형태로 실현될 수 있는지에 대해서는 누구도 정확하게 말할 수 없다. 그러나 우리가 그 속에 비자본주의적 관계가 포함되어 있다고 할지라도 자본주의적 관계가 이미 '비가역적으로' 지배적인 사회적 관계로 확립된 사회를 '자본주의사회'라 부르는 것과 마찬가지로, 비록 완성된 형태의 연대적 결합사회에 미치지 못한다고 할지라도 그러한 사회의 완성된 형태의 요소들이 '비가역적으로' 지배적으로 된 사회를 우리는 '생산자대중의 연대적 결합사회'로서 규정할 수 있을 것이다.

이와 동시에 우리는 완성된 형태의 생산자대중의 연대적 결합사회 역시 무모순적인 사회가 아니라는 점에 유의해야 한다. 이 사회에서의 모순은 인간의 존재론적 규정과 사회적 규정간의 모순과 개별성과 일반성과의 모순이다. 이 모순은 그러나 이 사회에서는 항상 생겨나면서도 구성원들간의 '연대적 결합'의 원리에 입각하여 '각인이 지닌 역능을 목적 그 자체로서 발전시키고', '각인의 자유로운 발전이 만인의 자유로운 발전의 조건이 되는 방향'으로 항상 해결되는 원환운동 구조 속에서 운동함으로써 사회발전의 무한한 원동력으로 작용하게 된다.

아울러 다음의 몇 가지 점들이 지적될 필요가 있다.

① 흔히들 우리가 말하는 후자본주의사회로서의 '사회주의사회'란 자본주의사회에서 그러한 '생산자대중의 연대적 결합사회'로 나아가는 '과도기'로서 의미를 지닌다. 때문에, **사회주의사회의 수립 자체는 변혁의 최종목표가 될 수 없다.** 사회주의적 변혁의 의의는 오히려 무엇보다도 부르주아 국가권력을 (생산자대중 중심의) 노동자권력으로 대체하는 것에 기초하여3) 그러한 연대적 결합사회 건설을 목적의식적으로 추구하는 확고한 정치

---

3) 자본주의사회의 국가는 궁극적으로는 부르주아권력으로 기능하는 근본적인 한계내에서 계급투쟁의 전략적 장으로 기능하며, 국가민주화가 이루어질수록 국가의 계급투쟁의 전략적 장으로서의 역할이 더욱 중요해진다. 그런데 사회주의사회의 국가가 궁극적으로 생산자대중 중심의 노동자권력으로 기능하는 한에서만 국가는 사회를 생산자대중의 연대적 결합사회로 이행시키는 견인차가 될 수 있는데, 그 이유는 새로운 연대적 결합사회가 원칙적으로는 사회구성원 모두의 물질적 생산영역에서의 노동의 공정한 분담에 기초하는 사회라는 점, 이행기의 사회의 국가가 궁극적으로 생산자대중 중심의 노동자권력의 성격을 지니지 않는 한 그러한 연대적 결합사회로의 이행이 불가능하다는 점에 기인한다.

적, 경제적, 이데올로기적-문화적 기반을 확보하는 데에 있다. 이와는 달리 사회주의적 변혁을 변혁의 최종목표로 삼을 경우 과도기로서 의의를 지니는 사회주의적 관계가 절대화되고, 그 결과 생산자대중의 연대적 결합사회로의 발전 동력을 잃게 될 것이다. 나아가 그러한 발전동력을 잃은 사회주의사회에서는 역으로 사회를 구계급사회로 회귀시키는 요소들이 다시 생성-발전되지 않을 수 없을 것이다. **그러므로 우리는 자본주의사회의 변혁문제 역시 사회주의사회 건설의 관점에서가 아니라 '생산자대중의 연대적 결합사회' 건설의 관점에서 사고하지 않으면 안된다.**

② 과도기로서의 사회주의사회는 기본적으로 '자본주의적 관계로 대변되는 계급사회적 요소와 생산자대중의 연대적 결합사회의 요소들 간의 모순적 통일'에 의해 규정되면서 운동한다. 이 모순운동이 생산대중의 연대적 결합사회를 가져오는 원동력이 되려면, 무엇보다 노동자대중의 날로 강화되는 계급적 힘에 기초하여 생산자대중의 연대적 결합사회의 요소를 무한히 확장-강화시키고 구계급사회적 요소를 사멸시켜 나가는 과정이 요구된다. 이와는 달리 사회주의사회에서 구계급사회적 요소들이 오히려 재강화되는 경향이 나타난다면, 현실사회주의의 역사가 입증해 주듯이 구계급사회로서의 회귀경향이 지배적 경향으로서 나타나지 않을 수 없다.

③ 생존권을 지키기 위한 투쟁에서 출발하여 모든 형태의 억압, 착취, 차별, 배제에 대항하는 투쟁하는 다른 사회적 해방운동들과 연대하는 자본주의사회의 노동운동은 '착취의 폐기'와 '정치, 문화 등의 재전유'(내지 '노동과 정치, 문화 등과의 직접적인 재결합')을 추구하는 경향성을 내장하고 있으며, 그러한 경향성이 바로 생산자대중의 연대적 결합사회를 현실화시키는 원동력이 된다. 이 점에서 생산자대중의 연대적 결합사회를 지향하는 운동은 자본주의사회의 노동운동과 저항운동 속에 이미 나타나는 현실적 운동이며, 변혁은 자본주의사회에서의 계급적-비계급적 대립 속에서 많든 적든 이미 현실적 힘으로서 나타나는, 생산자대중의 연대적 결합사회를 건설하려는 힘을 무한히 확장-발전시키는 것을 통해 이루어진다. 그런데 생산자대중의 연대적 결합사회를 지향하는 운동이 자본주의사회의 노동운동 속에서 이미 나타나는 현실적 운동이라는 점은 '자본주의적 관계로 대변되

는 계급사회적 요소와 생산자대중의 연대적 결합사회의 요소들 간의 통일
과 투쟁'이 사실은 자본주의사회에서도 가장 중요한 모순운동의 내용이라는
점을 가리킨다. 다만 자본주의사회에서는 이 모순운동이 자본의 계급적 힘
의 우위하에서 이루어지기 때문에 자본주의적 계급지배체계를 위기 속에서
재생산시키는 원동력으로 작용하지만, 사회주의사회에서 이 모순운동은 노
동의 계급적 힘의 우위하에서 이루어지는 운동으로서 생산자대중의 연대적
결합사회 건설의 원동력이 된다.

2. 국가 문제

1) 국가일반의 문제

가장 추상적인 수준에서 말한다면, 국가는 '사회적 관계 속에 편재하는
정치적 권력관계가 집중되는 사회의 특별한 정치적 지배장치'로서 규정될
수 있다. 따라서 국가권력은 사회권력에 의해 뒷받침받고 사회권력은 국가
권력에 의해 보장받는다. 그런데 국가가 '사회의 특별한 정치적 지배장치'라
는 것은 국가가 그러한 정치적 지배장치로서 '강권에 기초하여 일정한 영토
와 주민들을 지니고 성립되는 특정한 사회체제의 구성원들에 대해 포괄적
인 통제력을 행사하면서 그 사회체제의 유지와 재생산을 총괄하는, 지속력
을 지닌 정치적 권력체'이기 때문이다. 그렇기 때문에 국가는 또한 한 사회
체제 속에서 '정치적 권력 행사의 센터'로서 기능하게 된다.

그러나 국가는 '물질적 생산'과 같이 인류사 성립의 자연필연적인 요소가
아니라 인류사의 특정발전단계에서 출현한 정치적 지배장치이다. 이 점에
서 국가는 특정한 조건들이 갖추어지면 소멸될 수 있다. 그런데 국가는 정
치적 지배장치이기 때문에 노동해방, 사회해방을 완성시키기 위해서는 국
가는 최종적으로 소멸되어야 한다. 그러나 국가의 최종적 소멸은 변혁의 장
기적 과제에 속한다.

2) 부르주아국가 규정과 관련되는 국가문제

계급사회에서의 사회적 관계의 총체는 그 관계가 지닌 정치적 권력관계

가 국가적 권력관계로 집중되고, 경제적 권력관계가 사회의 생산관계를 중심으로 편재되는 형태로 구조화된다. 그런데 자본주의사회 이전의 사회에서 국가는 많든 적든 '국가권력과 경제권력의 직접적인 융합체제'의 성격을 지니고 있었다. 이와는 달리 '정치와 경제의 형태적 분리'에 기초하여 국가가 강권사용의 합법적 독점체가 되고 국가가 '사회의 곁/위에 선 특수한 공적 권력체'의 형태를 띠면서 사회구성원 전체를 많든 적든 '시민'으로 포섭하는 자본주의사회에서는 많든 적든 계급적 대립관계가 국가장치 속에 반영되지 않을 수 없으며, 국가의 민주화가 이루어지면 질수록 국가는 '계급투쟁의 장' 역할을 더 많이 수행하게 된다. 이로 인해 자본주의사회에서는 국가 속에서도 계급대립이 생겨나게 되는데, 이는 국가가 부르주아지의 단순한 계급지배의 도구로서 기능하는 것을 불가능하게 만든다.

그러나 그런 가운데에서도 자본주의적 계급관계를 유지-재생산시키는 자본주의사회의 지배적 힘인 부르주아권력의 정치적 힘은 '사회의 특별한 정치적 지배장치'인 국가로 집중된다. 때문에 자본주의사회의 국가는 (부르주아계급의 경제적, 사회적, 이데올로기적-문화적 힘에 의해 뒷받침받는 가운데) 그 속에서 계급대립이 일어날지라도 '궁극적으로 부르주아권력'으로서─궁극적으로 부르주아권력이라는 규정이 곧 국가유형 수준에서 자본주의사회의 국가가 '부르주아독재'라는 점을 가리킨다─, 그리고 국가장치는 '궁극적으로' 부르주아지배를 정치적으로 관철시키는 정치적 지배장치로서 기능하게 된다. **이 점에서 노동자계급은 그 속에 부르주아계급성이 이미 지배적인 요소로 각인되어 있는 부르주아 국가장치를 단순히 인수하여 그 장치를 변혁을 위해 활용할 수 없다.**4)

이상의 논의와 관련하여, 우리는 자본주의사회의 국가는 궁극적으로 부르주아권력, 즉 부르주아독재로 기능하는 근본적인 한계내에서 '계급투쟁의 전략적 장'으로서의 역할을 아울러 수행하며, 국가 민주화가 진척되

---

4) 이와 관련하여서는 "노동자계급은 단순히 이미 만들어진 국가장치를 장악하여 그것을 자신의 목적에 사용할 수가 없다"는 맑스의 언급을 참조할 것(Karl Marx, "The Civil War in France," in R. Tucker, ed., *The Marx-Engels Reader*, 2nd ed. (NY: W. W. Norton & Co., 1978), p. 629.

면 될수록 계급투쟁의 전략적 장으로서의 국가의 역할 역시 증대한다고 말할 수 있다.[5] 위의 규정이 노동자정치운동의 전개에 지닌 의미는 다음과 같다.

① 자본주의사회의 국가는 '국가유형' 수준에서, 즉 궁극적으로는 부르주아권력으로, 즉 부르주아독재로 기능한다. 이 점에서 노동자정치 및 노동자-민중정치는 기본적으로는 '국가 속에서의 정치'가 아니라 '국가에 대항하는 정치'로 발전되어야 한다. 국가에 대항하는 정치는 기본적으로 대중자신의 정치적 투쟁역량이 성장하는 만큼 성장한다. 대중투쟁의 성장-발전을 뒷받침하고 국가에 대항하는 정치를 기본적으로 발전시켜 나가려면, 당은 기본적으로 '비제도적 투쟁정당'의 성격을 지녀야 한다.

② 자본주의사회의 국가는 그 속에서 계급투쟁의 장으로서의 역할을 아울러 수행하는데, 그러한 조건 속에서 노동자(-민중)정치 역시 제도정치권으로의 진출을 외면해서는 안된다. 그러나 국가 속에서의 노동자(-민중)정치는 노동자(-민중)정치의 부차적 형태가 되어야 하고, 이러한 형태의 정치에 전자의 정치를 종속시키는 것이 아니라, 그와는 반대로 전자를 무한히 확산-발전시키는 계기가 되어야 한다.

③ 국가의 민주화가 진척될수록 제도정치권으로의 진출의 중요성은 커진다. 이와 더불어 의회진출 부분의 당으로부터의 자립화와 이들 부분에 의한 당정치의 종속을 막기 위해서는 이들 부분에 대한 확고한 당적 통제체제가 강구되어야 한다.

---

5) 이 규정은 사회의 계급적 관계에 관련되는 국가규정이다. 그러나 국가는 그러한 계급적 규정성만을 지닌 것은 아니다. 예를 들어 성차별적인 사회적 관계 역시 국가적 관계로 집약되는데, 이와 관련시켜 국가를 규정한다면 자본주의사회의 국가는 궁극적으로 가부장권력으로 기능하는 근본적인 한계내에서 성차별을 둘러싼 사회적 투쟁의 전략적 장으로 기능하며, 국가민주화가 이루어질수록 그러한 투쟁의 전략적 장으로서의 국가의 역할 역시 더욱 커진다고 말할 수 있다. 나아가 자본주의국가의 민주적 형태인 자유민주주의체제는 사회의 계급적 관계와 관련시켜 보면 사회구성원 모두의 자유-평등과 '인민지배'의 형식을 빌려 실질적으로는 부르주아지의 계급지배를 궁극적으로 관철시키는 정치체제로서 규정할 수 있고, 성차별적인 사회적 관계와 관련시켜 보면 남녀 모두의 형식적인 자유·평등을 보장하는 형태로서 실질적으로는 여성에 대한 남성의 가부장적 지배를 궁극적으로 관철시키는 정치체제로서 규정할 수 있을 것이다.

3. 사회주의적 변혁과 국가문제

1) 사회주의적 변혁의 일차적 과제

생산자대중의 연대적 결합사회로 나아감에 있어 요구되는 변혁의 일차적 목표는 자본주의사회의 기본골격을 근본적으로 변경시킬 수 있는 확고한 조건들을 창출하고 부르주아계급 지배가 가하는 한계들을 발본적으로 돌파하는 것이다. 생산자대중의 연대적 결합사회로 나아감에 있어 요구되는 그런 변혁을 우리는 ('민주변혁'으로 부를 수도 있는) '사회주의적 변혁'이라는 개념으로 총괄할 수 있는데, 사회주의적 변혁의 일차적 과제로서 다음의 것들이 제시될 수 있다.

① 사회주의적 변혁을 위한 투쟁은 자본주의사회 속에서 성장-발전한 노동자계급의 힘과 제반 해방운동의 힘에 기초하여 **국가유형 수준에서 '부르주아국가권력'을 '노동자권력'으로 대체하는 것을 핵심적인 전략적 목표로 삼아야 한다.** 이와 더불어 억압적 국가장치인 군대, 경찰을 폐기하고, 군대-경찰체제를 인민의 직접적인 무장체제 및 인민에 의한 직접적인 치안유지체제로 대체해야 한다. 왜냐하면 '인민을 위한 군대, 경찰' 역시 정치적 지배장치의 성격을 아울러 지니고 있기 때문에 그런 군대, 경찰 역시 '인민을 지배하는 군대, 경찰'로 전화되는 경향을 지니기 때문이다. 나아가 노동자계급은 그 속에 부르주아계급성이 이미 지배적인 요소로 각인되어 있는 부르주아국가관료기구를 단순히 인수하여 그 장치를 변혁을 위해 활용할 수 없고 그 기구를 전면적으로 혁신시켜야 한다.

그런데 국가유형 수준에서 노동자권력은 형태적으로 '민중권력'의 형태를 취한다. 민중권력이 궁극적으로 노동자권력으로 기능하게 되는 것은 기본적으로는 민주적 방식으로, 즉 타 근로대중과 권력을 공유하는 가운데 타 근로대중에 대한 노동자계급의 정치적-도덕적 지도력 내지 노동자계급의 타 근로대중에 대한 헤게모니의 확보를 통해 이루어져야 할 것이다. 다시 말해, 민중권력내에서 노동자계급의 헤게모니가 확보되는 것을 통해 민중권력은 궁극적으로 노동자권력으로 기능하게 되는 것이다.

② 인민주권기구가 국가권력 행사의 명실상부한 중심체가 되게 해야 하

며, 인민주권기구로부터의 국가관료기구의 자립화 및 국가관료기구로의 실권의 이전 등을 철저히 방지해야 한다. 나아가 인민주권기구는 간접민주주의적인 요소를 최소화하고 철저히 직접민주주의적인 방식으로 조직되어야 한다. 이를 위해서는 인민주권기구는 노동자대중의 자기조직이나 지역단위의 총회가 기본단위가 되고, 대의원기구가 하부단위들에 대해 철저히 책임을 지는 형태로 조직되어야 한다.

③ 사회주의적 변혁의 핵심적인 경제적 내용은 '경제관계 전반의 사회화와 탈상품화' 및 '경제과정 전체에 대한 전반적인 민주적-사회적 통제체제 수립'을 위한 확고한 경제적 고지를 장악하는 것이다. 이를 위해서는 다음의 조치들의 요구된다.

- 소유사회화의 출발점은 자본주의사회의 경제를 지배하는 '독점자본 부문의 사회화'이다. 그리고 사회적 소유의 가장 중요한 형태는 국유적 소유이지만, 협동조합적 소유, 노동조합적 소유 등도 사회적 소유의 형태에 포함된다.

- 독점자본 부문의 사회화에 기초하여 시장경제에 대한 계획경제 우위를 확보해야 하며, 계획경제부분은 '밑으로부터의 통제 우위하에서 밑으로부터의 통제와 위로부터의 통제를 결합시키는 형태'로 조직되어야 한다.

- 개별기업들은 '민주성의 우위하에서 전문성과 민주성을 결합시키는 형태'로 관리되어야 하며, 기업경영의 민주화를 위해 철저히 민주적 운영원리에 따라 조직되는 종업원 총회 내지 종업원 평의회를 기업경영의 최고의사결정기구로 만들어 기업이 그러한 기구의 민주적 규제하에서 운영되도록 해야 한다. 아울러 사적 소유기업에서는 노동자 경영참가가 전면적으로 보장되어야 한다.

- 모든 사회적 기업은 '이윤생산'이 아니라 '사회적 필요의 충족'을 위한 생산을 행해야 한다.

- 모든 사적 자본들과 외국자본들의 운동 및 시장경제부분에 대해서는 민주적-사회적 통제체제를 확고히 구축함으로써 이윤생산의 논리에 의한 사회적 이익의 훼손을 막는 동시에 '시장의 무정부성'을 극복해나가야 한다.

- 이러한 조치들과 더불어 노동시간을 대폭적으로 단축해 완전고용을 보

장하고 불로소득자들을 철저히 일소해야 한다.

④ '능력에 따라 일하고, 일한 만큼―기본적으로는 노동시간만큼―분배한다'는 원리를 정착시켜 나가야 한다.

⑤노동자계급의 이데올로기적 헤게모니를 확보하고 문화적 능력을 함양시키는 제반 이데올로기적-문화적 장치들을 대중자신의 발의와 민주적 참여에 기초하여 설립하고 발전시켜 나가야 한다.

2) 사회주의변혁 이후의 과제

위에서 언급한 사회주의적 변혁의 내용들은 생산자대중의 연대적 결합사회로 나아감에 있어 요구되는 변혁의 일차적 과제로서 의의를 지닌다. 그러나 그러한 과제들이 성취되었다고 해서 그 자체가 바로 생산자대중의 연대적 결합사회가 완성되었다거나, 그러한 결합사회의 요소들이 비가역적으로 지배적인 것으로 되었다고 말할 수 없다. 왜냐하면 그러한 변혁 이후의 사회 역시 사실은 자본주의적 관계로 대변되는 구계급사회적 요소들이 아직 다대하게 존재하는 사회이기 때문이다. 그러므로 민주변혁 이후에도 사회적 관계의 총체를 생산자대중의 연대적 결합사회의 요소들이 비가역적으로 지배적으로 된 사회로, 더 나아가 그러한 결합사회의 완성태로 나아가게 하는 운동이 끊임없이 전개되어야 한다. 이때 생산자대중의 연대적 결합사회를 완성시켜 나가는 힘은 변혁 이후 궁극적으로 노동자권력으로 기능하는 국가권력과 그 국가권력에 의해 뒷받침 받는 노동자-민중의 힘이다. 생산자대중의 연대적 결합사회를 완성시켜 나가는 과정과 관련해서는 다음의 점들이 지적될 필요가 있다.

① 사회주의적 변혁을 통해 국가권력이 궁극적으로 노동자권력의 성격을 지니게 되었다고 할지라도 애초에는 (비록 새롭게 혁신된 것이긴 하지만) 국가관료기구라는 국가장치의 존속이 불가피하게 요구된다. 그런데 국가관료기구가 존속하는 한, 국가권력은, 비록 타 근로대중에 대한 노동자계급의 헤게모니가 관철되고, 관료권력에 대한 노동자 대중권력의 우위가 확보됨으로써 국가권력이 궁극적으로 노동자권력의 성격을 지닌다고 할지라도, 실제로는 '노동자대중권력과 국가관료권력의 모순적 결합'의 형태로 나타나

게 되며, 또한 그러한 한 관료권력이 재강화됨으로써 국가체제가 노동자대중에 대한 국가관료층의 지배체제로 전화될 가능성이 존재하게 된다. 이와는 달리 노동자권력으로서의 국가권력은 대중권력 그 자체로 전환함으로써 완성될 수 있는데, 이 과정이 곧 국가소멸과정이기도 하다.

② 국가관료층의 존재는 지식노동과 육체노동의 분리의 최고형태이며, 이는 사회적 수준에서의 전문경영자층과 전문관리자층의 존속과 궤를 같이 하는 것이다. 이때 지식노동과 육체노동의 분리는 그 자체로서만 고찰한다면 계급적 구분으로 볼 수 없다. 그러나 그 분리는 적대적 계급관계 출현의 사회적 기반이 되고—이 점에서 '계급 없는 사회'에서도 '지식노동과 육체노동의 구분'이 소멸하는 것이 아니라 온존-강화된다면 계급사회로의 회귀경향이 주경향으로서 나타나지 않을 수 없다—, 계급사회에서는 그러한 적대적 계급적 관계에 의해 확대-재생산되는 가운데 적대적 계급사회의 재생산을 뒷받침하는 힘으로서 작용한다. 그러므로 국가소멸을 완성시켜 나가려면 계급 없는 사회의 건설만으로는 부족하고, 거기서 더 나아가 계급사회로의 회귀를 가져올 수 있는 지식노동과 육체노동의 구분이 전반적으로 극복되어야 한다. 그러나 국가관료층 및 그러한 관료층의 사회적 형태들인 전문경영자층과 전문관리자층은 즉각적으로 소멸될 수 없고, 일차적으로는 그러한 사회층의 소멸을 가능케 하는 물질적-사회적 조건들이 창출되는 가운데 서서히 소멸될 수 있을 뿐이다. 그런데 국가관료층은, 사회의 전문경영자층과 전문관리자층 등이 자신의 사회적 지위를 유지하려 하는 것과 마찬가지로, 사회의 특별한 정치적 지배장치인 국가기구 속에서 공적 업무를 수행하는 자신의 지위를 유지하려는 자기이익을 지니고 있다. 때문에 국가관료층의 소멸을 가져올 수 있는 제반조건들이 갖추어진다그 할지라도 자기지위를 지키려는 국가관료층의 저항을 이겨낼 수 있는 강력한 노동자대중권력의 힘이 존재하지 않을 때에는 국가관료층의 소멸과정은 결코 도입될 수 없다. 이 점에서 **국가관료층 및 사회의 전문경영층과 전문관리층의 소멸을 통한 국가소멸의 완성은 그러한 소멸을 가능케 하는 물질적-사회적 조건의 창출만으로는 부족하고 그 소멸을 현실화시킬 수 있는, (노동자대중 자신의 전반적인 정치적, 사회적, 문화적 능력의 총체로 규정**

할 수 있는) 노동자 '대중권력'의 힘에 의해 뒷받침될 때에만 가능하다. 다시 말해, 노동자 대중권력만이 노동자대중으로부터 자립화하려는 제반 경향들을 억제하고 지식노동과 육체노동의 재결합을 가져오는 진정한 원동력이 될 수 있는 것이다. 사회주의적 변혁 이후 지식노동과 육체노동의 재결합을 추진해 나가려면 다음의 사항들이 요구된다.

- 철저히 민주적 방식으로 운영되는 조직으로의 노동자대중의 자발적인 자기조직화가 이루어져야 하고, 이렇게 조직된 노동자대중에 의한 국가관료층 및 전문경영자층과 전문관리자층에 대한 전면적인 민주적-사회적 통제체제를 무한히 발전시켜 나가야 한다.

- 자본주의사회에서 이미 나타나기 시작한 생산과정에서의 지식노동과 육체노동간의 재결합경향을 전면화하고, 지식노동과 육체노동과의 재결합을 가능케 하고 강화하는 방식으로 생산과정을 끊임없이 개조해 나가야 한다.

- 사회경제적-정치적 과정을 통제할 수 있는 노동자대중의 지적-문화적, 정치적 능력을 무한히 발전시켜 나가야 한다.

- '사회경제적-정치적 과정에 대한 노동자대중의 직접적인 관리체제'를 무한히 확대-발전시켜 나가야 한다. 이를 통해 국가권력이 노동자 '대중권력' 그 자체로 전화하는 만큼 국가는 사멸한다.

③ 다른 한편, 당의 국가로의 전화와 이를 통한 당-국가융합체제의 수립은 불가피하게 당의 국가관료제화와 변혁정당의 지배정당으로의 전화를 가져오게 된다. 이러한 사태전개를 막기 위해서는 다음의 사항들이 요구된다.

- 당적 지도는 지도성의 계기를 강화시키는 것이 아니라 대중자신의 정치적-문화적 능력을 강화시키면서 자신을 소멸시켜 나가는 지도성이 되어야 한다.

- 사회주의적 변혁 이후에도 당은 기본적으로 국가 외부에서, 즉 대중 속에서 활동하면 서 국가권력을 대중권력 그 자체로 전화시키고 국가를 소멸시켜 나가는 견인차가 되어야 한다. 그러기 위해 **노동자계급의 당은 사회주의적 변혁 이후에도, 자본주의사회에서와 마찬가지로, 기본적으로 '비제도적 투쟁정당'의 성격을 지녀야 한다.** 그러기 위해서는 당원에 의한 국가관료직의 겸직 등은 기본적으로 허용해서는 안 된다.

─ 그런 가운데 당은 국가에 대한 대중적 통제를 무한히 확장-강화하고, 국가소멸을 이끌어내는 견인차 역할을 하면서 노동자대중 자신의 정치적-문화적 능력의 상승 및 국가권력의 대중권력으로의 대체가 진척될수록 대중 속에서 잠들어야 한다.

④ 계획경제체제는 애초에는 밑으로부터의 통제 우위하에서도 '위로부터의 통제와 밑으로부터의 통제의 결합'의 형태로 조직되지 않을 수 없다. 그러나 한편으로는 사회경제적 과정을 통제하는 노동자대중의 능력을 향상시켜 나가고, 다른 한편으로는 관료권력에 대한 민주적-사회적 통제를 확대시키는 동시에 국가권력의 대중권력으로의 전화를 진척시켜 위로부터의 통제의 계기를 축소시키고 밑으로부터의 통제의 계기를 부단히 확대-발전시켜 나가야 한다. 또한 이를 통해 계획경제체제를 밑으로부터의 발의에 기초하는 민주적 계획경제체제로 완성시켜 나가야 한다. 경제체제가 그러한 밑으로부터의 발의에 기초하는 민주적 계획경제체제로 전화하면 할수록, '생산과 정치의 직접적인 결합' 및 '생산수단에 대한 생산자대중 자신의 직접적인 통제'가 그만큼 더욱 확고하게 정착하게 될 것이다. 기업운영과 관련해서도 애초에는 전문경영자층이나 전문관리자층이 존속하는 가운데 전문성과 민주성이 결합해야 하지만, 전문성의 민주성으로의 통합, 즉 민주성 그 자체에 의한 전문성의 확보가 이루어지게 함으로써 기업운영의 민주화를 부단히 확대-심화시켜 나가야 한다.

⑤ 사회적 소유의 가장 중요한 형태는 국유적 소유이다. 그러므로 사회적 소유 부문을 민주적 방식으로 국유적 소유형태로 전환시키는 과정이 계속 도입되어야 한다. 이와는 달리, 많은 논자들은 국유화는 관료권력의 강화를 가져오므로 사회화를 국유화의 형태로 이루어서는 안 된다는 견해를 제시하고 있다. 이들의 견해가 가진 최대의 문제점은 이들이 '국유화'를 '관료화'와 동일시하는 국가관, 즉 국가권력이란 어쩔 수 없이 관료권력이라는 국가주의적이거나 엘리트주의적인 또는 비관주의적인 국가관을 지니고 있다는 점이다. 그러나 국가권력의 문제를 그와 같이 회피하는 것은 국가권력의 대중권력화 (및 이를 통한 국가의 사멸) 문제가 변혁의 사활에 관계되는 문제라는 점, 그리고 관료권력이 아니라 노동자대중권력이 강화되면 될수

록 국가적 소유는 그 개념에 합당한 '전인민적 소유'로 발전하게 된다는 점을 무시하는 것이다. 나아가 국가적 소유는 계획경제 자체를 뒷받침하는 가장 중요한 소유형태이기도 하다.

⑥ 소유의 사회화를 독점자본 부문의 사회화로 그쳐서는 안되고, 비독점자본 부문의 사회화를 계속적으로 추진해나가야 한다. 비독점자본 부문의 사회화는 그러나 기본적으로 경제적 방식과 민주적 설득에 기초하여 점진적으로 추진해나가야 할 것이다.

⑦ 사회주의적 변혁 이후의 경제체제는 계획경제 우위하에서도 시장경제와 계획경제가 결합하는 형태로 조직되지 않을 수 없다. 이 점에서 시장경제적 요소는 생산자대중의 연대적 결합체로 나아가는 과도기로서의 사회주의사회에서 일거에 폐기할 수 없는, 따라서 일거에 폐기하면 경제 운용에 엄청난 부작용을 야기하는 사회주의경제의 불가피한 내적 구성요소에 속한다. 그러나 시장경제와 계획경제와의 관계는 '대립물의 통일과 투쟁'으로서의 '모순적 통일'이지 결코 '무모순적인 조화로운 결합'의 관계가 아니다. 이 점에서 시장경제가 효율성의 확보 등을 위해 항상적으로 요구되며, 계획경제와 시장경제간의 조화로운 유기적인 통일이 가능하다고 보는 주장은 하나의 환상이다. 더욱이 시장경제는 자본주의화로의 경향성을 자신의 가장 중요한 내적 발전동력으로서 지니고 있다. 그러므로 시장경제의 재확대와 재강화로 말미암아 경제적 관계가 자본주의로 회귀하는 것을 막고, 사회적 필요의 생산이 시장경제의 작동을 규제하는 가치법칙에 의해 지배당하는 것을 막기 위해서는 계획경제적 요소를 부단히 성장-발전시키고, 시장경제적 요소를 끊임없이 소멸시켜 나가는 것이 요구된다. 나아가 시장경제의 효율성이란 (경제공황의 도래 등에 의해 그 효율성이 역사적으로 입증되지 않은) 자유시장경제예찬론자들의 일방적인 경험적 확신에 지나지 않으며, 게다가 '효율성'이라는 기준은 생산자대중을 사회경제적 과정을 통제하는 진정한 주체로 상승시킴으로써 달성 가능한 노동해방의 가치에 비해 부차적인 중요성을 지닌 것에 불과하다. 때문에 효율성 역시 어디까지나 민주적 계획경제체제를 확대-발전시켜 나가는 전제하에서 추구할 때에만 의의를 지닐 수 있을 따름이다.

⑧ '능력에 따라 일하고, 일한 만큼 분배한다'는 원리를 '능력에 따라 일하고, 필요에 따라 분배한다'는 원리로 끊임없이 전화시켜 나간다. 이때 필요란 소비자의 무한한 욕망을 자극시켜 나가는 자본주의적 소비충족을 말하는 것이 아니라, 개인의 인격적-문화적 발전 등에 요구되는, 사회성을 지닌 개인들의 필요를 가리킨다.

노동자권력은 노동자 '대중'권력의 형태로 완전히 전화할 때 완성된다. 생산자들의 연대적 결합사회로 나아가기 위해서는 무엇보다 노동자권력이 무한히 노동자'대중권력' 그 자체로 발전해 나가는 과정이 요구된다.

4. 현재 무엇을 할 것인가?

국가변혁을 중심고리로 삼는 사회변혁을 위해 현재 우리에게 제기되는 과제는 무엇인가? 이에 대해서는 다음의 점들이 지적될 수 있다.

① 노동자-민중의 '생존권'의 확보를 위한 투쟁을 중심으로 삼으면서 이 투쟁을 사회 각영역에서 전개되는 민주주의의 확대-심화를 위한 투쟁과 제반 형태의 사회화를 위한 투쟁과 결합시켜야 한다. 그리고 무엇보다 노동자계급의 대중적 정치투쟁의 활성화와 민중연대전선의 강화가 요구되며, 변혁을 위한 투쟁을 이른바 '비계급적 문제'의 해결을 위한 투쟁과 결합시켜야 한다. 또한 이를 위해 진지전과 기동전, 국지전과 대국가전의 유기적 결합을 적극 추구해야 한다.

② 위의 제투쟁이 최종적으로는 부르주아국가권력을 노동자·민중권력으로 전환시키기 위한 투쟁으로 집중될 수 있도록 해야 한다. 이를 위해서는 노동자계급의 대중적 정치투쟁의 활성화와 민중연대전선의 강화 등이 요구될 뿐만 아니라 민주변혁을 목적의식적으로 추구하는 노동자계급의 정당, 즉 '변혁적 노동자계급정당'이 요구된다. 당 문제와 관련해서는 다음의 점들이 지적될 수 있다.

— 오늘날 많은 이들은 노동자대중 자신의 민주적 역능의 증대, 당의 국가기관화 경향 등을 들어 당형태의 운동 자체에 대해 부정적인 견해를 제출

한다. 그런데 노동자대중의 민주적 역능의 증대는 노동자대중권력의 성장·발전을 위한 기반이 된다는 점에서 사회변혁의 가능성을 높이는 일이다. 그러나 노동에 대한 자본의 지배가 노동자대중을 항상적으로 분할하고 분열시킨다는 점, 노동자대중이 순결한 저항이데올로기의 담지자로서만 나타나는 적이 없고 항상적으로 지배이데올로기와 저항이데올로기의 모순적 담지자로서 나타난다는 점 등에 우리는 유의해야 할 것이다. 나아가 역사란 크게 보면 '주체 없는 과정'이고 변혁 역시 누구의 기획에 의해서가 아니라 오직 다양한 분자적 흐름들의 결집을 통해서만 이루어질 수 있지만, 그럼에도 그 과정이 일정한 방향으로 나아가도록 그 과정에 목적의식성을 부여하기 위한 의식적 노력이 요구된다는 점에서 노동자대중의 직접적인 자기조직과 구분되는 정치조직으로서의 당의 필요성을 우리는 부인할 필요가 없다. 그런데 당은 해방의 도구로서 기능할 수 있지만 지배의 도구로서 변질될 수 있다. 때문에 우리에게 요구되는 것은 당형태가 지닌 그러한 모순을 보고 당형태 자체를 부인하기보다는 그러한 모순을 자각하고 그 모순과 대결하면서 그 모순을 노동해방, 사회해방에 기여하는 방향으로 해결해나가기 위한 노력—그러한 노력의 가장 중요한 부분이 곧 당의 국가기관화를 막는 것이다—을 기울이는 것이다.

－많은 논자들은 정치적 노선을 달리하는 민중진영의 여러 세력들의 연합체인, 이 점에서 '계급연합당'으로 불릴 수 있는 진보정당이 요구된다고 주장한다. 그러나 당은, 민주노총과 같은 대중조직과는 달리, 기본적으로 정치적 노선을 같이하는 이들의 조직이 되어야 하며, 또한 그렇기 때문에 상이한 정치적 노선들을 지닌 세력들은 기본적으로 서로 당 소속을 달리해야 한다. 대중조직의 구성원리와 당과 같은 노동자계급의 정치조직의 구성원리는 달라야 하는데, 노동자계급에게 요구되는 당은 노동해방, 사회해방을 목적의식적으로 추구하는 변혁정당이다. 이와는 달리 당 역시 대중조직 구성의 원리에 따라 조직하게 된다면, 그 정당은 조합의 외연에 불과한 조합주의적 정당에 불과하게 된다.

계급연합당을 주장하는 이들은 위에서 말한 정치조직(정당)관을 분열주의적, 섹트주의적 견해라고 비난하기도 한다. 그러나 큰 틀에서 노동자·민중세력에 속하는 세력들은 당과 같은 정치조직이 아니라, '민중연대전선'을 통해 연대하거나 제휴할 수 있고, 또 연대-제휴해야 하며, 당은 그런 연대조직 속에서 타 계급-계층들에 대한 노동자계급의 헤게모니를 담보하기 위해 노력하는 조직이 되어야 할 것이다. 계급연합당은 이런저런 세력들이 당의 틀을 빌려 연대-제휴하고 있는 조직이라 부를 수 있는데, 이는 그런 정당이 사실은 '민중연대전선'과 같은 조직의 성격을 지니고 있음을 가리킨다. 때문에 그런 정당이 노동자정치운동을 주도하게 되면, 그 당은 한편으로는 변혁적 계급정당의 건설을 어렵게 만들며, 다른 한편으로는 민주적이고 힘 있는 민중연대전선의 형성을 방해하는 민중연대전선 내부의 '섹트주의적인' 별도의 소민중연대전선조직으로, 그리고 연대조직내에서 노동자계급의 헤게모니 확보에 기여하기는커녕 그 확보를 어렵게 만드는 조직으로 기능하지 않을 수 없다.

　－ 변혁적 계급정당은, 앞에서 말한 바와 같이 사회주의적 변혁이후에도 그 정당이 비제도적 투쟁정당의 성격을 지녀야 하는 것과 마찬가지로, **기본적으로는 국가에 대항하는 정치를 조직하고, 대중투쟁의 활성화 및 대중의 정치의 진정한 주체로의 상승에 복무하는 '비제도적 투쟁정당'**의 성격을 지녀야 할 것이다.

　그런데 비제도적 투쟁정당이라는 개념은 어디까지나 그 정당이 합법정당인가 비합전위정당인가와 같은 정당의 구체적 형태 문제를 넘어서는, 변혁을 추구하는 정당의 기본성격과 관련되는 개념이다. 다시 말해, 합법정당일지라도 비제도적 투쟁정당의 성격을 지닐 수 있고, 전위정당일지라도 합법정당의 형태를 취할 수 있으며, 합법정당이든 비합전위정당이든 대중투쟁을 활성화시키고 대중을 정치의 진정한 주체로 상승시키는 데에 복무할 수 있고, 역으로 대중을 단순한 동원대상이나 당지지 확보의 대상으로 전락시킬 수도 있다. 이와는 달리, 비제도적 투쟁정당인가 아닌가의 기준은 선거와 의회진출 및 국가참여 등을 우선시하는가 아니면 국가에 대항하는 투쟁의 조직화를 우선시하는가와, 대중을 표 획득과 동원의 대상으로 전락시키고 있는가 아니면 대중투쟁을 활성화시키고 대중을 정치의 진정한 주체로 상승시키는 데에 복무하고 있는가이다. 그러나 가장 일반적인 수준에서 말한다면, 비제도적 투쟁정당의 가장 적합한 조직형태는 '공개적으로 활동하는 투쟁정당'이라고 말할 수 있을 것이다.

앞에서 우리는 생산자대중의 연대적 결합사회를 지향하는 운동은 자본주의사회의 노동운동과 저항운동 속에 이미 나타나는 현실적 운동이라고 말했다. 그러나 그 과정은 무매개적으로, 즉 오직 대중의 민주적 역능만에 의존하여 이루어지는 과정이 아니라 궁극적으로 노동자권력으로 기능하는 국가체제의 수립과 변혁을 목적의식적으로 추구하는 당적 실천 등을 매개로 하여 이루어지는 과정이다. 매개항이 많아질수록 변혁과정이 왜곡될 가능성이 높아지지만, 매개항의 고려 없이 변혁을 사고하는 것 역시 공상적이다. 변혁의 문제를 역사의 자연사적 흐름에만 내맡길 수는 없지 않는가?

한국사회변혁과 비국가코뮌주의

조문익(노동의 미래를 여는 현장연대/민중행동연대)

들어가며

변혁운동의 전략 가운데 하나로 제출된 비국가코뮌주의운동은 완성된 이론과 실천을 조직하고 있지 못하다. 그 조직원리로서의 비국가민주주의운동도 아직 미숙한 상태이다. 그럼에도 불구하고 우리는 자본주의를 착취체제[1]로 파악하는 변혁운동진영의 일원으로서 동지들과 대화하고 싶은 마음으로 이 글을 쓴다. 차이와 연대는 변혁운동의 숙명이다.

1. 사상·이론과 조직 문제에 대하여

우리는 원래 정통 맑스-레닌주의에서 출발하였다. 우리는 정통 맑스-레닌주의에서 올바른 레닌과 그른 스탈린 및 주체사상 사이를 대비하여 올바른 사상이론을 정립하기 위해서 오랫동안 노력하였다. 우리는 1980년 초반

---

1) 착취관계는 사회구조 속의 일상생활 관계에 존재하는 것이지 착취관계가 별도의 특정한 공간에 별도의 특정한 시간 속에 존재하는 것이 아니다. 착취관계는 자본주의적 사회관계 자체 속에 각인된 자본주의사회의 본질적인 속성이다. 『자본』에서 착취관계는 분석되어지는 것이 아니라 분석의 전제조건이다. 『자본』은 착취관계가 존재한다는 것을 전제하면서 설득하고 있지 설명하고 있는 것이 아니다. 수학은 수의 존재를 전제하고 출발하지 수의 존재를 설득하는 학문이 아니다. 알튀세르는 이 착취관계를 부르주아는 보지 못하고 프롤레타리아만 볼 수 있다고 말한다. 자본주의사회의 착취관계는 아무나 볼 수 있는 것이 아니다.

에 현재 일부 동지들이 보여주는 레닌주의를 부활시키기 위해서 여타의 이단적 흐름, 스탈린주의, 트로츠키주의, 주체사상, 포스트주의 등과 대립각을 세우듯이 그 당시에 널리 퍼진 스탈린주의, 주체사상과 열성적으로 투쟁하였다. 그러나, 우리의 노력은 별다른 효과를 보지 못했다. 1991년 소련 및 동구 사회주의권이 붕괴한 이후에 나타난 현상이 우리에게 준 가장 충격적이고 가장 감명깊은 사실은 우리가 그처럼 열성적으로 비판한 스탈린주의체제가 붕괴하자 드디어 우리가 주장한 것들이 진리로 입증되기보다는 오히려 우리조차 덩달아 위기에 처하게 되었다는 사태를 감지한 것이다. 우리는 이 경험 이후에 '비판의 무기'의 한계와 태도변화의 필요성을 절감하게 되었다.

우리는 1991년 소련 사회주의가 붕괴한 이후에 알튀세르를 경과하여 새 출발을 하였다. 우리가 받아들인 알튀세르는 맑스-레닌주의를 발본적으로 교정하려는 사상가였다. 그런데 우리는 알튀세르를 경유해서 맑스주의의 전화와 부활이라는 문제의식을 받아들였다. 우리에게 알튀세르의 핵심사상은 사상·이론과 조직 문제였다. 사상·이론의 문제의식은 철학(인식론)과 역사과학에 대한 견해이고, 조직 문제는 사회적 관계 문제로서 부르주아적 국가론과 부르주아적 국가론을 모방한 당형태에 대한 비판이었다. 우리가 알튀세르에게 물려받은 것은 그 결과라기보다도 그 문제의식이었다.

우리는 사상·이론에서 철학과 역사과학을 구분한다. 역사과학은 알튀세르의 역사유물론의 전화라는 문제의식을 연장시켜서, 거시적으로는 세계체제론자를 경유한 문명사에 도달하고 있고, 다시 현재의 상공업문명시기에서 역사적 자본주의와 역사적 사회주의라는 문제의식으로 이어지고 있다. 철학은 그 핵심이 과학을 착취하는 초역사적 인식론도 아니고, 과학을 훼손하는 인식론적 상대주의도 아니라 (역사)과학을 돕는 인식론적 역사주의라는 차원에서 인식론이라고 생각한다.

우리는 조직 문제에서 알튀세르의 당형태 비판에 자극받아서 우리의 조직 형태를 서서히 변화시키고 있는 중이다. 우리의 조직에 대한 문제의식은 일반적으로 비국가 공산주의, 비국가 코뮌주의, 평의회, (사회)운동적 좌익 등으로 표현할 수 있다. 우리는 이런 조직 형태에 걸맞는 주체를 구성하기 위해서 이론적으로 스피노자의 3종의 인식론, 이데올로기론에 경주하고 있고 실천적으로 주체구성을 위한 영성수련 등의 모색이 필요하다고 생각하고 있다.

2. 역사적유물론의 전화로서의 역사과학과 문명사

1) 역사유물론의 전화와 문명사

왜 우리는 역사적유물론을 전화하여야 한다고 보는가? 첫째, 맑스의 토대/상부구조론은 전화되어야 한다. 자본은 토대이고 국가는 상부구조라고 생각하는 것은 지나치게 단순한 것이다. 자본은 재생산을 하기 위해서 국가와 이데올로기적 국가장치를 요구한다. 자본과 국가는 쌍두 독수리이다. 현실사회 분석을 위해서 자본과 국가를 단락(短絡)시켜야 한다. 둘째, 역사철학적 관점을 넘어서야 한다. 역사유물론은 인류사의 전과정을 5단계를 거쳐 완성되는 합목적과정으로 묘사하고 있다. 이는 사실에 부합하지 않을 뿐더러 변혁적 실천의 조직화에도 별 도움이 되지 않는다. 역사철학이 아닌 역사과학이므로 과거의 사회와 현재의 사회는 분석되고 정리될 수 있지만 맑스가 말한 미래의 코뮌사회는 불확정적인 '열려진 과제'로서 남겨져야 한다.

우리는 맑스주의의 위기 이후에 유한한 이론으로서 역사유물론을 전화하여 역사유물론의 합리적 핵심인 '생산양식론'(사회협동체)을 살리고, 여기에 '주체화양식론(이데올로기론)'을 결합시켜 구성[2]하는 것이 바람직하다

---

2) 맑스의 이론은 독자적인 이데올로기론이 없고, 생산양식에 포함되는 부분으로 물신숭배론 정도가 있다. 생산양식과는 구별되는 독자적 이데올로기론 혹은 주체화양식론이 필요하다. 주체화양식론은 역사적 자본주의와 결합해서 상응하는 이데올로기론이 성립하고, 생산양식론과 결합해서 상응하는 역사적인 토픽론이 전개된다.
우리는 맑스주의의 생산양식론의 한계를 알튀세르의 주체화양식론으로 보완하는 것이 바람직하다고 본다. 어떤 의미에서는 맑스주의의 한계는 생산양식론으로 모든 것을 설명하는 이론의 한계이다. 주체화양식론은 생산양식론과는 독립된 주제이면서 동시에 접합되는 주제이다. 주체화양식론은 생산양식을 역사적 자본주의로 이해하면 그에 상응해서 중심부 국가, 반주변부 국가, 주변부 국가에 따라 이데올로기가 다르다. 헤게모니는 전반기에는 헤게모니 국가가 성립하고, 헤게모니의 후반기에는 벨에포크 시기를 거쳐서 헤게모니 국가와 헤게모니 경쟁 국가 사이에 경쟁이 발생한다. 역사적 자본주의의 성쇠과 그 속에서의 위상

고 생각한다.

이를 통하여 인류역사를 재구성하면 대략 수렵채취문명과 유목농경문명과 상공업문명의 세 시기로 문명사[3]를 서술할 수 있다.

* 생산양식과 주체화양식

생산양식	수렵/채취(문명) 사회		유목/농경(문명) 사회		상업/공업(문명) 사회	
주체화양식		토테미즘	샤머니즘	고등종교	과학	
설명방법1	문명사					
설명방법2					역사적자본(사회)주의	

2) 역사적 자본주의와 역사적 사회주의

우리 시대의 문명은 상공업 문명이고, 그 속에는 자본주의적 방식, 사회주의적 방식이라는 두 종류의 사회협동체가 있다. 이것은 다시 하나는 자신을 초역사적인 문명이라고 착각하는 보통의 자본주의이고, 다른 하나는 자신을 '사회주의'라고 착각하는 국가자본주의이다. 맑스의 이론은 한편에서는 자본주의 일반 이론으로서 이용되고, 다른 한편에서는 역사적 자본주의

에 따라, 이에 상응해서 역사적 자본주의의 이데올로기 형태들이 다르다. 주체화양식론은 토픽론을 매개로 생산양식의 변천으로서 문명사와 상응해서 역사적 토픽론을 전개할 수 있다. 알튀세르의 토픽론은 이데올로기와 이론을 요소로 한다. 알튀세르의 토픽론에서 이데올로기를 스피노자적 방식으로 대중적인 집단 이데올로기로 해석하면 집단들의 이데올로기 차원과 연루된 쟁점들이 등장하고, 이데올로기를 프로이트적 방식으로 개인 이데올로기로 해석하면 개인들의 이데올로기적 차원과 연루된 쟁점들이 등장한다. 먼저 집단 이데올로기로 해석해보자. 알튀세르는 원래 토픽론을 주로 역사과학에만 적용하였다. 알튀세르 사상을 공간적으로 확대하고 시간적으로 확대할 수 있다. 알튀세르 토픽 사상을 현대 사회의 다른 쟁점들에 적용할 수 있다.

3) 맑스는 자본주의 생산양식 이전에 고대 노예사회, 중세 봉건사회, 자본주의사회를 분석하고 미래에 공산 사회를 목표로 희망하였다. 세계체제론자들은 문명사로서 수렵·채취 사회, 유목·농경 사회, 자본주의·사회주의사회를 제시한다. 기존의 문명사는 아시아를 경시하고 유럽을 중시하는 유럽중심주의(헤겔, 맑스, 랑케)에 사로잡혀 있다. 또 기존의 문명사는 유목사회를 야만시하고 농경사회를 중시하는 농경중심주의(한, 페르시아, 로마 등)에 사로잡혀 있다. 오카다의 『세계사의 탄생』이나 스기야마의 『유목민의 눈으로 본 세계사』 등은 농경중심사관의 문제점을 지적하고 있다. 또한 사세이키의 『유럽중심사관에 도전한다』는 유럽중심사관을 넘어서서 세계사를 고찰해야 현대문명의 상이 대체로 보인다고 지적하고 있다. 우리는 대략 이러한 관점을 지지한다.

의 영국헤게모니 시절을 설명하는 이론으로서 이용된다. 레닌의 이론은 역사적 자본주의의 제국주의 시절을 설명하는 이론으로 이해되고, 역사적 자본주의의 미국 헤게모니 시절을 설명하는 이론은 초국적자본 이론이라는 독자적인 이론을 요구한다. 이런 견해는 아리기의 견해토서 유사한 견해를 많이 볼 수 있다. 우리는 여기에 추가해서 자본주의에 유비해서 사회주의도 역사적 사회주의로 파악하고, 동시에 조직 문제도 역사ﾞ 사회주의와 상응하는 문제로 파악하고, 따라서 당형태의 문제도 역사적ﾞ 분석을 가한다. 우리 생각에는 레닌의 전위당론은 위대한 조직론인데, 그것은 역사의 일정 시기에 상응해서 그런 것이다. 우리는 우리 시대에 역사적 자본주의의 변화에 상응해서 즉 초국적자본의 변화에 상응해서 조직 형타를 변화시켜야 한다고 생각한다. 아래 도표는 우리의 문제의식을 보여준다.

** 역사적 자본주의와 역사적 사회주의

역사적자본주의	제노바	네델란드		영국	미국	
				제국주의	초국적자본	신자유주의
사상·이론			맑스	레닌		
역사적사회주의				소련사회주의	중국사회주의	
(국가론과당론)				당형태 등장	당형태 위기	조직 문제

우리는 여기서 역사적 자본주의와 역사적 사회주의만 다루고, 그에 상응하는 당형태의 역사 문제는 다음 장에서 다룬다.

(1) 역사적 자본주의

역사유물론의 전화는 자본주의내에서의 역사적 자본주의의 설명(＝자본주의 생산양식론) 문제와 역사적 자본주의의 전화(＝자븐주의 생산양식의 이행) 문제가 있다.

맑스의 『자본』은 자본주의를 이념적 평균으로서 분석한다. 자본주의는 이념적 평균으로서뿐 아니라 세계체제의 역사적 자본주믜로도 분석되어야 한다. 자본주의는 자본주의 세계체제로서 중심부 자본주의, 반주변부 자본주의, 주변부 자본주의가 상호 연결되어 존재한다. 중심부 자본주의에서도 주도 국가는 역사적으로 제노바 헤게모니, 네델란드 헤게모니, 영국 헤게모니, 미국 헤게모니 시대로 전개되어 왔다. 헤게모니 국가는 초반에는 실질적 성장을 하고, 후반에는 벨에포크의 금융적 성장을 한다. 실질적 성장기는 헤게모니가 비교적 확고한 시기이고, 금융적 성장기는 헤게모니의 위기시대이다. 영국 자본주의는 사기업 자본이고, 미국 자본주의는 초국적 법인자본이다. 사회주의국가는 코뮌주의의 전단계로서의 사회주의사회라기보다는 국가자본주의사회이다. 간단히 말해서 우리는 역사 속에서 두 종류의 자본주의만을 구경하였다. 하나는 보통의 자본주의이고 다른 하나는 자신을 '사회주의'라고 사고한 국가자본주의이다.

(2) 역사적 자본주의의 위기와 역사적 사회주의

역사적 사회주의는 역사적 자본주의에 대응하여 고유의 생산양식(사회협동체)를 구성하고 주체형성과정을 조직하는 인민대중들의 투쟁과 함께 등장하였다. 새롭게 형성되어가던 프롤레타리아계급(노동자와 빈민, 빈농)의 이데올로기로서의 사회주의는 맑스를 거쳐 체계화되고 변혁운동의 이론[4]으로 발돋움한다. 맑스(1818-1883)는 영국 망명이후에 자본주의 헤게모니 국가 영국을 모델로 분석해서 『자본』을 쓴다. 맑스의 『자본』은 자본주의 상품생산과 자본주의적 축적과정을 과학적으로 분석한 것이다.

영국 헤게모니가 위기에 처하자 영국은 금융적 기법으로 성장을 지속한다. 영국 헤게모니에 도전하는 국가로 미국과 프로이센이 등장한다. 영국 헤게모니의 위기에 대응하는 역사적 자본주의의 재편시기에 역사적 사회주의운동은 대부분 국제주의적 원칙을 지키지 못하고 부르주아계급이 주도하는 자본주의재편과정에 함몰되었으나 러시아 프롤레타리아트와 레닌과 볼셰비키는 '소비에트(평의회)'와 전위당을 무기로 제국주의내 전과정에서의

---

4) 맑스의 이론은 한편에서는 자본주의 일반 이론으로서 이용되고, 다른 한편에서는 역사적 자본주의의 영국 헤게모니 시절을 설명하는 이론으로서 이용된다. 레닌의 이론은 역사적 자본주의의 제국주의 시절을 설명하는 이론으로 이해되고, 역사적 자본주의의 미국 헤게모니 시절을 설명하는 이론은 초국적자본 이론이라는 독자적인 이론을 요구한다. 이런 견해는 아리기의 견해로서 유사한 견해를 많이 볼 수 있다.

약한고리를 타격하는 '제국주의 전쟁을 내전으로' 전화하는 전략에 의해 일국적 수준에서나마 러시아혁명을 성취하고 이를 발판으로 사회주의세계체제로 나아가는 데 이른다.[5]

러시아혁명으로 영국헤게모니는 상당한 타격을 받았지간 붕괴되지는 않았다. 영국헤게모니는 2차대전이 끝나면서 최종적으로 붕괴하였다. 그 뒤를 이어 미국은 2차대전이 끝나자 하위동맹자로 사회주의체제의 소련헤게모니를 전제하는 명실상부한 헤게모니 국가[6]가 된다. 미국은 소련 사회주의의 영향력을 차단하기 위해서 유럽과 일본에 전후 부흥자금을 대면서 초국적자본 형태를 지배적 형태로 전환한다.

미국헤게모니체제에 도전하는 새로운 유형의 역사적 사회주의운동인 68혁명의 뒤를 이어 미국 헤게모니는 1973-1975년의 석유위기를 겪고나서 급격한 위기에 직면한다. 곧이어 미국은 1980년대에 만성적인 무역적자와 재정적자에 시달린다. 미국은 이 시기를 기축통화인 달러를 남발해서 유지한다. 미국은 1985년 G7에서 소련사회주의에 맞서는 공동전략의 핵심인 미국을 구하기 위한 일본과 서독의 합의로 저달러 정책을 이끌어낸다. 이후에 미국 경제는 신자유주의적인 구조조정을 거쳐서 장기부흥에 들어가고, 일본과 서독 경제는 장기 불황에 직면한다. 1991년 미국 헤게모니의 하위동맹자 소련 사회주의가 붕괴하자 구조적 위기에 직면한 미국은 새로운 세계체제 구축에 나서서 1995년 세계무역기구(WTO)를 출범시킨다. 미국은 WTO 등을 통한 경제적 수단 이외에 걸프전과 아프칸전쟁, 이라크전쟁 등의 군사적 수단까지 활용하며 헤게모니체제의 유지에 사력을 다한다.

---

5) 레닌의 『제국주의론』(1915)은 독일 자본주의 형태를 모델로 영국, 프랑스, 미국, 독일 등의 자본주의 현상을 분석한 것이다. 레닌은 영국헤게모니의 위기시대에 이를 분석하여 제국주의 내전이 필연적임을 역설하고 내전이 격렬해질수록 약한고리가 발생되며 프롤레타리아트는 이를 타격해야 한다고 주장하여 "제국주의 전쟁(1914-1918)을 내전으로" 전환하는 전략을 제안한다. 레닌의 이 주장은 러시아혁명(1917)을 성공시킨 이론적 실천적 근거가 된다.

6) 케인즈(1883-1946)는 『고용·이자및 화폐에 관한 일반이론』(1936)에서 레닌의 소비에트 공화국(1917-)에 맞서는 자본주의 진영의 반혁명전략을 제시해서 경제학에서 케인즈 혁명을 일으킨다. 케인즈 경제학은 전후 미국 헤게모니 시기의 자본주의 진영의 번영을 구가하는 경제 정책의 근거가 된다.

미국헤게모니체제하에서 역사적 사회주의는 중소분쟁 등을 겪으며 약화
되다가 신좌파운동의 자극으로 전환을 모색하였으나 소련체제의 붕괴와 동
구권의 몰락으로 일단락되었다. 현재 역사적 사회주의운동은 역사적 자본
주의로서의 미국 헤게모니의 위기시대에 대응하는 새로운 운동을 모색하는
중에 있다. 미국 헤게모니하에서 '새로운 사회협동체로서의 코뮌사회'[7]를
지향하는 이데올로기이자 사회체제로서의 역사적 사회주의는 유럽지역에서
는 수권정당론으로 체제내화되고, 동구권에서도 국가자본주의의 한계를 넘
어서지 못하였다.

3. 역사적 조직들과 조직형태의 쟁점들

1) 역사적 사회 (공산) 주의와 변혁운동조직 형태의 역사

운동의 문제는 자본주의 세계체제를 전화시켜서 인류코뮌적 세계체제로
구성하는 것이다. 사회변혁은 자본주의사회에서 코뮌주의사회로의 변화과
정을 말한다. 인류문명의 전화는 비교적 장기간의 역사를 요구한다. 자본
주의에서 코뮌주의로의 이행문제는 아마 장기간의 역사 문제일 것이다. 코
뮌주의는 현재의 반자본주의 운동이다. 인류 문명사의 배후에는 인류 진화
사가 있다. 문명을 구성하는 사회적 관계의 배후에는 주체화양식의 문제가
있다.

조직 문제는 사실 역사적 자본주의에 상응해서 발전했던 역사적 사회주
의론의 일부이다. 우리 생각에는 알튀세르에게 국가론과 조직론의 문제는
사회적 관계라는 하나의 문제의식이 맑스주의 조직문제와 맑스주의 국가문

---

7) 사회협동체로서의 생산양식은 자본주의와 코뮌주의 외에 다른 중간의 그 무엇이 있을
수 없다. 자본주의는 시장이 없으면 작동하지 못하는 체제이고 코뮌사회는 시장이 없어도
재화와 노동의 분배가 이루어지는 체제로 보면 사회주의는 겉으로는 시장이 없는 것처럼
보이지만 실제로는 '능력에 따라 일하고 일하는 만큼 대가를 받는' 원리의 시장 (과 계산) 이
작동하고 있다는 점에서 기본적으로 자본주의이다. '사회주의 생산양식'이란 존재할 수 없
으며 오직 자본주의에서 코뮌사회로 이행하는 이행기에 "생산양식으로서는 자본주의의 기
본원리를 아직 못 벗어나고 있지만 '코뮌적 의지에 불타는 국가'의 실천에 의해 비교적 짧은
기간동안 존속하는 이행기 사회체제"인 것이다.

제로 동시에 나타났다. 운동의 역사는 바로 조직 형태의 역사이다. 운동사는 역사적 조직들로 재구성될 수 있다.

*** 역사적 사회(공산)주의와 역사적 조직

역사적자본주의	영국		미국	
	민족 자본	제국주의	초국적자본	신자유주의
사상·이론	맑스	레닌		
역사적사회주의		소련사회주의	중국사회주의	
(국가론과당론)		당형태 등장	당형태 위기	조직 문제
	『공산당선언』	『무엇을 할 것인가』		
	조직론?			
레닌의 조직론		당형태(대항폭력)	'당형태위기'	
1920년대평의회		평의회	평의회	
1968경 신좌익				신좌익
2000년대운동좌익				(사회)운동좌익(반폭력)

운동의 역사는 새로운 사회적 관계의 발전사이고, 다시 말해서 새로운 조직 형태의 발명사이다. 우리는 자본주의 생산양식을 코뮌주의적 생산양식으로 바꾸는 것에 관심이 있다. 우리는 코뮌주의 생산양식이라는 새로운 사회적 관계를 만들기 위해 역사적으로 전개된 다양한 운동사에 대해 주목하고 새롭게 평가해야 한다.

맑스는 동맹과 제1인터를 건설하였고, 엥겔스는 제2인터를 건설하였다. 이 조직들은 아마도 역사적 자본주의의 영국 헤게모니의 민족적 형태에 속박된 형태를 요구하였을 것이다. 맑스는 당시에 1종의 인식에 속박된 1종의 조직 형태인 민족적 조직형태에 대항해서 자신의 2종의 조직형태인 국제주의 조직형태를 효과적으로 구성하지 못했다. 맑스는 이런 이유로 자신의 유명한 선언의 제목을 '공산주의자 선언'인지 '공산당선언'인지 조차 결정할 수 없었다. 맑스는 공산주의사회의 조직론 문제에서 라살레의 국가주의와 맞서야 했고, 동시에 바쿠닌의 무정부주의와 맞서야 했다. 맑스는 자신의 운동조직론 문제에서 양자를 이용한 곡예를 하였을 뿐이다. 맑스가 남긴 과제는 운동의 국제주의적 대의와 운동의 민족적 전개 사이의 관계를 효과적으로 연결하는 문제였다.

엥겔스는 맑스 사후에 제2인터를 건설하면서 민족적 조직형태로 참가하는 국제적 연합체로서 운동조직을 건설하였다. 맑스주의는 내내 국제주의와 민족주의 사이에서 갈등하고 있다. 제2인터의 조직은 레닌의 제3인터 이후에 그대로 남아서 사회민주주의가 된다. 사회민주주의는 이후에 부르주아 의회주의 질서를 수용해서 선거를 통한 수권정당론을 꿈꾼다.

일단, 맑스와 엥겔스가 민족 형태와 국제주의 방식 사이를 경합한 조직 형태를 창안한 것은 당시에 역사적 자본주의가 민족적 형태와 전개되면서 동시에 자본국제화를 추구하는 경향과 상응하는 것이다.

레닌은 제국주의 전쟁시기에 사회배외주의에 굴복한 제2인터를 버리고 새로운 조직 형태로서 당형태와 그들의 연맹체로서 1919년 코민테른을 건설한다. 레닌의 당형태는 제2인터의 당형태의 혁신이며 그것은 볼세비키 당조직론으로 알려진다. 레닌의 당형태는 민주집중제론이 된다. 레닌은 새로운 사회적 관계로서 1900년 경에 당형태를 기초하고, 당형태의 연장선상에서 1917년에 소비에트 공화국을 건설한다. 러시아의 소비에트는 자생적인 코뮌이고 소비에트이고 그리고 평의회이다. 레닌은 소비에트 형태와 당형태 사이에 모순을 감지하고 양자 사이의 모순을 해결하기 위해서 분투하였다. 레닌에게서도 1종의 인식과 2종의 인식은 투쟁한다. 레닌의 1종의 인식을 계승한 것이 스탈린주의이다. 당과 노조의 분할정립, 노조의 당이념 전달벨트론, 중앙위원회로 집중, 서기장으로 집중 등으로 표현된다. 당형태의 결정적인 문제점인 숙청과 (강요된) 자아비판과 상호비판 등 다양한 조직문화가 드러난다.

로자 룩셈부르크는 레닌 당시에 레닌의 당형태에 의문을 제기하면서 새로운 조직 형태를 모색한다. 1915년경에 사회배외주의와 분열해서 새로운 조직 형태를 구성한 레닌과 로자 룩셈부르크는 새로운 조직상에서 의견차이가 발생한다. 로자 룩셈 부르크 이후에 1920년대에 코민테른 내부에는 새로운 좌익 형태로서 평의회주의자가 등장한다. 평의회는 사실 역사 속에 구현된 비국가 코뮌주의 조직 형태이다. 평의회주의자는 레닌의 『좌익소아병』에서 '좌익소아병'으로 비판되지만, 평의회주의는 독자적인 흐름으로 남는다. 이후에 평의회주의는 당을 버리고 평의회만을 주장하는 흐름과 다시 기존의 당형태도 부분적으로 수용하는 평의회와 당의 양날개론의 흐름으로 발전한다. 평의회주의자는 소련 사회주의 혁명을 '결정적인' 부르주아 혁명이라고 올바르게 파악한다.[8]

트로츠키는 스탈린의 3인터에서 나오고 트로츠키는 새로운 조직 형태를 만들기 위해서 노력한다. 트로츠키는 '타락한 노동자 국가'인 소련를 구하기 위해서 노력한다. 그후에 트로츠키의 후예는 제4인터를 건설한다. 제4인터는 그 경향이 평의회처럼 당형태를 거부하는 경향이 있다. 제4인터에서 반발해서 '국제사회주의'가 분립한다. 국제사회주의는 다시 레닌의 당형태를 부분적으로 수용해서 레닌주의 당형태로 복귀한 것이 주요한 특징이다. 이들은 소련사회주의를 사회주의가 아니라 자본주의의 일종인 국가자본주의라고 올바르게 파악한다.

레닌은 기존의 당형태를 가장 정교하게 발전시켜서 1917년 사회주의 혁명을 성사시켰다. 이 당시에는 이미 역사적 자본주의가 영국의 민족적 모델에서 미국의 초국적 모델로 전화하려는 시기이다. 이런 이유로 이에 상응해서 평의회 형태가 출현하고 있다. 미국의 초국적 모델이 기본적으로는 국제적이면서도 부분적으로는 미국이라는 자본의 국적을 가진다. 이런 이유로 운동조직도 기본적으로는 국제적인 평의회이면서 동시에 부분적으로는 민족적인 '당형태'로 표현된다. 역사적 자본주의 발전에 상응해서 레닌주의가 마오주의와 스탈린주의라는 두 종류로 분할되고, 평의회주의가 두 종류로

---

8) 순수한 의미의 평의회주의는 '평의회공산주의'(council-communism) 이외에는 존재하지 않는다. 평의회주의와 국가자본주의로서의 사회주의운동은 대립하게 된다. 당운동에 의해 평의회주의운동이 탄압당해온 그간의 역사는 이를 잘 보여준다. 평의회주의가 사회주의(정당) 또는 (사회주의) 정당운동을 인정하는 순간 평의회주의운동의 주체들이 일정한 타협을 전제로 운동을 작동시키고 있다는 의미가 된다. 어느 것이 옳은가 하는 문제는 이 글의 주제가 아니다. 〈현장연대〉 1인기관지 『현장정신』 1호 참조.

분할되고, 트로츠키주의 역시 두 종류로 분할되고 있다.

1968년 서구사회에서 운동이 혁명적으로 급진화하자 새로운 운동 형태들이 나타난다. 이 운동은 통상 3M(맑스, 마오, 마르쿠제)의 운동이라고도 한다. 이 운동에서 새로운 운동방식과 조직방식이 등장하고, 이것은 기존의 운동과 다르다는 점에서 신좌익이라고 불리우고, 이에 대응해서 기존의 당형태 운동은 구좌익이라고 불린다.

최근 신자유주의반대투쟁과정에서 신좌익의 뒤를 이어 새로운 유형의 (사회)운동좌익이 등장하고 있다.

2) 당좌파와 사회(운동)좌파의 쟁점

2000년대에 접어들어 변혁운동사에는 새로운 흐름이 등장하고 있다. 운동의 새로운 흐름은 반신자유주의 문제와 반전반제 문제가 주요한 쟁점이다. 이것은 미국의 초국적자본이 신자유주의로 전개되는 배경과 관계가 있다. 미국은 최근 9.11순교테러 이후에 다시 일방주의 전쟁(아프가니스탄 침략 전쟁, 이라크 침략 전쟁, 그리고 이후는…? 콜롬비아 침략전쟁, 한반도 침략전쟁…)을 벌이고 있다. 이에 상응해서 운동진영에는 조직론상의 대혁신이 발생하고 있다. 처음에 신자유주의에 반대해서 반신자유주의운동(이른바, 반세계화 운동의 본명)이 발생했고, 여기서 당형태를 거부하는 사회운동좌익(=사회적 좌익=운동좌익)이라는 새로운 조직흐름이 등장했다. 이들은 기존의 당형태 운동을 하는 자들에게도 심대한 영향을 미쳤다. 사회운동좌익은 간단히 말해서 맑스주의, 무정부주의, 개량주의가 모두 반신자유주의의 기치 아래 결집한 것이다. 이들은 소위 당좌익이 자신들을 오염시킬까봐 당좌익과의 연대문제에 대해서 다양한 목소리로 대립한다.

3) 반제와 반신자유주의의 쟁점

미국이 2003년 이라크 침략전쟁을 벌이자 당좌익들은 반전반제의 쟁점을 활용해서 당좌익의 문제의식을 재구성한다. 당좌익은 이제 반제반전에서 레닌주의의 유효성을 새삼 확인하고 동시에 레닌의 당형태의 유효성도 복권시킨다. 이제 당좌익에서 레닌은 두 가지 방식으로 현실을 설명하는 최상의 이론으로 '복권'되었다. 이 논리는 암암리에 역사적 자본주의의 관점을 거부하고, 레닌의 제국주의 전쟁의 관점을 현재의 정세에까지 연장하려고 한다. 이들은 미국의 이른바 '매파들'이 미국과 유럽의 전쟁, 미국과 러시아의 전쟁, 미국과 중국의 전쟁을 가상적으로 자주 다룬다는 점에 착안해서 레닌의 제국주의론이 다시 현실적인 유효성을 가진다고 주장한다. 이제 사회운동좌익은 개량주의자와 무정부주의자로 매도되고, 당형태의 유효성은 확고한 것으로 주장된다. 당좌익과 사회운동좌익의 이러한 쟁점은 현재 명징하게 드러나지는 않았지만 앞으로 점차 뚜렷해질 것으로 보인다.

4. 차이와 연대의 조직론

1) 차이와 연대의 조직론을 제출하는 이유

우리는 2002년 차이와 연대의 조직론을 준거로 하는 활동가정치조직 건설을 제안한 바 있다. 비록 차이와 연대의 조직론이 잘 부각되지도 않았고, 각 정파간의 갈등구도 증폭으로 활동가정치조직 구상이 실패하는 바람에 현재 노동자의 힘과 현장연대간의 '1단계' 활동가정치조직이 만들어지고 있는 수준이지만 서로 다른 사상이론과 실천경험을 갖고 있는 변혁운동조직들이 어떻게 단결할 것인가를 제시한 하나의 방법이라고 우리는 생각한다. 우리는 기본적으로 사회운동좌익에 가깝지만 현재수준에서 좀더 근본적 관점을 갖고 있는 건실한 당좌익과 사회운동좌익간에는 대화가 가능하고 대화가 가능한만큼 차이와 연대의 조직론에 입각하여 단일한 조직을 구성할 수 있다고 믿고 있다. [9] 차이와 연대의 조직론은 잡탕꿀꿀이죽을 만들려는 시도가 아니라 각각의 경향과 흐름이 자신의 주장과 실천을 굽히지 않으면서도 다른 경향과 흐름들과 공존하고 서로 경쟁하면서 서로가 서로의 발전의 조건이 되는 조직론이자 변혁운동진영의 하나의 태도로 제시되었다. 우리의 문제의식을 정리해보겠다.

---

9) 우리는 기본적으로 마르타 아르네케르의 「"당-좌파"(Party-Left)와 "사회적-좌파"(Social-Left)의 연합을 향하여」(사회진보연대 번역)와 근본문제의식이 유사하다. 구체적으로 어떻게 그 연대를 실현할 것인지가 주어진 조건에 따라 약간 다를 뿐이라고 생각한다.

2) 차이와 연대의 조직론의 입장

(1) 차이와 연대의 조직관의 과학, 철학, 태도

차이와 연대의 조직은 새로운 윤리-정치의 기초이다. 차이와 연대의 조직론은 새로운 윤리학-정치학의 시작이다. 차이와 연대의 관계는 조직의 주체이자 조직론의 주제이고 생산양식의 주체이자 생산양식론의 주제이다. 조직론과 생산양식론은 사회적 관계의 이론이라는 점에서 하나로 같다.

① 차이와 연대의 조직론의 과학관

과학은 구체적 상황에 대한 구체적 분석이다. 과학은 매번 발전하므로 구체적 정세에 따라 구체적 분석도 달라진다. 과학적 진리가 확정되어 있고 이미 진리를 안다고 생각하는 사람은 상대의 말에 주목하지 않는다. 진리는 과거 권위자들의 책에 존재하지 않고 현실에만 존재한다. 맑스나 레닌은 당대의 진리를 생산하였지 만고불변의 진리를 생산한 것이 아니다. 맑스주의의 착취의 과학은 구체적인 정세에 대한 구체적 분석을 과학의 결정적인 구성요소로 삼는다. 착취의 과학은 구체적 정세의 구체적 착취 양상을 분석해내야 한다. 자본주의사회에 대한 착취의 과학은 구체적 역사적 자본주의에 대한 구체적 분석을 자신의 과제로 삼는다. 조직원들은 항상 구체적 상황에 대한 구체적 분석에 주목해야 한다. 결국 차이와 연대의 조직은 항상 상대의 말에 주목하여야 한다는 활동가와 조직의 태도를 규정한다.

② 차이와 연대의 조직론의 철학관

철학은 유물론과 관념론의 경계선이 미리 결정되어 있지 않고 구체적 정세에 따라 달라진다. 철학은 이론에서의 계급투쟁이다. '철학의 근본문제'의 유물론관은 유물론과 관념론의 경계선이 결정되어 있다면, 어떤 사상에 대해서는 상대와 대화도 하기 전에 미리 판단할 수 있으므로 신경을 쓰지 않아도 된다. 유물론과 관념론이 미리 결정되어 있다면 어떤 사상에 대해서는 미리 관념론이라고 비판을 해서 연구해보지도 않고 비판할 수도 있다. 그런데, 유물론과 관념론의 경계선이 정세에 따라 유동적이라면 어떤 사상도 미리 거부할 수 없고, 항상 상대의 말에 주목해야 한다.

③ 차이의 불가피성

차이와 연대에서 차이를 축소하고 연대를 강화하는 것이 목표이다. 그럼에도 불구하고 차이는 완벽하게 제거될 수 없으며 기존의 차이가 해소된다 해도 항상 새로운 차이가 발생한다. 차이는 절대로 완벽하게 해소될 수 없다. 인간들 사이에 차이는 어떤 경우에도 완벽하게 해소될 수 없다. 차이는 인간의 본질적인 고유성에서 유래하는 것이다. 인간은 누구도 같을 수가 없다. 차이가 본질적인 것이고 통일은 우연적인 것이다. 인간은 인간의 내재적 차이를 인정함으로써 인간의 고유성을 온전하게 인정할 수 있다. 인간은 차이가 난다. 인간은 '가' 인간와 '나' 인간 사이에 차이가 난다는 의미에서 차이가 있는 정도가 아니라 한 인간 자체내에서 '내재적인 차이'가 있다는 의미에서 차이가 있다.

④ 연대의 불가피성

차이와 연대에서 항상 차이가 존재한다. 차이가 존재함에도 불구하고 연대를 추구하는 것이 인간의 삶이다. 연대는 절대적으로 항상 필요하다. 인간은 사회적 관계를 이루고 살아야 하므로 연대는 불가피하다. 인간은 항상 사회적 동물이다. 인간은 항상적으로 연대를 추구한다. 인류가 연대로서 형제애를 체득한 것은 토테미즘 시대가 처음이다. 토테미즘 이래, 샤머니즘, 고등종교 그리고 과학 등은 항상 연대를 인간의 본질로 삼아왔다. 인간이 자기 시대에 맞는 수준에 적합한 연대의 틀을 마련하는 것이 인류의 역사이다. 연대는 조직형태이면서 동시에 생산양식이다. 인류의 문명의 역사에서 사회적협동체로서의 생산양식은 수렵·채취사회, 유목·농경사회, 자본주의·사회주의사회로 전개되어 왔다. 현재 인류는 자본주의·사회주의 생산양식에서 공산주의 생산양식으로 넘어가기 위해서 새로운 조직 형태를 모색하는 과정이다. 자본주의사회는 인류 역사상 가장 발전한 사회이면서 동시에 결정적인 결점인 착취관계가 존재하는 사회이다. 자본주의사회의 착취를 제거하기 위해서 새로운 조직형태의 모색과 연대가 필요하다.

⑤ 차이와 연대의 조직론의 태도

대화하는 태도는 미리 믿지도 미리 신뢰하지도 않고 항상 판단정지의 상태에서 접근한다. 선입견이 없이 항상 상대의 말에 주목하는 것이 필수불가결하다. "미리 믿지도 않고 미리 의심도 않는다." 항상 상대의 말에 주목해야 한다. 우리 조직원이니 이미 나와 의견이 같은 것이 아니라 우리 조직원이라 내 진심에 대해 좀더 따뜻하게 바라보아 줄뿐이다.

(2) 사상투쟁과 대동단결의 중요성

조직은 내부에서 사상투쟁과 대동단결이 중요하다. 사상투쟁만 벌이는 것도 문제이고, 대동단결만 하려고 드는 것도 문제이다. 일반적으로 좌파 (맑스-레닌주의)는 사상투쟁10)만 중시했다. 일반적으로 우파(주사파)는 대동단결만 강조했다. 문제는 양자가 동시에 작동하는 그런 조직 상태가 중요하다.

① 차이와 연대: 사상투쟁과 대동단결의 접합—알튀세르

차이와 연대의 조직론은 단 하나의 기준이 있다. 그것이 옳으면 수용하고 그것이 그르면 투쟁한다. 문제는 유물론과 관념론의 경계선이 미리 결정되어 있지 않고 구체적 정세에 따라 달라진다는 것이다. 자본주의체제와 현실사회주의 체제 사이의 투쟁에서 왜 현실사회주의 체제가 패배하였는가? 내부에 사상투쟁이 없었기 때문이다. 자본주의체제는 항상 불안정하고 경쟁상태에 있었지만 사회주의사회는 상대적으로 안정되고 내부에 사활을 건 자극이 없었다. 유럽 문명과 중국 문명 사이의 투쟁에서 중국 문명이 농경사회를 되풀이 한 반면에 유럽 문명은 자본주의적 대혁신으로 나아간 이유는 무엇인가? 중국은 지리적 장애가 없어서 통일되어 있어서 내적인 자극이 없었고, 유럽은 지리적 장애 때문에 분열되어 있어서 내적인 자극이 있었기 때문이다. 11) 역사상 발전한 모든 나라나 조직은 항상 내부나 외부와의 경쟁적인 자극을 통해서 발전하였다.

② 민주집중제: 민주와 집중의 접합-레닌주의의 부활

차이와 연대의 조직론은 단 하나의 기준이 있다. 그것이 옳으면 수용하고 그것이 그르면 투쟁한다. 문제는 유물론과 관념론의 경계선이 미리 결정

---

10) 알튀세르는 「맑스와 프로이트에 대하여(1976)」에서 맑스주의 운동사를 반성하면서 맑스주의의 역사가 프로이트주의의 역사와 마찬가지로 당파적 분열의 역사라고 말한다. 이것은 맑스주의가 인간이 본질적으로 가진 1종의 인식, 2종의 인식과 3종의 인식 사이에 투쟁이라는 성격에서 벗어날 수 없고, 그 결과로 맑스주의의 역사가 분열의 역사가 된다고 설명하는 셈이다. 과연 그런 것인가? 그렇다면 해결방법은 없는가 하는 것이 우리의 고민이다.
11) G. 다이아몬드의 〈총·균·쇠〉를 참조하라.

되어 있지 않고 구체적 정세에 따라 달라진다는 것이다. 레닌주의가 성공한 요인은 무엇인가? 레닌주의는 제국주의 경제정책이 제국주의 전쟁으로 나아갈 것이라는 것을 알았고, 그것에 걸맞는 조직 형태가 블세비키라는 것을 알았기 때문이다. 볼세비키가 성공한 이유는 일사불란 내적인 규율과 러시아 공산주의 조직의 분열에서 온 사상투쟁의 분위기에 있다. 레닌주의는 주변에 항상 논쟁 대상이 되는 경쟁 조직들과 동거함으로써 발전했다. 레닌이 『좌익소아병』(1920)을 쓴 후에 1924년 죽자, 스탈린이 레닌주의의 핵심을 사상투쟁과 대동단결의 접합으로 규정하지 않고 민주〔적인〕집중제로 왜곡해서 규정해버리자 사회주의권 내부에서 경쟁적인 사상투쟁을 혐오하는 분위기가 형성되어 레닌주의의 생명력이 다해서 죽은 것이다. 레닌주의의 핵심은 구체적 상황에 대한 구체적 분석이고, 동시에 사상투쟁과 대동단결이다. 레닌의 민주집중제는 사상투쟁(민주)과 대동단결(집중)의 병렬에 존재하는 것이지, 스탈린의 민주집중제처럼 차이를 극복하여 집중시키기 위한 제도이거나 민주가 집중을 얻기 위한 보조물이 아니다.

차이와 연대에서 차이는 극복 대상이 아니라 사상투쟁을 유발하는 자극제로 기능해야 하고, 동지에 대해 항상 주목해야 하는 실질적인 이유로 작용해야 하며, 연대는 극복 대상이 아니라 대동단결을 유발하는 자극제로 기능해야 하고, 동지에 대해 주목해야 하는 실질적인 이유로 작용해야 한다. 차이와 연대의 조직은 사상투쟁과 대동단결의 조직이고, 민주와 집중이 병렬되는 조직이다. 스탈린의 민주집중제는 집중시키기 위해서 민주를 이용하는 제도라면, 레닌의 민주집중제는 사상투쟁의 민주와 대동단결의 집중이 병렬되는 제도이다. 민주집중제는 세 가지 의미가 가능하다. 민주를 살리기 위한 집중, 집중을 살리기 위한 민주, 그리고 민주와 집중 각자를 살리기 위한 병렬 접합이 있다. 민주집중제는 집중을 살리기 위한 민주로만 오해되었지만 실제로는 민주를 살리기 위한 집중도 가능하고, 또한 민주와 집중 각자를 살리기 위한 병렬 접합도 있다. 민주집중제의 본의는 아마 민주와 집중의 병렬에 있을 것이다. 차이와 연대의 조직론 속에서 레닌주의는 완벽하게 재부활할 수 있다.

③ 복수의 맑스주의와 복수의 공산주의: 무정부주의, 로자주의, 트로츠

키주의, 그람시주의 등

알튀세르는 레닌주의의 기본정신을 구체적 상황에 구체적 분석이라고 말했다. 알튀세르는 유물론과 관념론의 경계선은 선험적으로 결정되는 것이 아니라 구체적 정세 속에서 경계선이 매번 다르게 그어진다고 말했다. 알튀세르는 실천의 우위와 비철학을 언급했고, 동시에 이론의 고유성을 언급했다. 알튀세르는 단 한마디를 말했다고 생각한다. 즉, "매번 구체적 경우마다 공부를 해야 한다." 이런 의미에서 우리 모두 알튀세르주의자였지만 동시에 명시적으로 이 말의 의미를 자각하지 못했다는 점에서 아무도 철저한 알튀세르주의자는 아니었다. 알튀세르의 교훈을 잊지 말자. 항상 맑스주의와 공산주의가 발전하기 위해서 항상 반복하는 것이 아니라 새롭게 연구되어져야 한다.

자본주의 이후에 사회에 대한 정치적·이론적 입장은 맑스의 공산주의만 있는 것이 아니다. 공산주의와 경쟁하던 다양한 정치적 조류[12]가 있었다. 그중에서도 무정부주의는 상당히 유명하다. 이론적으로는 슈트르너가 있었고, 그리고 바쿠닌, 크로포트킨 등이 있다. 약간 옆으로 나가면 유명한 프루동도 있다. 우리는 공산주의자로서 무정부주의와도 대화해야 한다. 무정부주의는 단일한 노선이 아니다. 무정부주의는 그 입장이 다양하기 때문에 무정부주의자에게 자유의 공간을 제공한다. 공산주의자의 입장에서 볼 때에 무정부주의자의 가장 큰 특징은 프롤레타리아 독재를 거부한다는 점이다. 무정부주의자는 프롤레타리아 독재 기간도 아마 자본주의국가 사회로 간주할 것이다. 무정부주의자도 자본주의사회의 이행문제에 관심이 있는

---

12) 원칙적으로 차이와 연대의 조직론은 누구도 선험적으로 정치적 보장을 주지 않고 누구도 선험적으로 정치적 배제를 하지 않는다고 한다면 일부에서 우리에게 비난하는 포스트주의에 대해서도 개방한다는 데까지 이르러야 한다. 사실 그렇다. 우리는 차이와 연대의 조직론은 구체적으로 프랑스의 포스트주의 계통(푸코, 들뢰즈, 데리다 등)과 싸우면서 수용하고, 수용하면서 투쟁하고, 동시에 각종 사민주의 계통과 싸우면서 수용하고, 수용하면서 싸우는 자세가 중요하다고 생각한다. 단, 변혁운동의 입장에 서서 수용하고 싸운다는 원칙은 무조건적으로 중요하다. 이렇게 말하면 일부에서 "것봐라. 포스트주의라니깐" "무정부주의라니깐" 하고 말할 동지들이 있을지도 모르겠다. 그런 동지들에게 묻고 부탁하겠다. 우리 현장연대 같이 활동하는 포스트주의자들 보았느냐고. 무정부주의자가 운동상에서 어떤 잘못을 하였고 우리 현장연대가 어떤 무정부주의적인 활동을 하였는지 구체적으로 언급해주시기를 부탁한다고.

데, 발생할 막판 이행기의 문제 때문에 미리 싸울 것은 없을 것이다. 우리는 차라리 사상투쟁과 대동단결 속에서 비국가 공산주의와 무정부주의 사이에 대해 상호 대화하는 것이 더 좋을 것이고, 추가해서 닥판 이행기의 특징에 대해 상호 대화를 나누는 것이 더 생산적일 것이다. 1960년대에 일본에서 등장한 야마기시즘은 아마 대표적인 무정부주의 중의 하나일 것이다. 야마기시즘은 연찬을 중심으로 구성되어 있다. 무정부주의는 이미 죽어버린 사상이 아니라 새롭게 되풀이되고 있는 사상 중 하나다. 공산주의와 무정부주의는 너무나 유사하기 때문에 상호 적대적이었는지도 모른다. 부모대의 싸움을 살펴보면 되지 부모대의 악감을 자식대에드 되풀이할 필요가 있을까? 공산주의자에게 무정부주의는 가장 불편한 존재로서 항상 주목대상이 된다.

맑스주의는 원래 복수의 맑스주의였다. 맑스주의 역사어 는 카우츠키주의가 있었고, 그후에 레닌주의와 로자 룩셈부르크주의가 있었다. 카우츠키가 배신자가 되고, 레닌주의가 적통이 될 때에 로자가 다른 투쟁조직의 상을 모색하였다. 로자의 문제제기는 이후에 다양한 조직들에게 영감의 원천이 되었다. 로자는 영원한 새로운 모색의 출발처로서 항상 다양한 해석의 기점이 되어주었다. 단일한 로자주의는 없지만 복수의 로자주의는 도처에 상존해왔다.

맑스주의 역사에는 스탈린주의와 트로츠키주의가 있다. 스탈린주의는 맑스-레닌주의의 이름으로 주도권을 장악하고 있었다. 이제 스탈린주의는 '마녀사냥'의 대상이 되고 있다. 심지어 스탈린주의조차도 선험적으로 미리 배제될 수는 없다. 트로츠키주의는 주로 영국에 있고, 다양한 분파가 있다. 트로츠키주의 중에서 클리프의 트로츠키주의는 레닌의 당형태를 수용해서 레닌주의와 차이를 찾기가 쉽지 않다. 이제 레닌주의가 자신의 정체성에서 통일성이 사라진 현재에는 트로츠키주의와의 차이에 대하 지나치게 경계할 필요는 없다고 생각한다. 적어도 모르고도 자신있게 미리 배제하는 풍토는 사라져야 한다. 맑스주의의 발전에 트로츠키주의자들은 상당히 공헌하였다. 소련 사회주의를 국가자본주의라고 비판한 자들은 트로츠키주의자들이었다. 트로츠키주의는 다양한 분파들로 유명하다. 우리는 트로츠키주의자들이 사상투쟁에서는 성공적이었지만 대동단결의 문제의식에서는 취약했다고 생각한다. 이것은 '당형태'의 문제점이 반복한 사례였을 수도 있다. 트로츠키주의는 혹 그들이 그렇게도 비판한 스탈린주의의 당형태의 일괴암적 특징을 따라야 할 모델로 삼았기 때문에 발생한 문제가 아닌지 고려해 보아야 한다. 이제 실천적으로 트로츠키주의자와 연대해야 한다면 우리는 트로츠키주의에 대해 단 하나의 의구심만을 가지고 있을 뿐이다. 그 의구심도 그렇게 믿음직스러운 의구심이 아니라 심정적인 의구심이다. 혹 트로츠키주의자는 습관적인 '이견자'이고, 혹 습관적인 분열주의자가 아닌가? 이 말은 트로츠키주의자에 대한 선험적인 매도가 아니라 대화를 시작하기 전에 동지들에게 보내는 애정의 표현으로서 우리가 얼마나 트로츠키주의에 대해 '원시적 상태'에 있는지를 고백하는 것이다.

그람시는 이탈리아 공산주의운동의 자랑스러운 전통이다. 이탈리아 공산주의는 2차대전 이후에 서구 공산주의에서 새로운 실천조직 모델의 원천이자 시험장이었다. 이탈리아에서는 마오주의가 제3세계주의가 아니라 평의회주의로 해석되기도 하였고, 노동자 통제가 등장하기도 하였고, 노동자 자율파가 등장하기도 하였고, 붉은 여단이 등장하기도 하였다. 프랑스는 공산당이 스탈린적 당이라 좌익 그룹이 없었던 것에 비해서 이탈리아에서는 공산당이 유연해서 항상 좌익 그룹들이 당 안팎에서 활동하였다. 프랑스의 알튀세르 그룹이 이론의 산실이라면 이탈리아의 실천 그룹들은 실천적 모색의 산실이었다. 우리가 새로운 조직 모델을 원하는 경우에는 이탈리아 그룹들에서 찾아볼 수 있고, 그 경우에 우리는 그 배후에 존재한 그람시에 대해 주목할 수도 있을 것이다.

우리는 복수의 맑스주의와 복수의 공산주의운동이 차이와 연대의 조직론 속에서 자신의 합리적 핵심을 발전시켜 나갈 수 있다고 믿는다.

5. 맺음말—당좌익과 사회운동좌익의 단결과 연대를 위하여

차이와 연대의 조직론은 상대의 조직을 해체하거나 상대의 조직을 붕괴시켜서 통합조직으로 가는 것이 아니라 상대의 조직을 살려서 통합조직으로 가는 조직론이다. 차이와 연대의 조직론은 상대를 교정하려는 조직론이 아니라 상대를 상생의 정신으로 합류시키기 위한 조직론이다. 그런 의미에서 차이와 연대의 조직론은 상생의 조직관의 기초 위에 서 있다. 변혁운동진영은 우리들의 동료인 상대를 살리면 나도 살지만 상대를 죽이면 나도 죽는다는 것을 불변의 진리로 체득해야 한다. 현재 노동자의 힘과 현장연대, 그리고 민중형동연대는 활동가정치조직을 통해 열린 토론을 통한 변혁사상의 혁신과 전화, 그리고 집중적인 실천으로 상생의 조직관을 실험하려 하고 있다.

잘 알다시피 기존에 노동자의 힘은 비제도적투쟁정당론에 입각한 운동을 기획하고 준비하여 왔다. 현장연대와 민중행동연대 등은 비국가코뮌주의조직론에 입각한 운동을 기획하고 실천하여 왔다. 우리는 경향적으로는 당좌익과 사회운동좌익으로 각기 다른 두 조직의 활동가 정치조직으로의 전환을 통하여 '둘이면서 하나인 조직' '하나이면서 둘인 조직'[3]이 어떻게 가능한지 실험하고자 노력하고 있다. 현장연대와 민중행동연대 등은 현재 한국사회변혁운동에서 사회운동좌익과 당좌익이 연대하고 공존하고 하나의 조직으로 통합하면서 자신의 경향성을 유지발전시켜 나가는 과정이 변혁운동의 동력을 재체계화하고 재조직화해 나가는 지름길이라고 믿고 있다. 복수의 사안에 대한 복수의 행동통일의 조직론으로서의 차이와 연대의 조직론이 노동자의 힘과 현장연대, 나아가 민중행동연대의 1단계연대를 쉽게 넘어서서 '보다 큰 활동가정치조직'으로 발전해나갈 것을 기대하고 있다.

맑스주의와 공산주의는 1917년의 혁명에서 1975년의 혁명까지 크게 4번의 성공사례가 있었다. 그 자랑스러운 혁명은 1917년 러시아 대혁명, 1949년 중국 혁명, 1959년 쿠바 혁명, 1975년 베트남 통일이 있었다. 자본주의사회의 혁명사는 역사적 자본주의의 전개사와 상응한다. 역사적 자본주의는 제노바 헤게모니, 네델란드 헤게모니, 영국 헤게모니, 미국 헤게모니로

---

13) 현재 5월말창립예정인 활동가정치조직은 '사상이론자치조직'이라는 독특한 조항을 갖고 있다. 활동가정치조직준비위원회는 긴 논의과정에서 기존의 '분파'나 '의견그룹' 이상의 의미를 담는 자율적인 사상이론자치조직의 구성과 활동에 대하여 긍정하게 되었다. 긴 설명은 생략하지만 사상이론자치조직은 차이와 연대의 조직론의 현실터가 될 수도 있다.

전개되어 왔다. 제노바 헤게모니가 위기에 처한 시기에 네델란드 독립이 성취되었고, 네델란드 헤게모니가 위기에 처한 시기에 프랑스 대혁명이 있었고, 영국 헤게모니가 위기에 처한 시기에 러시아 대혁명이 있었다. 이제 미국 헤게모니가 위기에 처한 시기에 어쩌면 새로운 대혁명이 기다리고 있는지도 모른다. 막상 미국 헤게모니가 분명한 위기에 처한 시기에는 소련 사회주의권의 붕괴로 잠시 혁명이 연기되고 있는지도 모른다. 이제 남은 것은 프랑스 대혁명, 러시아 대혁명에 버금가는 새로운 대혁명이 남아 있을 뿐인지도 모른다.

이러한 정세 속에서 자신의 정체성을 '비국가반자본코뮌주의 사회변혁운동'으로 사고하는 우리가 현재의 위기를 사회변혁의 계기로 전화하는 노력을 집단적으로 기울이는 것은 참으로 행복한 일이다. 동지들과의 대화가 진심으로 즐거운 이유이다.

평의회 운동의 역사와 현재적 의미

빛나는 전망 사회이론연구소

1. 문제제기

한국의 노동자운동은 19세기 중반부터 활발하게 전개된 유럽 노동자운동과 유사한 방향으로 전개되고 있다. 즉 1987년 노동자 대투쟁 이후, 한국의 노동자운동은 1996/97 총파업 투쟁을 정점으로 하여 급속하게 우경화되었다. 대공장 남성 정규직노동자를 중심으로 전국적으로 조직된 민주노총은 자본주의 세계시장에서 부르주아지들의 노동지배를 위한 핵심 이데올로기인 민족주의와 경제주의에 포섭되어 기층 노동자의 운동방향을 잘못된 방향으로 이끌고 있다. 즉 사회주의 변혁이라는 최종목적[1] 을 포기하고 자본주의 시스템내에서의 점진적 개혁과 임금투쟁에 한정된 투쟁을 목적으로 하는 "말 그대로의 조합주의"가 관철되고 있다. 또한 노동자정당을 기치로 건설된 몇몇 당은 부르주아지 의회로의 진입을 최종목적으로 하여 노동자들의 일상정치 투쟁을 선거제도개혁과 사회복지제도의 도입과 확산을 통한 점진적 개혁으로 이끌면서 노동대중에게 의회를 통한 변화의 환상을 심어주고 있다. 이들 당은 상투적인 언어로만 노동자계급 정당임을 주장하며 실제로는 자본주의체제에서의 안정화를 위하여 자본과의 공존을 수용하고 있다. 전국적 노동자대중 조직이 결성된 이후 조직된 노동자의 양적 증가로

---

[1] Rosa Luxemburg, "Sozialreform oder Revolution?", *Rosa Luxemburg Gesammmelte Werke* (Berlin: Dietz Verlag), p. 369.

인하여 당과 조합에서 중앙조직의 규모가 점차로 거대해지기 시작하였다. 거대화된 조직의 관리와 이를 위한 행정 기술적 과제의 확대는 관료화를 촉진하는 결과를 가져왔다. 대중조직의 중앙에 노사 타협을 지향하는 임원들이 대다수를 차지함으로써 조직력의 양적인 성장을 질적으로 전화하지 못하고, 오히려 그동안 투쟁을 통하여 쟁취하였던 결과들을 무효로 만드는 결과를 초래하고 있다. 현재 목격되는 노동자대중조직의 문제점은 아래와 같이 요약될 수 있다.

우선 정치적 사안에 대한 결정이 중앙에 의하여 일방적으로 이루어지고 있다. 이러한 관료적 분업은 중앙조직이 대중으로부터 독립적으로 기능하는 결과를 초래하였다. 이와 동시에 대중조직 임원들의 의식이 부르주아지화 되었다. 당과 조합임원들의 활동영역이 기술적인 부분으로 협소해지고 임원의 선발이 행정 기술적인 범주에 종속됨으로써 더 높은 교육을 받고 연설을 잘하는 엘리트, 사무직노동자가 육체노동자에 비하여 수적인 열세에도 불구하고 대중조직에서 큰 영향력을 행사하고 있다. 육체노동자 출신의 대중조직 임원들 역시 소부르주아지적인 삶과 세계관에 함몰되고 있다. 이러한 상황에서 대중조직의 정치 경제적 영향력이 확대되면서 대중조직 임원들의 활동은 작업현장으로부터 분리, 상대적인 재정적 안정감, 일자리 확보 그리고 무엇보다도 지배계급들과의 접촉에서 오는 사이비 엘리트주의와 권력욕이 이들의 기회주의적 관료주의를 촉진하고 있다. 또한 대중조직의 언론이 중앙에 의하여 일방적으로 통제되고 있다. 중앙이 언론을 독점하고, 정치적 이론적 논쟁이 배제되며, 기관지를 이용한 반대파에 대한 일방적 비방은 자신의 경험과 의식에 기초한 대중의 주체적 행동형성에 필요한 필수적인 정보를 가로막았다. 파업 등 대중의 행동을 중앙이 일방적으로 장악하였다. 결론적으로 대중조직을 장악한 임원들은 대중조직을 자신들이 부르주아지 정당과의 경쟁에서 최대한 이용가능한 형태로 변화시켰으며, 조직을 변혁을 위한 수단이 아닌 목적으로, 최종적으로 자신들의 목적 자체로 변화시켰다. 이제 대중조직의 임원들에 의하여 노동자대중조직은 조직 그 자체가 목적이 아니고 사회주의 변혁을 위한 투쟁수단이며, 이론과 실천을 중재하는 형태를 취하여야 한다는 기본공식이 파괴되었다.

1905년 러시아에서 처음 목격되고, 1차대전 후 독일, 이태리 그리고 영국 등 유럽 국가에서 자발적으로 조직되고 건설되어 자본주의체제에 대항하였던 (노동자)평의회운동은 물론 자본과 국가의 피착취계급에 대한 초과억압이 일차적인 원인이지만 대중조직의 우경화와 관료화 역시 결정적인 원인의 하나이었다. 2차대전 이후에도 동구권과 아시아와 남미의 3세계를 중심으로 노동자평의회운동이 활발하게 전개되었다.[2] 물론 노동운동의 역사에서 자본주의 생산관계를 노동자가 작업장에서 권력을 인수하고 조직된 노동자계급이 생산과정의 지배 관리자로 혁명적으로 변화[3] 시키려는 시도는 아직도 완결되지 않은 긴 역사적 과정이었다. 대부분의 국가에서 노동자평의회운동은 실패하거나 경제민주주의라는 이름으로 자본주의체제로 통합되어 노동자를 자본주의체제내로 통합하는 제도로 정착되고 말았다. 러시아와 유럽의 역사적 경험에서 보면 노동자평의회운동 실패의 원인은 국가와 시기에 따라 다양하지만, 운동을 이끈 조직의 이론적 결함, 정규직 숙련노동자 중심의 이권 지키기 운동성격, 부르주아지 국가기구와 연계한 기존 노동조합과 사민당의 방해와 억압 등으로 요약될 수 있다.

　역사적으로 실패하거나 자본주의 지배기구에 통합된 형태로 존재하는 노동자평의회가 변화된 조건하에서도—미시전자 신기술의 생산과정으로의 도입의 확산과 심화—자본주의를 대체할 수 있는 대안이 될 수 있느냐는 문제제기를 할 수 있다. 논의의 출발점은, 기술적 진보에도 불구하고, 자본주의에서 노동자와 자본가 사이의 관계는 근본적으로 변하지 않았다는 것이다. 아직도 생산수단의 소유자들이 생산과정에서 모든 결정권을 가지고 있으며, 생산의 목적은 이윤추구이다. 자본의 이익추구는 노동자와 소비자의 이해와는 상반된다. 더욱이 미시전자기술의 생산과정으로의 도입이 확산되면서 고정자본의 회전기간이 급속히 짧아지게 되어 자본은 노동과정을 총체적으로 통제하는 것이 더욱 절박하여졌다. 이러한 변화가 자본의 입장

---

2) Assef, Bayat, *Work Politics and Power, An international Perspective on Workers' Control and Self-Management* (Monthly Review Press, 1991).
3) 자본주의 세계시장에서의 개인간의 경쟁은 작업장 차원에서 시작된다. 이러한 의미에서 작업장에 대한 노동자의 직접관리는 민족국가 단위로 분열 지배되어 경쟁하고 있는 전세계 노동자의 해방투쟁의 핵심 고리를 이룬다는 점에서 혁명적이다.

에서 구체화된 슬로건이 '경제계획' 또는 '우연에 대한 계획과 투쟁'이다. 완결도가 높은 경제계획과 우연에 대한 투쟁은 총노동에 대한 확실한 통제를 전제조건으로 한다.

이러한 이해관계로부터 상이한 모순[4]이 표면화되거나 은폐되어 있다. 모순의 첫 번째 유형은 '직접적 생산과정'에서 나타난다. 자본가는 일반적으로 명백한 위계에 기반하는 명령체계와 조직을 선호한다. 이에 반하여 노동자는 단지 자원이라는 대상으로 취급당하는 것을 원하지 않으며, 생산과정의 조건들을 스스로 조직하고 싶어한다. 두 번째 모순은 '생산의 규모와 방식'에서 나타난다. 자본가는 생산의 규모와 방식을 기대수익에 의존한다. 또한 자본가에 의한 생산 규모와 방식의 독점권은 노동자와 소비자의 욕구충족과 일치하지 않는다. 마지막 모순은 '생산결과의 분배'에서 나타난다. 자본의 이윤추구는 같은 산출량에서 가능한한 최저비용 또는 같은 비용에서는 최대의 수익을 요구하며, 이는 신기술의 도입과 해고 그리고 가격상승을 필연화한다. 이로 인해 노동자의 실질임금과 욕구충족에 필요한 임금간의 엄청난 격차가 발생한다. 자본주의체제내에서 노동자의 이해를 특별히 보호하는 여러 가지 법과 제도가 도입되었지만, 주어진 경제체제에서 노동자에 대한 전반적 보호가 이루어 질 수 있느냐에 대한 의문이 제기된다. 자본주의체제가 단지 경제와 정치적 분배에 의하여 수정될 수 있다는 생각은 맑스가 이미 부정하였다. 1875년 맑스는 「고타강령비판」에서 소위 분배제도를 형성하는 것과 이에 중점을 두는 것은 매우 결함이 있다는 주장을 하였다.[5] 노동운동이 분배측면만으로의 노동자운동을 더욱 강력하게 부정한 것은 칼 코르쉬였다. 코르쉬는 "사회적 분배관계의 발본적인 변화는 기본적인 생산관계의 변혁 없이는 절대 불가능하다"[6] 라고 주장하였다. 이러한 맑스와 코르쉬의 주장은 전후 유럽 일부 국가에서 형성된 소위 복지국가에서

---

4) D. Schneider/R. Kuda, *Arbeiterraete in der Novemberrevolution, Ideen, Wirkungen, Dokumente* (suhrkamp, 1968), pp. 44-45.
5) 칼 맑스, 「고타 강령 초안 비판」, 『맑스 엥겔스 저작선집』 IV권, 박종철 출판사, 373-378쪽.
6) Karl, Korsch, "Sozialismus und soziale Reform," in Michael Buckmiller, ed., *Karl Korsch, Raetebewegung und Klassenkampf*, p. 205.

증명된다. 복지국가의 기본원칙인 '사회보장제도'는 단지 '노동자 내부'에서의 소득 재분배로 이해된다. 그리고 단체협상에서의 임금인상은 곧바로 소비자물가의 상승으로 이어지는 재분배조치에 불과하다고 볼 수 있다.

이상의 문제제기를 가지고 우리는 평의회운동을 연구를 위한 기본 골격을 설정하고 역사적으로 실존하였던 평의회운동을 분석하여 이의 현재적 의미를 조명할 것이다.

2. 평의회의 개념설정과 문제점들

일반적으로 사용되는 언어로서 평의회는 선거나 임명에 의하여 설치되어 사안을 논의하고 결정할 권한을 가진 '합의체' 또는 '합의체에 속한 개별 성원'을 말한다. 하지만 앞으로 논의되는 '평의회사상', '평의회체제' 또는 '평의회운동' 등의 언어사용에서의 평의회는 '역사 정치적 개념', 즉 '특수한 개념'으로서 단순히 일반적 합의체의 의미를 넘어선다. 이러한 관점에서 보면 평의회는 역사적 실제로서 1905년 러시아혁명에서 출발하여 현재까지 발생 당시 혁명적인 상황을 지향하는 것에 머무르는 노동자운동을 지칭한다고도 볼 수 있다. 위의 평의회 개념에 보다 명확한 정치적 내용을 부여하기 위해서 우리는 우선 평의회가 언제 최초로 생성되었고, 핵심이념은 무엇이며, 특히 노동자평의회는 무엇을 의미하는가를 살펴보아야 한다.

평의회사상의 최초의 역사적 근원은 오래 전으로 돌아간다. 수세기 동안의 수많은 혁명에서, 혁명의 핵심계급에 의하여 성립된 원래의 '혁명지도부' 외에, 혁명의 하부를 구성하였던 소부르주아지, 노동자 또는 군인들은 특별한 기구를 창출하였다. 이러한 특별한 기구를 통하여 지배계급도 그리고 혁명의 지도부에 속하지 않는 하부계급은 자신들의 이해를 효과적으로 대변하고자 하였다. 그들은 스스로의 지향점을 가지고 있었으며 사회를 발본적으로 변화시키고자 하는 혁명을 계속 추진하고자 하였다. 일반적으로 이들은 루소의 사상적 의미에서 '직접민주주의'를 사회전반에 건설하고 기능하게 하고자 하였다. 역사적으로 추적하면 최초의 평의회적 성격을 가진 조직은 영국 청교도 혁명 당시 크롬웰 휘하의 군사들이 선동을 위하여 조직한 것이 최초이다. 이후 1789-94년까지 불란서 대혁명과 1871년 파리 코뮌 등에서 또다른 역사적 기원을 찾을 수 있다. 최초의 군인평의회는 칼 1세 당시 영국 혁명 시기에, 군대가 의회와 충돌한 후에 결성되었다. 당시 군인들은 의회가 자신들을 해고할 것을 예상하고 자신들의 빵을 지키기 위하여 건설되었다. 말하자면, 최초의 성립된 군인평의회는 대부분 프롤레타리아 출신들인 용병들이 자신들의 이익을 대변하기 위해서 결성한 것이다. 불란서 대혁명 후 지역과 지방평의회, 그리고 1848년 유럽혁명 당시의 룩셈부르크 위원회(commission de Luxemburg)도 이와 유사한 형태에 속한다. 또한 1871년 파리 코뮌에서 인민군대의 노동자, 소부르주아지 그리고 군인들이 부르주아지 공화국의 지배계급에 대항하여 투쟁하기 위하여 혁명 기구를 창출하였다.[7] 당시의 파리 코뮌은 새롭게 성장하고 있던 독일과 다른 유럽 국가들의 노동운동에 커다란 자극을 주었다. 1848년 부르주아지국가에 대항하여 봉기한, 잠시지만, 승리를 쟁취했던 프롤레타리아 혁명에 대한 기억은 20세기 초반에 평의회가 또다시 현실화되었을 때 평의회사상의 확산에 결정적으로 기여하였다.

하지만 우리가 다루는 평의회는 실제 역사적 개념으로 1905년 러시아에서 자연발생적으로 노동자를 중심으로 조직된 혁명조직에서—혁명위원회, 파업위원회 그리고 소비에트—출발하여, 1918-1923년 독일 혁명기간 동안의 노동자, 군인평의회 그리고 서구 유럽 대부분의 산업국가에서의 노동자 평의회를 포괄한다. 그리고 가장 최근의 평의회는 전후 제3세계를 중심으로 전개된 생산에 대한 노동자 직접통제 운동까지도 포함한다. 열거된 다양한 형태는 태생이나 기능에서 역사적으로 상이하지만, 우리가 평의회라는 개념 하나로 묶어낼 수 있는 어느 정도 일치하는 공통되는 특성을 가지고 있다.

열거된 모든 평의회 조직형태를 가로지르는 기본적인 특징은 이들의 작용과 활동이 '전투적이고 혁명적인 지향'을 가지고 있다는 점이다. 모든 평의회 형태는 무엇인가에, 즉 어떤 특정한 정치적 또는 경제적 질서, 어떤

---

7) O. Anweiler, *Die Raetebewegung in Russland 1905-1921* (Leiden, 1958), p. 10.

특정한 사회적 권력분배에 근본적으로 대항하였다는 것이다. 하지만 개별 평의회의 기본적 특성들은, 어떤 사회 계층이나 계급을 대표하는가?, 활동의 형태는 어떠한가?, 그리고 어떠한 방식으로 성립되었는가?에서 다르게 표현된다. 이러한 세 가지 측면에서 살펴보면 역사적으로 발생하고 활동하였던 평의회는 아래의 공통의 특성을 가지고 있다.

1) 평범한 군인, 농부와 소시민, 노동자, 사무직 노동자, 포괄적으로 논하면 억압받는 대중이 상이한 역사적 상황에서 그리고 상이한 비중을 가지고 평의회의 주체적 추진자로 활동하였다. 이러한 계급 또는 계층은 사회적, 경제적(자본주의적 소유관계에서 오는 임금노동자), 정치적(법에 의한 선거권 제한)으로 권리를 억압받았고, 박탈당했으며, 최소한 어떤 특정한 계급에 종속되어 사회적으로 박해받는 위치에 있었다.

2) 평의회운동의 정치적 조직형태는 지배층이 자신들의 권력을 실행하는 직접적 영역이거나, 권력의 유지에 도움을 주는 정치적, 사회적 그리고 법률적 조직과 제도들에 대항하면서, 급진적인 직접민주주의 조직형태를 지향하였다. 이러한 정치적 조직을 통하여 평의회는 지금까지 박해받던 계급이 직접적으로 사회에서 지도적인 위치를 점거하여 이의 활동에 결정적인 영향을 줄 수 있도록 하려고 하였다. 평의회의 첫 번째 조직원칙은 평의회를 구성하는 선거에서 자본주의체제를 대표하는 자들은 제외된다. 말하자면, 자신의 개인적 이익을 위해 노동력을 항시적으로 고용하는 생산수단을 직접 소유하거나 생산수단을 임대한 모든 사람들에게서 선거권을 박탈하는 것이다. 평의회 직접민주주의는 다음의 실천과 제도들로 특징지어진다.[8]

(1) 모든 지도적 위치는 선거를 통하여 결정된다.
(2) 선거권자는 통일된 선거단위에서 행동하며, 자신들이 속한 기본단위의—부대, 분과 그리고 작업장—집회에서 자신들의 정치적 의지를 형성한다.
(3) 선거권자는 필요한 결정을 함에 있어서 가능한 한 많은 논의 사항을 스스로 결정하며, 자신들이 뽑은 대표들에게 되도록 적은 수의 사안에 대한 결정권한을 위임한다.
(4) 당선된 대표자는 결정에 있어서 자유롭지 못하며 선거권자의 위임에 구

---

8) Peter von Oertzen, *Betriebsraete in der Novemberrevolution* (Verlag Dietz), p. 10.

속된다.

(5) 당선된 대표자들은 선거권자의 지속적인 통제하에 있으며, 이들에게 규칙적으로 자신들의 활동을 해명해야 하며, 과오가 있을 경우 언제든지 소환되거나 대표성이 상실될 수 있다.

(6) 피선거권자와 선거권자의 사회적 지위는 가능한한 동일하여야 한다.

이러한 사고가 확산되어 일반화되면 '지배받는 자와 지배하는 자가' 동일화되는, 즉 '대중의 직접지배'가 실현될 수 있다는 것이 평의회가 지향한 직접민주주의의 골격을 이룬다.

3. 평의회는 당시 존재하는 사회적 질서에 반대하는 '혁명적' 지향과 일치하여, 일반적으로 '혁명적 상황'에서 발생하며, 대중의 자발적, 계급적 경험에 기초한 즉흥적 행위와 활동이 평의회의 전개를 특징짓는다. 그리고 평의회는 궁지에 몰린 지배층의 양보 또는 국가나 당 지도부에 의하여 위로부터도 성장할 수도 있다. 하지만 이 경우에도 평의회의 전개와 성격에는 영향을 주지만 본질을 변화시킬 수 없다.

위에서 열거한 평의회체제의 일반적 공통적 특성은 평의회의 목적과 존속기간에 따라 아래의 세가지 유형[9]으로 구분될 수 있다.

첫 번째 유형은 '시간적으로 제한된 투쟁기관'으로서의 평의회가 그것이다. 파업이나 봉기가 발생했을 때, 이를 지도할 조직이 없거나 이를 이끌 적당한 조직의 결핍으로, 현존하는 질서에 대항하여 특정한 제한된 목적을 성취하기 위해서, 봉기하는 계급에 의하여 창출되는 투쟁기관이 이에 속한다. 이 경우 평의회는 일시적으로 매우 강력한 권력을 가지며 행동의 성공이나 실패 후에 해소되거나 존재의미를 상실하게 된다. 이 경우에는 평의회는 혁명의 상설기관으로 사고되는 것이 아니고, 혁명의 진행 과정에서 변화할 수 있다.

두 번째 유형은 경제를 지배하는 사적 집단과 국가기구 등의 지배 집단에 대항하여 '박해받는 계급의, 특히 임금노동자, 이익을 대변하는 기구'로서의 평의회

---

9) Ibid, pp. 11-12.

를 말한다. 평의회의 마지막 유형은 '직접적이고 민주주의적으로 스스로 통치하는 민중의 국가기관', 즉 공동체국가기관으로서 평의회가 또다른 형태이다. 파리 코뮌, 1918년 러시아혁명 후에 소비에트 법률에서 명시한 대로의 평의회, 그리고 유고에서의 생산자(노동자-)평의회가 이에 속한다.

우리가 평의회를 기능면에서 위처럼 분류할 수는 있지만 이러한 획일적인 분류 방식에는 한계가 있다. 실제 역사에서는 3가지의 조직형태들이 서로 결합하거나 또는 분리되면서 전개되었다. 일반적으로 평의회 조직형태는 혁명기관으로 시작하였고, 이러한 형태를 자주 극복하거나 넘어서서 평의회를 제도화하기 위하여 노력하였다. 하지만 많은 경우에 기존질서내에서 이익대변을 획득하는 것이 유일한 결과이기도 하였다. 하기에 우리는 현재 평의회운동의 대표적 결과로서 논의되는 독일의 공장평의회를 우리가 의미하는 원래의 평의회로서 평가할 수 있는가에 문제를 제기하여야 한다. 우리가 위에서 설정한 평의회의 성격과 역사적인 관점에서 평가하면 현재 기능하고 있는 독일의 공장평의회는 '잠재적 평의회'라고 범주화할 수 있다. 다른 한편으로, 우리가 박해받는 사회계급의 운동으로서 평의회운동을 개념화할 때, 이렇게 정의된 평의회운동이, 억압받는 대중이 일반적으로 추구하는 모든 이상을 충족시킬 수 있는 충분한 권력을 가지고 있는가?라는 질문에 봉착한다. 이러한 문제에 대한 논의는 평의회운동의 일반성을 넘어선다. 이 문제는 평의회운동을 주도하는 세력이 혁명적인가 개량적인가?라는 측면에서 파악하면 더욱 확실해진다. 이러한 문제에 대한 해답을 얻기 위해서 우리는 역사적으로 존재하였던 평의회조직을 실천적 활동의 측면에서 파악하여, 이념과 실천의 '지속성'과 평의회 권력의 '중앙집권화' 문제를 짚어봄으로써 접근할 수 있다.

'지속성'의 개념은 불란서 대혁명 당시 파리에서 조직되어 1789-1794 기간동안 활동하였던 '파리지역평의회'(Pariser Sektionen)의 투쟁에서 유추할 수 있다. 이 조직은 자신들의 권리를 위해서 언제나, 그리고 필요하다면 지속적으로 '영구히' 역할을 수행한다는 원칙에서 개념화되었다.[10] 지속성의

---

10) W. Markov und A. Soboul, *Die Sansculotten von Paris* (Berlir, 1957), p. 164ff.

문제는 평의회 기본단위 성원의 의사결정을 지속적이고 생생하게 유지하기 위하여 제도화되어야 될 직접민주주의의 필요성과 동일한 의미를 내포하고 있다. 실천에 있어서, 이 문제는 가장 아래의 선거단위에서 활동하는 소수도 협의하고 충고하는 역할을 부여할 수 있고, 부여받아야 한다는 필연성을 의미한다. 파리지역평의회는 이를 일상적인 집회를 통하여 해결하였다. 집회는 짧은 시간적 간격을 가지고 개최되어야 한다. 만약 집회가 긴 시간적 간격으로 개최된다면, 지역의 권리가 박탈되어지는 작용을 할 것이고 기초단위 선거권자의 '지속적' 참여지분이 소멸되는 효과를 가져와, 실제 대중의 의사는 허구적인 것이 된다. 말하자면, 이러한 경우, 의사결정은 선거로 생성된 상위기관으로 이동하여 직접민주주의가 위축된다. 하지만 실제에 있어 영구적인 집회활동은 이에 참여하는 개인에게는(실천하기 힘든) 가장 높은 수준의 요구—열성적으로 활동하는 혁명적 소수도 단지 혁명적 긴장의 기간에만 정당화된다—이다. 혁명적 상황에서의 평의회의 성립과 이후 현장 대중의 정치적 에너지의 무기력에 근본적인 원인을 찾을 수 있는 평의회의 와해도 이러한 측면에서 설명되어질 수 있다. 중앙집권화의 문제도 역시 근본적으로는 평의회조직내에서 기초단위에 부여되는 역할에서 발생한다. 무역, 소송 그리고 전쟁 같은 사건에 대한 인원투입이 지역의 과제를 벗어나지 않는 경제적 관계를 가진, 규모가 작고 자족이 가능한 마을공동체에서는 민회(民會)가 직접민주주의 원칙을 파괴하지 않고도 필요한 중앙집권적인 기능을 해낼 수 있다. 하지만 발전된 부르주아지 사회나 근대국가에서는 이러한 해결책이 더 이상 불가능하다. 하지만 민주적 의사결정이 본질적으로 사회의 가장 작은 단위가 가지고 있다는 조건에서, 어려운 과정을 거쳐 진정한 의미에서 민주적으로 성립된 중앙관청은 의사결정권을 가진 사회 최소 단위에 대하여 어떤 권한을 가져야 하는가? 또는 어떤 권한이 주어져야 하는가? 즉 사회최소단위와 중앙관청의 권한이 어떻게 분리되어야 하는가? 다수의 원칙으로는 문제가 해결이 되지 않는다. 다수결의 원칙에 따를 경우, 의견조성에서 계속 소수에 머무르는 최소단위의 선거권자 집단에게서 점차적으로 그들의 직접적인 자치권(自治權)이 박탈된다. 평의회운동 역사적 실제에서 보면 이 문제의 해결은 직접민주주의를 실제적으로 지양한 '극단적 중앙집권주의'와 코뮌과 작업장의 자율성(분류하자면 무정부 생디칼리즘) 위에 군림하는 기능을 수행할 수 있는 중앙기구의 설치에 실패한 '극단적 분리주의' 사이에서 운동하였다.

평의회 조직형태가 차별화되는 또다른 원인은 어떤 계급 또는 계층이 주체이었는가와 어떤 사회적 영역에서 활동하였는가에 있다. 평민과 프롤레타리아적 요소가 공동으로 활동한 파리 코뮌의 군사평의회와 근대 평의회운동의 노동자평의회는 명백하게 구분된다. 어떤 평의회조직의 활동영역이 군대, 국가 또는 지역공동체 또는 근대 산업경제이냐에 따라 주체와 활동방식이 상이하다.

3. 자본주의 산업사회에서의 노동자평의회

자본주의 산업사회에서 기업, 작업장은 지배자와 피지배자가 계급으로 상존하는 조직이다. 개별 작업장에서는 자본가와 관리자가 지배계급으로서 피지배계급인 노동자와 서로 적대적 모순관계하에 있다. 이론적으로 정확하게 규정하기는 어렵지만 양계급 사이에 사무직노동자가 중간위치로 존재한다.[11] 하지만 자본주의 생산체제의 화합할 수 없는 이해대립으로부터 피할 수 없는 작업장에서의 계급충돌에서는 언제나 자본가와 (육체)노동자가 양극을 이룬다. 우리가 사무직노동자의 위치를 위처럼 평가하는 이유는 지금까지의 계급충돌의 역사에서 노동자계급에서는 보통 육체노동자와 이들의 조직 그리고 이데올로기가 지배적이고 주도적인 역할을 수행하였다는 사실이다.

현상적으로 파악하면 자본가와 관리자 그리고 노동자의 이해충돌은 개별 작업장차원에서만 이루어지는 것처럼 보인다. 하지만 개별 작업장은 자본과 노동간의 적대나 이해충돌이 포괄적인 사회적 충돌로 발전할 수 있고, 실제로 개별 작업장은 지금까지 전개된 자본주의 생산체제에서 한 부분에 지나지 않는다. 게다가 자본주의 생산, 즉 경제는 경제 이외의 사회와 가정

---

11) 평의회에서 육체노동자와 정신노동자 사이의 관계는 코르쉬의 분석 참조. Karl Korsch, op. cit., p. 173.

과 밀접하게 얽혀져 발전되었다. 자본주의 생산이 이루어지는 사회에서 산업과 작업장은 더 이상 다른 사회적 제도나 장치 옆에 존재하는 것이 아니라, 자본주의사회의 중심이 되었다.

작업장 차원에서의 계급충돌이 사회 전반에 미치는 영향의 정도에 대하여, 좀더 구체적으로 말하자면, 이러한 충돌 자체의 성격, 충돌의 형태, 충돌의 강도 그리고 이의 직접 간접적인 결과에 대하여 이론적으로 해답을 준다는 것은 무의미하다. 경험적 연구―역사적, 사회학적 그리고 정치학적―는 풍요하지만 단지 실마리를 줄 수 있다. 계급충돌의 실제적 발생과 전개를 이론적으로 분석하고 결론을 끌어내는 작업은 무수히 계속되어 왔다. 지배자와 피지배자의 적대적 이해가 잠재적으로 머무를 수 있기 때문에, 언제나, 이론적 차원을 넘어서서―계급조직의 조건, 충돌의 강도와 집중도를 결정하는 조건들, 그리고 충돌이 발생하는 사회의 구조의 가능한 변화 조건들의 측면에서 계급충돌의 각각의 조건들에 대하여 경험적인 연구가 필수적이다.

이상의 논의에서 작업장에서의 노동자평의회를 좀더 발전된 관점에서 고찰하면, 직접적으로 자본가와 관리자에 대항한 노동자평의회운동은 '자본주의적 산업생산의 지배구조를 근본적으로 변혁시키려는 목적'을 가지고 있었다. 다양한 형태의 평의회가 지향한 목적은 역사적 배경이나 정치적 상황에 따라 상이하게 형성되었다. 작업장 민주주의로 표현되는 노동자에 의한 생산과정의 직접통제, 자본과 노동의 공동의사결정 제도의 도입, 경제 전반에서의 노동의 자치 등이 평의회의 상이한 형태를 이룬다. 이러한 개념들과 이를 뒷받침하는 정치 사회적 이데올로기는 본질적으로 서로 상이하지만, 노동자가 자본주의 생산의 결정에서 아무런 역할도 하지 못했다는 출발점에서는 일치한다. 이제 노동자가, 국민으로서 의회, 정부 또는 행정기관이라는 '정치적' 우회로를 통하는 것이 아니고, 직접적으로 경제전반에서 그리고 산업생산에서 주체적이고 지배적인 역할을 하여야 한다는 것이 평의회사상의 출발점이다. 말하자면 노동자평의회운동의 기본사상은 노동자가 경제, 특히 생산과정에서 모든 차원에서 항상 직접적인 참여를 하고 모든 요구사항을 직접 결정한다는 것이다.

지금까지 간략하게 묘사된 경제적 노동자평의회운동의 사회적 조건과 목적설정으로부터 몇 가지 중요한 개별문제들이 나타난다.

1) 경제전반에서 평의회 이상을 현실화하기 위해서 독창적, 독립적 그리고 내부적으로 연관되어 있고, 또한 정치적 법안과의 관계에서 해명되어져야 하는 경제운용에 대한 법의 제정이 요구된다.
2) 어차피 나타나는 중앙집권화의 문제는 중앙집권적 경제계획과 경제운용의 탈중앙화 사이에 대한 적절한 대안을 찾기 위해 특별한 논의가 필요하고, 새로운 접근방식이 항시적으로 토의되어야 한다.
3) 노동자평의회와 정치적 당과 노동조합과의 관계설정기 토론되어야 한다.[12]

게다가 발전된 산업사회에서의 제반 조건하에서는 직접민주주의가 함유하고 있는 내재적 문제가 특별한 비중을 획득한다. 고기술이 도입된 생산과정의 지배를 위해서는 관리자, 판매 분야, 기술 분야의 그리고 조직분야의 전문가가 필요하다. 하지만 평의회의 관점에서 '기술 관료집단'인 이러한 전문가의 존재는 이론적으로 평의회체제의 기본원칙에 모순되고, 또한 전문가 집단은 경험적으로 사적 작업장에서는 자본가나 관리자 그리고 국영기업체에서는 국가 관료와 관계가 더욱 밀접하였다. 이제 우리는 구(舊) 전문

---

12) 정도의 차이는 있지만 '자치'라는 기초 위에 사회주의적 헌법을 추구한 다른 이론들이 노동조합을 파악하는 관점은 평의회이론과 구별도 되지만 상당 부분은 혼용되어 나타난다 (Schneider et al., op. cit., s. 38ff). 여기서 이야기되는 이론적 경향은 '무정부주의', '생디칼리즘', 그리고 '길드 사회주의'이며 이들 사상이 노동조합과 가지는 관계는 다음과 같이 요약될 수 있다. 무정부주의는 스스로 행위하는 개인을 벗어나는 모든 고정된 조직을 거부한다. 이에 따라 무정부주의는 노동조합 없는 새로운 조직을 추구한다. 블랑키와 프루동의 영향을 받은 무정부주의는 독일 평의회 이론가인 륄레에 의하여 (물톤 륄레는 모든 구체화된 조직 자체를 거부하며 조직을 형태를 가지지 않는 정신으로 파악한다. 륄레의 평의회 사상은, Paul Mattick, *Anti-Bolshevik Communism* [1978], pp. 87-116) 계승된다. 생디칼리즘은 노동자의 직접행동의 도움으로 새로운 조직을 관철하고자 하며 생산에 대한 전반적 지배를 노동조합의 수중에 놓고자 한다. 이는 독일혁명 당시 '순수 경제평의회'를 지향한 뮐러의 입장과 유사하다. 마지막으로 길드사회주의는 생디칼리즘이 가지고 있는 무정부적인 관점들을 정화시키고자 시도한다. 길드사회주의는 노동조합과 길드의 토대 위에 새로운 조직의 건설을 추구한다. 여기서 논의되는 사실은 후에 노동조합은 길드로 소멸 융합된다.

가 집단이나 신흥 전문가 집단 등의 도움 없이 평범한 노동자가 경제전반을 운용에 필요불가결한 전문적인 능력을 확보할 수 있는가?[13] 라는 문제를 당연히 제기하여야 한다. 위의 문제제기에서 노동자가 자본가, 관리자 그리고 전문 관료들과 경제운용에서 지배권을 나누어 가져야 하는가?, 노동자가 중요한 사항의 결정에 있어서 절대적 우위를 요구하여야 하는가? 또는 모든 계급이 완전히 철폐되어야 하는가?라는 상이한 대답이 평의회운동과 평의회사상 내부의 논쟁에서 매우 중요한 사안이었다. 이러한 논쟁은 또한 평의회의 운동 범위를 생산의 다양한 차원—공장, 기업, 지역, 산업분야 그리고 국민경제—또는 경제의 다양한 기능적 분야—사회적, 조직적, 기술적, 또는 상업적, 재정적 영역—에서 어떻게 적용하여야 하는 질문에도 역시 적용된다.

경제적 노동자평의회를 연구함에 있어서 무엇보다도 중요하고 필수 불가결한 점은 역사적으로 출현한 노동자평의회와 이를 성립시킨 각각 국가별 지역별 산업노동자의 전통, 조직 그리고 이데올로기를 연관하여 분석하여야 한다는 점이다. 유럽에서의 경험에서는, 특히 독일에서의 노동자평의회 운동을 이해하기 위해서는, 사민당의 노선, 자유노조 그리고 사회주의 개념, 특히 맑스가 제기한 세계관을 도외시하면, 평의회운동을 서술하지도 이해하지도 못한다.

평의회운동을 이해하기 위해서, 마지막으로, 지금까지 우리가 경시하였던 문제, 평의회현실(reality of councils)과 평의회이념 간의 관계를 숙고하여야 한다. 특정한 역사적 상황에서 노동자에게서 자생적으로 성장하여 폭넓은 스펙트럼을 가진 평의회운동으로 결합되어진 실제로 존재하였던 평의회들은 자신들의 활동영역에서 포괄적인 평의회체제를 건설하였다. 평의회

---

13) 이와 관계하여 코르쉬는 '교육의 사회화'(Sozialisierung der Bildung)를 주장하면서 1919년 4월 평의회학교를 설립한다. 코르쉬는 평의회 학교는 프롤레타리아가 자본주의 분업체제가 구획한 정신노동과 육체노동의 분리를 넘어서 노동과정과 사회전반에 대한 지식을 학습하여야 한다고 생각하였다. 즉 그는 교육의 목적을 사회적 혁명을 위한 실제적이고 기술적인 준비와 사회적 혁명의 선전의 장으로 설정하였다. 이에 관한 자세한 내용은 H-H Mueller, *Intellektueller Linksradikalismus in der Weimarer Republik* (Kronberg, 1977), pp. 53ff을 참조하기 바람.

는 필수불가결하게 평의회체제 건설 과정에서 자신들의 건설동기들과 실제적 업무를 명확하게 형성하였고, 평의회이념을 발전시켰으며, 최종적으로— 이론적 사전작업을 응용하여—평의회 정강으로, 평의회 이론으로 그리고 평의회이데올로기로 성장하였다.[14] 실제적인 노동운동과 독립적으로, 때때로 물론 느슨한 연결하에 평의회 이데올로기의 특정한 기본사상을 순수이론적 차원으로 발전시키고자 하는 정신적 경향이 진행되었다. 이렇게 성립된 이론은 실제운동에 영향을 주었으며 실제적인 운동경험, 특히 무정부생디칼주의와 연결되었다. 경우에 따라서는 단순한 이론으로 머물렀으며, 동시대의 그리고 이후의 실제적 운동과 결합할 수 있는 이론적 부분이 많았음에도 불구하고 완전히 독립적으로 남아있었다.

4. 러시아와 서구 유럽의 평의회 운동의 실패 원인과 주요 쟁점들과[15] 의의

이제 우리는 위에서 제기한 문제를 실제 존재하였던 러시아와 유럽에서

---

14) 독일 11월 혁명 당시 평의회운동을 지도한 현장 활동가인 뮐러에 의하여 발전된 '순수 경제평의회'의 이론적 기초를 파악하는 것은 의미있는 일이다. 일단 우리는 '순수 경제평의회'를 자본주의 생산양식 모순에 대한 문제제기 없이, 자본주의 생산양식내에서 운동하며, 결국은 노동계급을 획기적인 새로운 질서에 대한 열망으로부터 주위를 전환시키는 노자협의체와 확연히 경계를 긋는 것으로서 이해하여야 한다. 혁명의 와중에 어려움 속에서 정립된 '순수 경제평의회체계'의 기본골격은 아래와 같다.
(1) 평의회체계는 반자본주의적이고 사회주의적 경제 질서를 지향한다.
(2) 평의회는 형식적 부르주아지 민주주의에 반대한다. 평의회는 사회주의 국가체제를 목적으로 한다.
(3) 평의회는 反정당적이다. 평의회는 당사상이나 당규율을 극복하고 프롤레타리아트 지배를 총체적으로 확립한다.
(4) 평의회는 관료주의, 국가사회주의 그리고 위로부터의 사회화를 반대한다. 이와 관계되는 평의회의 목적은 프롤레타리아 민주주의이다.
15) 러시아와 유럽에서의 평의회 운동의 역사적 전개과정을 상세히 다루는 것은 토론회 성격상 큰 의미를 부여할 수 없다. 따라서 평의회 운동의 역사를 개괄적, 테제를 통해 살펴보고 실패가 준 교훈 중에서 주요 쟁점들을 끄집어낼 것이다. 관심 있는 분들은 다음의 글을 보라. 이정희 「볼셰비키 사회주의와 '노동자 관리'(Workers' Control) 운동, 1917-1921」, 서울대학교 박사학위논문, 1998과 러시아, 영국, 독일 그리고 이탈리아 평의회 운동을 비교 연구한 D. Gluckstein, "The Western Soviets, Workers' Councils Versus Parliament 1915-1920"(1985).

의 평의회운동의 성립과 경과 그리고 실패원인을 살펴봄으로써 구체화하여야 한다. 우리의 목적에 부합하기 위해서 우리는 평의회운동을 연구 분석한 몇몇 역사학적 저작의 개괄이 필요하다(Gluckstein, Anweiler, Tormin, Kolb, 그리고 Pribicevic). 16) 이러한 개괄을 통하여 실제로 존재하였던 평의회에 대한 몇 가지 쟁점을 파악하고자 한다. 이들 자료는 비록 역사학자들의 분석이지만 현상만을 서술하지 않고, 평의회의 '의미'와 '가능성'에 대하여 의견을 제시하였기 때문에 1905년 자생적으로 성립된 러시아평의회부터 1차 대전 후, 독일을 중심으로 서구 유럽에서 확산된 평의회운동을 구체적으로 이해하는 데 매우 가치있는 방법론적인 그리고 분석적인 기초를 제공한다.

위에서 거론된 역사적 연구 자료는 평의회운동의 성립과 전개 그리고 종말의 관계를 단지 단일 인과론적으로 조건지어진 과정으로 개념화하지 않고, 각각 역사적 상황의 동인을 주도면밀하게 연구하였다. 말하자면 이들은 당시의 역사적 상황을 평의회의 성립뿐만 아니라 다른 발전 경로를 가질 수도 있었다는 열린 상황이었으며, 어느 경로로 나아갈 것이냐는 결정적 상황에서 평의회가 진정한 '가능성'을 보여준 것으로 이해한다.

우선 우리는 러시아와 독일의 평의회 운동 실패에서 주요한 시사점을 간략하게 살펴볼 것이다.

1905년부터 1917년 10월까지의 러시아혁명 과정은 '혁명적 민주주의'로서의 대중의 자생적 조직인 소비에트(평의회)와 사민당내의 소수 전위조직인 볼셰비키에 의하여 전개되었다. 1917년 2월 혁명 후 이중권력이 결성된 후에 레닌은 실제 혁명 중심 세력으로서의 평의회를 인정하고 혁명의 핵심 구호를 '모든 권력을 소비에트'로 설정한다. 17) 역사학자들은 혁명의 성공 후

---

16) O. Anweiler, *Die Raetebewegung in Russland 1905-1921*, 1958; W. Tormin, *Zwischen Raetediktatur und sozialer Demokratie. Die Geschichte der Raetebewegung in der deutschen Revolution 1918/19* (1954); E. Kolb, *Die Arbeiterraete in der deutschen Innenpolitik 1918/19* (1962); B. Pribicevic, *The Shop Stewards´ Movement and workers´ Control 1910-1922* (1959).

17) 1917년 2월 혁명 이후 스위스에서 망명 중이던 레닌은 네덜란드의 평의회 이론가인 판네쿡(A. Pannekoek)의 이론을 학습한다. 레닌은 이 당시의 학습과 다른 자료에 기초하여 1917년 8월과 9월 사이에 『국가와 혁명』을 저술하게 된다. 레닌은 부하린이 저술한 국가와

에 평의회의 이중적 경향 즉, 러시아에서 혁명적 평의회운동의 결정적인 문제를 '프롤레타리아 자치와 급진적 민주주의의 추진자로서의 본래 의미의 평의회와 당의 엘리트에 의한 대중지도를 위한 기관'으로서 볼세비키적인 평의회 개념 사이의 상이함[18]이라고 지적한다. 여기서 이해되는 핵심 테제는 1917년 11월 이후의 소비에트 공화국은 노동대중의 직접민주주의 형태로의 소비에트 독재가 아닌, 볼세비키의 관료제적 일당 독재였다는 것이다. 이러한 볼세비키 독재에 맞선 직접 프롤레타리아의 독재를 주장하던 원래 의미의 러시아에서의 평의회운동은 1921년 2-3월에 Kronstadt에서 '독립된 자유로운 소비에트' 그리고 '새로운 소비에트 선거' 등의 구호로 봉기한

사회주의 혁명 간의 관계와 판네쾩이 1912년 연구한 의회주의를 프롤레타리아 기구로의 대체론에 기초하여 혁명은 지금까지의 국가기관을 파괴하고 새롭게 창출되어야 한다는 견해를 확립하였다. 그는 여기서 1871년 파리 코뮌에 대한 맑스의 견해를 새롭게 발견하고 러시아혁명의 경험과 연결하게 된다. 여기서 레닌은 그가 이미 1905-6년 사이에 간간히 표명한 '혁명적 권력으로서의 평의회'에 대한 자신의 사고에 연결하여 평의회의 이론적 역사적 관계를 설정한다. 레닌은 맑스의 기본 사상을 아래와 같이 설명하고 있다 : 프롤레타리아에 의한 정치권력의 획득은 어떤 완성된 국가기관을 점유하는 것이 아니라 이의 분쇄와 파괴 그리고 어떤 새로운 기관으로 대체하는 것이다. 간단하고 적절하게 표현하면 낡고 완성된 국가기관과 의회를 노동자대표에 의한 평의회와 이들에 의하여 전권이 주어진 사람들로 대체하는 것이다. 레닌은 이러한 평의회에 대한 이론을 당시 러시아의 실제상황과—임시정부와 소비에트의 이중권력—연결하여 이중권력에서 소비에트가 유일 권력을 획득하는 것에 이용하고자 하였다. 레닌은 평의회가 '통제기관'에서 '권력기관'으로 이행하여야 한다고 생각하였다. 이는 레닌의 '4월 테제'에서 더욱 명백해진다. 이러한 레닌의 입장은 레닌의 귀국 전, 러시아에서 볼세비키의 정책을 책임지고 있던 국가와 경제의 핵심(중앙) 기구들을 장악함으로써 사회주의로 이행할 수 있다고 주장한 카메네프와 스탈린의 입장과는 전혀 다른 것이었다. 1918년 봄부터 레닌의 평의회에 대한 입장은 변화하기 시작한다. 서유럽에서의 혁명의 가능성이 희박해지자 레닌은 사회주의 건설의 당면성을 위하여 노동생산성의 향상을 더욱 강조하기 시작한다. 레닌은 엄격한 작업장 규율과 성과급의 부활, 그리고 평의회의 기본 이념인 노동자 직접관리와 모순되는 단독관리제를 관철시킨다. 일련의 논쟁을 거치면서 레닌은 계급지배는 노동대중에 의한 집단관리제인가, 단독관리제인가라는 관리형태로 표시되는 것이 아니라 소유의 문제로 표현되기 때문에 소유의 문제가 실제로 해결되었을 때 그것에 의해 계급지배가 보장된다고 주장하였다. 여기서 레닌의 오류가—즉 자본주의사회의 극복을 단지 생산관계의 소유와 동일시—명백하게 된다. 노동과정에서의 직접민주주의와 노동자 직접관리가 자본에 의한 임노동의 착취관계를 폐지할 수 있다는 기본공식이 파괴된 것이다. 단독관리제에 대한 자세한 내용은 김수영, 「스런사회주의 건설과정에 대한 비판적 일연구」, 고려대학교 사회학과 석사논문, 1992, 33-47쪽 참조 바람.
18) 러시아에서의 소비에트와 사민당내의 여러 분파들과의 관계변화를 자세하게 고찰하기 위해서는 F. Kool und E. Oberlaender, *Arbeiter-Demokratie oder Parteidiktatur* (1967), pp. 11-80 참조.

해군과 노동자 평의회에 대한 피비린내 나는 진압으로 종말하고, 소비에트 공화국이라는 미명하의 소비에트가 국가사회주의적 일당독재체제로 합병, 소멸되었다는 역사적 근거에 기초하여 주장하고 있다. 즉 프롤레타리아에 의한 밑으로부터의 직접민주주의로서의 프롤레타리아 독재가 종말을 고하고 볼셰비키에 의한 관료적 일당 독재로 이행함으로 인하여 국가사회주의가 도래한 것이다.

독일평의회에 대한 연구에서 Kolb는 평의회운동의 문제를 심오하게 연구하였다. 1954년 Tormin은 이전까지의 주요 문헌을 분석하여, 지금 학계의 연구에서 일반적으로 수용되는 '평의회', '평의회이념', '평의회운동' 그리고 '평의회체제'에 대한 개념을 정리하였다. Tormin은 1918/19년—1918년 11월 9일부터 1919년 2월 6일 제국의회가 소집되기까지—의 독일평의회운동의 분석을 통해 당시 독일 평의회운동이 '평의회 독재'와 '사회적 민주주의'라는 양극단의 범주에서 운동하였다고 주장한다. 또한 독일 평의회운동은 당시 독일의 정치경제적 발전에 있어서 결정적인 영향을 준 것뿐만 아니라, 이후의 독일의 발전 과정에서도 결정적인 영향을 주었다고 강조하고 있다. Kolb는 자신의 분석에서 독일 11월 혁명 당시 사회주의 지향적인 평의회운동이 처음부터 실현 불가능하였다는 것에 확신을 가지고 있었으며, 이러한 문제의식을 자신의 분석에서 초지일관되게 유지하였다. Kolb는 '행정기구의 민주화'를 위해 투쟁한 민주적, 말하자면 사민당과 어떤 정당에도 속하지 않은 독립된 평의회운동에 진정한 성공의 가능성이 있었지만, 사민당(분리되기 이전의 사민당) 지도부의 의견분열이 결정적인 실패 원인이었다는 결론을 내리고 있다. Kolb는 혁명의 결과로 새롭게 정치적 책임감을 얻은 낮은 층의 대중, 특히 노동자에게는, 평의회가 '유일하게 마음대로 사용할 수 있을 뿐만 아니라, 행정기관에서 권좌를 획득하고 확장할 수 있는, 따라서 신생 바이마르 공화국의 민주적 성격을 확보하기 위한 적절한 도구'일 수 있었다고 확언하였다. 즉 평의회가 노동자 전통조직인 당과 조합 그리고 관료주의 국가 행정기구의 반민주의 구조적 문제와 이의 해결책으로서의 '직접민주주의의 기관으로서의 의미'가 강조되고 있다.

이제 우리는 러시아와 독일의 역사적 경험에서 몇 가지 핵심적인 논제를 끌어내어 현재에서의 의미를 조명하고자 한다. 러시아와 독일 노동자평의 회운동의 경험에서 무엇보다도 자본주의 극복을 위한 운동에서 평의회와 당과 조합 그리고 혁명적 '전위조직'간의 관계를 어떻게 설정하여야 하는가? 라는 문제가 제기된다.

실제 역사적 경험에서 보면 많은 혁명적 봉기는 자발적으로 일어났지만 아무런 혁명도 충동적으로는 최종적으로 성공하지 못하였다. 혁명 후에 볼 셰비키는 평의회를 탄압, 노동대중의 관리에 의한 직접민주주의를 말살하 였지만 러시아 10월혁명의 성공은 평의회와 볼셰비키의 공동작업 없이는 불가능하였다. 우선 우리는 평의회는 직접적인 대중투쟁을 위한 조직이라 는 것을 명심하여야 한다. 역사에서 보면 평의회는 심각한 사회경제적 위기 에서 당과 조합이 자본주의체제로 통합되어 노동대중의 이해를 근본적으로 대표하는 기구로서 작용하지 못할 때 노동자대중이 자신의 문제를 해결하 기 위하여 자발적으로 조직되었다. 하지만 자발적으로 조직된 평의회 성원 은 다양한 정치적 성향을 가지고 있다. 이는 정치적 사상의 결사체인 전위 조직과는 다르게 작업장별로 조직된다.

역사적 경험에서 보면 노동조합은 자본가가 경제를 조직하는 형태나 범 위에 따라—산별이던 기업별이던 직종별이던 간에—특정 자본에 의하여 분획되어 착취당하는 노동자 집단을 조직하여 그들의 경제적 요구를 충족 시키는 관료기관으로 성장 고착화되었다. 즉 조합은 자본주의, 또는 임노 동 착취 그 자체에 문제제기를 하지 않으며 단체협상을 통하여 임금과 노동 조건에 대한 자본과의 관료제적 타협에 활동의 중심이 놓이게 되었다. 노동 조합은 더 이상 자본주의체제를 변혁시키기 위한 노동자 교육기관으로서의 역할을 포기하고, 자본주의체제를 유지하는 핵심적인 지도의 하나로 발전 하게 된 것이다. 더욱이 많은 경우에는 노동대중에 대한 지배기구로도 전락 하기도 한다. 이러한 조합의 우경화와 관료화, 그리고 경제주의에서 배제 된 노동대중이 자신들의 실제적 이해를 밑으로부터의 직접민주주의로 극복 하고자 하는 것이 평의회 발생의 한 계기였다.[19]

---

19) 하지만 평의회가 역사적으로 생성되고 발전하고 노동대중에게 구체적인 대표기관으로 형상화된 노동조합 자체를 간단하게 무시한다는 것은 쉽지가 않다. 역사적 평의회운동에서

하지만 독일의 경험에서 보면 러시아보다 더 확실한 이중권력의 하나로 성장한 평의회는 결국 실패하게 된다. 실패의 결정적인 원인은 개량주의적 사민당과 조합 그리고 반동세력의 단합된 탄압에 있었지만, 평의회운동을 지속적으로 이끌 주체적 역량의 부족 또한 실패의 주요원인이었다. 자본주의체제 극복과 사회주의로의 이행을 위한 구체적 계획이 결핍되었고, 평의회 내부는 노동대중의 다양한 이해관계에 따라 상이한 정치노선으로 분열된 당에 의하여 조정되었다. 독일에서 평의회는 혁명적 정당(독립사회당→독일공산당)과 별개로 혁명을 시도하다가 실패하게 된다. 독일의 경험에서 보면 확실한 정치적 강령을 가진 결사체인 전위조직과 대중운동으로서의 노동자평의회의 결합이 성공을 위한 전제조건임을 명백하게 증명[20] 하고 있다.

5. 무엇을 할 것인가

도입부에서 밝혔듯이 한국 노동운동은 제도권으로 통합되고 관료화되면서 자본주의체제를 유지하는 자본가의 수단으로 변질되고 있다. 진정한 사회주의로의 변혁이라는 최종목적을 포기하고 자본주의체제내에서의 점진적 개량과 의회주의에 몰입된 노동운동의 상층 관료들은 노동자대중의 의식을 오도하고 있다. 서구 평의회운동의 건설, 사회주의로의 변혁을 위한 혁명적 행동과 그리고 평의회의 몰락과정이 우리에게 주는 교훈은 자본주의체제내에서 상이한 상황에서 자본주의 생산과정으로 진입하고, 자본에 의하여 분열 통치되는 노동자대중의 의식을 '주체적 자각'에 의하여 자본주의 극복을 열망하는 '계급의식'으로 끌어올릴 수 있는 조직형태가 '평의회'임을 명백하게 보여주고 있다. 평의회는 자본주의체제의 현실을 인정하고, 체제내에서 자본주의체제 극복과 사회주의 건설을 위한 노동자대중의 교육의 장

드 역시 이 문제에 대한 다양한 의견이 토론되었다. 독일평의회 운동에서 유일하게 지식인으로 핵심적인 역할을 한 Ernst Daeumig는 '낡은 노동조합형태와 낡은 노동조합 지도부에 대한 투쟁'의 중요성을 강조하고 노동조합 자체를 무시하지 말고 평의회운동에 이용할 것을 주장하였다. E. Daeumig, "Hie Gewerkschaft! Hie Betriebsorganisation!", in D. Schneider und R. Kuda, op. cit., pp. 97-99.
20) D. Gluckstein, op. cit., pp. 120-161.

으로의 역할이 부여된다. 평의회가 이러한 역할을 담지하기 위해서는 아래의 중요한 원칙들이 견지되어야 한다.

자본주의체제에서 각 공장이나 지역에 따라 삶을 살아가는 노동자대중은 서로 상이한 경험을 하게 된다. 또한 자본주의적 분업 자체와 이의 결과는 노동자의 의식을 제한적으로 발전하게 한다. 또한 자본에 의하여 차별화된 직업구조나 상이한 사회적 출신 때문에—가족의 영향, 교육, 그리고 다른 이데올로기적 영향들—노동자 내부의 의식이 불가피하게 차별화된다. 이러한 제한되고 분획되어 폭넓게 존재하는 노동대중 의식을 극복하여 사회주의적 계급의식으로 발전시키는 것은 필요불가피하며, 미조직된 개인적 차원이나 소그룹 차원에서의 시도는 다양한 부르주아지 기관(특히 대중매체)의 방해로 어렵다. '대중조직의 한 부분'으로서의 역할이 전위조직에 주어진다. 대중의 한 부분으로서의 전위조직이라는 것은 대중을 지도하고 선동하는, 대중으로부터 기계적으로 분리되는 전위개념의 철폐를 내포한다. 대중에게서 기계적으로 분리 사고되는 전위는 단지 '자족적인' 소그룹운동으로 전락하게 된다. 또한 이는 관료제와 유사한 조직 형태를 의미하기에 중장기적으로 보면 노동자대중의 수동성을 유발 고착화하는 기능을 필연화한다.

또한 노동대중의 자발성이 유지되는 한에서 평의회와 전위조직의 활동이 변증법적으로 결합되어야 한다. 이를 통하여 평의회와 전위는 대중교육기관으로서 노동자대중이 자본주의사회에서도 생산의 주체로서 실제 권력을 가지고 있다는 것을 주체적으로 인식하는 세계관을 생성하도록 하여야 한다. 구체적으로 이야기하면 '주체형성'을 주장하는 것이 아니라 주체가 자발적이고 능동적으로 활동할 수 있는 조직형태를 만들어야 한다. 전위조직은 대중의 자발성을 부정하여도 평의회지배의 이름하에 노동자 조직의 건설을 방해하여도 않된다. 이러한 경우가 발생하면 스탈린주의 당 원칙인 당의 우주적인 현명에 근거하는 일당 독재의 오류를 범하게 된다. 즉 '노동자 대중조직인 평의회 내부에서 전위조직은 대중조직의 필수 불가결한 보완'으로서 재개념화해야 한다. 이는 맑스가 밝힌 원칙과도 부합된다. 맑스는 공산주의자 선언에서 "그들(공산주의자)은 프롤레타리아트 전체의 이해관계로부터 분리된 이해관계라고는 갖고 있지 않다. 그들은 프롤레타리아 운동을 거기에 짜맞추고자 하는 바의 특수한 원리들이라고는 세우지 않는다[21]"라고 밝히고 있다.

또다른 핵심 주제는 노동자평의회와 사회주의적 민주주의와의 관계이다. 결론부터 이야기하면, 작업장 차원에서의 노동자 관리를 넘어서는 청치분야에서의 사회주의적 민주주의 원리의 관철이 필요하다. 정치 분야에서의 사회주의적 민주주의가 결핍되면 노동자 자치는 관료화되며 이의 해방적 조직으로서의 의미는 소멸한다. 이러한 원칙의 관철을 위해서 서로 상이한 분파들의 의견이 민주주의적 소통을 하고 결정하는 체계가 필요하다. 중앙에 의하여 일방적으로 계획된 상명하달식 체계는 결국 각 개별 공장평의회의 이해관계를 조절할 수 없기에 분열을 조장할 수밖에 없다. 이러한 체계는 결국 중앙기술관료들의 권력집중을 경계할 세력이 소멸됨으로써 평의회의 기본 사상의 하나인 프롤레타리아 사회주의적 직접민주주의 원칙이 폐기된다. 즉 사회주의적 민주주의는 정치와 경제가 융합된 형태를 가질 때에만 가능하다는 것이다.

평의회운동의 건설에 있어서 견지되어야 할 핵심적인 두 가지 원칙의 실현이 한국사회주의 운동의 승패를 가름한다고 보아도 무리는 아니다.

---

21) 칼 맑스, 「공산주의자 선언」, 『칼 맑스, 프리드리히 엥겔스 저작선집』 제I권, 박종철 출판사, 412쪽.

문화사회론: 좌파의 사회운동 혁신과
그 쟁점들[*]

문화과학 편집위원회/대표집필 고길섶

1. 『문화과학』과 '문화사회'

『문화과학』은 지난 1999년 봄호(17호) 특집을 통해 오늘날의 우리사회를 진단하면서 '문화사회로의 전환'을 제안한 바 있다. 문화사회론은 사회구성 및 주체구성의 새로운 패러다임을 기획하고 실천하고자 하는 대안적 논의이다. 물론 그것은 우리의 고유한 창작물이 아니다. 앙드레 고르가 사용해온 '문화사회'(Kulturgesellshaft) 개념을 차용하여 우리의 실천 개념으로 변형시키고 있는 것이다. 하지만 좀더 정확히 말하자면, 고르의 개념을 단순히 수용하여 적용하려는 발상이 아니다. 이미 우리는 1990년대 초반 이후 좌파진영의 사회운동 혁신이라는 문제의식 속에서 문화적 패러다임의 기조를 사유하고 실천해왔으며, 문화사회론은 그 지향의 산물이자 문제해결을 위한 구성물인 것이다. 실제로 우리가 주창한 문화사회로의 전환은 1997년 말 사회적 충격으로 갑작스레 불어닥친 소위 'IMF 사태' 이후 전개되어온 한국사회의 현실 한가운데에서 나온 발상이다. IMF 사태 이후 본격화된 사회의 위기 즉 신자유주의 지배체제에 대응하여 새로운 사회구성과 사회운

* 이 글은 제1회 맑스코뮤날레 학술문화제에서 발표하기 위하여 2002년 여름부터 2003년 봄 사이 진행된 『문화과학』의 편집위원 회의에서 수차례 논의한 내용들을 바탕으로 고길섶이 대표집필하면서 재논의하였으며 강내희와 심광현이 최종본을 검토했다.

동 및 문화운동을 전망하며 모색한 것이 문화사회로의 전환이었다.[1] 그 기조는 "사회적 위기를 극복하려면 그동안 당연시해온 삶의 방식을 근본적으로 바꾸고 지금과는 질적으로 다른 새로운 형태의 사회를 건설해야 할 것이다"[2]로 요약할 수 있겠다.

사실 1999년 봄호의 제안이 진보진영의 공론으로 발전되지는 못했다. 그렇다고 해서 무용지물이 되어버린 것도 결코 아니다. 문화사회론을 제안한 『문화과학』의 주요 편집위원들은 1999년 9월에 발족한 문화연대에 주도적으로 참여해오고 있는데, 그 문화연대의 핵심기조가 '문화사회 만들기'이다. 『문화과학』 편집위원들은 담론생산의 차원을 넘어 문화연대라는 실천단위를 통해 문화사회론적 실천을 수행해왔다.[3] 문화연대의 실천은 무엇보다도 문화적 문제들을 사회의제로 발탁시켜오는 데 기여했다고 볼 수 있다. 그러한 실천들은 일반적 '시민운동'의 틀로 짜여져온 측면이 크다. 그틀은 앞으로도 사회운동의 기조 속에서 문화운동의 고유한 역할을 지속적으로 생성해나가는 기능을 할 것이다. 하지만 애초 우리의 주창이었던 '지금과는 질적으로 다른 새로운 형태의 사회' 건설, 즉 문화사회 만들기라는 목표는 좌파적 발상이었으며, 우리는 다시 좌파운동의 사회문화적 혁신이라는 요구에서 문화사회론을 제안하고자 한다.[4]

2. '자발적 문화혁명'과 좌파의 탈코드화

대중적인 차원에서 우리는 최근 새로운 경험을 하였다. 월드컵 열광-노사모 운동 및 보수주의 정치지형의 위기 초래-인터넷의 '정치세력화'[5] - 자

---

1) 『문화과학』 17호, 1999년 봄호의 특집 '문화사회로의 전환' 참조.
2) 강내희, 「문화사회를 위하여」, 『문화과학』 17호, 14쪽.
3) 강내희, 「문화연대와 1990년대 문화운동」, 『저항, 연대, 기억의 정치 1』, 문화과학사, 2003 참조.
4) 이 글은 좌파진영에 대한 발언이므로 문화사회론의 다른 핵심축인 문화부문/문화운동에 대한 논의는 제외한다. 이에 대해서는 심광현/이동연 편저, 『문화사회를 위하여』, 문화과학사, 1999; 문화연대 편집위원회, 『당신의 문화 쾌적합니까』, 문화과학사, 2001; 문화연대, 『문화사회를 위한 정책과제—'국민의 정부' 문화적 평가와 정책대안』(자료집), 2002; 심광현, 『문화사회와 문화정치』, 문화과학사, 2003, 167-257쪽; 강내희, 「문화연대와 1990년대 문화운동」 참조

발적 반미감정 확산 및 촛불시위 등으로 이어진 2002년의 한국사회는 가히 놀랄 정도로 시민의 역동성과 폭발성이 분출된 한 해였다. 그리고 이것은 2003년의, 한국사회 최초의 반전운동으로 이어졌다. 이 새로운 주체성은 계기에 따라 다양한 주체형태들로 생성되었다. 2002년의 경험을 68혁명에 견줄만한 대사건으로 기록하려는 시각도 있으며, 우리로서는 '자발적 문화혁명의 해'로도 명명해볼 만하다. 무엇보다도 우리는 2002년 한국사회의 대중적 주체성을 분석논거로 삼아 정세적 역동성으로 풀어나가는 것이 설득력이 있어 보인다. 좌파는 이 놀랄만한 새로운 주체성들의 생성 및 역동성에 대해 어떻게 설명할 수 있을 것인가. 그 촉발의 근원, 욕망, 매체, 방식, 의미, 담론, 경로, 방향 등의 복잡성과 이질성이 보여주는 사회변혁의 함축은 무엇인가 등.

그러나 문제는 수사의 과잉이 아니라, 2002년 한국사회의 현상을 좌파적 시각에서 어떻게 분석할 수 있고 어떤 사회적 전망과 실천들을 추동해낼 수 있는가에 있다. 특히 우리가 크게 주목하지 않을 수 없는 것은 2002년 한국사회의 역동성을 생산해낸, 자발적인 대중집단의 출현에 의한 새로운 종류의 주체성들의 생성이다. 이것이 68혁명과 다른 점은, 여컨대 월드컵 열광을 자발적 파시즘으로 읽어내는 몇몇 좌파논객을 제외하고는, 대체로 좌파들이 2002년의 한국사회에서 생성된 주체성을 적어도 부정하지는 않는다는 것이다. 하지만 자발적 주체성의 생성을 사회변혁의 역동적 힘으로 전화시켜나가기 위해서는 전통좌파의 틀을 벗어난, 새로운 발견과 사유로 풍부해지는 정치적 상상력이 요구된다. 물론 우리는 2002년 한국사회의 역동성에 가리워진 그늘들—가령, 더 악화되는 빈곤심화에 시달리는 가난한 주체성(광범하게 창출되는 비정규직과 해고 노동자 등)—을 조시하지 않을 것이며, 그런 점에서 좌파가 줄기차게 주장해왔고 우리 역시 비판해온 신자유주의의 세계 지배전략과 맞설 것이다.[6] 특히 미국은 전지구적 권력체제를 재구축하는 제국으로 성장하기 위하여 전쟁의 미치광이가 되어가면서 세계를 긴장시키고 있다. 우리의 목표는 현실의 복잡하고 역동적인 정세들을 문화

---

5) 인터넷의 '정치세력화'란 인터넷이 정치적 발언의 중요한 매체로 등장했음을 의미한다.

6) 강내희, 『신자유주의와 문화—노동사회에서 문화사회로』, 문화과학사, 2000 참조.

사회론적 관점과 방법으로 분석하고 그에 상응하는 새로운 실천들을 디자인하려는 데 있다. 그리고 그 디자인은 좌파적 사유와 문화적 사유를 피드백시키는 효과 속에서의 양자의 절합적 구성에 기초한다.

우리는 (구)좌파의 문화론적 갱신을 촉구해 왔다. 그것은 단지 좌파적 사유에 문화라는 영역을 첨가하자는 제안이 아니다. 좌파의 사유와 실천 논리를 사회-문화적 패러다임으로 전환시켜야 한다는 것이다. 이것은『문화과학』이 애초 '계급투쟁의 장소'로서 문화를 새롭게 인식하였으되 문화영역으로 한정했던 것을 우리 스스로도 뛰어넘는 진화적 발상이라 할 수 있다. 물론 문화론적 패러다임으로의 전환이 좌파의 문제틀을 전적으로 충족시켜줄 수 있다고 보지는 않지만, 적어도 좌파적 아비투스에 따라 코드화된 문제틀을 교정함으로써 새로운 실천전략을 모색해야 된다는 게 우리의 생각이다. 그렇게 변화되지 않고서는 새롭게 출현하는 대중적 역동성을 '선도'하기는커녕 따라가지도 못할 뿐더러 사회운동의 헤게모니 교섭에 실패하고 말 것이다.

3. 다중과 문화사회

한국사회에서의 2002년 경험들은 단일한 것도 아니었거니와 이질적인 것들이 연속적으로 일어난, 그러므로 더욱 풍부한 사례들의 복합경험이었으며 다양한 논란들이 속개된 공론의 경험이었다. 그 경험의 과정에서 새로운 주체성이라 말할 수 있는 '다중'(multitude)이 구체적 존재로 급부상할 수 있게 되었다. 다중은 이제 네그리/하트의 공저『제국』에서 관념적으로 존재하는 게 아니라, 우리의 현실을 좌우하는 실천적 존재가 되어버렸다.[7] 다중은 자신들의 욕망과 생성의 힘들을 집단적 공통감각으로 결집하고 표현하고 발언하는 사회적 참여주체이다. 더군다나 다중은 더 이상 대의민주주의 장치들을 신뢰하지 않고 직접적인 자신들의 참여정치를 창의적으로 구성하려 한다. 우리는 이 다중주체야말로 문화사회의 직접적 구성주체로 보고자 한다.[8] 그렇다고 문화사회는 다중에 의해 자연적으로 이루어지는 것

---

7) 네그리·하트,『제국』, 윤수종 옮김, 이학사, 2001 참조.
8) 우리가 사용하는 '다중'은 민중을 제거한 것이 아니다. 다중은 노동자, 시민, 네티즌, 동

도 아니며, 그렇다고 전적으로 문화지식인들의 프로젝트에 의해서 이루어지는 것도 아니다. 다중의 자발성, 문화지식인들의 문화적 프로젝트, 그리고 좌파집단의 사회변혁운동 등이 연계되는 실천들 속에서 문화사회는 부분적으로 혹은 좀더 포괄적으로 현재화되거나 전망될 것이다.

하나의 사례를 들어보겠다. '문화사회 만들기'와 관련하여 우리가 특별히 주목하는 2002년의 경험은 월드컵 현상이다. 월드컵의 정치경제학이나 지배이데올로기 생산은 분명 비판적 대상임에 틀림없다. 그러나 비판에만 초점을 맞출 경우 그 비판대상을 훨씬 뛰어넘으며 분출된 새로운 가능성들조차도 부정해버리거나 은폐해버리는 우를 범할 수밖에 없다. 먼저, 다중들의 신체변형적이고 문화표현적인 욕망의 자기구성행위 그 자체에 내재한 해방의 새로운 가능성이다. 도심의 거리들을 가득메운 월드컵 열광은, '자발적 집단파시즘'이나 다른 것의 은유가 아니라, 신체-욕망-장소-공간이 절합되는 내재성의 표출이었다. 또한 통제적이며 생체정치적인 도심의 공간들을 해방의 공간으로 점유한 것은 일시적 축제로 그치는 것이 아니라 도심공간 구성의 기능전환을 통해 생산과 해방의 새로운 가능성을 요구한 문화정치 행위라 할 수 있겠다. 우리는 이러한 새로운 가능성들을 발견하고 해방과 생성의 흐름으로 공공화하는 것이 좌파의 역사가 지향해왔던 인간해방의 근본적 도달과정의 하나이자 존재론적 재구성의 작업이라고 본다.

우리의 관심은 사실 월드컵 현상 자체보다도 그 원천으로 하여금 지속되는 사회진보의 새로운 동력으로 성장해나갈 수 있도록 하는 사회적 프로젝트의 계획과 실천에 있다. 월드컵 직후 문화연대는 "세종로를 문화광장으로!"라는 슬로건 아래 '포스트 월드컵 문화사회 만들기' 프로젝트를 제안하였다.[9] 문화연대는 스스로 주창해온 '문화민주주의'와 '문화사회 만들기'가 일개 사회단체의 허황한 소망에 그치는 것이 아니라 민중, 다중, 소수자, 시민이 온 몸으로 갈구하는 시급한 열망임을, 월드컵 열풍을 통해 눈과 귀로 확인시켜 주었다고 의미부여하면서 '포스트 월드컵 문화사회 만들기' 캠

성애자, 페미니스트, 비평가, 예술가, 환경운동가, 외국인노동자, 학생, 교사, 실업자, 장애인 등등이 될 수 있다.

9) 문화연대, 『포스트월드컵 문화사회 만들기 캠페인』(자료집), 2002 참조.

페인을 제안했다. 이 제안의 골자는 서울의 세종로를 '문화광장'으로 만들고, 청소년을 입시지옥에 가두어 학교 붕괴를 자초하는 현행 교육과정을 '문화교육'으로 개혁하며, 문화적 프로그램과 축제를 일상과 연결하여 문화쇄신을 이룩하자는 것이다. 특히 문화연대는 억압적인 시-공간을 자유와 해방의 시-공간으로 재편성하자며 시간-공간-주체의 통합적 진화에 대안적인 초점을 맞추었다.

세종로의 문화광장 만들기 프로젝트같은 것들은 좌파에서 볼 때는 단순히 시민문화운동의 하나로 규정해버릴 것이다. 하지만 그것은 전통좌파의 아비투스가 갖는 착오이다. 세종로의 문화광장 만들기는 문화민주주의의 확장을 넘어 신자유주의적 사유화 메커니즘에 대항하는 공적 공간의 새로운 건설운동이다. 노동자, 민중, 다중, 소수자, 시민의 이름으로 공적 공간의 생산적, 문화적 배치가 활성화되어야 한다. 우리는 '즐거운 혁명'을 욕망한다. 이 즐거운 혁명은 좌파운동가들이 즐겁게 활동해야 한다는 것에 한정하는 게 아니고 다중의 즐거운 욕망행위 자체가 사회적 혁명의 시간으로 배치되어야 한다는 생성적인 포지티브 전략이다. 그리고 이 다중의 즐거운 욕망행위는 불가피하게 시간과 공간의 재조직과 관련된 물질적 배치를 통해서 구체화된다. 시간과 공간은 자연적으로 주어지는 것이 아니라 삶의 양식과 집단행동에 따라 창조적으로 배치되는 문화적 구성과정의 것이며, 자본주의체제가 강요하는 노동중심 및 소비사회 중심의 시간에서 자유시간으로의 이행, 그리고 정치권력 및 자본권력에 의한 통제 및 생체정치의 공간에서 문화적 해방공간으로의 이행은, 한국사회의 2002년 현상에서 나타난 것처럼, 다중의 구체적 욕망이자 권리이다. 우리는 바로 그 새로운 균열의 틈, 새로운 정치의 지층들에서 역사적 유물론의 새로운 가능성을 읽어내고자 하며, 그것의 실천적 전망을 '문화사회'로 가시화한다.

4. 간주곡: 계급투쟁의 문화적 진화

좌파운동에 대해 문화적 사유를 요구하는 만큼 문화적 사유 또한 좌파의 핵심코드인 계급투쟁의 문제틀을 버리지 말아야 할 것이며, 그러나 새롭게 갱신하지 않을 수 없다. 우리가 문화사회론을 처음 주창하던 때는 신자유주의가 한국사회에 본격적으로 상륙하기 시작한 때이고, 그것은 구조조정과 대량해고라는 계급투쟁을 통해서였다. 이어서 노조 와해공작 등 국가/자본/언론의 지배집단에 의한 계급투쟁의 강도는 밀도높게 진행되어 왔다. 하지만 오늘날의 계급투쟁은 문화적으로 진화하고 있음에 주목해야 할 것이다.[10] 클라우스 에더는 새로운 형태의 집합행위와 계급의 재결합을 논의하면서 문화가 양자의 간극을 메워준다고 가정한다. 그는 다음과 같이 말한다. "사회계급과 사회운동정치는 문화적으로 규정된 행위공간에 의해 매개된다. … 계급은 역사적으로 특수한 생활형식 속에서 발생한 문화적 구성을 통해 집합행위에 영향을 미친다."[11]

그것의 성공 여부와는 별도로, 68혁명의 효과는 무엇보다도 그동안 주류 좌파가 간과했던 문화적 역동성을 새로운 사회운동의 동력으로 증폭시켜낸 데 있다. 우리는 그 같은 효과를, 그러나 다른 조건과 다른 상황들 속에서 생산해낼 수 있지 않을까 한다. 하지만 세 가지 전제가 있어야 할 것이다. 첫째, 다중들의 자발적 참여를 중시하면서도 주체성의 자연적 형성이라는 것은 없다는 것을 분명히 한다. 새로운 방식의 변혁적/좌파적 주체성이 개입해야 할 것이고, 우리로서는 그것을 문화사회론적 전망에서 담론화한다. 둘째, 2002년은 다중들의 집합행위만이 아니라 사회 공적공간에서 (지배계급의) 계급투쟁 공세가 크게 일어났음을 분석할 수 있을 것이다. 월드컵 공간에서의 언론들의 부르주아적 질서 이데올로기 공세, 노사모운동에 대한 선거법 위반 혐의 공세, 조중동의 기득권 수호투쟁, 촛불시위에서의 반미감정 공격, 그리고 인터넷 살생부에 대한 부르주아 정치인들의 대의정치적 수호 발언 등등. 이것들은 계급투쟁의 변화된 형태로서의 전쟁기계들이다. 특히 2002년의 계급투쟁은 다중들의 역동성에 저항하는 지배블럭의 계급투쟁이라는 점, 그리고 노동자계급보다는 다중을 향한 계급투쟁이라는 점 등

---

10) 가령 한국사회에서의 국가보안법에서의 청소년보호법으로의 국가권력 이동문제를 들 수 있겠다. 고길섶, 「문화시대와 국가권력의 이동: '국가보안법'에서 '청소년보호법'으로」, 『진보평론』 2호, 1999년 겨울 참조.
11) 클라우스 에더, 『새로운 계급정치』, 정헌주 옮김, 일신사, 2000, 31쪽.

이 새로운 방식으로 드러난 특징이다. 셋째, 2002년 다중행동과 지배블럭의 공세를 계급투쟁의 관점에서 볼 수 있다고 하는 것은 다중행동의 문화적 의미들을 계급투쟁 효과로 분석하자는 것이다. 이는 문화에 대한 좌파적 질문이다.

5. 문화사회: 현재운동의 역사적 과정 속으로

역사적으로 검토해보면, 두 세기 동안 세계 곳곳에서 전개해온 좌파운동은 임노동/잉여가치 착취, 상품화/물신화, 자본주의적 모순, 계급투쟁 등 자본주의적 생산양식 및 생산관계로부터 풀려나는 노동해방의 언표행위로 일관되어온 것처럼 보이며, 그것은 맞는 바이기도 하지만 궁극적으로는 인간의 문화적 활동이 삶의 중심이 되도록 한 지난한 싸움이 아니었으나 한다. 초기자본주의 시대의 푸리에나 오웬 같은 사람들에게, 혹은 칼 폴라니같은 사람에게서 문화사회적 사상을 엿볼 수 있다. 맑스주의 전통도 이론적으로 다양하게 분화되었는데, 특히 프랑크푸르트학파 작업의 경우 자본주의적 근대를 비판하면서 문화적 존재로서의 인간주체에 대해 성찰했다. 좌파운동의 새로운 결절점이 되었던 68혁명은 물론이거니와 최근 전세계 좌파의 관심을 모았던 멕시코 사빠띠스따 저항활동도 세계금융자본 및 신자유주의에 맞서는 것이었으면서도 인간의 다양하고도 자기조직적인 문화적 존재방식을 근거로 하는 싸움이었다. 노동운동계에서 줄기차게 외쳐온 "인간답게 살고 싶다"란 저임금 문제 등 경제적 지표를 넘어 궁극적으로는 문화사회론적 노동해방을 의미해왔다고 볼 수 있다. 따라서 문화사회론은 문화적 과장을 포장하고자 하는 현란한 문화 퍼포먼스로 오해될 게 아니다. 우리 역시 문화담론시장의 문화주의자들을 비판해왔다.

문화사회론의 기본테제는 '노동사회에서 문화사회로의 이행'이다. 노동사회는 자본주의적으로 종속되는 노동개념(임노동), 노동형태, 노동과정, 노동시간, 노동주체(노동력), 노동환경, 잉여노동, 노동이데올로기에 의한 자본축적의 세계 및 그로 인해 삶의 시간과 공간과 생태와 욕망이 착취당하고 식민화되어온 근대적 사회 시스템을 말한다. 이러한 개념에는 맑스주의 전통의 자본주의 정치경제학 비판과 함께 문화정치적 비판을 적극적으로 작동시키는 한편 노동사회 비판을 넘어 문화사회로의 이행이라는 탈근대적 사회 시스템을 함축한다. 그렇기 때문에 문화사회론은 '노동거부'의 사상을 수용한다.[12] 그러나 우리가 수용하는 노동거부 사상은 자본의 가치증식에 종속되는 노동이자 맹목적이다시피 한 노동중독이며 이데올로기적으로 윤리화된 노동신성론이지 필요노동 등 노동 자체를 거부하는 것은 아니다. 인간의 욕구를 실현시키는 존재적, 관계적, 사회적, 문화적 활동의 의미로서의 노동은 필요한 일이며, 따라서 문화사회론적 관점에서의 노동거부는 인간의 욕구 실현과 관련된 개인적, 사회적 노동의 자기가치 구성 및 삶의 질 향상을 위한 생활양식의 변경을 목표로 한다. 노동거부는 노동에 기초한 생산주의적 사회를 넘어서는 자유시간의 확대와 노동 시스템의 문화적 환경으로의 재구성을 촉구한다. 가진 것이라곤 몸밖에 없는 노동자들의 몸은 더 이상 자본의 가치증식으로 착취당하는 몸이 아니라, 생명과 활동과 생성의 원천으로서의 몸이 되도록 하는, 지적이며 문화적이며 인권적인 노동환경을 촉구해야 할 일이다. 따라서 우리는 가령, 신자유주의 이후 더욱 미세하게 감시체계가 구축되고 있는 작업장 및 사무실의 문제나 더욱 확대되고 있는 근골격계 직업병 등등의 문제들에 대해서도 근원적으로 관심 가질 일이다.

어느 한 노동자는 단지 노동자로서만 살아가는 게 아니라 복합적이면서 혹은 이질적인 정체성들로 살아가고 있음은 이제 누구나 다 인지하는 바이다. 인간해방은 삶의 복합적이고 이질적인 결들의 얽힘을 다층적으로 풀어나가야 할 일이며 경제적, 계급적 지표가 중요하긴 해도 그것에 의해서만 인간해방의 의미를 결정지을 수는 없다. 가령 동성애자집단이나 여성주의자들의 성정치, 장애인들의 신체정치, 혹은 지역적, 세대적, 가족적, 교육적, 언어적, 취향적, 공간적, 양심적, 표현적 문제들에서 나타나는 문화전쟁 등이 인간해방 및 삶의 정치에서 중요한 부분을 이룬다. 좌파운동은 이제 인구의 정치에 있어서 계급적으로 동질화된 '프롤레타리아트의 보편성' 관념을 벗고 프롤레타리아트 혹은 다중의 이질적 집합체에 주목해야 할 것

---

12) 『문화과학』 20호, 1999년 겨울호의 특집 '노동과 노동거부' 참조.

이다. 자본축적의 기제인 잉여가치의 생산이 여전히 노동자계급의 잉여노동을 통해서 가능해진다고 믿을지라도 자본주의적 생산관계의 재생산은 잉여가치의 생산뿐만 아니라 '사회적 공장' 혹은 다중적 주체성 내지는 문화전쟁 기제에서의 계급투쟁을 통해서 확보되거나 위기에 몰린다는 점을 기억해두자. 다시 말하자면 알튀세르가 분석한 바처럼, 이데올로기적 국가장치들을 통한 생산관계의 재생산이 보장된다는 것이다. 그리고 이데올로기적 국가장치들은 계급투쟁적 문화전쟁의 역할을 중요하게 담당한다. 그리고 그것은 자본과 권력과 관료제와 대항해 싸우는, 공공영역과 공공성의 확보를 위해 싸우는 문화사회론적 문화투쟁의 중요한 장소이다. 13)

이렇게 볼 때 문화사회론은 또다른 종류의 유토피아적 발상인 것이 아니라 '현재운동의 역사적 과정'에 개입하는 변혁과 이행의 패러다임 전환의 문제틀임을 알 수 있을 것이다. 맑스주의 좌파운동의 강점은 무엇보다도 현실자본주의 운동을 역사적 과정으로 분석하면서 새로운 사회구성체로의 이행을 촉진시키려는 데 있다. 전통 좌파운동에서는 자본주의에서 사회주의 및 공산주의로의 이행을 역사적 필연의 법칙으로 도식화하였으며, 적어도 동구권 사회주의(역사적 사회주의)의 붕괴 이전에는 한국사회에서도 한때 그에 영향받은 변혁론 및 이행론이 지배하기도 했다. 하지만 소위 '과학적 사회주의'를 신념으로 수용하면서도 그것의 실천적 구도는 '공상적 사회주의'에 의해 밑그림 그려졌다 해도 과언이 아니다. 그것은 철저하게 현실에 기초하지 않았다는 진단이나 혁명적 방법의 무용론의 입장에서 평가하는 게 아니다. 문제는 맑스와 엥겔스도 『독일 이데올로기』에서 이미 지적하였듯이, 공산주의를 "사물의 현재 상태를 철폐하는(지양하는) 현실적 운동" 즉 현재운동의 역사적 과정으로 파악하지 못하였다는 데 있다.

그러나 더욱 문제는, 그러한 지적이 1990년대 이후 한국사회에서도 재발견되어 왔는데, 좌파운동은 현실운동의 한가운데에 서있으면서도 여전히 그 바깥에 존재한다는 것에 있다. 변혁론 및 이행론 등의 거대담론을 제치고 공간, 일상, 문화 등의 미시담론으로 치고 들어간다 해서 그것이 곧 현

---

13) 『문화과학』 23호, 2000년 가을호의 특집 '공공영역과 사회운동' 참조.

재운동의 역사적 과정이라는 공산주의 운동의 '본령'에 충실한 것은 아니다. 현재운동의 역사적 과정에 개입하려 한다면 불가피하게 미시분석들도 거대담론과 절합되어야 하나, 여기서 우리가 말하고자 하는 바는, 미시적인 것들과의 복잡한 관계들 속에서 사회적 총체를 구성하는 거시체제들을 현재운동의 역사적 과정으로 해체/재구성하는 실질적 실천의 문제와 관련된다. 변혁 및 이행은 사회의 총체적 과정이며, 따라서 전통 좌파가 논란해왔던 생산양식, 사회구성체, 국가 등의 문제군은 오늘에 있어서도 피할 수 없는 의제이다. 하지만, 역사적 사회주의의 붕괴 이후 좌파진영은 '사회주의로의 이행'을 포기하다시피 하고 있는데, 이는 단선론적이고 목적론적인 역사관의 폐기라는 점에서 긍정적이지만 상기 문제군마저 함께 버려버리고 있어 좌파운동이 현실정세에 깊이 개입하고 있으면서도 사실상 '현재운동의 역사적 과정(이행)'이라는 의제를 공백으로 남겨두고 있다는 게 우리의 판단이다. 하지만 그것은 단지 공백상태로 남겨두는 것으로서 그치는 게 아니라 현재운동의 전략적 구도를 겉돌게 한다는 데 문제가 있다.

우리는 문화사회론의 입장에서 생산양식, 사회구성체, 국가 등의 문제군에 대해 재검토할 것을 주장한다. 그것은 전통좌파의 문제틀과 실패로 돌아간 동구 사회주의나 유럽 사회민주주의의 오류를 뛰어넘어, 새로운 이념 및 새로운 배치들의 절합들에 의한 총체적이자 리좀적인 사회기획이어야 할 것이다. 따라서 기존의 문제틀에 얽매일 게 아니라 좌파전통에서 외면해오다시피 한 시장/교환양식과 제3부문 등의 문제틀을 중요하게 발견하고 사유해야 한다. 요컨대 문화사회론은 좌파 사회운동의 혁신을 주장하면서 새로운 사회구성 및 주체구성의 실천과 톱니바퀴처럼 연결되어 있는 국가장치들과 사회적 기계들의 기능전환 및 재수립이라는 과제를 제기한다. 현재운동의 역사적 과정은 이 의제영역들의 실제적인 전환과 사회적 이행의 경로 속에서, 그것의 구체적-물질적-수행적 조건 및 양상들의 변형을 둘러싼 문제이며, 동시에 그것은 다중주체들의 욕망의 미시정치라는 새로운 구성과 맞물려 있는 문제임을 인식할 필요가 있다. 또한 현재운동의 역사적 과정은 일국적 단위로 영토화되면서도 전지구적 차원으로 탈영토화하는 문제이기도 하다.

6. 좌파운동의 두 가지 쟁점 재고: 국가와 시장

우리는 문화사회론적 문화투쟁이란 국가/국가장치/국가권력의 문제틀과 내재적인 인접성을 가지는 것으로 판단한다. 문화사회론적 문화투쟁은 국가/국가장치/국가권력을 직접 문제삼는다. 그러나 전통좌파의 국가론과는 다른 견해이다. 전통좌파의 국가론은 크게 두 가지 경향으로 볼 수 있다. 하나는 국가사멸론이고, 다른 하나는 일종의 '국가위임'론이다. 국가사멸론은 지배계급의 권력통일체인 국가를 혁명적 민중권력에 의해 소멸시킨다는 것이다. 이는 사회주의국가 이후 즉 공산주의사회에서의 일이다. 국가사멸론의 경우 국가는 더 이상 불필요한 도구이지만 사회주의 단계에서는 필요한 '도구'이다. 하지만 20세기의 동구권에서 실험된 역사적 사회주의국가들에 있어서 국가는 더 절대적인 권력기구가 되었고 민중해방이 아니라 민중억압의 도구로 변질되었다. 그리고 일종의 국가위임론은 서구사회의 복지국가에서 특히 나타났다. 전통적인 좌파와 노동운동은 새로운 사회를 실현하기 위해 노력하기보다는 사회체제를 규제하는 임무를 국가에 위임해 왔다. 하지만 1970년대 후반부터 가동되기 시작한 신자유주의는 국가의 조절능력을 공격하게 되면서 국가도 위기에 처해져 왔다. 최근 신자유주의의 공세가 펼쳐지고 있는 한국의 정부도 교육, 교통, 의료 등 공공부문의 공공성을 포기하며 초국적자본 및 세계금융자본의 이익을 위해 민영화정책으로 나아가고 있는 실정인데, 신자유주의 시장논리에 맞서 싸우는 한국의 좌파진영도 사회기반영역의 공공성 수호를 국가에 요구하고 있다. 물론 그것은 당연한 요구이지만, 그러나 국가에 모든 것을 위임하는 방식을 채택하는 것은 자가당착이다. 적어도 국가란 지배계급의 통일체이자 총자본이라는 전통 좌파의 인식틀이 일괴암적으로 전제된다면 말이다. 더군다나 국가는 이미 신자유주의 시장논리를 경제영역을 넘어 사회적, 문화적으로 업그레이드시키고 있는 마당에 말이다. 급진적으로 보이는 국가사멸론이든 타협적으로 보이는 국가위임론이든, 우리가 질문하고 싶은 것은 현존하는 국가/국가장치/국가권력을 어떻게 할 것이냐는 것이다. 더군다나 현존하는 국가장치들은 체제재생산의 이데올로기적 국가장치로서 문화적으로 작동하고 있으며, 이미 대중들도 공모하는 제도들로 기능하고 있다.

우리가 보기에 전통좌파의 국가사멸론은 도구주의에 입각하여, 자본주의 국가의 경우에 냉소적이고 사회주의국가의 경우에는 맹목적인 경향을 가져왔으며, 국가에 대해서 정치적 슬로건들을 남발하면서도 실제로는 국가가 소멸/타도되기만을 기다리며 국가에 대한 개입 전략을 구사하지 않는다. (설령 국가가 소멸/타도된다 해도 그것은 수백, 수천년이 걸릴지도 모르는 데 말이다. 그리고 민중권력이 들어선다 해도 국가의 민주적 운영은 자동적으로 되는 게 아닌데도 말이다.) 그러므로 강령은 있으나 실제적인 사회화 정책 프로그램은 없다. 좌파는 국가에 대해 무엇무엇을 하라, 무엇무엇을 하지 말라고 하는 요구행위는 지속적으로 한다. 가령 공무원 노조 허용하라, WTO 교육/농업 개방하지 마라, 경제특구법 폐기하라, 학살전쟁 파병 말라 등등. 그런데, 국가가 이 요구들을 다 들어줬다고 하자. 그러면 국가는 좌파권력체로 자동변신하는가? 아니다. 여전히 지배계급의 기제로서 작동한다. 좌파의 이러저러한 요구들은 계급적 관점에서의 요구사항일 수는 있으나 정치적 슬로건 혹은 민중적 압박일 뿐 국가의 기능을 전환시켜내는 개입으로서의 실천은 아니다. 그렇다면 이렇게 반박할 수 있겠다. 민중권력에 의해 국가권력 자체를 접수함으로써 국가의 속성 자체를 혁명적으로 바꾸어버린다고. 뭔가 바꿔보겠다고 국가기구에 참여하는 것은 어설픈 개량주의나 타협주의 노선이다고.

하지만 '요구'는 하면서 '참여'는 거부하는 것은 좌파의 딜레마이다. 무엇보다도 혁명적 상황은 현재로서는 불가능하게 되고 있다. 그래서 구좌파의 입지는 더 어렵게 되고 있다. 사실 혁명이 도래한다고 해도 문제는 여전히 남으며 곤혹스럽고 복잡한 상황에 처하게 된다. 소비에트는 힘에 의한 러시아혁명을 성공적으로 수행한 후에도 레닌이 부르주아 전문관료를 노동자보다 더 많은 임금을 주고 채용할 수밖에 없는 어려움에 처했다고 하는 것은 무엇을 말해주는지 고민할 필요가 있다. 물론 비좌파 정부에 개혁세력으로 참여할 경우 참여자의 정치적 정체성 및 활동성격을 명확히 설정해야 하므로 조건적임을 전제한다. 또한 각 부처나 영역이 불균등한 조건임을 전제한다. 그리고 좌파 입장에서 국가의 근본적 변혁 테제를 포기해서도 안될 것이다. 일찍이 니코스 풀란차스는 혁명을 민중권력에 의해 국가를 전복시키는 것으로만 이해할 필요는 없다고 주장하면서, 사회주의로의 이행은 국가 내부의 모순을 이용하는 국가 내부에서의 투쟁을 통해 개시될 수 있으며, 이것은 밑으로부터 국가활동에 대해 민중적 압박을 가하기 위한 국가로부터 거리를 둔 투쟁과 결합되어 있다고 주장했다.[14] 풀란차스는 국가를 일괴암적인 통일체로 본 게 아니라 내적 모순으로 인해 분열되어 있는 것으로 보았기 때문에 그런 발상을 할 수 있었을 것이다. 우리는 여기서 더 나아가 지배집단 분열의 틈새 공략을 넘어 국가 혹은 공공영역 장치들의 재배치 혹은 기능의 전환을 통해 내용적으로 진보적인 전략들을 내재화시킬 수 있는 구조적 배치투쟁을 해야 할 시대라고 본다. 가령 교육운동계에서 정부의 시장원리 도입에 반대하여 국가가 교육을 책임질 것을 요구하면서 공교육 수호투쟁을 전개하는 민중적 압박은 지배이데올로기의 생산주체인 국가에 모든 것을 위임하는 자가당착에 빠지지 않기 위해서라도 교육패러다임의 전환이라는 새로운 과제를 창출함으로써 교육적 국가장치의 성격과 기능의 전환을 대안적으로 모색하고 촉구해야 한다.

이는 좌파가 국가권력을 잡고나서 무엇을 어떻게 할 것이냐의 집행적, 수행적 차원에서도 중요한 준비과정이다. 국가란 이미 결정되어 고정된 것으로서의 지배계급의 도구가 되거나 저절로 민중적이고 공공적인 기구가 되는 게 아니라, 그야말로 계급투쟁 및 배치투쟁을 통해서 역동적으로 전환될 수 있는 헤게모니의 공간이다. 실제로 좌파가 권력을 잡았을 경우, 그것은 이데올로기나 세계관의 문제를 넘어 국가장치들을 민중적, 다중적, 공공적, 민주적, 문화적으로 해체/재구성해야 하는 사회화정책 프로그램의 기술적, 수행적 문제에 직면한다. 또한 우익보수 집단의 끊임없는 공격을 이겨내야 하므로 '말'(이데올로기)로서가 아니라 민중, 다중들로 하여금 피부로서 느끼게 하는 정책의 우위성을 보여주어야 한다. 따라서 문화사회론적 문화투쟁이 국가/국가장치/국가권력을 직접 문제삼는다고 하는 것은 민중적 압박과는 별도의 경로로 국가권력을 해체하고 국가/국가장치의 성격

---

14) 밥 제숍, 『풀란차스를 읽자』, 안숙영/오덕근 옮김, 백의, 1996, 35쪽 참조.

및 기능의 역동적 전환운동에 참여해야 한다는 것이다. 이러한 배치투쟁은 비좌파정권에 대해서도 탄력적으로 개입하면서 법적-제도적, 정치적 투쟁과 함께 하는 한편, 근원적으로는 자본주의적 생산양식 및 생산관계를 상대화시키거나 그것의 탈영토화를 촉진시키며 문화사회로의 이행이라는 새로운 사회적 전망에 종속된다. 따라서 국가를 민주화하고 민주화된 국가와 비국가적 제도를 통해 국가와 자본의 독점화 경향을 해소하고 재독점화를 억제할 수 있는 새로운 제도적 장치의 창안도 필수적이다. 가령 우리에게『페다고지—피억압자를 위한 교육학』으로 잘 알려진 파울로 프레이리는 1989년 브라질 노동당이 상 파울루 시정부를 장악했을 때 자신의 '참여교육 이론'을 적용해 교원노조로 하여금 시 교육예산 책정작업에 참여하게 하여 예산 입안과정에서의 민중적 참여('예산평의회')를 이끌어냈는데, 실질적 제도로 정착하면서 자본의 공세에 대응할 수 있었다.

국가/국가장치/국가권력에 대한 개입 문제는 필연적으로 자본 및 경제의 문제와 직결된다. 국가와 자본을 어떻게 할 것이냐는 좌파의 역사적 과제였으며, 20세기를 통해 우리는 두 가지 해결방식을 경험하였다. 하나는 국가를 전복하고 자본을 폐지하는 혁명적 방법이었으며 현실사회주의의 건설로 현실화되었지만, 이 해결책은 중앙집중적 계획에 따른 경제의 빈곤을 초래했을 뿐만 아니라 민주주의마저 결여되어 결국 실패하고 달았다. 다른 하나는 유럽식 사회민주주의로서, 자본의 폐지 대신에 자본에 대한 국가의 부분적 개입을 통해 일정한 수준의 사회복지를 유지하는 노선을 선택했으나 그와 같은 해결책은 관료제의 비대화와 함께 탄력성과 안정성을 상실하면서 신자유주의에 길을 내주고 말았다. 신자유주의 이후 한국사회의 좌파진영은 여전히 자본의 독점과 사유화(민영화)를 극복하기 위한 방안으로 전통적인 방식의 국유화 논리가 지배적인 듯하다. 혹자는 "국가를 경유한 소유와 통제가 가장 진보적일 수 있다는 판단에서 국유화의 장점이 더욱 부각되어야 한다"고 주장한다.[15] 이에 대해 또다른 논자는 국유화냐 비국유화냐가 아니라, '총사회화 프로그램' 즉 국유화와 비국유화의 다양한 수준들이

---

15) 송유나,「신자유주의 구조조정과 사회화 투쟁」,『진보평론』6호 2000년 겨울, 52쪽.

적절히 결합하는 것이 사회적 총 부의 생산과 재생산 과정에서 전체적으로 생산성과 안정성을 유지하는 데 가장 적합한 방식이라고 주장한다. 16) 하지만 새로운 사회화의 문제가 소유의 문제이거나 또는 생산(안정적으로 생산성을 유지하는 일)의 문제, 즉 경제적인 차원에서만 해결될 수 있는 문제인가를 검토해야 한다. 사회화 프로그램에 포함되는 국유화 프로그램은 과거와는 다른 방식을 취하지 않으면 안된다. 또한 경제적 해결책은 동시에 사회적 해결책을 요구하고 있으며, 동구권이나 유럽식 사회주의의 역사적 실패들이 교훈을 주었듯이 관건은 양자간의 포지티브 피드백의 존재 여부에 달려 있다. 17) 여기서 우리는 경제의 재정의('사회적 경제'18))가 요구된다고 보는데, 자본주의적 정의를 넘어서서, 그러나 경제에 의해서 경제가 재정의되는 동어반복이 아니라, 생태론적 사고 및 문화사회론적 사고에 기초해야 할 것이다. 이에 따라 변혁과 이행의 물질적 기초나 정치/정치형태/권력관계/민주주의에 대해서도 재검토할 수 있을 것이다.

경제에 대한 재정의는 시장에 대한 전통좌파의 자본주의적 통념을 교정할 필요를 제기해준다. 좌파는 전통적으로 국가와 마찬가지로 시장도 폐지해야 할 악으로 치부해 왔으며, 따라서 시장이 갖는 사회적, 문화인류학적, 문명적 중요성을 간과해버렸다. 19) 특히 최근 신자유주의 시장논리가 모든 곳에 침투해들어감에 따라 시장주의에 대한 혐오는 더 커질 수밖에 없다. 우리 역시 자본주의적으로, 신자유주의적으로 재편되는 시장주의에 대해서는 분명한 반대입장이다. 하지만 그런 류의 시장주의와는 별개의 세계로 작동하는 사회적 경제, 교환양식, 문화활동으로서의 시장세계마저 부정하는 것은 오류의 역사를 답습하는 것이다. 오히려 비자본주의적 시장세계를 더 긍정하고 중요시함으로써 자본주의적 기제에 의해 독점당하는 편향된 시장의 세계를 극복해나갈 수 있을 것이다. 우리는 문화사회 혹은 자본주의 이후의 새로운 사회를 전망할 때 시장주의와 시장, 자본주의와 시장을 범주적으

---

16) 백일, 「사회화 논의의 역사와 사회화 프로그램의 새로운 과제」, 『진보평론』 6호, 2000년 겨울 참조.
17) 심광현, 「변혁과 탈주의 이분법을 넘어」, 『문화과학』 25호, 2001년 봄 참조.
18) 심광현, 「'사회적 경제'와 '문화사회'로의 이행에 관하여」, 『문화사회와 문화정치』 참조.
19) 『문화과학』 32호, 2002년 겨울호의 특집 '시장' 참조.

로 구별하는 것이 중요하다고 본다. 시장 혹은 교환의 세계란 개인과 집단이 고립된 상태에서 벗어나 타자와 교류하고 소통하는 중요한 수단이다. 더군다나 전지구적 교통이 실시간으로 진행되는 오늘날의 상황에서 비자본주의적 시장의 가능성을 적극적으로 사유하는 것은 신자유주의 세계화에 대한 반대가 일국적, 지역적 폐쇄상태로 퇴행하는 게 아니라 새로운 형태의 전지구적 교통과 변혁과 연대를 모색하는 일이기도 하다. 시장은 "해방이며, 개방이며, 또다른 세계로의 접근이다"(브로델). 시장, 경제, 자본주의는 동일하지 않으며 각기 상이한 개념들이다. 또한 '사회주의=시장없는 사회'로 오인했던 동구 사회주의의 역사는 사회주의 경제에 큰 손실을 끼쳤다.[20] 우리는 자본주의사회의 많은 병폐는 시장 그 자체에 있다기보다 시장과 자본주의의 불행한 결합, 또는 시장에 대한 자본주의적 착취에서 찾아야 한다고 본다.[21]

요컨대, 맑스가 밝힌 바처럼 공산주의란 사물의 현재상태를 철폐/지양하는 현재운동이라는 것은 "국가와 시장의 비현실적인 사멸을 꿈꾸는 대신, 국가를 민주화하고 시장을 자본주의적 착취로부터 해방시켜 투명한 교환의 장소로 전환하는 일이자(이 과정 자체가 계급투쟁에 다름 아니며, 조직화된 노동운동과 다중의 연대 없이는 독점자본의 폐지와 국가의 민주화 자체도 불가능하다), 생활세계의 영역에만 침전되어 파편화되어 있으며 자본주의적 욕망에 물들어 있는 개인들이 협동조합/자주관리, 문화민주주의 활동, 자치/직접민주주의의 운동에 적극 동참하며 서로 연대하게 만듦으로써(사회운동의 지속적 확대), 이 세 가지 운동이 다른 모든 영역들간의 교통을 가능케 하는 긍정적 피드백 루프를 구성하는 일이라 할 수 있다."[22] 첨언하자면, 국가 및 시장의 사멸론은 전통좌파만이 아니라 새로운 모색을 하는 젊은 '신좌파적' 경향에서도 버리지 못하는 듯하다.

7. 변혁과 이행의 새로운 전략

빌헬름 라이히는 성혁명을 논의하면서 다음과 같이 말한 바 있다. "진정

---

20) 알렉 노브, 『실현가능한 사회주의의 미래』, 대안체제연구회 옮김, 백의, 2001 참조.
21) 심광현, 「자본주의로부터 해방된 시장」, 『문화과학』 32호, 2002년 겨울 참조.
22) 같은 글, 50쪽.

한 사회혁명은 경제가 모든 생산적 노동자의 욕망을 충족시킬 수 있도록 하는 것을 목표로 한다. 욕망과 경제 사이의 관계가 이와 같이 역전되는 것이 사회혁명의 핵심점 가운데 하나이다."23) 라이히의 발언이 시사해주는 것처럼, 사회의 변혁과 이행의 문제는 더 이상 경제적 '토대' 혹은 정치적 '상부구조'에 의해 일원적으로 결정될 수는 없다. 지금까지 좌파는 완강하게 사회의 변혁과 이행의 문제를 경제와 정치라는 이항적 틀내에서 해결하려 했다.24) 욕망이라는 전차, 다시 말하여 문화적 구성으로서의 변혁과 이행의 문제는 배제된 것이다. 그러한 이항적 틀은 경제적 착취 및 빈곤구조와 정치적 반민중성이라는 사회적 모순이 첨예하게 횡행하던 19-20세기에 지배적일 수밖에 없었다. 물론 그러한 사회적 모순은 21세기의 오늘날에도 여전히 재생산되고 있으며, 더 나쁜 현실일 수도 있다. 이러한 상황에서 민중/다중들을 경제 및 정치의 변혁 주체로 나서게 하는 것은 여전히 절실한 과제이다. 하지만 우리가 근대정치의 원리인 대의민주주의를 비판적으로 사고하는 것과 같은 맥락에서 다중들은, 그들이 민중 혹은 노동자계급이라는 정체성으로 호명된다 할지라도 더 이상 이항적 틀로 동원되는 주체로서가 아니라 '욕망의 경제' 혹은 '욕망의 정치'를 생산해내는 문화적인 참여와 자치를 새로운 정치적 원리로 내재화하는 새로운 주체성으로 읽어내야 할 것이다.

일단의 지식인들은 1990년대 한국사회에서 목도한 대중적 특성을 '탈정치화'로 규정한 바도 있으나 그것은 직접적 정치행위의 관점에서 보았기 때문이다. 그러나 앞서도 논의한 것처럼, 2002년에 경험한 한국사회 현상은 직접적 정치행위만으로 환원되지 않는 이질적이고 다성적인 표현으로서의 정치적 참여를 다중주체 스스로가 수행했다는 점에서 새로운 의미의 재정치화가 역동화되었음을 잘 보여준다. 우리는 그것을 한편으로는 '자발적 문화혁명'으로 읽어내고자 하는데, 특히 1990년대 이후 나타나기 시작한 다중주체의 문화정치적 참여가 폭발적으로 집단화되었다고 볼 수 있겠다. 물론 우리는 덜 문화화되었거나 덜 정치화(급진화)된 표현행위들, 혹은 국가주

---

23) 빌헬름 라이히, 『성혁명』, 윤수종 옮김, 새길, 2000, 240쪽.
24) 혹자는 여전히 변혁주체의 노동자계급 중심주의를 주장하고 있다(문국진, 「남한 자본주의와 사회주의 전략」, 『노동자의 힘』 29호, 2003. 4. 20).

의 및 상품화 내지는 지배이데올로기들로부터 충분히 자유롭지 못했던 '자발적 문화혁명'이었음도 인정한다. 하지만 2002년의 '자발적 문화혁명'은 다중들을 경제와 정치라는 이항적 틀로서만 대응시키려는 것은 한계가 있음을 명백히 보여주었다. 여기서 우리는 질문하지 않을 수 없다. 다중들은 무엇으로 움직이는가—움직임의 원천과 의미와 동력. 변혁과 이행이란 이 움직임들의 둘결을 통해서 수행되지 않는가. 현재진행형의 이 다중적 움직임들에 기반하지 않고서, 이 다중적 움직임들과 교섭하지 않고서, 그리고 이 다중적 움직임들을 새로운 패러다임으로 접속시키지 않고서는 사회의 변혁 및 이행 전략은 또다시 실패하고 말 것이다. 우리는 이 움직임들의 근원을, 어느 하나로 대표되지도 않고 다중들 스스로가 신체적 디접성으로 공진화하는 욕망들의 정동(精動)에서 찾고자 한다. 이것은 경제에 의해 제약되면서도 경제를 넘어서 존재하며, 정치에 의해 간섭되면서도 정치를 넘어서 구성된다. 경제나 정치라는 것도 다중적 욕망들의 정동을 자-기조직화할 수 있는 생산, 표현, 소통, 참여, 자치과정으로 정의되어야 하며, 따라서 그러한 사회적 관계들의 문화적 재구성과 재조직을 실제적이면서 급진적으로 설계하며 전환해나가는 것이 변혁 및 이행의 현재운동이라 할 수 있겠다.

이러한 우리의 문화사회론적 구상이 개량주의나 사회민주주의와 다른 것은 변혁 및 이행의 전략을 자본주의적 생산관계 및 근대적 정치틀에 종속시키지 않고 그것들로부터 탈영토화하는 급진적 사회기획이기 때문이며, 또한 가령 하버마스식의 의사소통 합리성에 호소하는 게 아니라 국가장치들, 생산관계 및 시장, 공공영역, 시민사회, 생활세계 등 실제적 관계들의 계급투쟁의 역동성으로 배치하는 실천전략이기 때문이다. 그러나 또한 전통좌파와 다른 것은 계급투쟁이란 '계급' 혹은 '노동자계급'의 이름을 달아야만 유효한 것이 아니라, 유무형의 계급투쟁들로 존재하거나 각종의 문화정치/문화전쟁들을 통해 적대전선들 혹은 위장된 평화전선들을 생성해낸다는 인식하에 문화적 실천으로서의 계급투쟁에 주목하기 때문이다.[25] 우리는 이

---

25) 관련하여, 좌파의 전통이 없으면서도 사회민주주의를 부정하고 '긴주적 사회주의'를 대안으로 주창하는 브라질 노동자당을 참조할 수 있겠다. 켄 실버스타인/에미르 사데르, 『다른 세계는 가능하다—브라질 노동자당에서 배운다』, 최규엽 옮김, 책갈피, 2002 참조.

제, 문화는 계급투쟁의 장이다라는 명제에서 한 걸음 더 나아가, 계급투쟁은 문화적으로 진화하고 있다는 것을 각인하고자 한다. 지배계급의 헤게모니는 그람시가 분석했던 지적, 도덕적 동의를 넘어 재현의 정치나 문화적 아비투스를 통해 재생된다는 것을 간과하지 말아야 할 것이다. 그러나 우리는 지배적인 재현의 정치나 문화적 아비투스를 비판하거나 그에 저항하는 것으로서만이 아니라 새로운 경제적, 정치적, 사회적 의미들이 실현될 수 있도록 하는 새로운 문화적 아비투스의 생성을 실천할 수 있어야 한다고 보며, 그것은 곧 국가 및 국가장치들의 기능전환 그리고 시장 및 경제활동의 의미전환을 수행하는 역동일시/재구성 전략과 무관한 일이 아니다. 자발적 다중주체의 자기조직적 욕망의 문화정치 행위들이 계급투쟁의 장으로서 실천되기 위해서는 국가/국가장치와 시장/경제활동의 영역에서 투쟁하는 문화사회적 좌파의 배치전략과 맞물려야 한다. 이것은 국가의 호출이나 자본주의적 생산양식으로부터 반동일시적으로 탈주하고자 하는 미시적/문화주의적 노마디즘 혹은 '코뮌적' 실천들과 다른 지점이기도 하다. 앞서 거론한 경향들과 차별성을 갖는 문화사회론의 실천전략은 다음 세 가지로 요약할 수 있다.

첫째, 자발적이고 역능적인 다중주체의 창발이다. 다중주체는 노동자계급 혹은 프롤레타리아트의 변주일 수도 있으나 그것으로 환원되지 않으며 다양한 주체형태(계급적, 성적, 세대적, 인종적 등등)와 다양한 이슈들(스포츠, 선거, 미국, 전쟁, 환경, 교육, 지역, 세대, 권력, 노동, 의료, 섹스, 경제, 북한, 대형사고 등등)로 출현하는 문화사회적 주체라 할 수 있다. 문화사회적 주체는 자본주의사회에 존재할지라도 더 이상 임노동자/주변인/약자로 소외되어 머무는 게 아니라 주어진 상황을 돌파하고자 하는 힘의 의지를 갖추어나가는 한편 새로운 상황을 창출할 줄 아는 세계-내-존재의 복수적 주체다. 따라서 문화사회적 주체로서의 인간해방은 저항 및 비판에만 그치는 게 아니라 새로운 상황을 창출하는 생성과 그 역능으로부터 비롯된다는 사실에 주목한다. 인간해방은 착취와 억압으로부터 풀려남으로써 모든 게 해결되는 게 아니라, 근원적으로 다중주체로서 무엇인가를 할 수 있고 어떠한 수단을 사용할 수 있는지 아는 역능의 생성자가 될 때 비로소 그 불빛이 보이기 시작한다. 아무것도 가지지 않은 자들의 저항이 혁명적으로 승리한들 아무것도 할 수 없는 무능력한 상태라면 그 상황은 결코 해방이라 할 수 없을 것이며, 불가피하게 새로운 종류의 권력체제와 착취구조에 고개를 숙이고 만다. 더 나아가 해방이란 개인에게 잠재된 오성, 감성, 이성, 신체의 제반 능력들이 다양한 영역의 사회적 시공간들에서 기존의 제도나 관습을 뜯어고치고 문화적 아비투스를 갱신해나가며 감수성과 삶의 질을 풍부하게 실현시키는 자율적 문화구성행위로 구체화된다. 세계와 상호작용하는 여섯 가지 감각(오감과 신체감각)과 지각능력, 개념적 사유능력, 상상력과 판단력, 수십 가지의 정동과 충동, 형체를 알 수 없는 수 많은 욕망과 힘의 의지 등, 요컨대 신체적, 감성적, 윤리적, 지적 복합능력의 다양한 형태의 역능이 해방의 조건이 된다.

그러나 역능은 타고나는 자산이 아니라 사회적, 문화적, 제도적 환경들에 따라 무한히 많은 방식으로 변용된다. 하지만 일에 중독되게 하여 신체를 파탄시키게 하는 노동사회나 상품미학에 따르는 소비사회의 강요, 각종의 미시권력과 거대권력의 포획과 압박, 그리고 근원적으로는 육체와 정신, 육체와 생명의 관계를 왜곡시켜온 근대철학의 지배, 삶과 동떨어진 추상적 예술교육 등에 따르는 생태학과 주체성의 위기는 역능의 위기마저 초래해왔다. 역능의 위기는 개인적 차원에서만이 아닌 사회적 삶 전체의 문제, 나아가 근대적 삶의 양식 및 근대적 문화과정 전체의 문제와 함께 꼬여 있다. 이러한 통찰로부터 우리는 교육개혁과 교육의 패러다임 전환에 주목하여 '문화교육'을 문화사회로 가기 위한 핵심적 바탕으로 설정하고 있으며, 문화연대를 통해 전교조 등과 함께 문화교육운동을 추진해나가고 있다. 문화교육은 삶의 역능과 방식, 인간적 잠재력의 총체, 생명 다양성에 따라 구현되는 인류학적 문화다양성 등 넓은 의미를 포괄하므로 기존의 '예체능교육'을 넘어서서 "지식, 인성, 예체능 교육의 관계를 재조직하여 인간능력의 역동적 복합성(문화적 리터러시)을 활성화하고, 파괴되고 있는 공동체적, 사회적 연대의 기초인 사회문화적 자원(민주적, 생태적 습성)을 재활용하려는 새로운 교육이념이다."26) 문화교육은 문화사회에서 요구하는 새로운 종류의 인간교육이며, 그 안에 변혁과 이행의 과정을 포괄한다.

둘째, 자발적이고 역능적인 다중주체의 창발은 차이와 연대의 원리에 따르는 사회운동의 역동적 힘이다. 이 다중주체의 역동적인 힘은 2002년의 경험에서처럼 눈덩이처럼 커지는 집단적 규모로 나타날 수도 있고, 일상의 공간들에서 비가시적으로 나타날 수도 있고, 소수자집단의 미시정치로 가시화될 수도 있다. 문제는 좌파진영이 이 역동적인 힘들의 의미를 간파하여 사회의 새로운 요구로 읽어낼 수 있고 사회운동의 물결로 내재화시킬 수 있느냐이다. 앞에서도 언급했지만 2002년 다중의 집단적 출현에 대해 지배집단이 다중에 대한 공격, 즉 새로운 문화적 방식으로 계급투쟁을 수행하였다는 것은 어떤 '위험성'을 본능적으로 감지했기 때문이다. 어떤 위험성이란 무엇인가. 지배블럭을 위기에 처하게 하는 어떤 욕망이자 어떤 힘일 것이다. 욕망은 위험하므로 혁명적이다. 지배블럭도 본능적으로 감지하는 새로운 물결을 좌파진영이 감지해내지 못하면서 사회진보를 자처할 수는 없는 일이다. 변혁과 이행의 주체는 노동자계급이나 프롤레타리아트의 정체성으로만 귀결시킬 수 없다는 것은 이미 주지의 사실이다. 오늘날 사회적 적대와 모순은 중층화되고 있으며, 다양한 소수자들의 정체성의 실천들에서도 드러나듯이 욕망의 미시정치학에 기초하는 다양하고 복합적인 해방의 전략이 요구된다. 따라서 노동중심주의나 계급중심주의를 벗어나 모든 종류의 지배와 착취(계급적, 경제적, 성적, 인종적, 세대적, 지역적, 공간적, 환경적…)에 고통받고 억압받는 주체들의 개방적이고 자발적인 결사에 의한 복수적, 민주적 연대의 전략을 우리는 지지한다.

그러나 이러한 복합적 해방, 복수적 연대는 좌파 사회운동의 일종의 '전략적 동맹' 차원을 넘어 내적 동력으로서의 다중적 역능 혹은 소수자집단의 구성권력으로 공진화해야 할 것이다. 또한 이러한 복합적 해방, 복수적 연대는 근대정치 원리로 권력화된 대의민주주의에 균열을 내며 직접민주주의를 정치참여과정으로 결합시켜내는 기제로 작동시켜야 한다. 달리 말하자면, 권력의 위임형태 및 행사주체를 문제삼자는 것이다. 한편으로는 대의제적 틀에서 정치적 민주주의와 사회경제적 민주주의가 충분히 작동될 수

26) 문화연대 문화교육위원회, 「21세기 문화교육선언」, 『문화교육위원회 출범 자료집』, 2002.

있도록 국민소환제 등 참여민주주의를 활성화하고, 다른 한편으로는 민중적 이해에 따른 압박과 통제 그리고 반대의견의 조직화를 꾀하면서 다중의 정치적 행위의 장으로서 공공영역을 새롭게 재구성하고 생산현장 및 일상생활에서의 직접민주주의의 다양한 유형들을 개발하면서 새로운 정치의 원리를 생성해내는 데 주목해야 할 것이다. 이러한 전망을 '민주주의의 급진화'라고 할 수 있다면, 좌파운동이 노동운동/민중운동과 사회운동/시민운동과 소수자운동을 리좀적으로 절합시킬 수 있는 이념적 지향점으로 전망할 수 있을 것이다.

셋째, 자발적이고 역능적인 다중주체의 창발은 '국가-시장-시민사회'라는 3중의 변증법을 작동시키는 기계이다. 그리고 역으로 국가-시장-시민사회라는 3중의 변증법으로 작동하는 현재운동으로서의 사회기계는 권력과 억압과 착취를 폐기해나가며 오로지 자발적이고 역능적인 다중주체의 창발(표현, 소통, 참여, 자치, 해방, 인권, 복지, 생산, 차이, 연대…)을 목표로 해야 한다. 이것은 좌파운동의 전통, 역사적 사회주의, 유럽식 사회민주주의, 1980년대 한국변혁운동 등의 오류를 검토하는 한편, 새롭게 해석해낼 수 있는 역사적 좌파의 사상이나 이론, 68혁명 이후 신좌파적 실천들, 그리고 최근 한국사회의 역동성 등을 참조한 새로운 정치적 상상력으로서의 판단이다.

근대적 사회구성체의 핵심성분은 국가-시장-시민사회로 요약할 수 있는데도 실제적으로 근대사에서는 이 삼차원의 변증법이 작동되지 않았다고 볼 수 있다. 전통적인 좌파/우파 이론은 국가-시장의 변증법에 집중되어 왔는데, 역사적 사회주의에서는 생산수단의 전면적 국유화와 중앙집중적 계획경제의 운용을 통해, 그리고 20세기 전반까지 서구자본주의에서는 철저한 시장논리의 관철에 의해 국가-시장-시민사회의 변증법이 억제되어 왔다. 20세기 중반, 사회민주주의/케인즈주의에 입각했던 서구사회는 국가-시장의 변증법에 경도되어 시민사회의 작동을 배제했던 조합주의적 타협이 성장의 둔화로 해체되면서 1980년대 이래 신자유주의 공세에 내몰리게 되었다. 그러나 이제 우리는 문화사회의 전망 속에서 3중의 변증법 작동이라는 새로운 요구에 직면해 있는데, 맑스가 말한 '자유로운 개인들의 연합'이라는 제3항(시민사회)의 복원이 과제이다. 하지만 '자유로운 개인들의 연합' 즉 자발적이고 역능적인 다중주체의 창발은 저절로 이루어지는 것도 아니거니와 제3항 스스로의 내재성에 부합되도록 두개의 항(국가/계획, 시장)을 전환시켜 나가는 실천을 필요로 한다. 이것은 국가와 시장논리를 강화하여 시민사회를 거기에 종속시키자는 식의 주장은 전혀 아니다. 국가주의에 반대하면서 국가/국가장치의 기능전환(정치/경제의 민주화, 최종적으로는 시민사회의 행정기구화)을 지속적으로 개입하고 시장의 새로운 의미전환과 시민사회의 공공영역/공공성 확대를 통해 자유로운 다중들의 집합적 연대(문화민주주의, 최종적으로는 국가모델적 사유의 폐지)를 지속적으로 창조하는 이중운동의 정치학이 필요하다는 것이다.[27]

문화사회는 가서는 안되는 곳은 알지만 어디로 갈지 모르는 곳일 터이다. 문화사회를 꿈꾼다는 것, 그것은 즐거운 혁명을 하자는 것이다.[28] 다중들의 즐거움—다른 세계는 가능하다, 행복해지는 것을 두려워하지 말자!

---

27) 심광현, 「이데올로기 비판과 욕망의 정치학의 '절합': 생태적 문화사회를 위한 문화정치적 도약」, 『문화과학』 30호, 2002년 여름 참조.
28) 『문화과학』 30호, 2002년 여름호의 특집 '이데올로기와 욕망—즐거운 혁명이다!!' 참조.